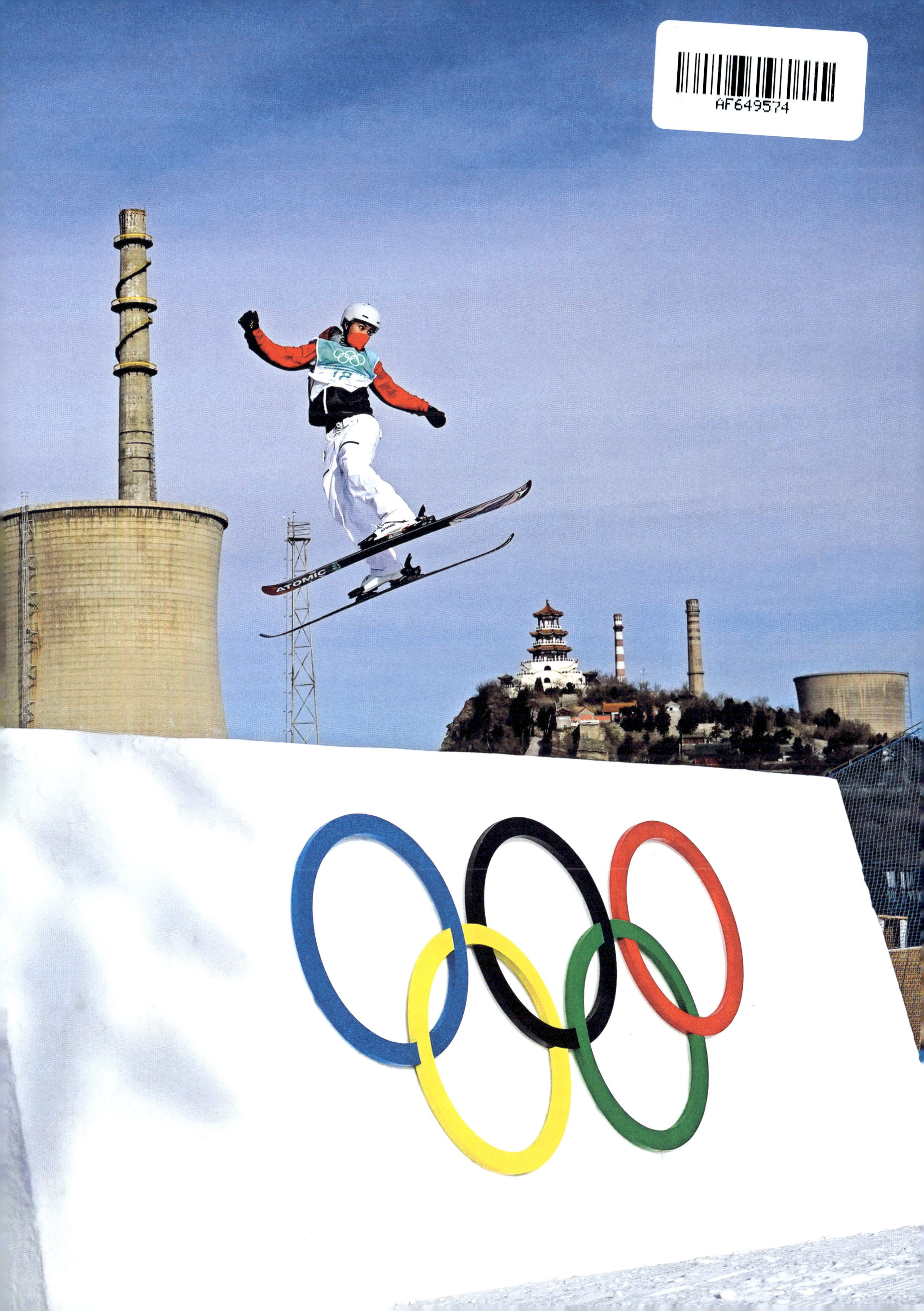
ATOMIC

OLYMPISCHE WINTERSPIELE

PEKING 2022

Dino Reisner
Siegmund Dunker

pietsch

SPORTARTENVERZEICHNIS

DIE DEUTSCHEN OLYMPIASIEGER

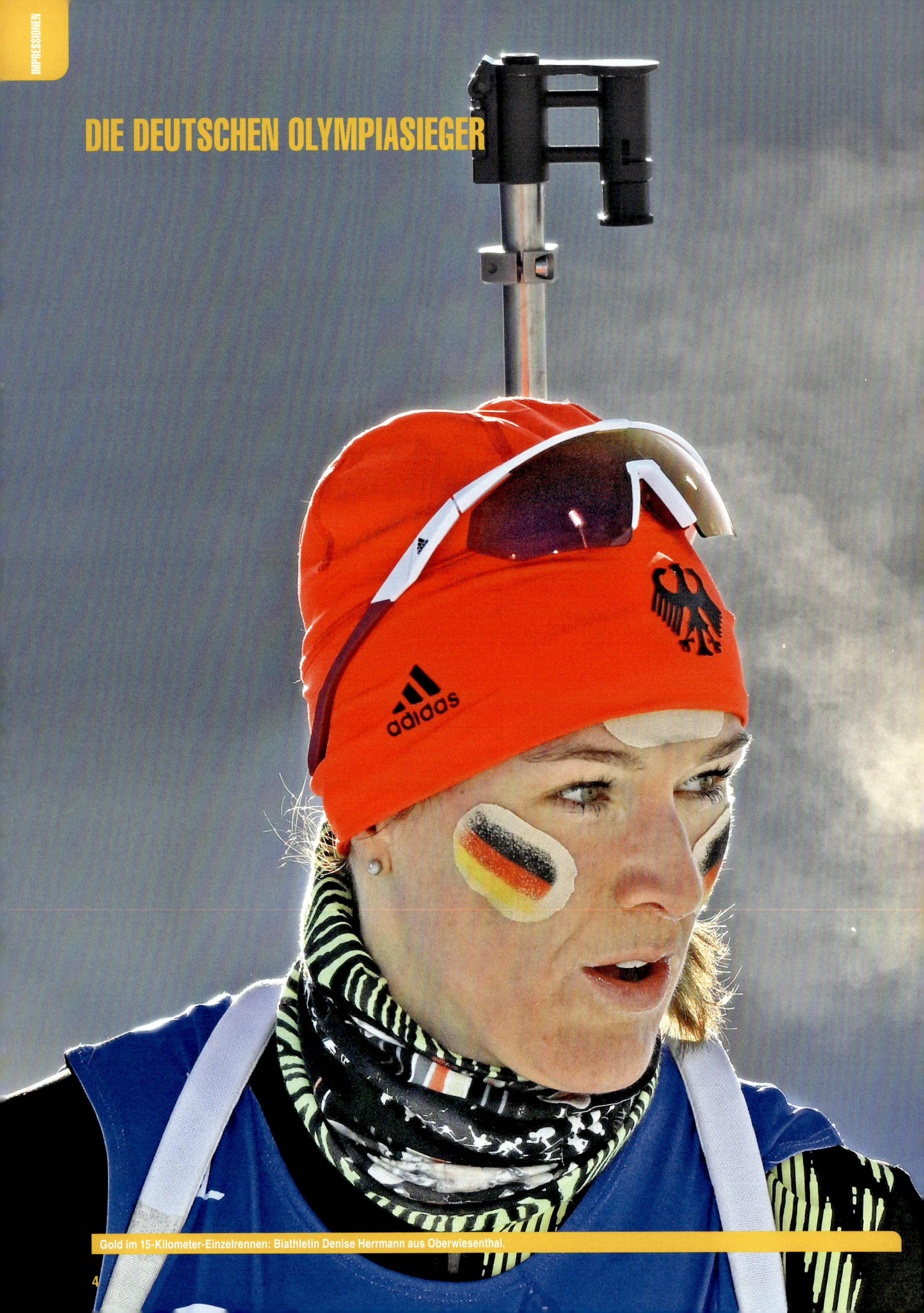

Gold im 15-Kilometer-Einzelrennen: Biathletin Denise Herrmann aus Oberwiesenthal.

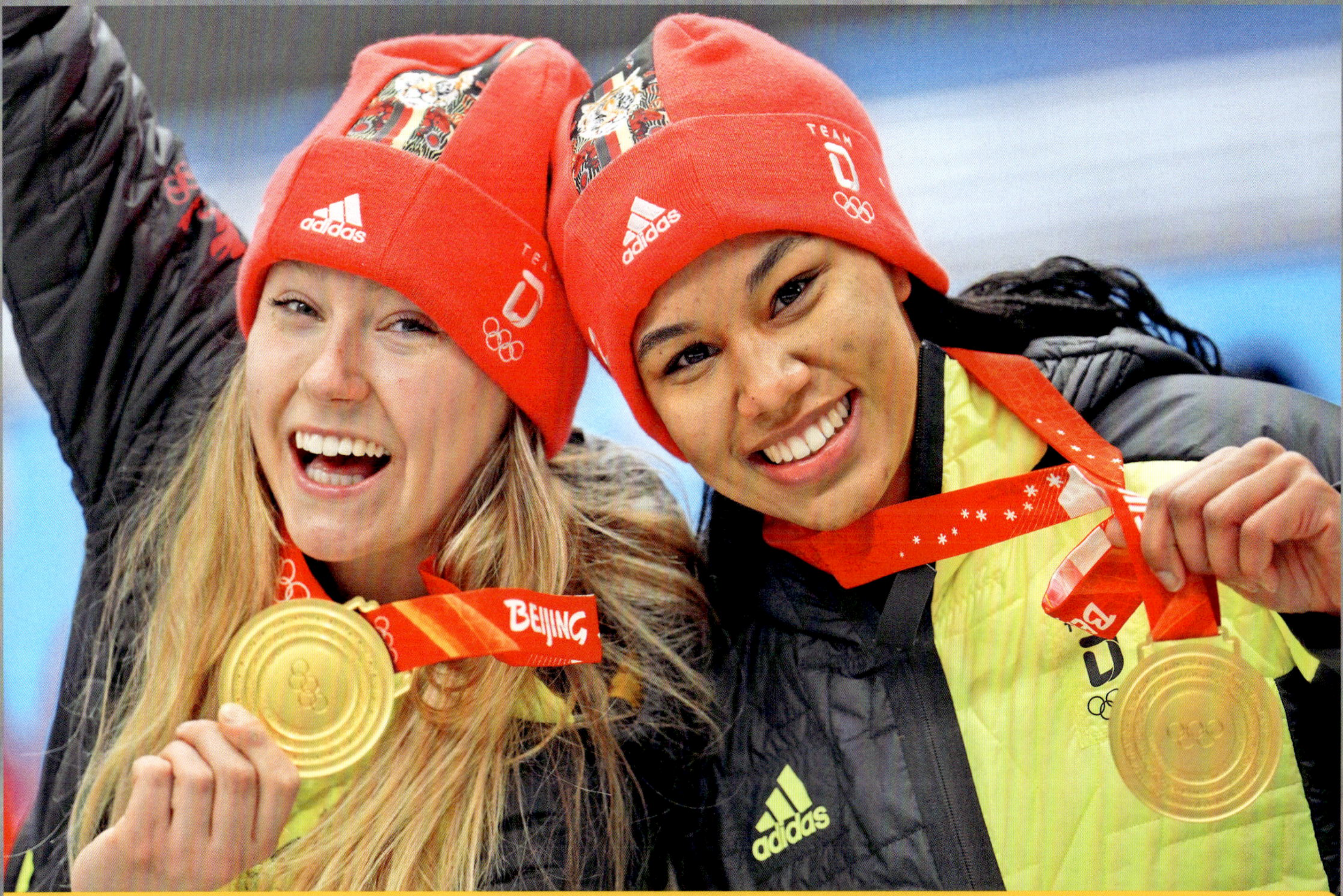

Gold im Zweierbob: Laura Nolte aus Winterberg (links) und Deborah Levi aus Potsdam.

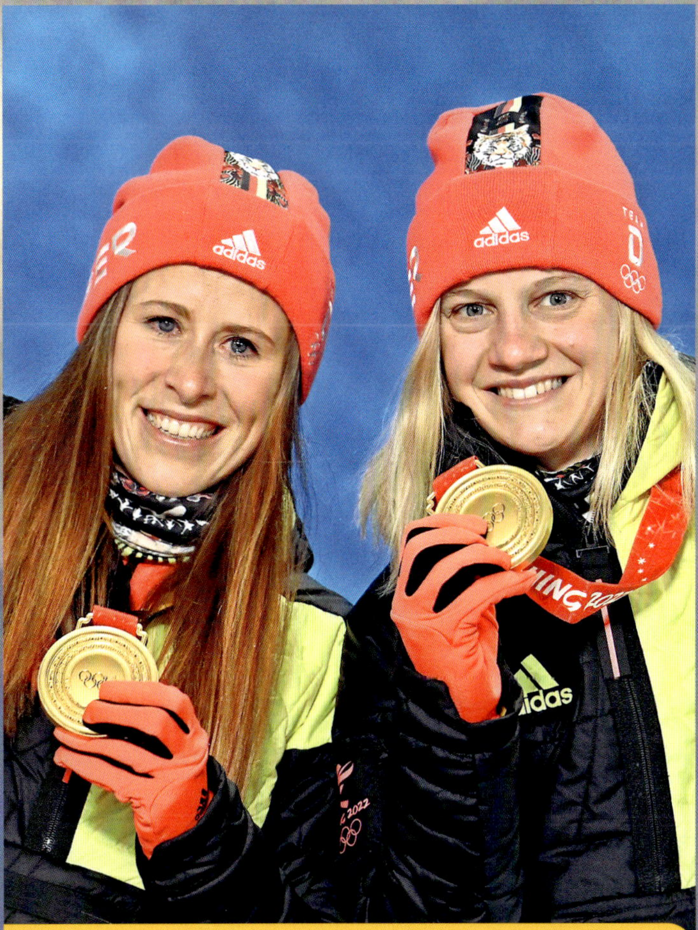

Gold im Teamsprint: Die Skilangläuferinnen Katharina Hennig (links) aus Oberwiesenthal und Victoria Carl aus Zella-Mehlis.

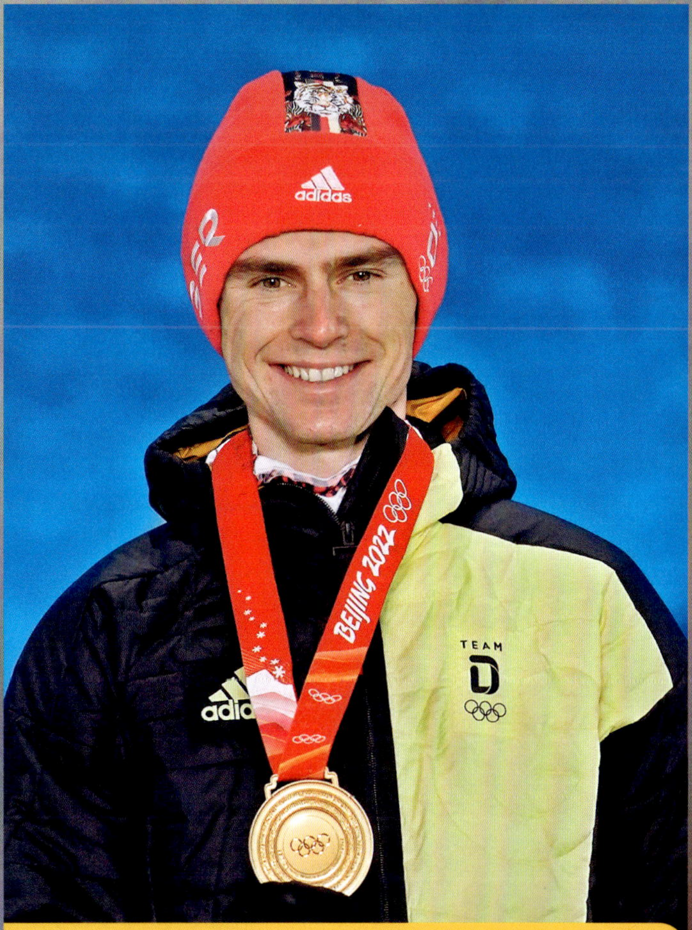

Gold im ersten Einzelwettbewerb der Nordischen Kombination: Vinzenz Geiger aus Oberstdorf.

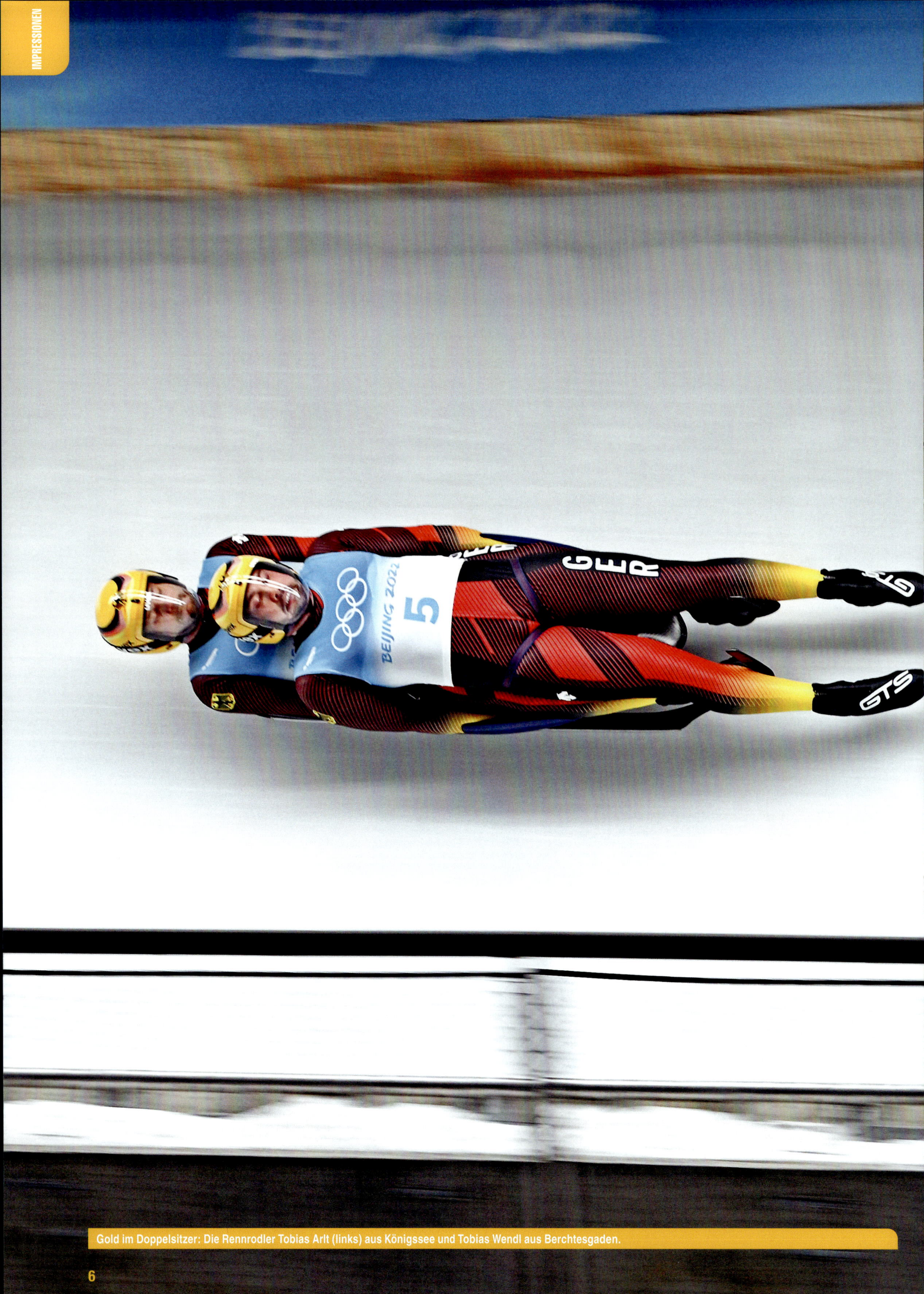

Gold im Doppelsitzer: Die Rennrodler Tobias Arlt (links) aus Königssee und Tobias Wendl aus Berchtesgaden.

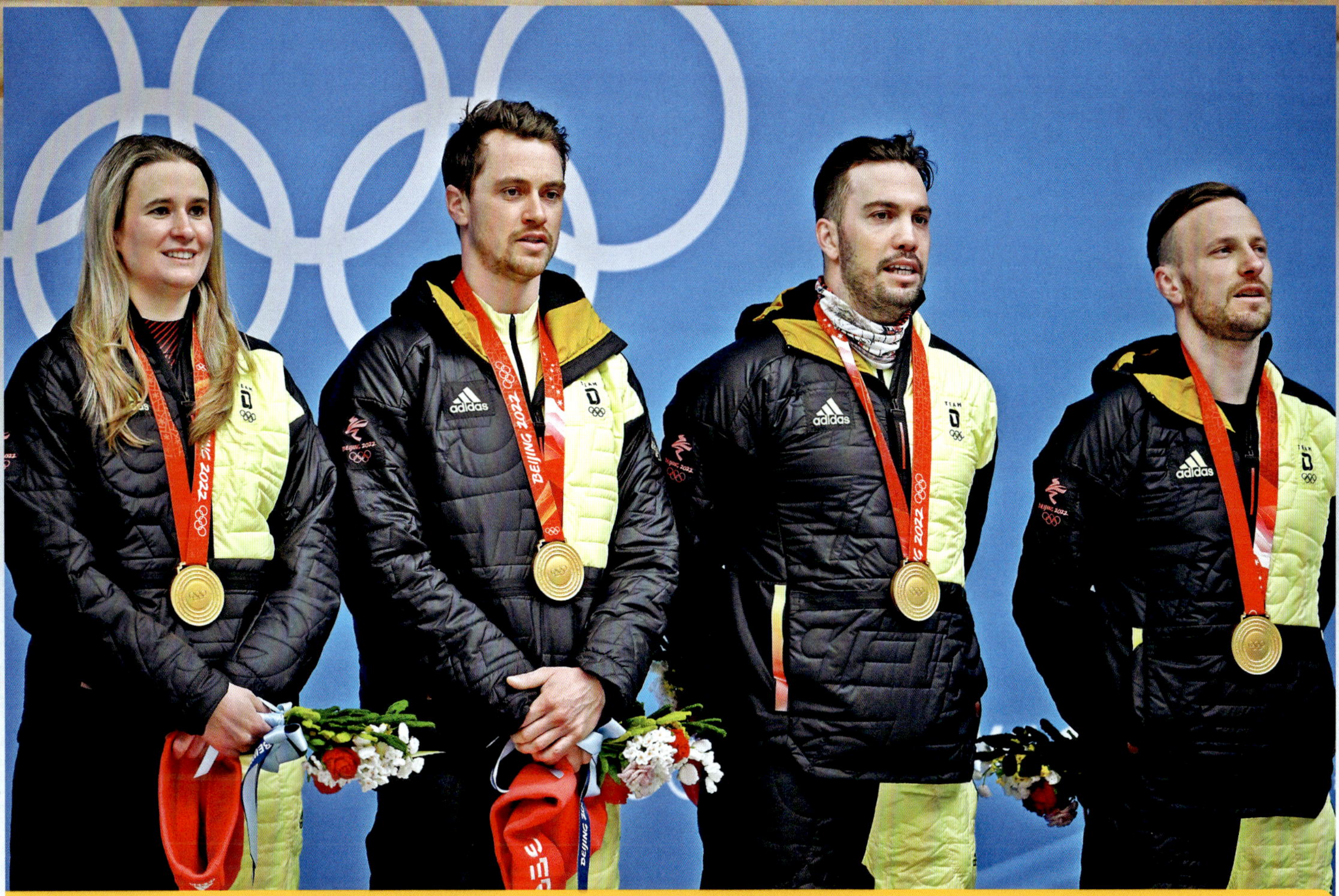

Gold im Teamwettbewerb: Die Rennrodler Natalie Geisenberger, Johannes Ludwig, Tobias Wendl und Tobias Arlt (von links).

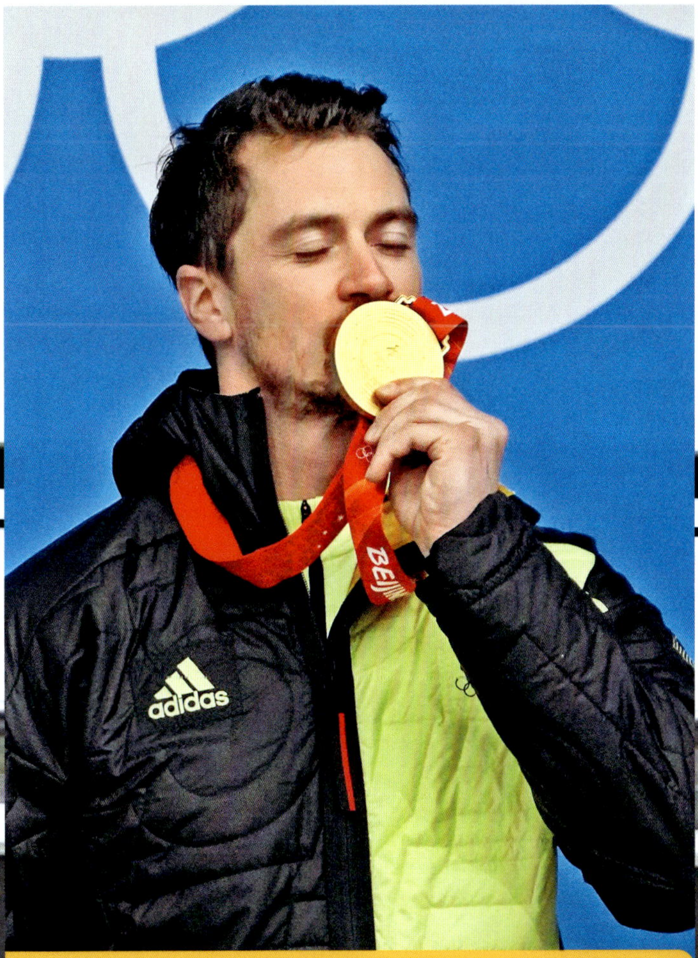

Gold im Einsitzer: Rennrodler Johannes Ludwig aus Oberhof.

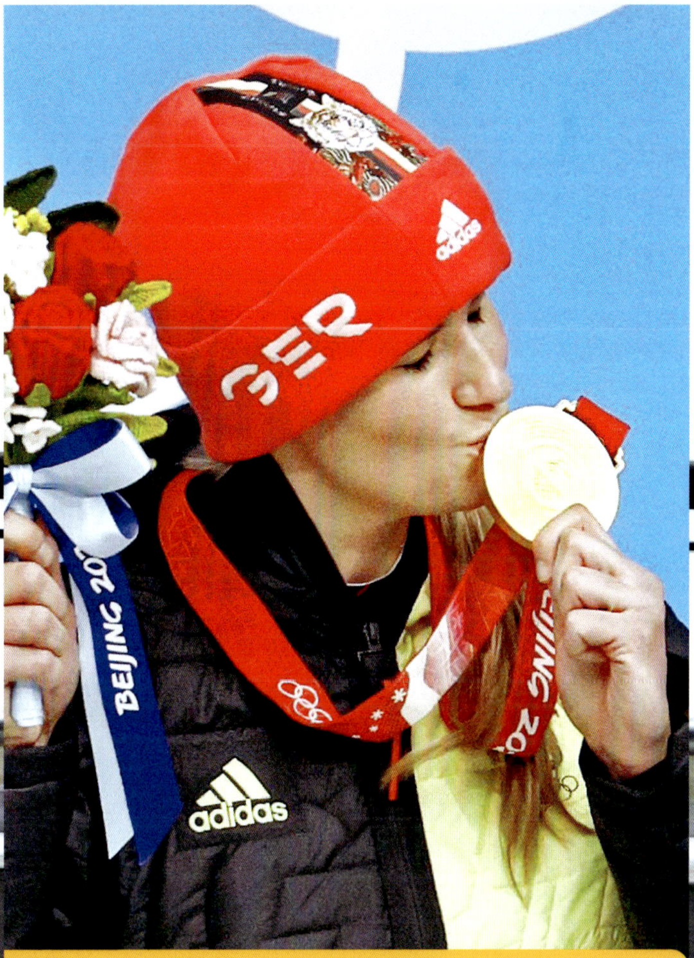

Gold im Einsitzer: Rennrodlerin Natalie Geisenberger aus Miesbach.

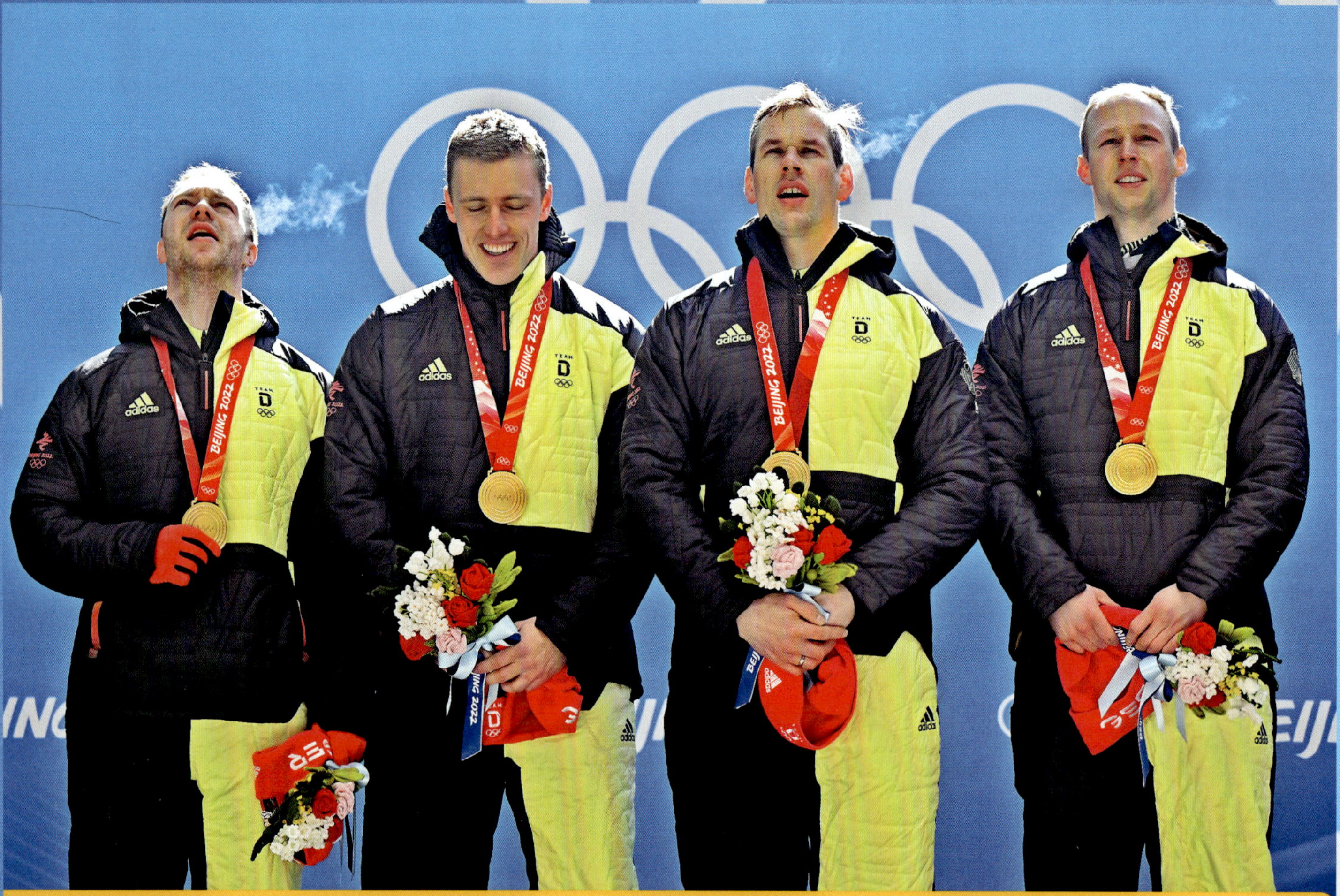

Gold im Viererbob: Francesco Friedrich mit seiner Crew Thorsten Margis, Candy Bauer und Alexander Schüller (von links).

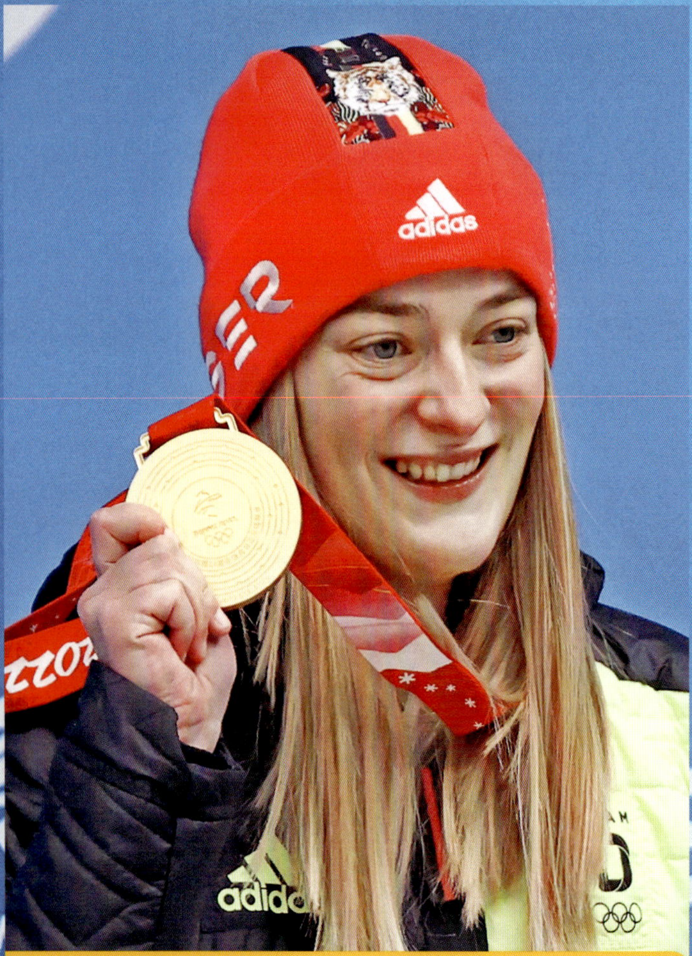

Gold im Skeleton: Hannah Neise aus Winterberg.

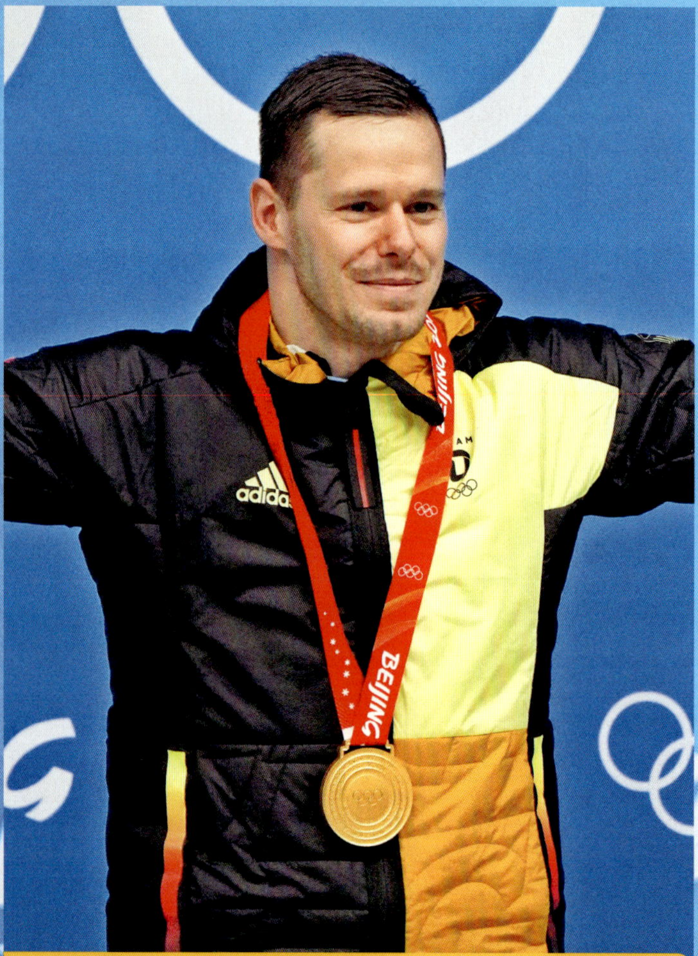

Gold im Skeleton: Christopher Grotheer aus Oberhof.

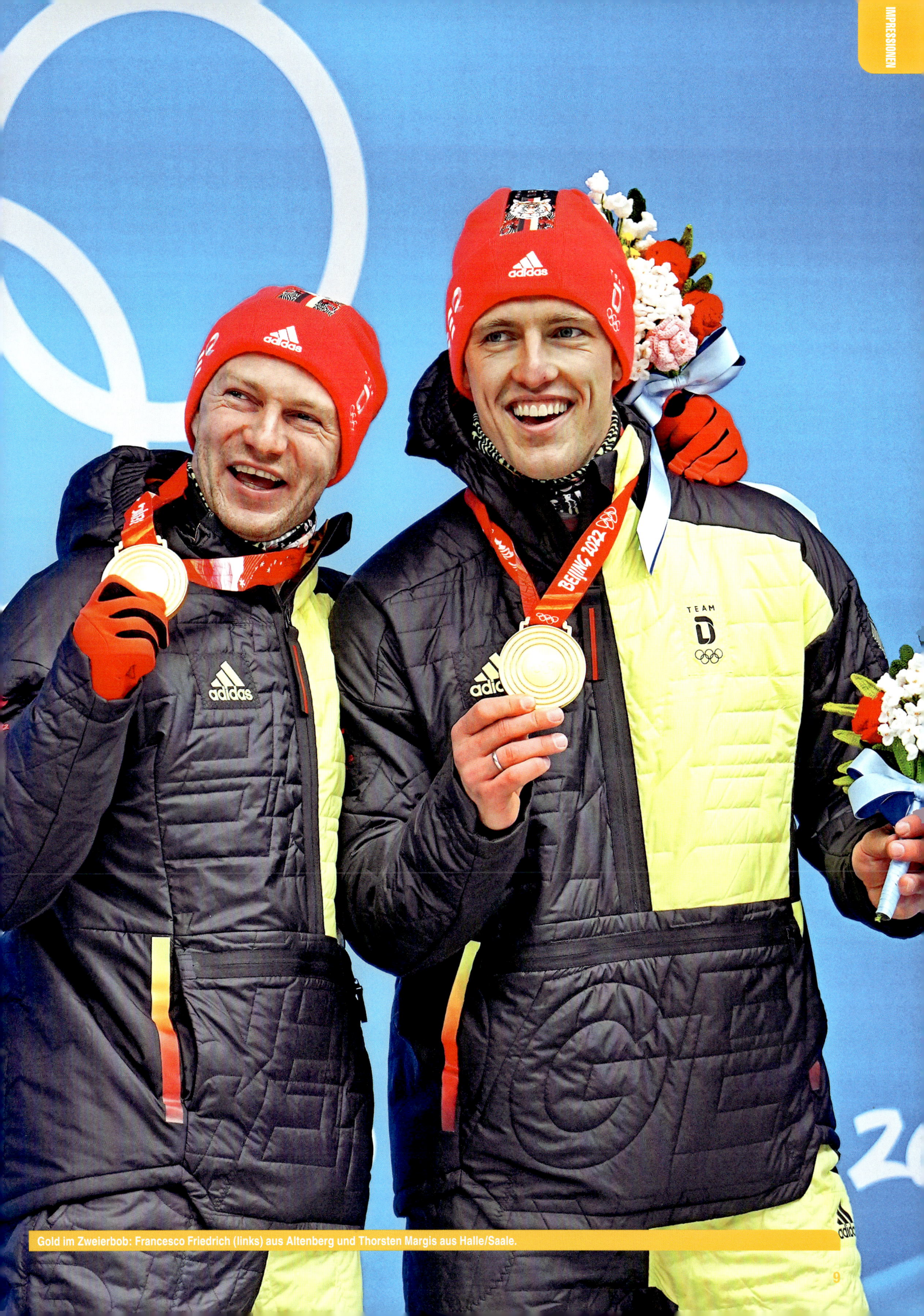

Gold im Zweierbob: Francesco Friedrich (links) aus Altenberg und Thorsten Margis aus Halle/Saale.

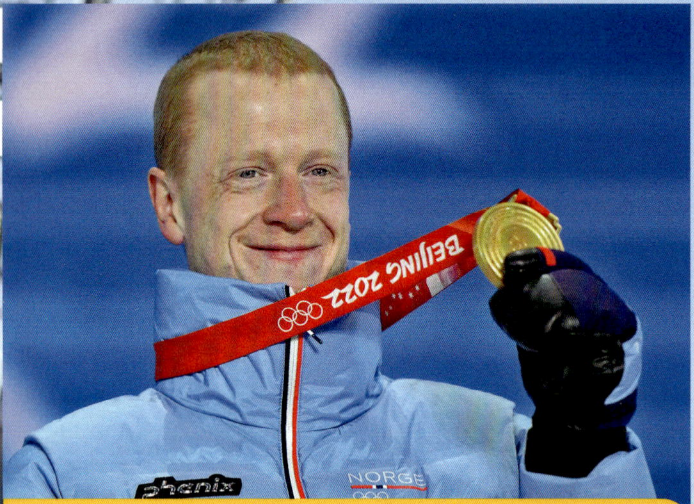

Medaillensammler: Der norwegische Biathlet Johannes Thingnes Bö war mit vier Gold- und einer Bronzemedaille der erfolgreichste Teilnehmer der Winterspiele.

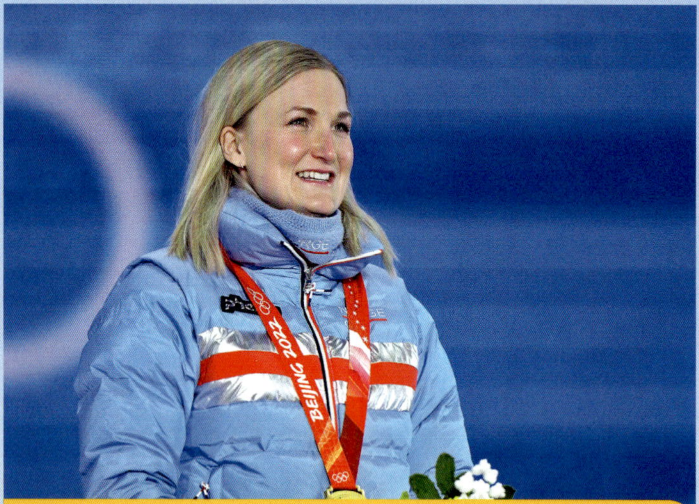

Stammplatz auf dem Siegerpodest: Die norwegische Biathletin Marte Olsbu Röiseland war mit drei Gold- und zwei Bronzemedaillen die erfolgreichste Teilnehmerin der Winterspiele.

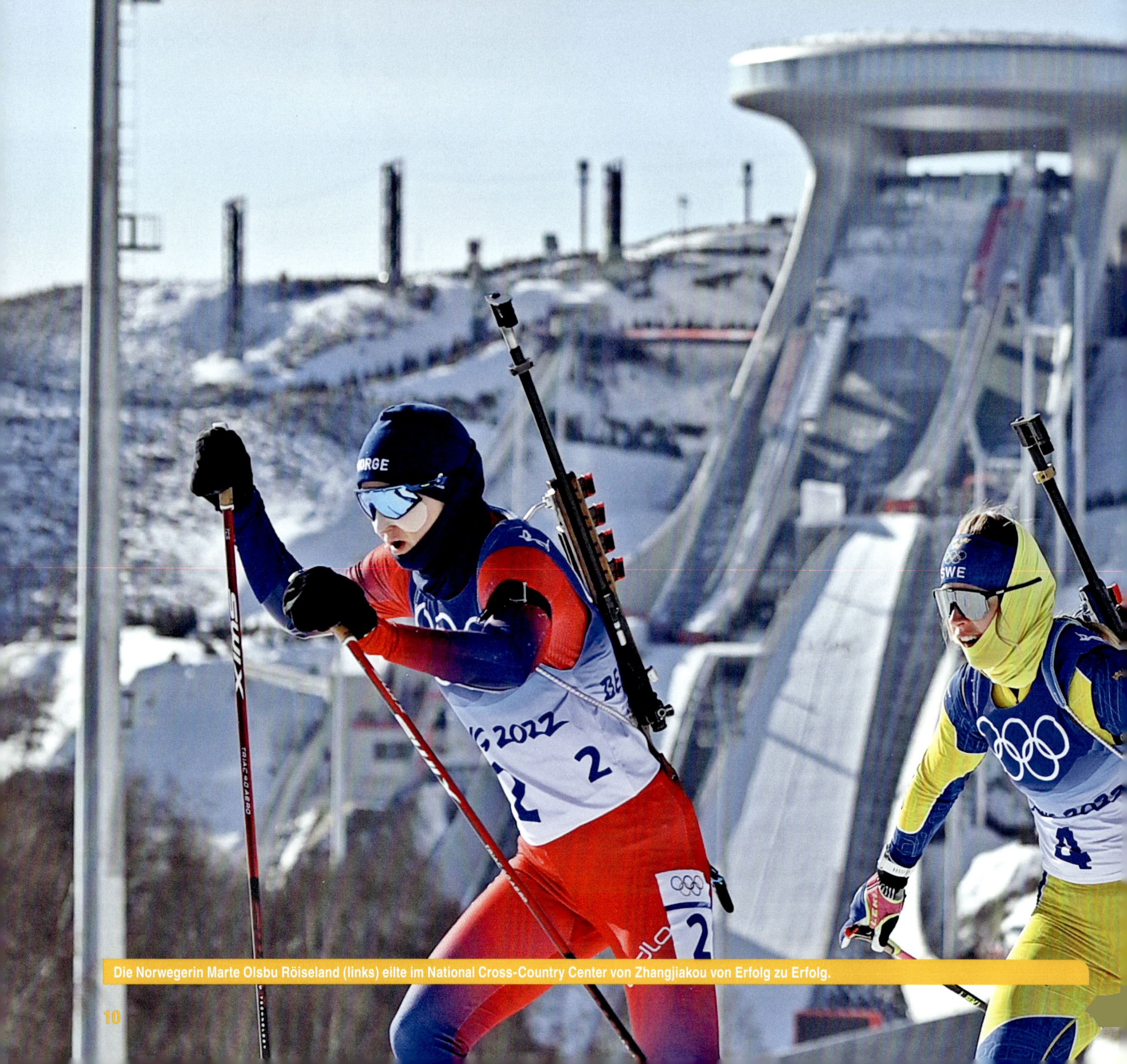

Die Norwegerin Marte Olsbu Röiseland (links) eilte im National Cross-Country Center von Zhangjiakou von Erfolg zu Erfolg.

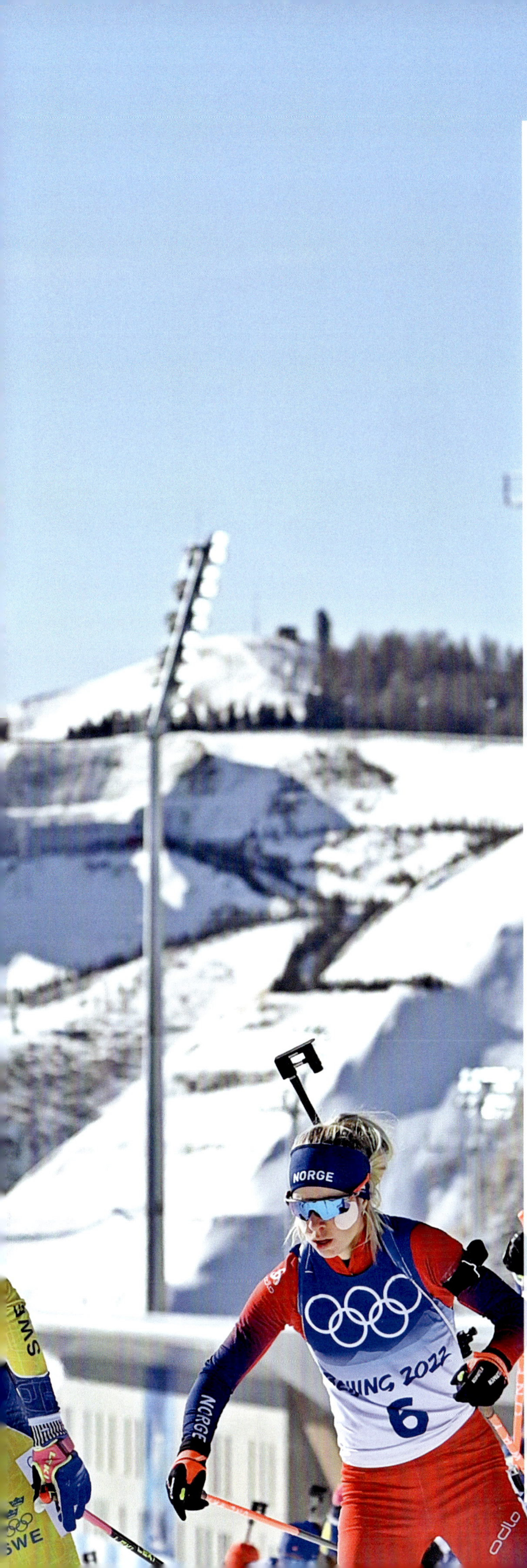

WINTERSPIELE 2022 IN PEKING

Mit zwölfmal Gold, zehnmal Silber und fünfmal Bronze haben die deutschen Sportler ihr drittbestes Ergebnis in der Geschichte der Winterspiele erzielt. Nur 2018 in Pyeongchang (14 – 10 – 7) und 2002 in Salt Lake City (12 – 16 – 8) war die Ausbeute noch größer. Neun Goldmedaillen wurden im Eiskanal gewonnen, die Rennrodler Natalie Geisenberger, Johannes Ludwig, Tobias Wendl und Tobias Arlt sowie die Bobfahrer Francesco Friedrich und Thorsten Margis waren mit jeweils zwei Goldmedaillen am erfolgreichsten.

Im Medaillenspiegel belegte Deutschland – genau wie 2018 – Platz zwei hinter Norwegen. Die Skandinavier stellten mit 16 Gold-, acht Silber- und 13 Bronzemedaillen einen neuen Rekord in der Geschichte der Winterspiele auf, sie verbesserten ihre Bestmarke von 2018 um zwei Goldmedaillen. Erfolgreichster Teilnehmer war der norwegische Biathlet Johannes Thingnes Bö (4 – 0 – 1), erfolgreichste Teilnehmerin die norwegische Biathletin Marte Olsbu Röiseland (3 – 0 – 2). Dreimal Gold gewannen auch der russische Skilangläufer Alexander Bolshunov, die niederländische Eisschnellläuferin Irene Schouten und die norwegische Skilangläuferin Therese Johaug.

Gastgeber China sicherte sich neun Goldmedaillen, acht mehr als vier Jahre zuvor in Pyeongchang, und kletterte damit im Medaillenspiegel vom 16. auf den dritten Rang.

Zu den 109 Wettkämpfen kamen insgesamt knapp 100.000 Zuschauer. Wegen der Coronapandemie waren keine Besucher aus dem Ausland erlaubt. Neben den von der chinesischen Regierung eingeladene Personen wohnten in erster Linie Mitglieder der Olympischen Familie, Sponsoren und Botschaftsangehörige den Wettkämpfen bei.

	Land	Gold	Silber	Bronze	gesamt
1.	Norwegen	16	8	13	37
2.	Deutschland	12	10	5	27
3.	China	9	4	2	15
4.	USA	8	10	7	25
5.	Schweden	8	5	5	18
6.	Niederlande	8	5	4	17
7.	Österreich	7	7	4	18
8.	Schweiz	7	2	5	14
9.	ROC	6	12	14	32
10.	Frankreich	5	7	2	14
11.	Kanada	4	8	14	26
12.	Japan	3	6	9	18
13.	Italien	2	7	8	17
14.	Südkorea	2	5	2	9
15.	Slowenien	2	3	2	7
16.	Finnland	2	2	4	8
17.	Neuseeland	2	1	0	3
18.	Australien	1	2	1	4
19.	Großbritannien	1	1	0	2
20.	Ungarn	1	0	2	3
21.	Belgien	1	0	1	2
21.	Tschechien	1	0	1	2
21.	Slowakei	1	0	1	2
24.	Weißrussland	0	2	0	2
25.	Spanien	0	1	0	1
25.	Ukraine	0	1	0	1
27.	Estland	0	0	1	1
27.	Lettland	0	0	1	1
27.	Polen	0	0	1	1

STARS UND STORYS

CLOSED LOOP

Die Angst vor einem Coronaausbruch und entsprechende Auswirkungen auf die Wettbewerbe war groß. Die Einreisekontrollen am Pekinger Flughafen schienen an den Tagen vor der Eröffnungsfeier auch die schlimmsten Befürchtungen zu bestätigen. Von knapp 12000 durchgeführten Tests fielen 308 positiv aus, Olympiateilnehmer wie Eric Frenzel oder Nolan Seegert verbrachten mehr oder weniger Tage isoliert in Quarantänehotels. Je länger die Winterspiele dauerten, umso mehr setzte sich die Erkenntnis durch: Der sogenannte Closed Loop (geschlossener Kreislauf) für Sportler, Offizielle, Medienvertreter und Helfer rund um die Wettkampfstätten, die Unterkünfte und das Transportsystem, der zu keinem Zeitpunkt verlassen werden durfte, hält dicht. Alle Personen innerhalb des Closed Loop mussten sich täglich einem PCR-Test unterziehen, am Ende waren es knapp zwei Millionen Proben. Insgesamt gab es 437 positive Ergebnisse, die Anzahl sank täglich, am 13. Wettkampftag war es kein einziger mehr.

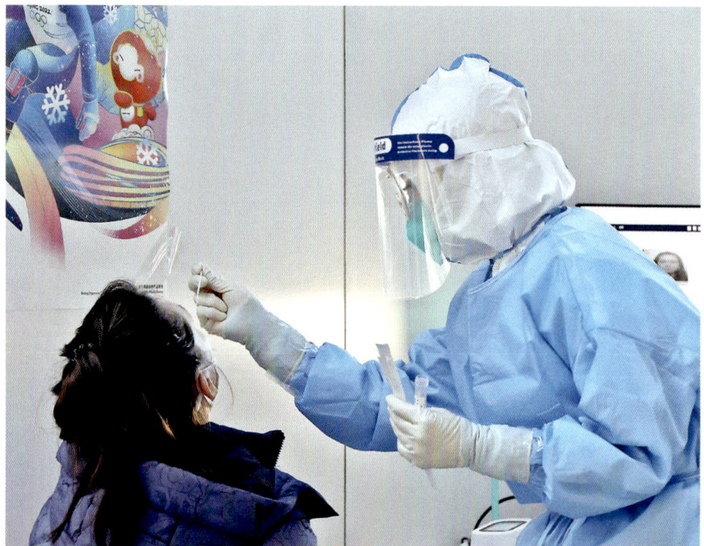

(Unangenehme) Routine: Alle Personen innerhalb des Closed Loop mussten sich täglich einem PCR-Test unterziehen.

SCHILLERNDE FIGUR

Chinesische Medien und Firmen hatten Eileen Gu schon im Vorfeld zum Gesicht der Winterspiele auserkoren. Die Freestylerin strahlte in TV-Spots und auf Werbeplakaten. Die Gastgeber feierten es als Triumph, dass sich Gu entschieden hatte, bei internationalen Wettbewerben nicht für die USA anzutreten, das Land, in dem sie geboren und aufgewachsen ist, sondern für China, das Heimatland ihrer Mutter. Mit zwei Gold- und einer Silbermedaille wurde Eileen Gu – oder Gu Ailing, wie sie in China heißt – den hohen Erwartungen im Riesenreich vollauf gerecht, die 18-Jährige war eine der schillerndsten Figuren dieser Winterspiele. »Es waren die intensivsten zwei Wochen, die ich je erlebt habe. Mein Leben hat sich für immer verändert«, sagte Gu. »Ich hoffe, dass ich dazu beitragen konnte, dass Ski Freestyle in China noch populärer wird.« Was den Chinesen weniger gefallen dürfte: Ihr weiteres Leben plant Gu in den USA. An der Eliteuniversität Stanford will sie ein Studium beginnen.

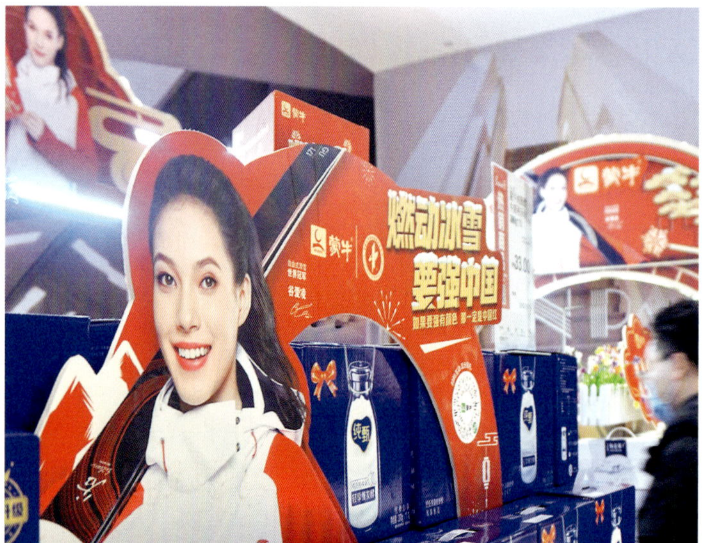

Begehrter Star: Freestylerin Eileen Gu strahlte in China auf zahlreichen Werbeplakaten.

WEITERE REKORDE

Mit dem 20. Platz über 3000 Meter und dem neunten im Massenstart hatte Eisschnellläuferin Claudia Pechstein, deutsche Fahnenträgerin bei der Eröffnungsfeier, nichts mit der Medaillenvergabe zu tun. Zudem wurde die fünfmalige Goldmedaillengewinnerin als erfolgreichste deutsche Winterolympionikin abgelöst von Rennrodlerin Natalie Geisenberger. Claudia Pechstein wäre aber nicht Claudia Pechstein, wenn sie nicht andere Rekorde aufgestellt hätte. Die Berlinerin, die zwei Tage nach der Schlussfeier ihren 50. Geburtstag feierte, ging als älteste Teilnehmerin in die Geschichte der Winterspiele ein. Pechstein (»Alter ist nur eine Zahl«) löste Rennrodlerin Anne Abernathy von den Jungferninseln ab, die 2002 in Salt Lake City 48 Jahre alt war (2006 in Turin war Abernathy zwar vor Ort, aber nicht am Start). Mit ihren achten Winterspielen zog Pechstein zudem gleich mit dem Rekordteilnehmer, dem japanischen Skispringer Noriaki Kasai. Ohne die Sperre 2010 wäre sie sogar alleinige Rekordhalterin.

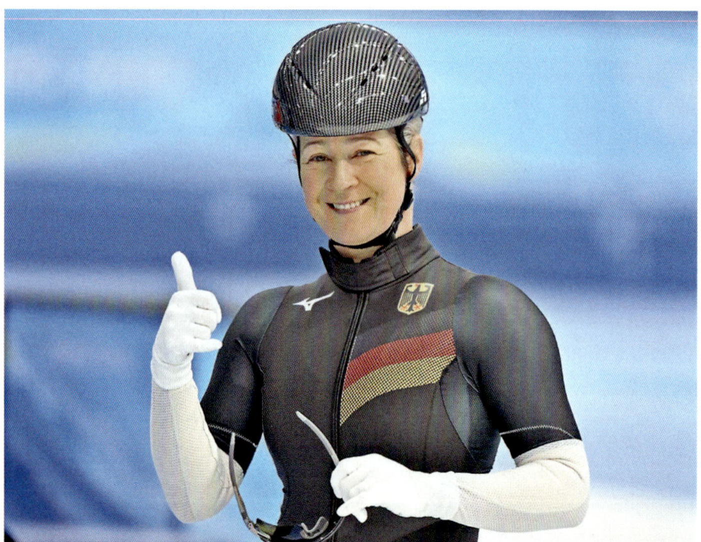

Daumen hoch: Eisschnellläuferin Claudia Pechstein konnte mit ihrem neunten Platz im Massenstart zufrieden sein.

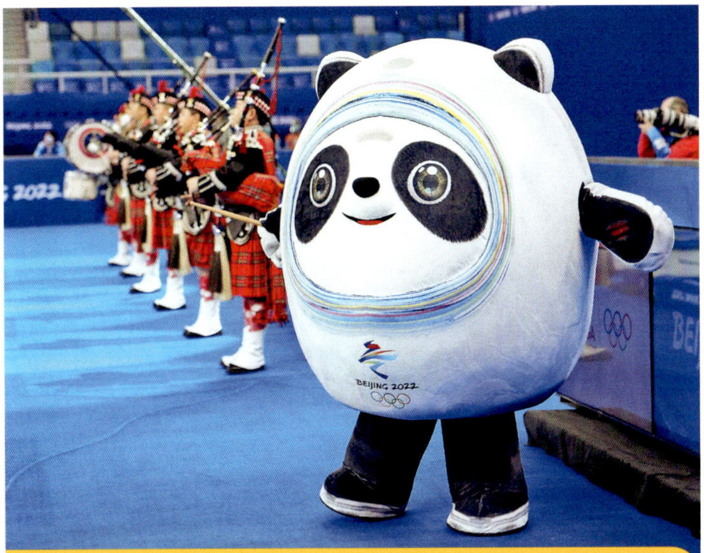

Beliebtes Maskottchen: Bing Dwen Dwen war bei den Winterspielen omnipräsent und erfreute sich großer Popularität.

HEIMLICHER STAR

Der heimliche Star der Winterspiele war ein rundlicher, süßer Panda namens Bing Dwen Dwen, der in einer Art Astronautenanzug steckte. Das offizielle Maskottchen gab es auch als Plüschtier, das bei keiner Siegerehrung fehlen durfte. Wer auf anderen Wegen an das Plüschtier herankommen wollte, musste sich beeilen. Schon nach kurzer Zeit war Bing Dwen Dwen in ganz China ausverkauft, der Schwarzmarkt blühte. Wer leer ausging, konnte sich immerhin mit Ansstecknadeln trösten. Der Hype um Bing Dwen Dwen erreichte auch die Konditoreien des Landes. Eine Bäckerei in Nantong bot einen Kuchen in Form des Maskottchens an, was sofort die wachsame Marktaufsichtsbehörde auf den Plan rief. Auch ein Süßwarengeschäft in Shantou handelte sich Ärger ein. Beide Betriebe hatten es versäumt, sich eine Genehmigung zu organisieren. Immerhin gibt es für alle Hoffnung, die auch nach den Spielen noch einen Plüsch-Panda erwerben wollen. Das Organisationskomitee hat die Souvenirfabriken dazu aufgefordert, Bing Dwen Dwen nachzuproduzieren.

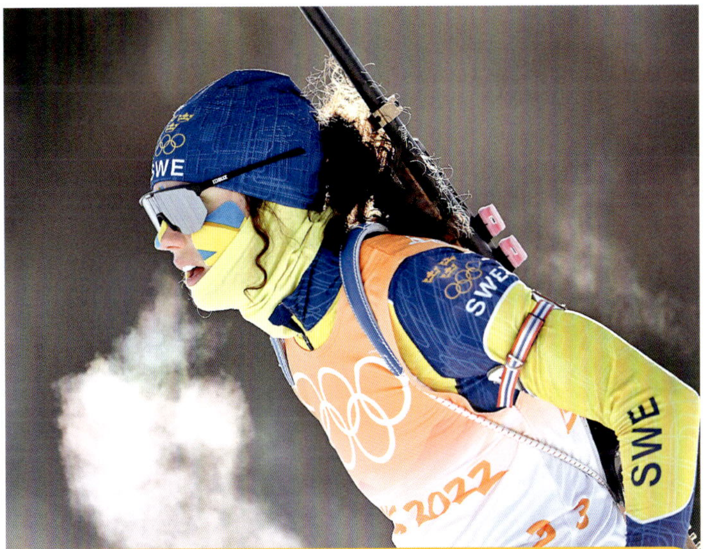

Dick eingepackt: Mit Gesichtstapes und Schal versuchte die schwedische Starbiathletin Hanna Öberg, der Kälte zu trotzen.

KLIRRENDE KÄLTE

Nicht nur das Leben im Closed Loop stellte die Teilnehmer bei den Winterspielen vor immense Herausforderungen, sondern auch die klirrende Kälte in den Bergen von Yanqing und – noch viel schlimmer – in denen von Zhangjiakou. Temperaturen im zweistelligen Minusbereich und eisige Winde setzten den Sportlern, Kampfrichtern, Technikern, Medienvertretern und Zuschauern zu. Die klirrende Kälte war nicht nur gefährlich für die Gesundheit, sondern sorgte auch für teilweise grenzwertige Rahmenbedingungen. Im Biathlon etwa wurde das Schießen mit klammen Fingern und heftigem Wind zum Glücksspiel. Mit mehreren Schichten Kleidung, Schals, schützenden Cremes und Gesichtstapes oder technischen Hilfsmitteln versuchten die Teilnehmer, den widrigen Bedingungen einigermaßen Herr zu werden. Einige Wettbewerbe mussten um Stunden oder gar um ganze Tage verschoben oder verändert werden, um Absagen zu vermeiden. Die sieht das Regelwerk erst bei Temperaturen von mehr als 20 Grad unter null vor.

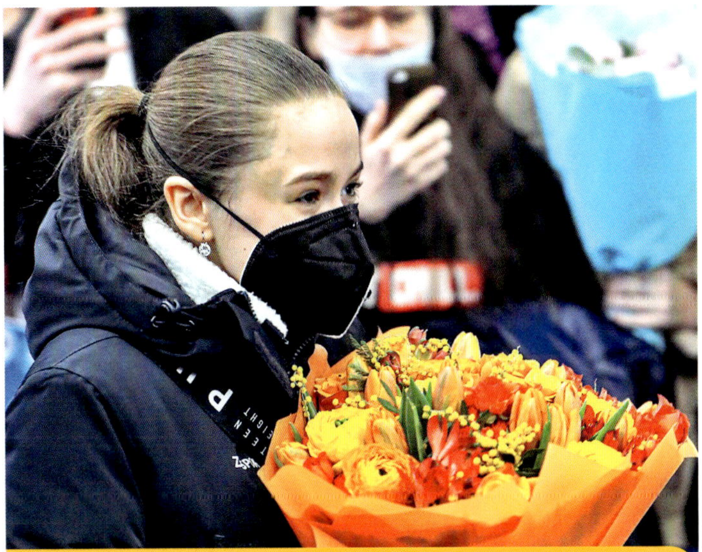

Spalier für die Gefallene: Kamila Valieva wurde nach ihrer Rückkehr am Moskauer Flughafen Scheremetjewo von Fans empfangen.

TRAGISCHES WUNDERKIND

Eiskunstläuferin Kamila Valieva gilt als Jahrhunderttalent. Mit 15 Jahren hat die Russin bereits Vierfachsprünge in ihrem Repertoire, technisch flirtet sie mit der Perfektion, künstlerisch beweist sie eine erstaunliche Reife. Für das olympische Einzel konnte es keine andere Favoritin geben als sie. Und doch war Valieva bis dato nur einem Nischenpublikum bekannt. Das hat sich bei diesen Winterspielen schlagartig geändert, als vier Tage nach dem Gewinn der Goldmedaille im Teamwettbewerb eine positive Dopingprobe des Wunderkindes publik wurde. Sie stammte von Ende Dezember 2021 und wies die Einnahme des Herzmedikaments Trimetazidin nach, das die Blutgefäße weitet und zu einer Steigerung der Ausdauer beiträgt. Warum das Ergebnis der Dopingprobe erst Wochen später veröffentlicht wurde, war nur eine der Fragen, die sofort aufflammten. War sie Täterin oder Opfer des russischen Systems? Auch das blieb unklar. Sie durfte im Einzel dennoch starten, zerbrach in ihrer Kür aber an dem immensen Druck.

STARS UND STORYS

TANZENDE SIEGERINNEN

Mit ihrer Goldmedaille im Teamsprint sorgten die Langläuferinnen Katharina Hennig und Victoria Carl bei den Winterspielen für die größte Sensation aus deutscher Sicht. Nach dem Geheimnis ihres Erfolges gefragt, fiel dem deutschen Goldduo auch ein Ritual ein, das es in diesen Tagen von Peking begleitet hatte. Jeden Vormittag um zehn vor zehn bat Trainer Erik Schneider die deutschen Athletinnen auf die Tanzfläche. Dabei legte Schneider als DJ einen Parforceritt durch verschiedenste Musikgenres hin. Hennig und Carl tanzten mal zu Techno, mal zu Hardrock und mal zu Salsa. Ob das mit ihrem Musikgeschmack korrespondierte, blieb offen. Auf dem Weg zu Gold habe das Tanzen aber auf jeden Fall geholfen, stellte Carl fest: »Tanzen befreit einfach. Wir waren lockerer als jemals zuvor. Ich glaube, das war ein kleiner Schlüssel, der uns geholfen hat.« Ihre Leistung riss auch *ARD*-Kommentator Jens-Jörg Rieck mit. »Ja, hast du denn die Pfanne heiß?«, entfuhr es ihm auf der Zielgeraden.

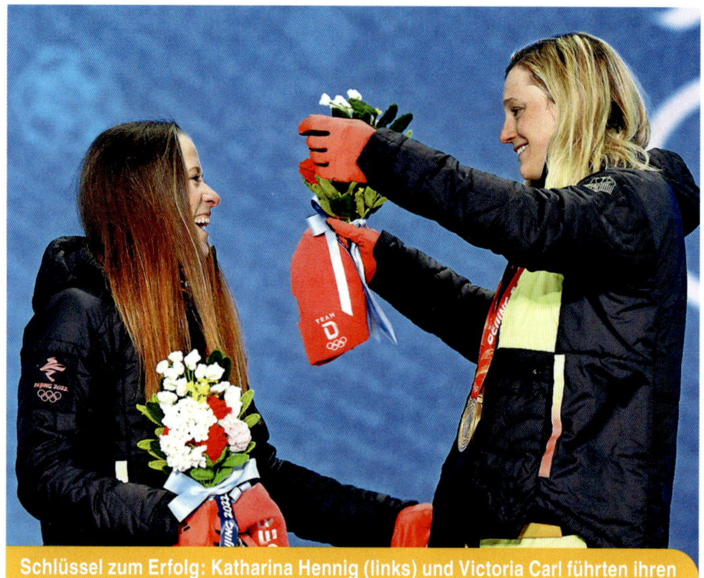

Schlüssel zum Erfolg: Katharina Hennig (links) und Victoria Carl führten ihren Goldcoup auch auf ein tägliches Ritual zurück.

ERHÖHTE VORSICHT

Die favorisierten Kanadierinnen hatten beim Eishockeyturnier der Frauen nur vor einem Gegner Angst: dem Coronavirus. Ein Ausbruch hätte die Goldambitionen des Teams gefährden können. Das Vorrundenspiel gegen Russland hätte deshalb beinahe nicht stattfinden können. Bei den Russinnen waren in den Tagen zuvor sechs positive Fälle aufgetreten. Der kanadische TV-Sender *Sportsnet* berichtete zudem, dass jene Russinnen, die sich nicht hatten isolieren müssen, vor dem Duell gegen Kanada keine negativen Testergebnisse vorgelegt hätten. Die Russinnen befanden sich beim Warmmachen zunächst allein auf dem Eis, mit einer Stunde Verspätung konnte das Spiel dann aber doch begonnen werden. Vorausgegangen war ein Kompromiss. Beide Teams verpflichteten sich, mit FFP2-Masken unter ihren Vollvisieren anzutreten. Die Kanadierinnen ließen sich davon aber nicht beirren. Schon nach drei Minuten führte der spätere Olympiasieger mit 2:0, am Ende stand ein souveräner 6:1-Sieg zu Buche.

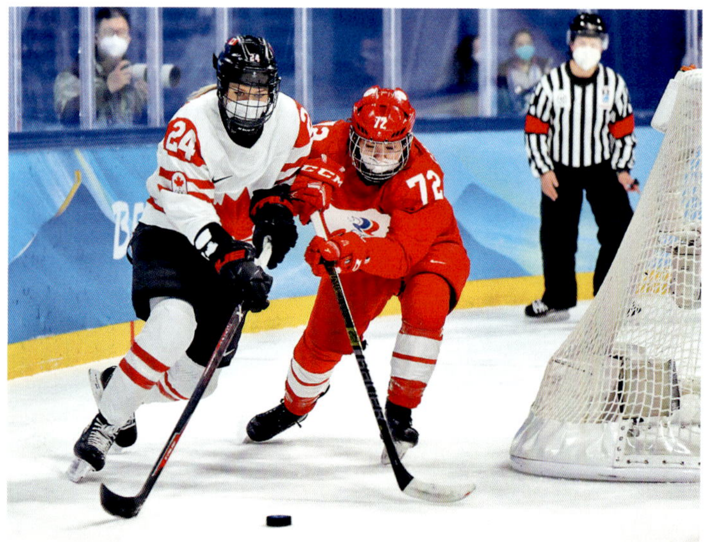

Skurriler Anblick: Im Eishockey-Vorrundenspiel zwischen Kanada und Russland trugen beide Teams FFP2-Masken.

SCHARFE REPLIK

Dass ihre Erfolge argwöhnisch beäugt werden, daran haben sich russische Athleten längst gewöhnt. Seit Russland in einem Untersuchungsbericht der Welt-Anti-Doping-Agentur (WADA) des Staatsdopings überführt und mit weitreichenden Sanktionen belegt wurde, haftet an seinen Sportlern stets ein Verdacht. Bisweilen mündet dieser aber in Verschwörungstheorien. Nachdem die russischen Frauen in der Langlaufstaffel Gold gewonnen hatten, witterte ein schwedischer Journalist Betrug und unterstellte, dass die Russinnen das verbotene C8-Wachs als Gleitmittel unter ihren Skiern gehabt hätten. Veronika Stepanova, die zur siegreichen Staffel gezählt hatte, reagierte mit Sarkasmus: »Der Journalist hat einen sehr guten Geruchssinn entwickelt. Er riecht C8-Wachs auf meinen Skiern von ganz, ganz weit weg. Sogar, wenn es gar nicht da ist.« Stepanova schloss ihre Replik mit einem Vorschlag: »Warum schaust du nicht in meiner Unterhose nach? Vielleicht verstecke ich einen Motor darin.«

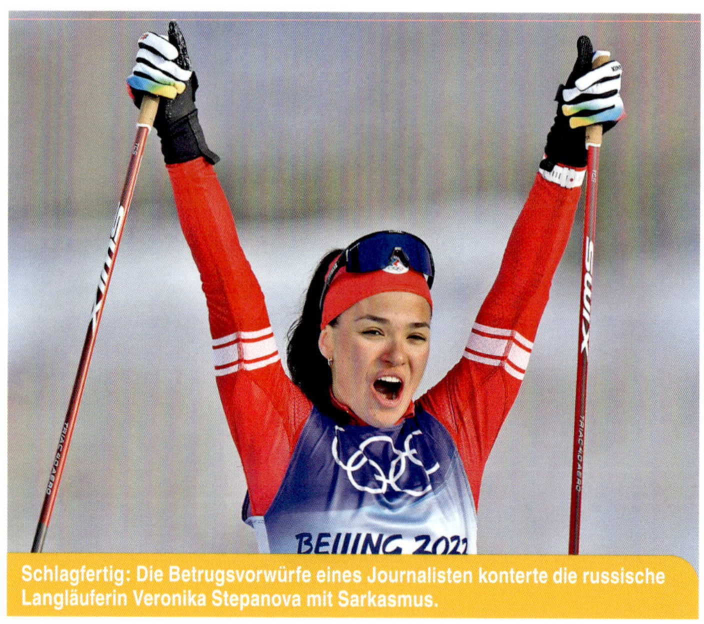

Schlagfertig: Die Betrugsvorwürfe eines Journalisten konterte die russische Langläuferin Veronika Stepanova mit Sarkasmus.

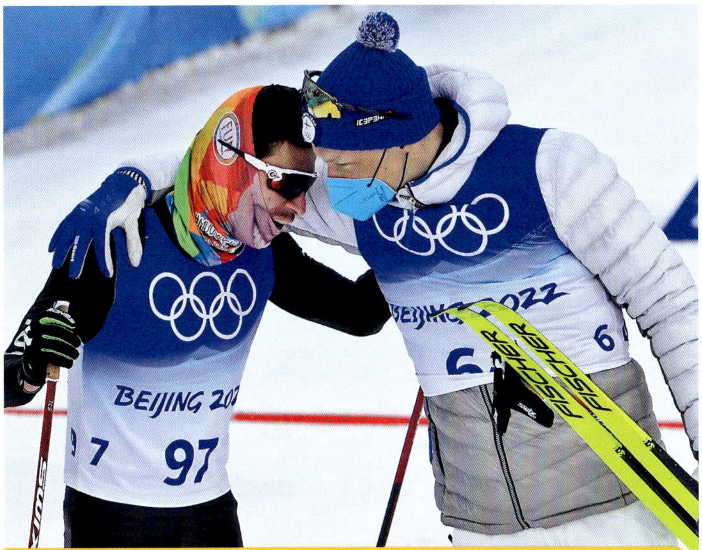

Herzliche Umarmung: Der Erstplatzierte Iivo Niskanen (rechts) empfing im Ziel den Letzten, Carlos Andres Quintana aus Kolumbien.

FAIRER FINNE

Iivo Niskanen war einer der erfolgreichsten Skilangläufer in den Bergen von Zhangjiakou. Der Finne räumte den vollen Medaillensatz ab: Gold über 15 Kilometer, Silber im Teamsprint und Bronze im Skiathlon. Niskanen sorgte für einen der herzlichsten Momente der Winterspiele: Ehe er nach seinem Erfolg über 15 Kilometer zu den Siegerinterviews überging, wartete er im Zielbereich, bis auch der 95. und letzte Teilnehmer, Carlos Andres Quintana aus Kolumbien, knapp 20 Minuten nach ihm das Ziel erreicht hatte. Niskanen empfing ihn mit einer Umarmung. Niskanen trug sich mit seiner jüngeren Schwester Kerttu, Silbermedaillengewinnerin über 10 Kilometer, zusätzlich in die olympischen Geschichtsbücher ein. Geschwister auf unterschiedlichen Siegertreppchen bei Winterspielen hatte es zuvor erst dreimal gegeben: 1980 die US-Amerikaner Beth und Eric Heiden (Eisschnelllauf) sowie die Liechtensteiner Hanni und Andreas Wenzel, 2006 die Kroaten Janica und Ivica Kostelic (alle Ski alpin).

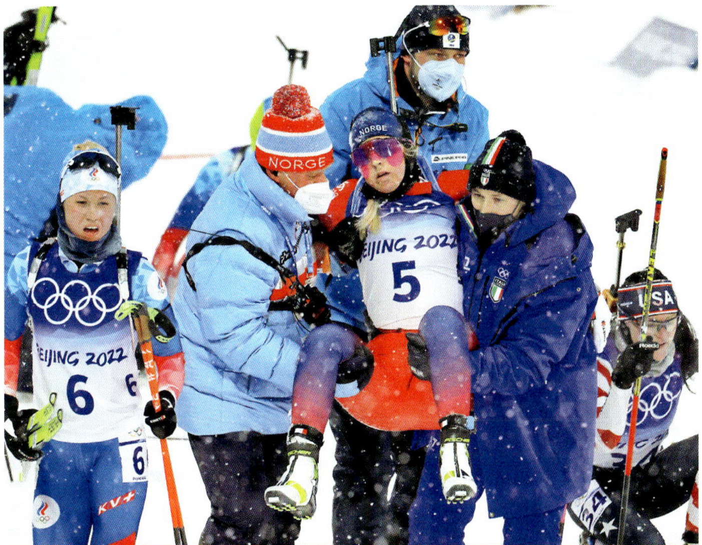

Taumelnd ins Ziel: Nach dem Verfolgungsrennen konnte Ingrid Landmark Tandrevold nicht mehr aus eigenen Kräften die Strecke verlassen.

STREIKENDER KÖRPER

Ingrid Landmark Tandrevold lag bei eisigen Temperaturen auf Medaillenkurs, als ihr Körper zu streiken begann. Es war, als hätte ihr jemand den Stecker gezogen. Auf der letzten Runde des erbarmungslosen Verfolgungsrennens der Biathletinnen kam die Norwegerin kaum noch voran, statt auf dem Bronzerang erreichte sie taumelnd als 14. das Ziel, wo sie kollabierte. Noch an Ort und Stelle wurde sie medizinisch betreut und schließlich von der Strecke getragen. Die Sorge um sie war nicht nur ihren Teamkolleginnen anzumerken. »Es war einer meiner besten Tage, bis es plötzlich der schlimmste wurde«, sagte Tandrevold hinterher, als sie sich bereits wieder etwas erholt hatte. Schon beim Sprintrennen zwei Tage zuvor, als sie Fünfte geworden war, hatte die 25-Jährige mit Kreislaufproblemen zu kämpfen gehabt. Auf Anraten des Teamarztes Lars Kolrud zog der norwegische Verband Tandrevold für die verbleibenden Rennen aus dem Verkehr. Nach der Rückkehr aus Peking waren weitere Untersuchungen geplant.

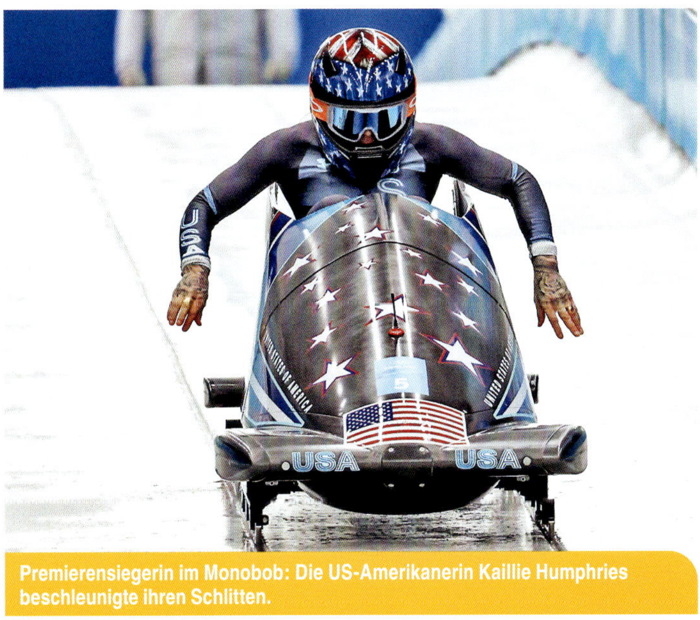

Premierensiegerin im Monobob: Die US-Amerikanerin Kaillie Humphries beschleunigte ihren Schlitten.

NEUE DISZIPLINEN

109 Olympiasieger in 15 Sportarten wurden in Peking ermittelt, das waren sieben Entscheidungen mehr als bei den Winterspielen 2018 in Pyeongchang. Die Anzahl der Teilnehmer ging gegenüber 2018 jedoch pandemiebedingt um 97 auf 2817 zurück. Neu im Programm waren vier Mixed-, zwei Frauen- und ein Männerwettbewerb. Ski Freestyle wurde um Big-Air-Events für Frauen und Männer sowie ein Mixedteam erweitert, neue gemischte Mannschaftsentscheidungen gab es auch für die Skispringer, Snowboarder und Shorttracker, hinzu kam der Monobob der Frauen. Die Erweiterung des Programms resultierte aus der neuen olympischen Agenda, die eine Berücksichtigung von Sportarten vorsieht, die im Gastgeberland besonders populär sind, wie nun Ski Freestyle in China. Bei den Winterspielen 2026 in Mailand und Cortina d'Ampezzo werden auf Wunsch der italienischen Organisatoren fünf Entscheidungen im Skibergsteigen ins Programm aufgenommen – ohne Garantie auf eine Fortsetzung bei den Winterspielen 2030.

I. WINTERSPIELE 1924 IN CHAMONIX

Die 16 Entscheidungen in neun Sportarten im französischen Chamonix waren ursprünglich als internationale Wintersportwoche im Rahmen der Olympischen Spiele 1924 in Paris deklariert. Erst zwei Jahre später erkannte das IOC den Wettkämpfen rückwirkend den Status der I. Olympischen Winterspiele zu. 281 Athleten und 13 Athletinnen, alle Eiskunstläuferinnen, aus 16 Nationen hatten gemeldet, Deutschland war als Verursacher des Ersten Weltkrieges nicht eingeladen. Erfolgreichste Teilnehmer waren der finnische Eisschnellläufer Clas Thunberg (3 × Gold, 1 × Silber, 1 × Bronze) und der norwegische Langläufer Thorleif Haug (3 × Gold, 1 × Bronze).

1	NORWEGEN	4	7	6
2	FINNLAND	4	4	3
3	ÖSTERREICH	2	1	–
4	SCHWEIZ	2	–	1
5	USA	1	2	1

II. WINTERSPIELE 1928 IN ST. MORITZ

14 Wettbewerbe in sechs Sportarten im Schweizerischen St. Moritz stellten die ersten eigenständigen Olympischen Winterspiele dar. Deutschland feierte sein Debüt und holte eine Medaille: der von Hanns Kilian gesteuerte Fünferbob fuhr zu Bronze. 464 Männer und 27 Frauen, wiederum allesamt Eiskunstläuferinnen, nahmen teil. Erfolgreichste Athleten waren mit je zweimal Gold erneut der Finne Clas Thunberg im Eisschnelllauf sowie der Norweger Johan Grottumsbraten im Skilanglauf und der Nordischen Kombination. Der Eisschnelllaufwettbewerb über 10000 Meter musste wegen Tauwetters abgesagt werden.

1	NORWEGEN	6	4	5
2	USA	2	2	2
3	SCHWEDEN	2	2	1
4	FINNLAND	2	1	1
5	FRANKREICH	1	–	–
5	KANADA	1	–	–

III. WINTERSPIELE 1932 IN LAKE PLACID

Erstmals fanden Winterspiele außerhalb Europas statt, nur wenige Nationen konnten sich in Zeiten der Weltwirtschaftskrise die weite Reise an die Ostküste der USA leisten. Lediglich 231 Athleten und 21 Athletinnen aus 17 Ländern traten an. Ausgedünnt war auch das Programm mit 14 Entscheidungen in nur fünf Sportarten (Bob, Eishockey, Eiskunstlauf, Eisschnelllauf, Ski Nordisch). Die Entscheidungen waren fest in Hand der Gastgeber. Erfolgreichster Teilnehmer war mit zwei Goldmedaillen Eisschnellläufer Jack Shea, sein US-Landsmann Eddie Eagan war der Erste, der bei Sommer- und Winterspielen Gold gewann: 1920 im Boxen, 1932 im Viererbob.

1	USA	6	4	2
2	NORWEGEN	3	4	3
3	SCHWEDEN	1	2	–
4	KANADA	1	1	5
5	FINNLAND	1	1	1

IV. WINTERSPIELE 1936 IN GARMISCH-PARTENKIRCHEN

646 Athleten und 80 Athletinnen aus 28 Nationen sorgten für einen neuen Teilnehmerrekord. 17 Goldmedaillen in sechs Sportarten wurden vergeben, erstmals auch im alpinen Skisport (Kombination der Frauen und Männer). Die herausragenden Sportler kamen aus Norwegen: Sonja Henie gewann zum dritten Mal in Folge Gold im Eiskunstlauf, Ivar Ballangrud räumte im Eisschnelllauf dreimal Gold und einmal Silber ab. Deutschland holte seine ersten drei Goldmedaillen durch Christl Cranz und Franz Pfnür im alpinen Skisport sowie Ernst Baier/Maxi Herber im Paarlauf. Von den Nationalsozialisten wurden die Winterspiele zur Propaganda missbraucht.

1	NORWEGEN	7	5	3
2	DEUTSCHLAND	3	3	0
3	SCHWEDEN	2	2	3
4	FINNLAND	1	2	3
5	SCHWEIZ	1	2	–

V. WINTERSPIELE 1948 IN ST. MORITZ

Nachdem die Winterspiele 1940 (Garmisch-Partenkirchen) und 1944 (Cortina d'Ampezzo) wegen des Zweiten Weltkrieges angesagt werden mussten, wurde der Schweizer Nobelwintersport St. Moritz bereits zum zweiten Mal nach 1928 als Gastgeber ausgewählt. 669 Athleten und 77 Athletinnen aus 28 Nationen nahmen teil. Deutschland und Japan waren ausgeschlossen, die Sowjetunion verzichtete. In sieben Sportarten fielen 22 Medaillenentscheidungen. Skeleton kehrte ins Programm zurück, neu dabei waren die Skidisziplinen Abfahrt und Slalom. Je zweimal Gold gewannen der französische Skifahrer Henri Oreiller und der schwedische Langläufer Martin Lundström.

1	NORWEGEN	4	3	3
2	SCHWEDEN	4	3	3
3	SCHWEIZ	3	4	3
4	USA	3	4	2
5	FRANKREICH	2	1	2

VI. WINTERSPIELE 1952 IN OSLO

Erstmals war eine Großstadt Ausrichter der Winterspiele. Eine halbe Million Zuschauer, so viele wie nie zuvor, kamen zu den 22 Entscheidungen in sechs Sportarten: Skeleton fiel wieder aus dem Programm, dafür feierten die Frauen im Langlauf über 10 Kilometer Premiere. 694 Athleten und 109 Athletinnen aus 30 Nationen nahmen teil, darunter erstmals nach dem Zweiten Weltkrieg auch 53 Deutsche. Andreas Ostler und Lorenz Nieberl holten Gold im Zweier- und im Vierbob, Ria und Paul Falk machten mit Gold im Paarlauf das starke Comeback perfekt (DDR-Sportler fehlten). Der Norweger Hjalmar Andersen gewann dreimal Gold im Eisschnelllauf.

1	NORWEGEN	7	3	6
2	USA	4	6	1
3	FINNLAND	3	4	2
4	DEUTSCHLAND	3	2	2
5	ÖSTERREICH	2	4	2

VII. WINTERSPIELE 1956 IN CORTINA D'AMPEZZO

Bereits 1944 sollte der kleine Ort in den italienischen Dolomiten als Gastgeber fungieren, wegen des Zweiten Weltkrieges wurden die Winterspiele jedoch abgesagt. Zwölf Jahre später kamen 691 Athleten und 132 Athletinnen aus 32 Nationen, um 25 Olympiasieger in sechs Sportarten zu ermitteln, darunter erstmals Langlauf-Staffeln der Männer und Frauen. Das gesamtdeutsche Team bildeten 51 Sportler(innen) aus der Bundesrepublik und elf aus der DDR. Der Österreicher Toni Sailer gewann alle drei alpinen Rennen, Rosa Reichert holte im Riesenslalom das einzige deutsche Gold. Die Sowjetunion scheffelte gleich bei ihrem Debüt die meisten Medaillen.

1	SOWJETUNION	7	3	6
2	ÖSTERREICH	4	3	4
3	FINNLAND	3	3	1
4	SCHWEIZ	3	2	1
5	SCHWEDEN	2	4	4

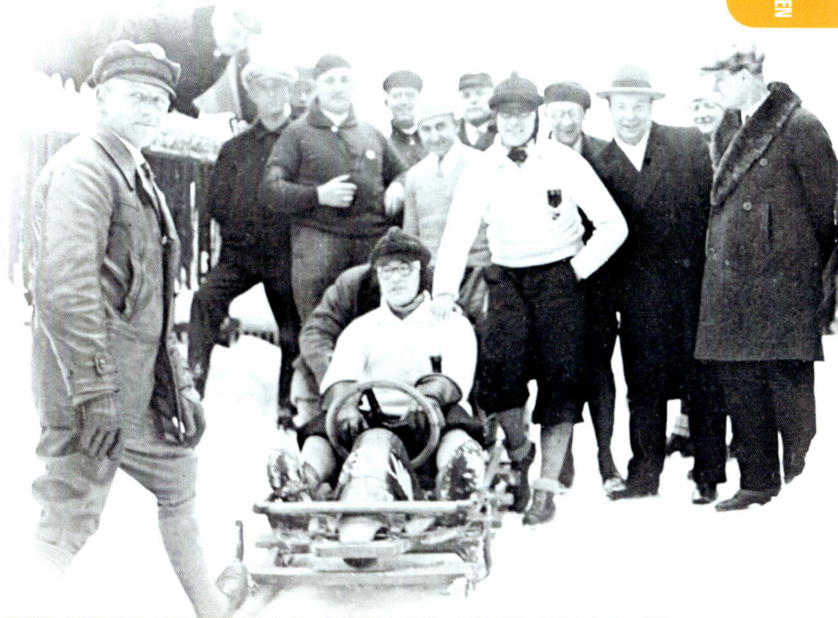

Die ersten deutschen Medaillengewinner: Hanns Kilian (sitzend) und Sebastian Huber (stehend) holten mit ihren Kollegen 1928 in St. Moritz Bronze im Fünferbob.

VIII. WINTERSPIELE 1960 IN SQUAW VALLEY

Bei den zweiten Winterspielen in Übersee – diesmal im kalifornischen Squaw Valley, 200 Meilen nordöstlich von San Francisco – untermauerte die Sowjetunion um Doppelolympiasiegerin Lidija Skoblikowa (Eisschnelllauf) ihre Vormachtstellung. Die gesamtdeutsche Mannschaft kletterte im Medaillenspiegel auf Platz zwei. Helga Haase gewann im Eisschnelllauf, Georg Thoma in der Nordischen Kombination, Heidi Biebl im Abfahrtslauf und Helmut Recknagel im Skispringen. 624 Athleten und 144 Athletinnen aus 30 Nationen traten in 27 Entscheidungen in sechs Sportarten an. Erstmals dabei waren Biathlon und Eisschnelllauf der Frauen. Bob fiel mangels Bahn aus.

1	SOWJETUNION	7	5	9
2	DEUTSCHLAND	4	3	1
3	USA	3	4	3
4	NORWEGEN	3	3	–
5	SCHWEDEN	3	2	2

IX. WINTERSPIELE 1964 IN INNSBRUCK

1091 Teilnehmer (892 Männer, 199 Frauen) aus 36 Nationen und 34 Wettbewerbe in acht Sportarten sorgten für die bis dahin größten Winterspiele. Rennrodeln feierte seine Premiere, Bob sein Comeback. Lidija Skoblikowa (Sowjetunion) gewann alle vier Eisschnelllaufwettbewerbe der Frauen. Das gesamtdeutsche Team holte dreimal Gold durch Manfred Schnelldorfer (Eiskunstlauf), Thomas Köhler und Ortrun Enderlein (beide Rodeln). Das Eiskunstlaufpaar Marika Kilius/Hans-Jürgen Bäumler musste Silber wegen Verstoßes gegen das Amateurstatut abgeben und erhielt die Medaille erst 23 Jahre später zurück. Die Schweiz blieb erstmals komplett ohne Ausbeute.

1	SOWJETUNION	11	8	6
2	ÖSTERREICH	4	5	3
3	NORWEGEN	3	6	6
4	FINNLAND	3	4	3
5	FRANKREICH	3	4	–

X. WINTERSPIELE 1968 IN GRENOBLE

Mit den zweiten Winterspielen in Frankreich begann die Dezentralisierung der Sportstätten. Diese waren, wie die Bobbahn in Alpe d'Huez, bis zu 65 Kilometer von der Olympiastadt entfernt. Die DDR stellte erstmals eine eigene Mannschaft. 947 Athleten und 211 Athletinnen aus 37 Nationen suchten 35 Olympiasieger in acht Sportarten, erstmals auch in der Männerstaffel im Biathlon. Frankreichs Skistar Jean-Claude Killy gewann dreimal Gold. Erhard Keller (Eisschnelllauf) und Franz Keller (Nordische Kombination) holten zwei Goldmedaillen für die Bundesrepublik, Klaus-Michael Bonsack/Thomas Köhler im Rodel-Doppelsitzer eine für die DDR.

1	NORWEGEN	6	6	2
2	SOWJETUNION	5	5	3
3	FRANKREICH	4	3	2
4	ITALIEN	4	–	–
5	ÖSTERREICH	3	4	4

XI. WINTERSPIELE 1972 IN SAPPORO

Erstmals machten die Winterspiele Station in Asien. Die Teilnehmerzahl sank auf 1006, darunter 205 Frauen, aus 35 Nationen. Die Disziplinen blieben unverändert. Eisschnellläufer Ard Schenk (Niederlande) und Langläuferin Galina Kulakowa (Sowjetunion) waren mit je dreimal Gold am erfolgreichsten. Die DDR kletterte durch viermal Gold von Anna-Maria Müller, Wolfgang Scheidel, Horst Hörnlein/Reinhard Bredow (alle Rodeln) und Ulrich Wehling (Nordische Kombination) im Medaillenspiegel auf Platz zwei. Die Bundesrepublik wurde nach Gold durch Erhard Keller, Monika Pflug (beide Eisschnelllauf) sowie Wolfgang Zimmerer/Peter Utzschneider (Bob) Sechster.

1	SOWJETUNION	8	5	3
2	DDR	4	3	7
3	SCHWEIZ	4	3	3
4	NIEDERLANDE	4	3	2
5	USA	3	2	3

XII. WINTERSPIELE 1976 IN INNSBRUCK

Nachdem der ursprünglich auserwählte Austragungsort Denver/Colorado nach einem Referendum der Bevölkerung zurücktrat, durfte Innsbruck nur zwölf Jahre nach 1964 erneut die Winterspiele ausrichten. 1013 Athleten und 261 Athletinnen aus 37 Nationen nahmen teil. Als neue Disziplinen kamen der 1000-Meter-Lauf der Eisschnellläufer und das Eistanzen hinzu. Erfolgreichste Olympionikin war die deutsche Ski-Legende Rosi Mittermeier (2 × Gold, 1 × Silber). Auch die Biathleten Nikolai Kruglow und Raisa Smetanina (beide Sowjetunion) sowie die Bobfahrer Meinhard Nehmer/Bernhard Germeshausen (DDR) fuhren zweimal zum Olympiasieg.

1	SOWJETUNION	13	6	8
2	DDR	7	5	7
3	USA	3	3	4
4	NORWEGEN	3	3	1
5	DEUTSCHLAND	2	5	3

XIII. WINTERSPIELE 1980 IN LAKE PLACID

Die zweiten Winterspiele in Lake Placid nach 1932 erlebten mit dem »Miracle on Ice« eine der größten Sensationen der Eishockey-Geschichte: Eine amerikanische College-Auswahl besiegte die damals als unschlagbar geltende Sowjetunion 4:3 und holte anschließend Gold. 840 Athleten und 232 Athletinnen aus 37 Nationen, darunter erstmals China, waren an die Ostküste der USA gereist. Der Biathlon-Sprint der Männer wurde erstmals durchgeführt. Eisschnellläufer Eric Heiden (USA) gewann fünf Goldmedaillen und hält damit bis heute den Olympischen Rekord. Die DDR holte erstmals in der Summe die meisten Medaillen, die Bundesrepublik blieb ohne Gold.

1	SOWJETUNION	10	6	6
2	DDR	9	7	7
3	USA	6	4	2
4	ÖSTERREICH	3	2	2
5	SCHWEDEN	3	0	1

XIV. WINTERSPIELE 1984 IN SARAJEVO

Im damaligen Jugoslawien (heute Bosnien-Herzegowina) löste die DDR die Sowjetunion auch an der Spitze des Medaillenspiegels ab. Eiskunstläuferin Katarina Witt, Skispringer Jens Weißflog und Bobpilot Wolfgang Hoppe waren die bekanntesten Goldgewinner. Peter Angerer holte für die Bundesrepublik einen kompletten Medaillensatz im Biathlon. Erfolgreichste Olympionikin war die Finnin Marja-Liisa Hämäläinen, die alle drei Skilanglaufwettbewerbe für sich entschied, u. a. den erstmals durchgeführten 20-Kilometer-Lauf. 998 Athleten und 274 Athletinnen aus 49 Nationen nahmen teil. Österreich (nur 1 × Bronze) erlebte sein größtes Debakel bei Winterspielen.

1	DDR	9	9	6
2	SOWJETUNION	6	10	9
3	USA	4	4	–
4	FINNLAND	4	3	6
5	SCHWEDEN	4	2	2

XV. WINTERSPIELE 1988 IN CALGARY

Gleich sieben Wettbewerbe wurden bei den ersten Winterspielen in Kanada neu ins Programm aufgenommen, u. a. Super-G und Teamspringen, die alpine Kombination kehrte nach 40 Jahren zurück. 1110 Athleten und 313 Athletinnen aus 57 Nationen ermittelten somit 46 Olympiasieger. Die Sowjetunion übernahm wieder die Spitze des Medaillenspiegels. Katarina Witt konnte den Titel im Eiskunstlauf verteidigen, Frank-Peter Rötsch (beide DDR) holte zweimal Gold im Biathlon. Die Bundesrepublik gewann zweimal Gold, u. a. durch Marina Kiel in der Abfahrt. Der britische Skispringer »Eddie the Eagle« Edwards und Jamaikas Bobteam sorgten für Belustigung.

1	SOWJETUNION	11	9	9
2	DDR	9	10	6
3	SCHWEIZ	5	5	5
4	FINNLAND	4	1	2
5	SCHWEDEN	4	–	2

XVI. WINTERSPIELE 1992 IN ALBERTVILLE

Der Fall des »Eisernen Vorhanges« machte auch vor den Winterspielen in den französischen Alpen nicht halt. Die meisten Nachfolgestaaten der Sowjetunion starteten in einem gemeinsamen Team (GUS), das wiedervereinte Deutschland um die Doppelolympiasieger Mark Kirchner (Biathlon) und Gunda Niemann (Eisschnelllauf) eroberte die Spitze des Medaillenspiegels. 1313 Athleten und 488 Athletinnen aus 64 Nationen – so viele wie nie – nahmen teil. Shorttrack, Freestyle-Skiing und Frauen-Biathlon feierten Premiere. 57 Goldmedaillen wurden vergeben, die Langläufer Bjørn Dæhlie, Vegard Ulvang (beide Norwegen) und Ljubow Jegorowa (GUS) holten jeweils drei.

1	DEUTSCHLAND	10	10	6
2	GUS	9	6	8
3	NORWEGEN	9	6	5
4	ÖSTERREICH	6	7	8
5	USA	5	4	2

XVII. WINTERSPIELE 1994 IN LILLEHAMMER

Auf Druck der TV-Anstalten wurden die Winterspiele nicht mehr im gleichen Jahr wie die Sommerspiele ausgetragen, sondern in einem eigenen Vierjahreszyklus. Der Zerfall des Ostblocks sorgte für eine Rekordbeteiligung von 1217 Athleten und 522 Athletinnen aus 67 Nationen. Auch Südafrika und Israel feierten ihr Debüt. Das Programm wurde um je zwei Disziplinen im Shorttrack und Ski Freestyle erweitert. Die Russin Ljubow Jegorowa (Langlauf) und der Norweger Johann Olav Koss (Eisschnelllauf) gewannen je dreimal Gold, Deutschland feierte seine Doppelolympiasieger Jens Weißflog (Skispringen) und Markus Wasmeier (Ski Alpin).

1	RUSSLAND	11	8	4
2	NORWEGEN	10	11	5
3	DEUTSCHLAND	9	7	8
4	ITALIEN	7	5	8
5	USA	6	5	2

XVIII. WINTERSPIELE 1998 IN NAGANO

Eishockey stand im Mittelpunkt der zweiten Winterspiele in Japan nach 1972. Die nordamerikanische Profiliga NHL unterbrach erstmals ihren Spielbetrieb und schickte ihre Stars. Gold gewann aber weder Kanada noch die USA, sondern Tschechien. Als weitere Sportarten wurden Curling, Snowboarden und Frauen-Eishockey aufgenommen, die Anzahl der Entscheidungen stieg auf 68. Bjørn Dæhlie (Norwegen) war mit dreimal Gold der erfolgreichste der 1488 Athleten und 814 Athletinnen aus 72 Nationen. Für Deutschland wurde u. a. Katja Seitzinger Olympiasiegerin in Abfahrt und Kombination, Claudia Pechstein und Gunda Niemann-Stirnemann triumphierten im Eisschnelllauf.

1	DEUTSCHLAND	12	9	8
2	NORWEGEN	10	10	5
3	RUSSLAND	9	6	3
4	KANADA	6	5	4
5	USA	6	3	4

XIX. WINTERSPIELE 2002 IN SALT LAKE CITY

Ein Bestechungsskandal bei der Vergabe und mehrere Dopingfälle im Langlauf überschatteten die vierten Winterspiele in den USA. 1513 Athleten und 886 Athletinnen aus 77 Nationen nahmen teil. Die Zahl der Wettbewerbe stieg auf 78, erstmals dabei war u. a. Frauen-Bob, Skeleton kehrte nach 54 Jahren zurück. In Erinnerung blieben der Norweger Ole Einar Bjørndalen (4 × Gold im Biathlon), der Finne Samppa Lajunen (3 × Gold in der Nordischen Kombination) und die Kroatin Janica Kostelić (3 × Gold im Ski Alpin). Doppelolympiasiegerinnen wurden die Deutschen Kati Wilhelm, Andrea Henkel (beide Biathlon) und Claudia Pechstein (Eisschnelllauf).

1	NORWEGEN	13	5	7
2	DEUTSCHLAND	12	16	8
3	USA	10	13	11
4	KANADA	7	3	7
5	RUSSLAND	5	4	4

XX. WINTERSPIELE 2006 IN TURIN

An den »Winterspielen der weiten Wege« – die Wettkampfstätten für Snowboard, Bob oder Ski Alpin waren knapp 100 Kilometer von der Olympiastadt entfernt – nahmen 1627 Athleten und 1006 Athletinnen aus 80 Nationen teil. Sechs neue Wettbewerbe kamen hinzu, u. a. der Massenstart im Biathlon, so dass 84 Goldmedaillen vergeben wurden. Die Südkoreaner Ahn Hyun-soo und Jin Sun-yu holten im Shorttrack ebenso dreimal Gold wie der Deutsche Michael Greis im Biathlon, sein Kollege Sven Fischer wurde Doppelolympiasieger. Pilot André Lange und Anschieber Kevin Kuske triumphierten im Zweier- und im Viererbob, Kati Wilhelm holte ihr drittes Gold im Biathlon.

1	DEUTSCHLAND	11	12	6
2	USA	9	9	7
3	ÖSTERREICH	9	7	7
4	RUSSLAND	8	6	8
5	KANADA	7	10	7

XXI. WINTERSPIELE 2010 IN VANCOUVER

Kanada war zum zweiten Mal nach 1988 Gastgeber der Winterspiele und eroberte erstmals die Spitze des Medaillenspiegels. Am meisten bejubelt wurden die Goldmedaillen im Nationalsport Eishockey: Männer und Frauen setzten sich im Finale jeweils gegen die USA durch. Die norwegische Langläuferin Marit Bjørgen und der chinesische Shorttracker Wang Meng waren mit je dreimal Gold am erfolgreichsten. Biathletin Magdalena Neuner und Skiläuferin Maria Riesch holten je zweimal Gold. Ski Alpin und Ski Nordisch wurden im 125 Kilometer von Vancouver entfernten Whistler ausgetragen. 1503 Athleten und 1033 Athletinnen aus 82 Nationen suchten 86 Olympiasieger.

1	KANADA	14	7	5
2	DEUTSCHLAND	10	13	7
3	USA	9	15	13
4	NORWEGEN	9	8	6
5	SÜDKOREA	6	6	2

XXII. WINTERSPIELE 2014 IN SOTSCHI

Der Austragungsort in der subtropischen Küstenstadt am Schwarzen Meer brachte das IOC gewaltig in die Kritik. Immerhin waren die Sportstätten nur maximal 50 Kilometer voneinander entfernt. Gleich zwölf Wettbewerbe wurden neu aufgenommen, sodass 1714 Athleten und 1159 Athletinnen aus 88 Nationen um 98 Goldmedaillen kämpften. Das russische Staatsdoping flog auf, mehrere Medaillengewinner wurden nachträglich disqualifiziert. Je dreimal Gold gewannen Langläuferin Marit Bjørgen (Norwegen), Biathletin Darja Domratschewa (Weißrussland) und Shorttracker Wictor Ahn (Russland). Für Deutschland holten Felix Loch und Natalie Geisenberger je zweimal Rodel-Gold.

1	RUSSLAND	11	11	9
2	NORWEGEN	11	5	10
3	KANADA	10	10	5
4	USA	9	7	12
5	NIEDERLANDE	8	7	9

XXIII. WINTERSPIELE 2018 IN PYEONGCHANG

Nach gescheiterten Bewerbungen für 2010 und 2014 durfte der südkoreanische Gebirgsort gemeinsam mit der Küstenstadt Gangneung endlich Winterspiele ausrichten. Bei Teilnehmern (1706 Athleten und 1208 Athletinnen aus 92 Nationen) sowie Wettbewerben (102) wurden Rekorde aufgestellt. Russland wurde wegen des Staatsdopings 2014 ausgeschlossen, 168 Sportler durften als Olympic Athletes from Russia starten. Langläufer Johannes Klæbo (Norwegen) gewann dreimal Gold, seine Landsfrau Marit Bjørgen stieg mit zwei Goldenen zur erfolgreichsten Winterolympionikin überhaupt auf.

1	NORWEGEN	14	14	11
2	DEUTSCHLAND	14	10	7
3	KANADA	11	8	10
4	USA	9	8	6
5	NIEDERLANDE	8	6	6

PEKINGS OLYMPIAPREMIERE

Peking fehlten zwei Stimmen, zwei kümmerliche Stimmen. Bei der Bewerbung um die Olympischen Sommerspiele 2000 verlor Chinas Hauptstadt denkbar knapp gegen Sydney. Die Erinnerung an diese Schmach war noch lebendig, als sich Peking 2001 erneut als Ausrichter bewarb, diesmal für die Sommerspiele 2008. Um bloß nicht wieder zu scheitern, adressierte Peking vor allem das Problem der Luftqualität. Etliche Fabriken mussten schließen, und die Stadt entwickelte einen erstaunlichen Ehrgeiz darin, Bäume zu pflanzen und Grünstreifen anzulegen. Das Internationale Olympische Komitee goutierte das aufgehübschte Erscheinungsbild und ließ Peking eine deutliche Stimmenmehrheit zuteil werden. Über die kritische Menschenrechtslage, über Zwangsumsiedlungen und willkürliche Verhaftungen von Protestierenden sah das IOC schon damals geflissentlich hinweg. Umgerechnet 40 Milliarden US-Dollar investierte China in Sportstätten und Infrastrukturprojekte. Das »Olympic Green« entstand, ein fast 800 Hektar großer Park, und architektonisch betörende Bauten wie das 91000 Plätze fassende Nationalstadion (»Vogelnest«) und das Nationale Schwimmzentrum (»Wasserwürfel«).
11126 Athleten und Athletinnen aus 204 Nationen nahmen im August 2008 an den ersten Olympischen Spielen überhaupt im Riesenreich China teil und kämpften in insgesamt 302 Wettbewerben um Medaillen. Deutschland stellte 434 Teilnehmer. Basketball-Superstar Dirk Nowitzki führte die deutsche Delegation bei der Eröffnungsfeier als Fahnenträger an. Sportlich setzte sich dann jedoch die negative Entwicklung der vorangegangenen Spiele fort. Nurmehr 41 Medaillen gingen an deutsche Athleten, 1992 in Barcelona waren es noch doppelt so viele gewesen. Mit 16-mal Gold, 11-mal Silber und 14-mal Bronze belegte das deutsche

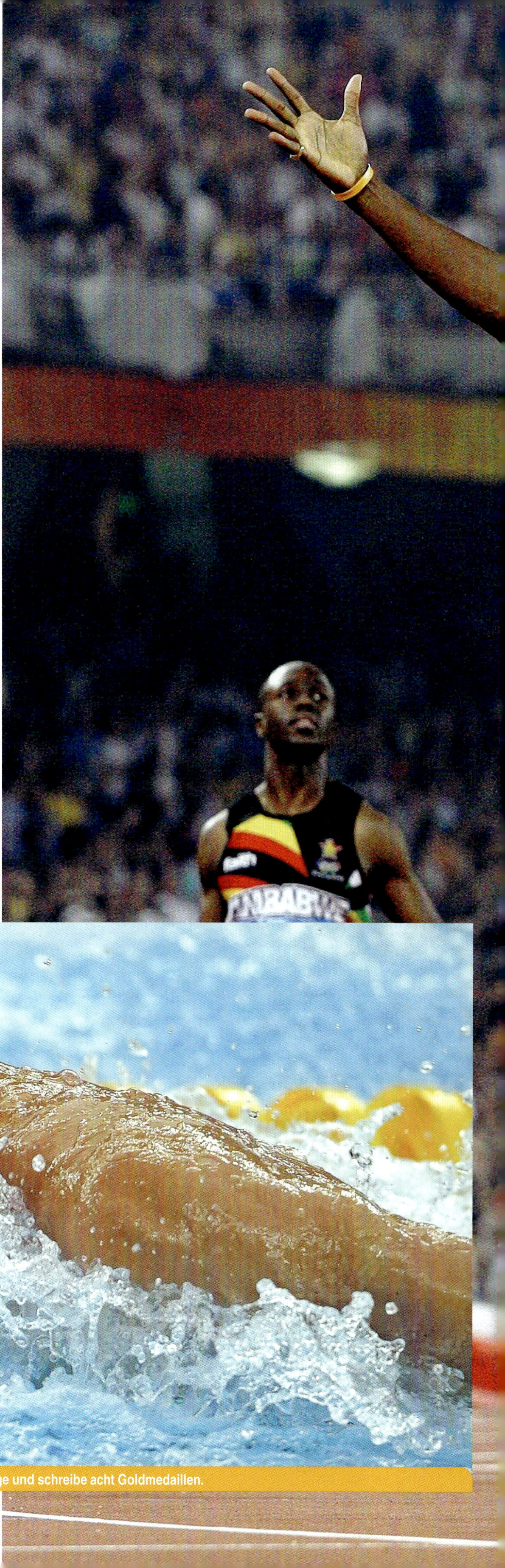

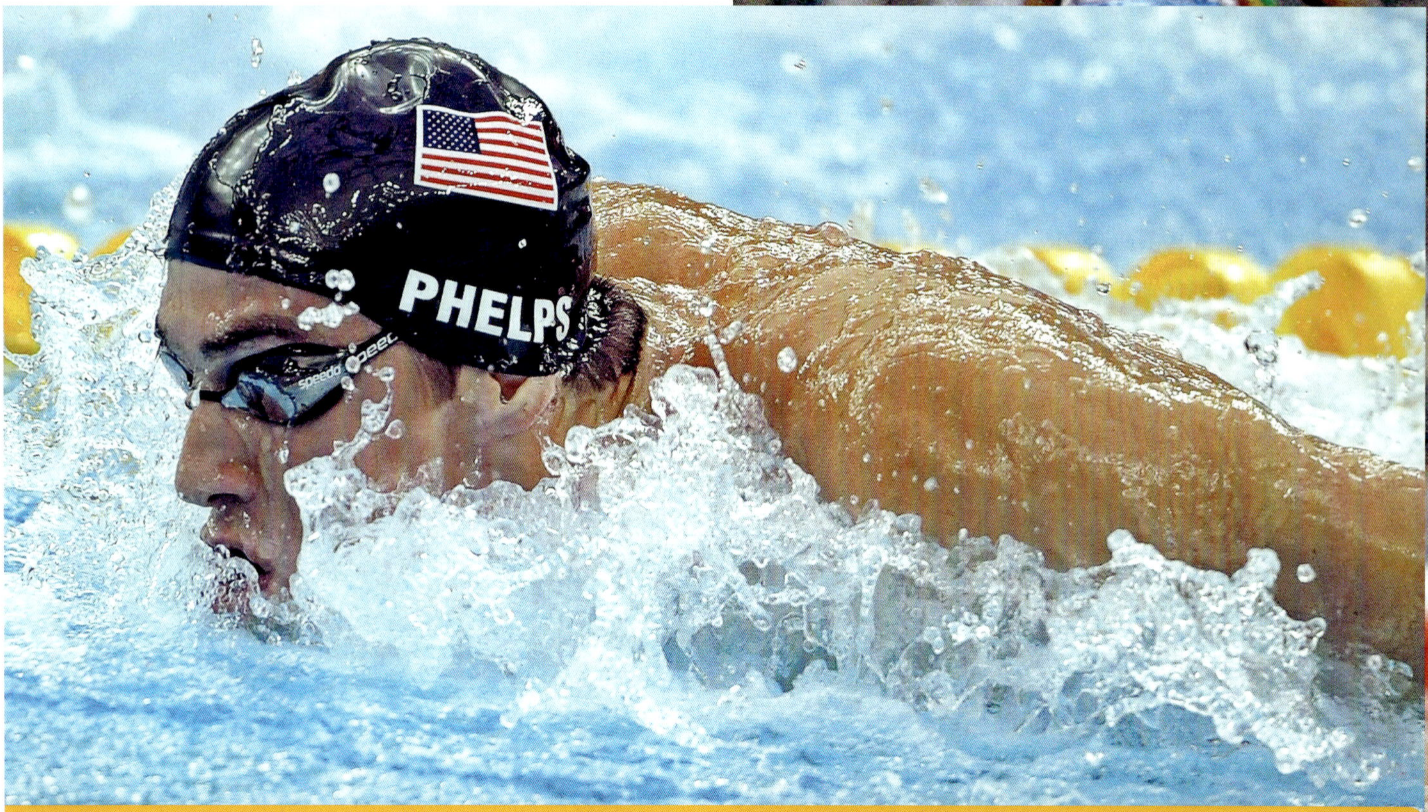

US-Schwimmstar Michael Phelps dominierte in Peking nach Belieben und gewann sage und schreibe acht Goldmedaillen.

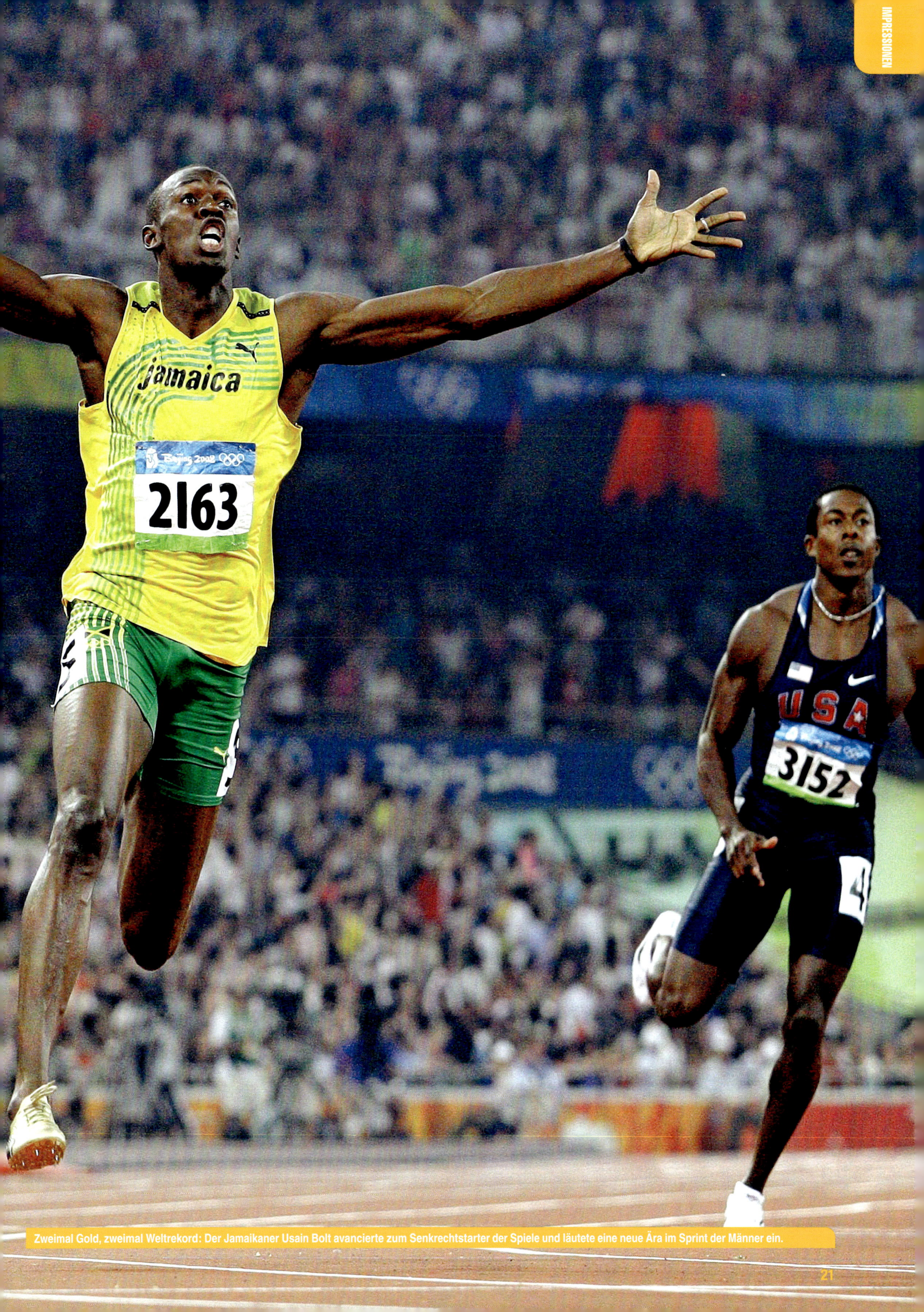

Zweimal Gold, zweimal Weltrekord: Der Jamaikaner Usain Bolt avancierte zum Senkrechtstarter der Spiele und läutete eine neue Ära im Sprint der Männer ein.

Ensemble im Medaillenspiegel aber immer noch einen respektablen fünften Platz (2004: Sechster). Zur erfolgreichsten deutschen Einzelsportlerin avancierte Schwimmerin Britta Steffen, die sowohl über 50 als auch 100 Meter Freistil Gold gewann. Allein acht Medaillen gingen auf das Konto der Kanuten. Der emotionale Höhepunkt blieb dem Gewichtheber Matthias Steiner vorbehalten, der völlig überraschend Gold im Superschwergewicht holte und bei der anschließenden Medaillenzeremonie ein Foto seiner ein Jahr zuvor tödlich verunglückten Frau in der Hand hielt. Das einzige deutsche Mannschaftsgold holte die Hockey-Nationalmannschaft der Männer um Kapitän Timo Wess. Die Basketballer um Kapitän Nowitzki scheiterten dagegen bereits in der Vorrunde.

Den Titel des Superstars dieser Spiele verdiente sich Michael Phelps. Der US-Schwimmer gewann unglaubliche acht Goldmedaillen – fünf im Einzel, drei mit der Staffel. Sieben seiner acht

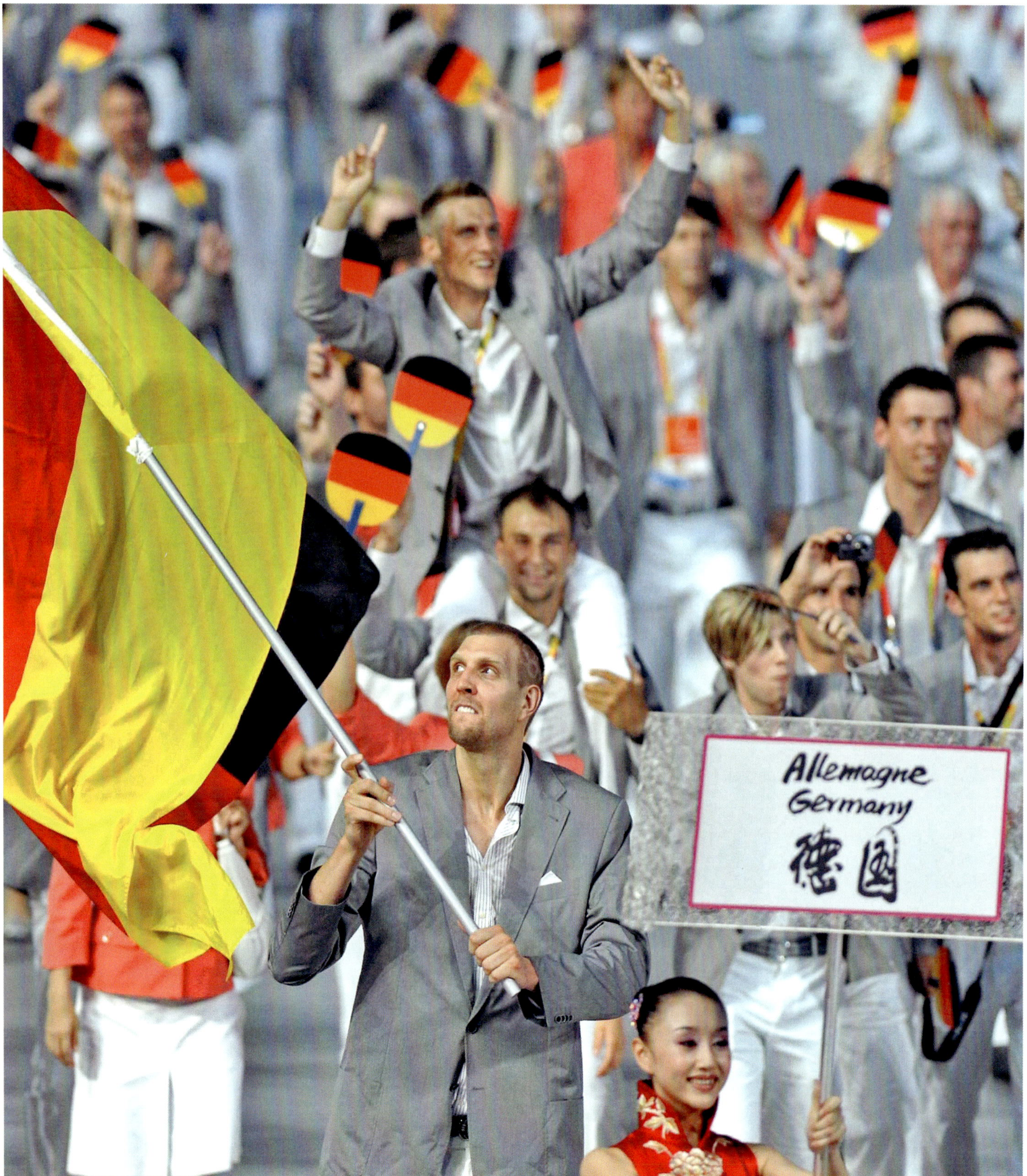

Basketball-Superstar Dirk Nowitzki führte die deutsche Delegation als Fahnenträger ins Nationalstadion von Peking.

Triumphe gingen zudem mit einem neuen Weltrekord einher. In Erinnerung behalten wird man diese Spiele aber besonders wegen Usain Bolt. Kurz vor seinem 22. Geburtstag pulverisierte der Jamaikaner bei seinen Olympiasiegen die Weltrekorde über 100 Meter (9,69 Sekunden) und 200 Meter (19,30 Sekunden) und legte damit das Fundament für seinen Aufstieg zur Sprint-Ikone. Weil sein Staffelkollege Nesta Carter als Doper erwischt wurde, musste Bolt seine Goldmedaille über 4 x 100 Meter hingegen zurückgeben.

Insgesamt wurden in Peking 43 neue Weltrekorde aufgestellt – nicht alle mit legalen Mitteln, wie sich später herausstellte. Die Dopingvergehen betrafen vor allem das Gewichtheben. Die chinesischen Olympiasiegerinnen Cao Lei, Liu Chunhong und Chen Xiexia bekamen im Jahr 2016 ihre Titel nachträglich ebenso aberkannt wie der Kasache Ilja Iljin, dem auch bei seinem Olympiasieg 2012 in London die Einnahme einer verbotenen Substanz nachgewiesen werden konnte.

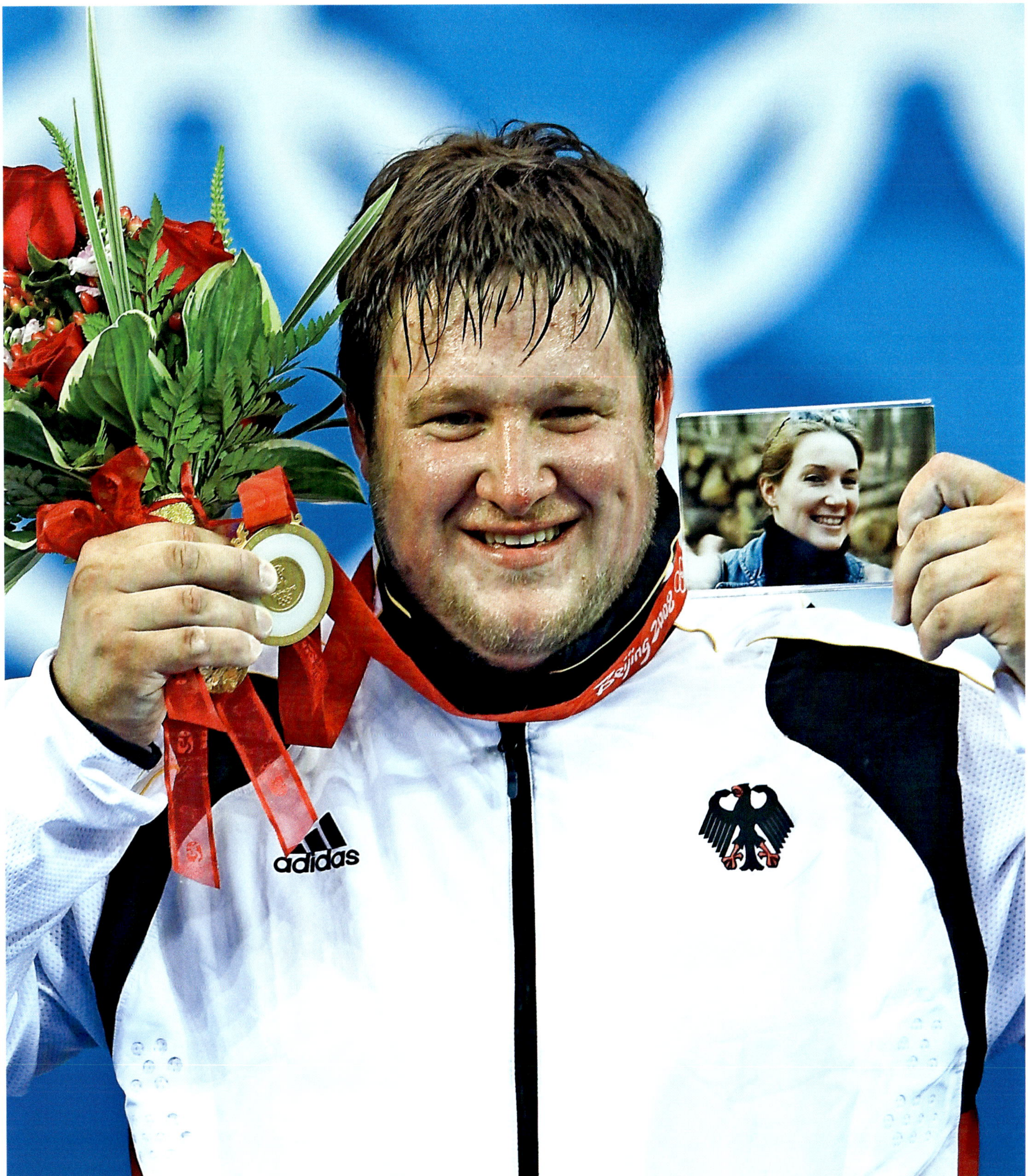

Gewichtheber Matthias Steiner holte eine von 16 Goldmedaillen des deutschen Teams und widmete seinen Olympiasieg seiner verstorbenen Ehefrau.

DER LANGE WEG NACH PEKING

3. Oktober 2012: Das IOC legt den 14. November 2013 als Bewerbungsschluss für die Ausrichtung der Olympischen Winterspiele 2022 fest.

10. November 2013: Die Einwohner von München, das zwei Jahre zuvor bei der Wahl für die Olympischen Winterspiele 2018 gegen Pyeongchang den Kürzeren gezogen hatte, stimmen bei einem Bürgerentscheid klar gegen eine erneute Bewerbung. Dies tun auch die Bürger der geplanten Co-Ausrichter Garmisch-Partenkirchen, Berchtesgadener Land und Landkreis Traunstein. Acht Monate zuvor war bereits im Schweizer Kanton Graubünden eine Kandidatur durch eine Volksabstimmung abgelehnt worden.

15. November 2013: Das IOC berichtet von »großem Interesse« an der Ausrichtung der Olympischen Winterspiele 2022 und bestätigt die Bewerbungen von Almaty (Kasachstan), Peking (China), Krakau (Polen), Lviv (Ukraine), Oslo (Norwegen) und Stockholm (Schweden).

17. Januar 2014: Stockholm, das gemeinsam mit der über 600 Kilometer entfernten Wintersporthochburg Are angetreten war, zieht seine Bewerbung wegen mangelnder finanzieller Unterstützung der schwedischen Regierung zurück.

25. Mai 2014: Nach einem negativen Bürgerentscheid widerruft Krakau, das die Winterspiele gemeinsam mit Zakopane und dem slowakischen Jasna ausrichten wollte, seine Bewerbung.

30. Juni 2014: Aufgrund der unruhigen politischen und angespannten wirtschaftlichen Lage im Lande zieht die ukrainische Regierung die Bewerbung von Lviv zurück.

7. Juli 2014: Das IOC erklärt die verbliebenen Städte Almaty, Peking und Oslo zu den finalen Kandidaten.

1. Oktober 2014: Wegen geringen Rückhaltes in der Bevölkerung verweigert Norwegens Regierung die finanzielle Unterstützung einer Olympiabewerbung. Daraufhin zieht Oslo, das 1952 schon einmal Winterspiele ausgerichtet und als Favorit für 2022 gegolten hatte, seine Kandidatur zurück. Damit steht auch fest, dass Asien nach Pyeongchang 2018 und Tokio 2021 zum dritten Mal hintereinander Schauplatz Olympischer Spiele sein wird.

31. Juli 2015: Beim IOC-Kongress in Kuala Lumpur erhält Peking den Zuschlag für die Ausrichtung der Olympischen Winterspiele 2022 und der Paralympischen Winterspiele im selben Jahr. Die chinesische Hauptstadt setzt sich gegen Almaty knapp mit 44:40 Stimmen bei einer Enthaltung durch. Die Abstimmung sollte erstmals elektronisch erfolgen, musste wegen technischer Probleme aber handschriftlich vorgenommen werden. Peking wird damit der erste Austragungsort von Olympischen Sommerspielen und Olympischen Winterspielen überhaupt – und das mit gerade einmal 14 Jahren Pause. Die Wahl ist umstritten. China steht international wegen des kommunistischen Überwachungsregimes, Menschenrechtsverletzungen, der Unterdrückung von Minderheiten und Demokratie sowie Umweltverschmutzung in der Kritik.

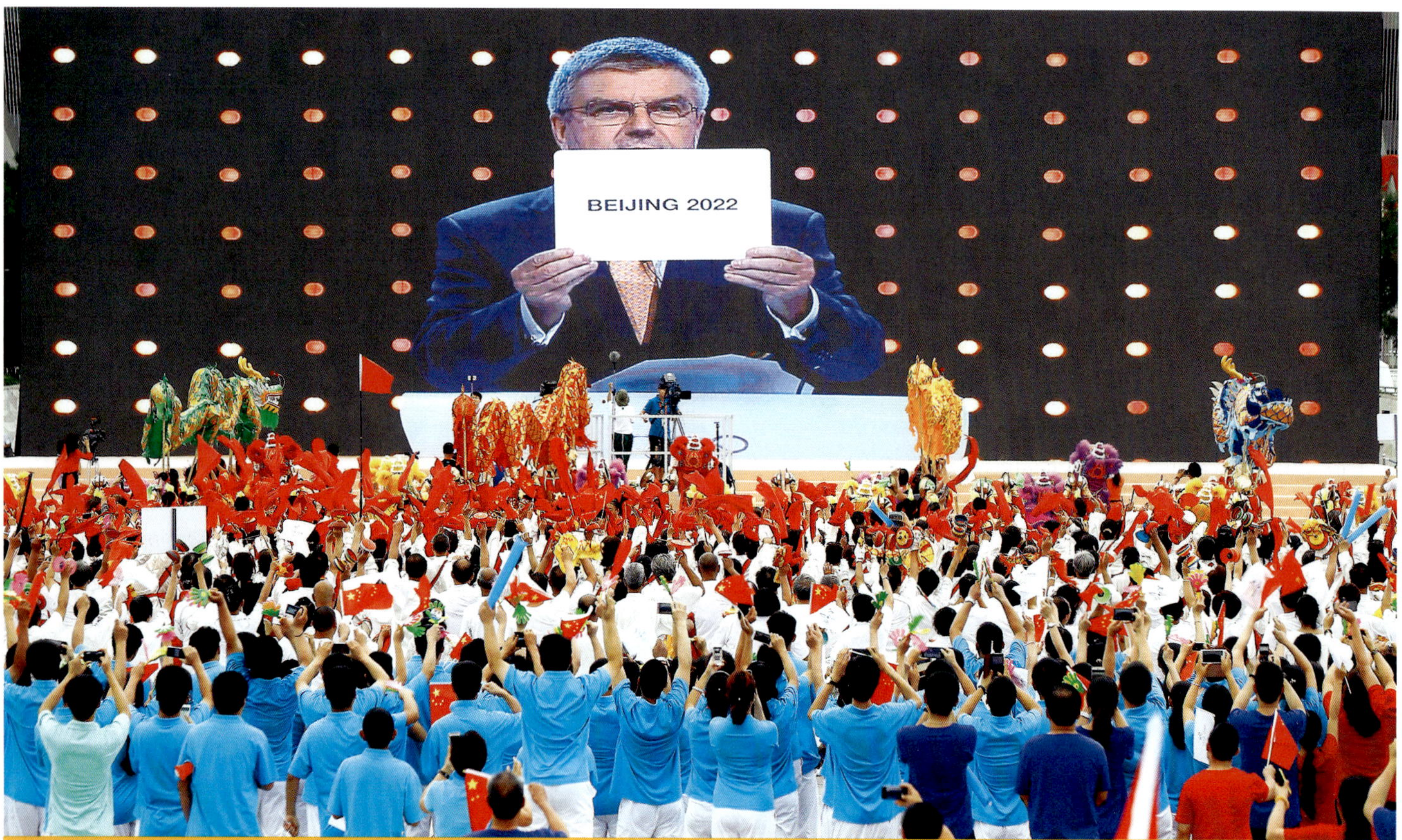

Jubel im Pekinger Olympiapark: Auf einer Großbildleinwand verfolgen zahlreiche Chinesen am 31. Juli 2015 den IOC-Kongress in Kuala Lumpur und die Verkündung des Ausrichtungsortes für die Winterspiele 2022 durch IOC-Präsident Thomas Bach.

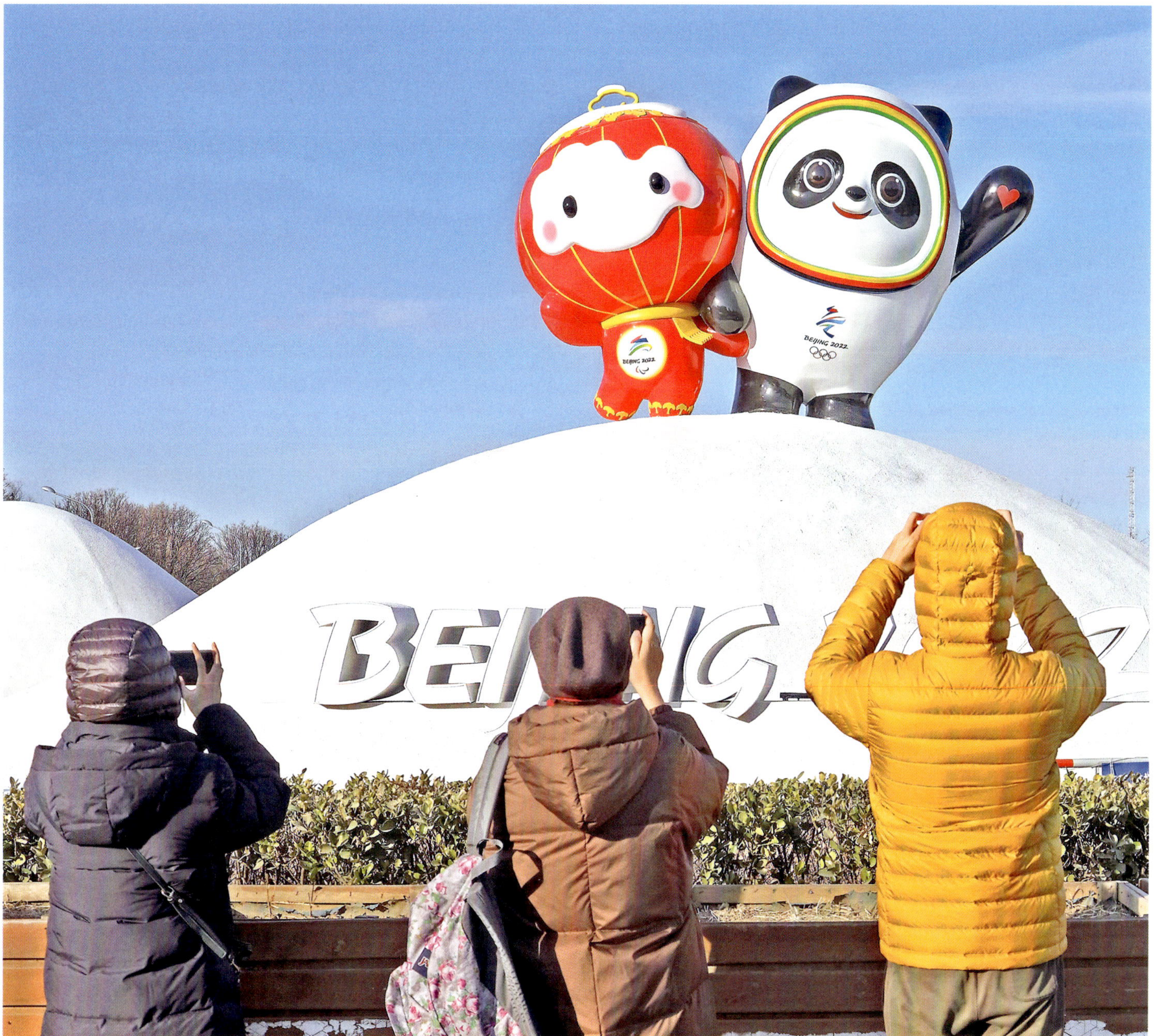

Begehrtes Fotomotiv: Bing Dwen Dwen (rechts) und Shuey Rhon Rhon, die Maskottchen der Olympischen Winterspiele und der Paralympischen Winterspiele, auf einem künstlich angelegten Schneehügel im Pekinger Olympiapark.

15. Dezember 2015: Das Organisationskomitee BOCWOG (Beijing Organising Committee for the 2022 Olympic and Paralympic Winter Games) wird gegründet.

16. Dezember 2017: BOCWOG präsentiert das offizielle Logo der Winterspiele. Das von der Künstlerin Lin Cunzhen entworfene Emblem soll in Verbindung mit dem chinesischen Schriftzeichen für Winter einen Schlittschuhläufer (für die Eiswettbewerbe) und einem Skifahrer (für die Schneewettbewerbe) darstellen.

17. September 2019: Das Maskottchen Bing Dwen Dwen wird vorgestellt. Unter knapp 6000 eingesendeten Vorschlägen setzte sich der in einem Eisanzug steckende Panda, Chinas Nationaltier, durch. Die Organisatoren erklären, das farbenfrohe Visier symbolisiere die modernen Technologien der Sportstätten, das Herz in der linken Handfläche stehe für die Gastfreundschaft Chinas. Der Name setzt sich aus den Wörtern »Bing« (Eis) und »Dwen Dwen« (robust, lebendig) zusammen. Gleichzeitig wird Shuey Rhon Rhon, eine Figur in einer traditionellen roten chinesischen Laterne, als Maskottchen für die Paralympischen Winterspiele präsentiert.

9. Dezember 2019: Die Welt-Anti-Doping-Agentur schließt Russland wegen staatlich manipulierter Dopingproben für vier Jahre von allen sportlichen Großereignissen aus. Nicht in den Staatsdopingskandal verwickelte Athleten dürfen unter dem Teamnamen ROC (Russian Olympic Committee) starten.

29. Januar 2020: Der Skiweltverband FIS sagt die zwei geplanten alpinen Skirennen der Männer am 15. und 16. Februar auf der olympischen Strecke in Yanqing ab. Ursache ist die zunehmende Verbreitung des Coronavirus in China. Es wären die ersten Tests für die Winterspiele in Peking gewesen.

4. Dezember 2020: Wegen strenger Einreisebedingungen nach China sagt der Skiweltverband FIS auch für den Winter 2020/21 alle geplanten Testwettkämpfe auf den olympischen Sportanlagen ab. Neben zwei alpinen Skirennen der Frauen sind auch die Weltmeisterschaften der Snowboarder und Ski-Freestyler sowie Weltcups der Biathleten, Skispringer und Nordischen Kombinierer betroffen.

17. September 2021: »Zusammen für eine gemeinsame Zukunft« lautet das offizielle Motto für die Winterspiele. Das Organisationskomitee BOCWOG erklärt, dieser Slogan spiegele »die Kraft der Spiele wider, globale Herausforderungen mit einer gemeinsamen Zukunft für die Menschheit zu überwinden«.

29. September 2021: IOC und BOCWOG geben bekannt, dass wegen der Coronapandemie ausländischen Besuchern die Einreise zu den Winterspielen verwehrt wird.

18. Oktober 2021: 109 Tage vor der Eröffnungsfeier wird im griechischen Heiligtum Olympia, dem Austragungsort der Olympischen Spiele der Antike, die Olympische Flamme feierlich entzündet. Auf den traditionellen Fackellauf durch Griechenland wird wegen der Coronapandemie verzichtet. Die Flamme wird unter Ausschluss der Öffentlichkeit direkt nach Athen transportiert und tags darauf im Panathinaiko-Stadion, dem Austragungsort der ersten Olympischen Spiele der Neuzeit 1896, an die chinesischen Organisatoren übergeben. Zeremonie und Übergabe werden von Demonstranten gestört.

20. Oktober 2021: Die Olympische Flamme trifft in einer Sicherheitslaterne auf dem Pekinger Flughafen ein und wird zur offiziellen Begrüßungszeremonie in den Olympic Tower im Olympiapark gebracht, wo sie der Öffentlichkeit präsentiert wird.

25. Oktober 2021: IOC und BOCWOG versenden das in enger Zusammenarbeit mit der chinesischen Regierung und den zuständigen Behörden entwickelte sogenannte Playbook. Darin werden die Einreise-, Verhaltens- und Hygieneregeln für Sportler, Offizielle, Medienvertreter und Helfer vorgestellt, unter anderem der Closed Loop (geschlossener Kreislauf) um die Wettkampfstätten, die Unterkünfte und das Transportsystem, der zu keinem Zeitpunkt verlassen werden darf. Unter anderem müssen alle Teilnehmer vor der Anreise zwei negative PCR-Tests nachweisen, einen weiteren unmittelbar nach der Einreise. Im Closed Loop müssen sie sich täglich einem Test unterziehen.

3. November 2021: Der Eishockey-Weltverband IIHF bestätigt die Olympiateilnahme der chinesischen Männermannschaft. Zuvor war ein Ausschluss der Gastgeber wegen mangelnder Konkurrenzfähigkeit in Erwägung gezogen worden. Als 32. der Weltrangliste liegen sie fernab aller anderen Teilnehmer.

6. Dezember 2021: Die USA erklären den diplomatischen Boykott der Winterspiele. Die Regierung werde keine diplomatischen oder offiziellen Vertreter nach Peking entsenden. Hintergrund seien die andauernden Menschenrechtsverletzungen in China. Dem diplomatischen Boykott schließen sich unter anderem die Regierungen von Großbritannien, Kanada, Australien und Japan an.

22. Dezember 2021: Die nordamerikanische Eishockey-Profiliga NHL und die Spielergewerkschaft NHLPA geben bekannt, keine Profis für die Winterspiele freizustellen. Die ursprünglich geplante 16-tägige Olympiapause soll stattdessen genutzt werden, um in Zusammenhang mit Corona ausgefallene Spiele nachzuholen.

4. Januar 2022: Genau einen Monat vor der Eröffnungsfeier beginnt die Abschottung der Sportstätten und der Helfer (Volunteers, Fahrdienst, Reinigungs- und Küchenpersonal etc.) von der Außenwelt.

17. Januar 2022: Das Organisationskomitee stoppt den Ticketverkauf auch für Einheimische. »Angesichts der ernsten und komplizierten Situation der Covid-19-Pandemie und um die Sicherheit aller Teilnehmer und Zuschauer zu gewährleisten, wurde entschieden, dass Eintrittskarten nicht mehr verkauft werden«, heißt es in einer Mitteilung. Nur noch von der chinesischen Regierung eingeladene Personen sollen den Wettkämpfen beiwohnen dürfen.

22. Januar 2022: Bei den Einreisekontrollen am Pekinger Flughafen wird der erste positive Coronatest eines Teilnehmers vermeldet. Bis zum Beginn der Spiele steigt die Anzahl der positiven Tests bei der Einreise und innerhalb des Closed Loop auf 308 – bei knapp 12000 für die Winterspiele eingereisten Personen. Die Betroffenen werden umgehend in Quarantänehotels oder Einzelzimmern isoliert.

30. Januar 2022: Die erste große Delegation deutscher Sportler trifft am Pekinger Flughafen ein und bezieht unter strengen Sicherheitsvorkehrungen die Olympischen Dörfer in Peking, Yanqing und Zhangjiakou.

2. Februar 2022: Erst zwei Tage vor Beginn der Winterspiele beginnt in Peking der Fackellauf. Dessen Weg führt, unter Ausschluss der Öffentlichkeit, durch alle drei Wettkampfzentren in der Hauptstadt, in Yanqing und in Zhangjiakou sowie entlang der Chinesischen Mauer. Erster von insgesamt knapp 1200 Fackelträgern ist der frühere Eisschnellläufer Luo Zhihuan, 1963 erster chinesischer Weltmeister in einer Wintersportart, die bekanntesten sind Schauspieler Jackie Chan und der frühere Basketballstar Yao Ming.

4. Februar 2022: Die 24. Olympischen Winterspiele werden im Pekinger Nationalstadion eröffnet. Sie sollen für China als Startschuss auf dem Weg zu einer großen Wintersportnation dienen. IOC-Präsident Thomas Bach spricht von potenziell 300 Millionen neuen Wintersportlern im Riesenreich und damit neuen Dimensionen für die weltweite Wintersportindustrie. Das Organisationskomitee plant bei dem 16-tägigen Großereignis mit 2871 Teilnehmern aus 91 Nationen, etwas weniger als bei den Winterspielen vier Jahre zuvor in Pyeongchang (2914 aus 92 Nationen). 109 Wettbewerbe sind angesetzt – so viele wie nie zuvor.

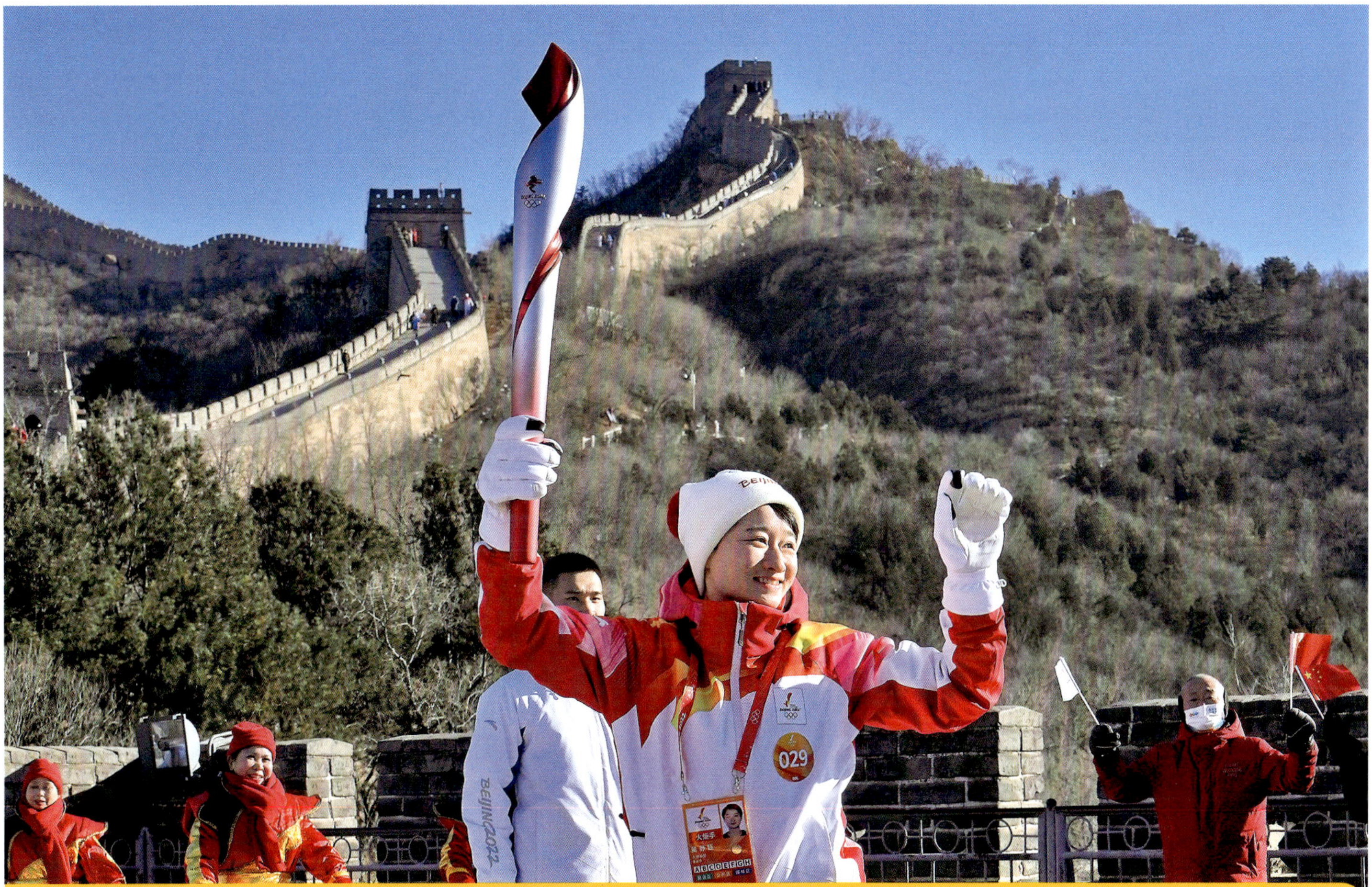

Auf einem der neuen sieben Weltwunder: Die chinesische Taekwondokämpferin Wu Jingyu, Olympiasiegerin 2008 in Peking und 2012 in London, trägt die Olympische Flamme während des Fackellaufs auf der Chinesischen Mauer.

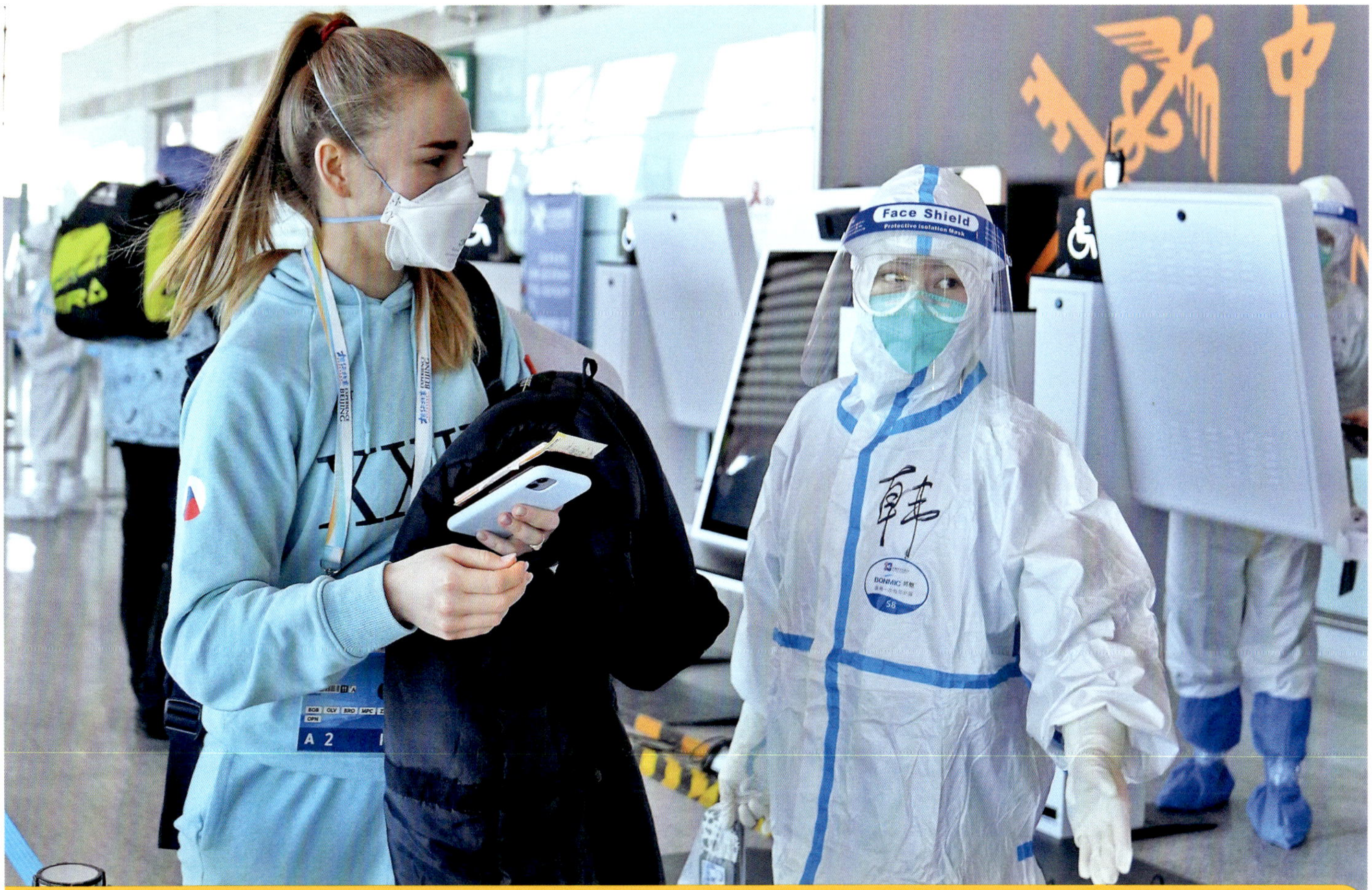

Bilder wie aus einem Science-Fiction-Film: In weißen Ganzkörperschutzanzügen nehmen chinesische Zollbeamte und Volunteers die Olympiateilnehmer am Pekinger Flughafen in Empfang und begleiten sie dort bei den Einreiseformalitäten.

SPORTSTÄTTEN

PEKING 2022

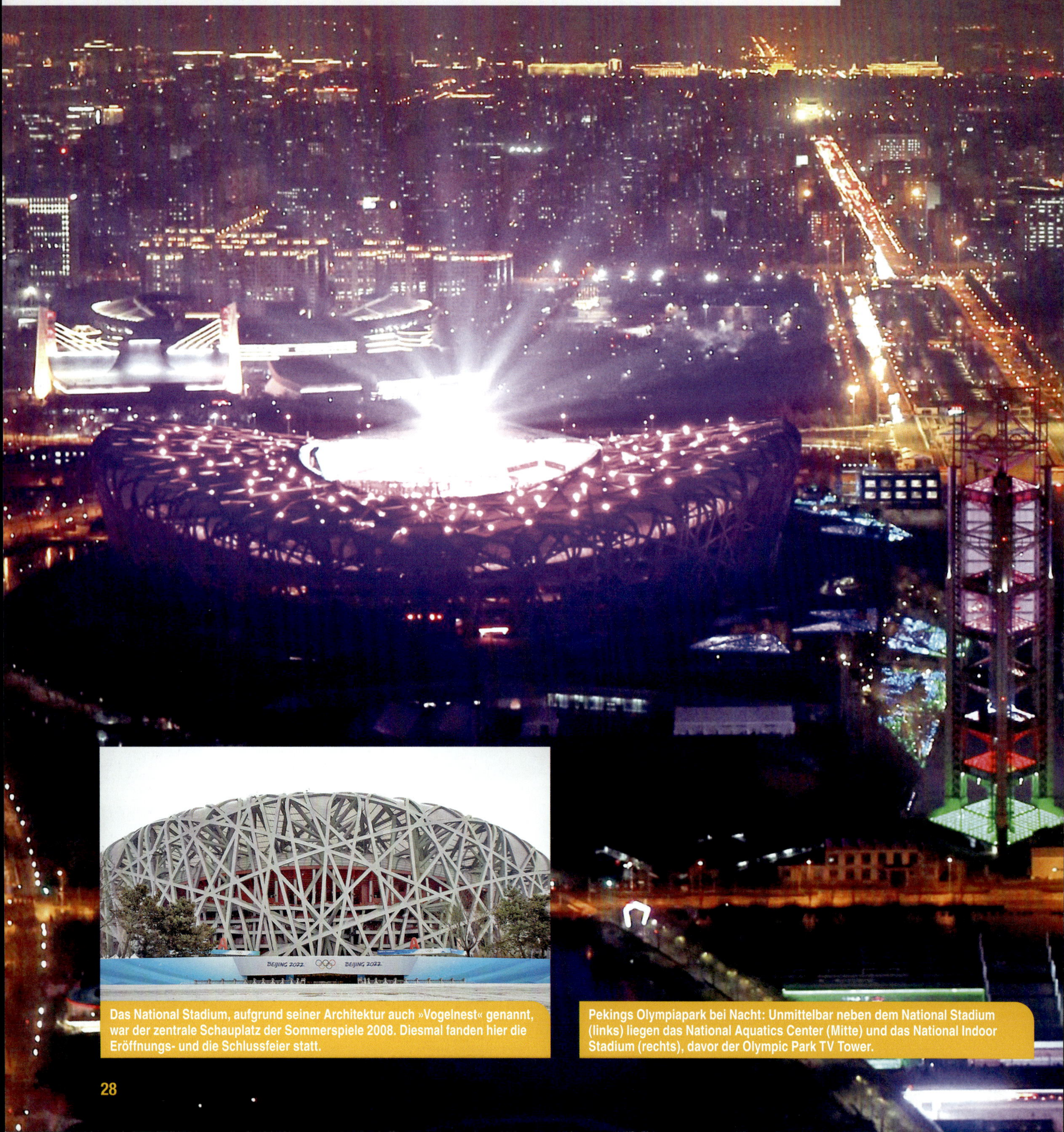

Das National Stadium, aufgrund seiner Architektur auch »Vogelnest« genannt, war der zentrale Schauplatz der Sommerspiele 2008. Diesmal fanden hier die Eröffnungs- und die Schlussfeier statt.

Pekings Olympiapark bei Nacht: Unmittelbar neben dem National Stadium (links) liegen das National Aquatics Center (Mitte) und das National Indoor Stadium (rechts), davor der Olympic Park TV Tower.

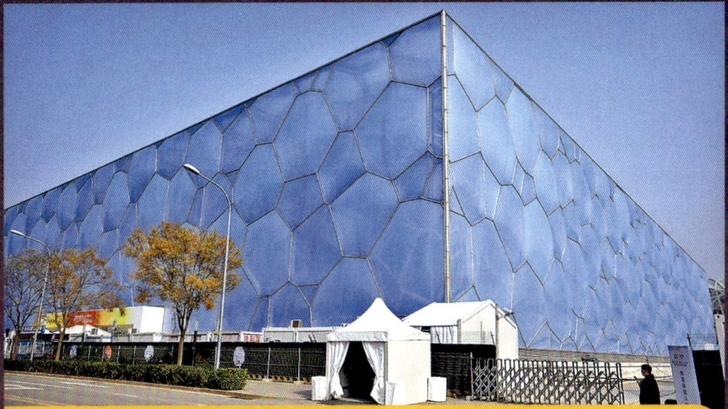

Das National Aquatics Center, wegen seiner würfelförmigen Bauart auch »Water Cube« genannt, ist eine von vier Hallen, die von den Olympischen Sommerspielen 2008 übernommen wurden.

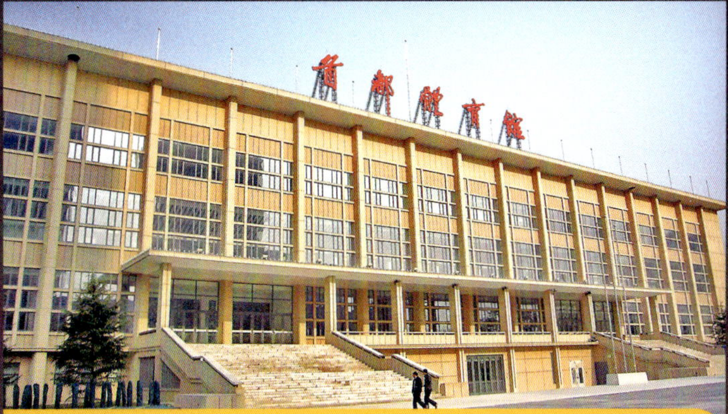

Das 1968 eröffnete und seither mehrfach renovierte Capital Indoor Stadium war die älteste Olympiasportstätte. 2008 war es die Heimat für Volleyball, diesmal für Eiskunstlauf und Shorttrack.

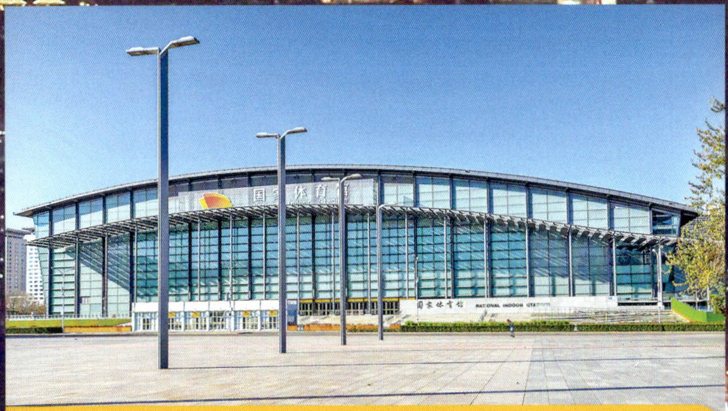

Die größte Olympiasportstätte war das National Indoor Stadium (18000 Zuschauer). 2008 fanden hier Turnen und Handball statt, nun der Großteil des Eishockeyturniers der Männer.

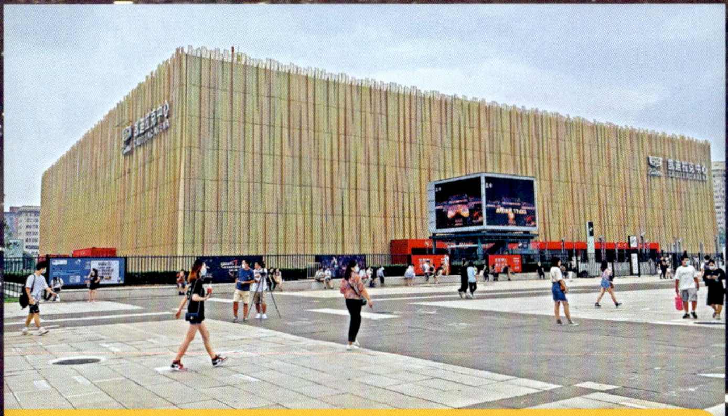

Das Wukesong Sports Center rund 15 Kilometer südwestlich des Olympiaparks war 2008 die Spielstätte der Basketballer, diesmal für den Großteil des Eishockeyturniers der Frauen.

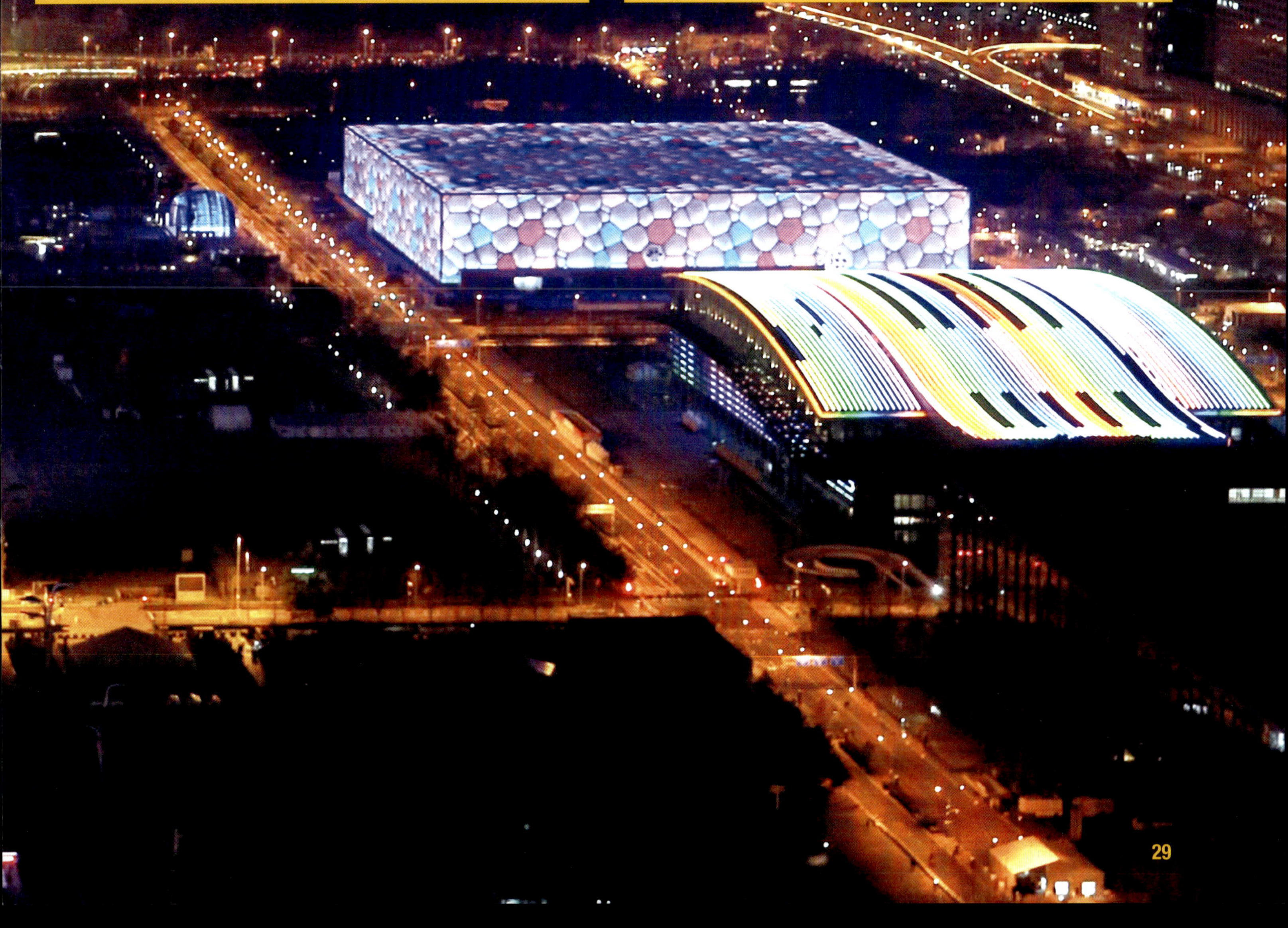

DIE SPORTSTÄTTEN

Die Wettbewerbe der Olympischen Winterspiele 2022 verteilten sich auf drei Oberzentren, im Fachjargon: Competition Zones oder Cluster. In der Peking Competition Zone im Zentrum der 21,9-Millionen-Einwohner-Metropole fanden neben Eröffnungs- und Schlussfeier die Eiswettbewerbe (Eishockey, Eiskunstlauf, Eisschnelllauf, Shorttrack, Curling) sowie Big Air statt. Dabei konnten die Veranstalter auf vier Hallen zurückgreifen, die bereits bei den Olympischen Sommerspielen 2008 genutzt und für die Winterspiele entsprechend umgebaut wurden. Drei Sportstätten befanden sich im Olympic Green, dem Olympiapark von 2008, zwei weitere im Umkreis von 25 Kilometern.

Die Yanqing Competition Zone befand sich im mehr als 80 Kilometer nordwestlich vom Pekinger Zentrum entfernten Stadtbezirk Yanging im Xiaohaituo-Gebirge. Hier fanden die alpinen Skirennen und die Entscheidungen im Eiskanal statt. Sämtliche Anlagen wurden inmitten eines Naturschutzgebietes für die Winterspiele neu errichtet. Weitere 80 Kilometer nordwestlich wurden in der Zhangliakou Competition Zone der nordische Skisport sowie die Snowboard- und Ski-Freestyle-Wettbewerbe ausgetragen. Das Gebirge nordöstlich der 4,1-Millionen-Einwohner-Stadt Zhangliakou in der Provinz Hebei war bereits vor Olympia ein beliebtes Skigebiet. Die Skisprungschanzen und die Anlagen für Skilanglauf und Biathlon wurden für die Winterspiele neu errichtet.

AUSTRAGUNGSORTE DER WINTERSPIELE

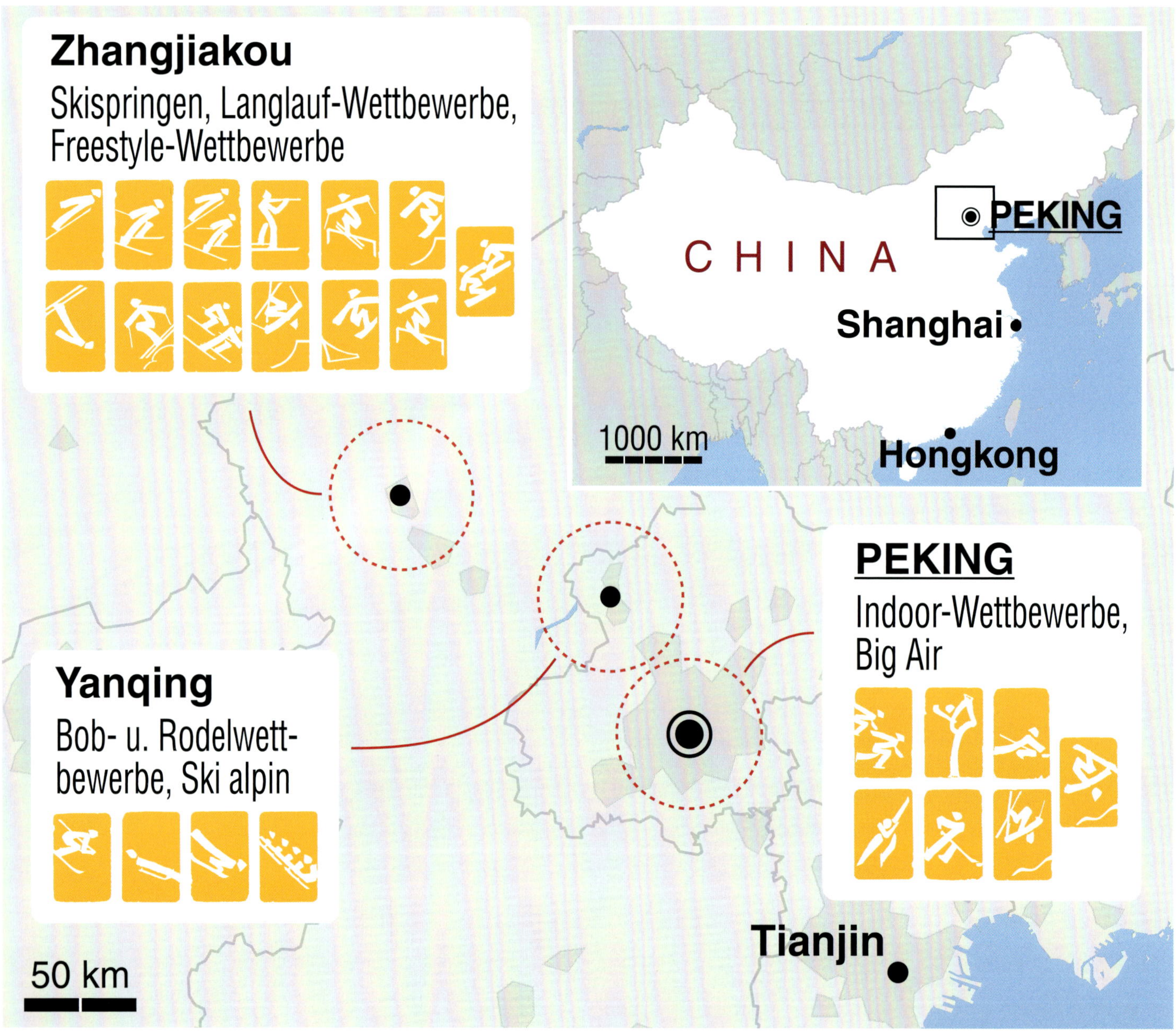

dpa• 103580 Quelle: Internationales Olympisches Komitee, OSM-Mitwirkende

Yanqing und Zhangliakou sind vom Pekinger Nordbahnhof in mit bis zu 350 Stundenkilometer schnellen, führerlosen Hochgeschwindigkeitszügen in weniger als einer halben beziehungsweise einer Stunde erreichbar. Alle drei Oberzentren verfügten über eigene Pressezentren, Medal Plazas und Olympische Dörfer für die Teilnehmer.

NATIONAL STADIUM
Eröffnungs- und Schlussfeier
Kapazität: 91000
Eröffnung: 2008

NATIONAL INDOOR STADIUM
Sportart: Eishockey
Kapazität: 18000
Eröffnung: 2007

WUKESONG SPORTS CENTER
Sportart: Eishockey
Kapazität: 9000
Eröffnung: 2008

CAPITAL INDOOR STADIUM
Sportarten: Eiskunstlauf, Shorttrack
Kapazität: 17000
Eröffnung: 1968
(Renovierungen 2001, 2007, 2021)

NATIONAL SPEED SKATING OVAL
Sportart: Eisschnelllauf
Kapazität: 12000
Eröffnung: 2021

NATIONAL AQUATICS CENTRE
Sportart: Curling
Kapazität: 6000
Eröffnung: 2008

BIG AIR SHOUGANG
Sportarten: Snowboard, Ski Freestyle
Kapazität: 5000
Eröffnung: 2019

YANQING COMPETITION ZONE

NATIONAL ALPINE SKI CENTER XIAOHAITUO
Sportart: Ski Alpin
Kapazität: 8500
Eröffnung: 2019

NATIONAL SLIDING CENTER YANQING
Sportarten: Bob, Rodeln, Skeleton
Kapazität: 10000
Eröffnung: 2021

ZHANGJIAKOU COMPETITION ZONE

NATIONAL SKI JUMPING CENTER
Sportarten: Skispringen, Nordische Kombination
Kapazität: 10000
Eröffnung: 2020

NATIONAL CROSS-COUNTRY CENTER
Sportarten: Skilanglauf, Nordische Kombination
Kapazität: 6000
Eröffnung: 2020

NATIONAL BIATHLON CENTER
Sportarten: Biathlon
Kapazität: 6000
Eröffnung: 2021

GENTING SNOW PARK
Sportarten: Snowboard, Ski Freestyle
Kapazität: 10900
Eröffnung: 2011

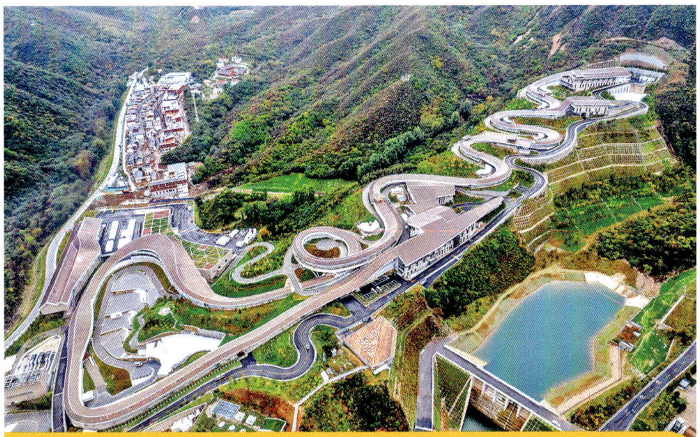

Der Eiskanal (National Sliding Center) im Yiaohaituo-Gebirge ist 1975 Meter lang und war mit 2,5 Milliarden Dollar der teuerste Neubau für die Winterspiele. Die Arbeiten dauerten mehr als zwei Jahre.

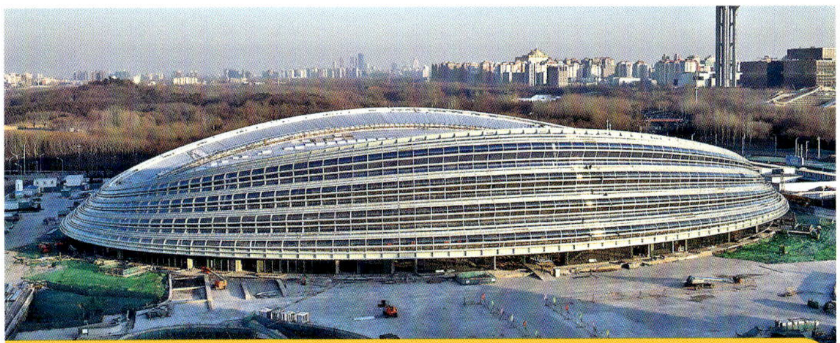

Die einzige für die Winterspiele neu gebaute Halle war das National Speed Skating Oval für die Eisschnellläufer. Es wurde im Olympiapark auf den Hockey- und Bogenschießfeldern von 2008 errichtet.

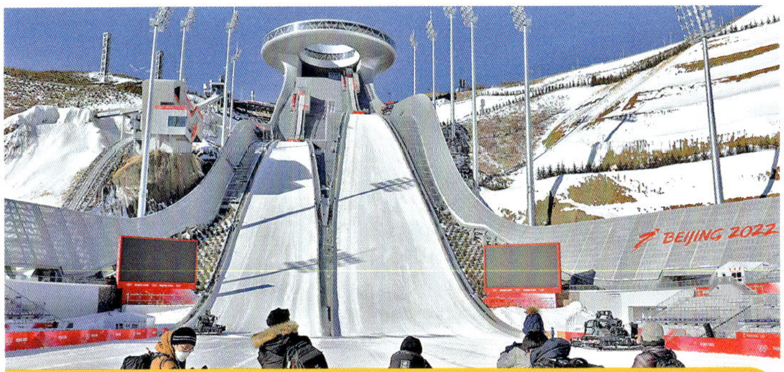

Das National Ski Jumping Center besteht aus einer Groß- und einer Normalschanze. Das Design wurde einem chinesischen Talisman (Ruyi-Zepter) nachempfunden. Am Schanzenkopf befindet sich eine kreisförmige Aussichtsplattform samt Restaurant. Die Bauzeit betrug mehr als drei Jahre.

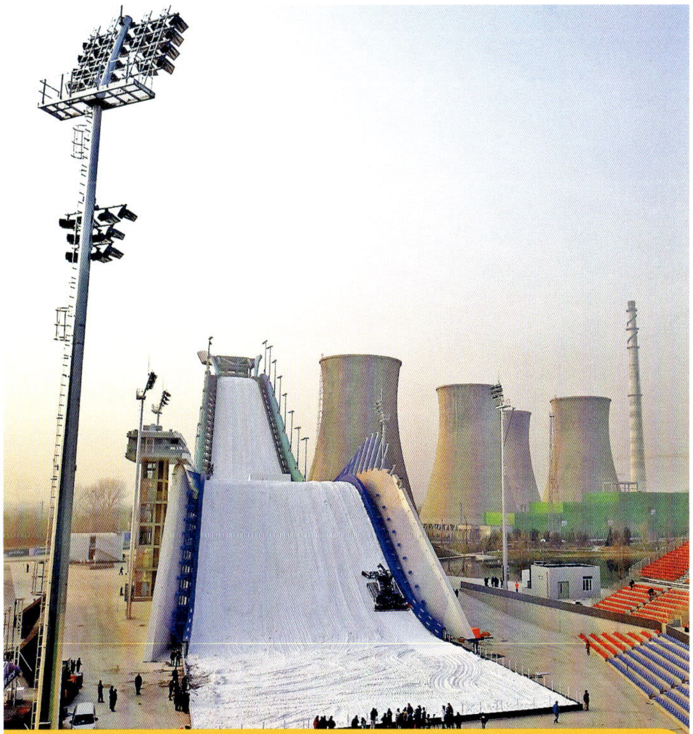

Die Big-Air-Schanze Shougang auf dem Gelände eines ehemaligen Stahlwerkes. Sie wurde für die Winterspiele erbaut, liegt rund 25 Kilometer südwestlich des Olympiaparks am Yongding River und ist weltweit die erste permanente Big-Air-Schanze.

TAGEBUCH DER SPIELE

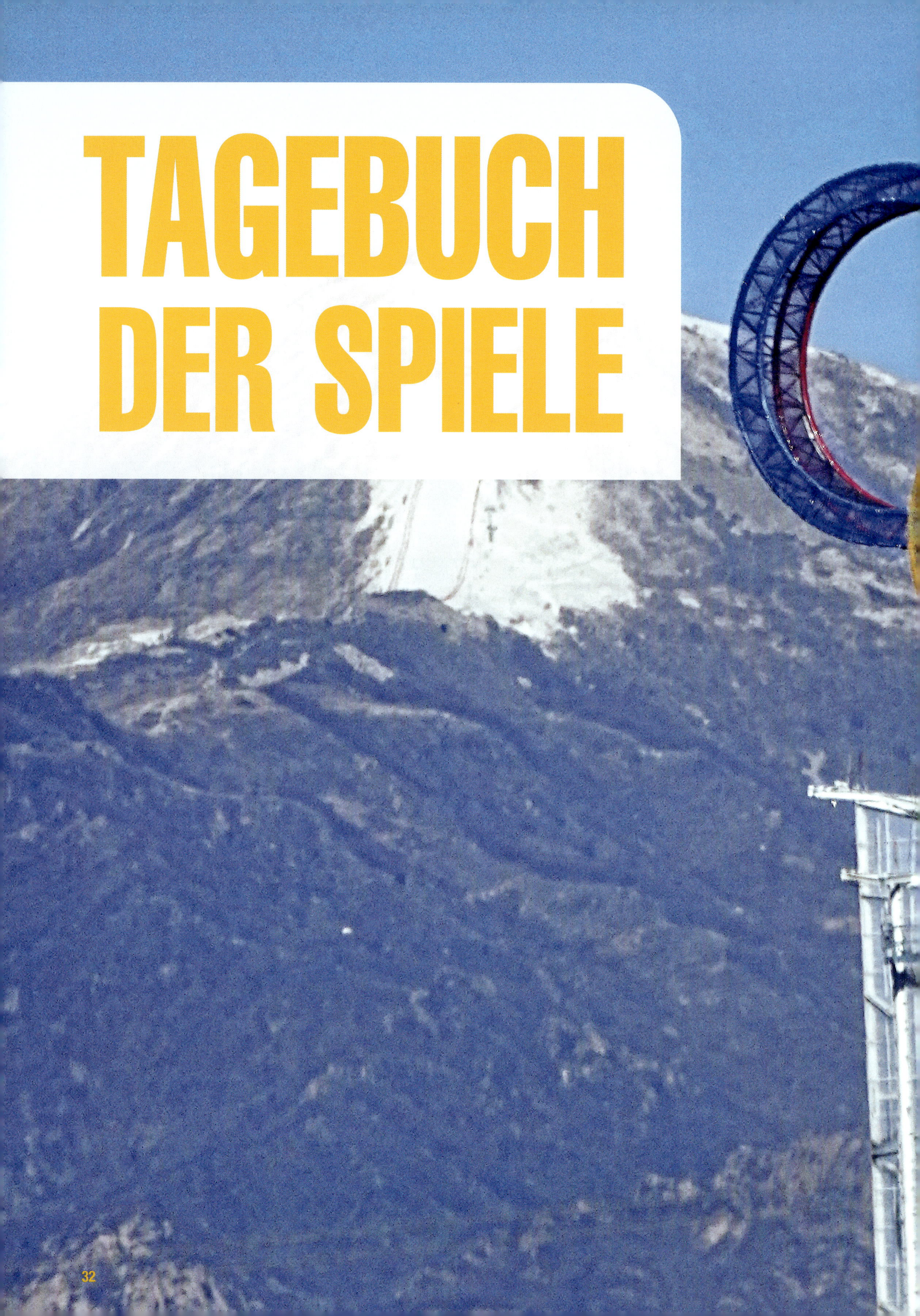

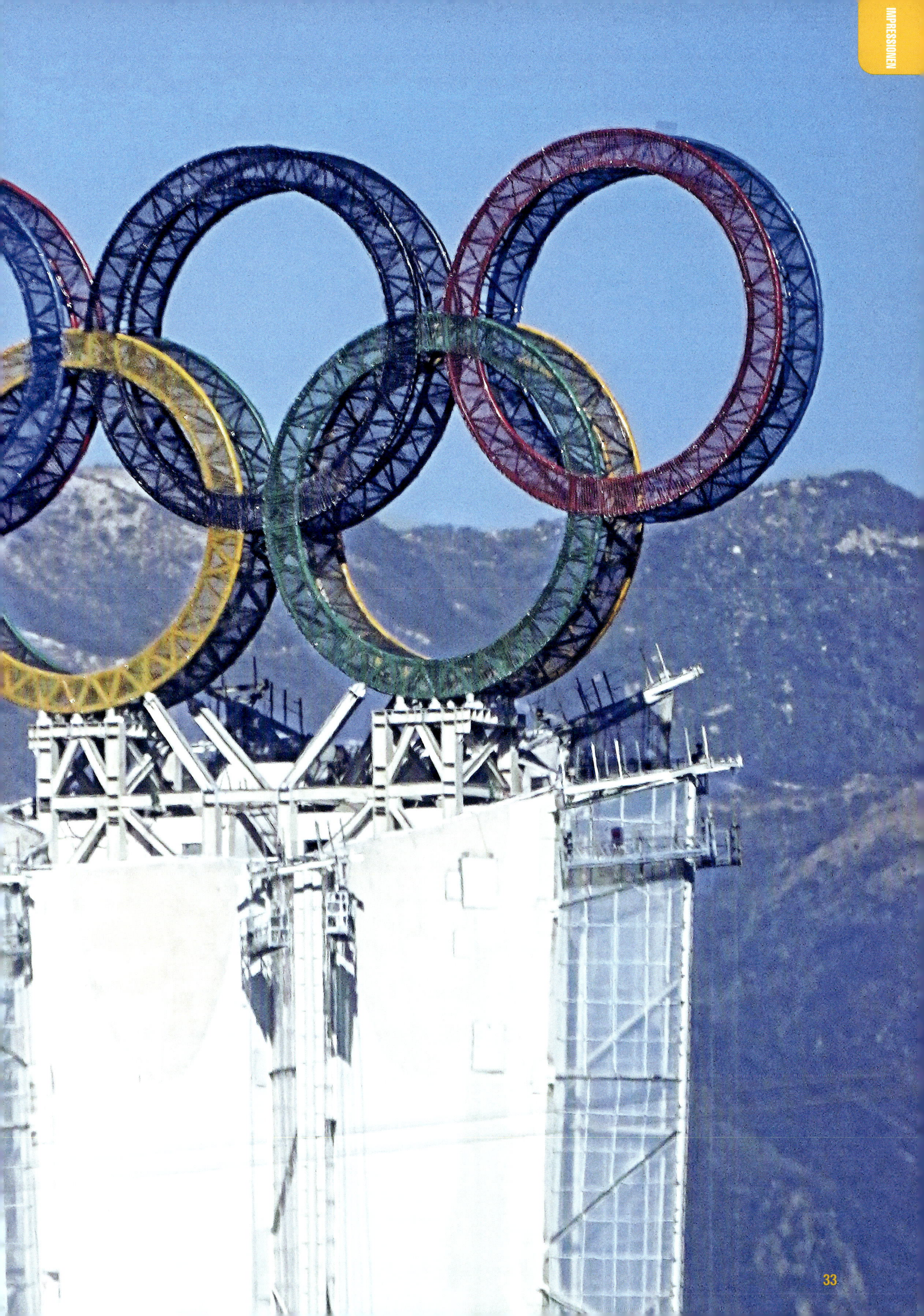

DIGITALE BILDERWELTEN

Mit einer zweistündigen Zeremonie voller digitaler Bilderwelten auf einem gigantischen begehbaren Bildschirm wurden am Freitag, 4. Februar 2022, im Nationalstadion von Peking die XXIV. Olympischen Winterspiele eröffnet. Die Feierlichkeiten unter dem Motto »One World, one Family« (»Eine Welt, eine Familie«) fielen aufgrund der Sicherheitsbestimmungen in Folge der Coronapandemie weniger pompös aus als bei den Olympischen Sommerspielen 14 Jahre zuvor an gleicher Stelle. Bei Temperaturen von fünf Grad unter dem Gefrierpunkt waren die Tribünen mit rund 25000 ausgewählten Zuschauern nur zu einem Drittel gefüllt. Staatsgäste unter anderem aus den USA, Großbritannien, Australien, Japan und Deutschland fehlten aus Protest gegen die Menschenrechtsverletzungen und die Unterdrückung der Demokratie im Gastgeberland. Zeitgleich zur Eröffnungsfeier fanden weltweit Demonstrationen gegen den Austragungsort der Winterspiele statt. Dennoch versuchten die Organisatoren, China als modernes, weltoffenes und friedliches Land darzustellen. Das Motiv der Schneeflocke, mit der die Unterschiedlichkeit der Menschheit in einem gemeinsamen globalen Zuhause demonstriert werden sollte, zog sich durch das Programm.

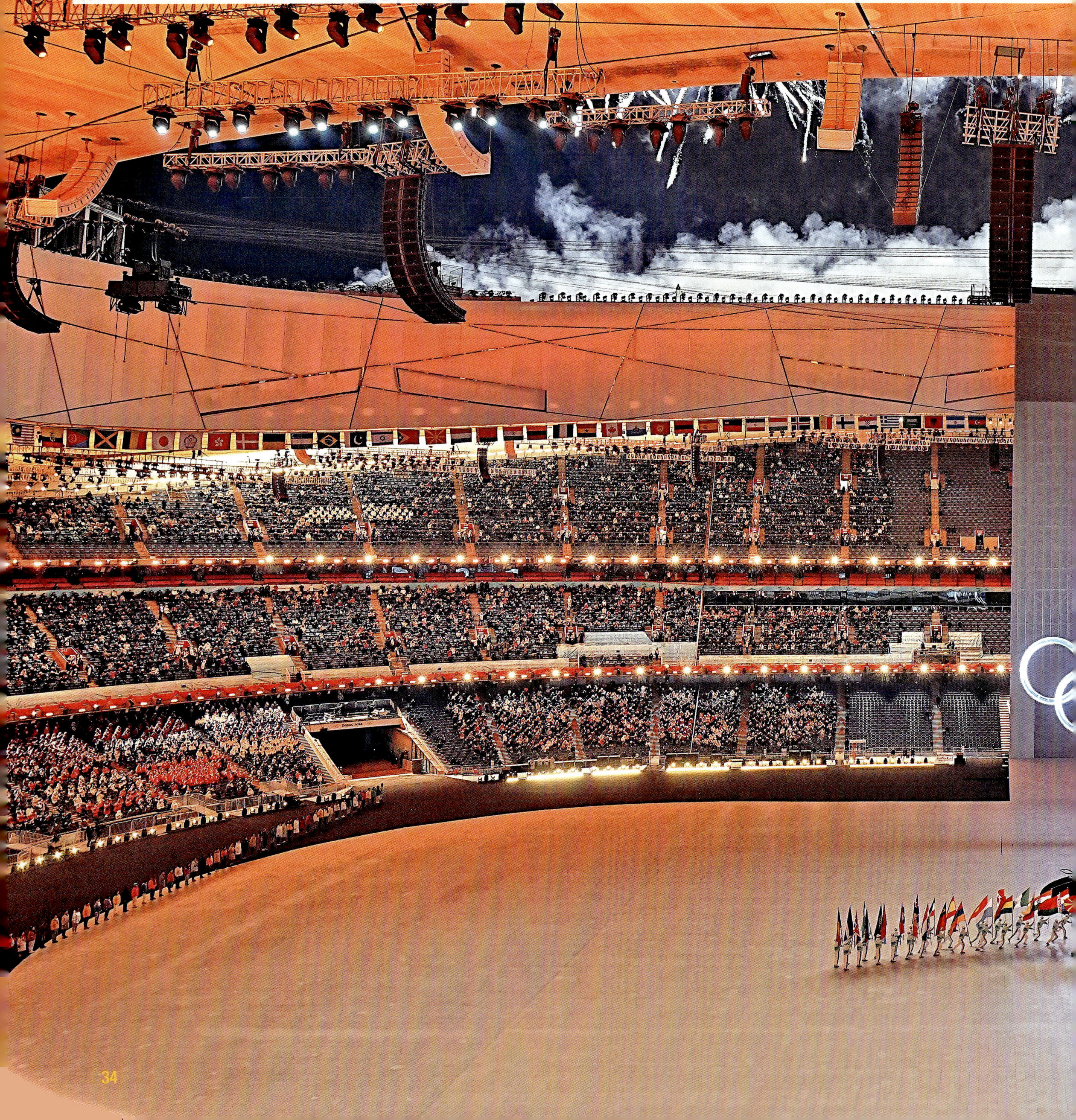

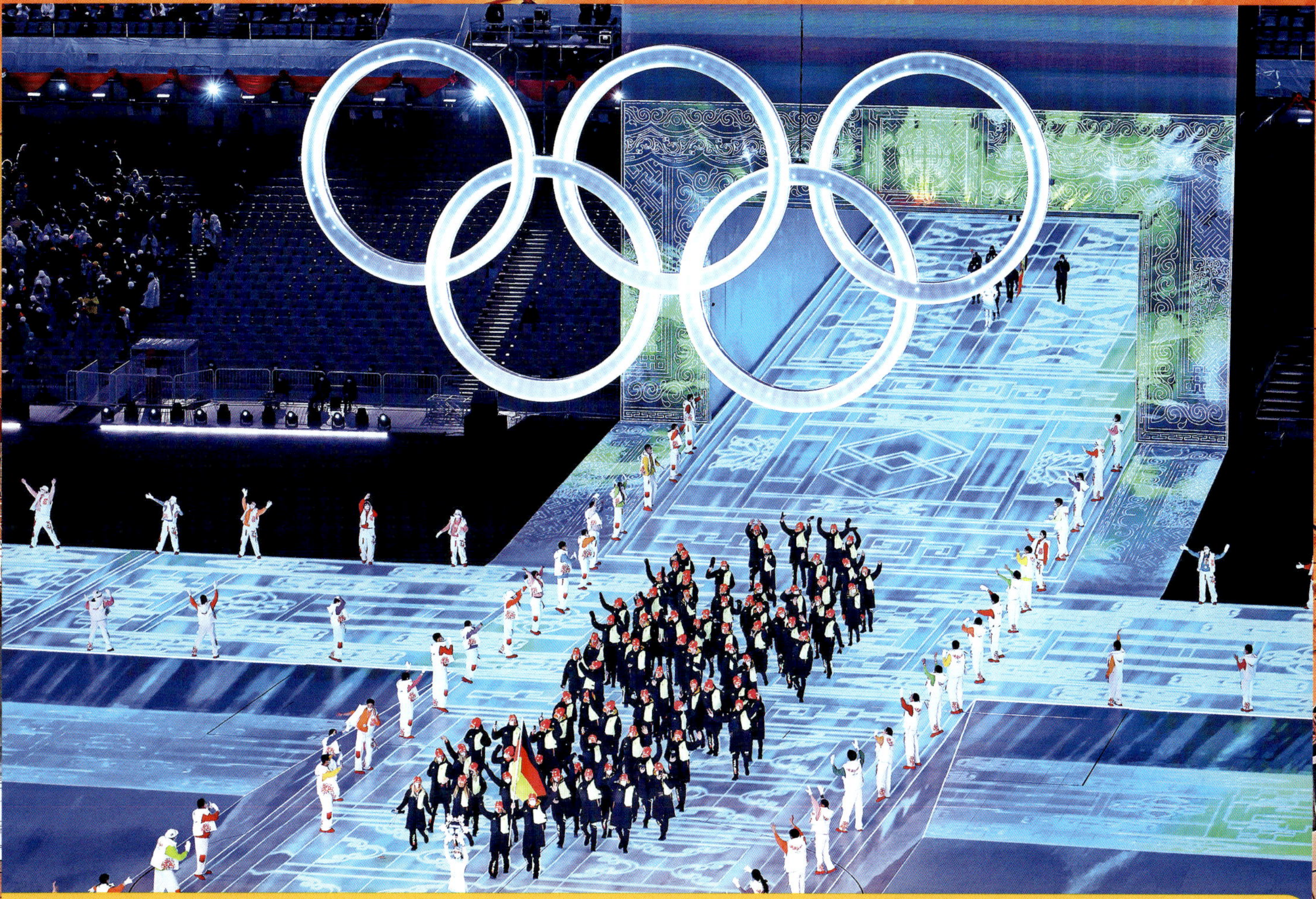

Angeführt von den Fahnenträgern Claudia Pechstein und Francesco Friedrich liefen die deutschen Sportler zu Klängen klassischer Musik als 85. von 91 Mannschaften ins Stadion ein. Lediglich 20 der insgesamt 149 deutschen Olympiastarter nahmen an der Eröffnungsfeier teil, hinzu kamen rund 50 Offizielle. Wie schon bei den Sommerspielen wenige Monate zuvor in Tokio sollte auf Wunsch des IOC ein Duo aus Frau und Mann die Nationalflagge tragen, die meisten Delegationen kamen diesem nach. Die bereits 49 Jahre alte, fünfmalige Eisschnelllauf-Olympiasiegerin aus Berlin und der zweimalige Bob-Olympiasieger aus Pirna hatten sich bei der Wahl von Sportfans und Athleten durchgesetzt. »Fahnenträgerin zu sein ist für mich mehr wert als alle meine Medaillen«, gab Claudia Pechstein, Deutschlands erfolgreichste Winterolympionikin, einen Einblick in ihr Gefühlsleben.

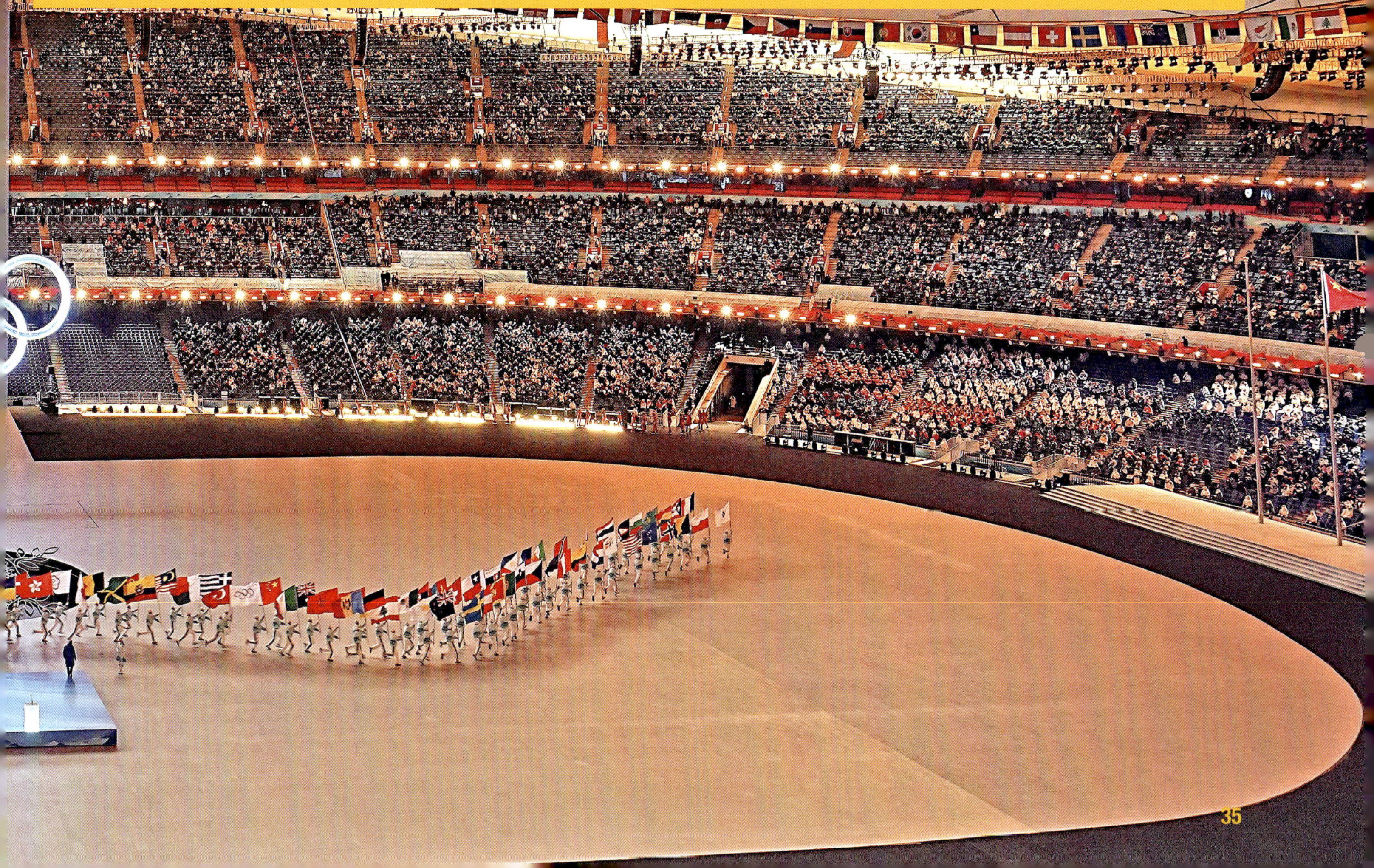

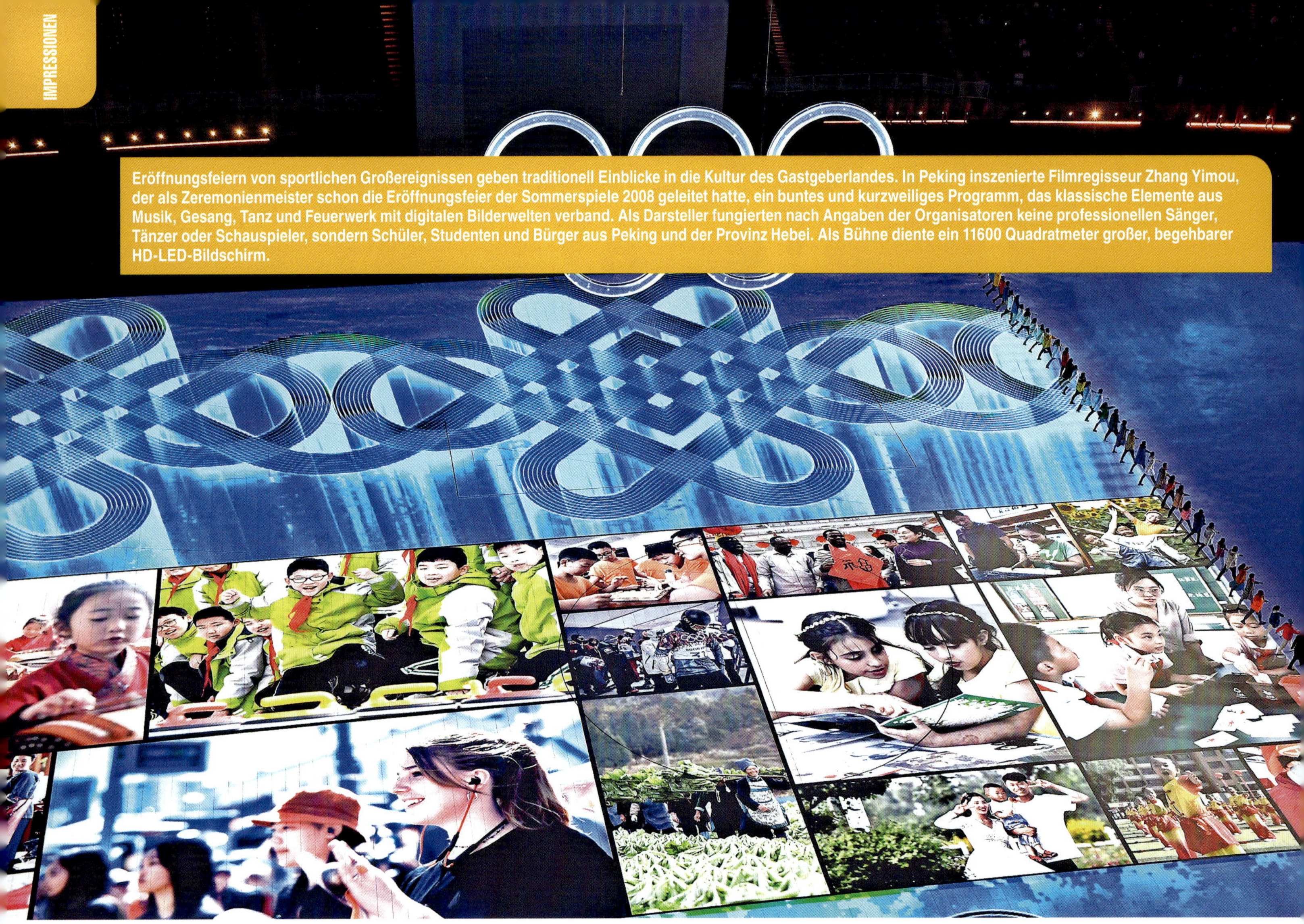

Eröffnungsfeiern von sportlichen Großereignissen geben traditionell Einblicke in die Kultur des Gastgeberlandes. In Peking inszenierte Filmregisseur Zhang Yimou, der als Zeremonienmeister schon die Eröffnungsfeier der Sommerspiele 2008 geleitet hatte, ein buntes und kurzweiliges Programm, das klassische Elemente aus Musik, Gesang, Tanz und Feuerwerk mit digitalen Bilderwelten verband. Als Darsteller fungierten nach Angaben der Organisatoren keine professionellen Sänger, Tänzer oder Schauspieler, sondern Schüler, Studenten und Bürger aus Peking und der Provinz Hebei. Als Bühne diente ein 11600 Quadratmeter großer, begehbarer HD-LED-Bildschirm.

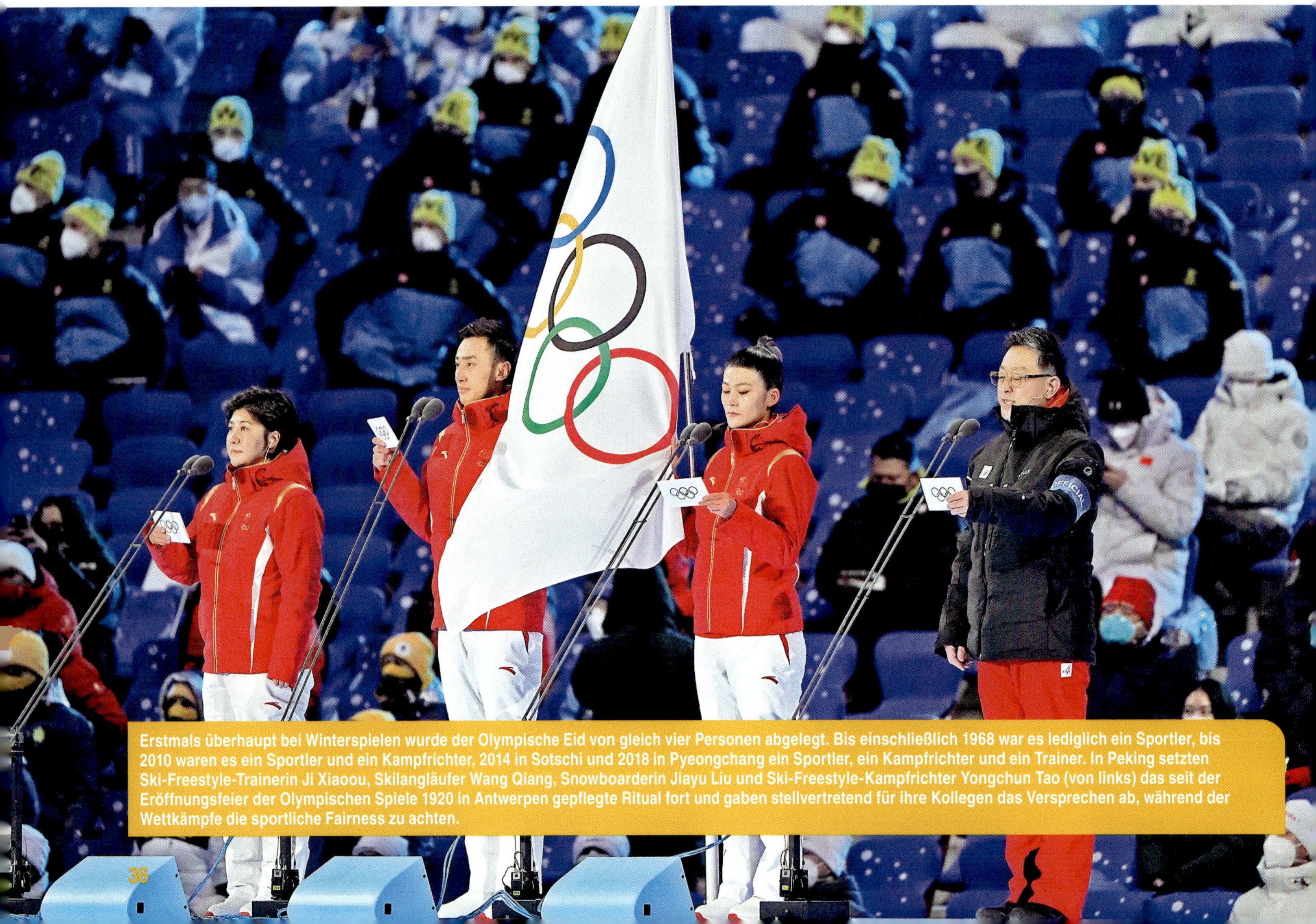

Erstmals überhaupt bei Winterspielen wurde der Olympische Eid von gleich vier Personen abgelegt. Bis einschließlich 1968 war es lediglich ein Sportler, bis 2010 waren es ein Sportler und ein Kampfrichter, 2014 in Sotschi und 2018 in Pyeongchang ein Sportler, ein Kampfrichter und ein Trainer. In Peking setzten Ski-Freestyle-Trainerin Ji Xiaoou, Skilangläufer Wang Qiang, Snowboarderin Jiayu Liu und Ski-Freestyle-Kampfrichter Yongchun Tao (von links) das seit der Eröffnungsfeier der Olympischen Spiele 1920 in Antwerpen gepflegte Ritual fort und gaben stellvertretend für ihre Kollegen das Versprechen ab, während der Wettkämpfe die sportliche Fairness zu achten.

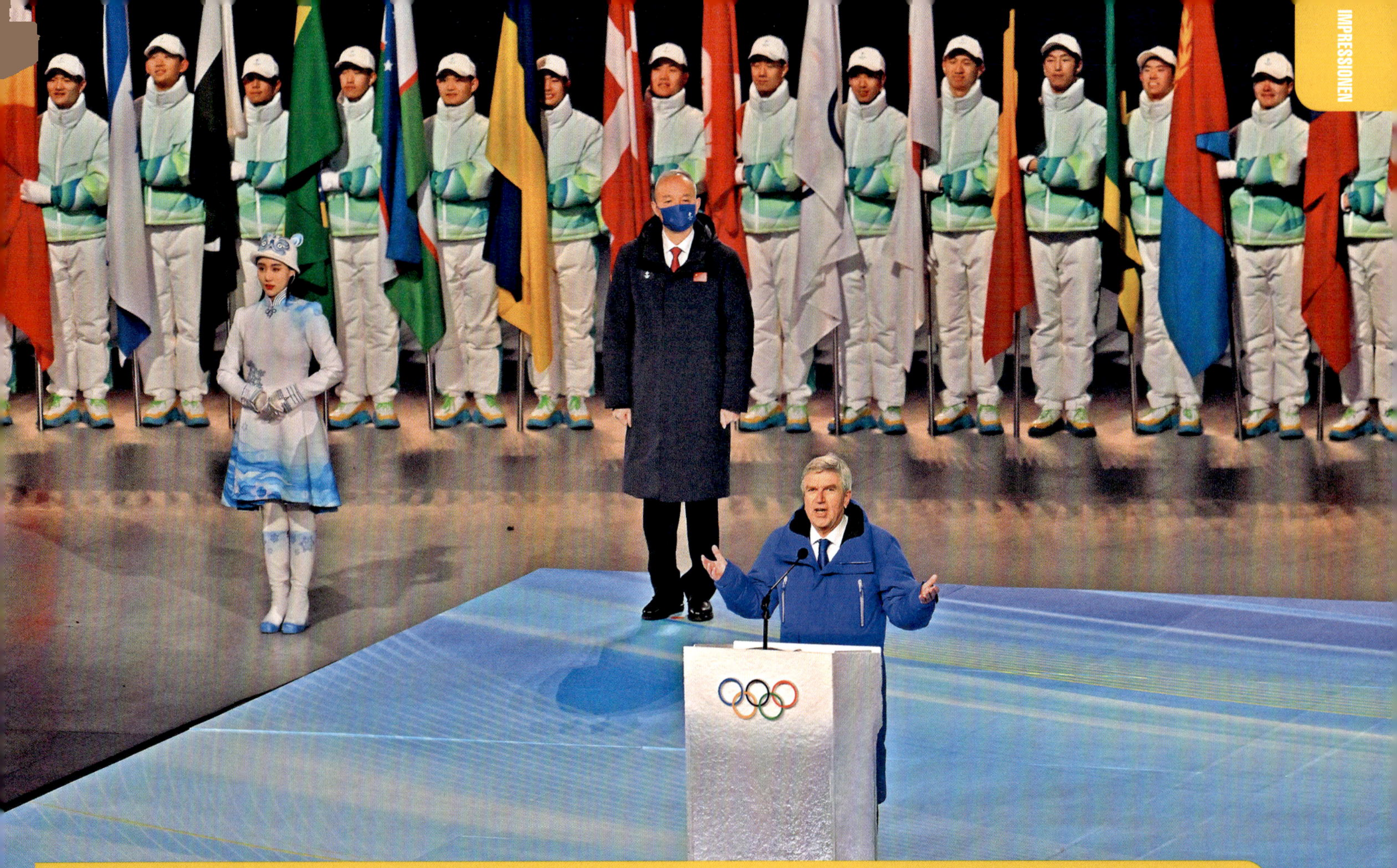

In seiner Ansprache betonte IOC-Präsident Thomas Bach zunächst die verbindende Kraft des Sports: »In unserer zerbrechlichen Welt, in der Spaltung, Konflikte und Misstrauen zunehmen, zeigen wir der Welt: Ja, es ist möglich, erbitterte Rivalen zu sein und gleichzeitig friedlich zusammenzuleben.« Danach lobte er die Sportler für ihr Durchhaltevermögen während der Pandemie: »Ihr seid hierhergekommen, nachdem ihr so viele Herausforderungen gemeistert und große Unsicherheiten durchlebt habt. Jetzt ist euer Moment gekommen: der Moment, den ihr herbeigesehnt habt, der Moment, den wir alle herbeigesehnt haben.« Auf die Kritik am Gastgeberland ging er erwartungsgemäß nicht ein.

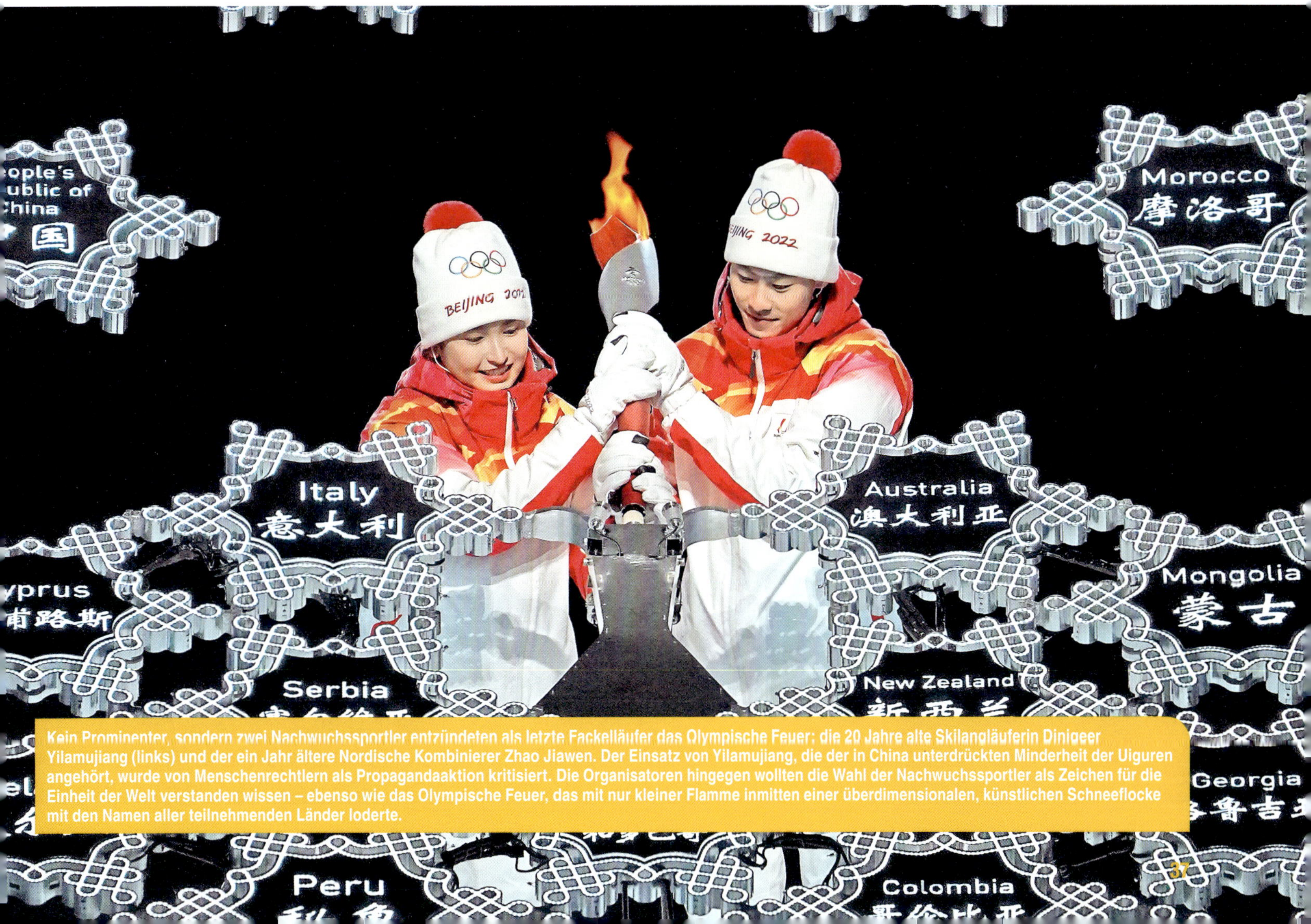

Kein Prominenter, sondern zwei Nachwuchssportler entzündeten als letzte Fackelläufer das Olympische Feuer: die 20 Jahre alte Skilangläuferin Dinigeer Yilamujiang (links) und der ein Jahr ältere Nordische Kombinierer Zhao Jiawen. Der Einsatz von Yilamujiang, die der in China unterdrückten Minderheit der Uiguren angehört, wurde von Menschenrechtlern als Propagandaaktion kritisiert. Die Organisatoren hingegen wollten die Wahl der Nachwuchssportler als Zeichen für die Einheit der Welt verstanden wissen – ebenso wie das Olympische Feuer, das mit nur kleiner Flamme inmitten einer überdimensionalen, künstlichen Schneeflocke mit den Namen aller teilnehmenden Länder loderte.

TAG 1

SA., 05.02.

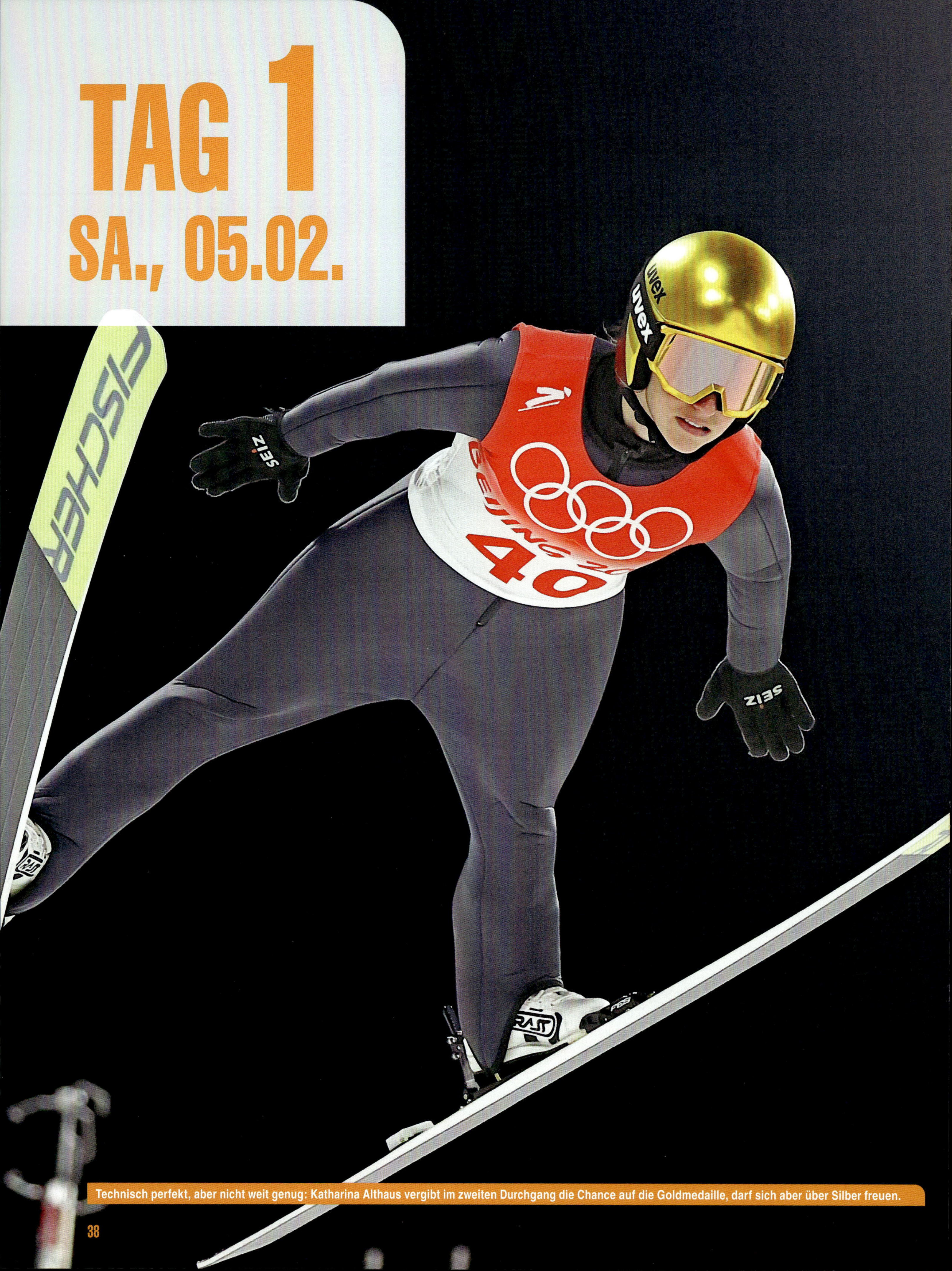

Technisch perfekt, aber nicht weit genug: Katharina Althaus vergibt im zweiten Durchgang die Chance auf die Goldmedaille, darf sich aber über Silber freuen.

SKISPRINGEN

Die Grenze ist dünn zwischen Glück und Enttäuschung. Manchmal zerfließt sie auch einfach. Katharina Althaus erlebte, wie beide Gefühle ihren Körper durchfluteten, gleichzeitig und mit ungeheurer Wucht. Sie zwangen sie, die sich aufs Fliegen versteht, zu Boden. Althaus weinte, in diesem Moment wusste sie selbst nicht, ob vor Freude oder vor Frust. Hatte sie Silber gewonnen? Oder doch Gold verloren? Momente zuvor saß sie hoch oben auf ihrer Startposition und blickte hinunter ins Tal. Die Dunkelheit war längst hereingebrochen. Der Wind brauste auf. Dann kam das Startsignal für die Führende des ersten Durchgangs. Althaus sprang 94 Meter weit, sie verdiente sich beste Haltungsnoten. Doch es reichte nicht. Eineinhalb Meter fehlten ihr zu Gold, zur Siegerin Ursa Bogataj aus Slowenien, die bei etwas besseren Windbedingungen springen durfte. Im *ARD*-Studio ärgerte sich der ehemalige Olympiasieger Sven Hannawald darüber, dass der slowenische Sprungleiter Miran Tepes nicht eine Minute länger mit dem Startsignal für Althaus gewartet hatte. Die Betroffene selbst wollte nicht in dieses Lamento einstimmen. »Der Wind gehört einfach zum Skispringen dazu«, sagte sie später und wischte alle Gedanken an eine bewusste Einflussnahme Tepes' beiseite. Längst hatte da die Freude über Silber die Oberhand gewonnen, auch wenn sie einen Makel nicht abstreifen konnte. In Deutschland ist die 25-Jährige mittlerweile die unangefochtene Nummer eins, doch auf den großen Bühnen dieser Welt musste sich Althaus im Einzel verlässlich mit Rang zwei begnügen – bei der Junioren-Weltmeisterschaft 2016, bei den Olympischen Spielen 2018 und zuletzt bei der WM 2019. Diesmal schien die Zeit reif für Gold – erst recht, nachdem die überragende Weltcup-Führende Marita Kramer wegen eines positiven Coronatests auf ihre Teilnahme hatte verzichten müssen. Am Ende fehlte nur ein bisschen Glück.

SKISPRINGEN NORMALSCHANZE (FRAUEN)

1	Ursa Bogataj	SLO	239,0 Punkte (108/100 Meter)
2	Katharina Althaus	GER	236,8 (105,5/94)
3	Nika Kriznar	SLO	232,0 (103/99,5)

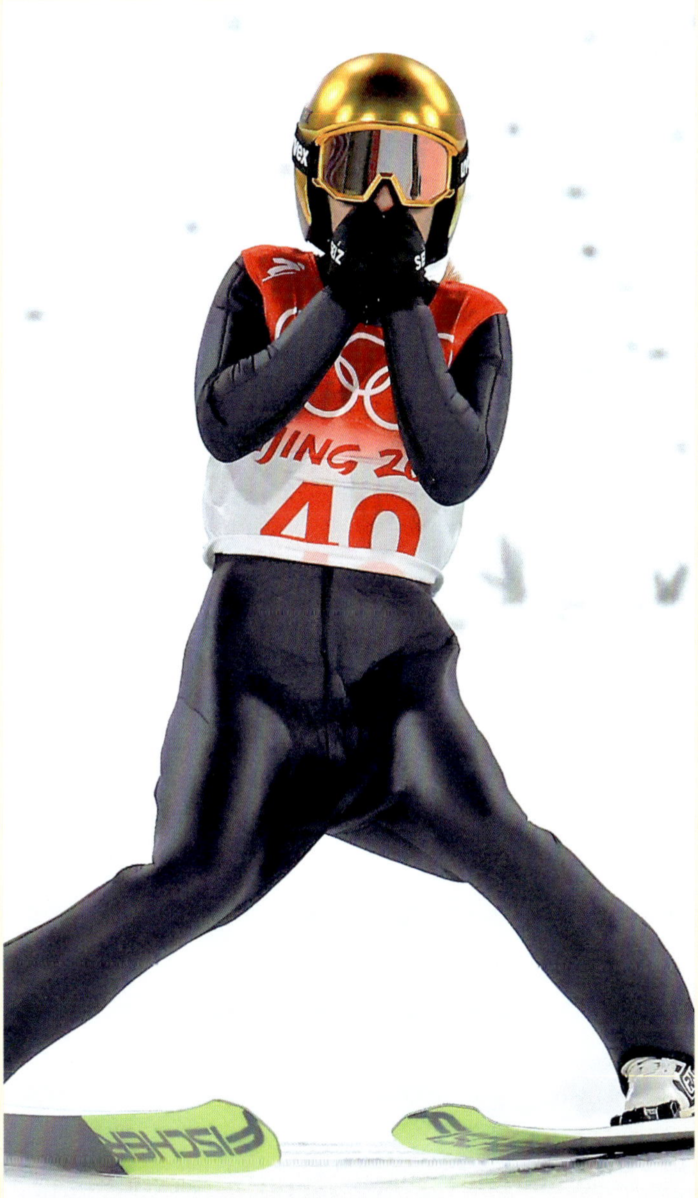

Katharina Althaus' Flehen nach der Landung hilft nichts. Es reicht nicht ganz zum Olympiasieg.

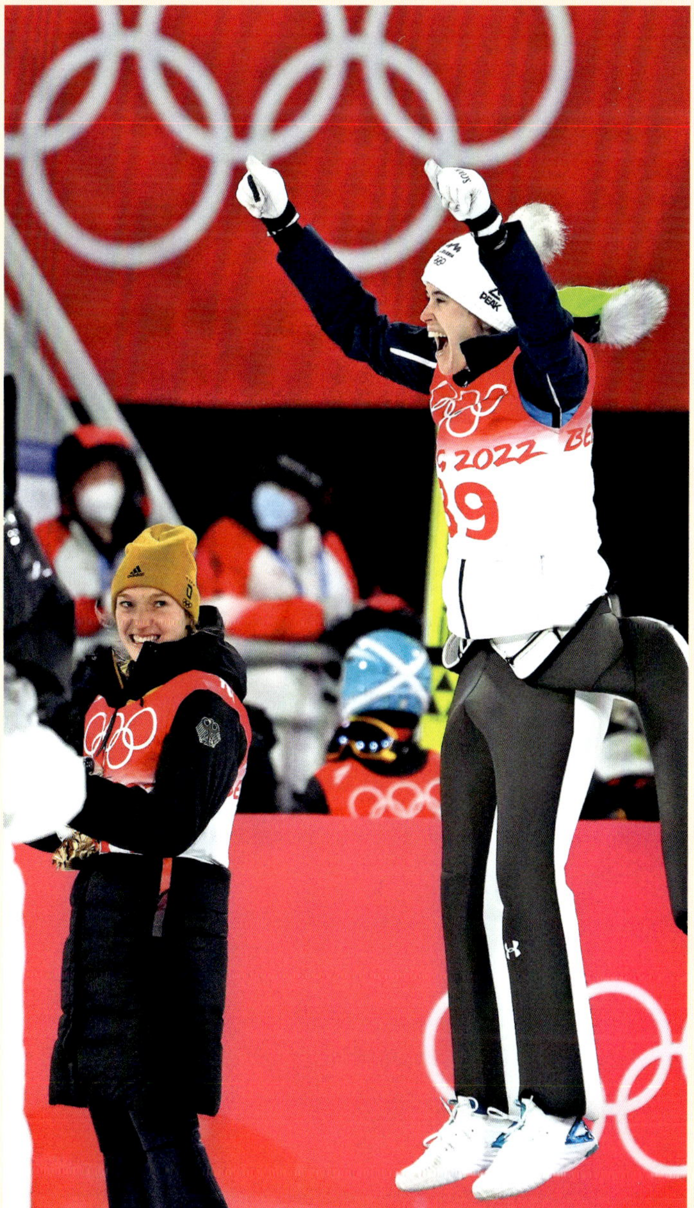

Olympiasiegerin Ursa Bogataj springt auch noch auf dem Podium. Katharina Althaus klatscht fair Beifall.

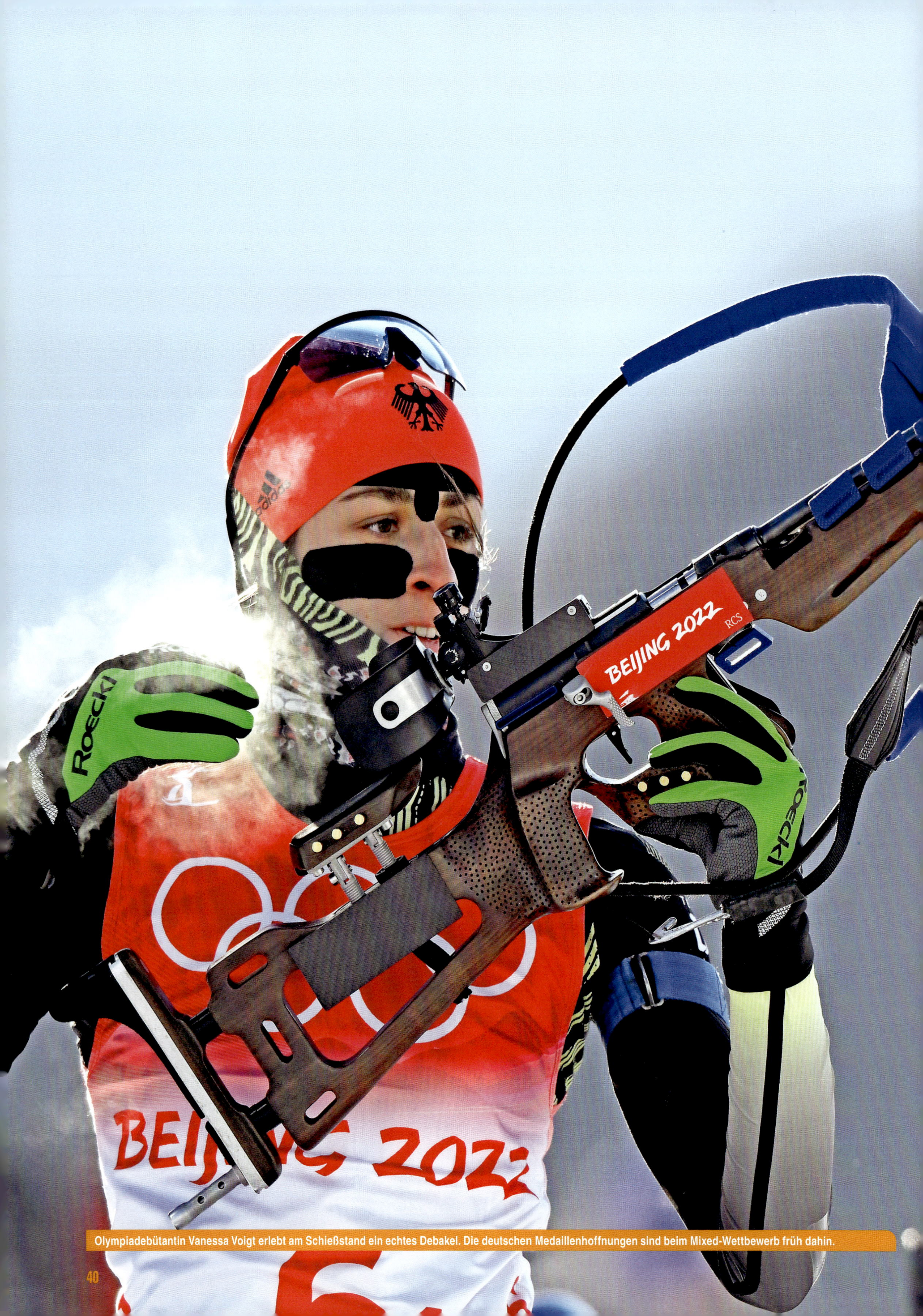

Olympiadebütantin Vanessa Voigt erlebt am Schießstand ein echtes Debakel. Die deutschen Medaillenhoffnungen sind beim Mixed-Wettbewerb früh dahin.

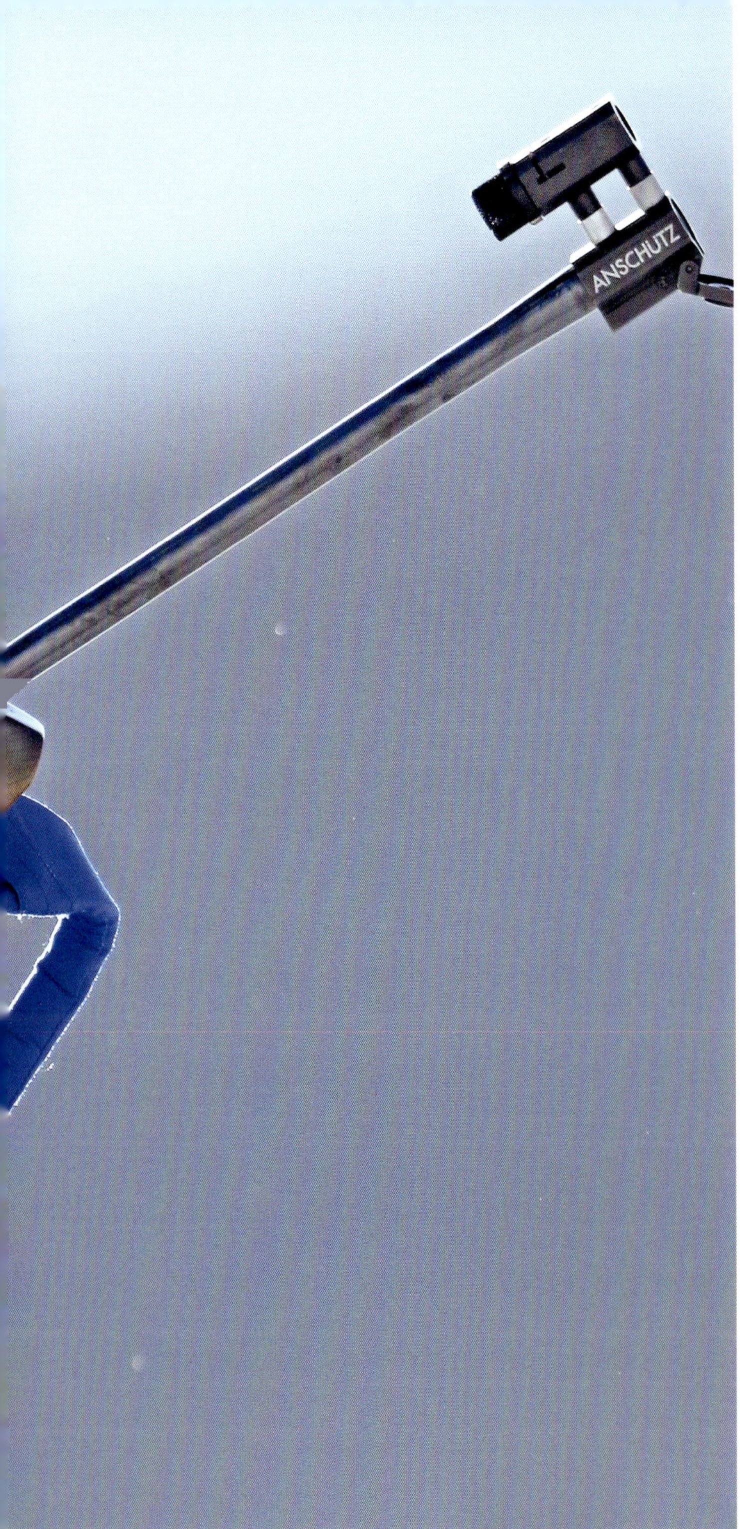

BIATHLON

Wer nach dem Höchsten strebt, kennt sich mit Druck aus. Er kann nützlich sein, weil er dazu animiert, sich immer weiter zu verbessern. Er kann aber auch lähmen, besonders dann, wenn sich zum eigenen Ehrgeiz auch noch eine immense Erwartungshaltung von außen gesellt. Nirgendwo ist der Druck größer als bei Olympischen Spielen, für viele Athleten ist ein Auftritt auf der größten Bühne des Sports ja tatsächlich eine einmalige Chance. Man kann sich also vorstellen, wie nervös Vanessa Voigt vor ihrem ersten Olympiarennen gewesen war – als Startläuferin der deutschen Mixed-Staffel. Schon beim Liegendschießen handelte sich die 24-Jährige eine Strafrunde ein, und auch das Stehendschießen entwickelte sich bei klirrender Kälte und wechselnden Winden zu einem kleinen Drama. Voigt, die sich im Weltcup als sehr gute Schützin hervorgetan hatte, musste erneut in die Strafrunde und übergab auf Platz 15 an Denise Herrmann. Die ehemalige Langläuferin glänzte in der Loipe als schnellste Athletin, torpedierte ihre Aufholjagd aber mit insgesamt sechs Nachladern. Auf Rang zehn schickte sie Benedikt Doll ins Rennen, der zwar Strafrunden vermied, aber zu viele Nachlader benötigte, um die deutsche Position weiter zu verbessern. So lag für Schlussläufer Philipp Nawrath eine Medaille bereits außer Reichweite. Befreit vom Druck blieb er am Schießstand fast fehlerfrei und bescherte dem deutschen Quartett mit Rang fünf doch noch ein passables Resultat. Dramatisch endete der Kampf um die Medaillen. Nach dem letzten Stehendschießen führte der Russe Eduard Latypov knapp vor Quentin Fillot Maillet (Frankreich), Norwegens Superstar Johannes Thingnes Bö folgte mit neun Sekunden Rückstand. Schnell schob sich Bö jedoch auf der Schlussrunde an das Führungsduo heran und setzte auf der Zielgeraden zu einem unwiderstehlichen Sprint an, dem seine Verfolger nicht gewachsen waren.

BIATHLON STAFFEL (MIXED)

1	Team Norwegen		NOR	1:06:46,6 Std.
2	Team Frankreich		FRA	+ 0,9 Sek.
3	Team ROC		ROC	+ 1,5

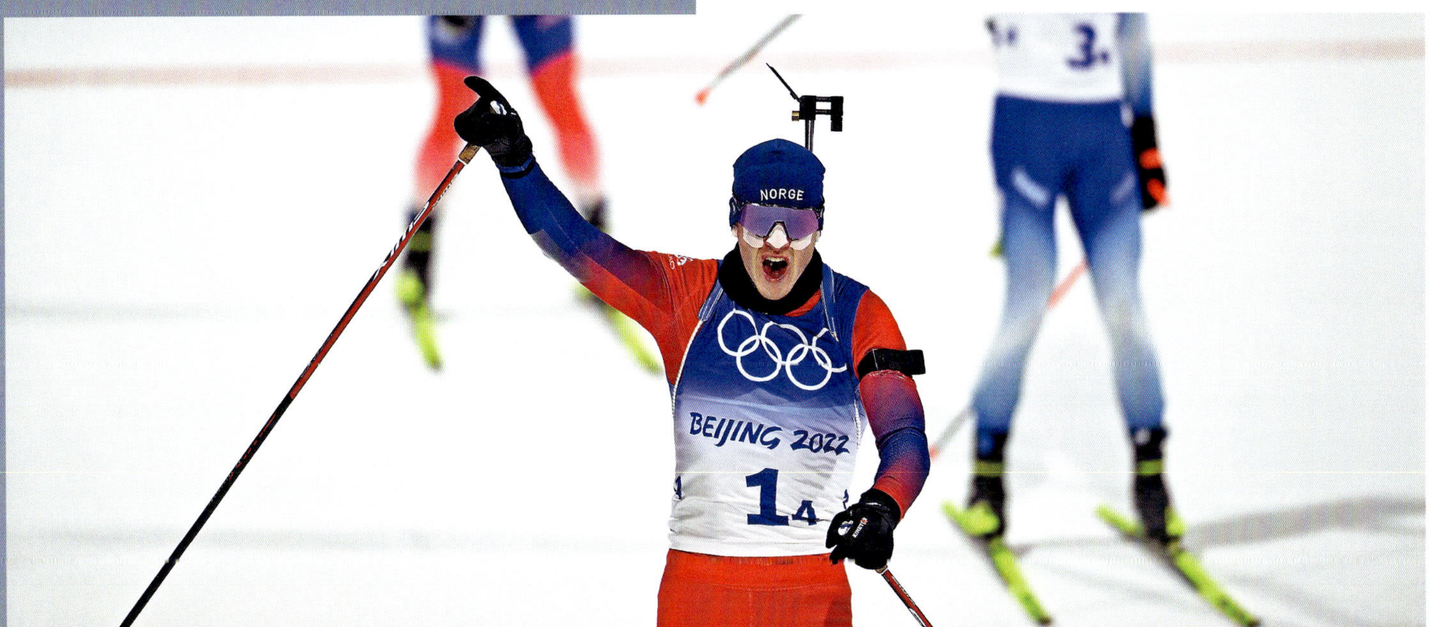

Auf der Zielgeraden distanziert Johannes Thingnes Bö seine Rivalen mit einem unwiderstehlichen Sprint und sichert Norwegen Gold.

WAS SONST NOCH GESCHAH

Noch vor den Erfolgen der slowenischen Skispringerin Ursa Bogataj und der norwegischen Biathleten hat Skilangläuferin Therese Johaug die erste Goldmedaille der Winterspiele gewonnen. Am Nachmittag des ersten Wettkampftages fuhr die 14-malige Weltmeisterin aus Norwegen im Skiathlon (7,5 Kilometer in der klassischen Technik und 7,5 Kilometer in der Skating-Technik) souverän auf Platz eins. Im Ziel hatte Johaug sensationelle 30,2 Sekunden Vorsprung auf die Russin Natalja Neprjajewa. Für die 33-Jährige war es nach dem Gewinn des Staffelgolds 2010 in Vancouver der zweite Olympiasieg. Bei den Winterspielen 2018 in Pyeongchang fehlte sie wegen einer Dopingsperre: Johaug hatte eine Lippencreme mit verbotenem Inhaltsstoff benutzt. Die Österreicherin Teresa Stadlober landete bei eisigen Temperaturen von 16 Grad minus im National Cross-Country Center von Zhangjiakou überraschend auf den dritten Rang. Mit Katherine Sauerbrey (13.), Katharina Hennig (15.) und Sofie Krehl (17.) schafften es drei Deutsche in die Top 20. Die Chinesin Dinigeer Yilamujiang, die am Abend zuvor bei der Eröffnungsfeier das Olympische Feuer entzündet hatte, fuhr als 43. durchs Ziel.
Auch die deutsche Fahnenträgerin Claudia Pechstein hatte nichts mit den Podestplätzen zu tun. Beim neuen Olympischen Rekord der favorisierten Niederländerin Irene Schouten auf der 3000-Meter-Strecke wurde die Eisschnellläuferin aus Berlin nur 20. und damit Letzte. Pechsteins Platzierung war jedoch nur Nebensache: Mit ihrem achten Start bei Winterspielen zog sie nicht nur gleich mit dem Rekordteilnehmer, dem japanischen Skispringer Noriaki Kasai. 17 Tage vor ihrem 50. Geburtstag stieg sie zudem zur ältesten Teilnehmerin in der Geschichte der Winterspiele auf.
Auf der Buckelpiste verwies der schwedische Freestyler Walter Wallberg den hochfavorisierten Olympiasieger von 2018, Mikael Kingsbury aus Kanada, auf den zweiten Platz. Die chinesischen Shorttracker holten in der neu ins olympische Programm aufgenommenen Mixed-Staffel das erste Gold für den Gastgeber.

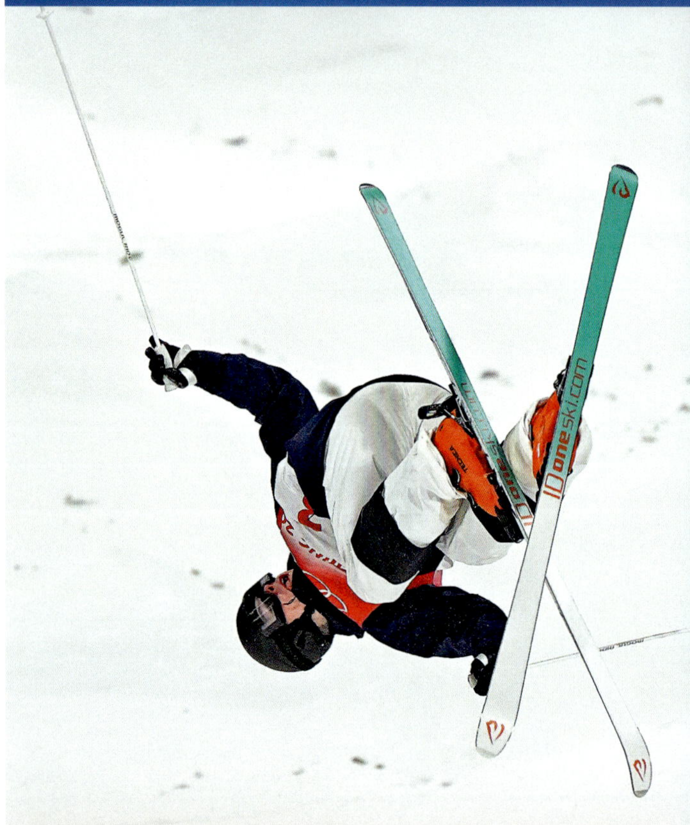

Überraschung auf der Buckelpiste: Walter Wallberg geht als letzter Starter in den Finallauf und krönt sich nach dem Rennen seines Lebens zum ersten schwedischen Olympiasieger im Freestyle Skiing.

SKIATHLON 2 x 7,5 KM (FRAUEN)

1	Therese Johaug	NOR	44:13,7 Min.
2	Natalia Neprjajewa	ROC	+ 30,2 Sek.
3	Teresa Stadlober	AUT	+ 30,5

EISSCHNELLLAUF 3000 METER (FRAUEN)

1	Irene Schouten	NED	3:56,93 Min.
2	Francesca Lollobrigida	ITA	+ 1,13 Sek.
3	Isabelle Weidemann	CAN	+ 1,71

SKI FREESTYLE BUCKELPISTE (MÄNNER)

1	Walter Wallberg	SWE	83,23 Punkte
2	Mikael Kingsbury	CAN	82,18
3	Ikuma Horishima	JPN	81,48

SHORTTRACK STAFFEL 2000 METER (MIXED)

1	China	CHN	2:37,348 Min.
2	Italien	ITA	+ 0,016 Sek.
3	Ungarn	HUN	+ 3,552

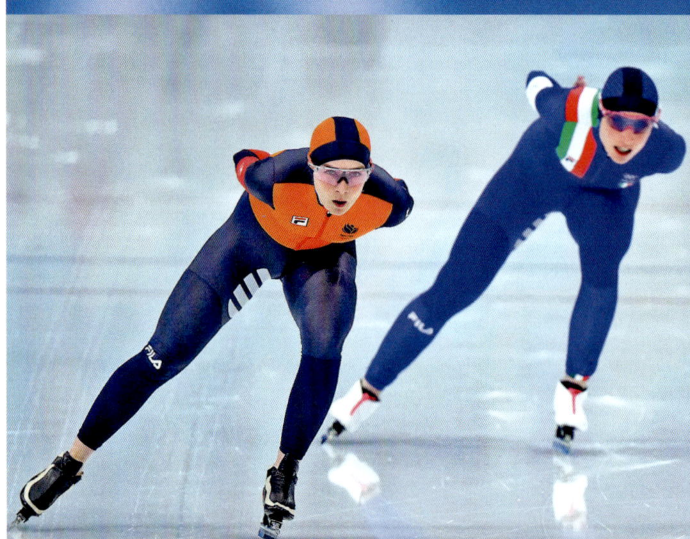

Irene Schouten (links) skatet vor der Italienerin Francesca Lollobrigida zu Gold im Eischnelllauf. Die Niederländerin verbessert die 20 Jahre alte olympische Bestmarke von Claudia Pechstein um 0,77 Sekunden.

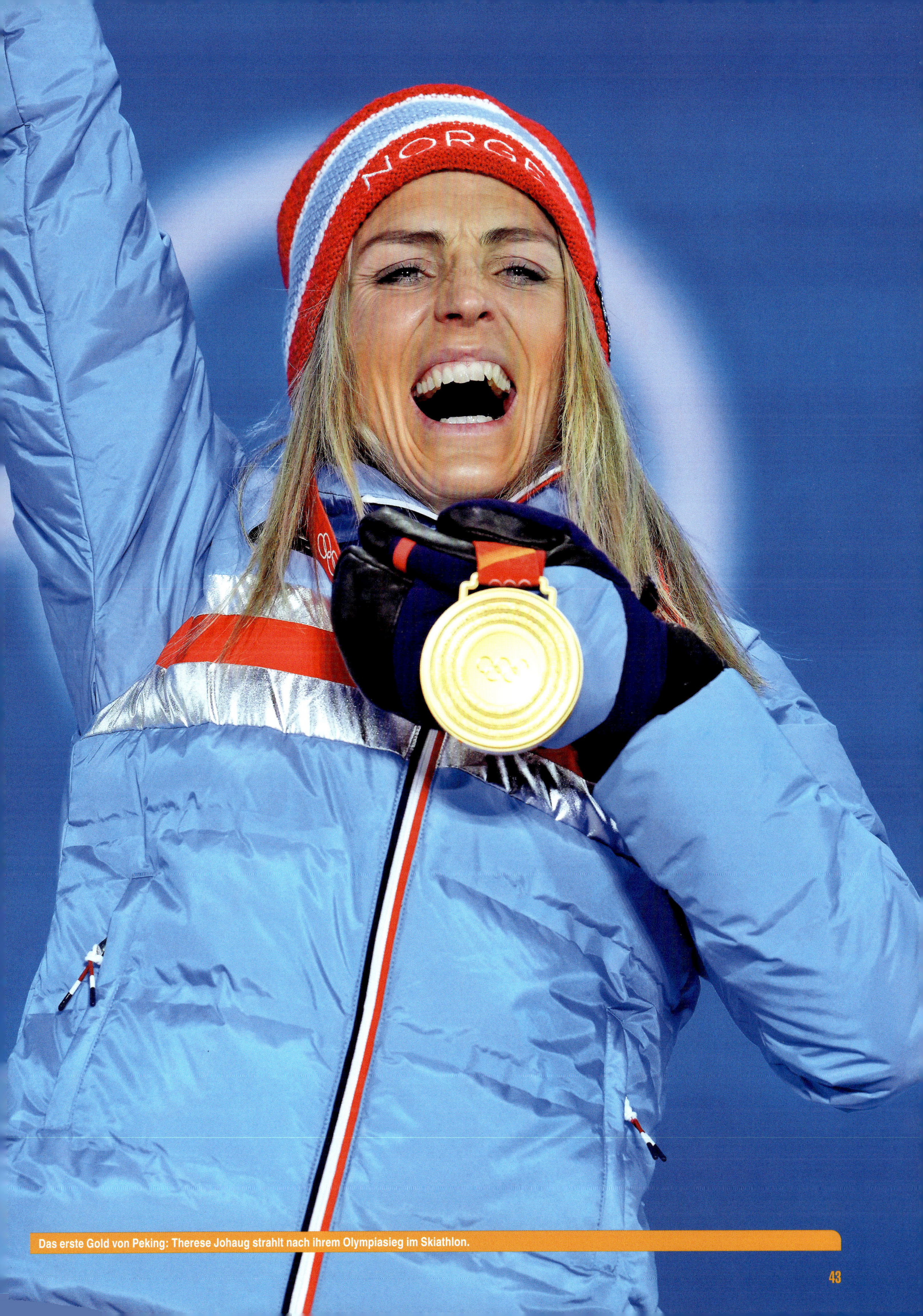

Das erste Gold von Peking: Therese Johaug strahlt nach ihrem Olympiasieg im Skiathlon.

TAG 2
SO., 06.02.

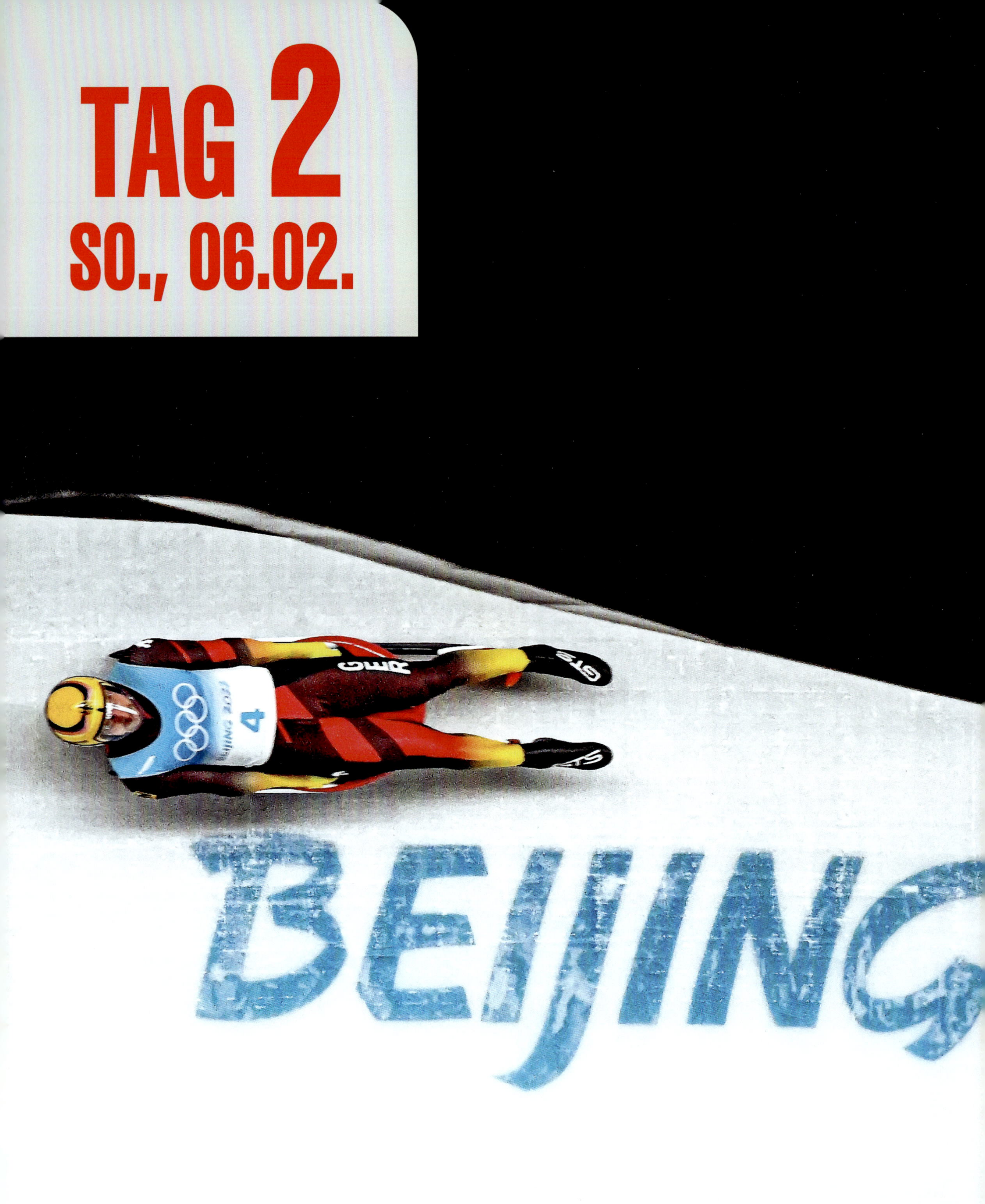

Gleich zweimal Bahnrekord: Rennrodler Johannes Ludwig ist im Eiskanal von Yanqing eine Klasse für sich.

RENNRODELN

Der mit 35 Jahren älteste Teilnehmer des Wettbewerbs war am Ende der schnellste: Johannes Ludwig aus Oberhof hat am zweiten Wettkampftag der Winterspiele die erste Goldmedaille für Deutschland gewonnen. Der Eiskanal im National Sliding Center von Yanqing, der neueste, längste und teuerste der Welt, scheint dem Thüringer bestens zu liegen. Bereits zweieinhalb Monate zuvor konnte er hier den Weltcup gewinnen. Bei den Olympiarennen war er dann eine Klasse für sich. Im Abschlusstraining fuhr er Bestzeit. Im ersten Lauf unterbot er den von ihm selbst aufgestellten Bahnrekord um 0,235 Sekunden und setzte sich an die Spitze des 35-köpfigen Teilnehmerfeldes. Am zweiten Tag setzte er noch einen drauf: Im dritten Durchgang verbesserte er den Bahnrekord noch einmal um 0,020 Sekunden, im vierten und letzten bewahrte er die Nerven. Den zweitplatzierten Österreicher Wolfgang Kindl hielt er souverän um 0,160 Sekunden auf Distanz. Für den früheren Olympiasieger Felix Loch aus Berchtesgaden (+ 1,143 Sekunden) blieb nur der undankbare vierte Platz, Max Langenhan aus Friedrichroda (+ 1,357) wurde Sechster.

Für Ludwig war die Goldmedaille der Höhepunkt der Karriere. Über Jahre hinweg stand er im Schatten von Felix Loch. 2010 und 2014 konnte er sich nicht mal für die Winterspiele qualifizieren. 2018 in Pyeongchang profitierte er vom Patzer des auf Goldkurs steuernden Loch kurz vor dem Ziel und rückte auf den Bronzerang vor. Damit sicherte er sich einen Platz in der Teamstaffel und holte hier sogar die Goldmedaille. Im Olympiawinter 2021/22, seiner 17. Saison, gewann er erstmals den Gesamtweltcup. »Ich bin ziemlich glücklich, dass ich immer am Ball geblieben bin«, sagte er acht Tage vor seinem 36. Geburtstag. »Ich habe mich oft nicht für Olympia qualifiziert, ich habe bei Weltmeisterschaften oft keine Medaille geholt, aber ich habe die Freude nie verloren. Jetzt weiß ich, dass dies richtig war.« In Peking ging er als achter deutscher Olympiasieger im Einsitzer in die Geschichte ein.

RENNRODELN EINSITZER (MÄNNER)

1	Johannes Ludwig		GER	3:48,735 Min.
2	Wolfgang Kindl		AUT	+ 0,160 Sek.
3	Dominik Fischnaller		ITA	+ 0,951

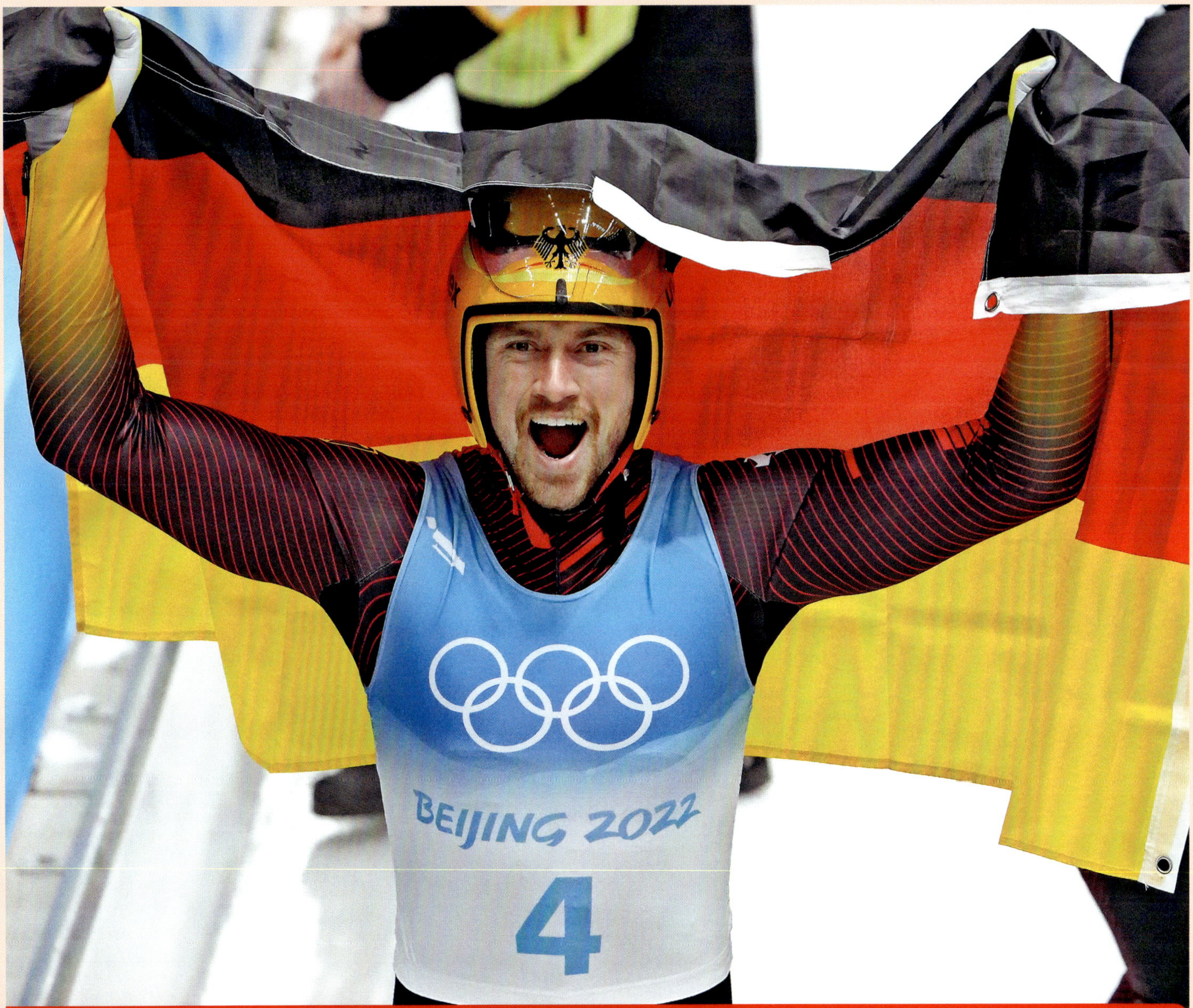

Johannes Ludwig bejubelt im Zielbereich die erste deutsche Goldmedaille bei diesen Winterspielen.

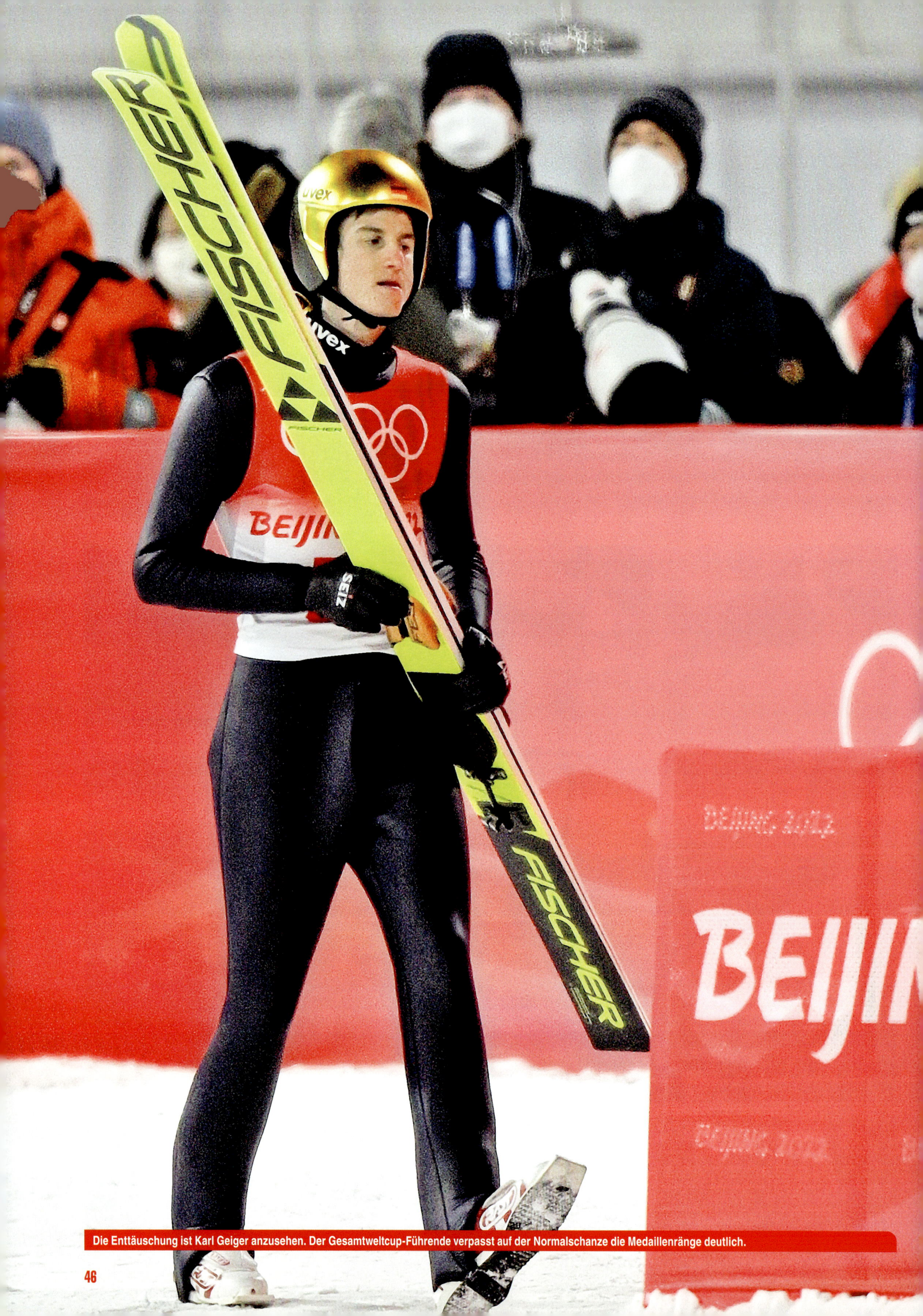

Die Enttäuschung ist Karl Geiger anzusehen. Der Gesamtweltcup-Führende verpasst auf der Normalschanze die Medaillenränge deutlich.

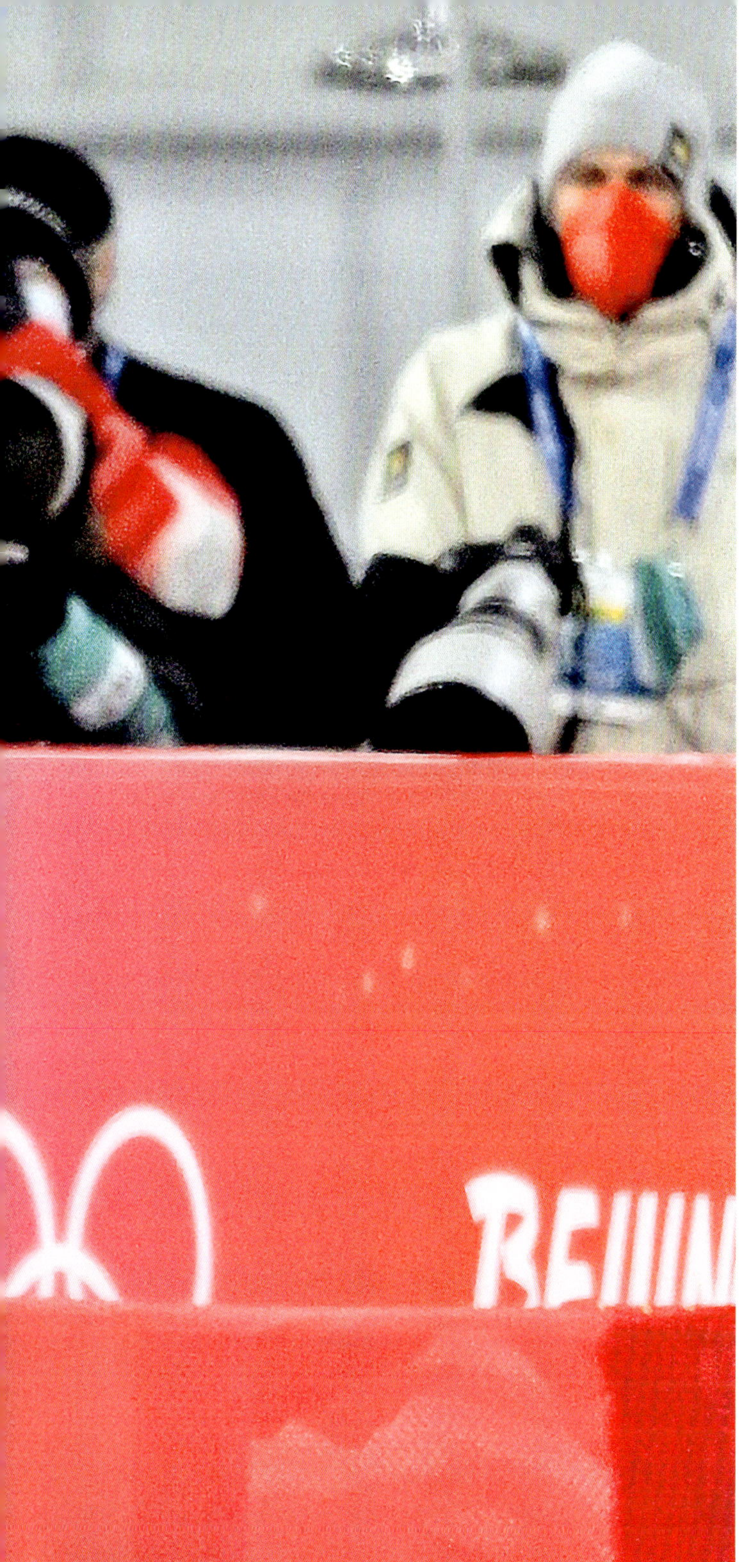

SKISPRINGEN

Das Schöne am Skispringen ist ja, dass der Ausgang eines Wettkampfes unmöglich vorherzusehen ist. Er hängt von vielen kleinen Faktoren ab. Wie kommen die Athleten mit der Schanze zurecht? Wie sind die Windverhältnisse? Wie gehen sie mit der psychischen Belastung um? Schließlich reicht oft schon ein einziger verkorkster Sprung, um Träume in Schutt und Asche zu legen. Die Toleranz für Fehler ist äußerst gering. Karl Geiger musste das in Zhangjiakou auf schmerzhafte Weise erfahren. Als Führender des Gesamtweltcups hatte er zwangsläufig die Rolle des Mitfavoriten übergestülpt bekommen. Seine Leistungen in dieser Saison waren von einer bemerkenswerten Konstanz geprägt. Auf der größten Bühne jedoch nutzte ihm das nichts mehr. Geiger fremdelte von Anfang an mit der Olympiaschanze, schon im Training sah man dem deutschen Hoffnungsträger den Frust an. Also setzte er im Wettkampf auf Risiko, doch 96 Meter im ersten Durchgang bei unangenehmem Rückenwind reichten nur zu Platz 21. Der Medaillentraum war frühzeitig geplatzt. Markus Eisenbichler, Sechster im Gesamtweltcup, schaffte als 31. nicht einmal die Qualifikation für den finalen Durchgang. Die deutschen Skispringer erlebten ein veritables Debakel. Einzig Constantin Schmid durfte sich zur Halbzeit als Sechstplatzierter Hoffnungen machen, konnte im zweiten Durchgang aber nicht an seinen ersten Sprung anknüpfen und fiel auf Rang elf zurück. Erstmals seit den Winterspielen 1998 landete damit kein Deutscher unter den besten Zehn auf der Normalschanze. Zum Olympiasieger krönte sich der japanische Vierschanzentournee-Sieger Ryoyu Kobayashi, dem nach einem überragenden ersten Sprung ein sicherheitsorientierter zweiter Versuch reichte. Für die größte Überraschung sorgte der Österreicher Manuel Fettner. Der 36-Jährige, der bereits mehrfach vor dem Karriereende gestanden war, verbesserte sich mit dem weitesten Sprung des zweiten Durchgangs um drei Plätze und gewann Silber.

SKISPRINGEN NORMALSCHANZE (MÄNNER)

1	Ryoyu Kobayashi		JPN	275,0 Punkte (104,5/99,5 Meter)
2	Manuel Fettner		AUT	270,8 (102,5/104)
3	Dawid Kubacki		POL	265,9 (104/103)

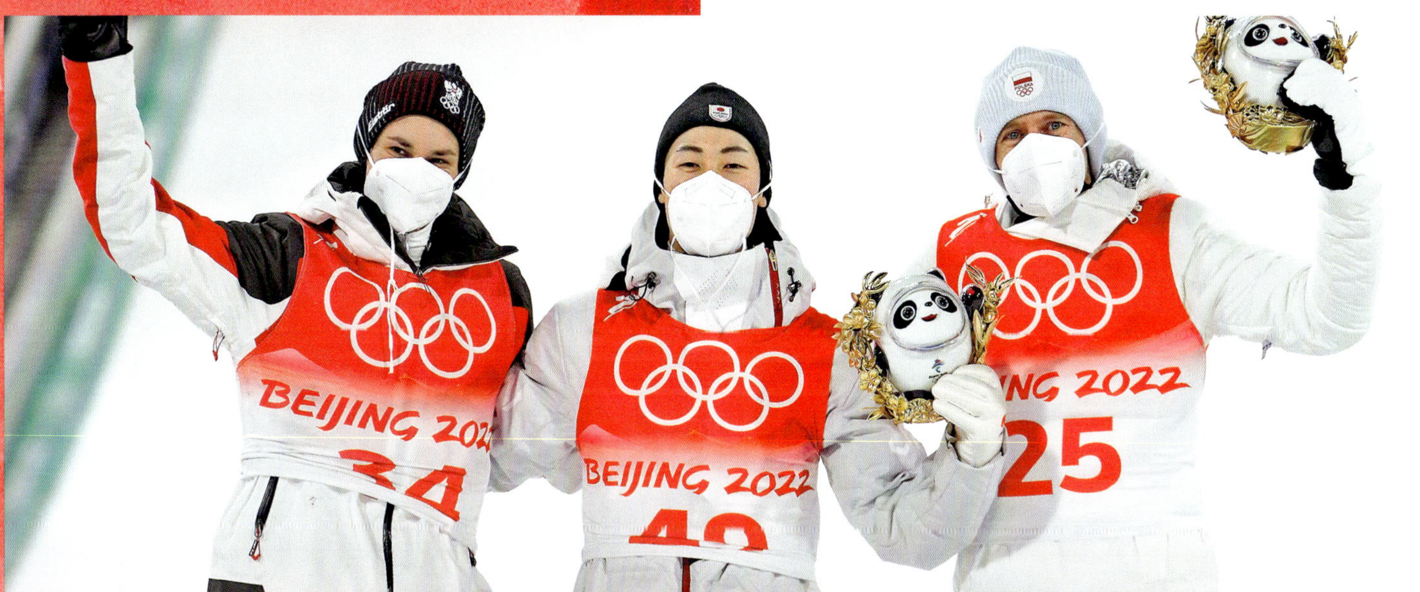

Der Japaner Ryoyu Kobayashi (Mitte) holt Olympiagold vor dem Überraschungszweiten Manuel Fettner (links) und Dawid Kubacki.

WAS SONST NOCH GESCHAH

Die Erinnerung an die Winterspiele 2018 in Pyeongchang war bei Alexander Bolshunov noch lebendig. Der Russe hatte in den Langlaufwettbewerben dreimal Silber und einmal Bronze, aber eben nicht das ersehnte Gold gewonnen. Meist standen ihm die Norweger um Superstar Johannes Kläbo im Weg. Vier Jahre später ließ sich Bolshunov von nichts und niemandem aufhalten. Der Skiathlon über 30 Kilometer geriet zur eindrucksvollen Machtdemonstration des 25-Jährigen. Auf der ersten Streckenhälfte, in der klassischen Technik ausgetragen, setzte er sich gemeinsam mit Iivo Niskanen vom Rest des Feldes ab. Nach dem Wechsel zur Skating-Technik konnte der Finne dem überragenden Bolshunov nicht mehr folgen. Und Kläbo? Der erlebte ein Rennen zum Vergessen. Der Mitfavorit musste schon früh abreißen lassen und investierte in der zweiten Rennhälfte nur noch das Nötigste. Auf Platz 40 trudelte er ins Ziel. Die drei deutschen Starter hatten zwar nichts mit der Medaillenentscheidung zu tun, liefen aber allesamt unter die besten 20 – ein gutes Resultat.

Das Beste hob sich Zoi Sadowski-Synnott für den Schluss auf. In ihrem letzten Run ging die Neuseeländerin volles Risiko, beeindruckte mit atemberaubenden Sprüngen und der höchsten Trickschwierigkeit und sicherte sich so Gold im Slopestyle-Wettbewerb der Snowboarderinnen. Und nebenbei schrieb die 20-Jährige Geschichte, denn sie holte die erste Goldmedaille für Neuseeland in der Geschichte der Olympischen Winterspiele. Einen grandiosen Wettkampf zeigte auch die Deutsche Annika Morgan, die als Achtplatzierte sogar die zweimalige Olympiasiegerin Jamie Anderson aus den USA hinter sich ließ.

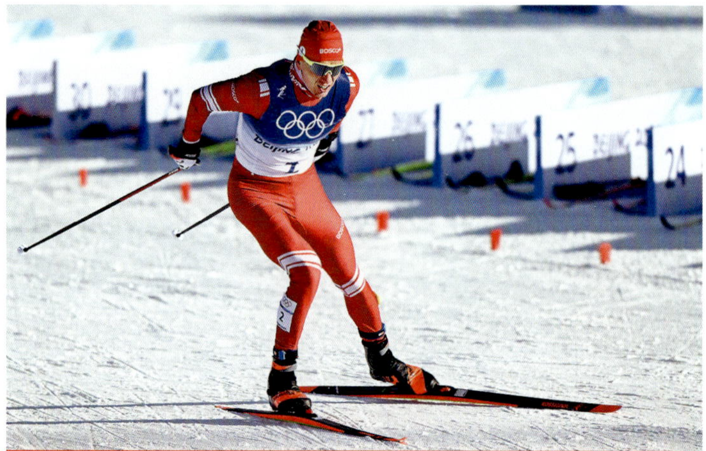

Der Russe Alexander Bolshunov dominiert den Skiathlon und gewinnt sein erstes Olympiagold. Mitfavorit Johannes Kläbo aus Norwegen enttäuscht.

Eine Überraschung bot das Buckelpistenrennen der Frauen. Perrine Laffont, Topfavoritin und amtierende Olympiasiegerin, musste sich mit Rang vier begnügen. Am besten meisterte den wilden Ritt durch die Schneehügel die Australierin Jakara Anthony. Garant für den Sieg der 23-Jährigen waren vor allem die perfekt ausgeführten Sprünge.

Im Eisschnelllaufwettbewerb der Männer über 5000 Meter wurde Weltmeister Nils van der Poel seiner Favoritenrolle gerecht. Der Schwede benötigte aber schon einen famosen Endspurt und einen neuen Olympischen Rekord, um die eine Stunde zuvor aufgestellte Bestzeit des Niederländers Patrick Roest noch zu unterbieten. Als bester Deutscher lief Patrick Beckert auf Rang elf.

SKIATHLON 2 x 7,5 KM (MÄNNER)

1	Alexander Bolshunov	ROC	1:16:09,8 Std.
2	Denis Spitsov	ROC	+ 1:11,0 Min.
3	Iivo Niskanen	FIN	+ 2:00,2

SNOWBOARD SLOPESTYLE (FRAUEN)

1	Zoi Sadowski-Synnott	NZL	92,88 Punkte
2	Julia Marino	USA	87,68
3	Tess Coady	AUS	84,15

SKI FREESTYLE BUCKELPISTE (FRAUEN)

1	Jakara Anthony	AUS	83,09 Punkte
2	Jaelin Kauf	USA	80,28
3	Anastasiia Smirnova	ROC	77,72

EISSCHNELLLAUF 5000 METER (MÄNNER)

1	Nils van der Poel	SWE	6:08,84 Min.
2	Patrick Roest	NED	+ 0,47 Sek.
3	Hallgeir Engebraaten	NOR	+ 1,04

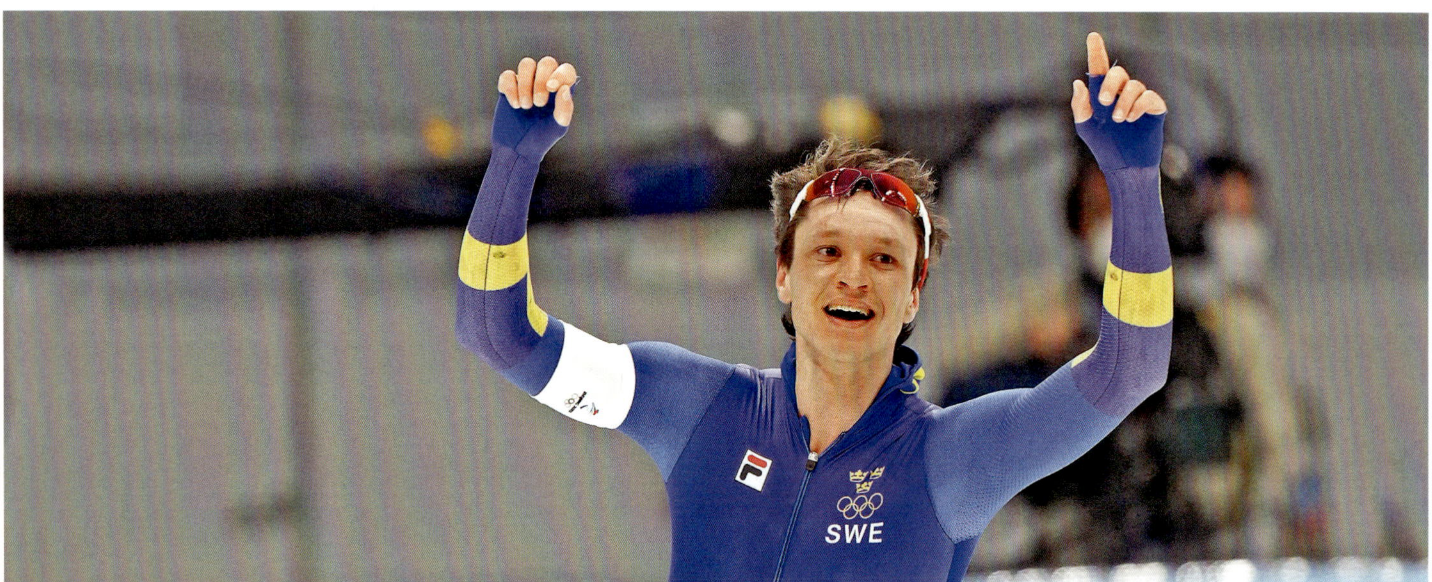

Topfavorit Nils van der Poel aus Schweden setzt sich im 5000-Meter-Rennen der Eisschnellläufer knapp vor dem Niederländer Patrick Roest durch.

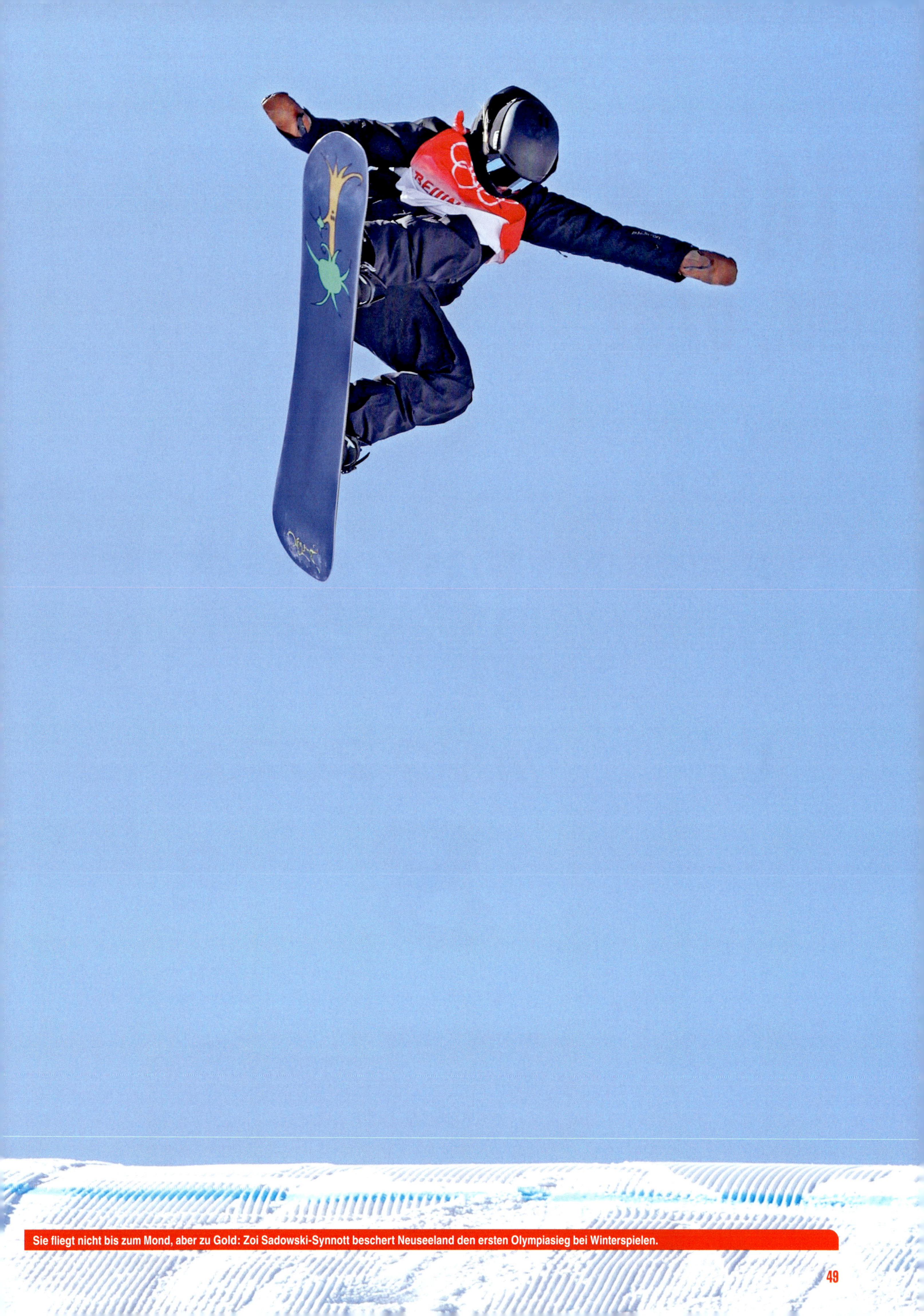

Sie fliegt nicht bis zum Mond, aber zu Gold: Zoi Sadowski-Synnott beschert Neuseeland den ersten Olympiasieg bei Winterspielen.

TAG 3
MO., 07.02.

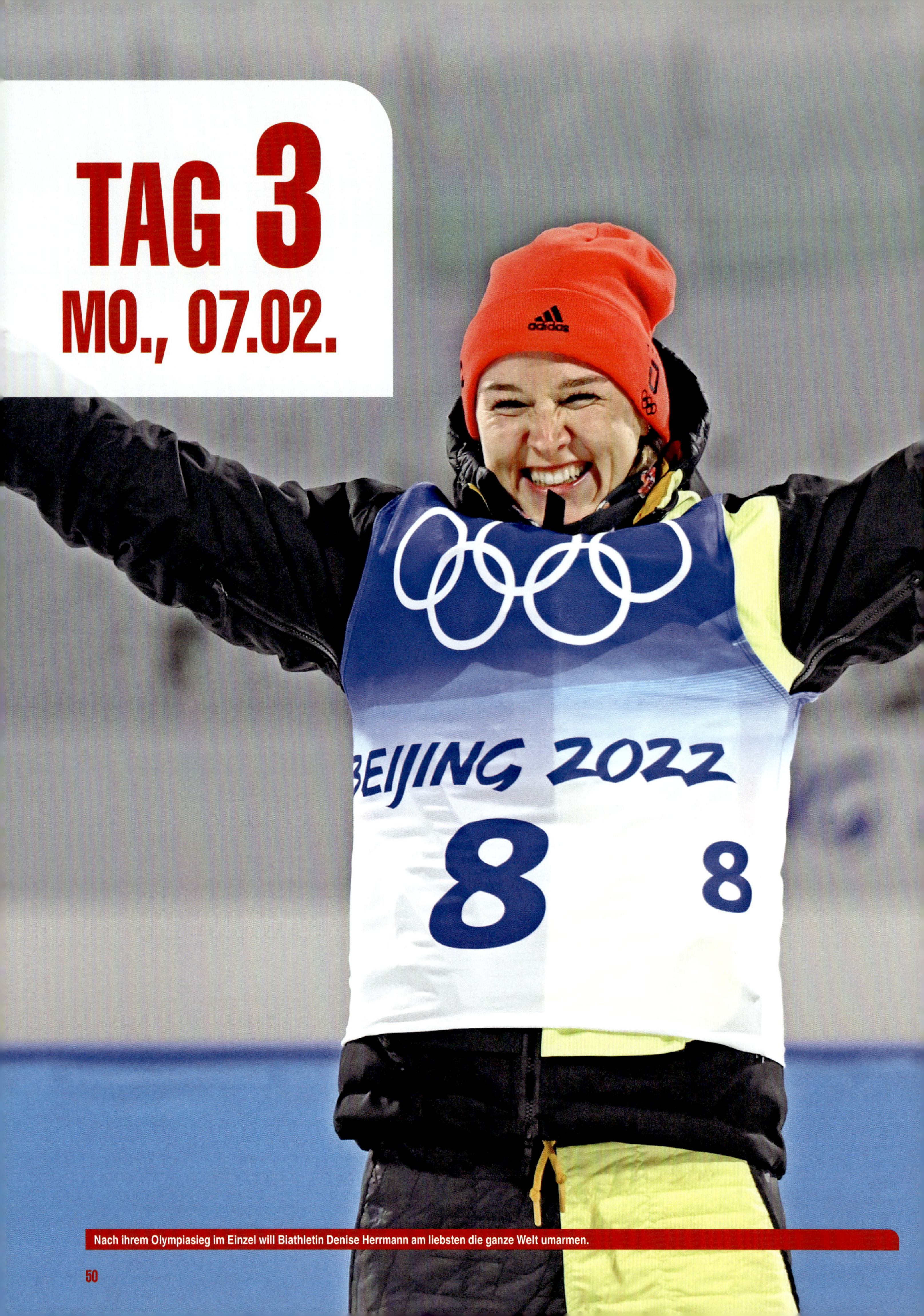

Nach ihrem Olympiasieg im Einzel will Biathletin Denise Herrmann am liebsten die ganze Welt umarmen.

BIATHLON

Denise Herrmann wartete und wartete. Sie wartete darauf, dass sich die pulsierende Hoffnung in euphorische Gewissheit wandeln würde. Die 33-Jährige hatte ein famoses Rennen im Einzel hingelegt, doch weil sie mit der frühen Startnummer acht angetreten war, stand sie hinterher nervös im Zielbereich und bangte um ihre Bestzeit. Schließlich waren nach ihr noch 81 Athletinnen ins Rennen gegangen. Doch keine von ihnen konnte die überragende Deutsche noch abfangen: Die zweite Goldmedaille für das deutsche Olympiateam war perfekt. Läuferisch hatte man sich um Herrmann noch nie Sorgen machen müssen, als ehemalige Langläuferin zählte sie nach ihrem Wechsel zum Biathlon zur Saison 2016/17 sofort zu den Besten. Am Schießstand hatte sie jedoch großen Nachholbedarf. Sie verbesserte sich, aber noch immer gehören starke Schwankungen bei ihr dazu. Nach einer durchwachsenen Weltcup-Saison startete Herrmann in Zhangjiakou nicht unbedingt als Favoritin. Diese Rolle schien ihr zu behagen. Mit einem fehlerfreien Liegendschießen verpasste sie ihrem angeknacksten Selbstbewusstsein sofort einen Booster, auch im Stehendanschlag räumte sie alle fünf Scheiben ab. Spätestens zu diesem Zeitpunkt war klar, dass sie um die Medaillen kämpfen würde. Beim zweiten Liegendschießen handelte sie sich eine Strafminute ein, die jedoch verkraftbar war, weil auch die Konkurrenz gepatzt hatte. So fiel die Entscheidung beim letzten Stehendschießen. Herrmann nahm sich Zeit, atmete noch einmal tief durch – und traf fünfmal ins Schwarze. Im Schatten von Herrmann zeigte auch Vanessa Voigt eine grandiose Vorstellung. Die 24-Jährige zeigte nach ihrem verpatzten Olympiadebüt in der Mixed-Staffel eine beeindruckende Reaktion, leistete sich ebenfalls nur einen Schießfehler und präsentierte sich läuferisch in Topform. Am Ende fehlten ihr auf die Gesamtweltcup-Führende Marte Olsbu Röiseland, die Bronze gewann, nur 1,3 Sekunden. Vanessa Hinz wurde 14., Franziska Preuß landete auf Rang 25.

BIATHLON 15 KM EINZEL (FRAUEN)

1	Denise Herrmann	GER	39:14,4 Min. (1 Fehler)
2	Anais Chevalier-Bouchet	FRA	+ 9,4 Sek. (1)
3	Marte Olsbu Röiseland	NOR	+ 15,3 (2)

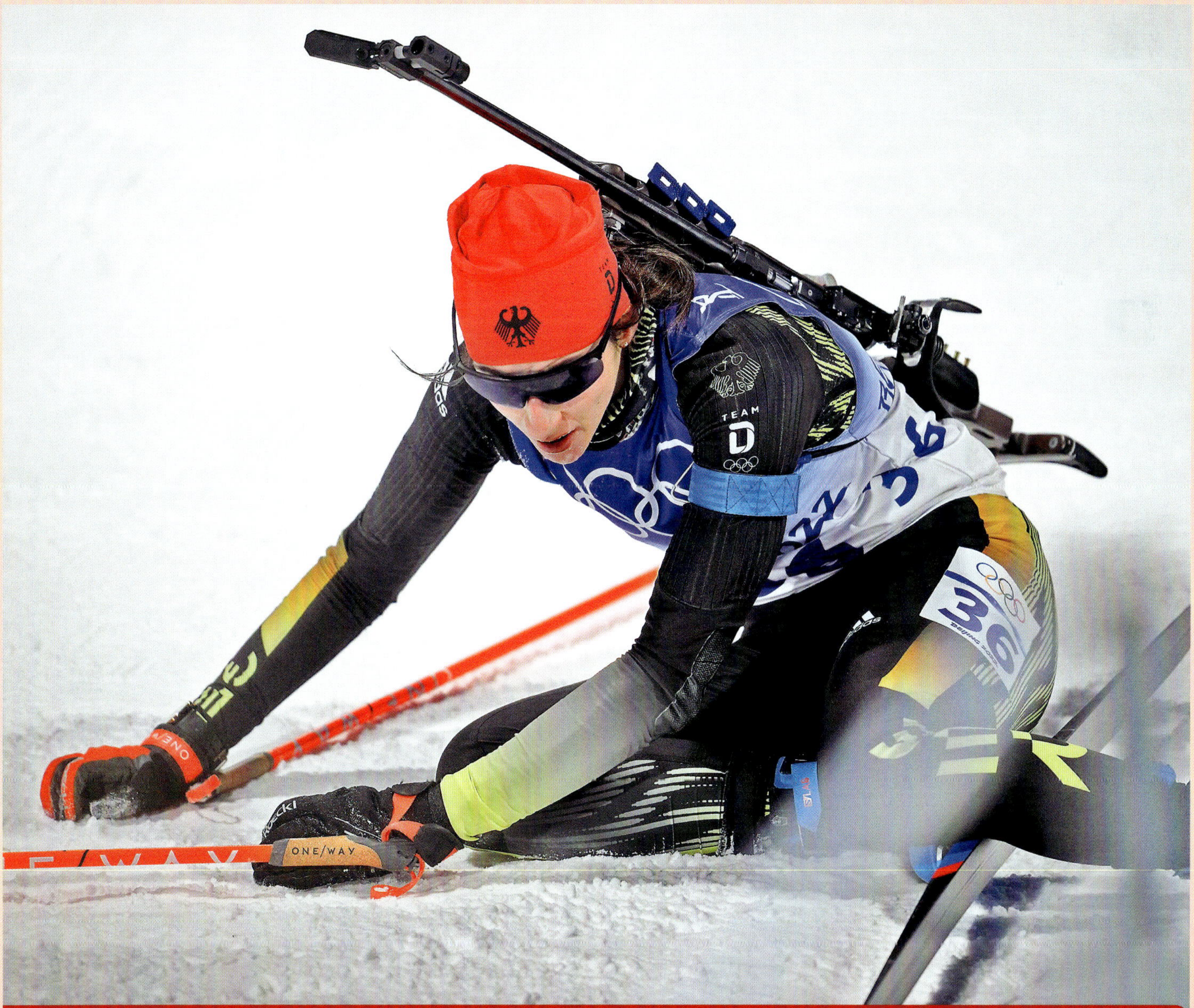

Völlig erschöpft sinkt Vanessa Voigt nach einem famosen Rennen zu Boden. Nur 1,3 Sekunden fehlen ihr zu Bronze.

TAG 3

SKISPRINGEN

Diese Tage in Zhangjiakou wird Katharina Althaus so schnell nicht vergessen. Im Einzel schrammte die beste deutsche Skispringerin nur knapp an Gold vorbei, freute sich mit ein wenig Abstand aber auch über Silber. 48 Stunden später war Althaus völlig am Boden zerstört. Was war passiert? Das deutsche Team mit Althaus, Selina Freitag, Constantin Schmid und Karl Geiger lag im ersten Durchgang des erstmals bei Olympischen Spielen ausgetragenen Mixed-Wettbewerbs bereits gut im Medaillenrennen, als Althaus einen sensationellen Sprung auf 104 Meter in den Schnee setzte. Die Abonnement-Weltmeister der vergangenen Jahre rückten im Klassement auf Rang zwei vor, ehe der Schock folgte. Aufgrund eines nicht regelkonformen Anzugs wurde Althaus disqualifiziert. Auch bei der Japanerin Sara Takanashi und Daniela Iraschko-Stolz aus Österreich beanstandete Kontrolleur Mika Jukkara vom internationalen Ski-Verband FIS zu große Anzüge. Alle drei betroffenen Springerinnen beteuerten aber, mit den gleichen Anzügen gesprungen zu sein wie zwei Tage zuvor im Einzel. Bundestrainer Stefan Horngacher zürnte, er sprach von »Kasperletheater« und kokettierte indirekt sogar mit seinem Rücktritt. Der deutsche Schlusssspringer Karl Geiger nannte die Entscheidung »skurril«. Althaus verstand die Welt nicht mehr und vergoss bittere Tränen. Deutschland verpasste den zweiten Durchgang, die Chance auf eine Medaille war dahin. Im Finaldurchgang zeichnete sich rasch der Sieg des slowenischen Quartetts ab. Einzel-Olympiasiegerin Ursa Bogataj und Bronzemedaillengewinnerin Nika Kriznar bestätigten eindrucksvoll ihre herausragende Form und legten damit den Grundstein für den klaren Erfolg, den Timi Zajc und Peter Prevc mit guten Sprüngen zementierten. Silber sicherten sich die Russen, vor allem dank der starken Weiten ihres Schlussspringers Evgenij Klimov.

SKISPRINGEN (MIXED)

1	Team Slowenien		SLO	1001,5 Punkte
2	Team ROC		ROC	890,3
3	Team Kanada		CAN	844,6

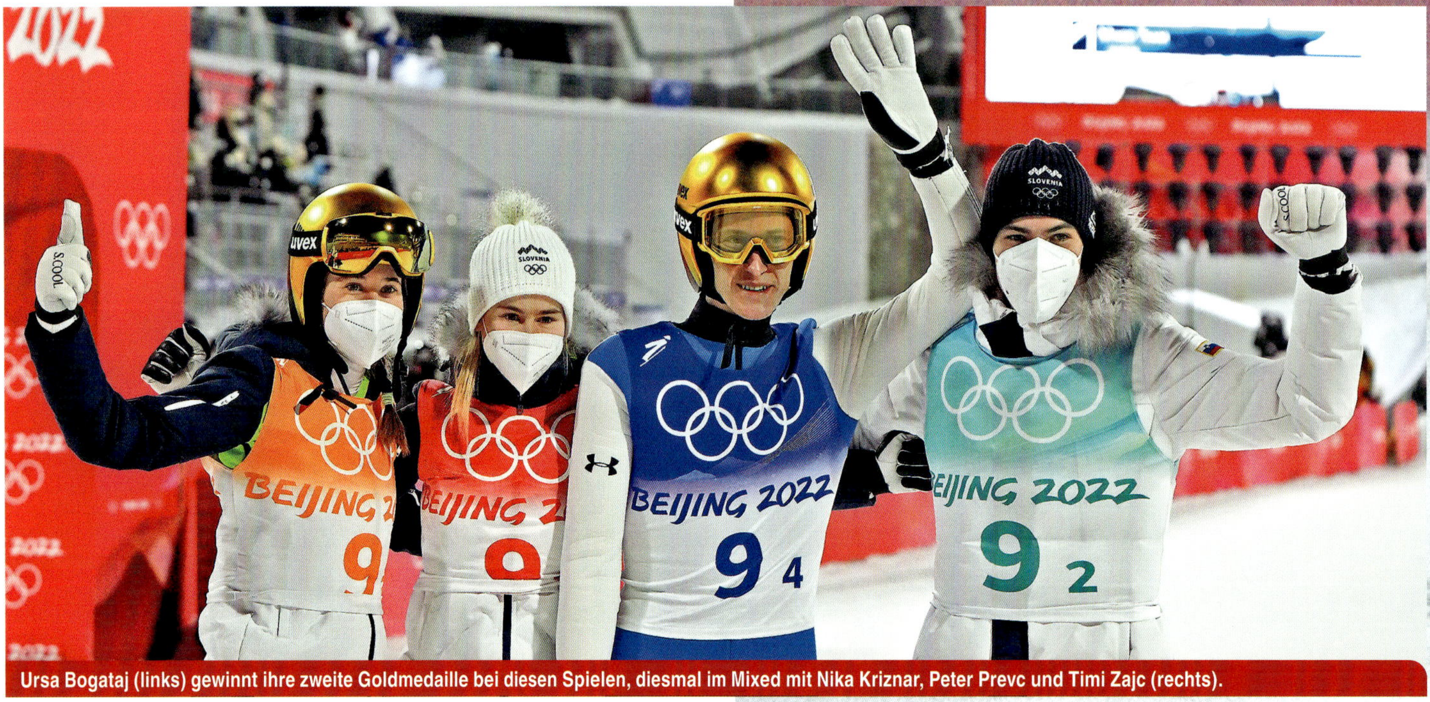

Ursa Bogataj (links) gewinnt ihre zweite Goldmedaille bei diesen Spielen, diesmal im Mixed mit Nika Kriznar, Peter Prevc und Timi Zajc (rechts).

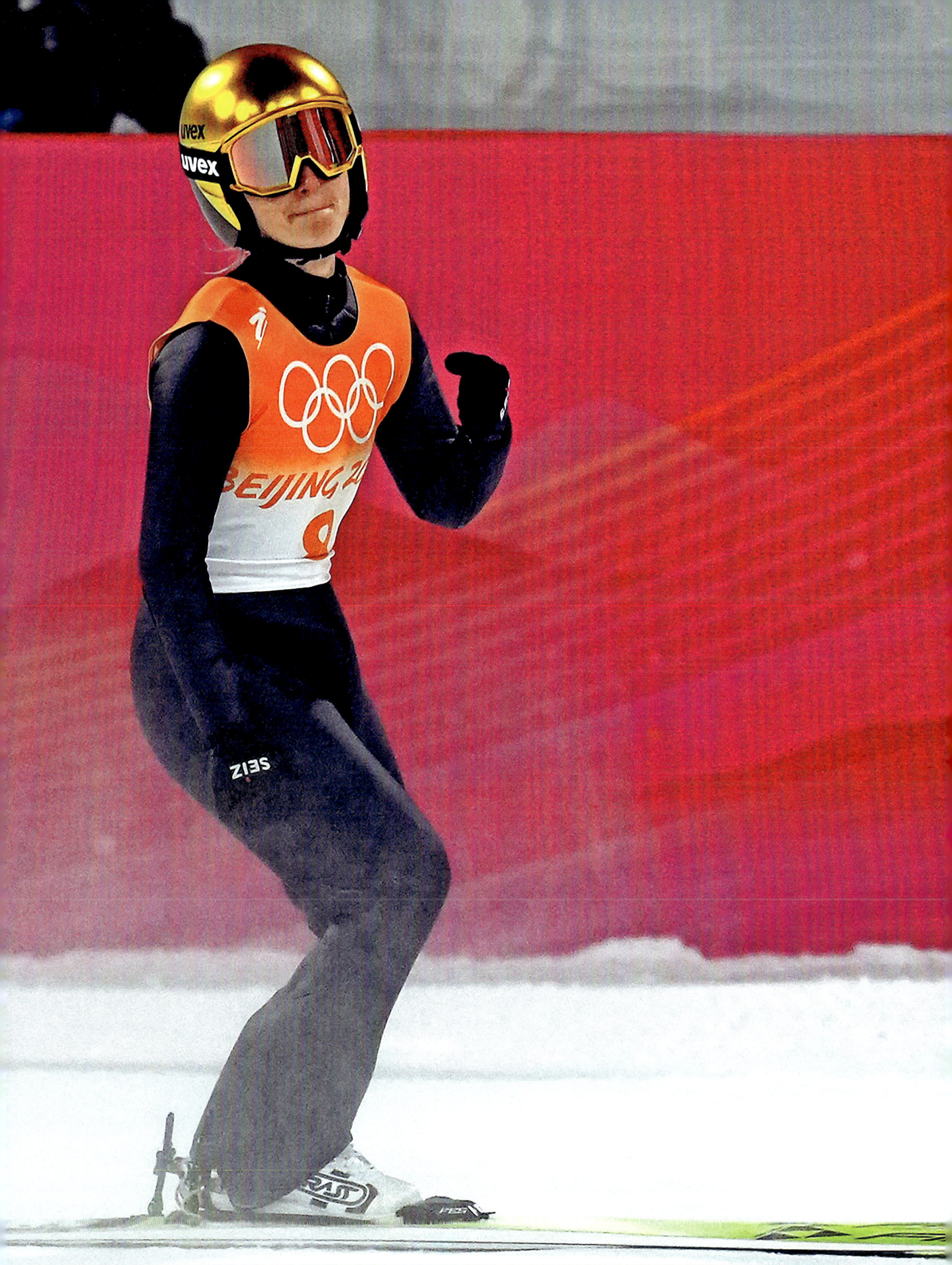

Katharina Althaus bejubelt ihren exzellenten Sprung. Wenig später wird sie disqualifiziert. Die Medaillenchance für das deutsche Team ist dahin.

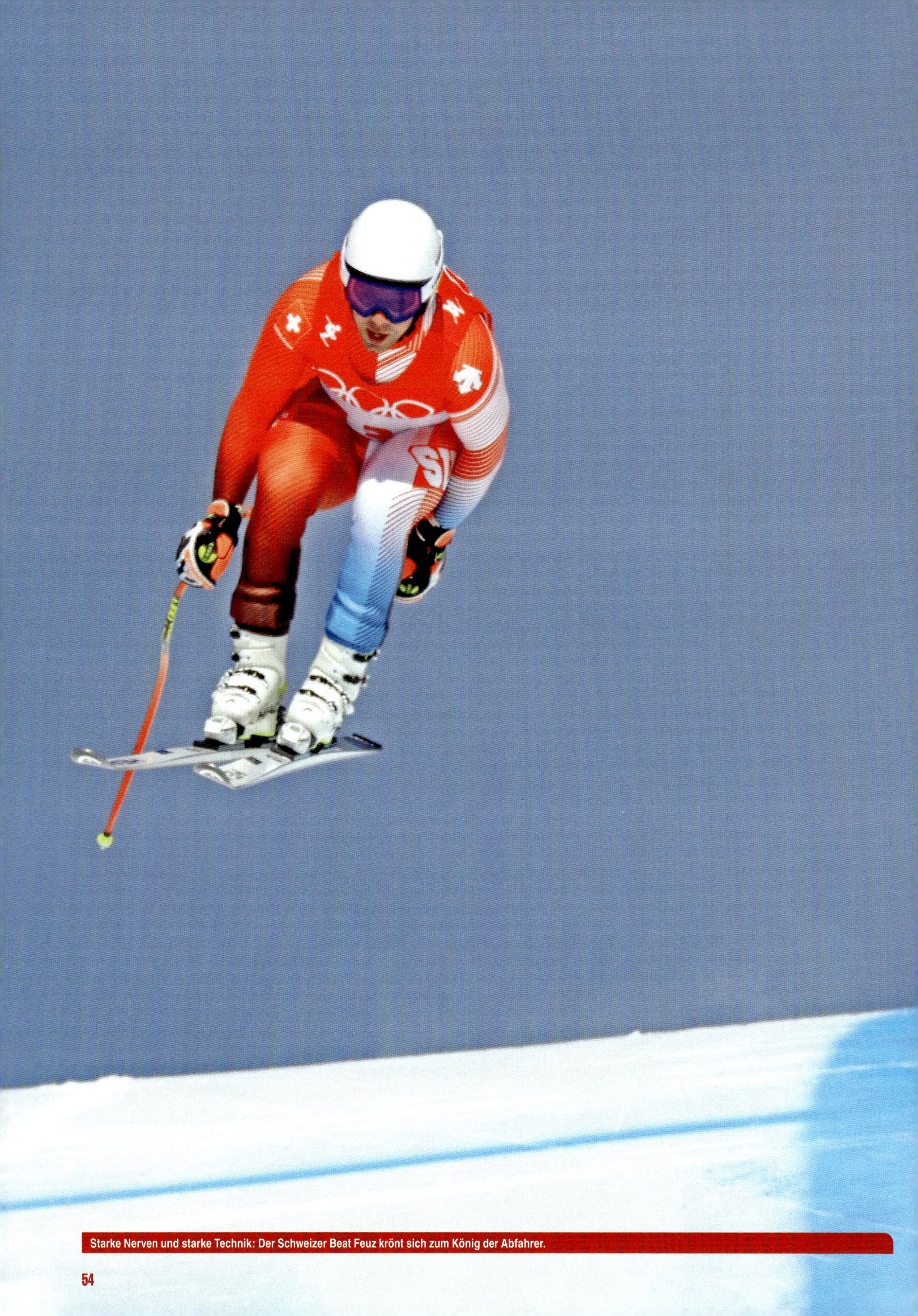

Starke Nerven und starke Technik: Der Schweizer Beat Feuz krönt sich zum König der Abfahrer.

SKI ALPIN

Mit einem Tag Verspätung hat der Schweizer Beat Feuz die Königsdisziplin im alpinen Skisport gewonnen. Wegen starker Windböen auf dem Xiaohaituo Mountain im National Alpine Center von Yanqing musste die Abfahrt der Männer zunächst mehrfach verschoben und letztlich von Sonntag auf Montag verlegt werden. Routinier und Mitfavorit Feuz ließ sich davon nicht beirren und siegte bei nun optimalen äußeren Bedingungen mit strahlendem Sonnenschein und wenig Wind mit 0,10 Sekunden Vorsprung von dem Franzosen Johan Clarey und 0,16 Sekunden vor dem Österreicher Matthias Mayer. Weltcupspitzenreiter Aleksander Aamodt Kilde kam als Fünfter ins Ziel, Weltmeister Vincent Kriechmayr als Achter. Clarey ging mit 41 Jahren und 29 Tagen als ältester Medaillengewinner in einem alpinen Skiwettbewerb in die Olympiageschichte ein.
Beat Feuz krönte vier Tage vor seinem 35. Geburtstag seine herausragende Karriere und komplettierte nach Bronze in der Abfahrt und Silber im Super-G 2018 in Pyeongchang seinen olympischen Medaillensatz. 2017 wurde er in St. Moritz Weltmeister, von 2018 bis 2021 gewann er viermal hintereinander den Abfahrtsweltcup. Beim Siegerinterview sagte der Emmentaler: »Ich sehe viele Sachen als Krönung in meiner Karriere. Der Olympiasieg ist sicherlich eine davon. Vor dem Start habe ich mir schon gedacht: Die Strecke könnte etwas für mich sein – und der Schnee auch.« Feuz ist der vierte Abfahrts-Olympiasieger aus der Schweiz nach Bernhard Russi (1972), Pirmin Zurbriggen (1988) und Didier Defago (2010).
Die deutschen Abfahrer enttäuschten mit den Plätzen 13 (Romed Baumann), 17 (Andreas Sander) und 23 (Josef Ferstl). Dominik Schwaiger hatte Glück im Unglück: Der Oberbayer stürzte in einer Rechtskurve bei einer Geschwindigkeit von 128 Stundenkilometern schwer, durchschlug ein Fangnetz und musste mit einem Rettungsschlitten abtransportiert werden. Stunden später kam Entwarnung: Prellung linker Unterarm, nur einige Tage Pause.

TAG 3

SKI ALPIN ABFAHRT (MÄNNER)

1	Beat Feuz		SUI	1:42,69 Min.
2	Johan Clarey		FRA	+ 0,10 Sek.
3	Matthias Mayer		AUT	+ 0,16

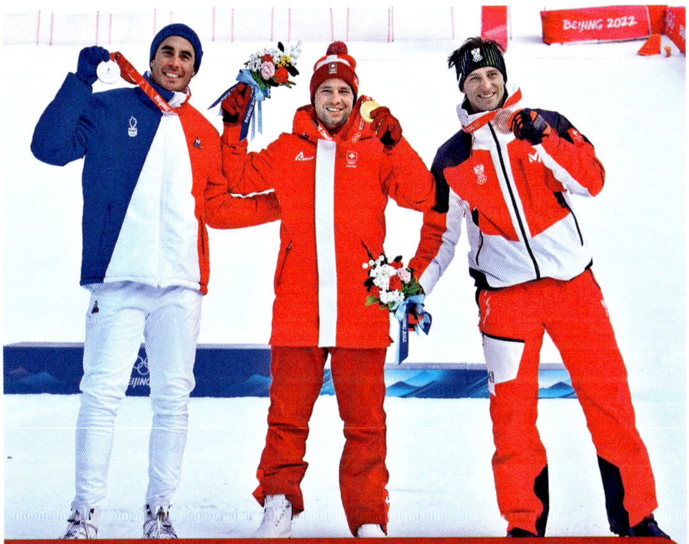

Erfahrenes Medaillentrio: Der Franzose Johan Clarey (41), der Schweizer Beat Feuz (34) und der Österreicher Matthias Mayer (31) bringen es zusammen auf mehr als 100 Jahre.

SKI ALPIN

Das Ende einer langen Durststrecke, eine fulminante Aufholjagd und ein gestürzter Topstar – der Auftakt der alpinen Skiwettbewerbe der Frauen auf dem Xiaohaituo Mountain im National Alpine Center von Yanqing hatte es in sich. Mitfavoritin Sara Hector krönte sich zur ersten schwedischen Olympiasiegerin im Riesenslalom seit Pernilla Wiberg 30 Jahre zuvor in Albertville. Die erfahrene Schweizerin Lara Gut-Behrami verbesserte sich mit Bestzeit im zweiten Durchgang vom achten auf den Bronzerang. Und US-Star Mikaela Shiffrin, die Olympiasiegerin von Pyeongchang 2018, rutschte bereits am siebten Tor im ersten Lauf weg und schied somit früh aus. »Da war die Drehung für eine Millisekunde falsch. Wenn man richtig auf die Kanten geht, dann macht das den Unterschied«, sagte die 26-Jährige nach dem ersten ihrer sechs geplanten Olympiastarts.
Bei 75 Weltcupteilnahmen im Riesenslalom war Shiffrin ein derartiges Missgeschick nur siebenmal passiert, letztmals im Januar 2018.
Die drei Jahre ältere Sara Hector nutzte die Gunst der Stunde und setzte ihre starke Form – in den fünf Weltcuprennen zuvor

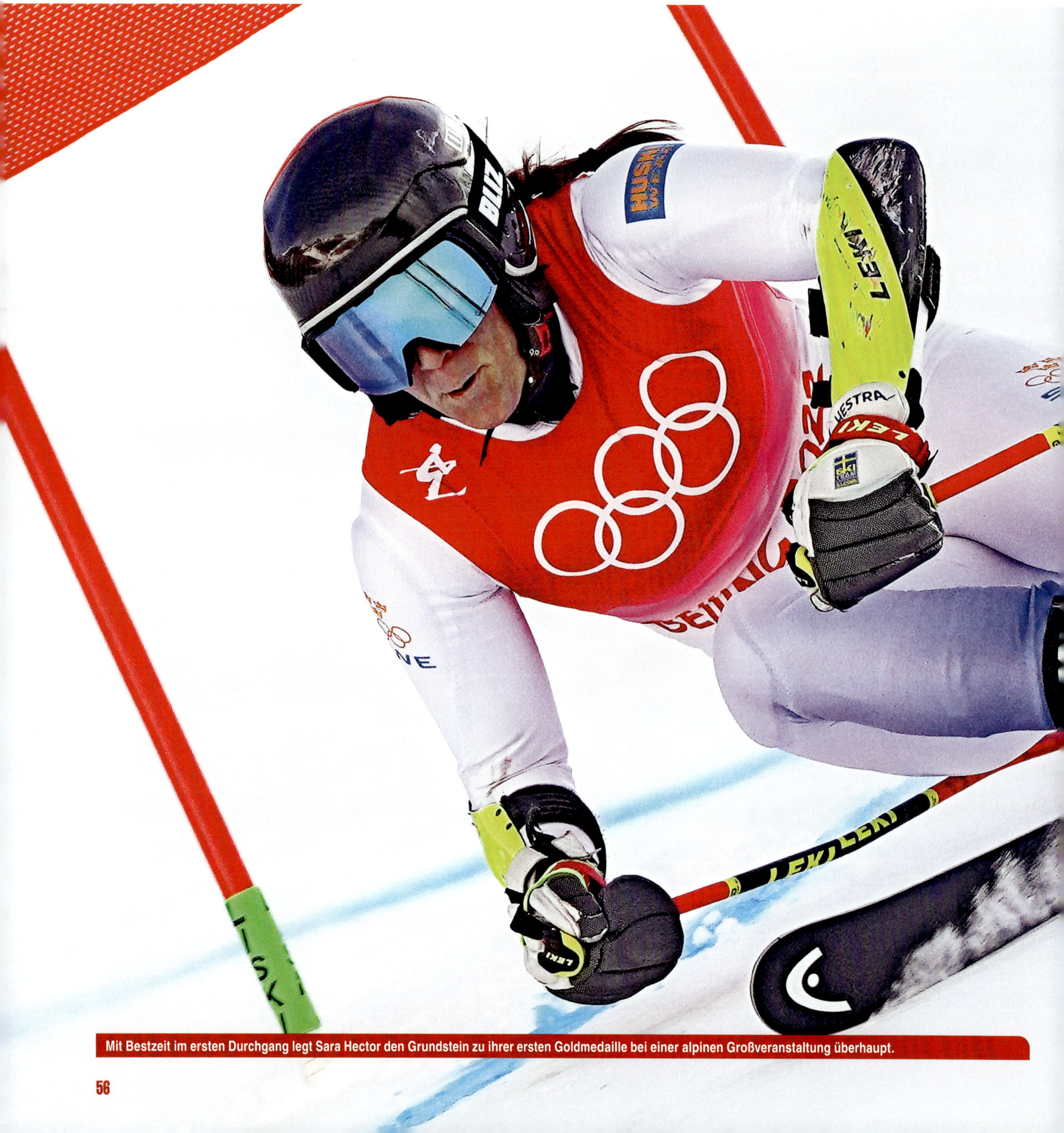

Mit Bestzeit im ersten Durchgang legt Sara Hector den Grundstein zu ihrer ersten Goldmedaille bei einer alpinen Großveranstaltung überhaupt.

immer auf dem Podest und dreimal siegreich – fort. Nach Bestzeit im ersten bewahrte sie im zweiten Lauf die Nerven und sicherte sich ihre erste Goldmedaille bei einer alpinen Großveranstaltung überhaupt. Weltmeisterin Gut-Behrami lag nach dem ersten Durchgang mit eineinhalb Sekunden Rückstand nur an achter Stelle. »Da passte das Timing überhaupt nicht. Im zweiten Lauf lief dann plötzlich alles wie auf Schienen«, berichtete die 30-Jährige im Schweizer Fernsehen. Für die Österreicherin Katharina Truppe lief hingegen nur noch wenig. Als Zweite nach dem ersten Lauf fiel sie aus den Medaillenrängen.

Die Italienerin Federica Brignone, Bronzemedaillengewinnerin 2018 in Pyeongchang, verbesserte sich auch dadurch auf Platz zwei.
Die einzige deutsche Starterin, die erst 18-jährige Emma Aicher (Mahlstetten), kam auf einen respektablen 21. Rang.

SKI ALPIN RIESENSLALOM (FRAUEN)

1	Sara Hector		SWE	1:55,69 Min.
2	Federica Brignone		ITA	+ 0,28 Sek.
3	Lara Gut-Behrami		SUI	+ 0,72

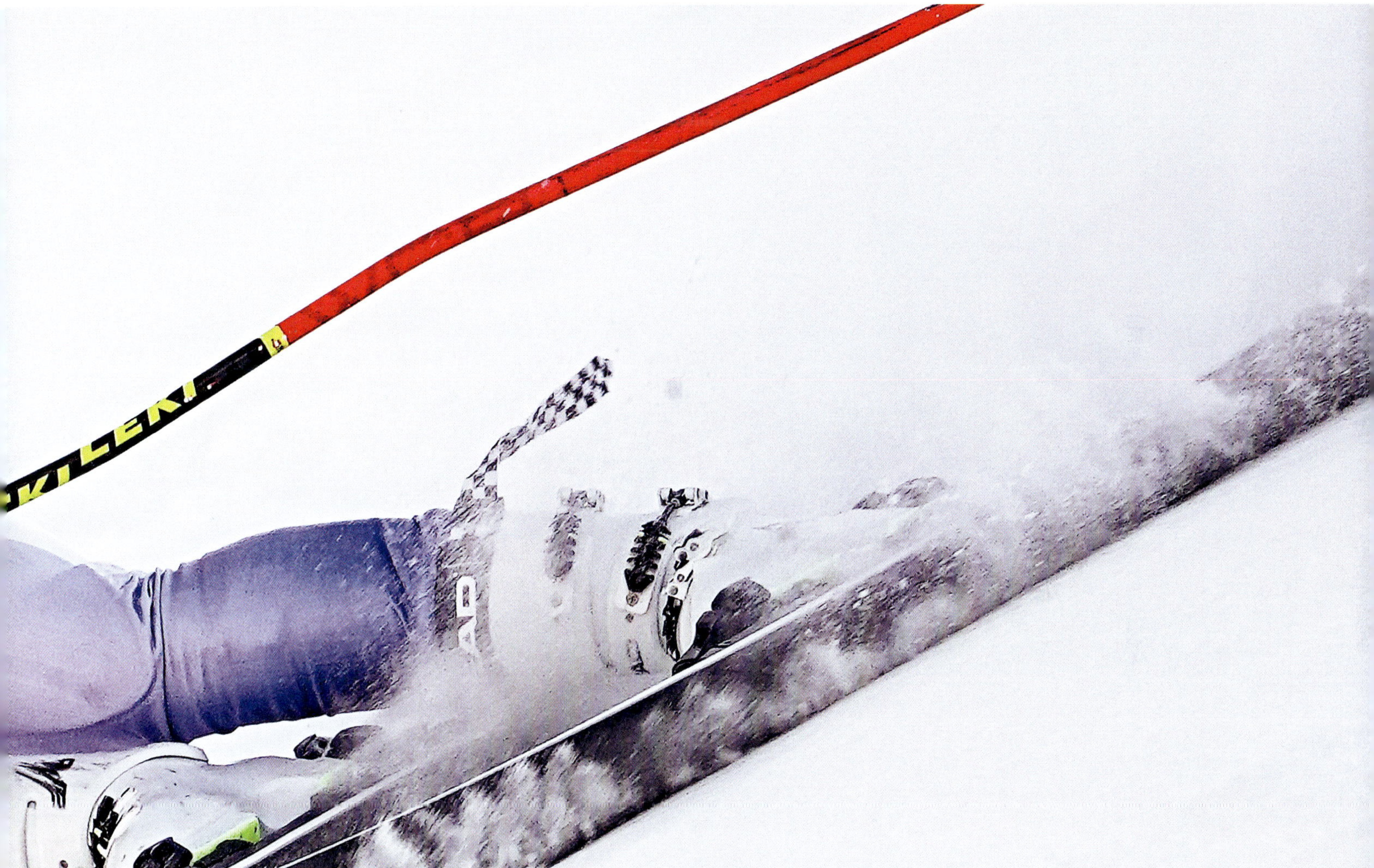

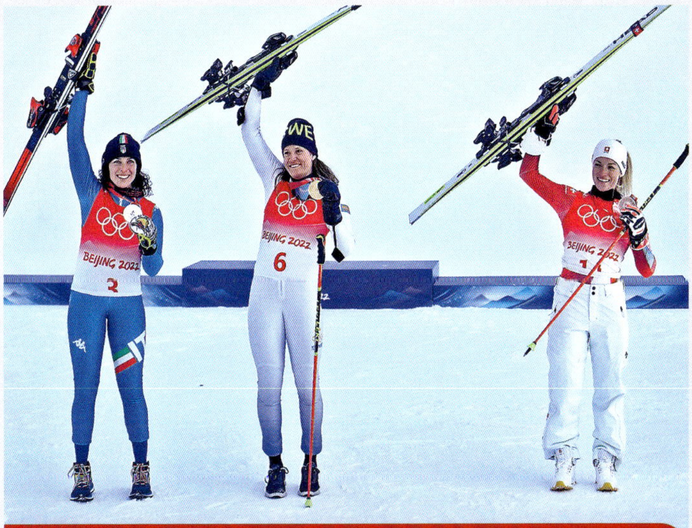

Olympiasiegerin Sara Hector inmitten von Silbergewinnerin Federica Brignone (links) und Bronzegewinnerin Lara Gut-Behrami.

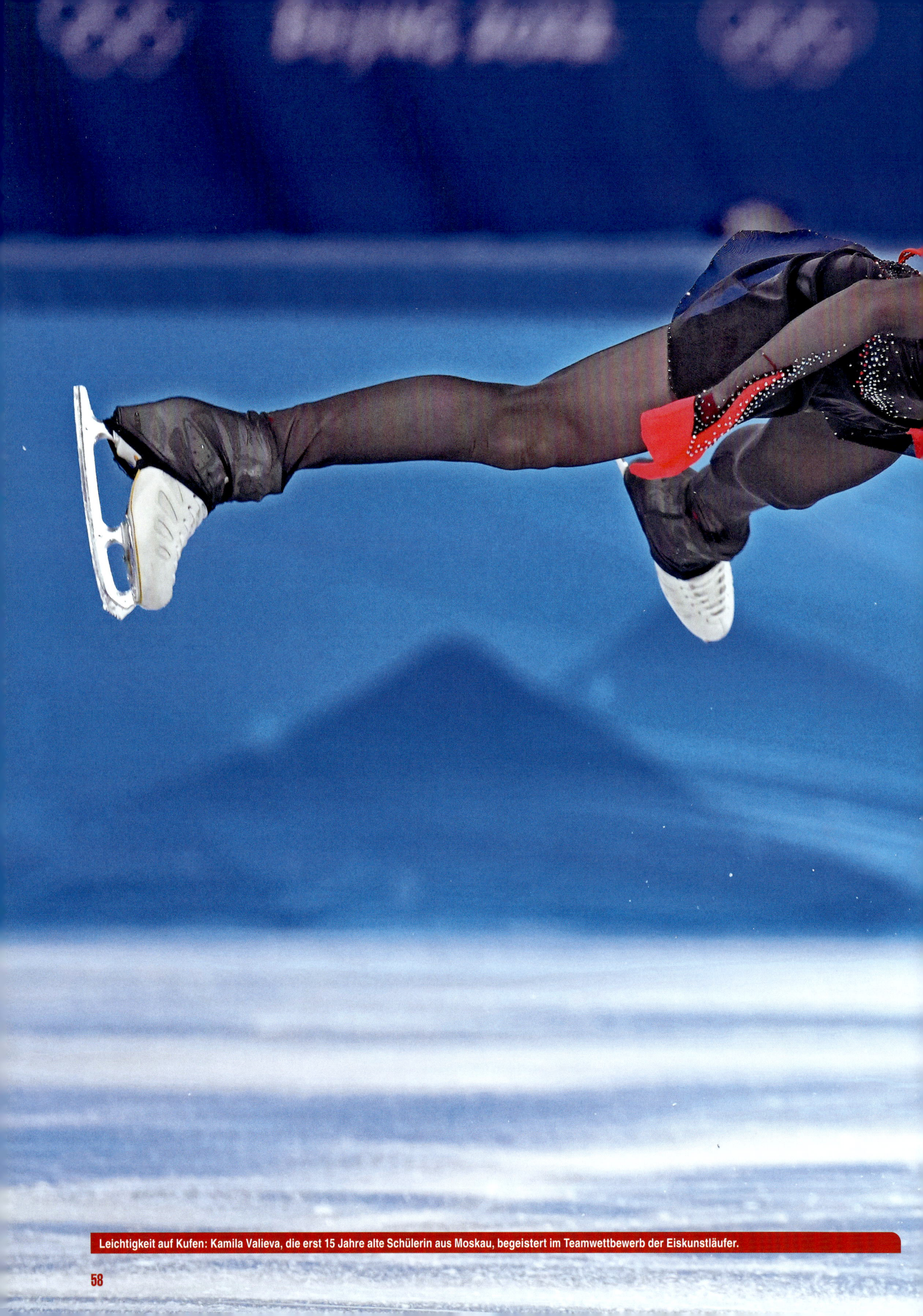

Leichtigkeit auf Kufen: Kamila Valieva, die erst 15 Jahre alte Schülerin aus Moskau, begeistert im Teamwettbewerb der Eiskunstläufer.

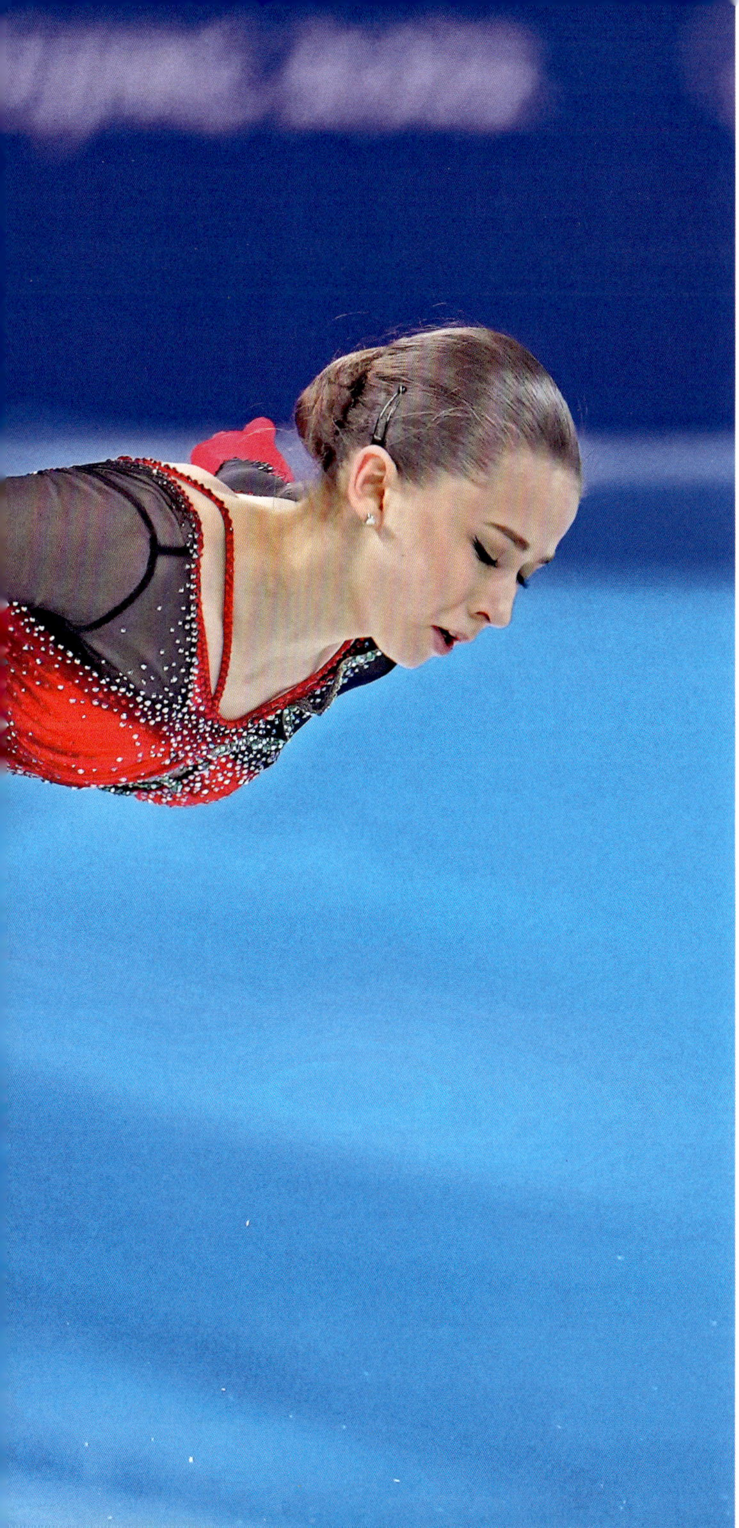

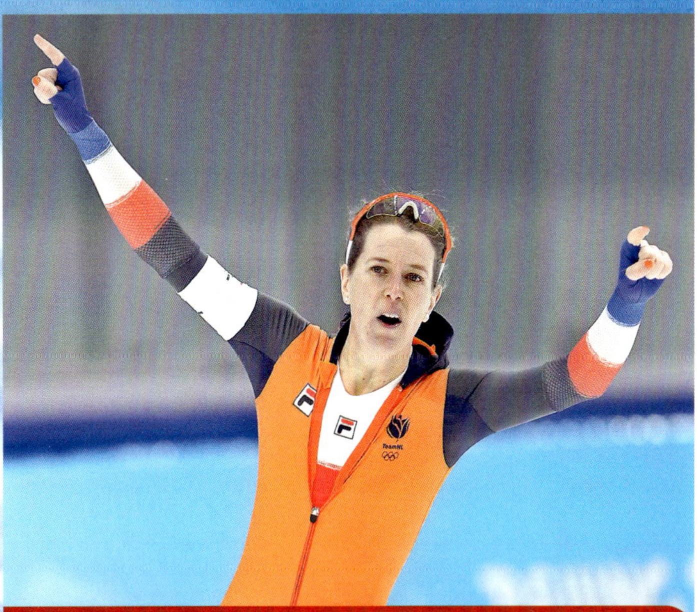

Mit Olympischem Rekord holt die niederländische Eisschnellläuferin Ireen Wüst zum zweiten Mal hintereinander Gold im 1500-Meter-Rennen.

WAS SONST NOCH GESCHAH

Am dritten Wettkampftag sorgten drei Kufensportlerinnen für Schlagzeilen auf den Eisflächen Pekings. Die erst 15 Jahre alte Eiskunstläuferin Kamila Valieva zauberte beim Sieg der russischen Auswahl im Teamevent als erste Frau überhaupt bei Winterspielen zwei Vierfachsprünge aufs Eis. Die niederländische Eisschnellläuferin Ireen Wüst verbesserte sich mit dem Sieg im 1500-Meter-Rennen auf Platz vier in der Rangliste der erfolgreichsten Medaillensammler bei Winterspielen. Und die italienische Shorttrackerin Arianna Fontana untermauerte mit Gold über 500 Meter ihren Status als erfolgreichste Olympiateilnehmerin in der ansonsten von Asiaten und Nordamerikanern dominierten Sportart.
Im Mannschaftswettbewerb der Eiskunstläufer holten Kamila Valieva und Mark Kondratiuk sowie Anastasia/Aleksandr Galliamow (Paarlauf) und Victoria Sinitsina/Nikita Katsalapow (Eistanz) die erste Goldmedaille für Team ROC (Russian Olympic Committee). Kamila Valieva sorgte in der abschließenden Kür für den Höhepunkt, als sie sowohl einen Toeloop als auch einen Salchow mit vier Umdrehungen stand. Später kamen Dopingverdächtigungen gegen die Russin auf. Sie habe ein verbotenes Herzmittel zur Vorbeugung gegen Angina eingenommen. Die ersatzgeschwächte deutsche Equipe wurde in der Besetzung Tim Dieck (Dortmund), Paul Fentz, Katharina Müller (beide Berlin) und Nicole Schott (Essen) Neunter. Wegen eines positiven Coronatestes konnte Nolan Seegert im Paarlauf nicht mit seiner Partnerin Minerva Hase antreten.
Nach dem 3000-Meter-Triumph ihrer Landsfrau Irene Schouten zwei Tage zuvor bescherte Ireen Wüst dem Oranjeteam den nächsten Freudentag. Wie schon 2018 in Pyeongchang verwies die 35-Jährige die Japanerin Miho Takagi über 1500 Meter auf Platz zwei, noch dazu in Olympischem Rekord. Mit Antoinette de Jong landete eine weitere Niederländerin auf Platz drei. Die Berlinerin Michelle Uhrig wurde 25. von 30 Starterinnen. In der ewigen Bestenliste liegen nur noch die Norweger Marit Björgen (Skilanglauf, 8 – 4 – 3), Ole Einar Björndalen (Biathlon, 8 – 4 – 1) und Björn Dählie (Skilanglauf, 8 – 4 – 0) vor Wüst, die bei ihrer fünften Olympiateilnahme zu ihrer sechsten Goldmedaille eilte, hinzu kommen fünf Silberne und eine Bronzene.

EISKUNSTLAUF TEAMWETTBEWERB (MIXED)

1	ROC		ROC	74 Punkte
2	USA		USA	65
3	Japan		JPN	63

EISSCHNELLLAUF 1500 METER (FRAUEN)

1	Ireen Wüst		NED	1:53,28 Min.
2	Miho Takagi		JPN	+ 0,44 Sek.
3	Antoinette de Jong		NED	+ 0,54

Auch Arianna Fontana wiederholte ihren Olympiasieg von 2018. Auf der kurzen Shorttrackdistanz zog die 31-jährige Italienerin 100 Meter vor dem Ziel an der Niederländerin Suzanne Schulting vorbei und gewann zwei Tage nach Silber mit der Mixedstaffel ihre zehnte Olympiamedaille.
Im Männerrennen über 1000 Meter gewann Ren Ziwei das zweite Gold für die Gastgeber. Der 25-Jährige war schon zwei Tage zuvor am Olympiasieg der chinesischen Mixedstaffel beteiligt. Der Ungar Shaolin Sandor Liu hatte als Erster die Ziellinie überquert und ließ sich bereits als Sieger feiern. Er wurde jedoch vom Schiedsgericht wegen Behinderung disqualifiziert, sein jüngerer Bruder Shaoang Liu rückte dafür auf den Bronzerang.
In den Bergen von Zhangjiakou sorgte Snowboarder Maxence Parrot im Slopestyle für Gänsehaut. Wenige Monate nach dem Gewinn der Silbermedaille 2018 in Pyeongchang wurde bei dem Kanadier Lymphdrüsenkrebs diagnostiziert. Parrot kämpfte sich durch die halbjährige Chemotherapie und zurück auf die Piste. »Es fühlt sich unwirklich an«, sagte der 27-Jährige, nachdem dem er in den drei Finaldurchgängen die Höchstzahl von 90,96 Punkten erzielt hatte. »Jetzt den besten Lauf meines Lebens hinzulegen und Gold zu gewinnen, das ist Wahnsinn.« Noah Vicktor (Bischofswiesen) und Leon Vockensperger (Rosenheim) hatten die Finalläufe verpasst.

SHORTTRACK 500 METER (FRAUEN)

1	Arianna Fontana		ITA	42,488 Sek.
2	Suzanne Schulting		NED	+ 0,071
3	Kim Boutin		CAN	+ 0,236

SHORTTRACK 1000 METER (MÄNNER)

1	Ren Ziwei		CHN	1:26,768 Min.
2	Li Wenlong		CHN	+ 3,149 Sek.
3	Shaoang Liu		HUN	+ 8,895

SNOWBOARD SLOPESTYLE (MÄNNER)

1	Maxence Parrot		CAN	90,96 Punkte
2	Su Yiming		CHN	88,70
3	Mark McMorris		CAN	88,53

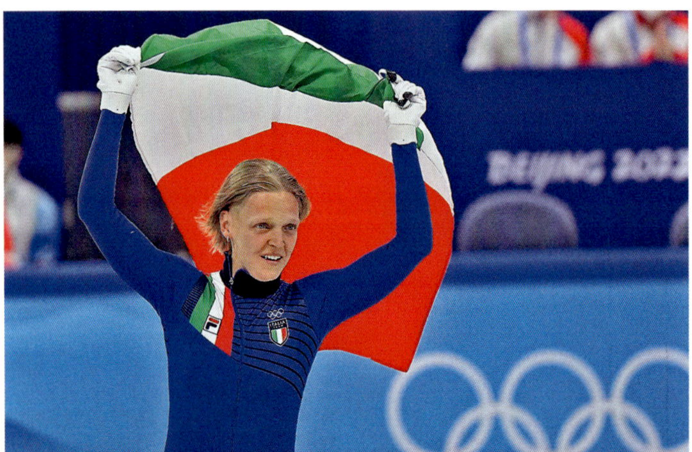

Ehrenrunde mit Nationalflagge: Shorttrackerin Arianna Fontana aus Italien siegt wie schon 2018 in Pyeongachang auf der 500-Meter-Strecke.

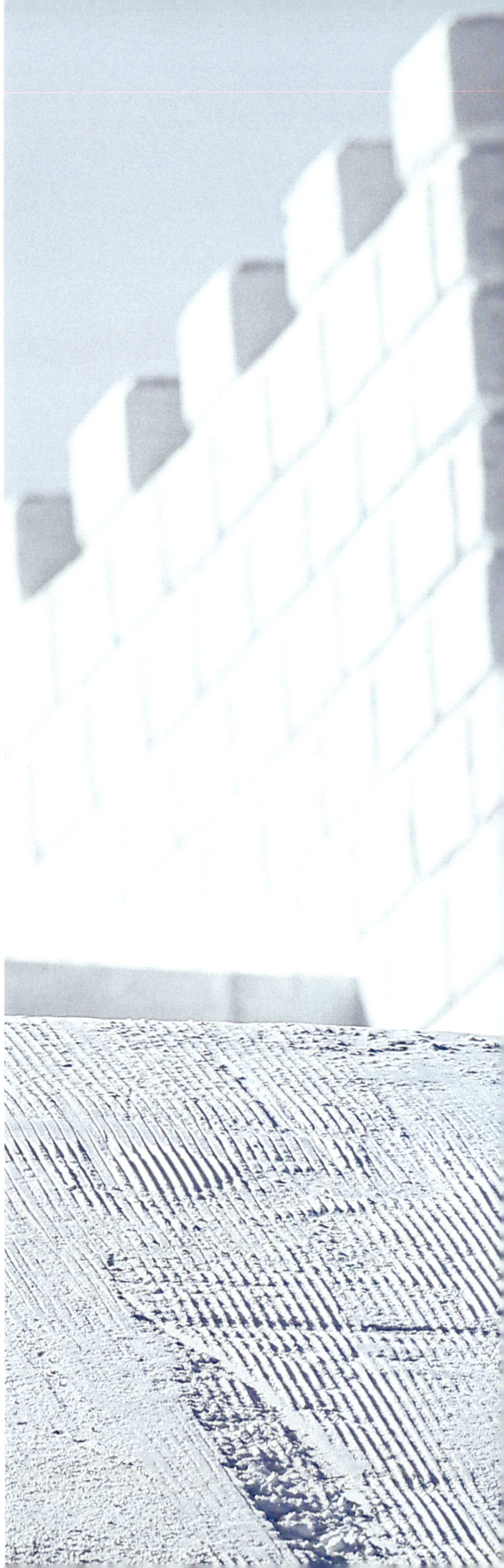

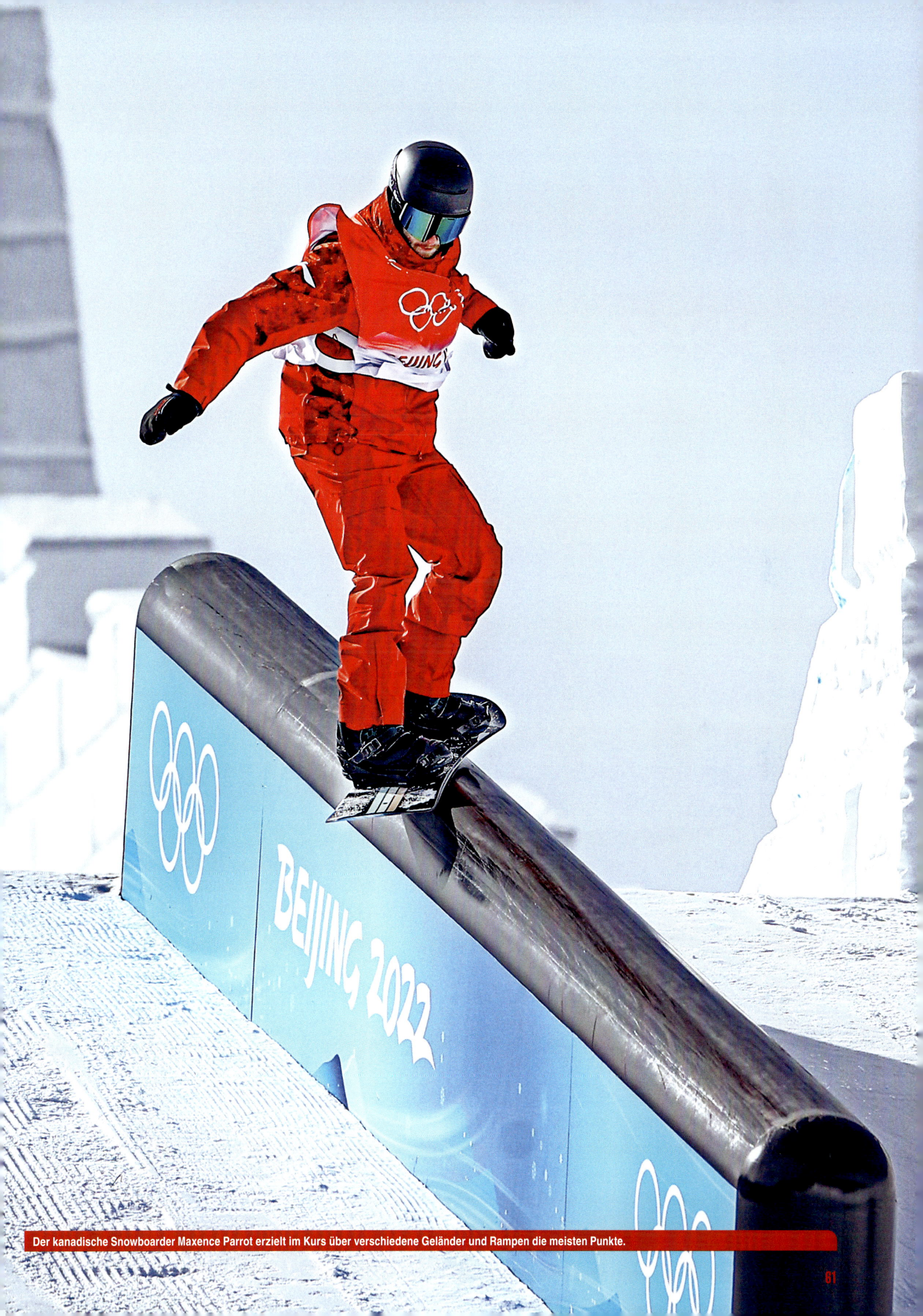

Der kanadische Snowboarder Maxence Parrot erzielt im Kurs über verschiedene Geländer und Rampen die meisten Punkte.

TAG 4
DI., 08.02.

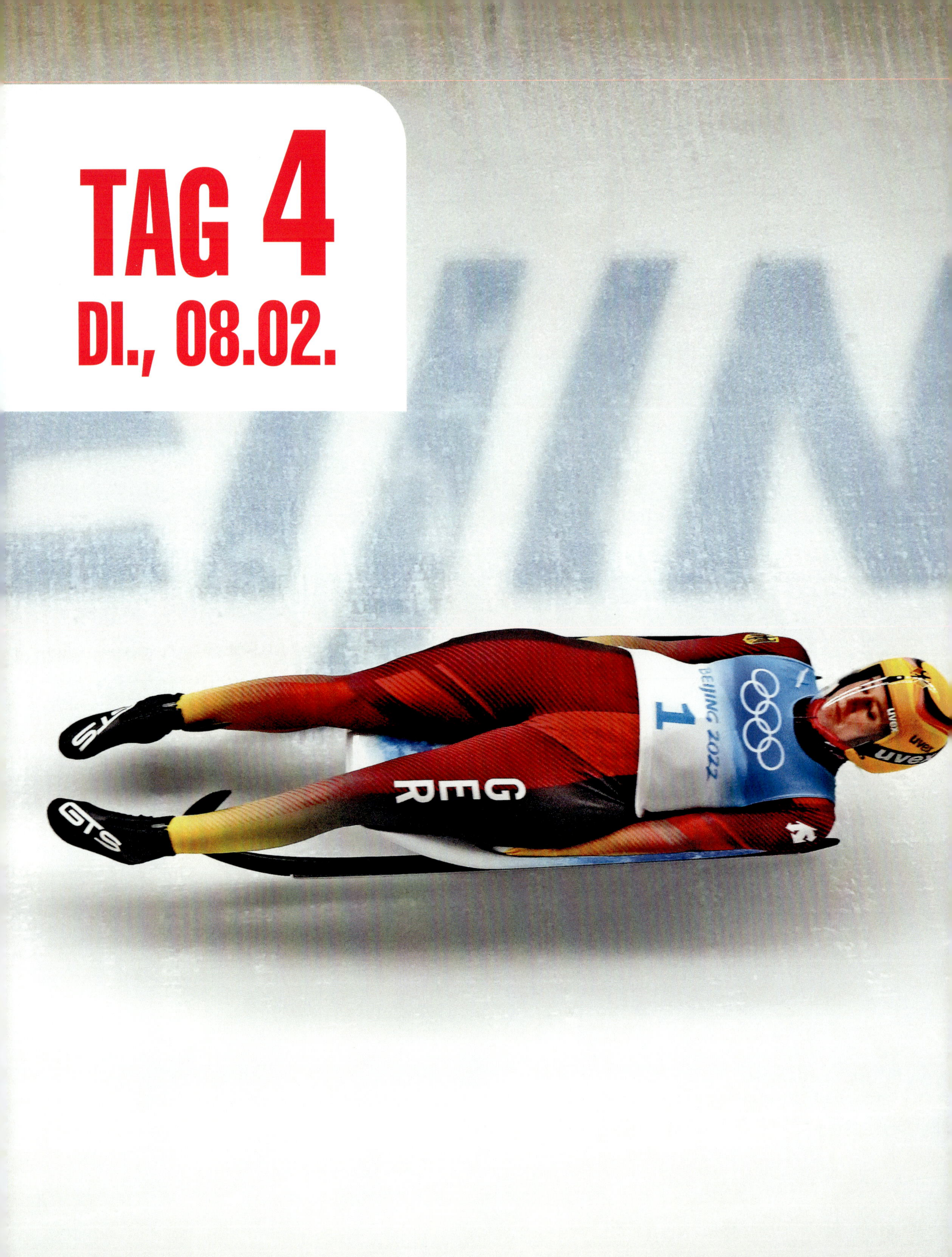

Natalie Geisenberger flitzt durch den Eiskanal von Yanqing: Seit 1998 hat stets eine deutsche Rennrodlerin Olympiagold gewonnen.

RENNRODELN

Anfang Dezember 2021 zog Natalie Geisenberger einen Verzicht auf die Winterspiele in Peking in Betracht. Nach einem Trainingslager und mehreren Testfahrten auf der Olympiabahn in Yanqing haderte sie im *Bayerischen Rundfunk*: »Die Bedingungen, die wir da vor Ort erlebt haben, die sprechen dafür, da nicht unbedingt noch einmal hinzufahren. Ich überlege jetzt selbst für die Olympischen Spiele, ob ich mir das noch einmal antun werde.« Bei der 33 Jahre alten Rennrodlerin aus Miesbach setzte sich jedoch das Sportlerherz durch. Und sie durfte die erneute Reise nach China nicht bereut haben. Schon nach den ersten zwei Läufen am ersten Wettkampftag lag sie in Führung, am zweiten Tag baute sie mit Bahnrekord zunächst ihren Vorsprung aus, im finalen Durchgang fuhr sie den Sieg souverän ins Ziel.

Natalie Geisenberger stellte damit gleich mehrere Bestmarken auf: Als erster Rennrodlerin überhaupt gelang ihr der olympische Hattrick. Schon 2014 in Sotschi und 2018 in Pyeongchang hatte sie Gold im Einsitzer gewonnen. Mit ihrer insgesamt fünften Goldenen ist sie nun gemeinsam mit Claudia Pechstein deutsche Rekordhalterin bei Winterspielen. Und nach Steffi Walter 1988 in Calgary holte sie als zweite Mutter Gold im Eiskanal. Im Mai 2020 brachte Natalie Geisenberger Sohn Leo zur Welt. Das Gold von Peking widmete sie ihrer Familie: »Es war mein Ziel, hier noch mal um eine Medaille zu fahren. Aber dass es wieder zu Gold reicht, ist Wahnsinn. Die Medaille ist für meinen Mann, für meine Eltern und für Leo. Es war eine harte, aber auch superschöne Zeit in den vergangenen zwei Jahren. Ich bin einfach so unfassbar dankbar.«

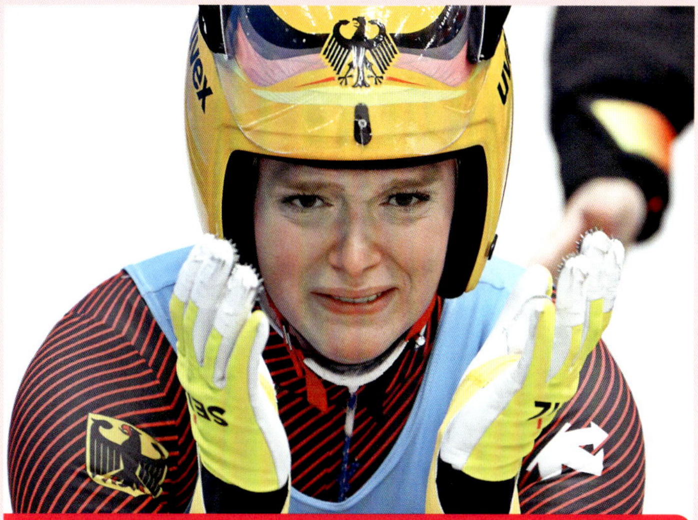

In Tränen aufgelöst: Anna Berreiter überkommen im Zielbereich die Emotionen.

Anna Berreiter aus Berchtesgaden machte den dritten deutschen Doppelerfolg hintereinander perfekt. 2014 und 2018 hatten Tatjana Hüfner beziehungsweise Dajana Eitberger hinter Geisenberger Silber gewonnen. Der Medaillentraum von Weltmeisterin Julia Taubitz endete hingegen nach einem Sturz im zweiten Lauf früh. Mit Bestzeit im vierten Durchgang verbesserte sich die Oberwiesenthalerin aber noch auf Platz sieben.

RENNRODELN (FRAUEN)

1	Natalie Geisenberger		GER	3:53,454 Min.
2	Anna Berreiter		GER	+ 0,493 Sek.
3	Tatjana Ivanova		ROC	+ 1,053

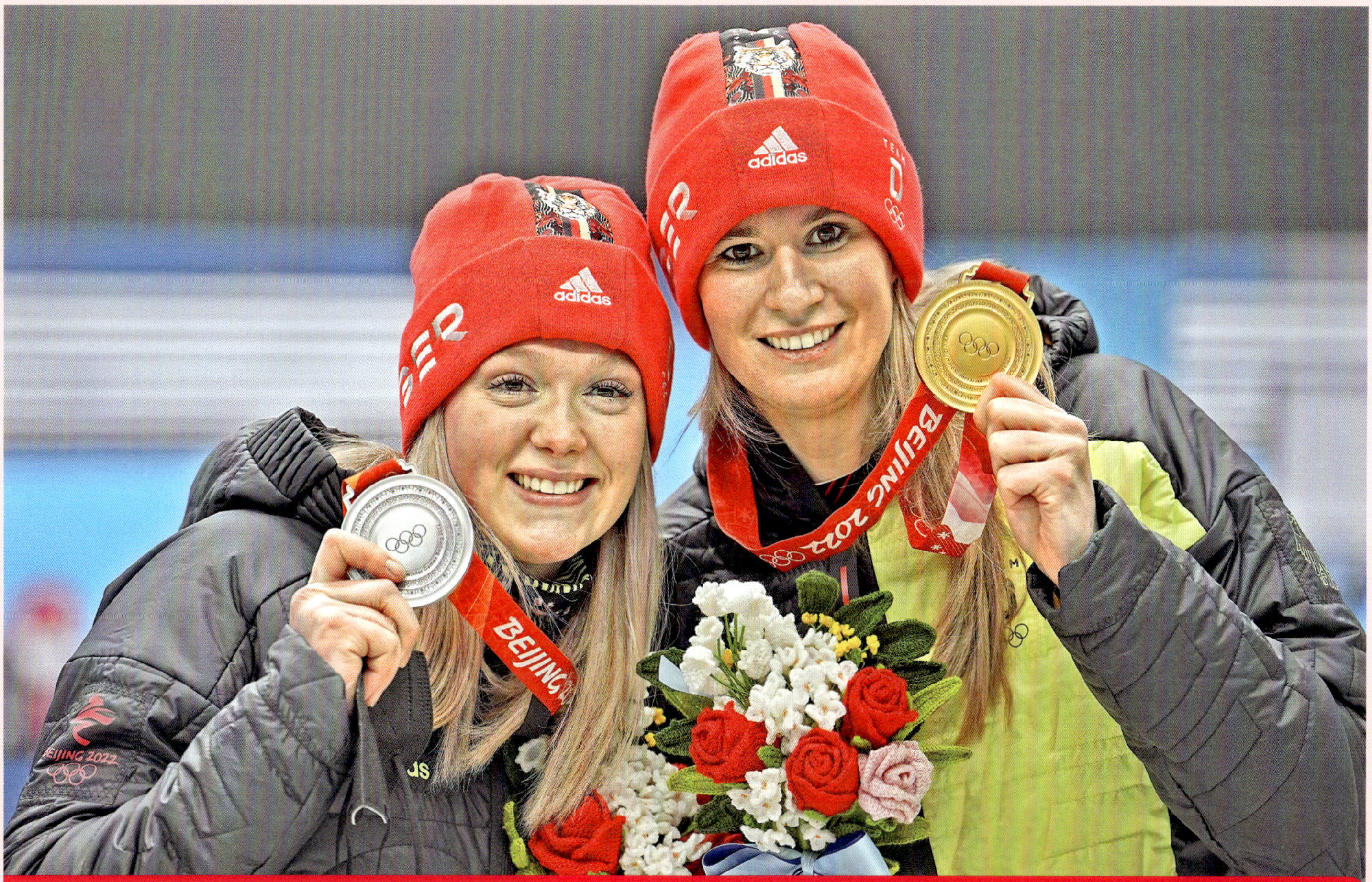

Dritter deutscher Doppelerfolg hintereinander: Natalie Geisenberger (rechts) und Anna Berreiter posieren mit Gold und Silber.

BIATHLON

Benedikt Doll war für die deutschen Biathleten lange das, was George Harrison für die Beatles war: der Übersehene. Er zeigte immer wieder famose Leistungen, das schon. Aber die ganz großen Geschichten schrieben meist andere wie Arnd Peiffer, der bei den Olympischen Spielen 2018 in Pyeongchang Gold im Sprint gewann. Oder Simon Schempp, der sich mit Frankreichs Superstar Martin Fourcade spektakuläre Duelle lieferte, die 2018 im olympischen Massenstartrennen kulminierten, als Schempp 14 Zentimeter zu Gold fehlten. Er und Schempp haben ihre Karrieren mittlerweile beendet, und Doll, der sich nie in den Vordergrund gedrängt hatte, war plötzlich die deutsche Nummer eins. Läuferisch hat sich der 31-jährige Schwarzwälder in den vier Jahren vor Peking noch einmal weiterentwickelt, und so verwunderte es nicht, dass er vor dem Einzel, der Königsdisziplin der Biathleten, Medaillenambitionen formulierte. Doll wusste, dass er sich dafür am Schießstand einen, maximal zwei Fehler erlauben konnte. Und tatsächlich schulterte er die Bürde des deutschen Hoffnungsträgers mit Bravour. Doll legte furios läuferisch furios los, sodass er trotz einer Strafminute beim ersten Liegendschießen noch gut im Rennen lag. Bei den folgenden beiden Schießeinlagen hielt er sich schadlos, und als er mit kräftigen Schüben das letzte Stehendschießen erreichte, war Silber in Reichweite. Der Traum von einer Medaille platzte jedoch mit dem ersten Schuss. Zwar räumte Doll die verbliebenen vier Scheiben ab, doch mit insgesamt zwei Fehlern reichte es nicht mehr zur ersehnten Medaille. Nur einen Fehler leistete sich Roman Rees, ein exzellenter siebter Platz direkt hinter Doll war die Belohnung. Im Duell der Topfavoriten demonstrierte der Gesamtweltcup-Führende Quentin Fillon Maillet eindrucksvoll seine Vormachtstellung. Trotz zwei Fehlern distanzierte der Franzose den drittplatzierten Johannes Thingnes Bö (zwei Fehler) deutlich und gewann erstmals olympisches Gold. Silber ging an den fehlerfrei schießenden Anton Smolski aus Belarus.

BIATHLON 20 KM EINZEL (MÄNNER)

1	Quentin Fillon Maillet		FRA	48:47,4 Min. (2 Fehler)
2	Anton Smolski		BLR	+ 14,8 Sek. (0)
3	Johannes Thingnes Bö		NOR	+ 31,1 (2)

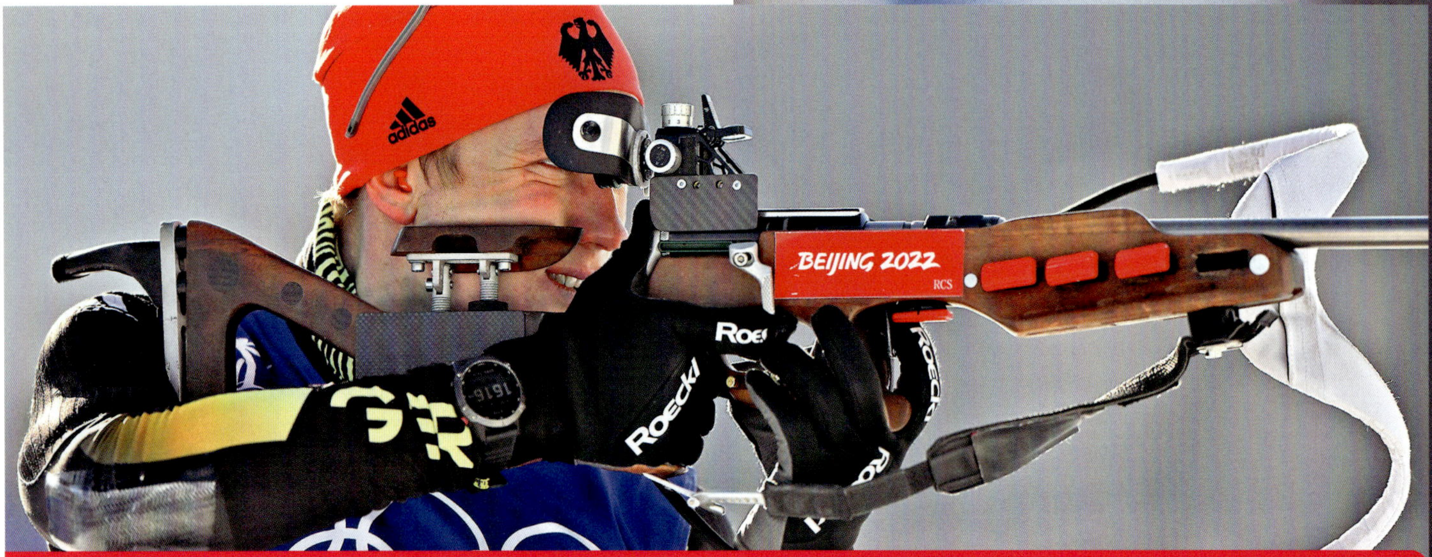

Ein Fehlschuss beim letzten Stehendschießen raubt dem stark auftrumpfenden Benedikt Doll die Chance auf die Silbermedaille.

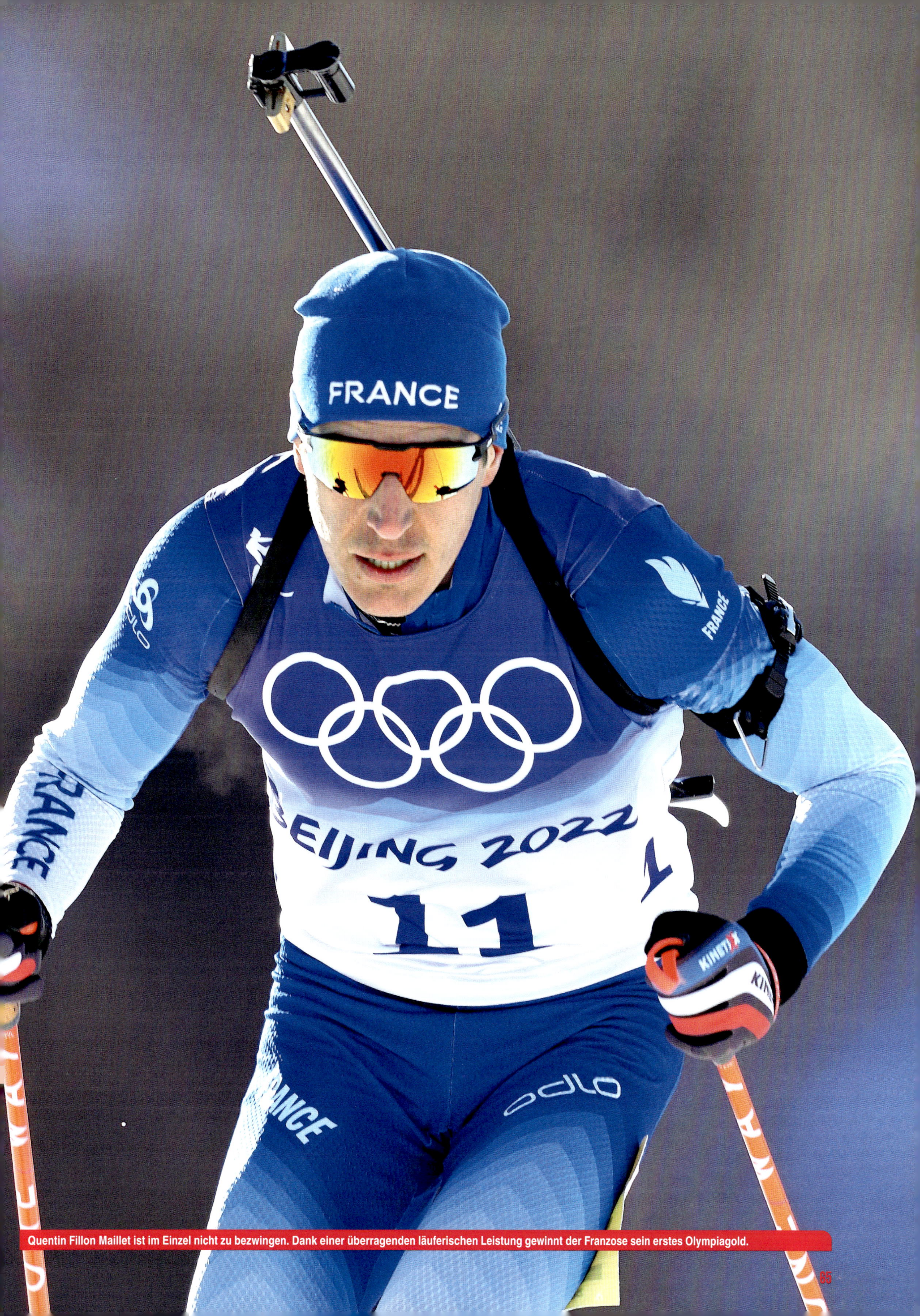

Quentin Fillon Maillet ist im Einzel nicht zu bezwingen. Dank einer überragenden läuferischen Leistung gewinnt der Franzose sein erstes Olympiagold.

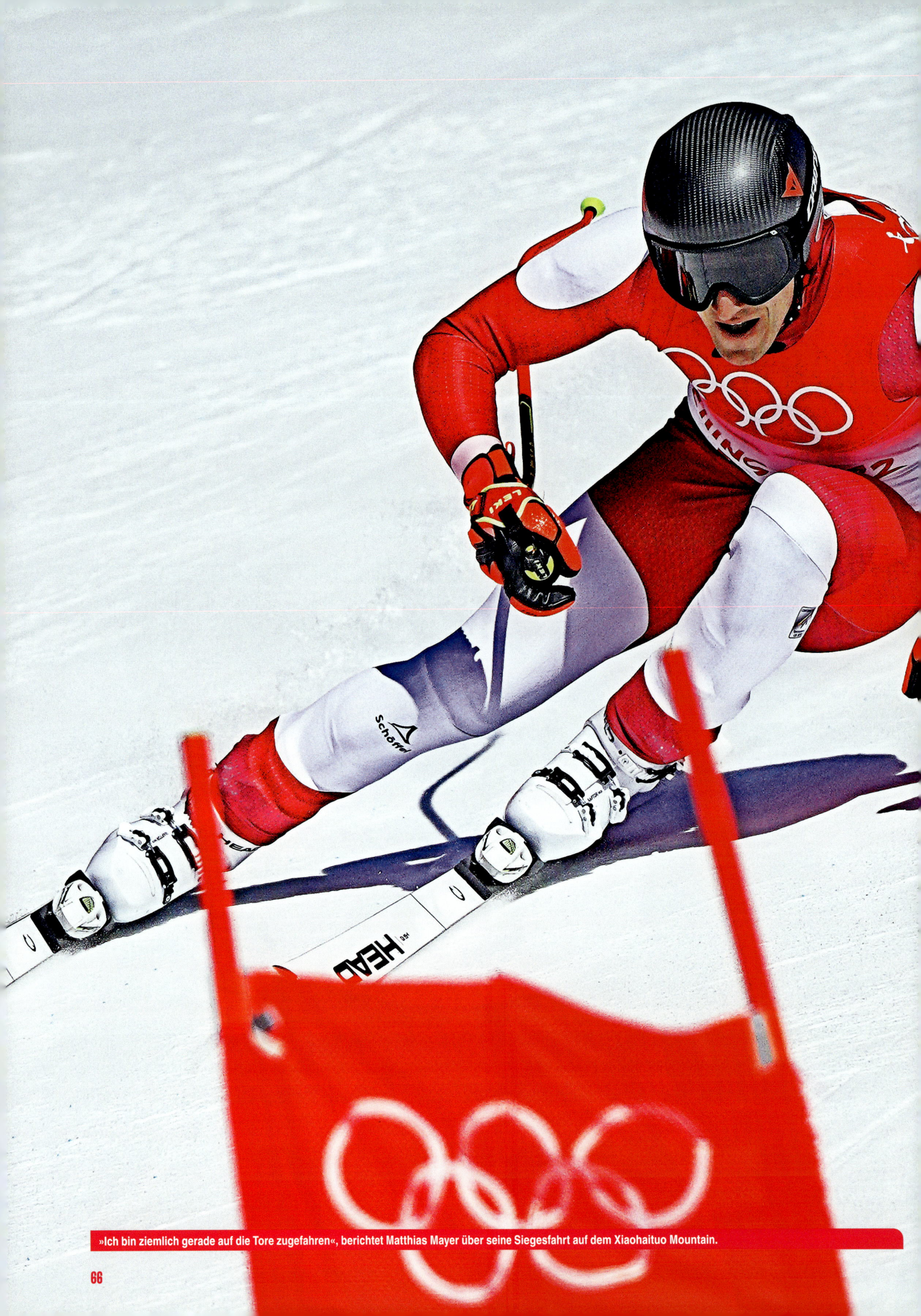

»Ich bin ziemlich gerade auf die Tore zugefahren«, berichtet Matthias Mayer über seine Siegesfahrt auf dem Xiaohaituo Mountain.

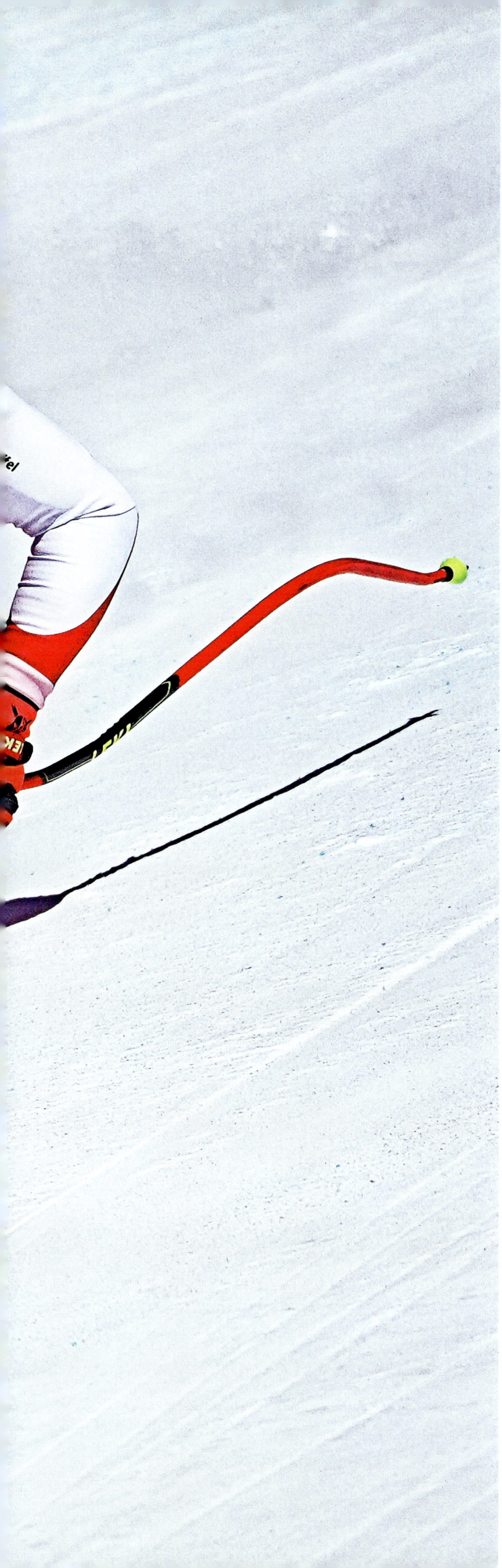

SKI ALPIN

In der Abfahrt tags zuvor musste sich Matthias Mayer mit Bronze zufriedengeben. Im Super-G schlug dann seine große Stunde. Die 2,267 Kilometer lange Strecke auf dem Xiaohaituo Mountain im National Alpine Center von Yanqing legte der Österreicher als Schnellster zurück und trug sich damit in die olympischen Rekordlisten ein. 2014 in Sotschi hatte Mayer die Abfahrt für sich entschieden, 2018 in Pyeongchang ebenfalls den Super-G – drei Goldmedaillen bei drei Olympischen Winterspielen hintereinander konnte zuvor noch nie ein alpiner Skirennläufer gewinnen. »Es ist wirklich unfassbar, es war ein Wahnsinns-Rennen«, sagte der 31-jährige Kärtner nach seinem historischen Hattrick.
Es war zudem die knappste Super-G-Entscheidung überhaupt bei Winterspielen. Mayer war im Ziel die Winzigkeit von 0,04 Sekunden schneller als der Überraschungszweite Ryan Cochran-Siegle aus den USA – dies entspricht gerade mal einer halben Skilänge oder umgerechnet genau 1,13 Metern. 1994 in Lillehammer gewann der Deutsche Markus Wasmeier mit 0,08 Sekunden Vorsprung vor dem US-Amerikaner Tommy Moe. Mitfavorit Aleksander Aamodt Kilde aus Norwegen wurde Dritter, Weltmeister Vincent Kriechmayr aus Österreich Fünfter, Weltcupspitzenreiter Marco Odermatt aus der Schweiz schied kurz vor dem Ziel aus.
»Ich war locker drauf und habe sehr viel riskiert«, schilderte Mayer seine Siegesfahrt. »Zum Schluss bin ich all-in gegangen. Das ist mir voll aufgegangen. Ich bin ziemlich gerade auf die Tore zugefahren. Das war am Ende das große Geheimnis.« Mit drei Goldmedaillen und einer Bronzenen wurde Mayer damit zum erfolgreichsten österreichischen Skirennläufer bei Olympischen Winterspielen. In der ewigen Bestenliste zog er an Legenden wie Toni Sailer (3 – 0 – 0), Hermann Maier (2 – 1 – 1) und Marcel Hirscher (2 – 1 – 0) vorbei.
Bester Deutscher war Vizeweltmeister Romed Baumann (Kiefersfelden) als Siebter. Andreas Sander (Ennepetal) wurde Achter, Simon Jocher (Garmisch-Partenkirchen) 13., Josef Ferstl (Hammer) fuhr auf Rang 18.

SKI ALPIN SUPER-G (MÄNNER)

1	Matthias Mayer	AUT	1:19,94 Min.
2	Ryan Cochran-Siegle	USA	+ 0,04 Sek.
3	Aleksander Aamodt Kilde	NOR	+ 0,42

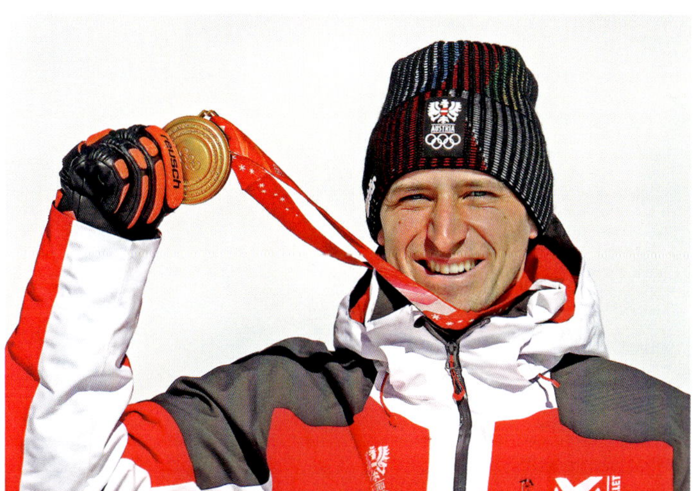

Mit seiner dritten Goldmedaille avanciert Matthias Mayer zum erfolgreichsten österreichischen Skirennläufer bei Olympischen Winterspielen.

EISHOCKEY

Die Diskussionen sind nicht neu. Sie kommen alle paar Jahre wieder, und sie drehen sich um diese Frage: Hat das olympische Eishockey-Turnier der Frauen eine Zukunft? Schon im Jahr 2010 raunte der damalige IOC-Präsident Jacques Rogge, ob es nicht besser sei, künftig auf dieses Turnier zu verzichten, angesichts der drückenden Dominanz der Nordamerikanerinnen. Frauen-Eishockey blieb im Programm, doch auch zwölf Jahre später beherrschen die Teams aus Kanada und den USA den Rest der Welt. Was nicht bedeutet, dass es in Europa gar keine Fortschritte gegeben hätte. Doch die Entwicklung verläuft langsam, auch in Deutschland lässt sich als Frau mit Eishockey immer noch kein Geld verdienen. Von der Popularität der nordamerikanischen Spielerinnen sind ihre Pendants in Europa ohnehin meilenweit entfernt. Die deutsche Auswahl scheiterte beim olympischen Qualifikationsturnier Mitte November in Füssen, doch im ekstatischen Jubel der erfolgreichen Däninnen zeigte sich eindrucksvoll, welch hohen Stellenwert Olympia für Eishockeyspielerinnen besitzt – egal, wie chancenlos sie dort auch sein mögen. Die Vorrunde in Peking blieb aber nicht ohne Überraschungen.
Der 3:2-Erfolg der Däninnen gegen Tschechien war eine solche, ebenso der 2:1-Sieg der Chinesinnen nach Penaltyschießen gegen Japan. In der stärkeren Vorrundengruppe hielten sich Kanada und die USA in ihren ersten beiden Partien erwartungsgemäß schadlos, ehe sie am finalen Vorrundenspieltag aufeinandertrafen. Und sie boten ein Spektakel. Die USA dominierten zunächst physisch und läuferisch, verzweifelten aber im ersten Drittel an der überragenden kanadischen Torhüterin Ann-Renée Desbiens. Im Mitteldrittel wandelten die Amerikanerinnen den 0:1-Rückstand in eine 2:1-Führung um, ehe die technisch perfekten Kanadierinnen die Partie mit zwei Toren binnen zweieinhalb Minuten drehten und kurz vor der Sirene durch die grandiose Marie-Philip Poulin zum 4:2-Endstand trafen.

EISHOCKEY (FRAUEN)

VORRUNDE

Gruppe A				
Kanada – Schweiz 12:1				
Finnland – USA 2:5				
ROC – Schweiz 5:2				
Kanada – Finnland 11:1				
USA – ROC 5:0				
Schweiz – USA 0:8				
ROC – Kanada 1:6				
Schweiz – Finnland 3:2				
USA – Kanada 2:4				
Finnland – ROC 5:0				
1.	Kanada	4	33:5	12
2.	USA	4	20:6	9
3.	Finnland	4	10:19	3
4.	ROC	4	6:18	3
5.	Schweiz	4	6:27	3

Gruppe B				
Tschechien – China 3:1				
Schweden – Japan 1:3				
Dänemark – China 1:3				
Japan – Dänemark 6:2				
Tschechien – Schweden 3:1				
China – Japan 2:1 n.P.				
Dänemark – Tschechien 3:2				
China – Schweden 1:2				
Japan – Tschechien 3:2 n.P.				
Schweden – Dänemark 3:1				
1.	Japan	4	13:7	9
2.	Tschechien	4	10:8	7
3.	Schweden	4	7:8	6
4.	China	4	7:7	5
5.	Dänemark	4	7:14	3

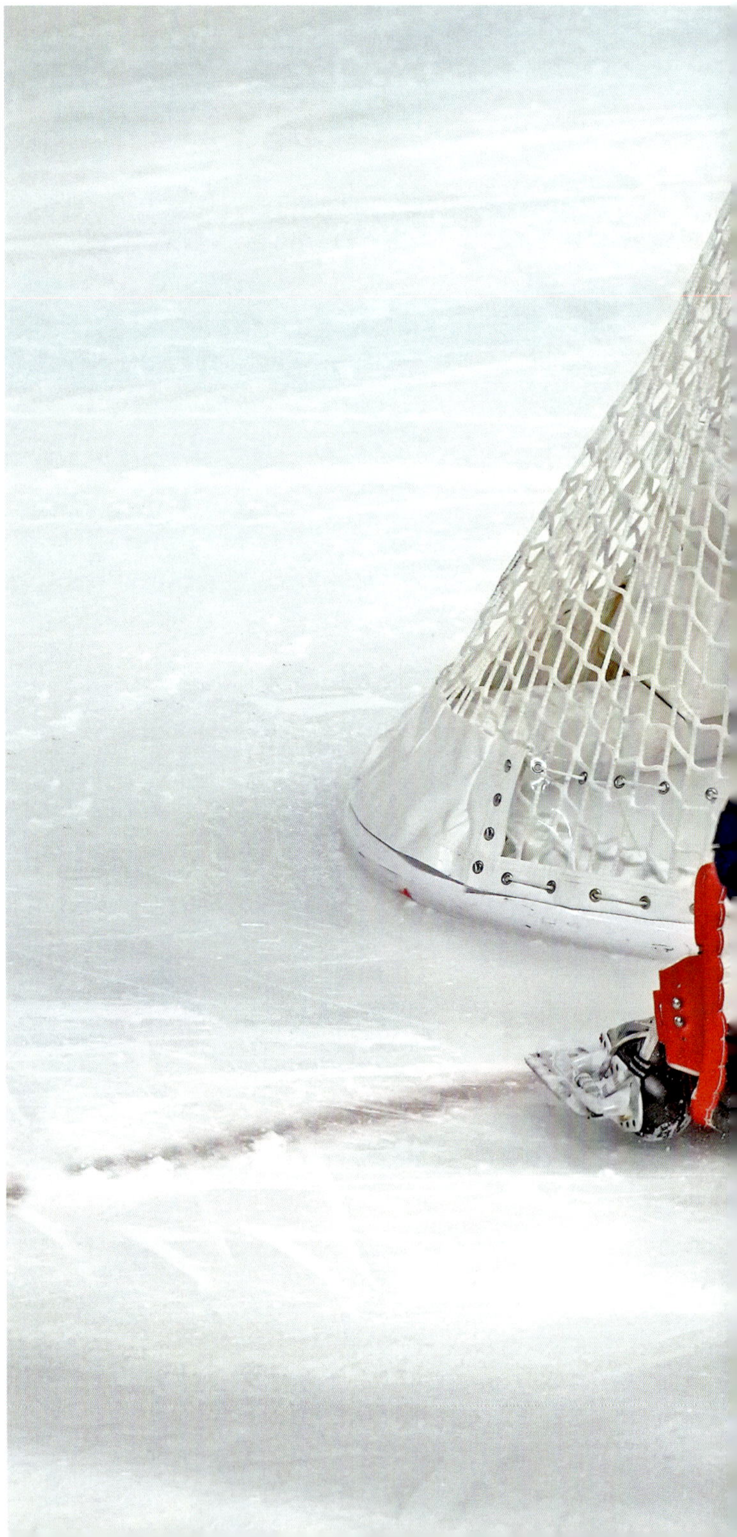

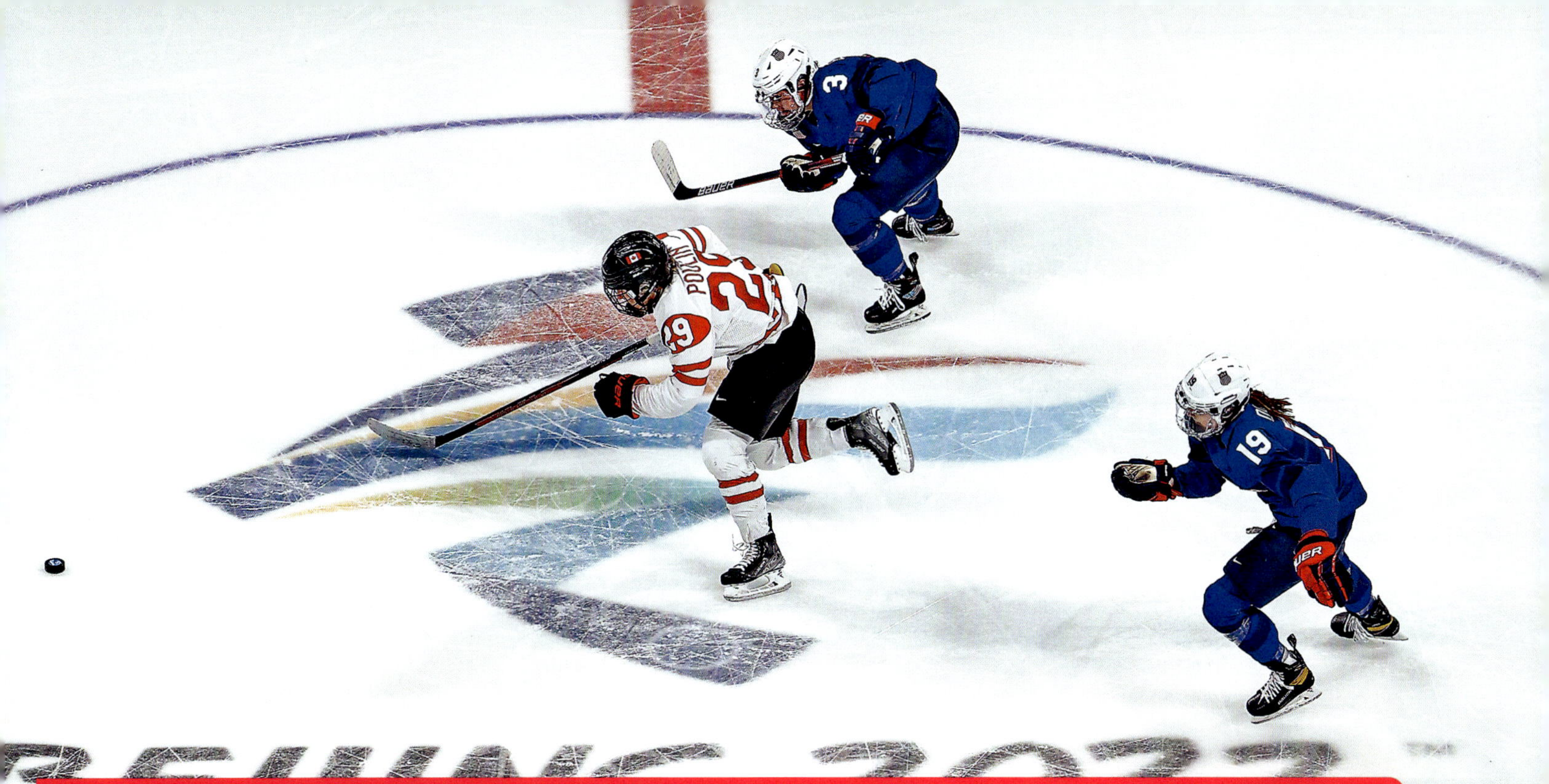

Nach diesem explosiven Antritt ist Marie-Philip Poulin nur mit einem Foul zu stoppen. Den fälligen Penalty verwandelt sie zum 4:2 für Kanada.

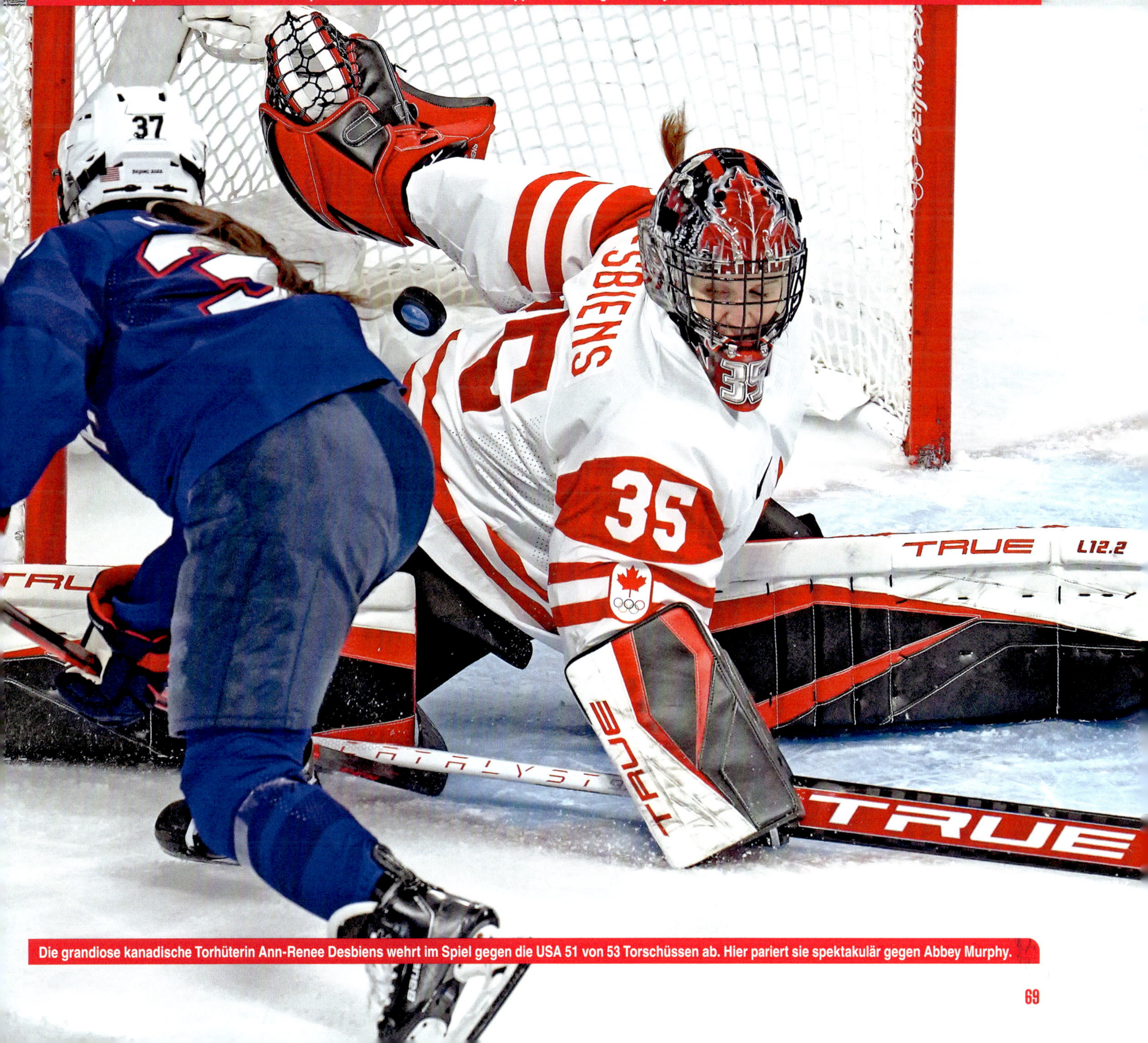

Die grandiose kanadische Torhüterin Ann-Renee Desbiens wehrt im Spiel gegen die USA 51 von 53 Torschüssen ab. Hier pariert sie spektakulär gegen Abbey Murphy.

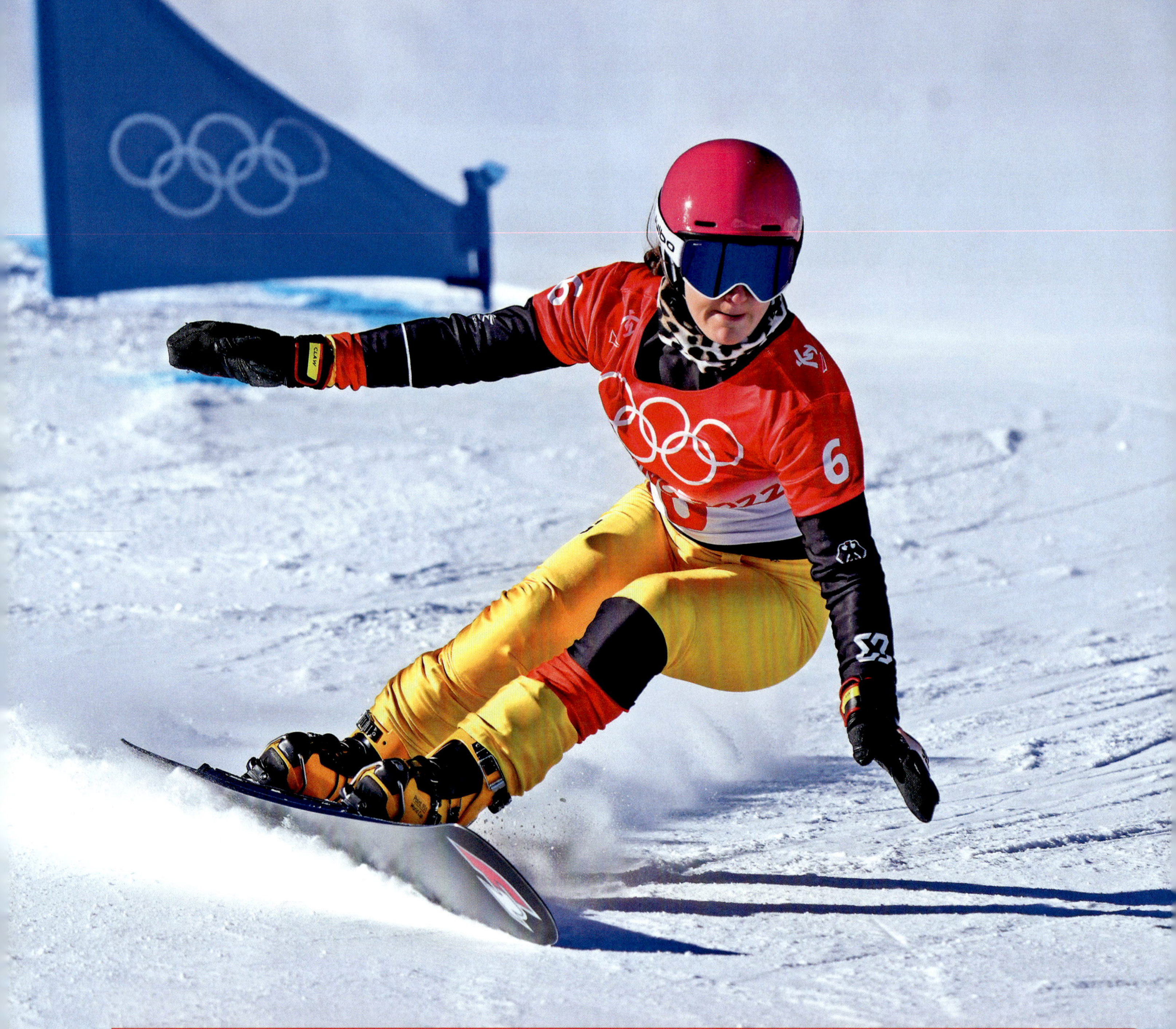

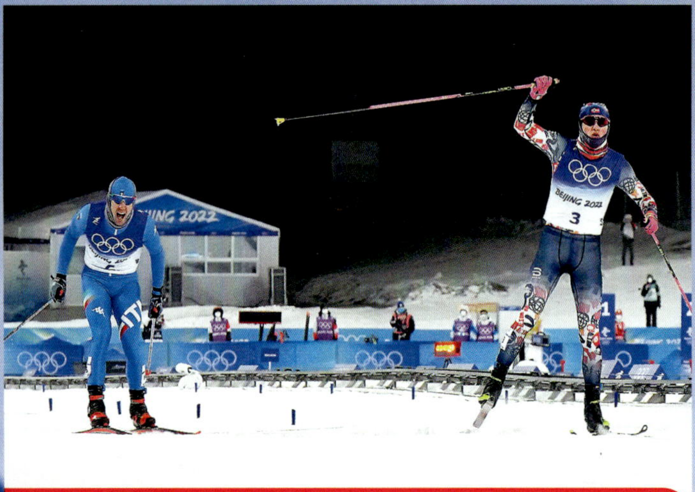

Vom verpatzten Auftakt in die Spiele lässt sich Johannes Kläbo nicht beeindrucken und gewinnt zwei Tage später Gold im Freistil-Sprint.

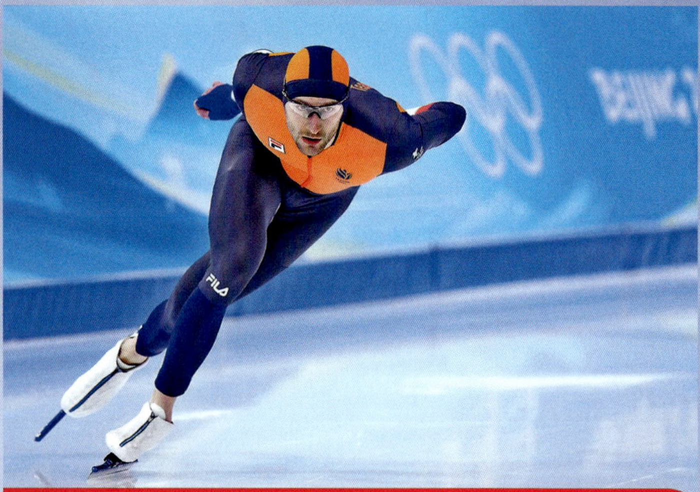

Kjeld Nuis ist über die 1500-Meter-Strecke erneut nicht zu stoppen und gewinnt wie vier Jahre zuvor in Pyeongchang die Goldmedaille.

Ramona Hofmeister hat sich viel vorgenommen, doch im Parallel-Riesenslalom ereilt die deutsche Hoffnungsträgerin schon im Viertelfinale das Aus.

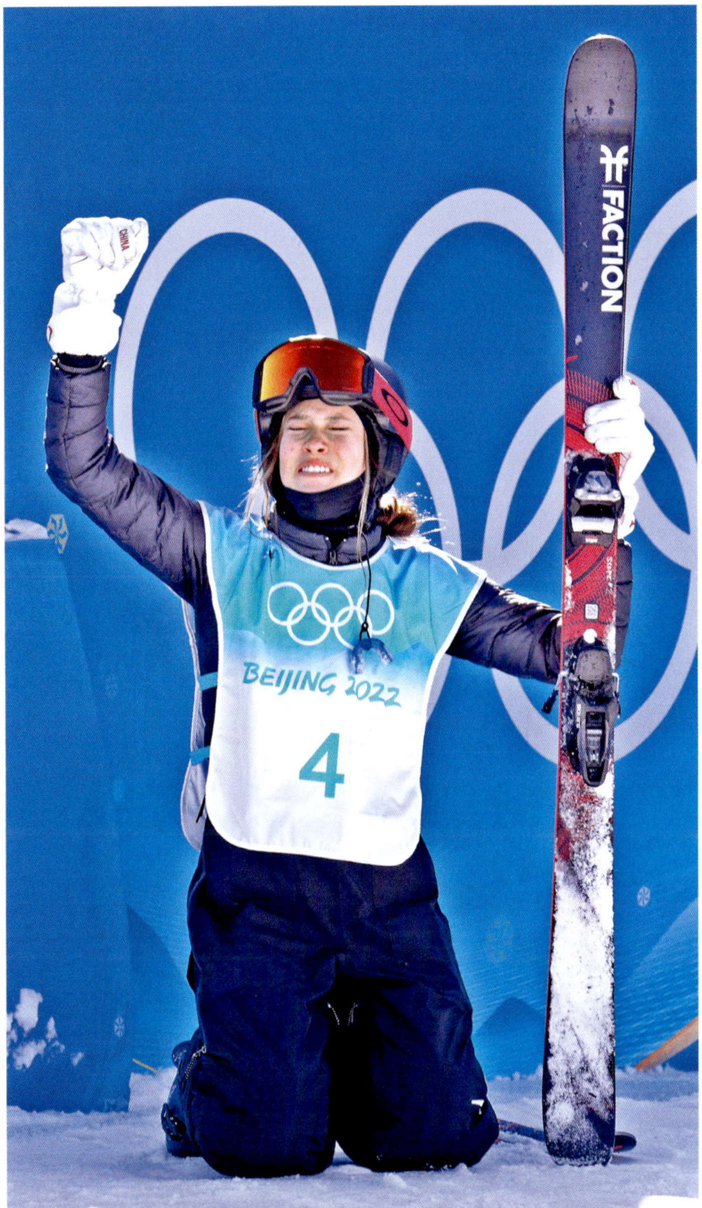

Die Freude über den Olympiasieg zwingt Überfliegerin Eileen Gu zu Boden. Die 18-Jährige siegt im Big-Air-Wettbewerb der Freestyler.

WAS SONST NOCH GESCHAH

Sie hatte sich eine Medaille fest vorgenommen und mit Gold geliebäugelt. Doch das Leben nimmt selten Rücksicht auf die eigenen Pläne. Und so endete der Parallelriesenslalom für Ramona Hofmeister mit einer bitteren Enttäuschung. Bereits im Achtelfinale sah sie ihren Medaillentraum in Trümmern liegen, nachdem sie mit ihrer Gegnerin Tomoka Takeuchi kollidiert war. Die Jury entschied jedoch, dass die Japanerin Hofmeister behindert hatte. Nach diesem emotionalen Schleudergang musste sich die 25-Jährige, die 2018 in Pyeongchang Bronze gewonnen hatte, erst wieder sammeln. Im Viertelfinale scheiterte sie dann aber doch. Die Weltcup-Führende Daniela Ulbing aus Österreich bewältigte den Kurs um 0,14 Sekunden schneller. Während Hofmeister ihrer vergebenen Chance hinterhertrauerte, gewann die Tschechin Ester Ledecka wie schon 2018 die Goldmedaille.
Ebenfalls mit Medaillenambitionen war Stefan Baumeister in den Parallel-Riesenslalom der Männer gestartet. Doch der Weltcup-Führende aus Bad Aibling konnte nicht annähernd an seine starken Leistungen aus der Vor-Olympia-Saison anknüpfen und schied bereits in der Qualifikation aus. Yannik Angenend scheiterte als bester Deutscher im Achtelfinale.
Nach seiner indiskutablen Vorstellung im Skiathlon meldete sich der Norweger Johannes Kläbo im Freistil-Sprint der Langläufer eindrucksvoll zurück und gewann seine insgesamt vierte olympische Goldmedaille. Im Finallauf setzte er sich wie schon 2018 gegen den Italiener Federico Pellegrino durch. Bei den Frauen sorgten Jonna Sundling und Maja Dahlqvist für einen schwedischen Doppelerfolg. Victoria Carl und Sofie Krehl scheiterten als beste deutsche Starterinnen im Halbfinale.
Dramatik bis zum Schluss bot die Premiere des Big-Air-Wettbewerbs im Freestyle. Lange sah es nach einem Sieg der Weltmeisterin Tess Ledeux aus, ehe die in den USA geborene, aber für China startende Eileen Gu mit ihrem letzten Sprung doch noch an Ledeux vorbeizog.
2018 in Pyeongchang hatte das niederländische Team insgesamt 20 Medaillen gewonnen, davon allein 16 im Eisschnelllauf. Und auch in Peking sah es wieder nach Oranje-Festspielen aus. Im 1500-Meter-Rennen der Männer setzte sich der niederländische Titelverteidiger Kjeld Nuis hauchdünn vor seinem Landsmann Thomas Krol durch.

TAG 4

SNOWBOARD PARALLEL-RIESENSLALOM (FRAUEN)

1	Ester Ledecka	CZE	
2	Daniela Ulbing	AUT	
3	Gloria Kotnik	SLO	

SNOWBOARD PARALLEL-RIESENSLALOM (MÄNNER)

1	Benjamin Karl	AUT	
2	Tim Mastnak	SLO	
3	Victor Wild	ROC	

SKILANGLAUF FREISTIL-SPRINT (MÄNNER)

1	Johannes Kläbo	NOR	2:58,06 Min.
2	Federico Pellegrini	ITA	+ 0,26 Sek.
3	Alexander Terentev	ROC	+ 1,31

SKILANGLAUF FREISTIL-SPRINT (FRAUEN)

1	Jonna Sundling	SWE	3:09,68 Min.
2	Maja Dahlqvist	SWE	+ 2,88 Sek.
3	Jessie Diggins	USA	+ 3,16

SKI FREESTYLE BIG AIR (FRAUEN)

1	Eileen Gu	CHN	188,25 Punkte
2	Tess Ledeux	FRA	187,50
3	Mathilde Gremaud	SUI	182,50

EISSCHNELLLAUF 1500 METER (MÄNNER)

1	Kjeld Nuis	NED	1:43,21 Min.
2	Thomas Krol	NED	+ 0,43 Sek.
3	Minseok Kim	KOR	+ 1,03

CURLING (MIXED DOUBLES)

1	Team Italien	ITA	
2	Team Norwegen	NOR	
3	Team Schweden	SWE	

TAG 5
MI., 09.02.

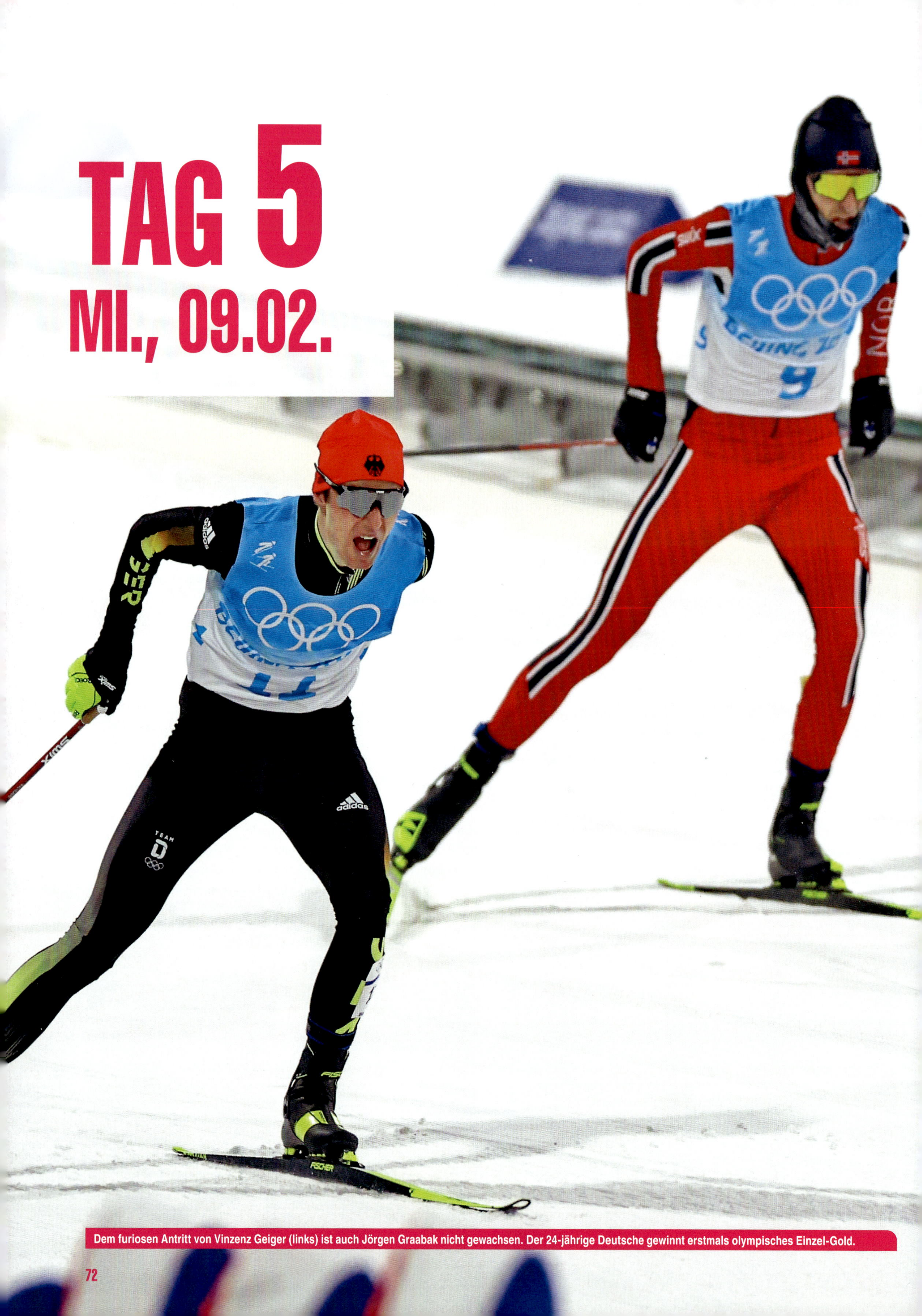

Dem furiosen Antritt von Vinzenz Geiger (links) ist auch Jörgen Graabak nicht gewachsen. Der 24-jährige Deutsche gewinnt erstmals olympisches Einzel-Gold.

NORDISCHE KOMBINATION

Den ersten Wettkampf der Kombinierer erlebte Eric Frenzel am Fernseher, allein in einem schmucklosen Zimmer. Bei der Einreise nach China war der Titelverteidiger positiv auf das Coronavirus getestet worden und musste sich in Quarantäne begeben. Auch sein Teamkollege Terence Weber infizierte sich, ebenso der Norweger Jarl Magnus Riiber und der Este Kristian Ilves. Vier der sieben Besten im Weltcup fehlten also beim Auftakt in Zhangjiakou. Manche sprachen von einer Farce, doch auch ohne vier Top-Athleten fand sich ein sehr starkes Teilnehmerfeld zusammen.
Beim Skispringen überragte der Japaner Ryota Yamamoto mit 108 Metern und nahm so für die Langlaufstrecke über zehn Kilometer einen Vorsprung von 38 Sekunden auf den zweitplatzierten Österreicher Lukas Greiderer mit. Auch Julian Schmid (3. nach dem Springen) und Johannes Rydzek (4.) überzeugten in der ersten Teildisziplin und wahrten ihre Medaillenchancen. Dagegen kam Vinzenz Geiger, in dieser Weltcup-Saison bislang bester Deutscher, nur auf 98 Meter und ging mit einem Rückstand von 1:26 Minuten auf Yamamoto als Elfter auf die anspruchsvolle Strecke.
Dort gelang es Schmid und Rydzek schnell, ihre Chancen auf Gold zu verbessern. Schon nach einem Kilometer hatten sie zusammen mit Greiderer den Rückstand auf den Japaner halbiert und ihn nach 2,5 Kilometern schließlich eingeholt. Das neue Führungstrio schaffte es zudem, den Vorsprung auf die Verfolgergruppe, zu der auch Geiger gehörte, konstant bei 30 bis 40 Sekunden zu halten. Erst nach sechs Kilometern begann der Vorsprung allmählich zu schmelzen. Rydzek erkannte das und setzte sich nach acht Kilometern von seinen beiden Verfolgern ab. Mit etwa fünf Metern Vorsprung auf Greiderer nahm der 30-Jährige den Anstieg auf den letzten 500 Metern in Angriff, während von hinten der unermüdliche Geiger als Führender der Verfolgergruppe immer näherrückte. Rydzek kämpfte verbissen, doch Sekunden später flog Geiger regelrecht an ihm vorbei. Einzig der Norweger Jörgen Graabak konnte dem wie entfesselt laufenden Deutschen halbwegs folgen, verlor aber auf der Zielgeraden den Kampf um Gold. Rydzek, der so lang auf Goldkurs gelegen hatte, brach auf den letzten Metern völlig ein und belegte am Ende nur Rang fünf.

NORDISCHE KOMBINATION NORMALSCHANZE

1	Vinzenz Geiger		GER	25:07,7 Min.
2	Jörgen Graabak		NOR	+ 0,8 Sek.
3	Lukas Greiderer		AUT	+ 6,6

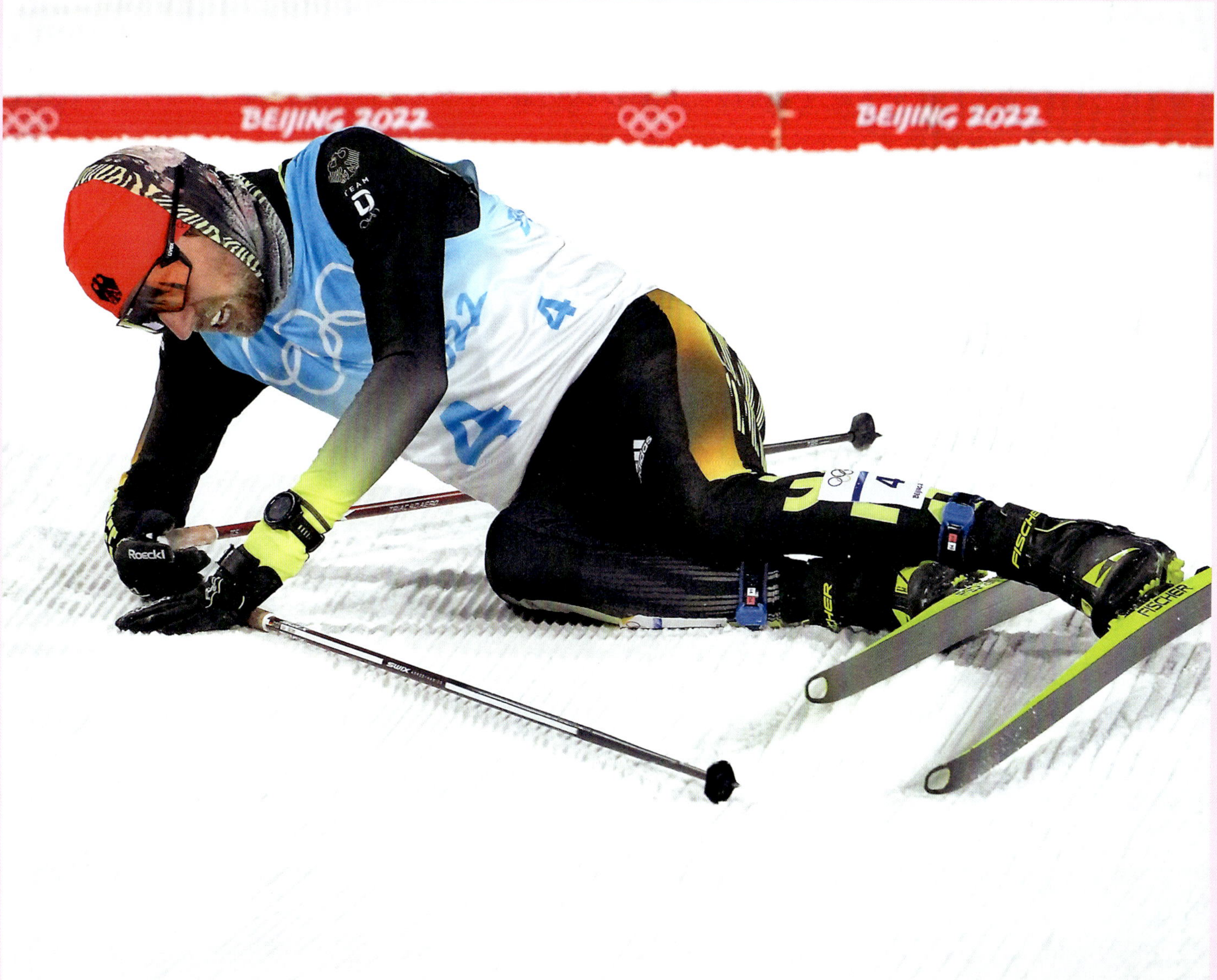

Am Ende seiner Kräfte: Johannes Rydzek liegt lange auf Goldkurs, ehe er auf den letzten 500 Metern völlig einbricht.

RENNRODELN

Nach Johannes Ludwig und Natalie Geisenberger im Einsitzer ging auch die dritte Goldmedaille im Eiskanal von Yanqing an die deutsche Mannschaft. Tobias Wendl und Tobias Arlt machten ihren historischen Olympiahattrick perfekt. Noch nie zuvor konnte ein Doppelsitzerduo drei Goldmedaillen gewinnen. Wendl und Arlt hatten bereits 2014 in Sotschi und 2018 in Pyeongchang triumphiert. Vor seiner dritten Teilnahme an Winterspielen gab sich das Erfolgsgespann aus dem Berchtesgadener Land entspannt. »Alles, was jetzt noch kommt, ist Bonus«, sagte Arlt. Und dieser Bonus war erneut aus Gold.

Im ersten Durchgang setzten sich die beiden 34 Jahre alten Routiniers mit Bahnrekord an die Spitze des Klassements. Im zweiten ließen sie mit all ihrer Erfahrung nichts anbrennen und blieben fehlerfrei. Schon bevor sich Pilot Wendl und Untermann Arlt als letztes Duo im finalen Lauf in den Eiskanal stürzten, stand die zwölfte deutsche Goldmedaille im insgesamt 16. Doppelsitzerwettbewerb bei Olympischen Winterspielen fest. Mit Bestzeit hatten die Weltmeister und Weltcupsieger Toni Eggert und Sascha Benecken aus Thüringen zwischenzeitlich die Führung übernommen. Am Ende wurde es der erste deutsche Doppelsieg bei Winterspielen seit 1992 in Albertville. Damals hatten Stefan Krauße und Jan Behrendt vor Yves Mankel und Thomas Rudolph gewonnen.

Wie Natalie Geisenberger, ihre Kollegin aus der Berchtesgadener Trainingsgruppe Sonnenschein, konnten Wendl und Arlt somit Frieden schließen mit dem Austragungsort der Winterspiele. Vor den Weltcuprennen an gleicher Stelle drei Monate zuvor

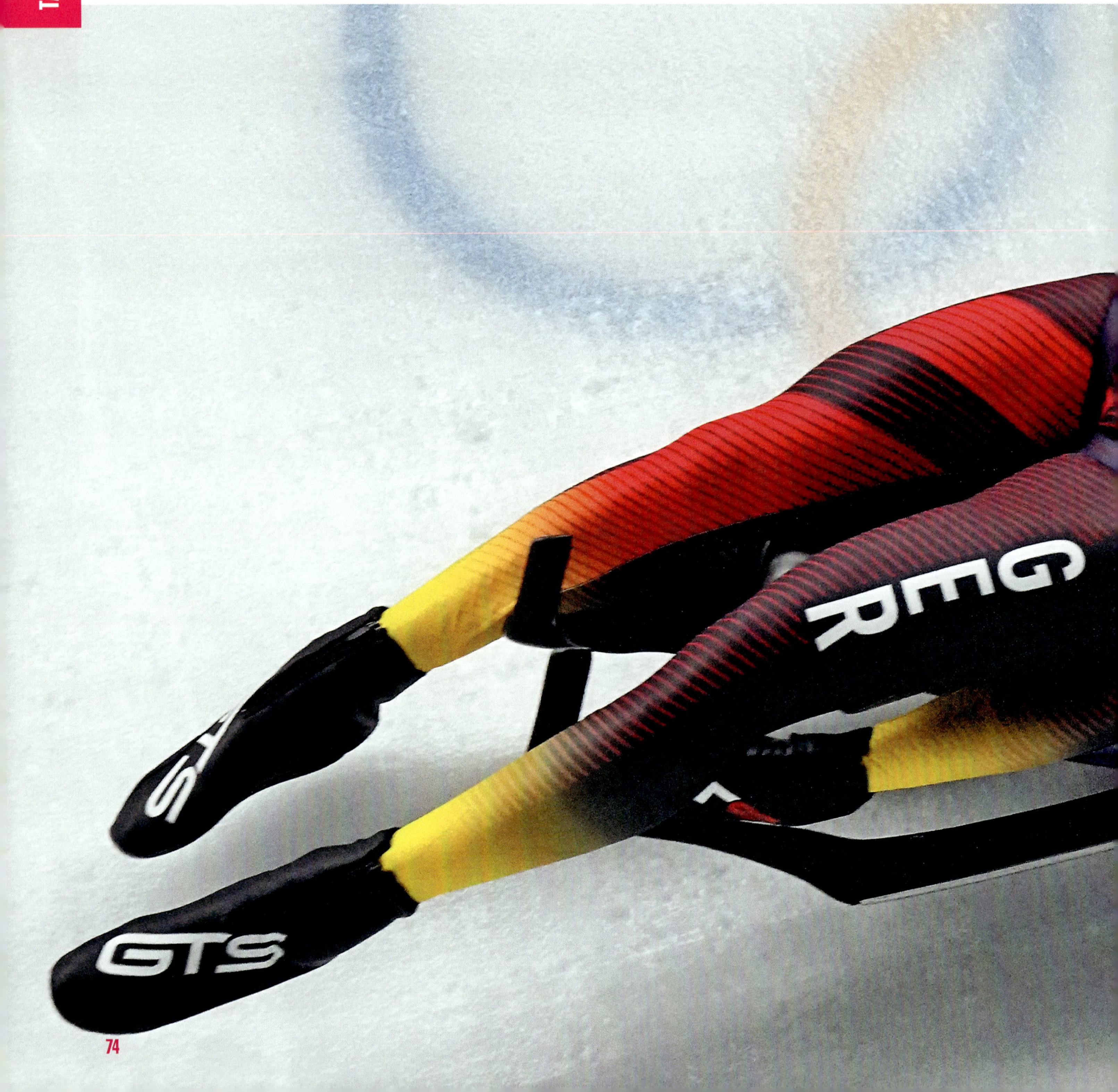

wurde Arlt falschpositiv auf Corona getestet. Mehrere Tage verbrachte er unter fragwürdigen Bedingungen in einem Quarantänehotel. »Nach dieser Vorbereitung war dies die härteste unserer Goldmedaillen«, sagte Wendl. »Im Dezember haben wir uns gedacht: Was machen wir hier? Aber wir sind drangeblieben und haben immer an uns geglaubt. Wer uns kennt, der weiß, dass wir Kämpfer und Beißer sind und dass man zum Höhepunkt, den Olympischen Spielen alle vier Jahre, mit uns rechnen kann.«

RENNRODELN DOPPELSITZER

1	Tobias Wendl/Tobias Arlt		GER	1:56,554 Min.
2	Toni Eggert/Sascha Benecken		GER	+ 0,099 Sek.
3	Thomas Steu/Lorenz Koller		AUT	+ 0,511

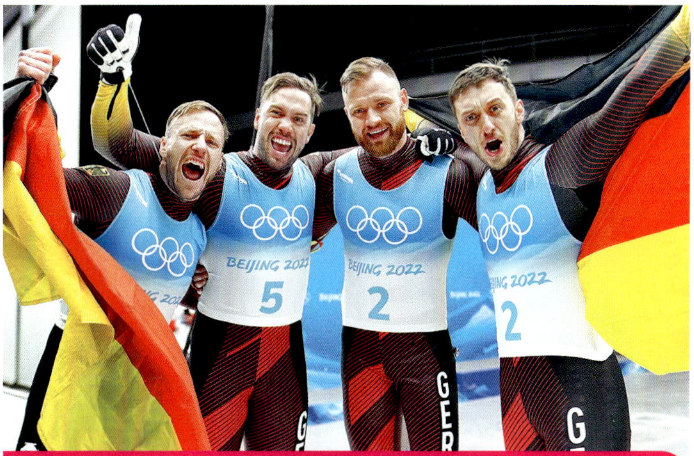

Deutscher Doppelsieg im Eiskanal: Tobias Arlt, Tobias Wendl, Toni Eggert und Sascha Benecken (von links) freuen sich über Gold und Silber.

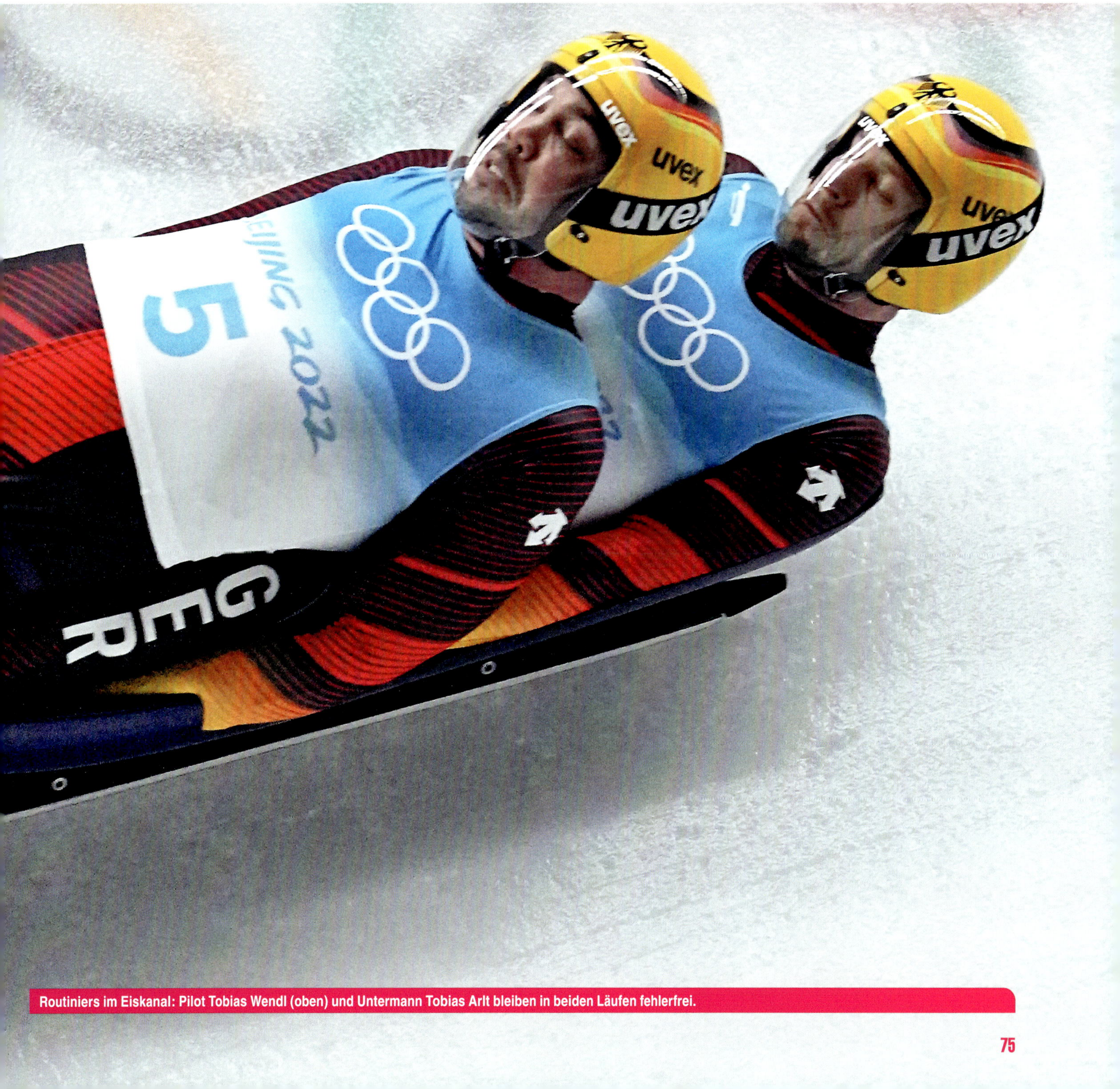

Routiniers im Eiskanal: Pilot Tobias Wendl (oben) und Untermann Tobias Arlt bleiben in beiden Läufen fehlerfrei.

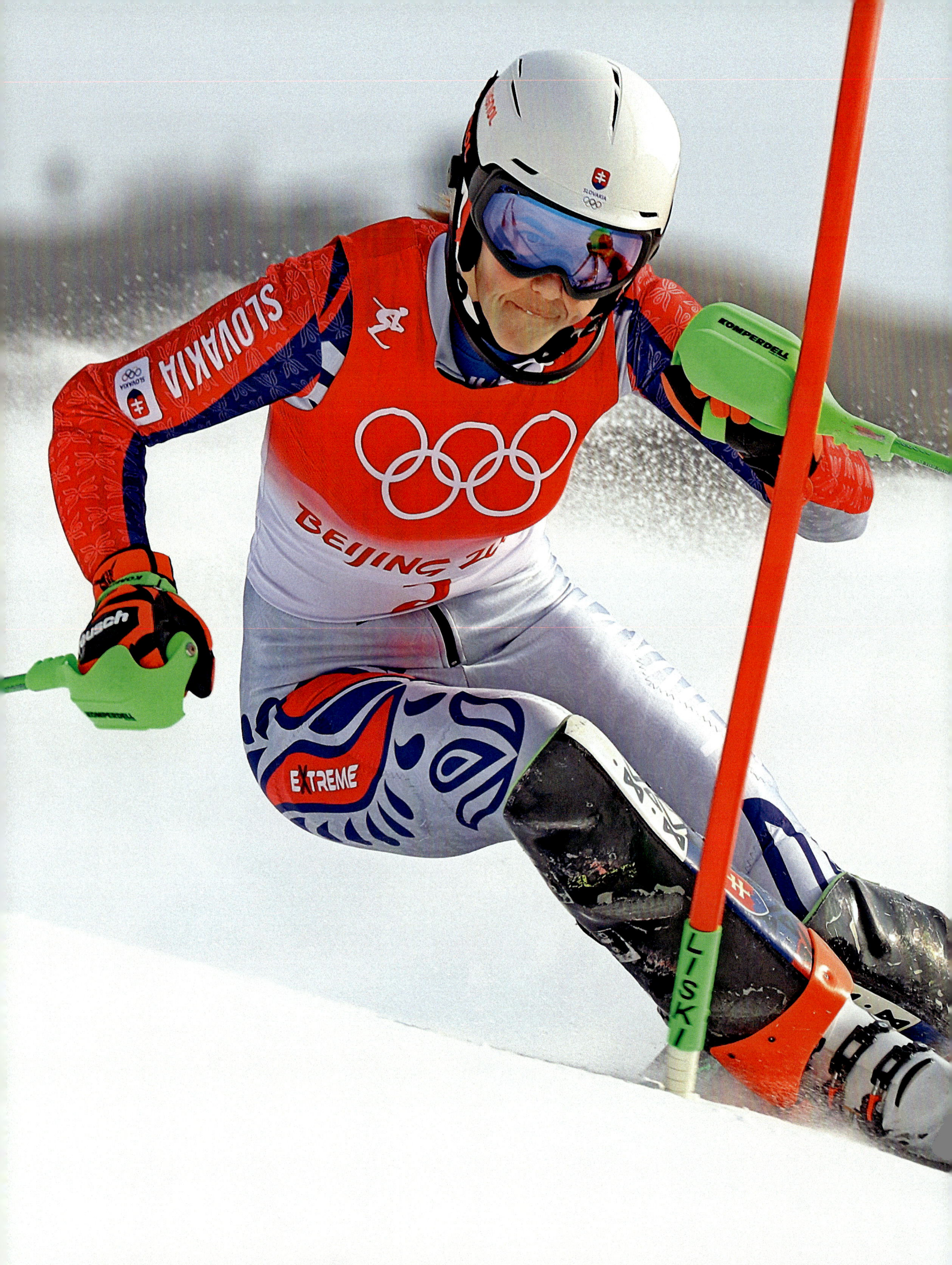

Millimeterarbeit: Die Slowakin Petra Vlhova fährt im zweiten Durchgang das Rennen ihres Lebens und gewinnt die Goldmedaille.

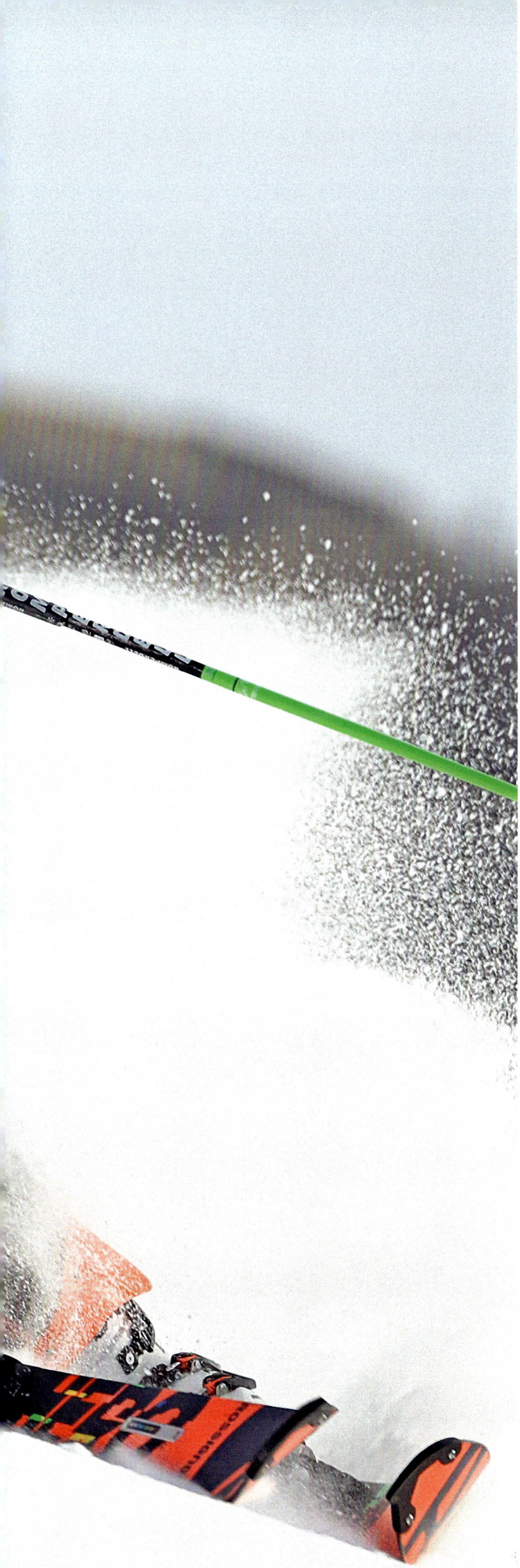

SKI ALPIN

Im Riesenslalom schied US-Topstar Mikaela Shiffrin am siebten Tor aus, im Slalom bereits am vierten. Innerhalb von nur drei Tagen erlebte die Dominatorin des alpinen Skisports auf dem Xiaohaituo Mountain von Yanqing zum zweiten Mal ein Debakel, konsterniert kauerte sie minutenlang neben der Piste. Auch für die Deutsche Lena Dürr endete der zweite Frauenwettbewerb der Winterspiele dramatisch. Völlig überraschend grüßte die 30-Jährige aus Germering nach dem ersten Durchgang von der Spitze. Auch im zweiten lag sie lange auf Medaillenkurs, verlor dann aber ihren Rhythmus und im Zielhang zu viel Zeit. Mit 0,07 Sekunden Rückstand auf Bronzegewinnerin Wendy Holdener aus der Schweiz landete sie auf dem undankbaren vierten Platz. Im Zielbereich vergoss Lena Dürr bittere Tränen, die sie zunächst hinter ihrer Skibrille versteckte. Später sagte sie im Interview: »Bei einem Weltcuprennen wäre der vierte Platz völlig in Ordnung, bei Olympia tut er jedoch richtig weh. Es ist einfach nur bitter, erst recht, weil es so knapp war.«
Über Jahre hinweg fuhr die Slalomspezialistin in der zweiten Reihe. Für die Winterspiele 2014 in Sotschi verpasste sie die Qualifikation, 2018 in Pyeongchang schied sie im ersten Durchgang aus. Erst im olympischen Winter 2021/22 startete Lena Dürr so richtig durch. Nach den ersten drei Podiumsplatzierungen ihrer Karriere im Weltcup wurden ihr in Expertenkreisen Außenseiterchancen für die Winterspiele eingeräumt – der Medaillencoup von Peking war ihr allerdings nicht vergönnt.
Ernüchternd endete das Rennen auch für Sara Hector, die zwei Tage zuvor den Riesenslalom gewonnen hatte. Als Dritte des ersten Durchgangs steuerte die Schwedin im zweiten sicher auf Medaillenkurs. Wenige Meter vor dem Ziel fädelte sie jedoch ein und schied aus. Von den Patzern ihrer Konkurrentinnen profitierte am Ende Petra Vlhova. Im zweiten Durchgang fuhr die Slowakin das Rennen ihres Lebens und verbesserte sich sensationell vom siebten auf den ersten Platz. Die zweite deutsche Teilnehmerin, Emma Aicher aus Mahlstetten, kam auf Platz 18.

TAG 5

SKI ALPIN SLALOM (FRAUEN)

1	Petra Vlhova		SVK	1:44,98 Min.
2	Katharina Liensberger		AUT	+ 0,08 Sek.
3	Wendy Holdener		SUI	+ 0,12

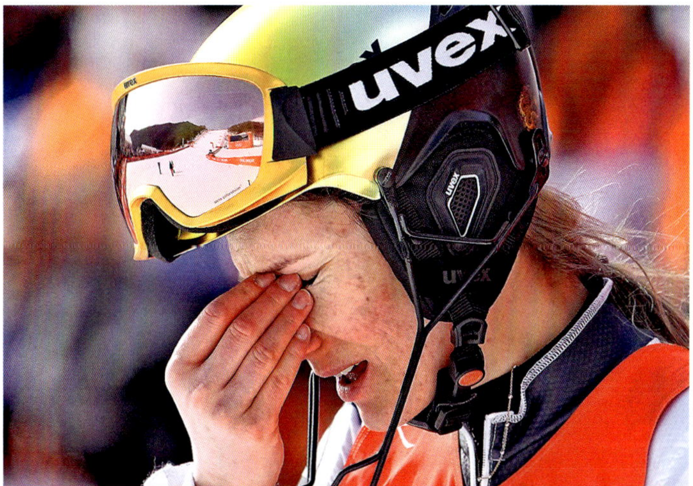

Führung vergeben und knapp an der Medaille vorbei: Lena Dürr vergießt im Zielbereich bittere Tränen.

WAS SONST NOCH GESCHAH

Den ersten Erfolg feierte Snowboardcrosserin Jana Fischer bereits vor den Winterspielen. Von einer Schulteroperation hatte sie sich rechtzeitig erholt und sogar noch vor der Abreise nach China im Weltcup ihr Comeback gefeiert. Der sechste Platz in Cortina d'Ampezzo nährte die Hoffnungen, dass die 22-Jährige bei Olympia weit kommen könnte. Bis zum Achtelfinale bestätigte Fischer diesen Eindruck. Doch im Kampf um den Einzug ins Viertelfinale leistete sie sich kurz nach dem Start einen technischen Fehler, verlor an Tempo und konnte ihre Rivalinnen nicht mehr einholen. Am Ende stand ein enttäuschender 27. Rang für die Schwarzwälderin zu Buche. Der Sieg ging an US-Star Lindsey Jacobellis, die sich mit 36 Jahren bei ihrer fünften Olympiateilnahme endlich mit Gold belohnte und so ihre erfolgreiche Karriere krönte.

Angesichts enger Kurven, einer schmalen Bahn und eines halsbrecherischen Tempos von etwa 50 Stundenkilometern verwundert es immer wieder, dass es im Shorttrack nicht noch häufiger zu Unfällen kommt. Auch die zehn Läufer, die im Hauptstadt-Hallenstadion das 1500-Meter-Finale der Männer bestritten, kamen sich nicht in die Quere. Die Goldmedaille ging dabei wie schon 2018 an einen Südkoreaner. Hwang Dae-heon hatte sich neun Runden vor Schluss an die Spitze gesetzt und alle Angriffe seiner Rivalen erfolgreich abgewehrt. Der Kanadier Steven Dubois holte überraschend Silber vor dem russischen Ex-Weltmeister Semen Elistratov. Deutsche Teilnehmer waren nicht am Start.

Seinen letzten Sprung absolvierte Birk Ruud mit der norwegischen Flagge in der Hand. Der 21-Jährige konnte es sich leisten, denn zu diesem Zeitpunkt stand er bereits als Olympiasieger bei der Big-Air-Premiere im Freestyle fest. Zuvor hatte er bei seinem besten Sprung mit fünfeinhalb Umdrehungen die Fans begeistert und seine Konkurrenten distanziert. Ruuds Erfolg trug auch eine sehr persönliche Note. Vor einem Jahr hatte er auf die WM-Teilnahme verzichtet, um bei seinem todkranken Vater sein zu können. Den Olympiasieg widmete er nun ihm.

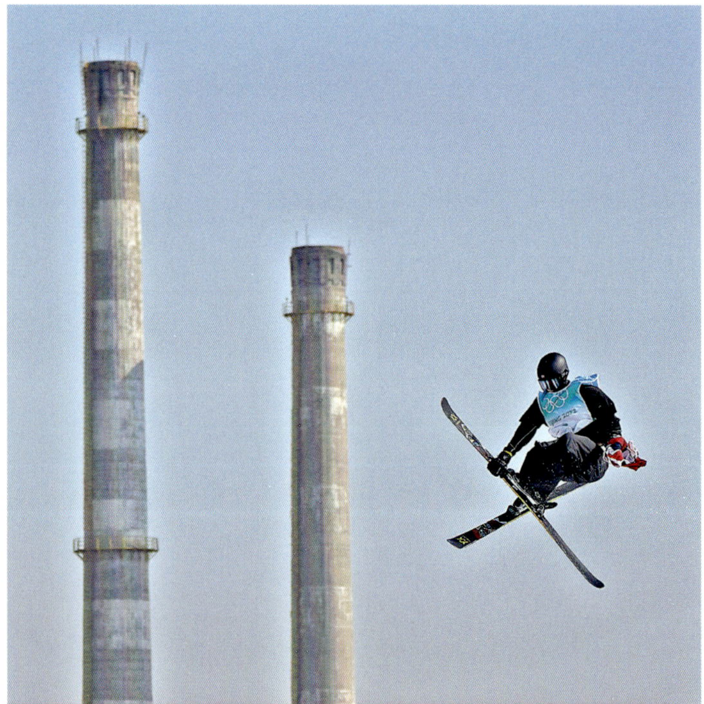

Spektakuläre Sprünge vor spektakulärer Kulisse: Der Norweger Birk Ruud dominiert die Big-Air-Premiere der Ski Freestyler.

SNOWBOARD CROSS (FRAUEN)

1	Lindsey Jacobellis	USA
2	Chloe Trespeuch	FRA
3	Meryeta Odine	CAN

SHORTTRACK 1500 METER (MÄNNER)

1	Hwang Dae-heon	KOR	2:09,219 Min.
2	Steven Dubois	CAN	+ 0,035 Sek.
3	Semen Elistratov	ROC	+ 0,048

SKI FREESTYLE BIG AIR (MÄNNER)

1	Birk Ruud	NOR	187,75 Punkte
2	Colby Stevenson	USA	183,00
3	Henrik Harlaut	SWE	181,00

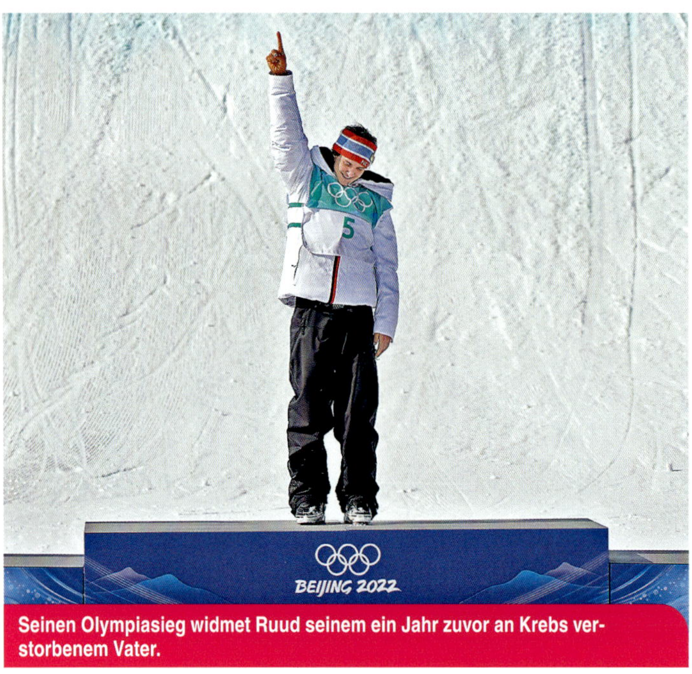

Seinen Olympiasieg widmet Ruud seinem ein Jahr zuvor an Krebs verstorbenem Vater.

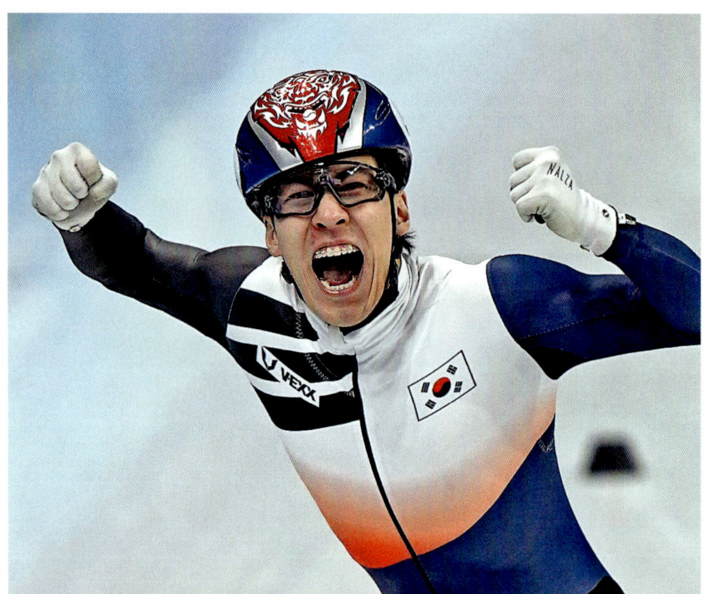

Wie schon 2018 kommt der Shorttrack-Sieger über 1500 Meter aus Südkorea: Hwang Dae-heon bejubelt Olympiagold überschwänglich.

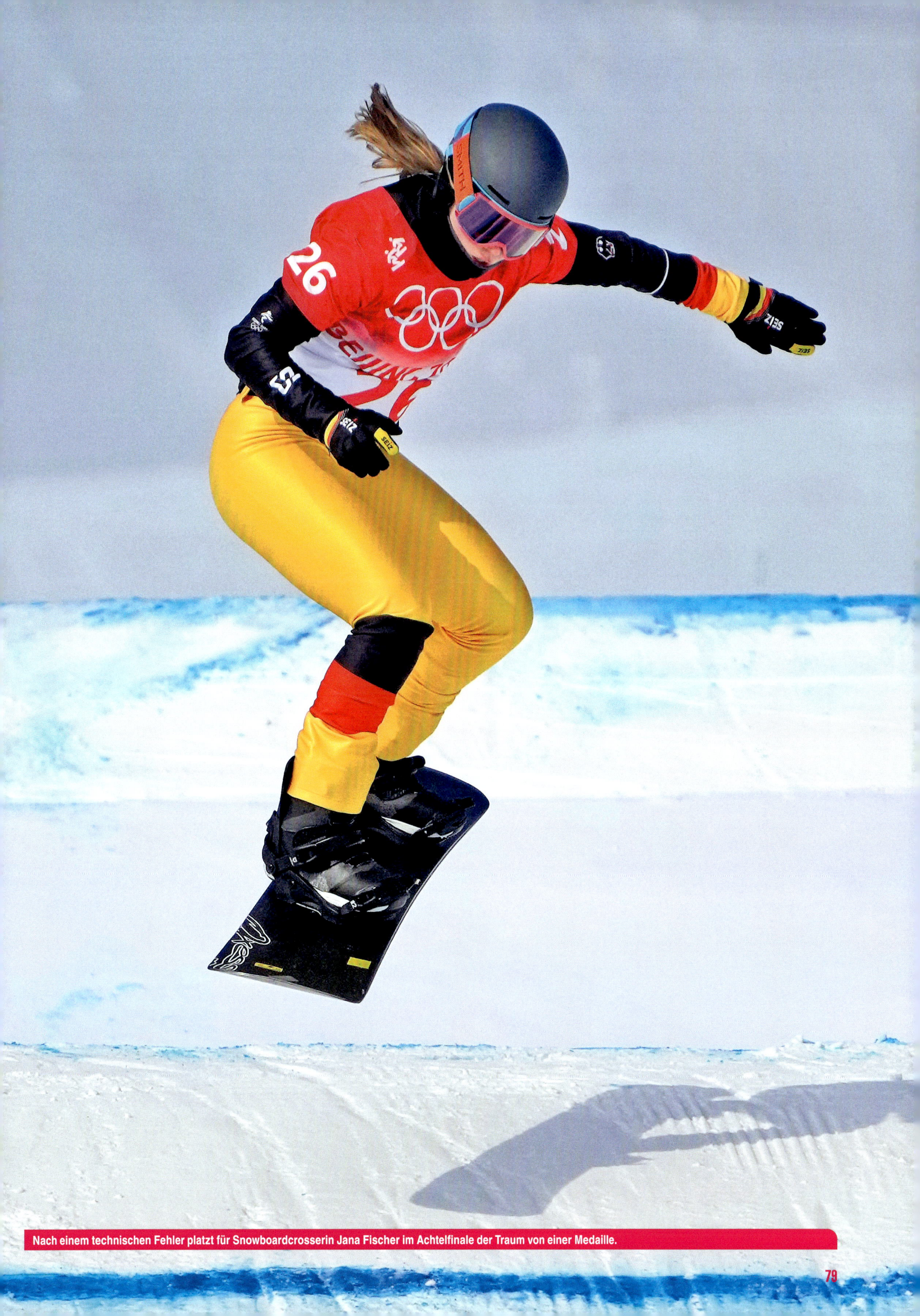

Nach einem technischen Fehler platzt für Snowboardcrosserin Jana Fischer im Achtelfinale der Traum von einer Medaille.

TAG 6
DO., 10.02.

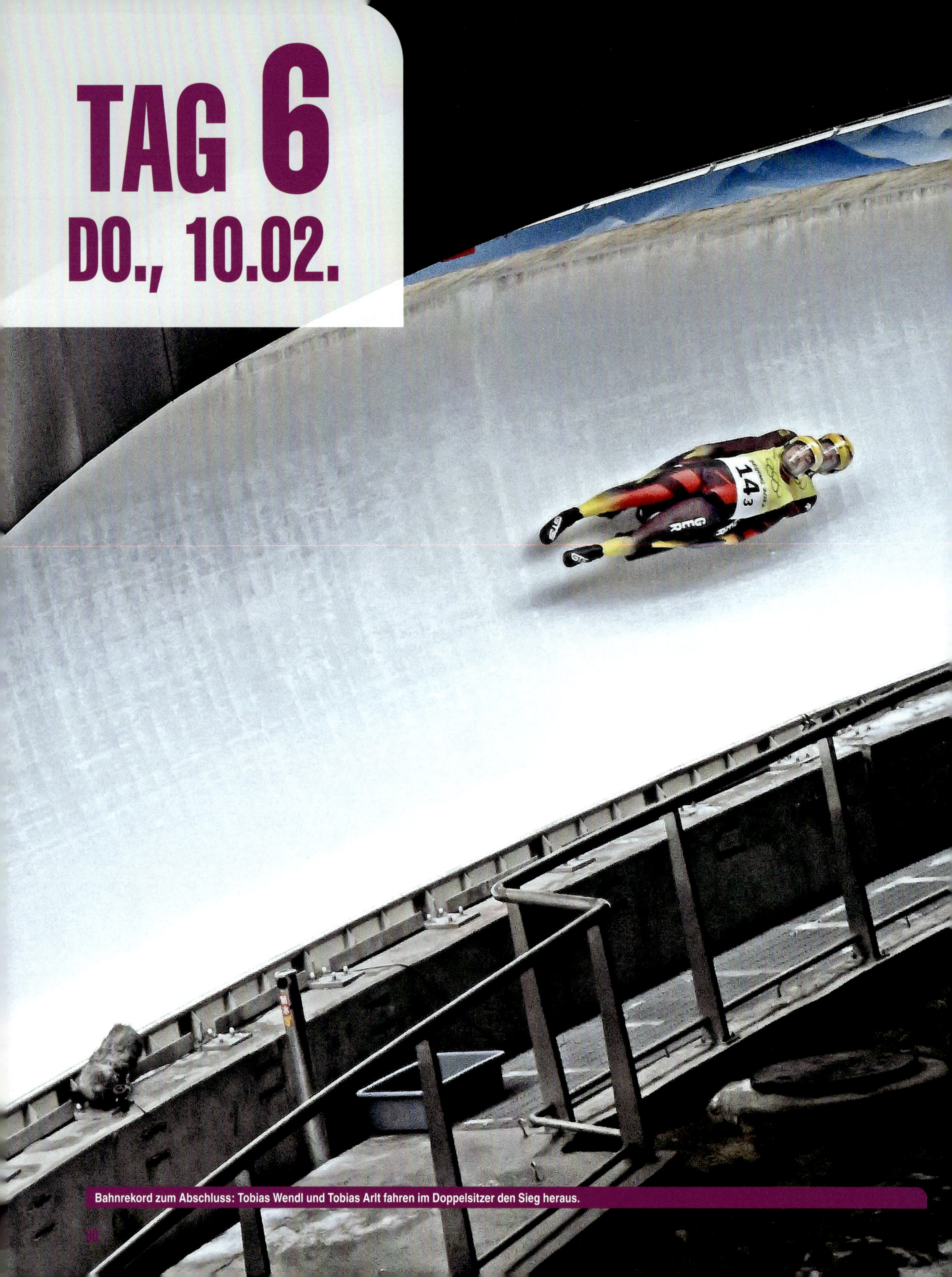

Bahnrekord zum Abschluss: Tobias Wendl und Tobias Arlt fahren im Doppelsitzer den Sieg heraus.

RENNRODELN

Zum dritten Mal wurde bei Olympischen Winterspielen die Teamstaffel der Rennrodler ausgetragen. Zum dritten Mal hieß der Sieger Deutschland. Aber noch nie war es so knapp wie diesmal. Die Österreicher hatten eine starke Zeit vorgelegt. Dann stürzten sich als letzte von 14 Staffeln nacheinander die Einzel-Olympiasieger Natalie Geisenberger und Johannes Ludwig sowie die Doppelsitzergewinner Tobias Wendl und Tobias Arlt in den Eiskanal. Geisenberger hatte beim ersten Anschlag überraschend 0,036 Sekunden Rückstand auf die Österreicherin Madeleine Egle, Johannes Ludwig verlor gegenüber Wolfgang Kindl weitere 0,065 Sekunden. Tobias Wendl und Tobias Arlt mussten im Doppelsitzer also 0,101 Sekunden wettmachen. Und sie taten dies eindrucksvoll mit all ihrer Routine und neuem Bahnrekord. Oder wie es Bundestrainer Norbert Loch formulierte: »Die Tobis haben die Teamstaffel gerockt.« Beim finalen Anschlag lag Deutschland mit winzigen 0,080 Sekunden vor Österreich – und ein weiteres Kapitel Sportgeschichte war geschrieben. Mit ihrer sechsten Goldmedaille löste Natalie Geisenberger die Eisschnellläuferin Claudia Pechstein als deutsche Rekordolympionikin ab, hinzu kommt eine Bronzene von ihrem Winterspieledebüt 2010 in Vancouver. Gleich dahinter kommen Tobias Wendl und Tobias Arlt mit ebenfalls sechs Goldmedaillen. In der internationalen Bestenliste rangieren die drei Deutschen auf den Plätzen sieben und acht. Geisenberger wollte im Zielbereich noch nichts von ihrer Bestmarke wissen: »Jetzt genieße ich erstmal den Moment mit der Mannschaft. Das mit dem Rekord kommt vielleicht später, wenn ich älter bin.«

Mit vier deutschen Gold- und zwei Silbermedaillen in vier Rennen gingen die Rennrodelwettbewerbe im Eiskanal von Yanqing zu Ende. Keine andere Sportart bei Winterspielen wird von einer Nation seit jeher derart dominiert. 2014 in Sotschi räumte Deutschland ebenfalls vier Goldmedaillen ab. 1972, 1976, 1988 (jeweils DDR) und 1998 gewannen deutsche Rennrodler alle drei Wettbewerbe.

RENNRODELN (TEAMSTAFFEL)

1	Deutschland	GER	3:03,406 Min.
2	Österreich	AUT	+ 0,080 Sek.
3	Lettland	LAT	+ 0,948

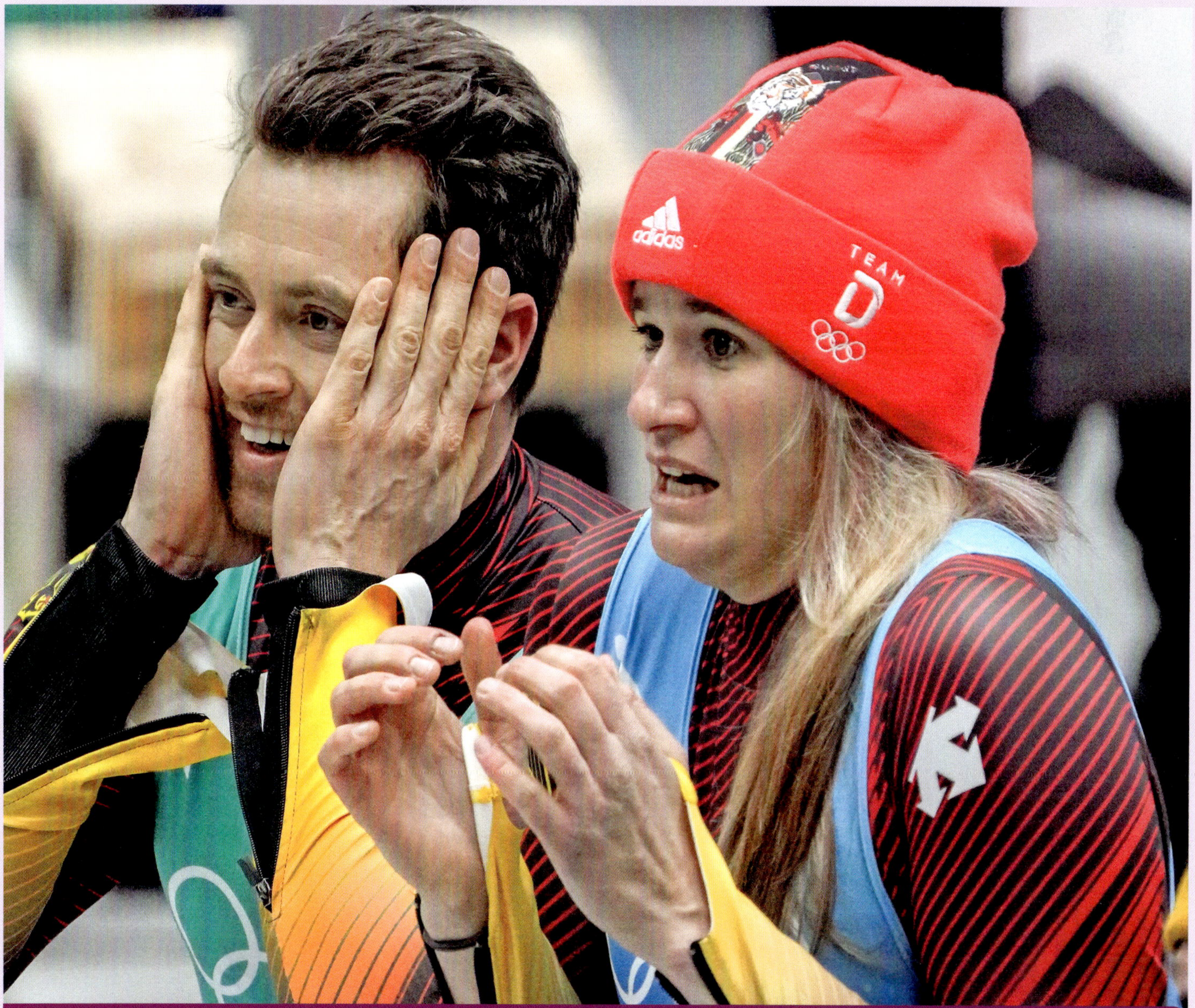

Johannes Ludwig und Natalie Geisenberger zittern im Zielbereich beim Lauf von Tobias Wendl und Tobias Arlt mit.

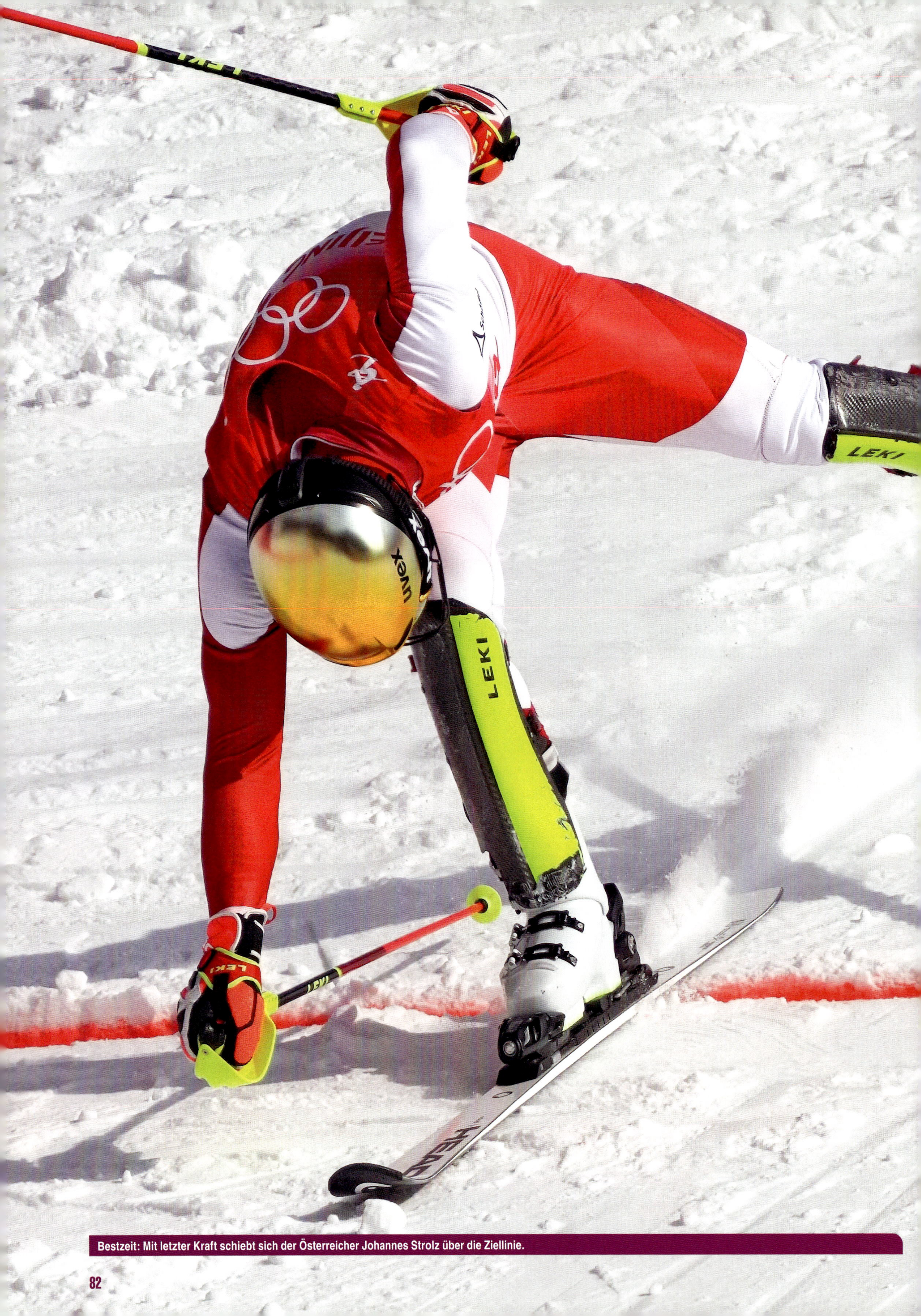

Bestzeit: Mit letzter Kraft schiebt sich der Österreicher Johannes Strolz über die Ziellinie.

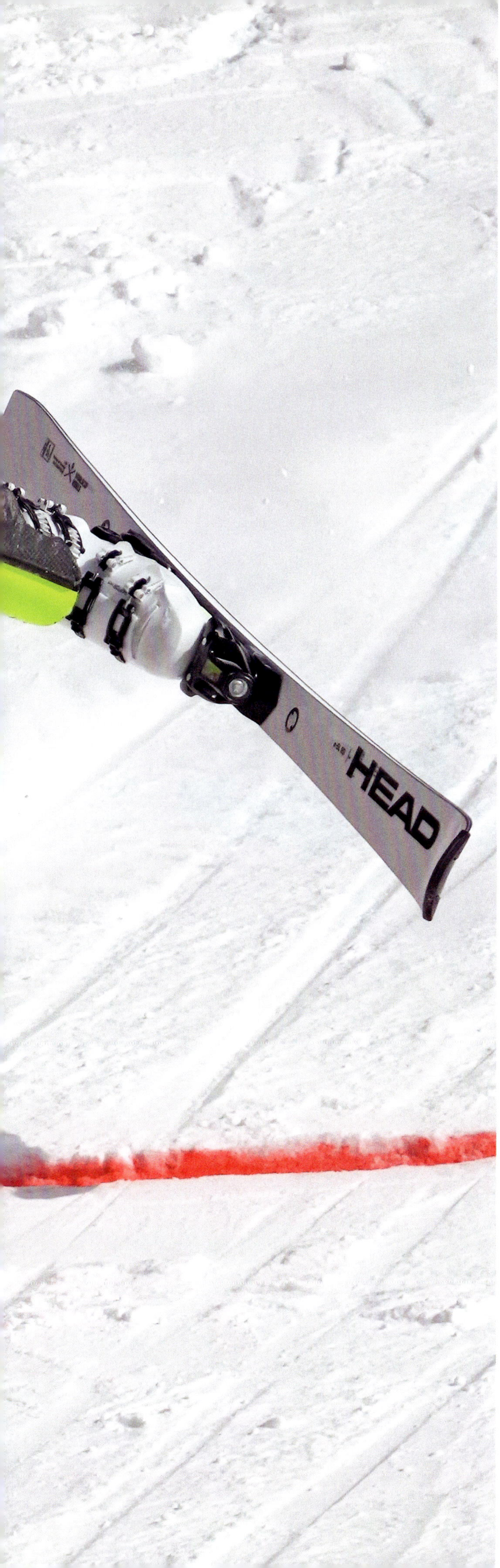

SKI ALPIN

Erst am Morgen hatte sich Aleksander Aamodt Kilde zur Teilnahme an der Kombination durchgerungen. Zu tief saß beim Weltcupspitzenreiter und designierten Skistar dieser Winterspiele der Stachel der Enttäuschung nach den mageren Resultaten in Abfahrt (Fünfter) und Super-G (Dritter). Zudem hatte der Speedspezialist aus Norwegen so gut wie gar nicht Slalom trainiert. Kilde dürfte seine Entscheidung aber nicht bereut haben. In der Abfahrt war er der Schnellste, als Erster durfte er demzufolge in den Stangenwald und zeigte dort eine erstaunlich stabile Fahrt. Die bescherte ihm letztlich die Silbermedaille. Unterboten wurde seine Gesamtzeit danach lediglich von Johannes Strolz.
Der 29-Jährige aus dem Vorarlberg tat es mit der Goldmedaille seinem Vater Hubert gleich, der 1988 bei den Winterspielen in Calgary ebenfalls die Kombination gewonnen hatte. Vater und Sohn Olympiasieger in derselben Disziplin – das hatte es bei Winterspielen nie zuvor gegeben. »Ein Traum wird wahr«, sagte Johannes Strolz. »Wenn ich dran denke, an all die Bilder meines Vaters mit der Goldmedaille, muss ich mich zusammenreißen, dass ich nicht losheule.« Dabei sah es lange aus, als wäre Strolz in Peking gar nicht dabei. Im Frühjahr 2021 wurde er wegen schwacher Ergebnisse aus dem Kader des österreichischen Verbandes gestrichen. In Eigenregie hielt er sich fit, kämpfte sich wieder an die internationale Spitze heran und löste kurz vor der Deadline das Olympiaticket.
Die Favoriten indes gingen leer aus. Weltmeister Marco Schwarz aus Österreich wurde nur Fünfter, der Franzose Alexis Pinturault schied im Slalom aus, ebenso wie der einzige deutsche Teilnehmer, Simon Jocher aus Garmisch-Partenkirchen. Trotz der emotionalen Geschichte von Johannes Strolz verliert der älteste alpine Skiwettbewerb zusehends an Glanz. Im Weltcup konzentrieren sich die Fahrer immer mehr auf die Speed- oder Technikdisziplinen, zwei Jahre lang fand keine Kombination mehr statt. Demzufolge gingen in Peking nur noch 27 Teilnehmer an den Start, weniger als die Hälfte wie vier Jahre zuvor in Pyeongchang (65). Beim Weltverband FIS macht man sich längst Gedanken, den Wettbewerb zu reformieren.

SKI ALPIN KOMBINATION (MÄNNER)

1	Johannes Strolz		AUT	2:31,43 Min.
2	Aleksander Aamodt Kilde		NOR	+ 0,59 Sek.
3	James Crawford		CAN	+ 0,68

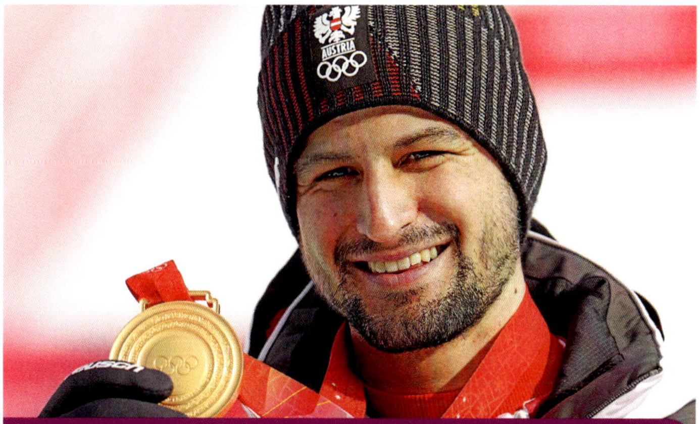

34 Jahre nach seinem Vater Hubert nennt auch Johannes Strolz eine olympische Goldmedaille sein Eigen.

EISKUNSTLAUF

Der Axel gilt als Königssprung im Eiskunstlaufen. Noch nie hatte ein Mensch in einem offiziellen Wettkampf einen Vierfach-Axel gestanden. Yuzuru Hanyu wusste, dass er die Welt schocken musste, um noch eine Chance auf den Olympiasieg zu haben. Dass er sich am Unmöglichen versuchen musste. Nach dem Kurzprogramm lag der Japaner, der in seiner Heimat eine beinahe hysterische Verehrung erfährt, als Achter weit hinter den Medaillenrängen. Ein Loch im Eis hatte verhindert, dass er den Salchow vierfach springen konnte. Doch für ihn, den Olympiasieger von 2014 und 2018, der das Eiskunstlaufen der Männer auf eine neue Stufe gehoben hatte, war alles andere als eine Medaille schlichtweg inakzeptabel. Also sprang er in der Kür den Vierfach-Axel, und für einen Moment sah es tatsächlich so aus, als könnte ihm das Undenkbare gelingen. Er landete – und stürzte dann doch. Der Traum vom dritten Einzel-Olympiagold hintereinander zerstob. Drei Olympiasiege in Folge waren einzig dem Schweden Gilli Grafström zwischen 1920 und 1928 gelungen. Hanyu wurde am Ende Vierter. Während der 27-Jährige hernach über ein Karriereende sinnierte, machte Nathan Chen die Wachablösung endgültig perfekt. Der 22-jährige Amerikaner hatte bereits vier Jahre zuvor zu den Favoriten auf Gold gezählt, im Kurzprogramm aber ein Fiasko erlebt, das auch die beste Kür im Feld mit insgesamt sechs Vierfachsprüngen nicht ausgleichen konnte. Diesmal jedoch war der amtierende Weltmeister eine Klasse für sich. Im Kurzprogramm glänzte er mit der höchsten jemals erzielten Punktzahl, und auch bei der Kür konnte ihm niemand das Wasser reichen. Untermalt vom Song »Rocket Man« von Elton John stand Chen fünf Vierfachsprünge, er vermählte technische Perfektion mit atemberaubender Virtuosität. Mit deutlichem Abstand folgte Yuma Kagiyama auf dem Silberrang. Und auch Bronze ging an einen Japaner: Shoma Uno. Der Wettkampf fand ohne deutsche Beteiligung statt.

EISKUNSTLAUF (MÄNNER)

1	Nathan Chen		USA	332,60 Punkte
2	Yuma Kagiyama		JPN	310,05
3	Shoma Uno		JPN	293,00

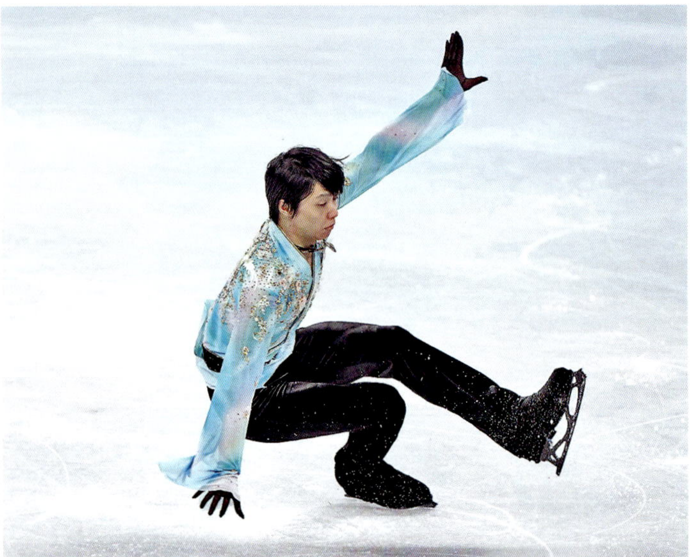

Yuzuru Haynu stürzt beim waghalsigen Versuch, einen Vierfach-Axel zu stehen. Der Titelverteidiger muss sich am Ende mit Rang vier begnügen.

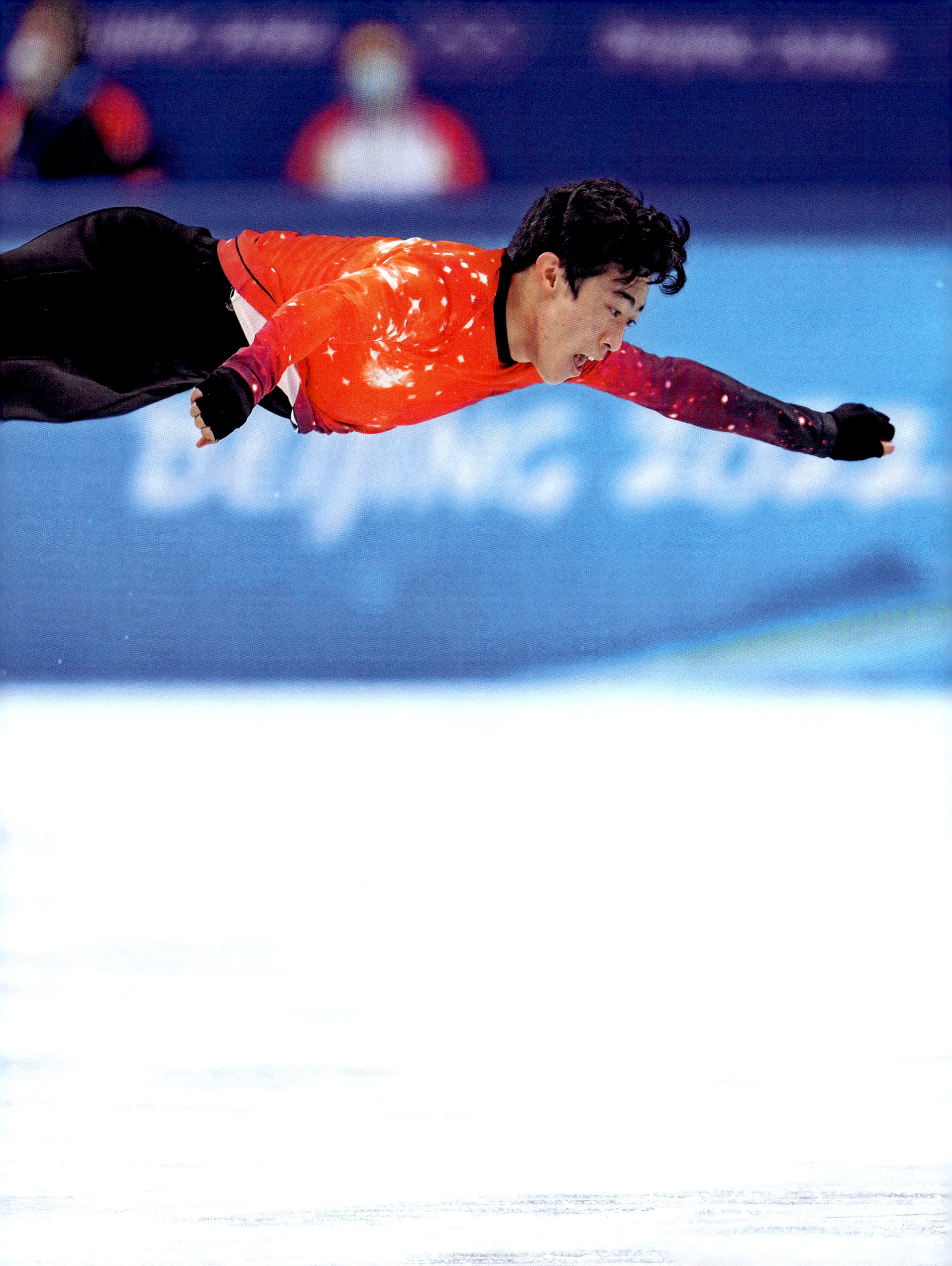

Technisch und künstlerisch bewegt sich der Amerikaner Nathan Chen am Rande der Perfektion und gewinnt überlegen die Goldmedaille.

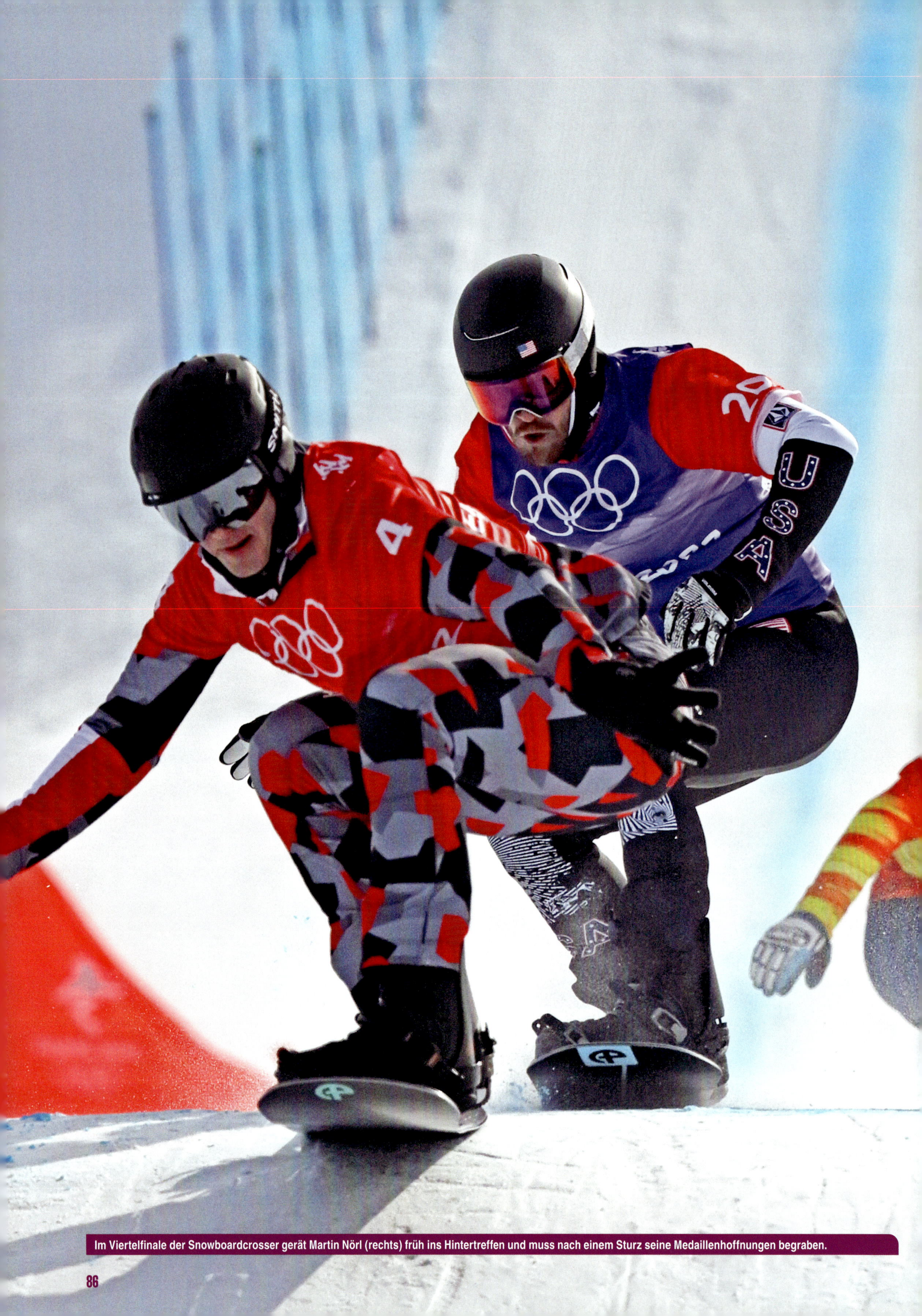

Im Viertelfinale der Snowboardcrosser gerät Martin Nörl (rechts) früh ins Hintertreffen und muss nach einem Sturz seine Medaillenhoffnungen begraben.

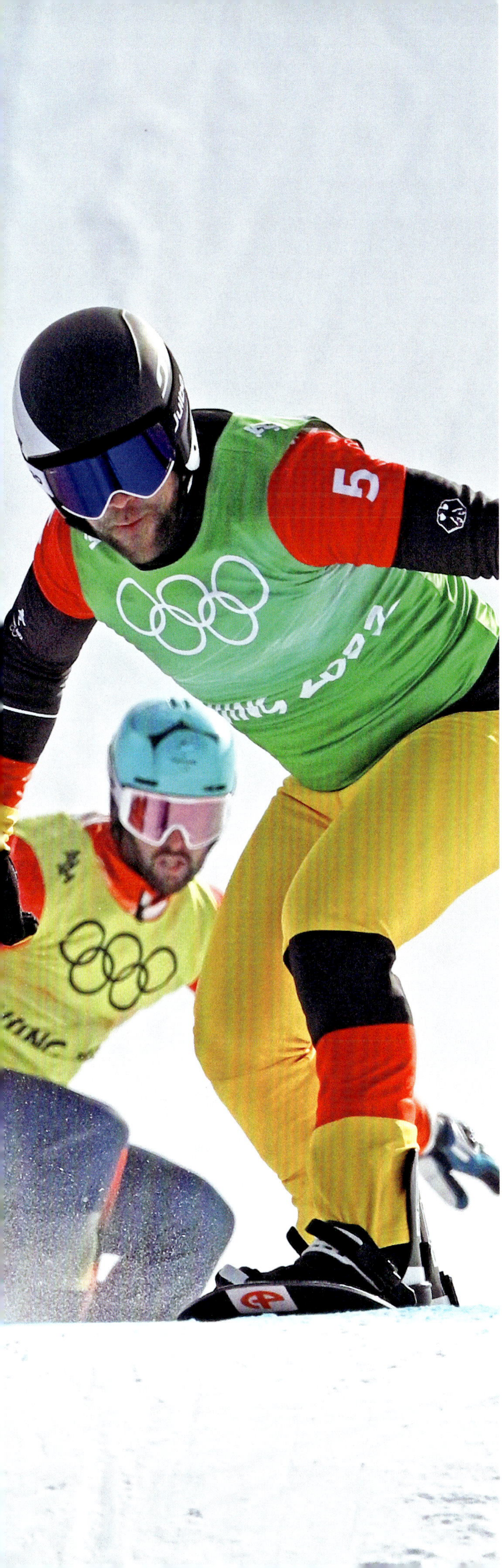

WAS SONST NOCH GESCHAH

Erfolge können auch eine Last sein. Als Martin Nörl nach drei Weltcupsiegen die Führung im Gesamtweltcup der Snowboardcrosser übernahm, bekam er die Rolle des Goldfavoriten für die Winterspiele aufgebürdet. Nörl bremste die Erwartungen, doch den Druck wurde er nicht mehr los. Im Achtelfinale zeigte sich Deutschlands bester Snowboardcrosser davon noch unbeeindruckt und gewann seinen Lauf souverän. Im Viertelfinale brachte er sich mit einem verpatzten Start aber sofort in Schwierigkeiten. Zwar schaffte er wieder den Anschluss an den vor ihm fahrenden Amerikaner Mick Dierdorff, doch als dieser stürzte, erwischte es auch Nörl, der nicht mehr ausweichen konnte. Das Pech verfolgte auch Nörls Teamkollegen Umito Kirchwehm, der ebenfalls im Viertelfinale stürzte. Der Österreicher Alessandro Hämmerle siegte im Fotofinish gegen den Kanadier Eliot Grondin.
Eine beeindruckende Show lieferte Chloe Kim beim Halfpipewettbewerb der Frauen ab. An der 21-jährigen Titelverteidigerin führte auch diesmal kein Weg vorbei. Die 20-jährige Leilani Ettel aus Pullach erreichte das Finale und war mit Rang elf zufrieden.

TAG 6

SNOWBOARD CROSS (MÄNNER)

1	Alessandro Hämmerle	AUT
2	Eliot Grondin	CAN
3	Omar Visintin	ITA

SNOWBOARD HALFPIPE (FRAUEN)

1	Chloe Kim	USA	94,00 Punkte
2	Queralt Castellet	ESP	90,25
3	Sena Tomita	JPN	88,25

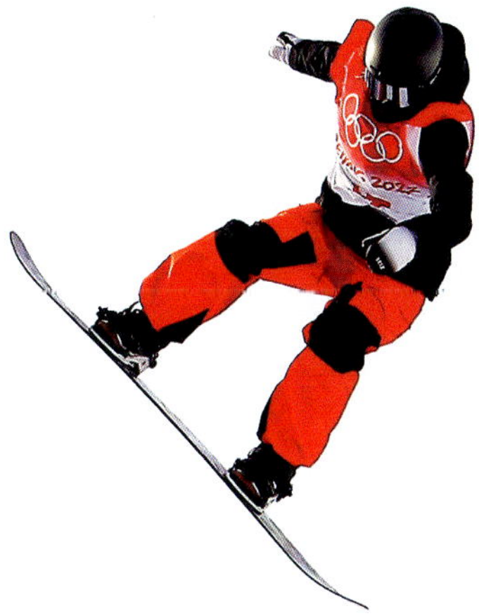

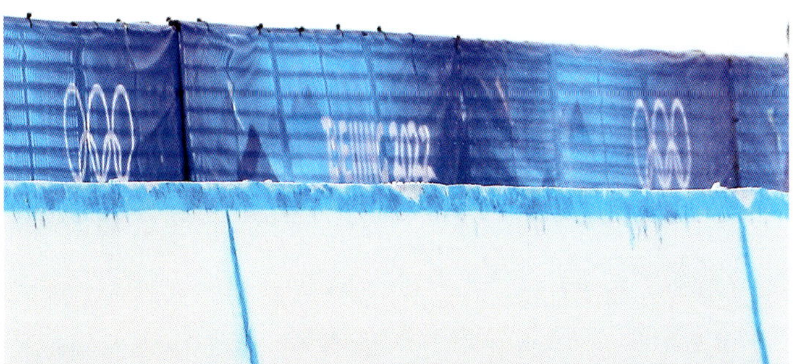

Die 20-jährige Leilani Ettel erreicht bei ihrem Olympiadebüt in der Halfpipe das Finale und ist am Ende mit Rang elf sehr zufrieden.

Therese Johaug bibberte im Ziel. Die Olympiasiegerin im Skiathlon hatte zwar auch im klassischen Langlauf-Stil über 10 Kilometer einen exzellenten Wettkampf hingelegt, doch ihr zweiter Erfolg binnen fünf Tagen hing am seidenen Faden, denn auf der Strecke war immer noch Kerttu Niskanen unterwegs. Die Finnin lief das Rennen ihres Lebens. Ihre Zwischenzeit 1,4 Kilometer vor dem Ziel war sogar um 1,3 Sekunden schneller als die der Norwegerin. Johaug blickte also gebannt auf die Anzeigentafel, als Niskanen auf die Zielgerade einbog. Die Finnin holte noch einmal alles aus sich heraus, ihr Gesicht verriet Anstrengung, aber auch wilde Entschlossenheit. Am Ende fehlte ihr nicht viel mehr als ein Wimpernschlag zu Gold: 0,4 Sekunden. Johaug konnte ihr Glück kaum fassen – nach einer der knappsten Goldentscheidungen in der Geschichte des olympischen Langlaufs. Sogar noch knapper ging es beim Kampf um Bronze zu. Mit 0,1 Sekunden Vorsprung setzte sich Krista Parmakoski (Finnland) gegen die Russin Natalia Nepryaeva durch. Die Dramatik der Medaillenentscheidungen überlagerte die grandiose Leistung einer deutschen Athletin. Katharina Hennig zeigte von Beginn an ein famoses Rennen und landete am Ende auf Rang fünf. Nur zwölf Sekunden fehlten der 25-Jährigen in ihrer Lieblingsdisziplin zu einer Medaille. Olympia-debütantin Katherine Sauerbrey überzeugte als Elfte.
Bei den Winterspielen 2002 in Salt Lake City stellte die Berlinerin Eisschnellläuferin Claudia Pechstein über 5000 Meter bei ihrem Sieg einen neuen Olympischen Rekord auf. 20 lange Jahre blieb er unangetastet – bis zum 10. Februar 2022, als Irene Schouten im National Speed Skating Oval von Peking Pechsteins Rekord geradezu pulverisierte. Die 29-jährige Niederländerin, die fünf Tage zuvor bereits über 3000 Meter triumphiert hatte, siegte überlegen in 6:43,51 Minuten und war damit 3,4 Sekunden schneller als Pechstein im Jahr 2002. Schouten lief in ihrer eigenen Sphäre. Isabelle Weidemann aus Kanada und Martina Sablikova, die Silber und Bronze gewannen, folgten mit beträchtlichem Abstand.

SKILANGLAUF 10 KM KLASSISCH (FRAUEN)

1	Therese Johaug	NOR	28:06,3 Min.
2	Kerttu Niskanen	FIN	+ 0,4 Sek.
3	Krista Parmakoski	FIN	+ 31,5

EISSCHNELLLAUF 5000 METER (FRAUEN)

1	Irene Schouten	NED	6:43,51 Min.
2	Isabelle Weidemann	CAN	+ 4,67 Sek.
3	Martina Sablikova	CZE	+ 6,58

FREESTYLE TEAM AERIALS (MIXED)

1	USA	USA	338,34 Punkte
2	China	CHN	324,22
3	Kanada	CAN	290,98

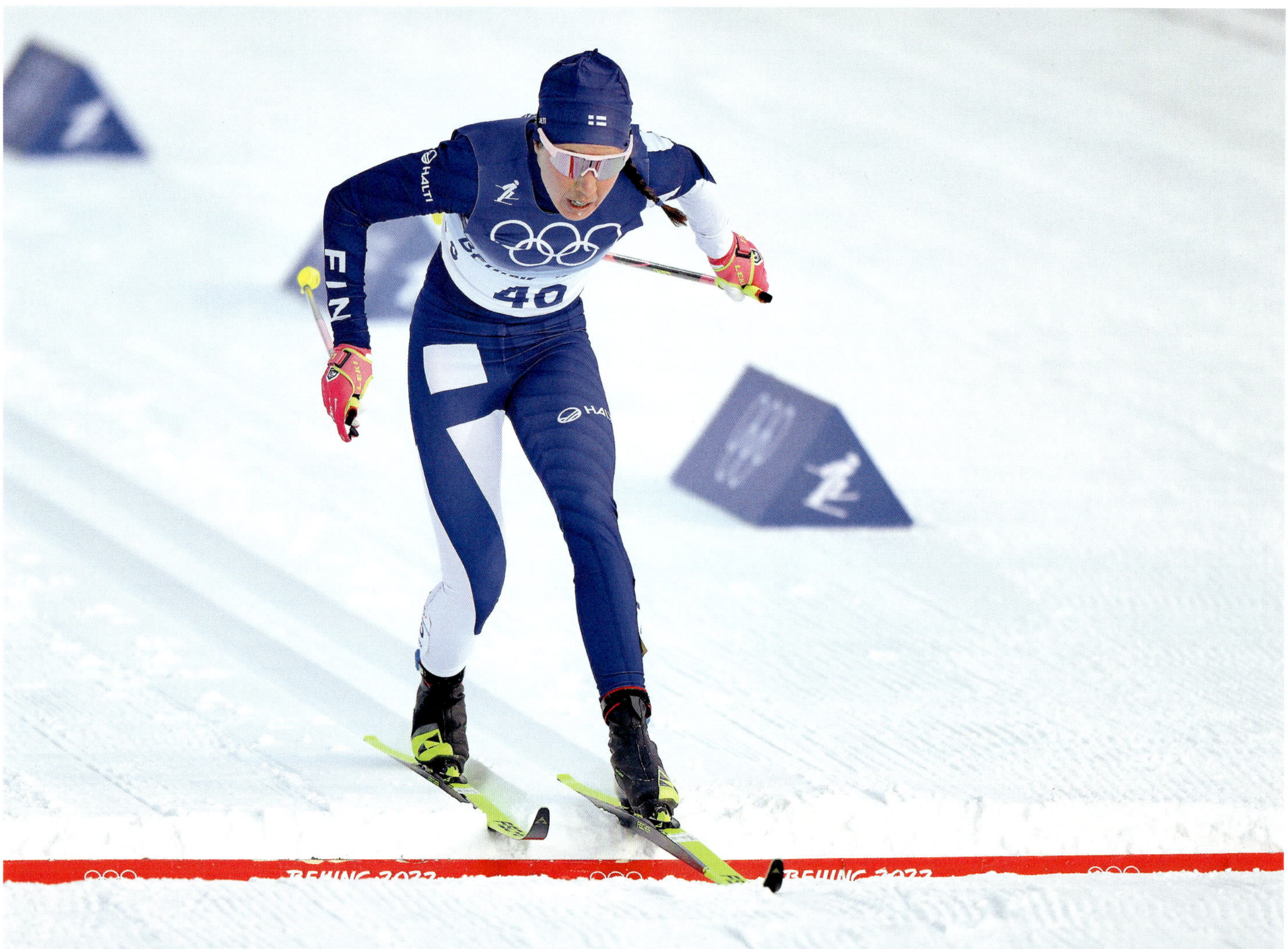

Die finnische Langläuferin Kerttu Niskanen verpasst Gold über 10 Kilometer nur um 0,4 Sekunden.

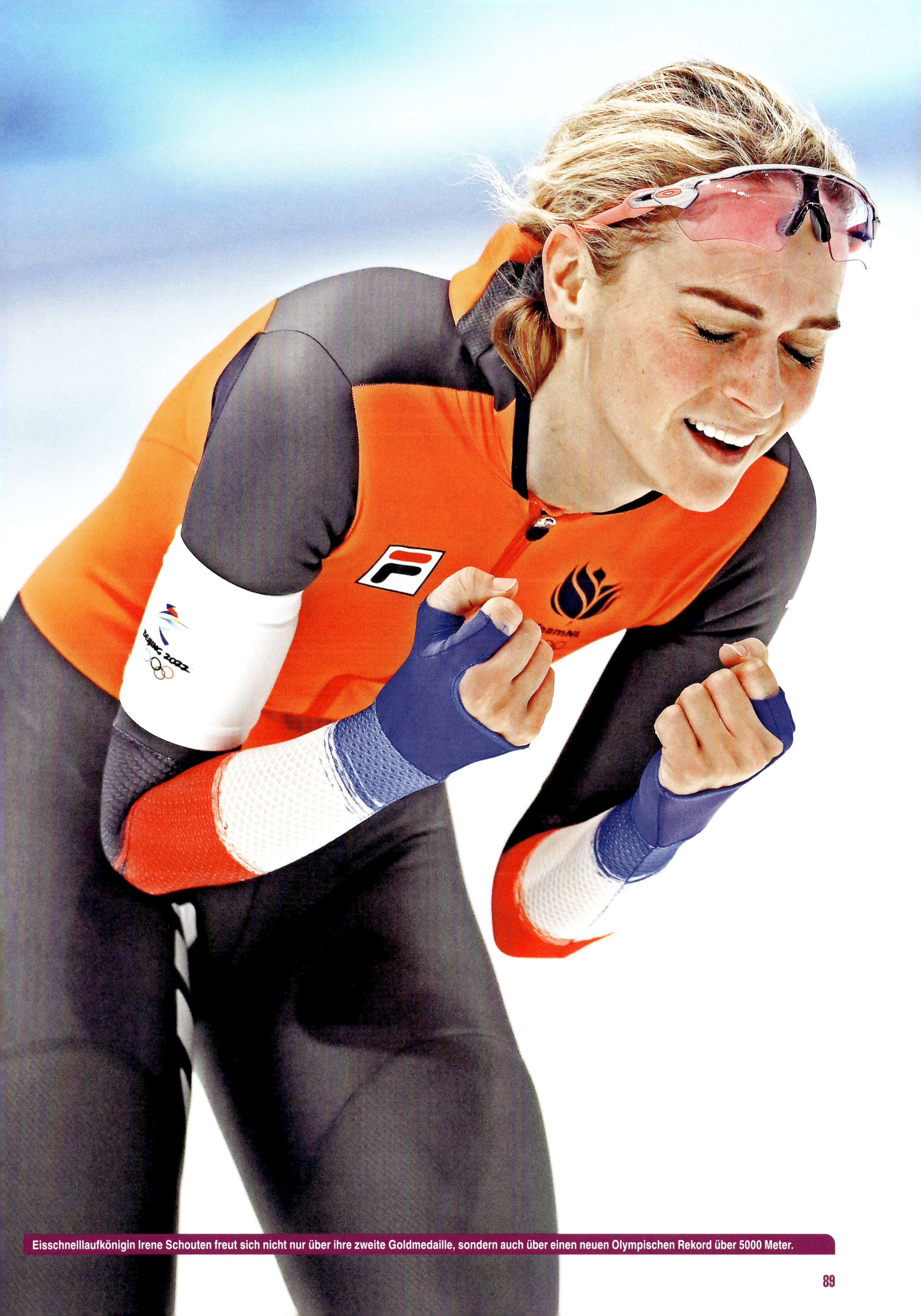

Eisschnelllaufkönigin Irene Schouten freut sich nicht nur über ihre zweite Goldmedaille, sondern auch über einen neuen Olympischen Rekord über 5000 Meter.

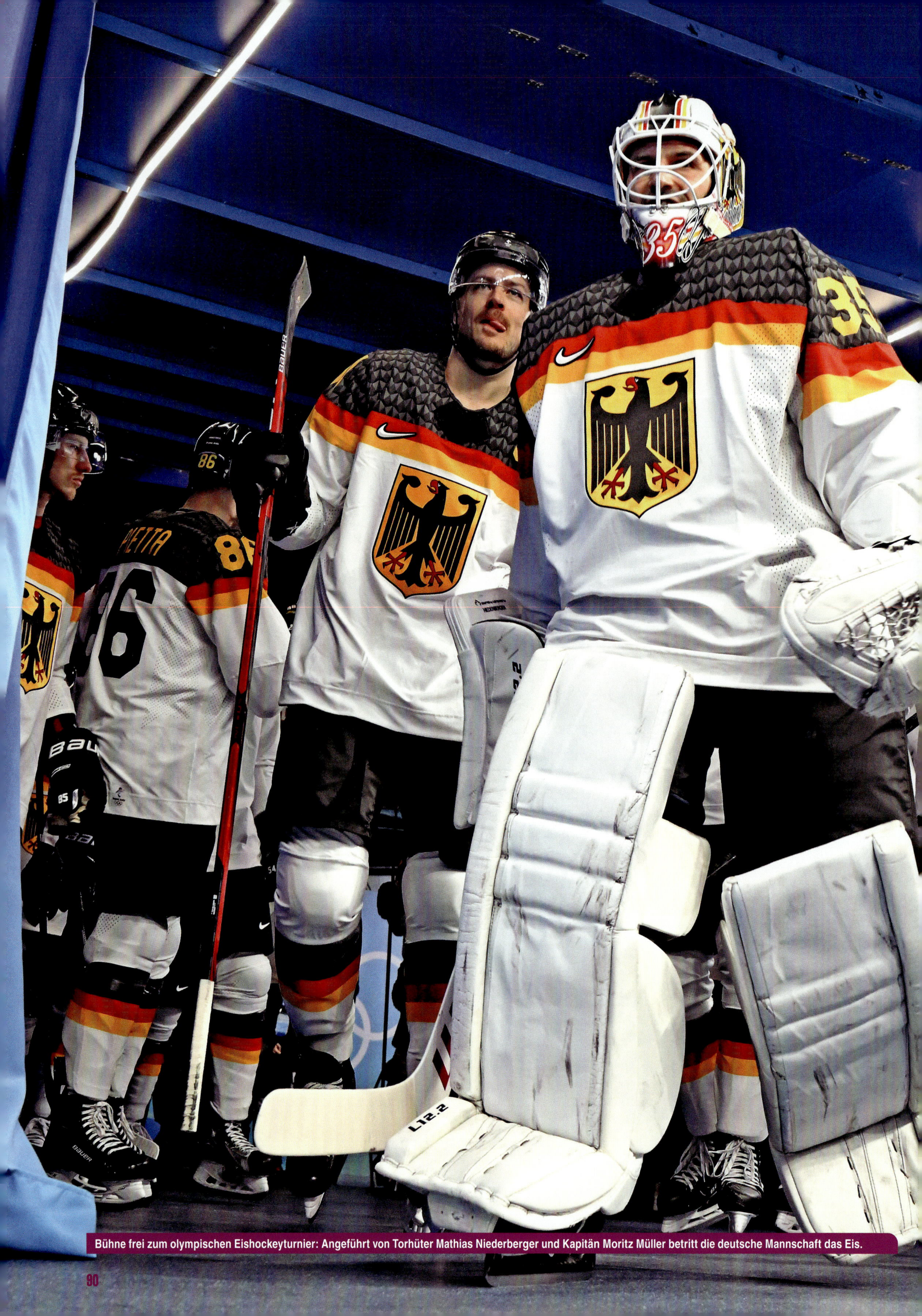

Bühne frei zum olympischen Eishockeyturnier: Angeführt von Torhüter Mathias Niederberger und Kapitän Moritz Müller betritt die deutsche Mannschaft das Eis.

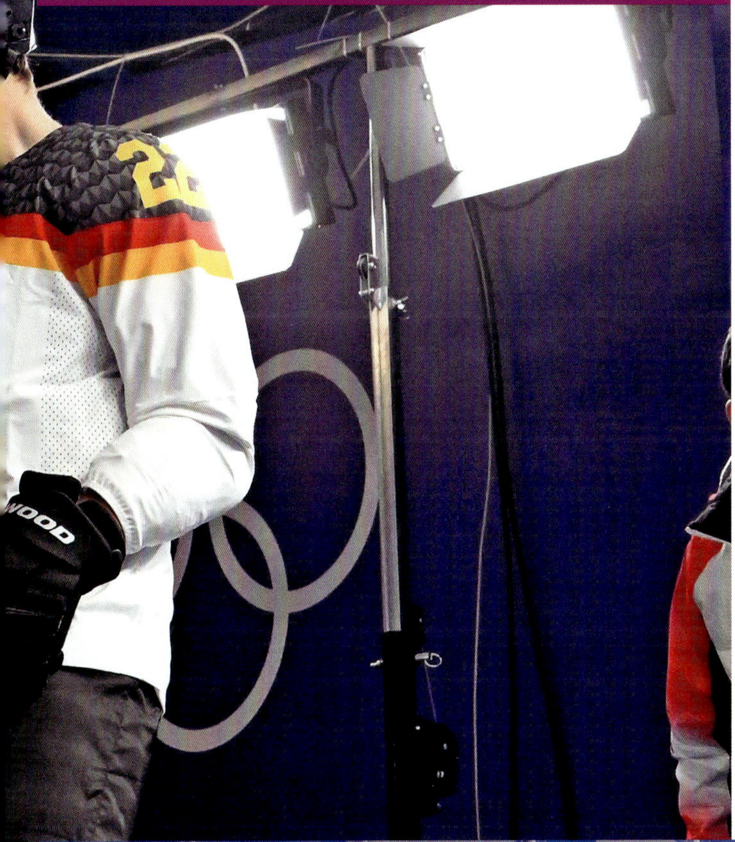

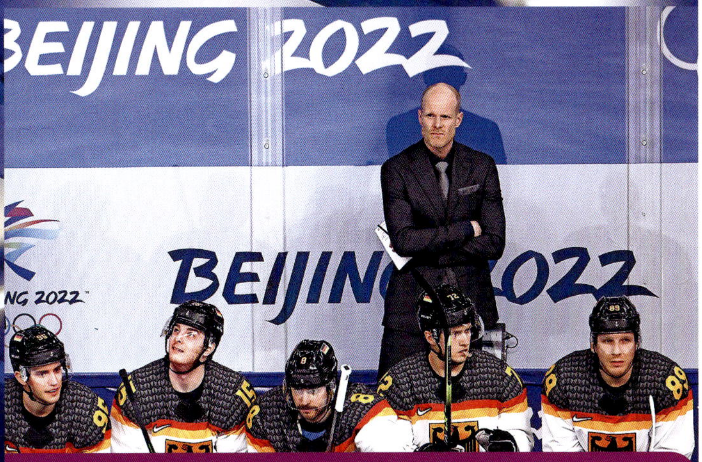

Hinter der deutschen Bande: Bundestrainer Toni Söderholm blickt im ersten Drittel ratlos drein.

EISHOCKEY

Ungewöhnlich spät begann das Eishockeyturnier der Männer. Der verzögerte Start und der kompakte Spielplan waren ein Zugeständnis an die Profis aus der nordamerikanischen Profiliga NHL, ebenso wie die kleinere Eisfläche. Die NHL sagte die Teilnahme ihrer Spieler jedoch kurzfristig ab, um coronabedingt ausgefallene Partien nachholen zu können. Und so musste auch die deutsche Nationalmannschaft auf vier fest eingeplante Profis aus Übersee verzichten, darunter mit Leon Draisaitl einen der besten der Welt. Auftaktgegner Kanada fehlte praktisch das komplette Team. Dennoch nahm die kurzfristig aus Altstars, unterklassigen Profis und Europalegionären zusammengestellte Auswahl des Rekordolympiasiegers mit 5:1 relativ locker Revanche für die überraschende Halbfinalniederlage vier Jahre zuvor in Pyeongchang. Im deutschen Olympiaaufgebot standen noch zehn Silberhelden von 2018.

Das Unheil für die Mannschaft von Bundestrainer Toni Söderholm nahm vor 685 Zuschauern im Wukesong Sports Center bereits in der fünften Minute seinen Lauf. Ein harter Check gegen den Kopf von Verteidiger Marco Nowak blieb von den Schiedsrichtern ungeahndet, die Kanadier nutzten die Verwirrung in der deutschen Abwehr zur Führung. Nowak wurde benommen in die Kabine geführt und kam nicht wieder. Mitte des Auftaktdrittels erhöhten die Kanadier durch einen Doppelschlag innerhalb von 32 Sekunden auf 3:0 – das Spiel war praktisch entschieden. »Wir sind eiskalt erwischt worden. Kanada war einfach gedankenschneller«, merkte Kapitän Moritz Müller an. Nach dem Anschlusstreffer Mitte des zweiten Drittels kam noch einmal kurz Hoffnung auf, die Kanadier machten diese aber nur zwei Minuten später mit ihrem vierten Treffer zunichte. »Das war nicht der Start, den wir uns erhofft hatten. Aber es ist ein langes Turnier«, sagte Müller und erinnerte an 2018, als die deutsche Mannschaft sogar mit zwei Niederlagen gestartet war.

Deutschland – Kanada 1:5 (0:3, 1:1, 0:1)
Tore: 0:1 Grant (5. Minute), 0:2 Street (19.), 0:3 Winnik (11.), 1:3 (31.) Rieder, 1:4 (33.) Noreau, 1:5 Weal (52.);
Strafminuten: Deutschland 4 – Kanada 8

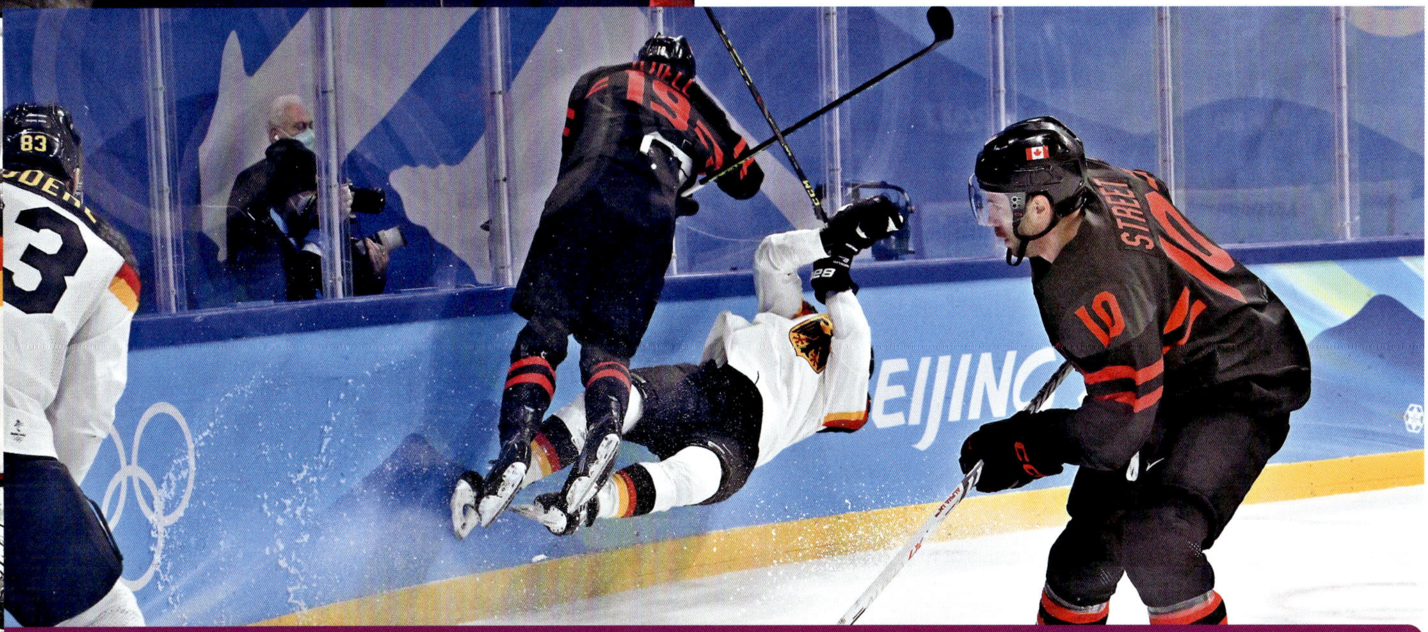

Ein Check mit Folgen: Verteidiger Marco Nowak scheidet mit Verdacht auf Gehirnerschütterung aus.

EISHOCKEY

Luc Tardif ahnte Böses. »Zu sehen, wie eine Nationalmannschaft 15:0 geschlagen wird, ist für niemanden gut – weder für China noch für das Eishockey«, sagte der Kanadier Ende September der Nachrichtenagentur *AFP*. Der frisch gekürte Präsident der Internationalen Eishockey Föderation machte mit diesem Satz deutlich, was er von der Olympiateilnahme der chinesischen Männernationalmannschaft hielt: nichts. Eishockey ist in China eine Randsportart, in der Weltrangliste rangieren die Chinesen auf Platz 32, eingebettet zwischen Spanien und Australien.

In der Vorrunde des olympischen Turniers würden sie auf Kanada und die USA treffen, auf die besten Spieler aus der besten Liga der Welt. Das von Tardif antizipierte 15:0 war da fast noch niedrig angesetzt. Kurz vor Weihnachten verkündete die National Hockey League (NHL) jedoch, ihre Stars nicht nach Peking zu schicken. Zu diesem Zeitpunkt waren in der NHL bereits dutzende Partien ausgefallen. Stattdessen sollten also Spieler, die in Europa unter Vertrag stehen oder an Colleges spielen, Kanada und die USA in Peking vertreten.

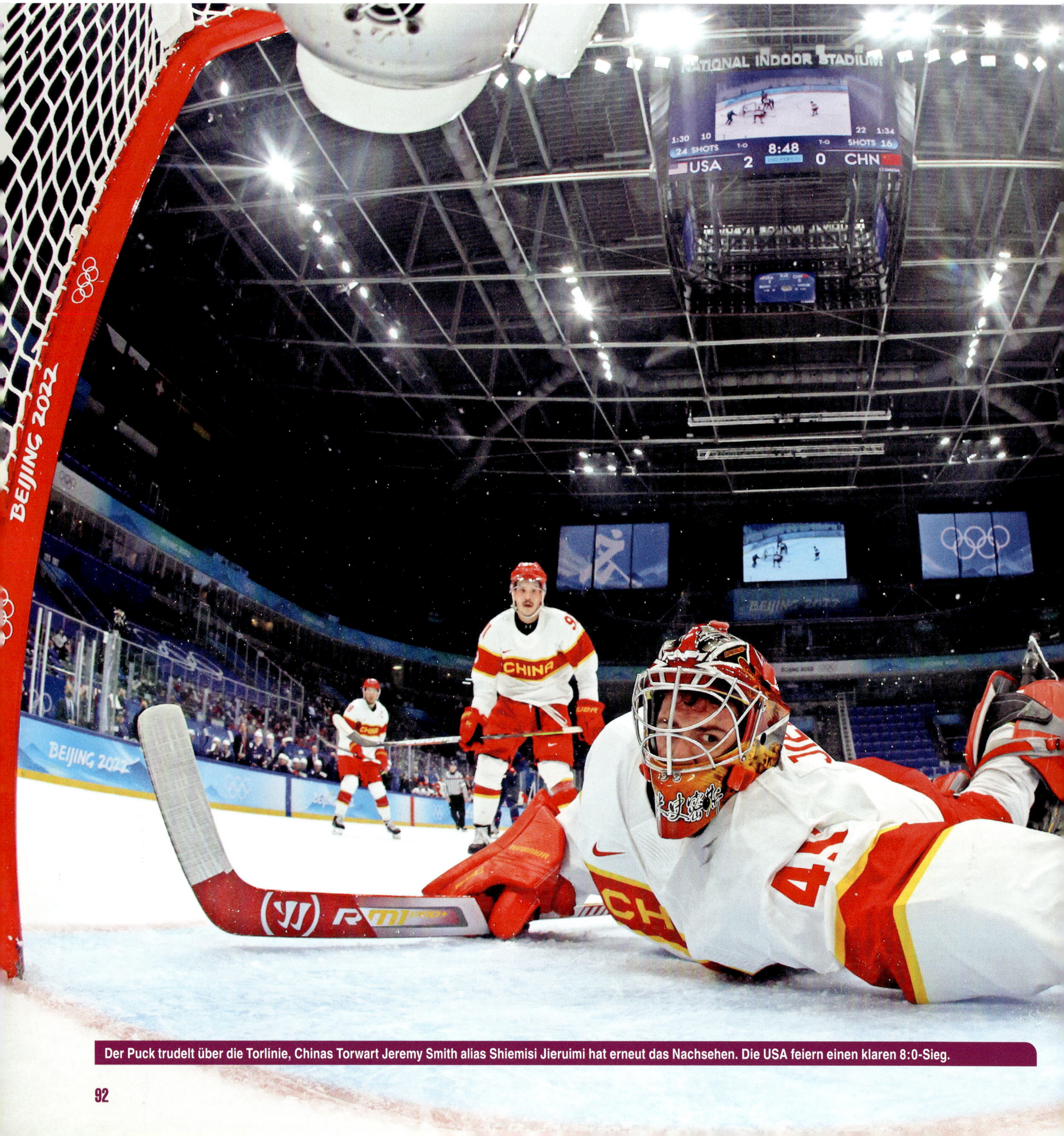

Der Puck trudelt über die Torlinie, Chinas Torwart Jeremy Smith alias Shiemisi Jieruimi hat erneut das Nachsehen. Die USA feiern einen klaren 8:0-Sieg.

An der mangelnden Konkurrenzfähigkeit der Chinesen änderte das natürlich nichts. Um eine Blamage zu verhindern, bürgerte China also kurzerhand etliche Spieler ein. Ein Blick auf den finalen Kader offenbarte: Zwei Drittel des Teams stammten nicht aus China, über die Hälfte der Spieler wurde in Kanada geboren. Mangelnde Kreativität konnte man den Chinesen aber nicht vorwerfen. Torwart Jeremy Smith wurde in Shiemisi Jieruimi umbenannt, Jake Chelios firmierte unter Jieke Kailiaosi. Und Brandon Yip, der immerhin eine chinesische Großmutter vorweisen kann, lief als Jinguang Ye auf. Sämtliche Spieler – noch so eine Kuriosität – spielten vor Olympia für Kunlun Red Star, den Tabellenletzten der Kontinentalen Hockey Liga, einer Liga, die sich selbst als zweitstärkste der Welt vermarktet.

Mit diesem Team vermieden die Chinesen zum Auftakt zwar ein 0:15, nicht aber eine deutliche Niederlage gegen die USA. Anfangs konnten sie die jungen Amerikaner noch mit viel Härte und Einsatz beeindrucken, doch mit zunehmender Spieldauer setzte sich die spielerische Überlegenheit der Amerikaner immer stärker durch. Der 20-jährige Sean Farrell glänzte beim 8:0 mit drei Toren und zwei Assists.

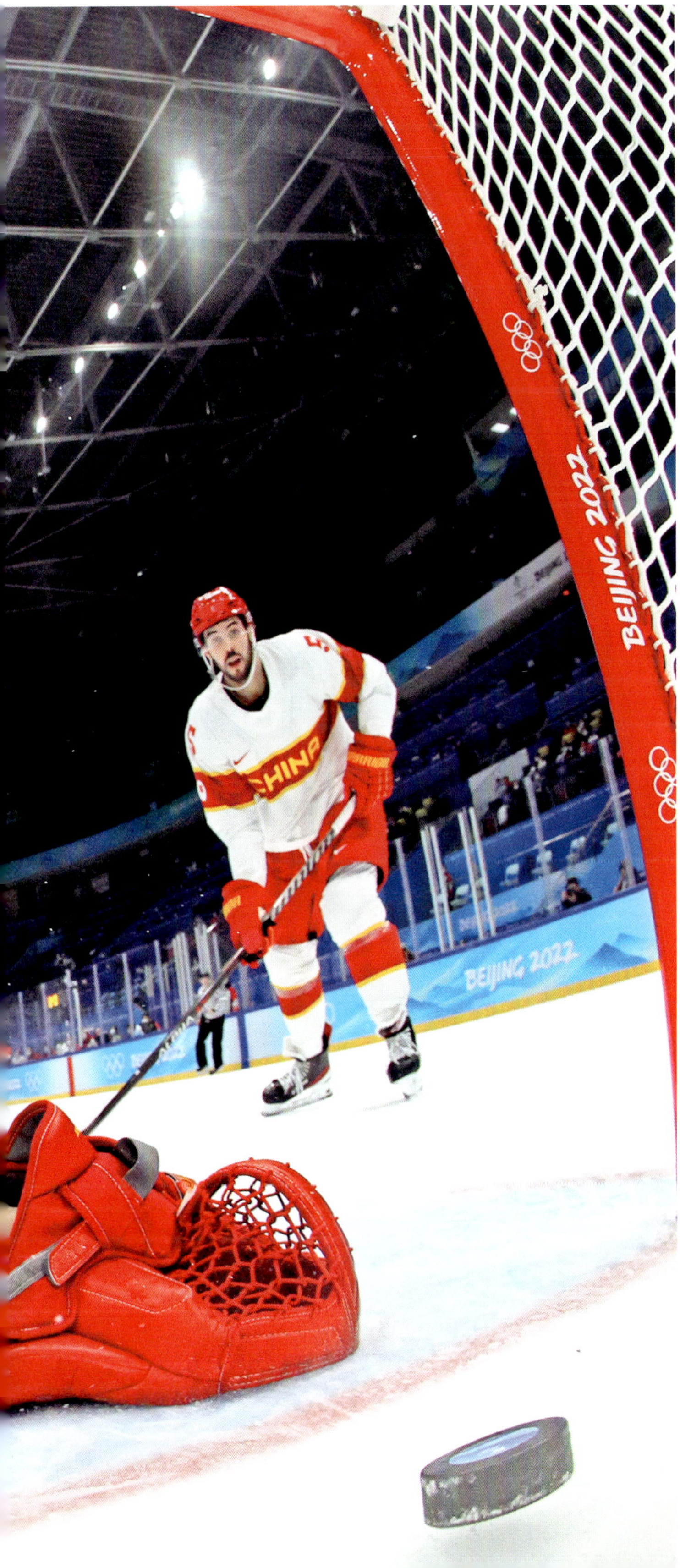

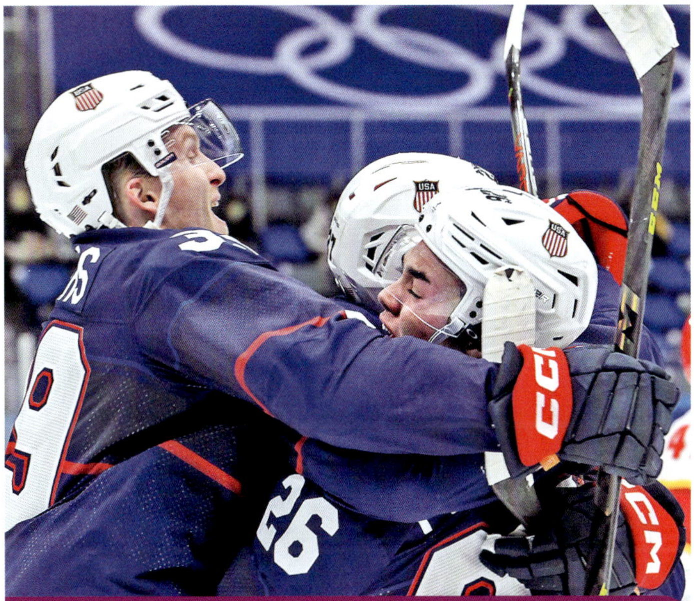

Sean Farrell (vorn) wird von seinen Teamkollegen für einen seiner drei Treffer gefeiert. Zudem gelingen ihm zwei Torvorlagen.

EISHOCKEY (MÄNNER)

VORRUNDE, 1. SPIELTAG

Gruppe A				
USA – China 8:0				
Kanada – Deutschland 5:1				
1.	USA	1	8:0	3
2.	Kanada	1	5:1	3
3.	Deutschland	1	1:5	0
4.	China	1	0:8	0
Gruppe B				
ROC – Schweiz 1:0				
Tschechien – Dänemark 1:2				
1.	Dänemark	1	2:1	3
2.	ROC	1	1:0	3
3.	Tschechien	1	1:2	0
4.	Schweiz	1	0:1	0
Gruppe C				
Schweden – Lettland 3:2				
Finnland – Slowakei 6:2				
1.	Finnland	1	6:2	3
2.	Schweden	1	3:2	3
3.	Lettland	1	2:3	0
4.	Slowakei	1	2:6	0

TAG 7

FR., 11.02.

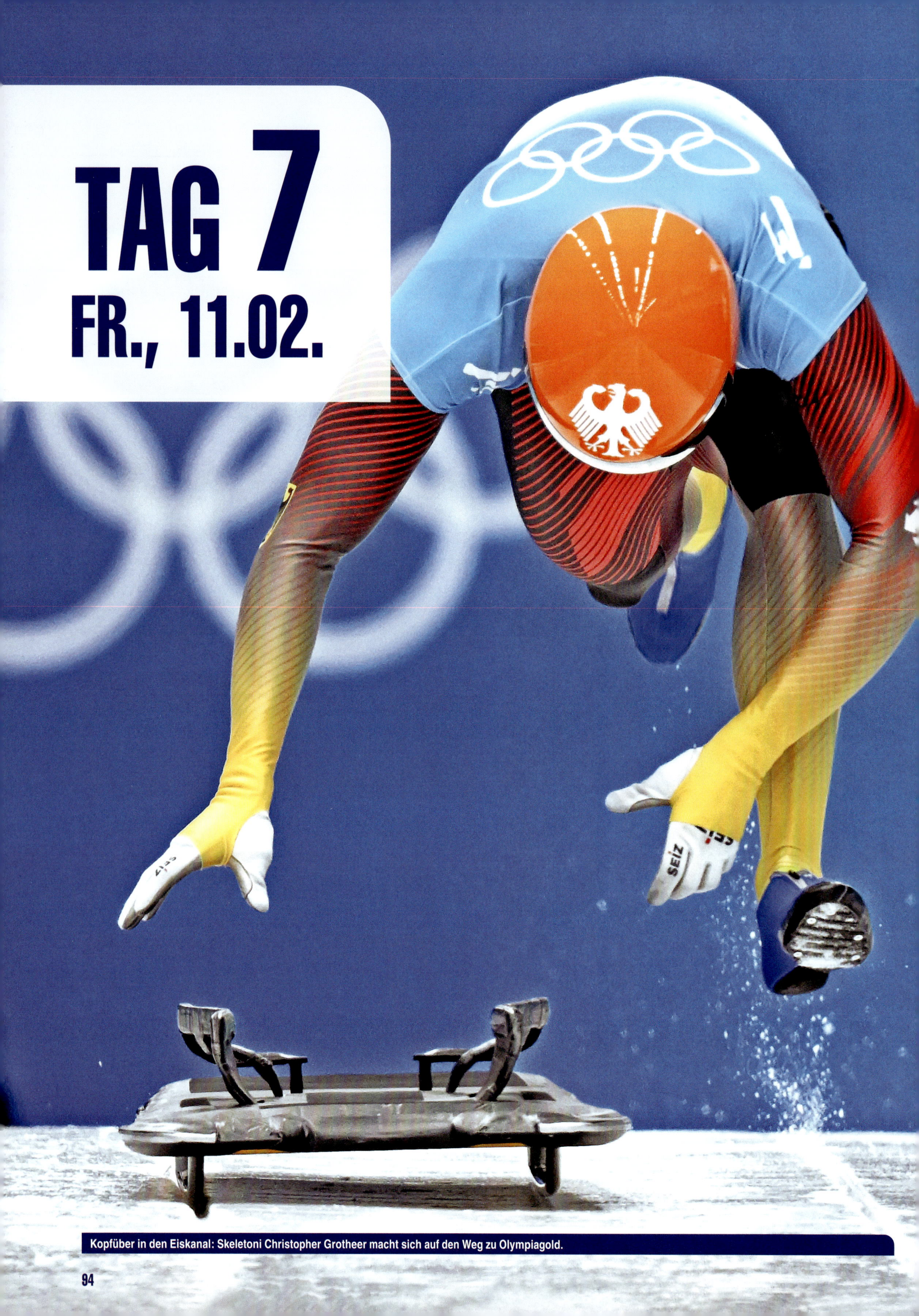

Kopfüber in den Eiskanal: Skeletoni Christopher Grotheer macht sich auf den Weg zu Olympiagold.

SKELETON

Nach der Abreise der Rodler setzten die Skeletoni den deutschen Medaillenrausch im National Sliding Center von Yanqing fort. Christopher Grotheer aus Oberhof raste als schnellster von 25 Teilnehmern durch den Eiskanal, Axel Jungk aus Dresden folgte mit 0,66 Sekunden Rückstand nach vier Läufen auf Platz zwei. Grotheer ist damit der erste deutsche Olympiasieger überhaupt in der Sportart, in der sich die Fahrer in ihren Schlitten geradezu waghalsig kopfüber in den Eiskanal stürzen. Skeleton gehörte schon 1928 und 1948 zum Programm der Winterspiele, dauerhaft wieder dabei ist es seit 2002. Die deutschen Frauen konnten 2010 und 2018 zwei Silber- und eine Bronzemedaille gewinnen.

Mit Bahnrekord setzte sich Grotheer im ersten Lauf an die Spitze des Klassements, im zweiten baute er seine Führung aus. Am zweiten Wettkampftag ließ er sich diese nicht mehr nehmen. Jungk, dessen Olympiastart nach einer Coronainfektion im Januar am seidenen Faden hing, verbesserte sich vom fünften Platz nach dem ersten Durchgang auf den Silberrang.

Die Karriere des 29 Jahre alten Grotheer – bei den Winterspielen 2018 noch abgeschlagen auf Platz acht – kam erst spät in Fahrt. 2020 in Altenburg wurde er überraschend Weltmeister, ein Jahr später wiederholte er den Erfolg an gleicher Stelle. In Peking nun der Höhepunkt der Karriere. »Nach dem ersten WM-Titel habe ich an meine Chance geglaubt. Ich habe mich gut vorbereitet und diese Goldmedaille im Kopf gewonnen«, analysierte der Olympiasieger relativ nüchtern. Ein »großes Dankeschön« schickte er an sein Trainerteam: »Wir wollten beweisen, dass wir nicht nur bei der Heim-WM Medaillen gewinnen können, sondern auch bei anderen Großereignissen.«

Der Chinese Yan Wengang nutzte den Heimvorteil auf seiner Trainingsbahn und schnappte sich vor deutlich stärker eingeschätzten Piloten wie dem Russen Alexander Tretjakov, Olympiasieger 2014, dem lettischen Rekordweltmeister Martins Dukurs (Siebter) und dem Südkoreaner Yun Sung-bin (Zwölfter) überraschend die Bronzemedaille. Alexander Gassner aus Winterberg belegte Platz acht.

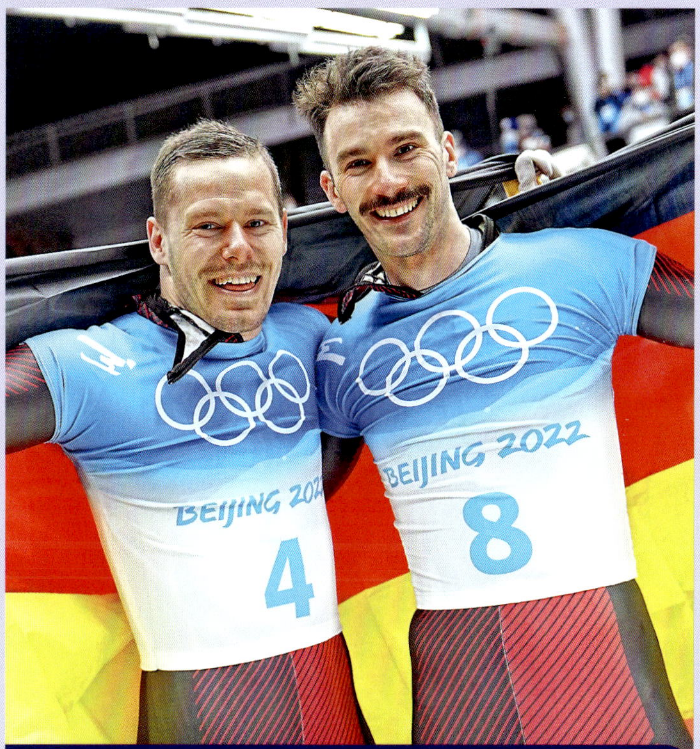

Deutscher Doppelerfolg: Christopher Grotheer (links) und Axel Jungk strahlen um die Wette.

SKELETON (MÄNNER)

1	Christopher Grotheer	GER	4:01,01 Min.
2	Axel Jungk	GER	+ 0,66 Sek.
3	Yan Wengang	CHN	+ 0,76

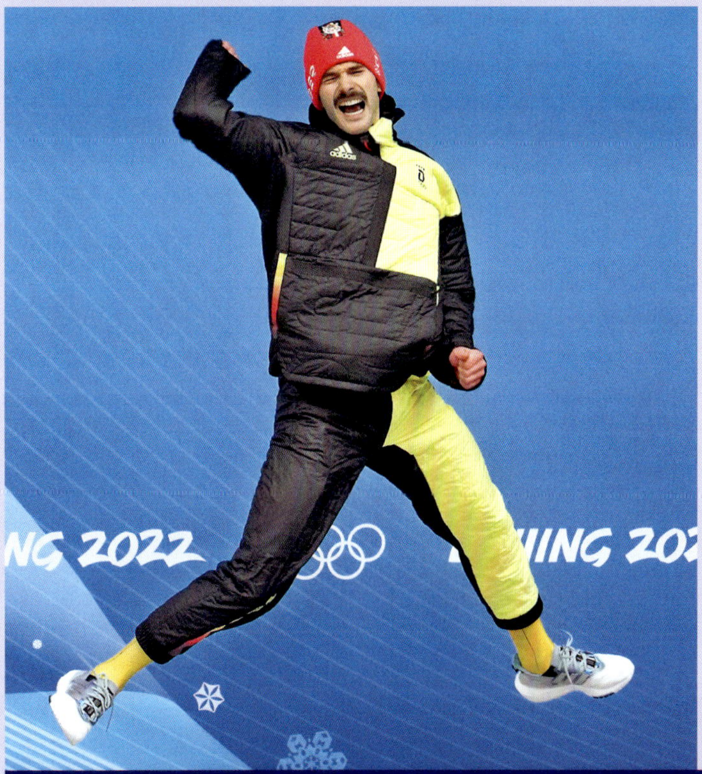

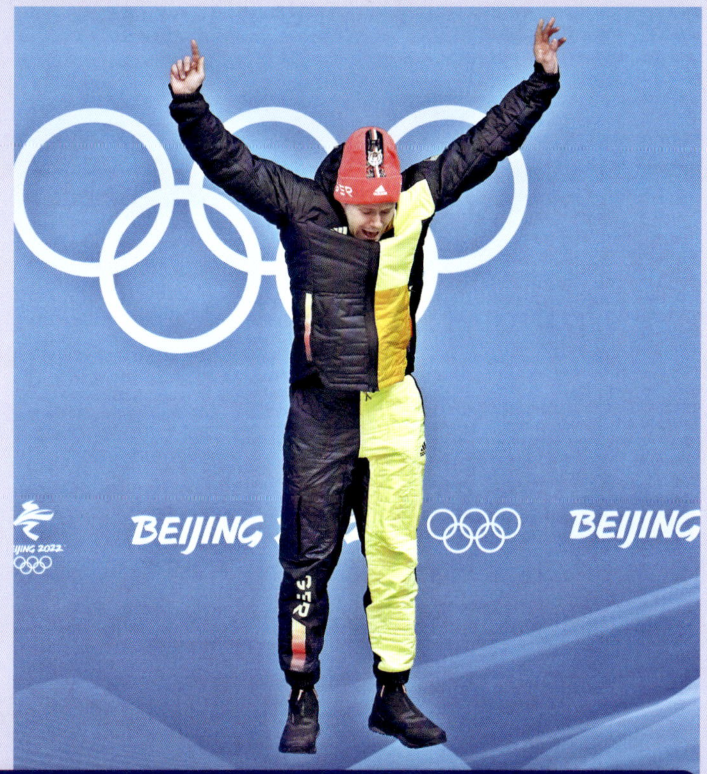

Bei der Siegerehrung: Axel Jungk (links) freut sich über den zweiten Platz, Christopher Grotheer über den Sieg.

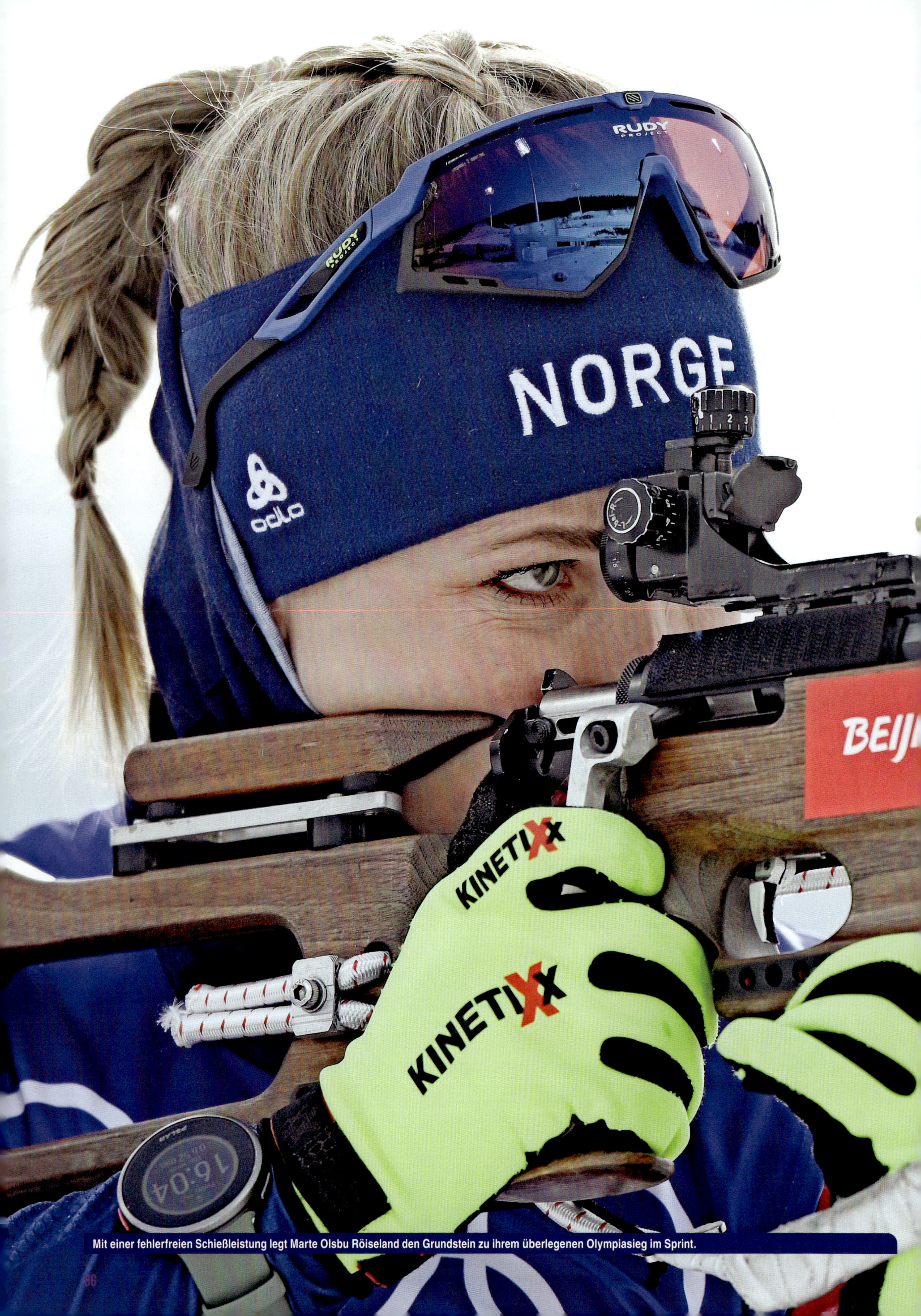

Mit einer fehlerfreien Schießleistung legt Marte Olsbu Röiseland den Grundstein zu ihrem überlegenen Olympiasieg im Sprint.

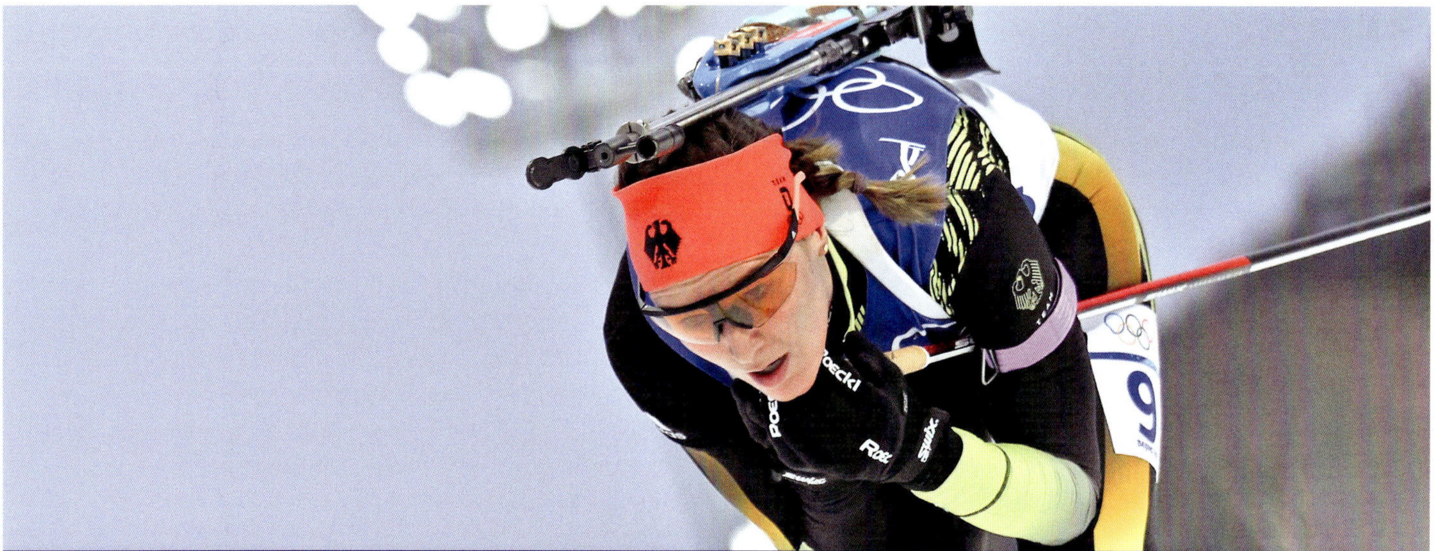

Nach ihrem Coup im Einzel erwischt Denise Herrmann im Sprint einen schwächeren Tag und muss sich mit Rang 22 zufriedengeben.

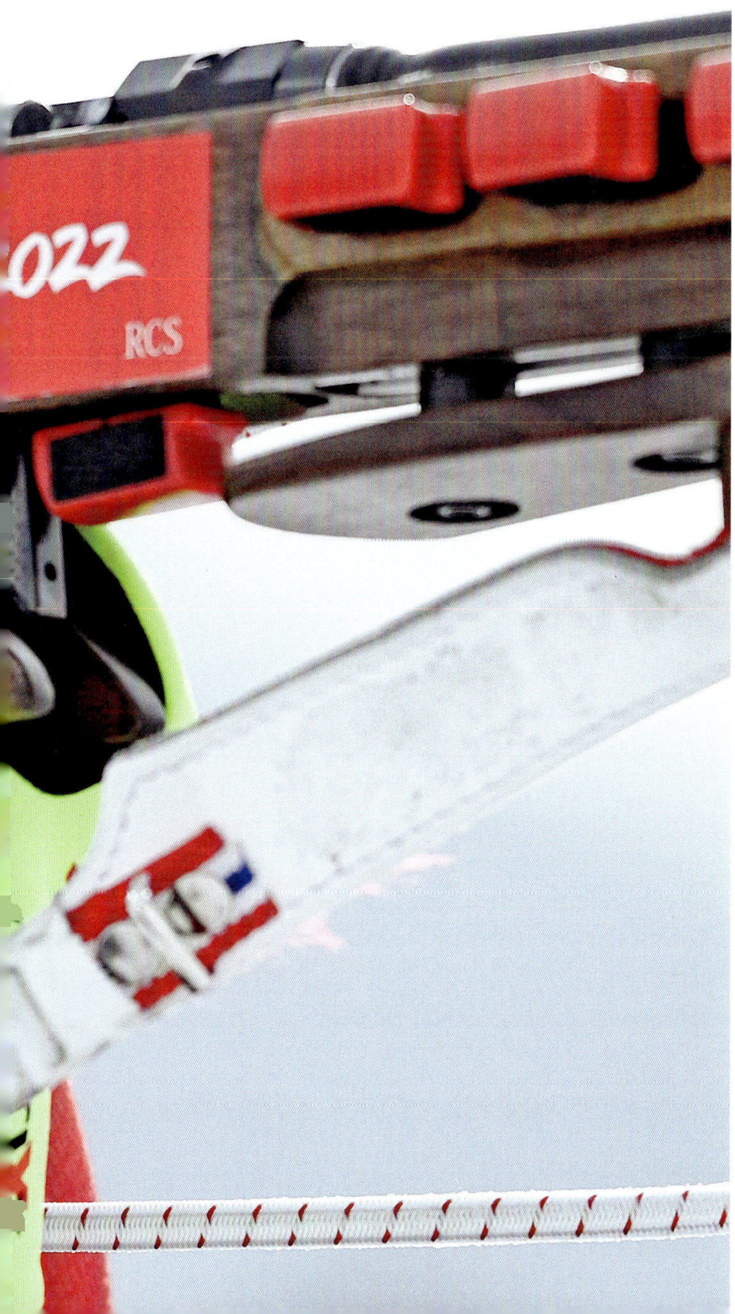

BIATHLON

Im Biathlon wird oft der Konjunktiv bemüht. Was wäre also gewesen, hätte Marte Olsbu Röiseland im Einzel nur einen Fehler weniger geschossen? Die Frage ist leicht zu beantworten. Sie hätte einen überlegenen Olympiasieg gefeiert. Die Norwegerin selbst interessiert sich aber nicht sonderlich für den Konjunktiv. Aus dem Einzel, das ihr ja trotz der Fehler immer noch die Bronzemedaille beschert hatte, nahm sie stattdessen eine andere Erkenntnis mit: Läuferisch ist ihr an guten Tagen niemand gewachsen, nicht einmal die deutsche Einzel-Olympiasiegerin Denise Herrmann. Mit diesem Wissen stürzte sich die Führende des Gesamtweltcups ins Sprintrennen, das mit nur zwei Schießeinlagen und dem Sanktionieren von Fehlern mit Strafrunden statt Strafminuten die starken Läuferinnen im Feld begünstigt. Röiseland präsentierte sich auf der Strecke gewohnt stark, und als sie im Liegendschießen alle Scheiben traf, musste das für ihre Rivalinnen bereits demoralisierend gewirkt haben. Als sie schließlich auch den Stehendanschlag mit null Fehlern verließ, war ihr der Olympiasieg nicht mehr zu nehmen. Dennoch ließ die Norwegerin auf der Strecke nicht locker, denn schließlich geht es im Sprint auch darum, sich eine möglichst gute Ausgangsposition für das Verfolgungsrennen zu erarbeiten. Die ebenfalls fehlerfrei schießenden Elvira Öberg und Dorothea Wierer sicherten sich Silber und Bronze. Vier Tage nach ihrem überraschenden Sieg im Einzel hatte Herrmann diesmal nichts mit der Medaillenentscheidung zu tun. Sie erlaubte sich sowohl beim Liegend- als auch beim Stehendschießen einen Fehler und beendete das Rennen auf Rang 22. Vanessa Voigt blieb am Schießstand zwar fehlerfrei, konnte aber läuferisch nicht an ihre formidable Leistung aus dem Einzel anknüpfen und musste sich deshalb mit Rang 18 begnügen. Franziska Preuß wurde 30., Vanessa Hinz landet nach drei Schießfehlern nur auf Platz 55. Noch nie schnitten die deutschen Frauen im olympischen Sprint so schlecht ab.

BIATHLON 7,5 KM SPRINT (FRAUEN)

1	Marte Olsbu Röiseland		NOR	20:44,3 Min. (0 Fehler)
2	Elvira Öberg		SWE	+ 30,9 Sek. (0)
3	Dorothea Wierer		ITA	+ 37,2 (0)

SKI ALPIN

Für die Winterspiele 2010 in Vancouver fiel sie mit einer Hüftverletzung aus, 2014 in Sotschi fuhr sie in der Abfahrt um 0,10 Sekunden an Gold und im Super-G um 0,11 Sekunden an Bronze vorbei, 2018 in Pyeongchang fehlten ihr im Super-G gar nur 0,01 Sekunden für einen Platz auf dem Podium. Die Schweizer Speedspezialistin Lara Gut-Behrami war in den vergangenen Jahren so etwas wie die tragische Figur bei den Winterspielen. Die Bronzemedaille in der Abfahrt 2014 war bis zur Anreise nach Peking die einzige Ausbeute der 34-maligen Weltcupsiegerin und Gesamtsiegerin der Saison 2015/16. Sobald das Olympische Feuer loderte, fehlte ihr das Glück. Auf dem Xiaohaituo Mountain im National Alpince Center von Yanqing konnte die 30-Jährige aus dem Tessin endlich ihre Karriere krönen. Vier Tage nach Bronze im Riesenslalom gewann sie die Goldmedaille im Super-G. Als siebte Starterin ging Gut-Behrami auf die 1,984 Kilometer lange Strecke und stellte die Bestzeit auf. Danach war Zittern angesagt. »Ich war im Ziel nervöser als am Start. Logisch, man kann ja nicht ausblenden, was in Sotschi und Pyeongchang geschehen ist«, schilderte sie ihr Gefühlsleben. »Deshalb wollte ich warten, bis sich alle im Ziel befinden. Nicht, dass plötzlich noch eine Fahrerin zwei Hundertstel vor mir ist.« Das war nicht mehr der Fall – und mit der Goldmedaille um den Hals brachen bei Gut-Behrami alle Dämme. »Die Anspannung ist weg, ich bin voller Emotionen. Dieser Sieg ist unglaublich.« US-Star Mikaela Shiffrin schaffte es nach ihren frühen Ausfällen im Riesenslalom und im Slalom diesmal ins Ziel und wurde Neunte. Titelverteidigerin Ester Ledecka konnte ihren sensationellen Doppelcoup von 2018 erwartungsgemäß nicht wiederholen: Drei Tage nach ihrem erneuten Triumph im Parallelriesenslalom der Snowboarder erzielte die Tschechin aber immerhin die fünftbeste Zeit. Mitfavoritin Federica Brignone aus Italien wurde Siebte, die einzige deutsche Teilnehmerin, Kira Weidle aus Starnberg, kam auf den 15. Rang.

SKI ALPIN SUPER-G (FRAUEN)

1	Lara Gut-Behrami		SUI	1:13,51 Min.
2	Mirjam Puchner		AUT	+ 0,22 Sek.
3	Michelle Gisin		SUI	+ 0,30

TAG 7

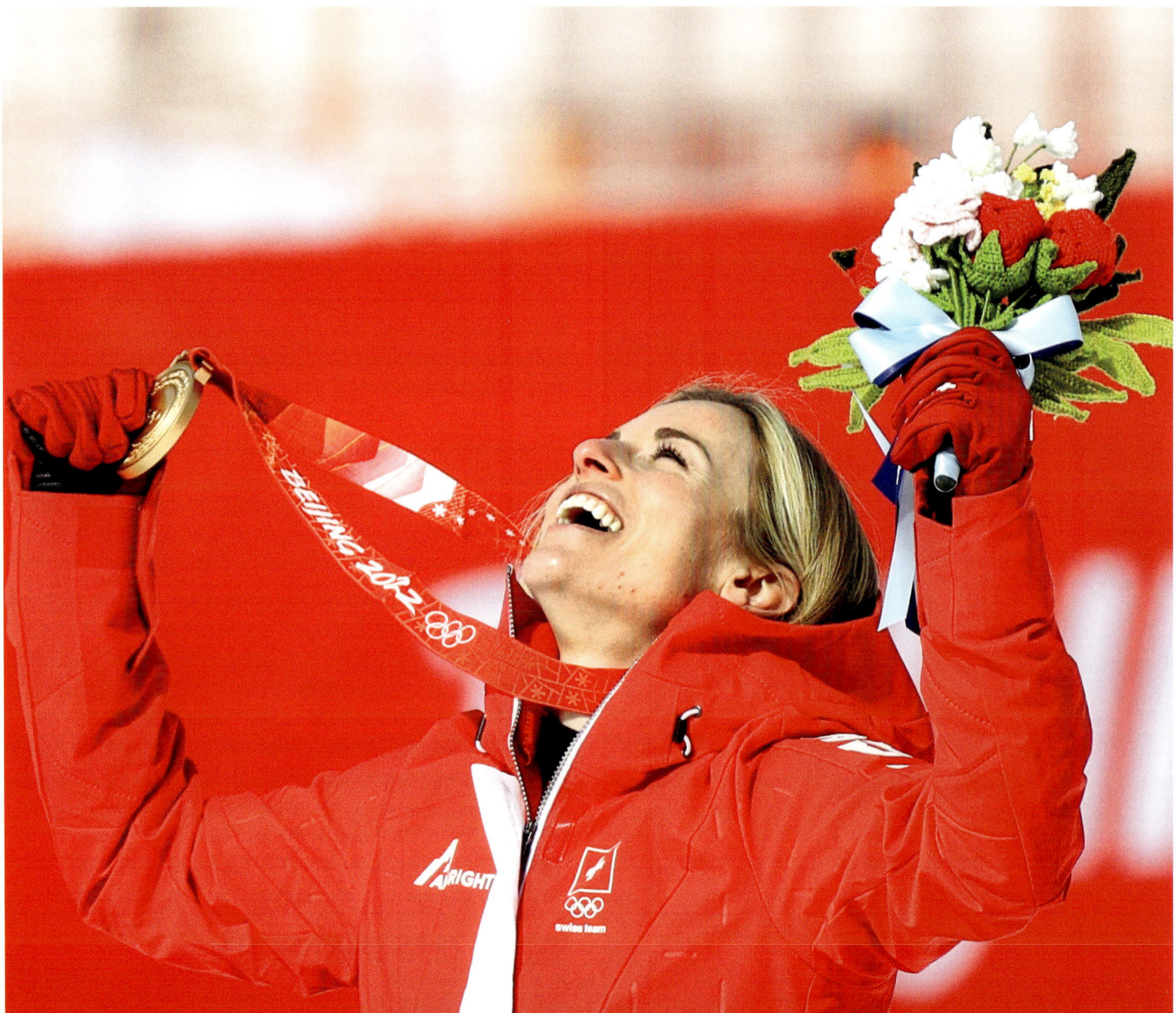

»Die Anspannung ist weg, ich bin voller Emotionen« – Lara Gut-Behrami nach dem Gewinn der Goldmedaille.

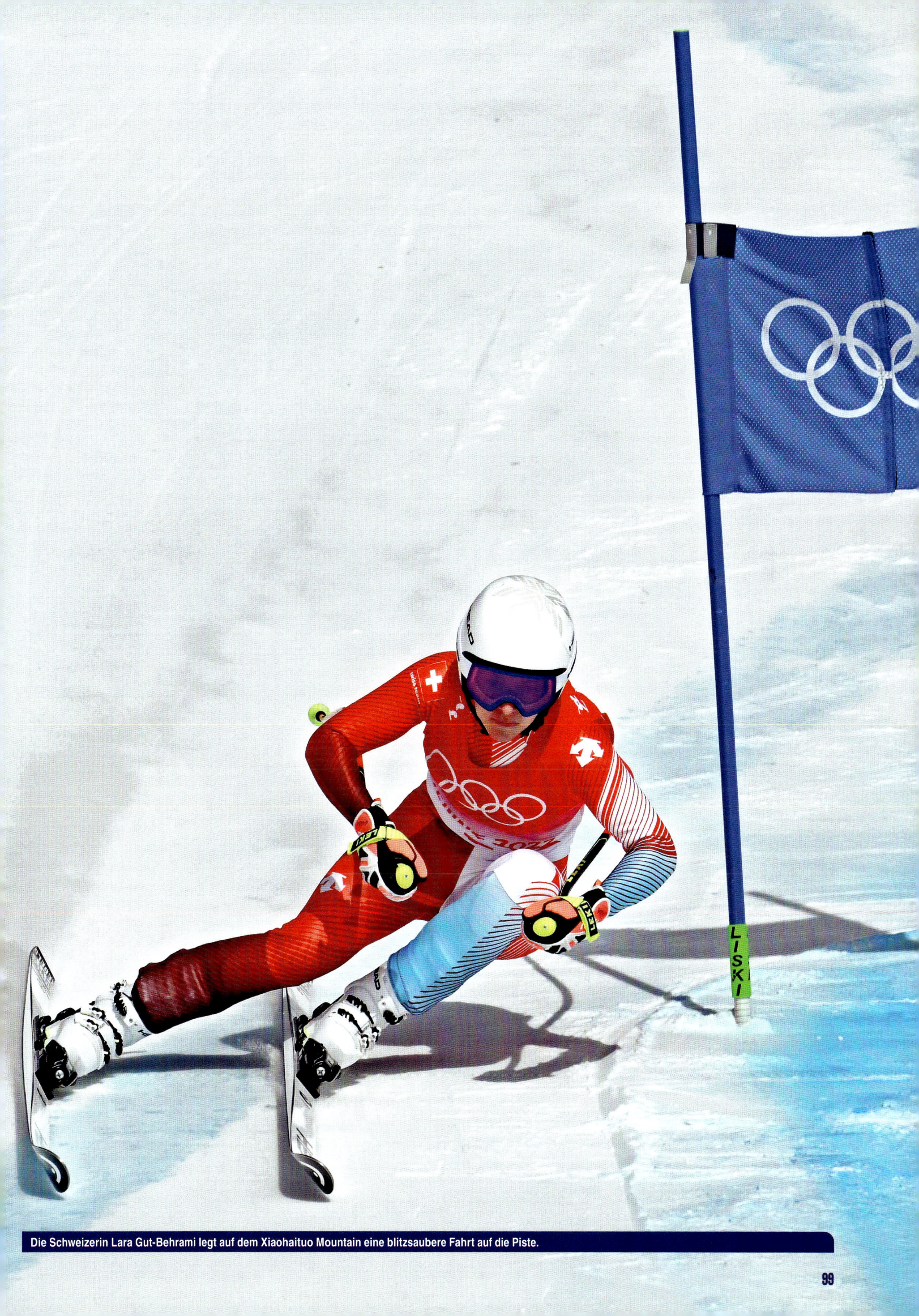

Die Schweizerin Lara Gut-Behrami legt auf dem Xiaohaituo Mountain eine blitzsaubere Fahrt auf die Piste.

TAG 7

WAS SONST NOCH GESCHAH

Gleich zwei Weltrekorde wurden am siebten Wettkampftag aufgestellt. Der schwedische Eisschnellläufer Nils van der Poel verbesserte über 10000 Meter die von ihm selbst ein Jahr zuvor bei der WM in Heerenveen gelaufene Bestmarke um sensationelle 2,21 Sekunden und gewann nach den 5000 Metern sein zweites Gold. »Ich hätte es mir nicht besser wünschen können. Es fühlt sich großartig an«, sagte der 25-Jährige, der am Tag vor dem Rennen Manipulationsvorwürfe gegen die Verantwortlichen des niederländischen Teams erhoben hatte. Diese hätten versucht, den Eismeister zu beeinflussen, die Eisfläche an die Bedürfnisse der eigenen Läufer anzupassen. Wie zuvor über die halbe Distanz wurde der Niederländer Patrick Roest Zweiter, Patrick Beckert aus Erfurt kam als Siebter ins Ziel.
Der zweite Weltrekord gelang der niederländischen Shorttrackerin Suzanne Schulting bereits im Viertelfinale, als sie die 1000 Meter in 1:26,514 Minuten lief. Im Finale war die achtmalige Weltmeisterin fast zwei Sekunden langsamer, dennoch setzte sie sich in einem Fotofinish gegen die Südkoreanerin Choi Min-jeong durch und schnappte sich, wie schon 2018 in Pyeongchang, die Goldmedaille. Die Italienerin Arianna Fontana, die das 500-Meter-Rennen vor Schulting gewonnen hatte, stürzte in der Schlussrunde.
Eine eindrucksvolle Karriere ging in den Bergen von Zhangjiakou zu Ende. Der US-Amerikaner Shaun White hat den Snowboardsport geprägt wie sonst niemand und in der Halfpipe alles gewonnen, was es zu gewinnen gibt (unter anderem Olympiagold 2006, 2010, 2018). In seinem letzten Wettbewerb wurde er nach einem Sturz nur Vierter. Zum Abschied flossen bei dem 35-Jährigen die Tränen: »Vielen Dank, Snowboarding, du warst die Liebe meines Lebens.« Der neue Olympiasieger Ayumu Hirano aus Japan, 2018 in Pyeongchang hinter White Zweiter, dankte dem US-Star: »Shaun war immer meine Motivation.«
Einen Tag nach der Silbermedaille seiner Schwester Kerttu über 10 Kilometer und fünf Tage nach seiner Bronzemedaille im Skiathlon gewann der Finne Iivo Niskanen den Skilanglaufklassiker über 15 Kilometer.

EISSCHNELLLAUF 10000 METER (MÄNNER)

1	Nils van der Poel	SWE	12:30,74 Min.
2	Patrick Roest	NED	+ 13,85 Sek.
3	Davide Ghiotto	ITA	+ 15,24

SHORTTRACK 1000 METER (FRAUEN)

1	Suzanne Schulting	NED	1:26,514 Min.
2	Choi Min-jeong	KOR	+ 0,052 Sek.
3	Hanne Desmet	BEL	+ 0,537

SNOWBOARD HALFPIPE (MÄNNER)

1	Ayumu Hirano	JPN	96,00 Punkte
2	Scotty James	AUS	92,50
3	Jan Scherrer	SUI	87,25

SKILANGLAUF 15 KM KLASSISCH (MÄNNER)

1	Iivo Niskanen	FIN	37:54,8 Min.
2	Alexander Bolschunow	ROC	+ 23,2 Sek.
3	Johannes Høsflot Klæbo	NOR	+ 37,5

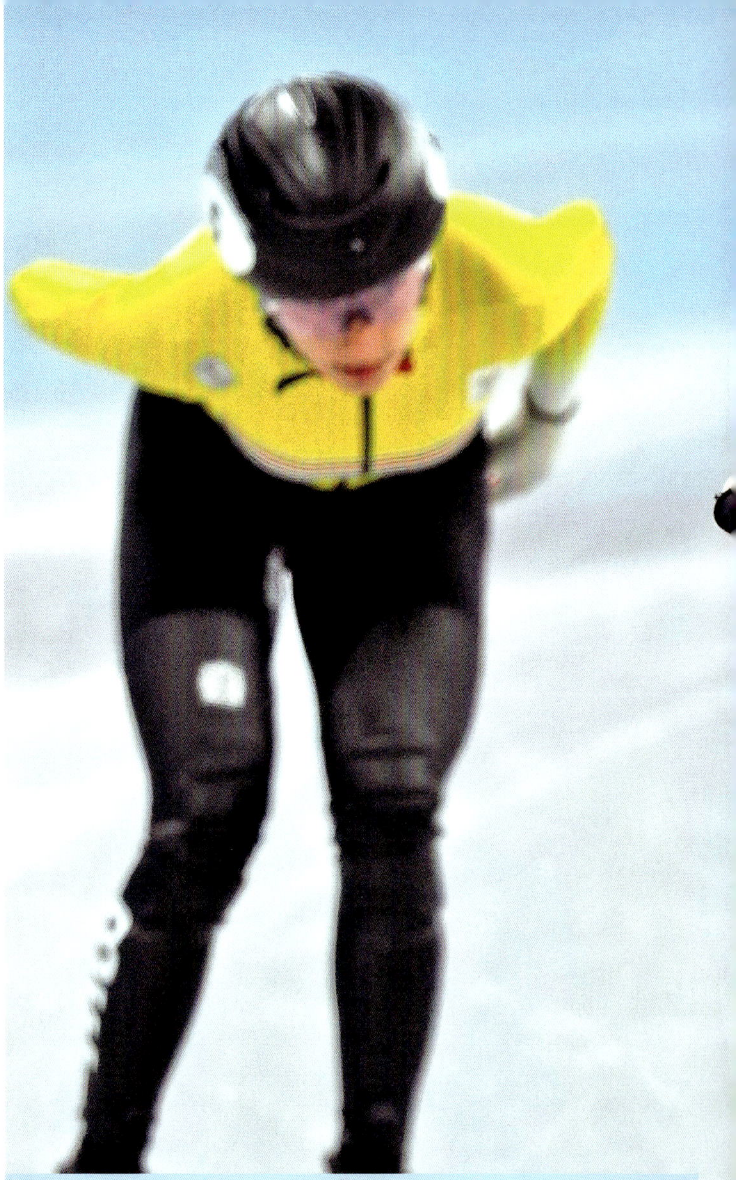

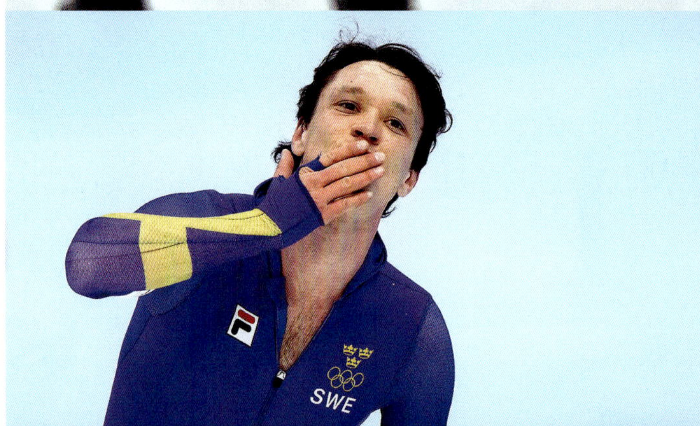

Ehrenrunde: Der schwedische Eisschnellläufer Nils van der Poel freut sich über Gold und Weltrekord.

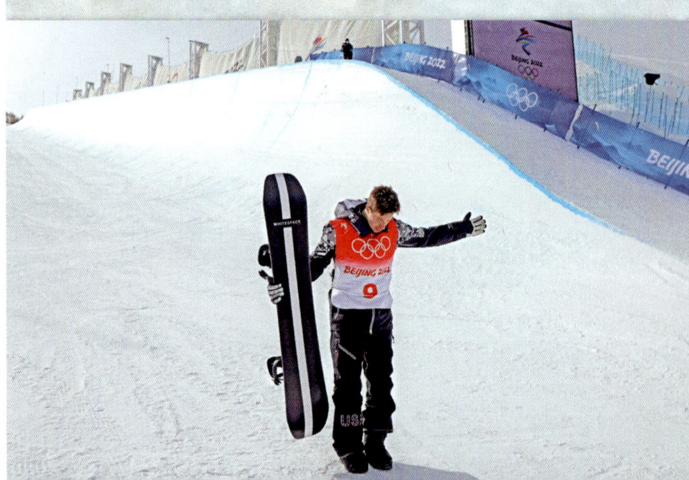

Abschied: US-Snowboardstar Shawn White verlässt die große Bühne.

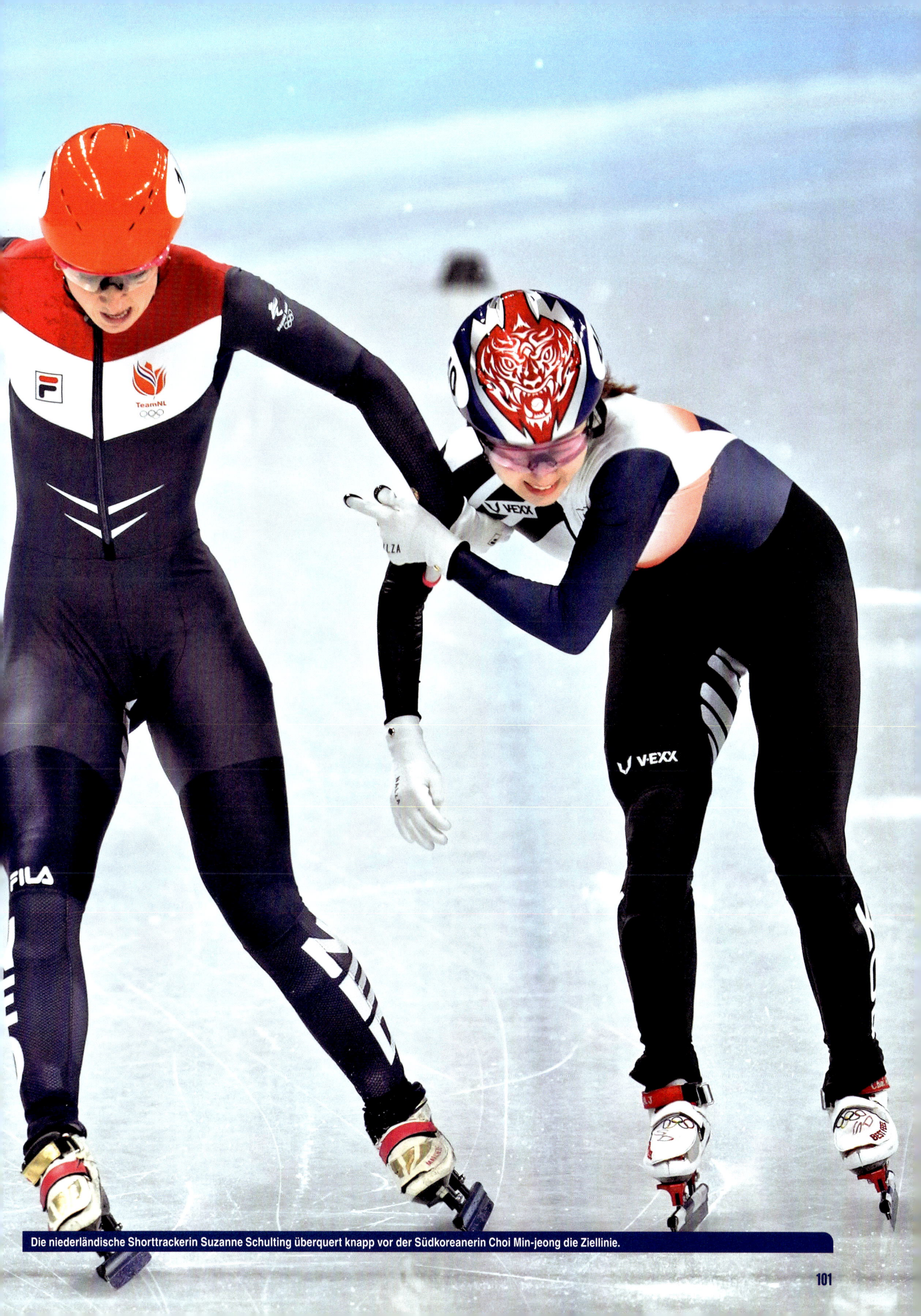

Die niederländische Shorttrackerin Suzanne Schulting überquert knapp vor der Südkoreanerin Choi Min-jeong die Ziellinie.

TAG 8
SA., 12.02.

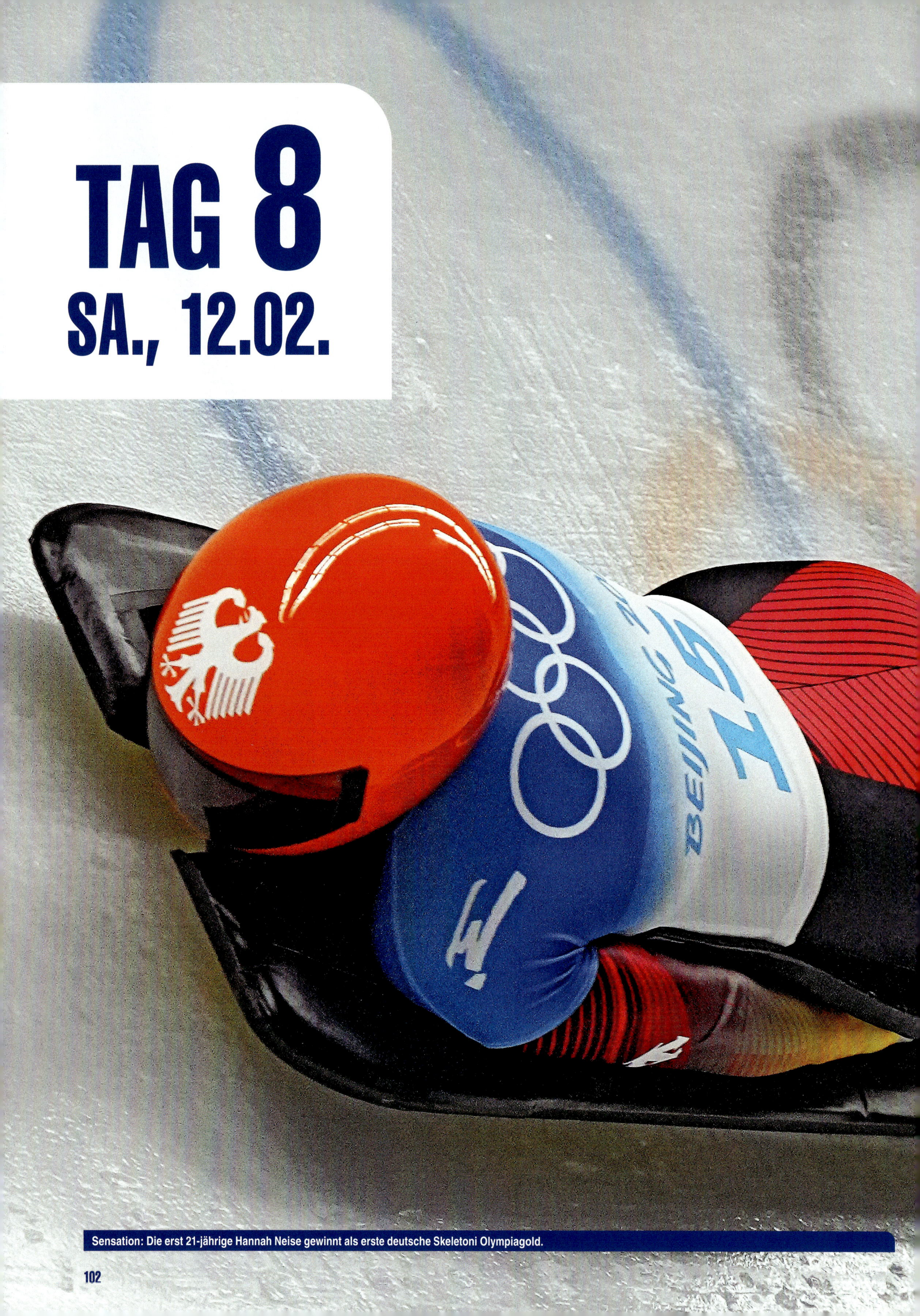

Sensation: Die erst 21-jährige Hannah Neise gewinnt als erste deutsche Skeletoni Olympiagold.

SKELETON

Die Erfolge der deutschen Schlittensportler im Eiskanal von Yanqing haben historische Ausmaße angenommen, die sogar Thomas Schwab, den Sportdirektor des Bob- und Schlittenverbandes für Deutschland staunen ließen: »Ich bin ja schon lange dabei, aber das habe ich noch nie erlebt.« Nach vier von vier möglichen Goldmedaillen der Rennrodler konnten auch die Skeletoni die volle Ausbeute einfahren. Hannah Neise aus Winterberg machte es ihrem Teamkollegen Christopher Grotheer nach und gewann den Frauenwettbewerb. Die 21-Jährige wurde damit die erste deutsche Olympiasiegerin im Skeleton überhaupt. Größte Erfolge waren zuvor die Silbermedaillen von Kerstin Szymkowiak 2010 in Vancouver und von Jacqueline Lölling 2018 in Pyeongchang. Während Grotheer im Männerwettbewerb als zweifacher Weltmeister zum Favoritenkreis gezählt hatte, kam der Erfolg Neises wie aus dem Nichts. Im Weltcup hatte die 21-Jährige noch nicht einmal auf dem Podium gestanden, erst Mitte Januar löste sie mit Platz acht beim Weltcup in St. Moritz das Ticket nach Peking. Danach setzte die Polizeianwärterin eine Coronainfektion außer Gefecht. Auch beim Olympiarennen deutete zunächst nichts auf die Sensation hin: Im ersten Wertungslauf wurde die jüngste von 25 Teilnehmerinnen nur Achte. Mit Bestzeit im zweiten katapultierte sie sich auf den zweiten Platz, mit Bahnrekord im dritten übernahm sie die Führung. Im vierten und letzten Durchgang baute Neise ihren Vorsprung aus. »Ich kann nicht wirklich realisieren, was hier gerade passiert ist. Auf jeden Fall ist es ein unbeschreibliches Gefühl«, sagte die Überraschungsolympiasiegerin danach in die TV-Kameras.

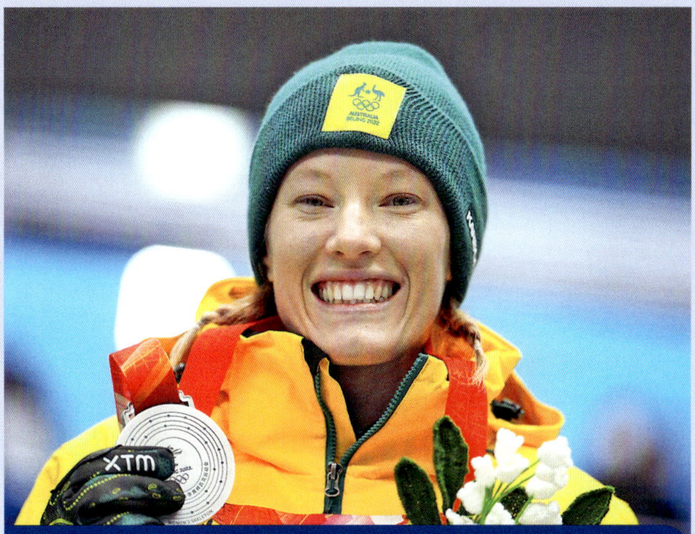

Die Australierin Jaclyn Narracott sorgt mit dem Gewinn der Silbermedaille für die zweite Überraschung des Wettbewerbs.

Genauso unerwartet kam der zweite Platz der 31-jährigen Australierin Jaclyn Narracott, die vier Wochen vor den Winterspielen beim Weltcupsieg in St. Moritz erstmals überhaupt auf einer Siegerliste erschienen war. Weltmeisterin Tina Hermann aus Königssee fuhr um 0,27 Sekunden an Bronze vorbei, Jacqueline Lölling aus Winterberg wurde Achte.

SKELETON (FRAUEN)

1	Hannah Neise	GER	4:07,62 Min.
2	Jaclyn Narracott	AUS	+ 0,62 Sek.
3	Kimberley Bos	NED	+ 0,84

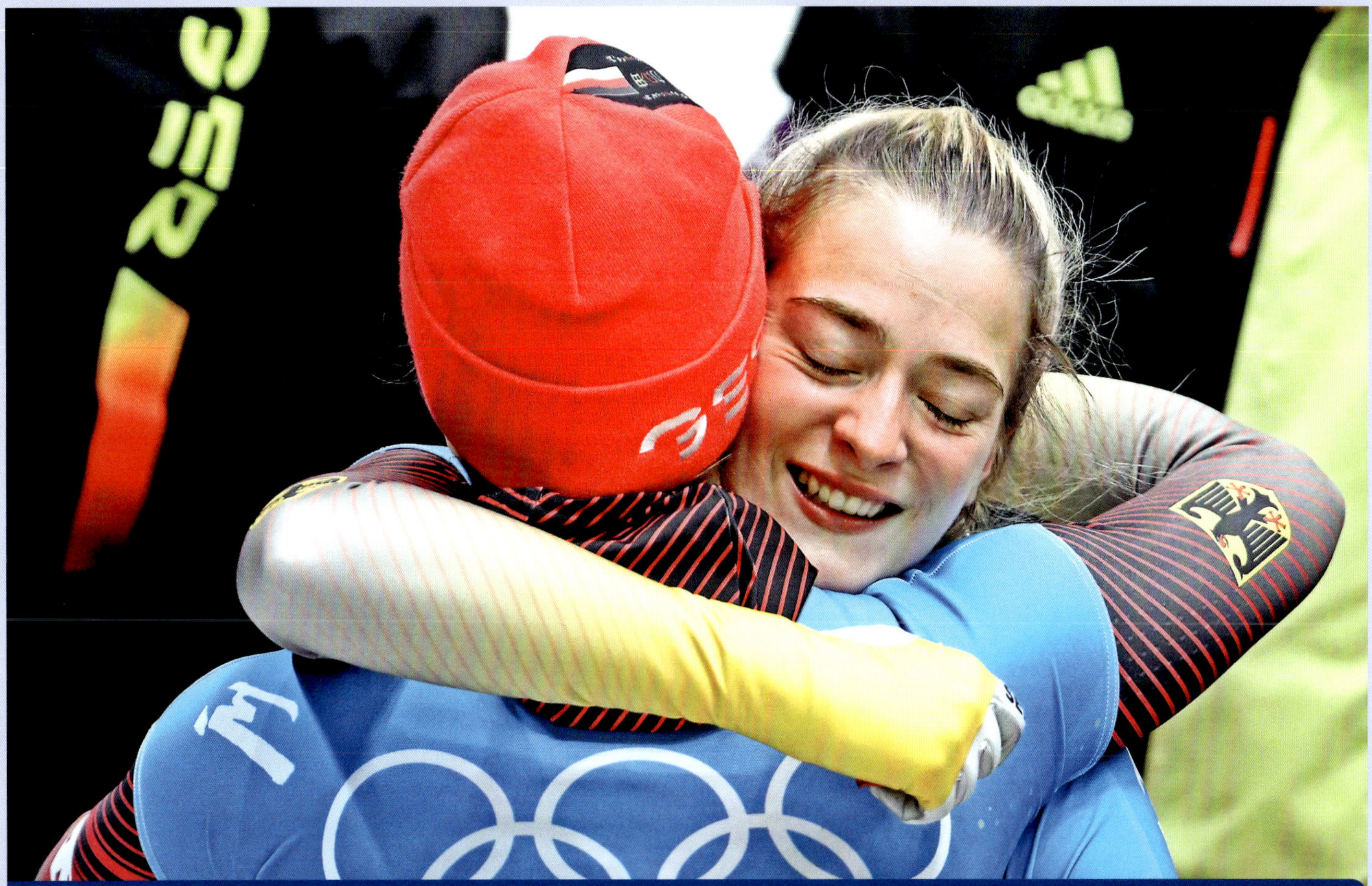

Teamgeist: Weltmeisterin Tina Hermann (vorn) gratuliert Hannah Neise zum überraschenden Olympiasieg.

SKILANGLAUF

Als Sofie Krehl auf die Zielgeraden einbog, sah sie bereits ihre Teamkolleginnen. Sie hatten sich wenige Meter hinter der Ziellinie versammelt. Sie gestikulierten, sie schrien, sie sprangen auf und ab. Kurz gesagt: Sie wussten nicht wohin mit sich und ihren Emotionen. Hinter Krehl rauschten die Läuferinnen aus Schweden und Finnland heran. Die 26-jährige Allgäuerin biss auf die Zähne, sie würde nicht scheitern, nicht hier und heute. Und tatsächlich rettete sie ihren Vorsprung ins Ziel, wo sie sofort ihren jubelnden Teamkolleginnen in die Arme fiel: Silber für die deutsche Frauenstaffel! Es war ein Erfolg, mit dem niemand gerechnet hatte. Jahrelang waren die Deutschen der internationalen Konkurrenz hinterhergelaufen. 2018 in Pyeongchang blieben sie ohne Olympiamedaille. 2014 in Sotschi war eine Bronzemedaille schon das Höchste der Gefühle. Die Erwartungen für Peking waren nicht allzu hoch, doch die ersten Wettkämpfe weckten Hoffnungen.
Im Skiathlon waren drei deutsche Starterinnen unter die besten 20 gelaufen, und über 10 Kilometer in der klassischen Technik hatte Katharina Hennig mit Rang fünf überrascht.
Die Zuversicht wuchs, als Startläuferin und Olympiadebütantin Katherine Sauerbrey als Zweitplatzierte an Hennig übergab.
Die 25-Jährige untermauerte ihre starke Form, zog an der Russin Natalia Nepryaeva vorbei und schickte Victoria Carl als Erstplatzierte auf die 5-Kilometer-Runde. Auch Carl zeigte ein grandioses Rennen, sie hielt den Vorsprung. Schlussläuferin Krehl startete mit fünf Sekunden Vorsprung auf die Russin Veronika Stepanova. Rasch zeichnete sich ab, dass sie die Führung nicht würde behaupten können. Stepanova lief wie entfesselt, für Krehl ging es darum, den Rang zwei zu verteidigen. Es gelang ihr mit letzter Kraft. Dieses Silber fühlte sich fast wie Gold an.

SKILANGLAUF 4 x 5 KM STAFFEL (FRAUEN)

1	ROC		ROC	53:41,0 Min.
2	Deutschland		GER	+ 18,2 Sek.
3	Schweden		SWE	+ 20,7

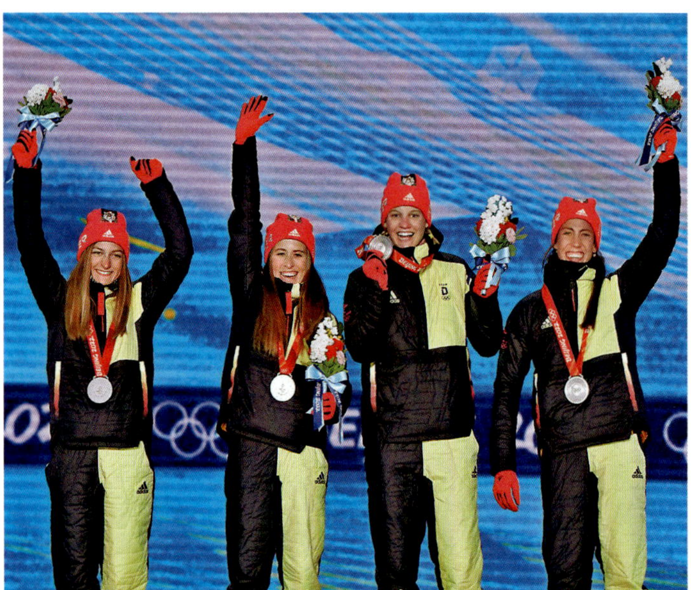

Silber, das sich wie Gold anfühlt: Katherine Sauerbrey, Katharina Hennig, Victoria Carl und Sofie Krehl (von links) bejubeln ihren Erfolg.

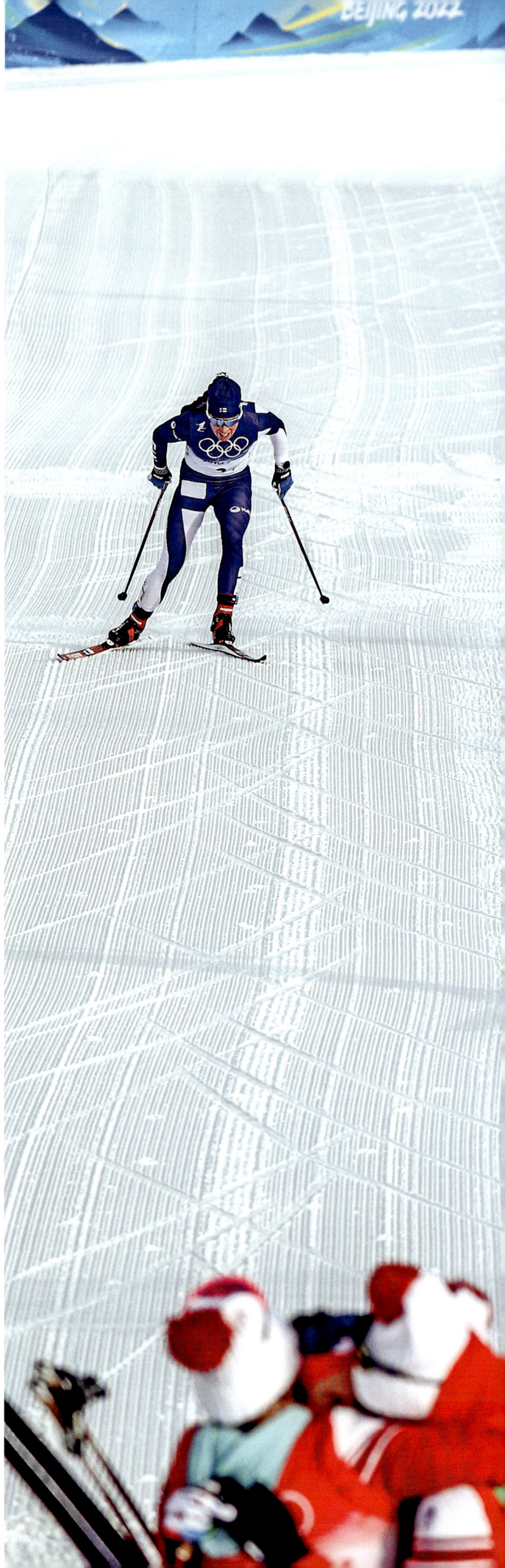

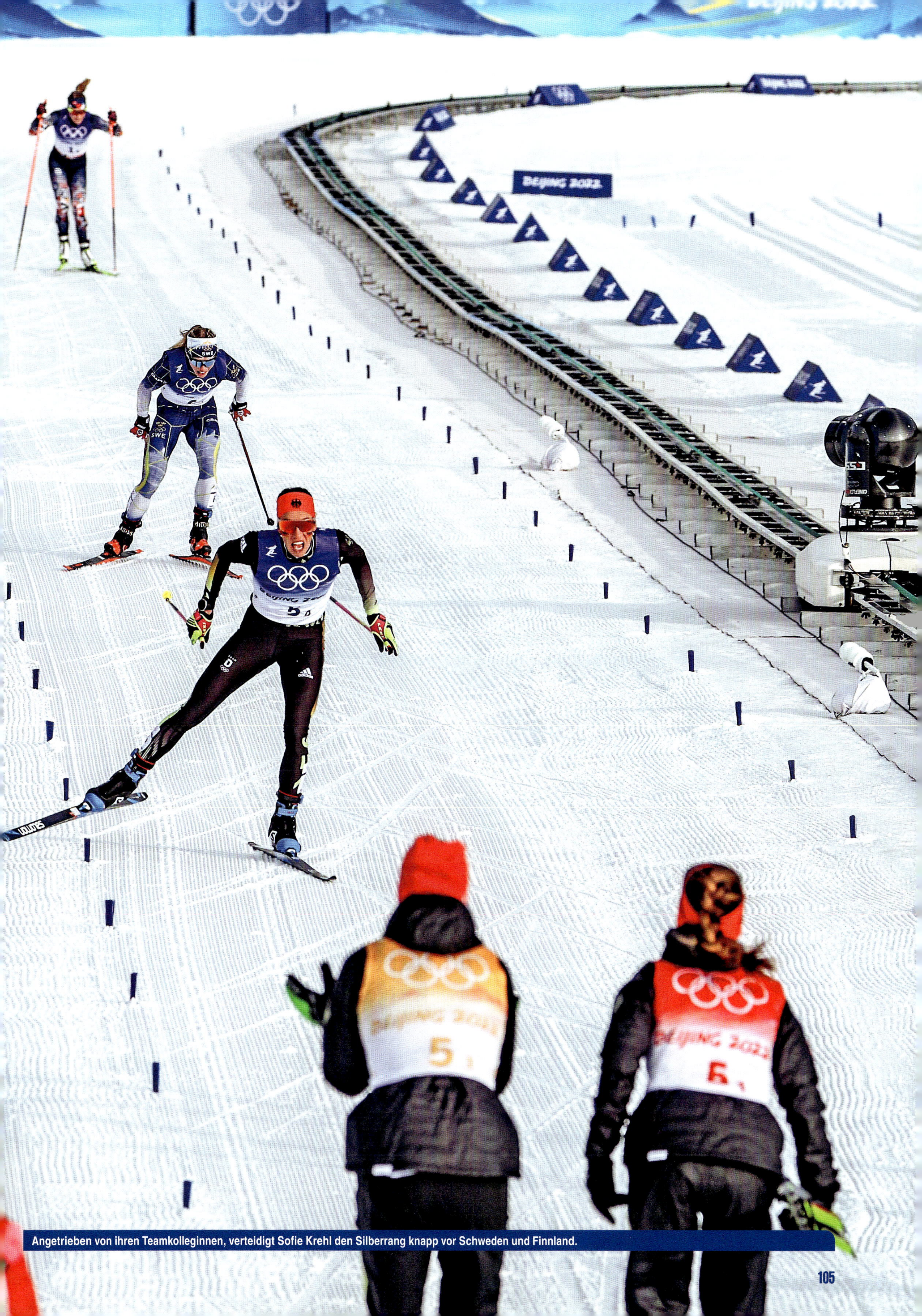

Angetrieben von ihren Teamkolleginnen, verteidigt Sofie Krehl den Silberrang knapp vor Schweden und Finnland.

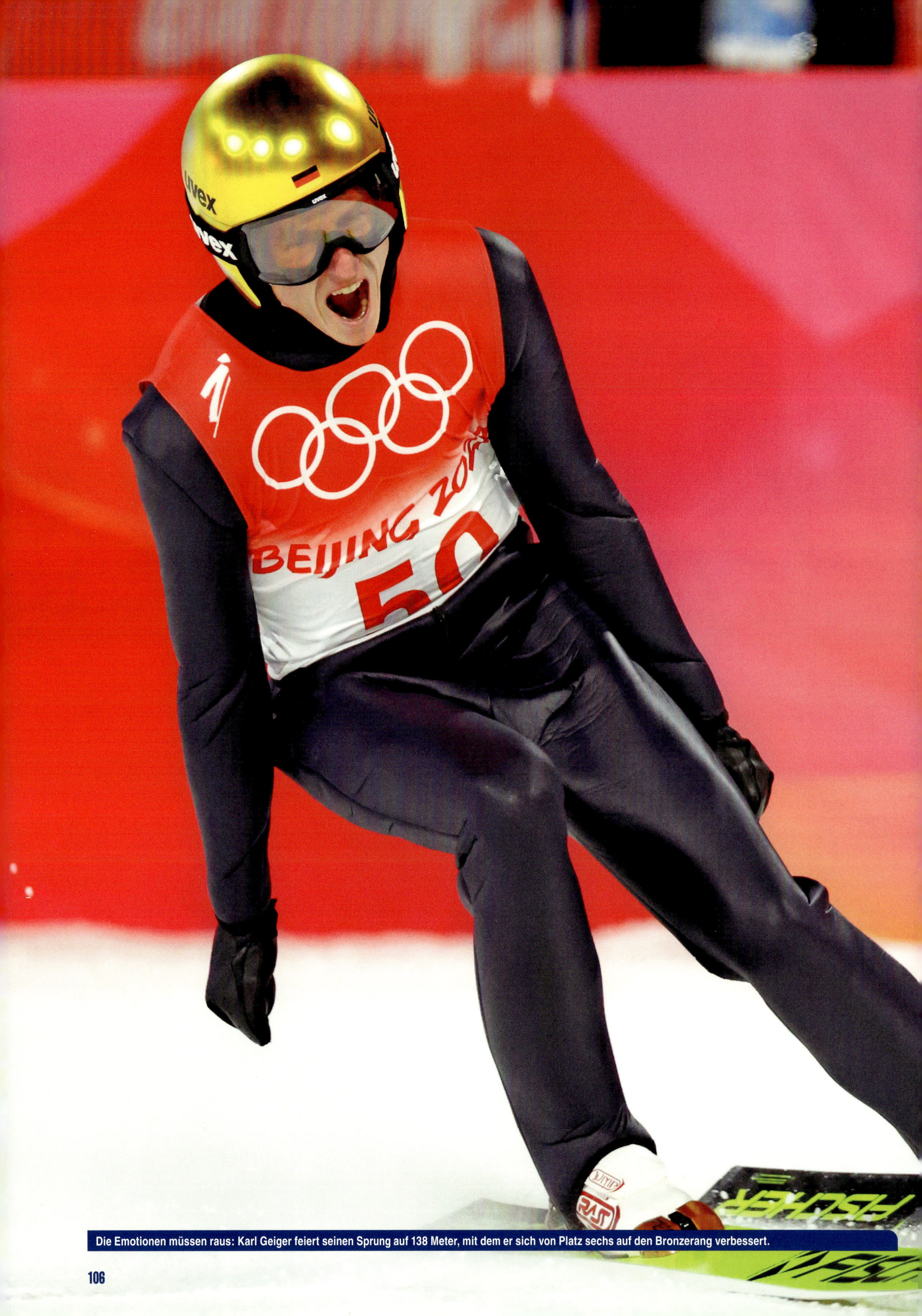

Die Emotionen müssen raus: Karl Geiger feiert seinen Sprung auf 138 Meter, mit dem er sich von Platz sechs auf den Bronzerang verbessert.

SKISPRINGEN

Die Enttäuschung saß tief bei Karl Geiger. Rang 15 von der Normalschanze, das war für die Ansprüche des Gesamtweltcupführenden zu wenig. Viel zu wenig. Auf der Großschanze, das stand fest, hatte der 29-Jährige also etwas gutzumachen. All die guten Vorsätze schienen sich jedoch aufzulösen wie Nebel in der Sonne. Im Training kam Geiger überhaupt nicht zurecht, mit seinen Übungssprüngen landete er auf den Plätzen 21, 20 und neun. Hoffnung ließ sich daraus nun wirklich nicht schöpfen, und der Oberstdorfer rätselte, ob er nun just zu den Olympischen Spielen in einem Formtief steckte oder ob es eine Blockade im Kopf war, die ihn daran hinderte, weiter zu springen. Mit gedämpften Erwartungen saß Geiger in der Startluke, vor ihm hatten schon etliche Athleten erstaunliche Weiten erzielt. Dann sprang er, und er sprang weit. 138 Meter reichten nicht für ganz vorn, sie hielten die Hoffnungen auf eine Medaille aber intakt. Geiger ballte die Fäuste, er schrie seine Freude heraus. Auch Markus Eisenbichler, der auf der Normalschanze gar die Qualifikation für den Finaldurchgang verpasst hatte, legte einen famosen Sprung auf 137,5 Meter hin. Als Achter nahm er den zweiten Durchgang in Angriff, Geiger rangierte auf Platz sechs. Es war eine Kur für das fragile Selbstbewusstsein. Eisenbichler glänzte im Finale denn auch mit einem sensationellen Sprung auf 139,5 Meter, obwohl die Jury die Anlauflänge verkürzt hatte. Leichte Punktabzüge gab es für die Landung. Kurze Zeit später bestätigte Geiger die 138 Meter aus dem ersten Durchgang und setzte sich vor Eisenbichler an die Spitze. Fünf Athleten standen zu diesem Zeitpunkt noch oben. Das Zittern begann. Manuel Fettner blieb klar hinter Geiger zurück, auch Kamil Stoch konnte den Deutschen nicht verdrängen, und als Timi Zajc schon nach 130,5 Metern aufsetzte, war Bronze für Geiger perfekt. Mit einem auch ästhetisch brillanten Sprung auf 140 Meter schnappte Marius Lindvik dem nach dem ersten Durchgang führenden Ryoyu Kobayashi danach noch die Goldmedaille weg. Eisenbichler beendete den Wettkampf als Fünfter.

SKISPRINGEN GROSSSCHANZE (MÄNNER)

1	Marius Lindvik	NOR	296,1 Punkte (140/140 Meter)
2	Ryoyu Kobayashi	JPN	292,8 (142/138)
3	Karl Geiger	GER	281,3 (138/138)

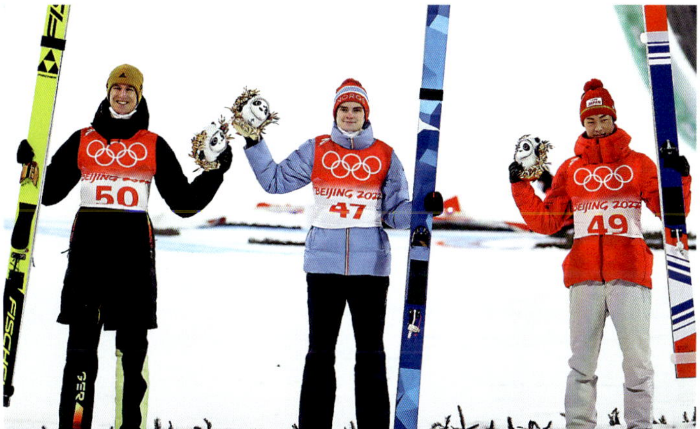

Der Japaner Ryoyu Kobayashi (rechts) verpasst seinen zweiten Olympiasieg. Gold von der Großschanze gewinnt der Norweger Marius Lindvik (Mitte), Karl Geiger holt Bronze.

WAS SONST NOCH GESCHAH

Keuchend sanken die Athleten zu Boden, gezeichnet von einem Rennen, das kein Erbarmen kennt. Wer im Sprint nicht zu den Besten zählt, verdirbt sich auch bereits alle Chancen für das Verfolgungsrennen. Deshalb sah man auch die, die mit der Medaillenentscheidung im Sprint nichts mehr zu tun hatten, um jede Sekunde kämpfen. Einer von ihnen war Benedikt Doll. Der 31-Jährige, der bereits im Einzel als Sechster bester Deutscher gewesen war, lief erneut ein starkes Rennen und blickte nach dem Zieleinlauf sofort auf die Uhr. Als Achtplatzierter betrug sein Rückstand auf den Bronzerang 26 Sekunden, für einen wie Doll ist das an einem guten Tag in der Verfolgung aufzuholen. Den Kampf um Gold trugen die beiden großen Favoriten miteinander aus. Diesmal setzte sich der Norweger Johannes Thingnes Bö gegen seinen Rivalen Quentin Fillon Maillet durch, der im Einzel einen beeindruckenden Sieg gefeiert hatte. Beide leisteten sich einen Schießfehler, doch Bö war auf der Strecke eine Klasse für sich und siegte deutlich. Vier Tage zuvor war es noch der Franzose gewesen, der von beiden die stärkere Laufleistung hingelegt hatte. Das zeigt, wie sehr es im Biathlon auf die Tagesform ankommt. Bö legte von Anfang an ein irrwitziges Tempo vor, Fillon Maillet steigerte sich läuferisch erst zum Ende hin. Für die Familie Bö war es ein großartiger Tag, denn Bronze ging an Tarjei Bö, der einen Vorsprung von 1,7 Sekunden auf Maxim Tsvetkov ins Ziel rettete. Der Russe avancierte damit erneut zur tragischen Figur, nachdem er bereits im Einzel den undankbaren vierten Platz belegt hatte. Dolls Mannschaftskollegen verpassten eine gute Ausgangsposition für die Verfolgung. Roman Rees schoss zwar fehlerfrei, konnte aber läuferisch nicht mithalten und landete auf Rang 17. Philipp Nawrath (22.) verdarb sich mit drei Fehlern ebenso eine bessere Platzierung wie Johannes Kühn (33.), der sogar vier Fehler schoss.

Unerfüllt blieben auch die Hoffnungen des deutschen Snowboard-Teams auf die erste Medaille bei diesen Spielen. Im erstmals ausgetragenen Mixed-Teamwettbewerb der Snowboardcrosser verpassten Jana Fischer und Martin Nörl als Drittplatzierte ihres Halbfinallaufs das Finale der besten vier Teams und mussten sich am Ende mit Platz fünf begnügen.

Chancenlos blieb Eisschnellläufer Joel Dufter über 500 Meter. Für ihn sprang nur Rang 26 heraus. Gold ging an den Chinesen Gao Tingyu, der zudem einen neuen Olympischen Rekord aufstellte.

BIATHLON 10 KM SPRINT (MÄNNER)

Platz	Name	Land	Zeit
1	Johannes Thingnes Bö	NOR	24:00,4 Min.
2	Quentin Fillon Maillet	FRA	+ 25,5 Sek.
3	Tarjei Bö	NOR	+ 38,9

SNOWBOARD CROSS TEAM (MIXED)

Platz	Team	Land
1	USA	USA
2	Italien	ITA
3	Kanada	CAN

EISSCHNELLLAUF 500 METER (MÄNNER)

Platz	Name	Land	Zeit
1	Gao Tingyu	CHN	34,32 Sek.
2	Cha Min-Kyu	KOR	+ 0,07
3	Wataru Morishige	JPN	+ 0,17

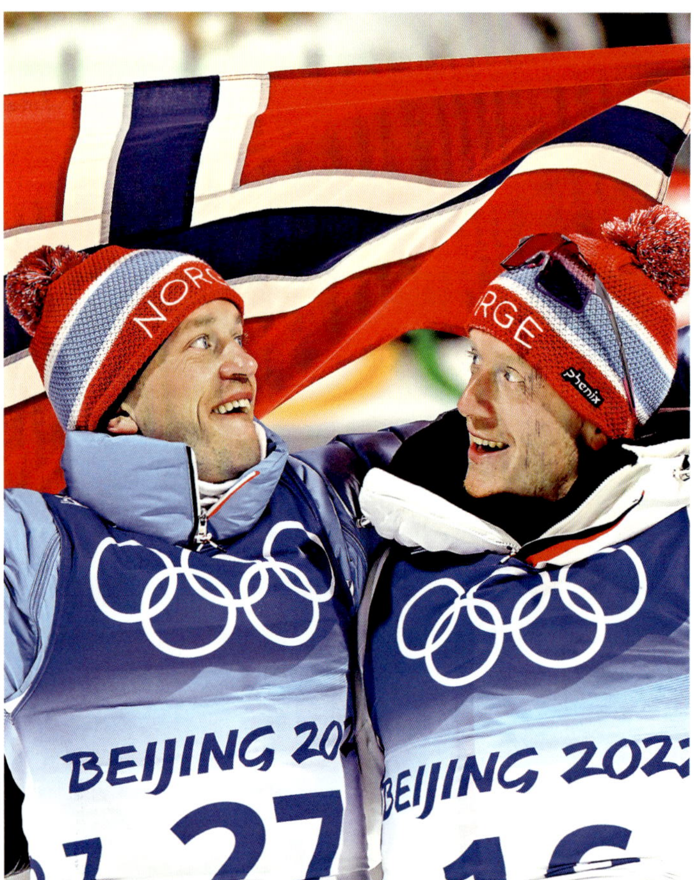

Glückliche Geschwister: Johannes Thingnes Bö feiert seinen Olympiasieg mit Bruder Tarjei, der Bronze gewinnt.

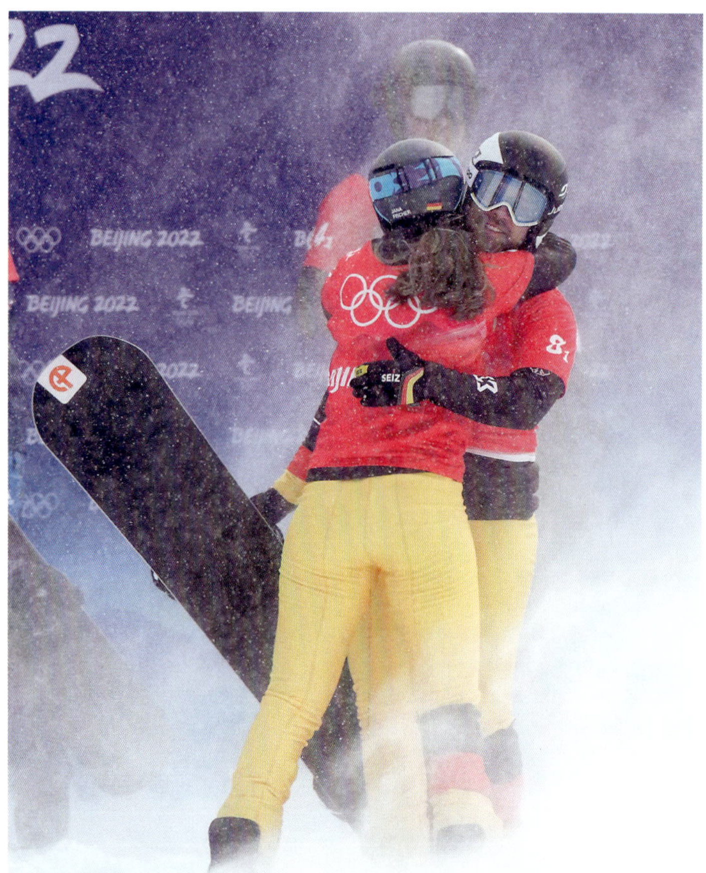
Im Schneetreiben von Zhangjiakou verpassen Jana Fischer und Martin Nörl knapp das Finale und werden am Ende Fünfte.

TAG 8

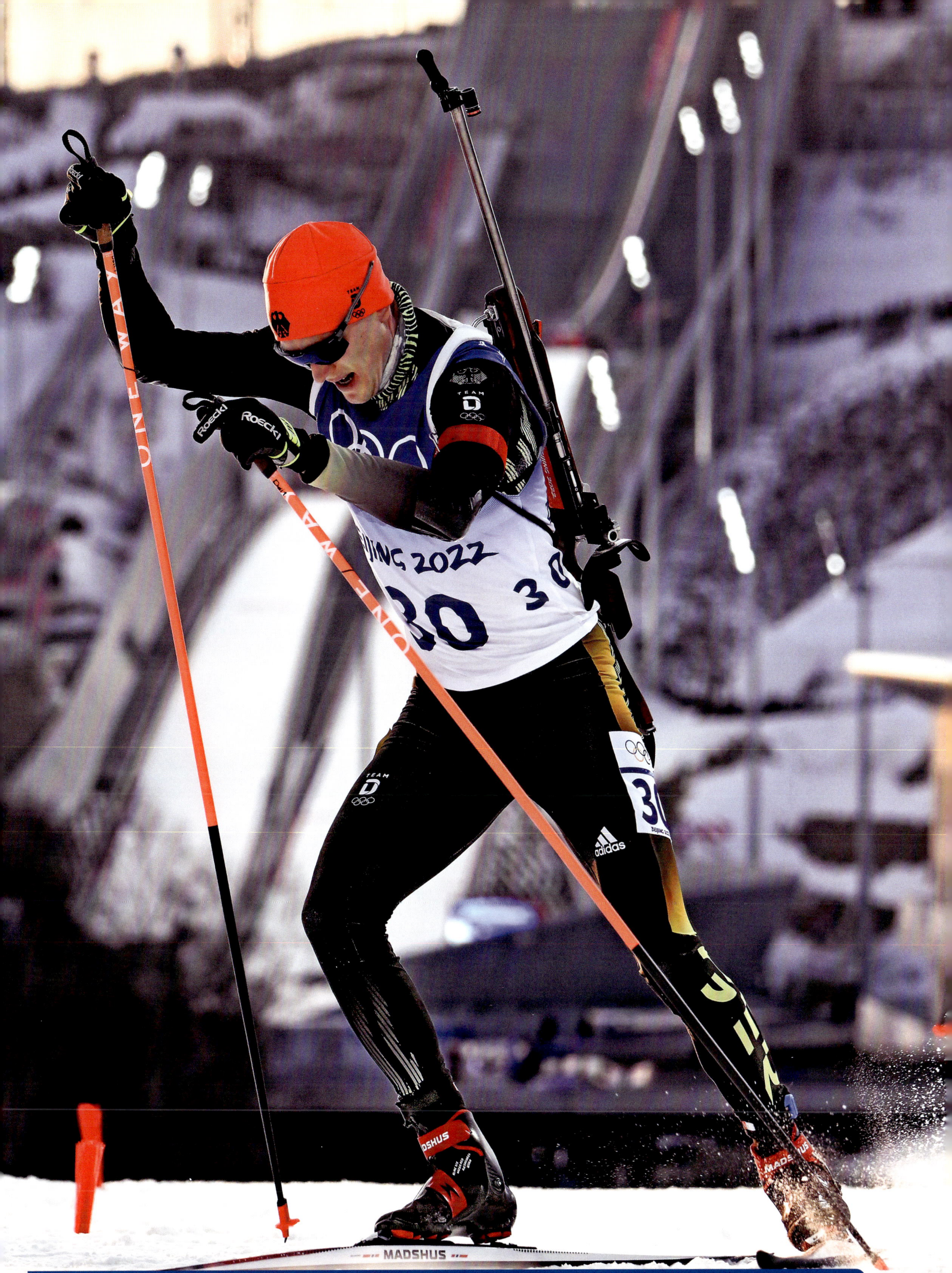

Benedikt Doll ist erneut bester Deutscher und wahrt mit Platz acht die Hoffnung auf eine Medaille im Verfolgungsrennen.

EISHOCKEY

Nach der ernüchternden 1:5-Auftaktpleite gegen Kanada sollte Gastgeber und Olympiadebütant China zum Aufbaugegner werden für die deutsche Nationalmannschaft. Lange sah es auch so aus, als würde ein lockerer Sieg herausspringen gegen den mit 16 eingebürgerten Nordamerikanern verstärkten 32. der Weltrangliste. Nach 25 Minuten führte die Mannschaft von Bundestrainer Toni Söderholm vor 804 Zuschauern im National Indoor Stadium standesgemäß mit 3:0. Am Ende wurde es aber ein 3:2-Zittersieg, der Silbermedaillengewinner von 2018 schrammte nur knapp an einer Blamage vorbei.
»Nach dem 3:0 haben wir den Faden verloren«, konstatierte Assistenzkapitän und Torschütze Korbinian Holzer. »Wir haben versucht, zu schön zu spielen, statt weiterhin einfach, geradlinig und clever.« 46 Sekunden vor Ende des zweiten Drittels konnte Shuai Fu auf 1:3 verkürzen – der 1998 in Edmonton/Kanada unter dem Namen Parker Foo geborene und 2020 ins Land seiner Vorfahren übergesiedelte Angreifer ging damit als erster Torschütze Chinas in die Olympiageschichte ein. Nach dem Anschlusstreffer von Taile Wang in Überzahl zehn Minuten vor Spielende war noch einmal bangen angesagt, erst recht nachdem Chinas Torhüter Shimisi Jieruimi 80 Sekunden vor Schluss sein Gehäuse zu Gunsten eines sechsten Feldspielers verließ. Die deutsche Mannschaft brachte den Sieg aber über die Zeit.

Deutschland – China 3:2 (2:0, 1:1, 0:1)
Tore: 1:0 Brandt (14. Minute), 2:0 Holzer (17.), 3:0 Kahun (25.), 3:1 Fu (40.), 2:3 Wang (50.); Strafminuten: Deutschland 10 – China 6

EISHOCKEY (MÄNNER)
VORRUNDE, 2. SPIELTAG

Gruppe A				
Kanada – USA 2:4				
Deutschland – China 3:2				
1.	USA	2	12:2	6
2.	Kanada	2	7:5	3
3.	Deutschland	2	4:7	3
4.	China	2	2:11	0
Gruppe B				
Dänemark – ROC 0:2				
Tschechien – Schweiz 2:1 n.V.				
1.	ROC	2	3:0	6
2.	Dänemark	2	2:3	3
3.	Tschechien	2	3:3	2
4.	Schweiz	2	1:3	1
Gruppe C				
Schweden – Slowakei 4:1				
Lettland – Finnland 1:3				
1.	Finnland	2	9:3	6
2.	Schweden	2	7:3	6
3.	Lettland	2	3:6	0
4.	Slowakei	2	3:10	0

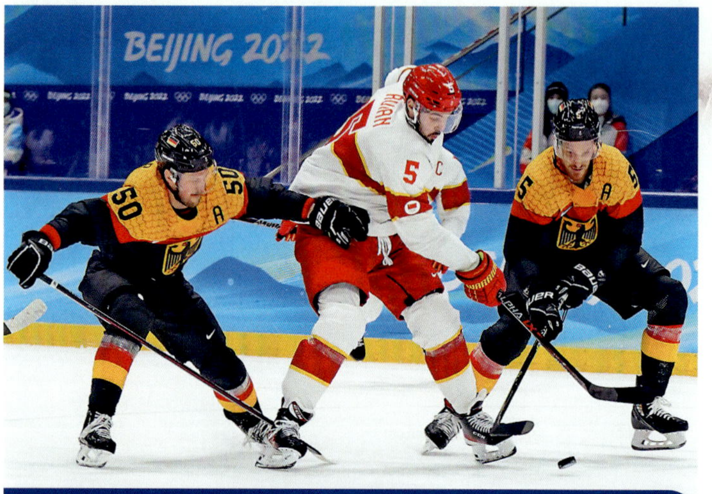

Teamwork: Die Deutschen Patrick Hager (links) und Korbinian Holzer trennen den Chinesen Ruian Sipulaoer gemeinsam vom Puck.

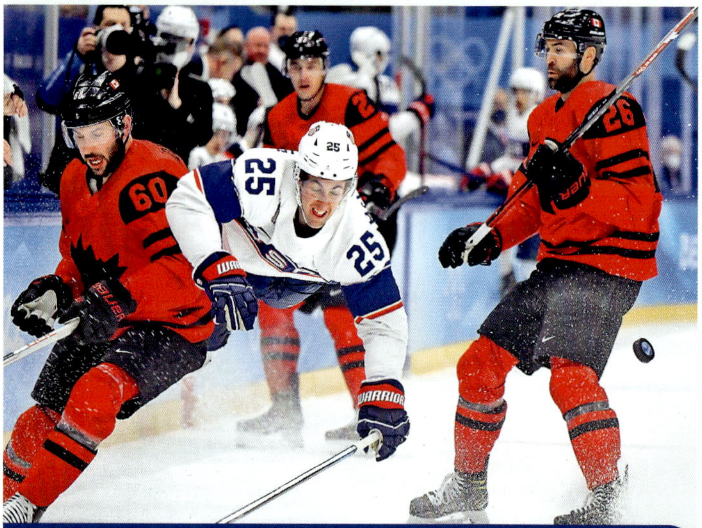

Die jungen US-Boys sorgten mit dem 4:2-Sieg gegen die höher eingeschätzten Kanadier für eine Überraschung.

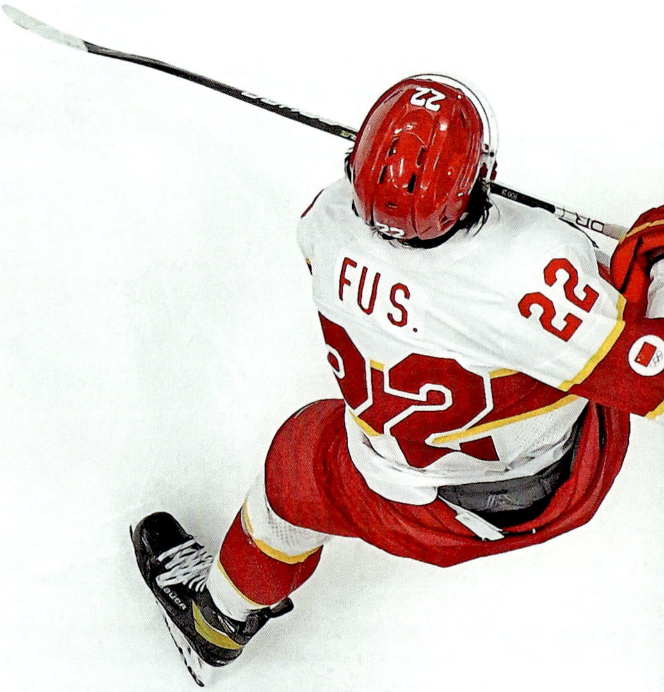

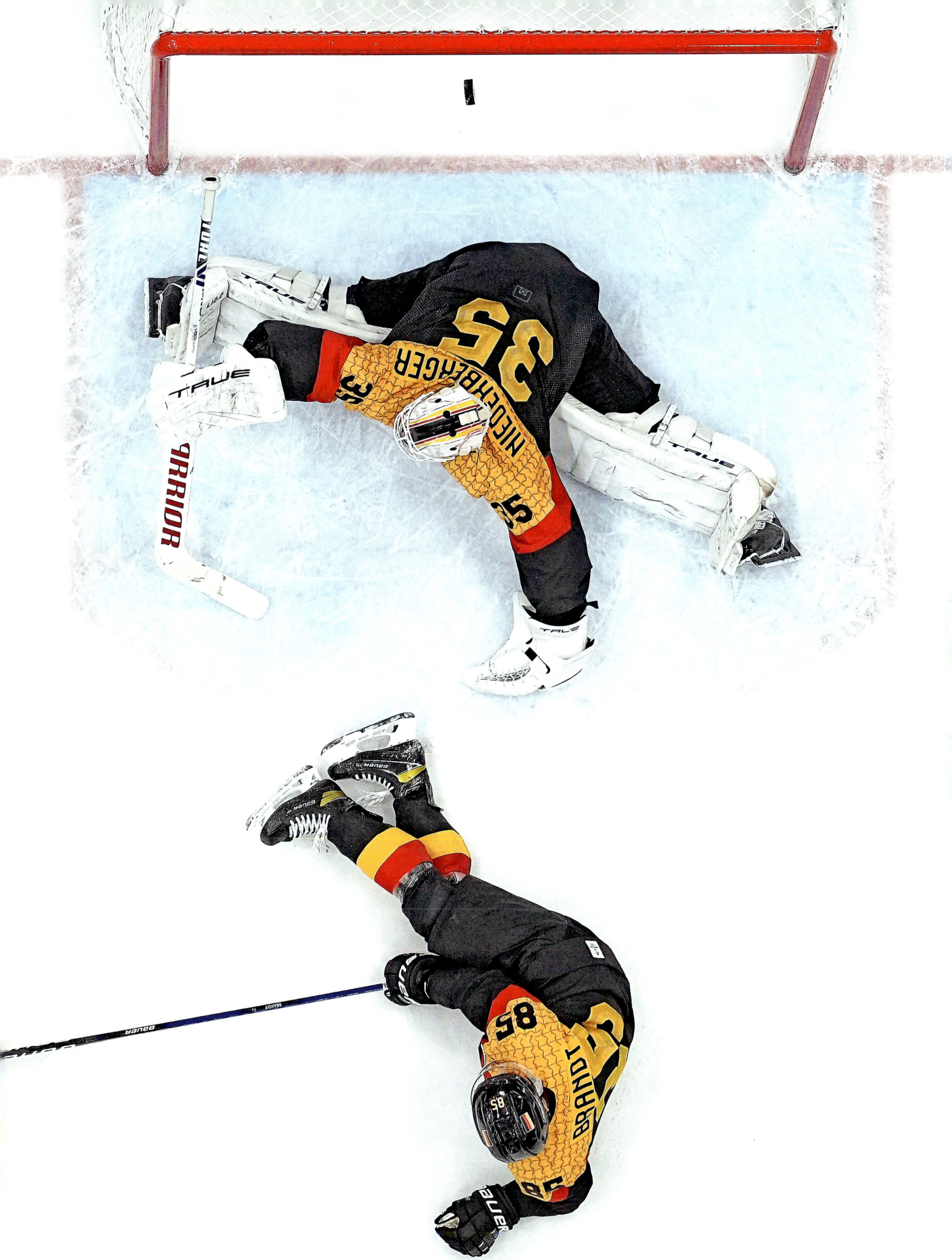

Aus der Vogelperspektive: Shuai Fu erzielt den ersten Treffer Chinas bei Olympischen Winterspielen. Der deutsche Torhüter Mathias Niederberger ist ohne Chance.

DAS DEUTSCHE **OLYMPIATEAM** IN PEKING

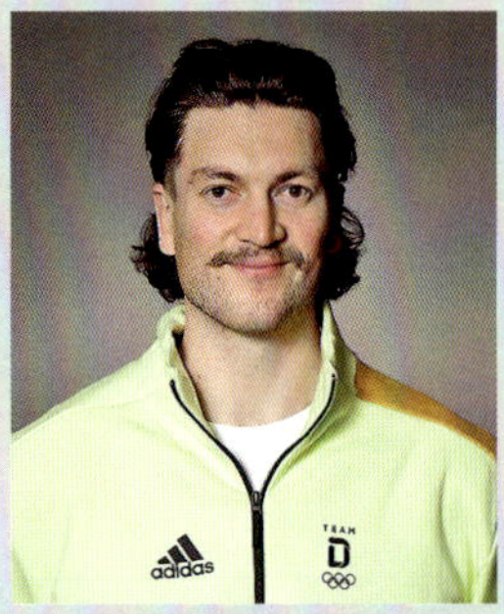

KONRAD ABELTSHAUSER
Eishockey

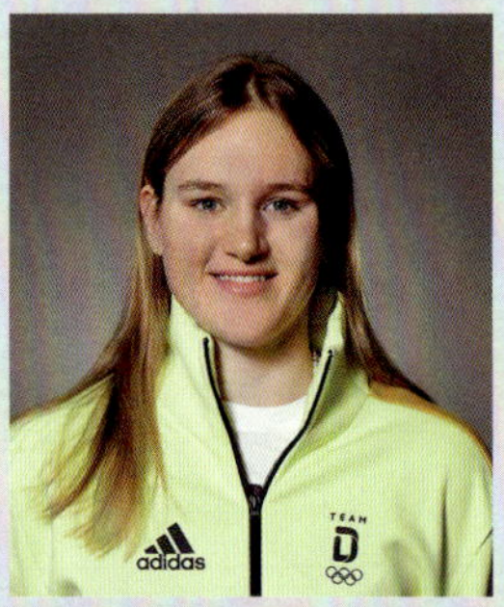

EMMA AICHER
Ski Alpin

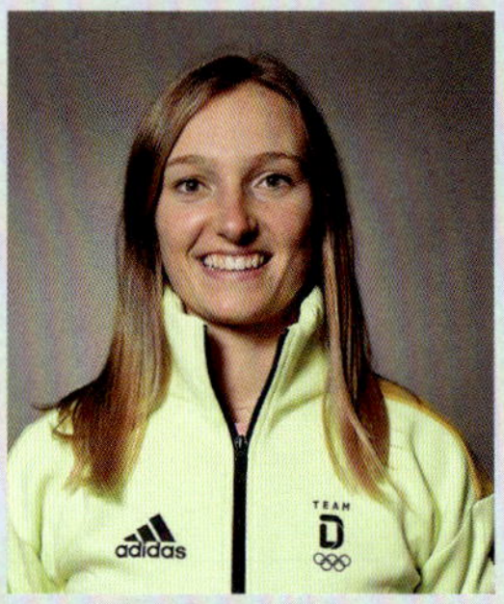

KATHARINA ALTHAUS
Skispringen

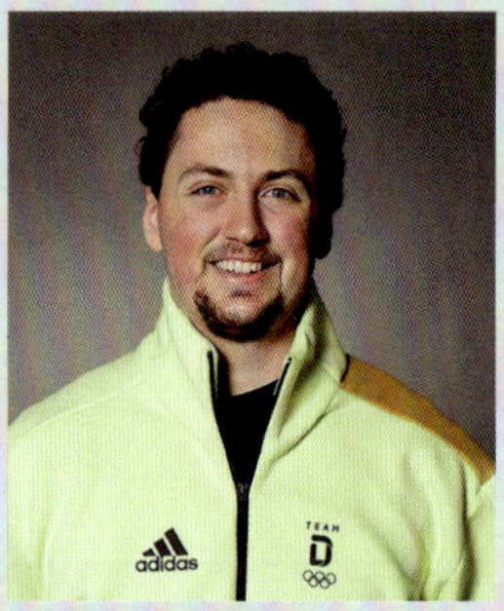

YANNIK ANGENEND
Snowboard

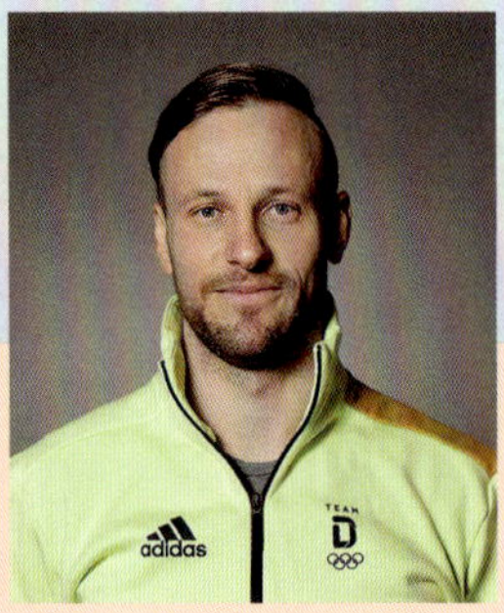

TOBIAS ARLT
Rennrodeln

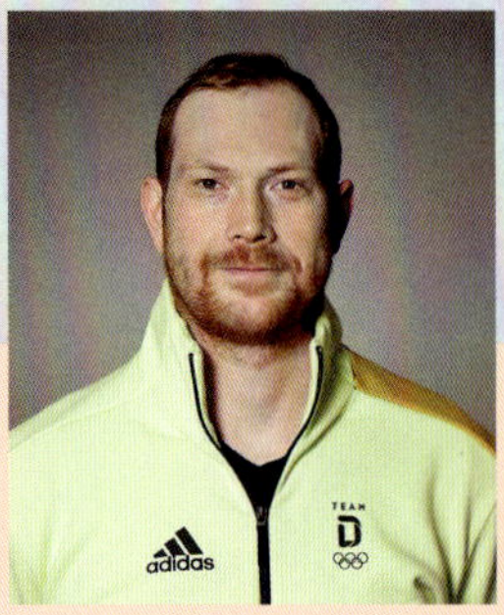

DANNY AUS DEN BIRKEN
Eishockey

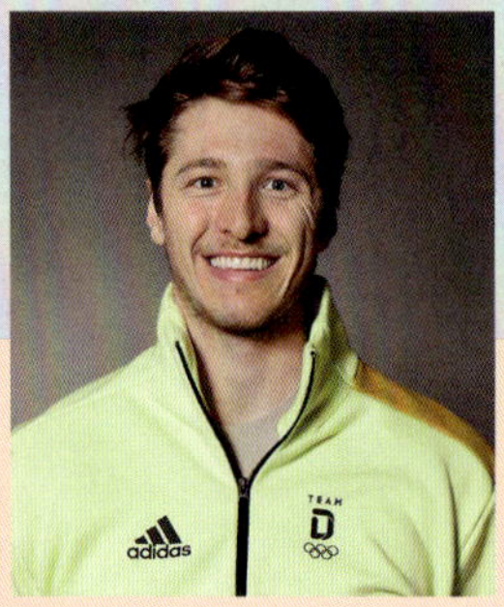

NIKLAS BACHSLEITNER
Ski Freestyle

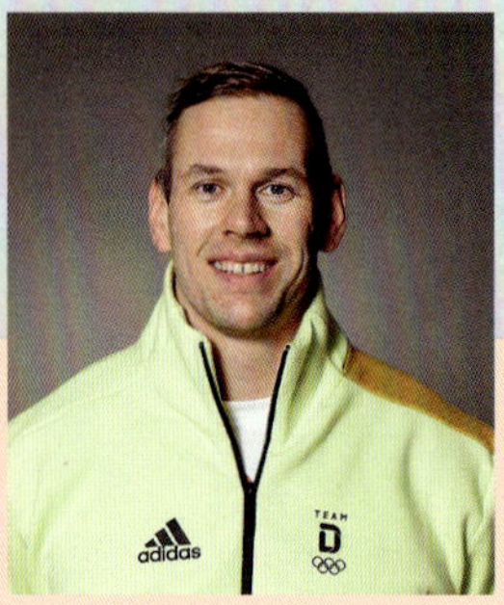

CANDY BAUER
Bob

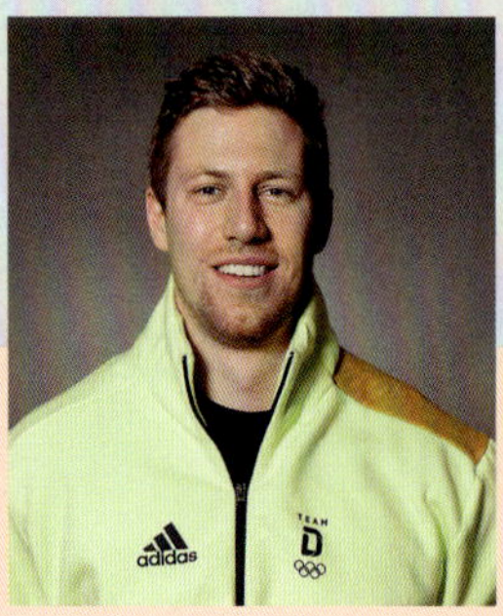

FLORIAN BAUER
Bob

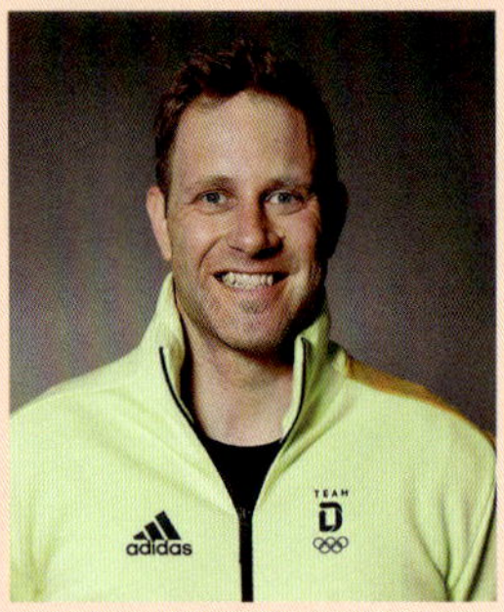

ROMED BAUMANN
Ski Alpin

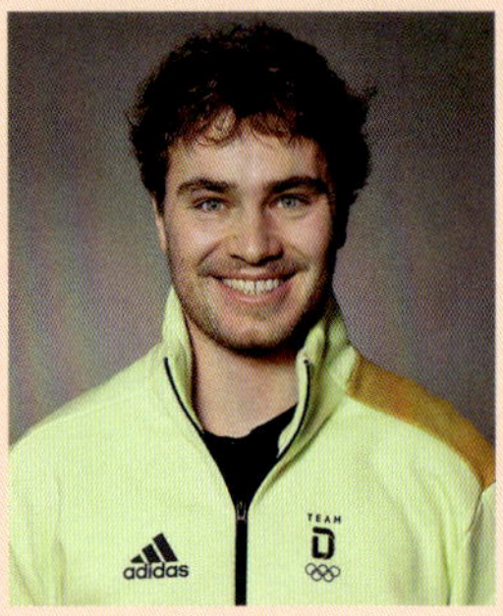

STEFAN BAUMEISTER
Snowboard

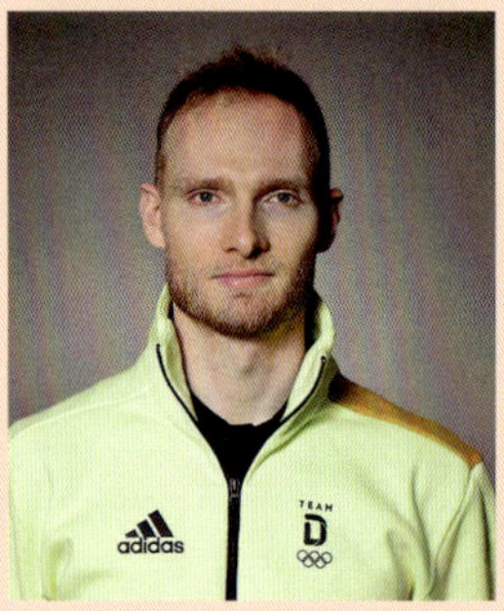

PATRICK BECKERT
Eisschnelllauf

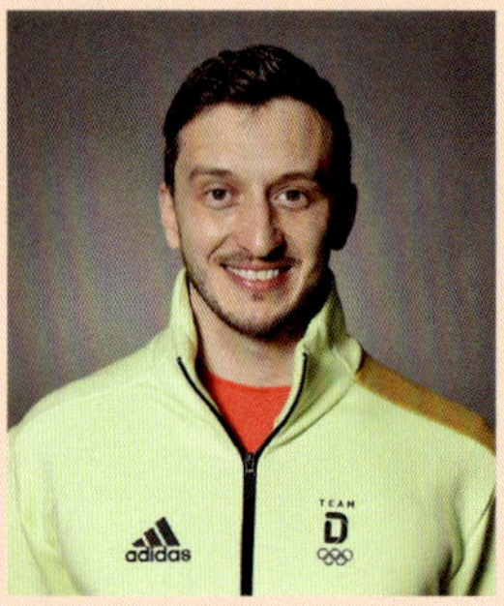

SASCHA BENECKEN
Rennrodeln

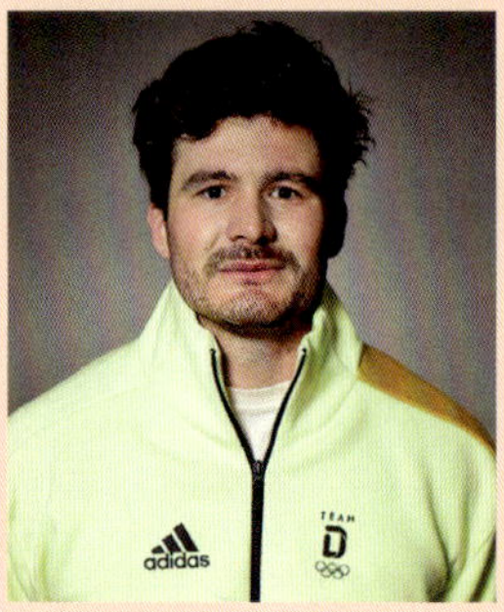

PAUL BERG
Snowboard

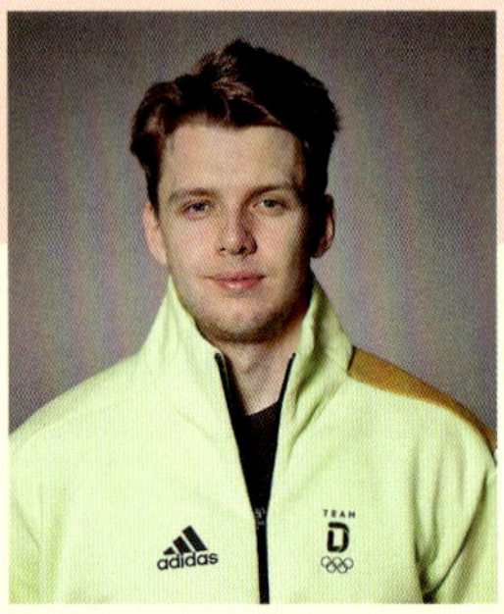

LEAN BERGMANN
Eishockey

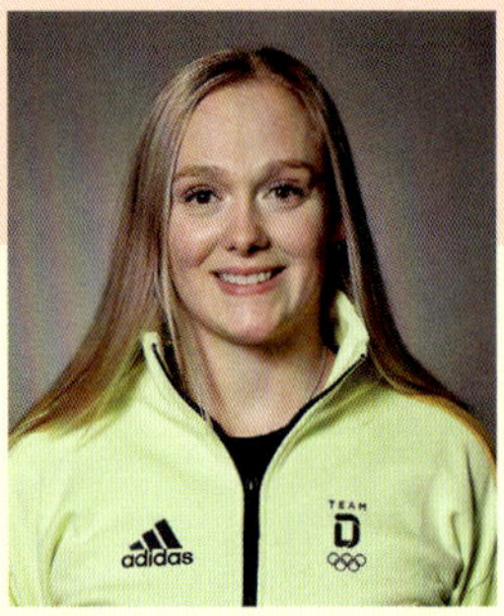

ANNA BERREITER
Rennrodeln

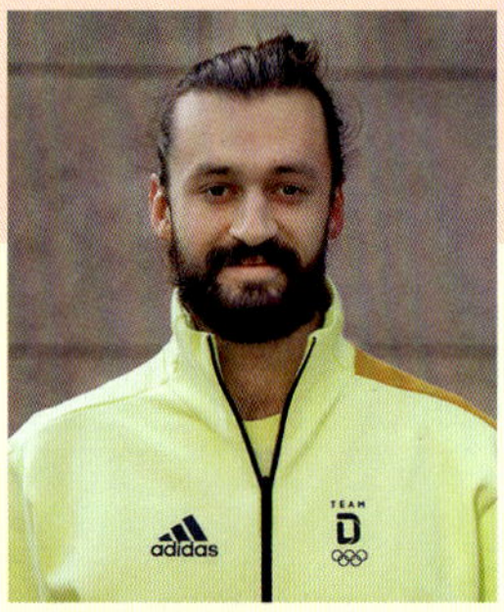

DOMINIK BITTNER
Eishockey

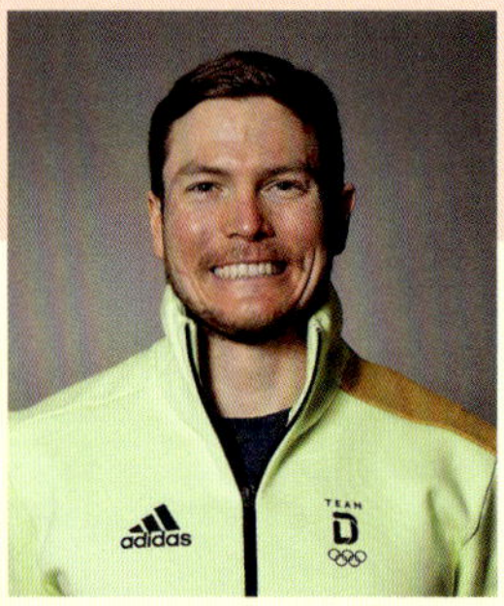

LUCAS BÖGL
Skilanglauf

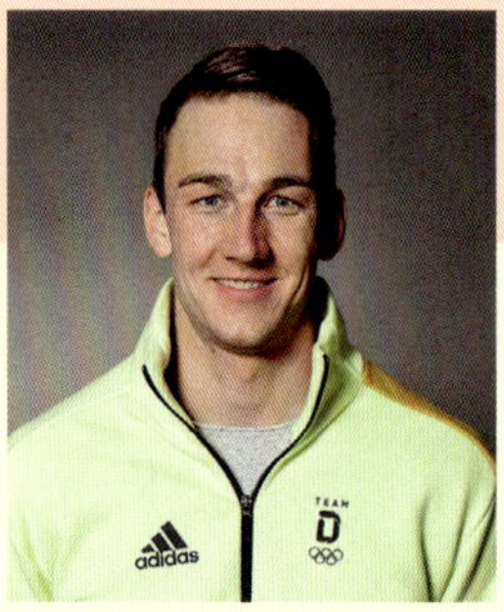

DANIEL BOHNACKER
Ski Freestyle

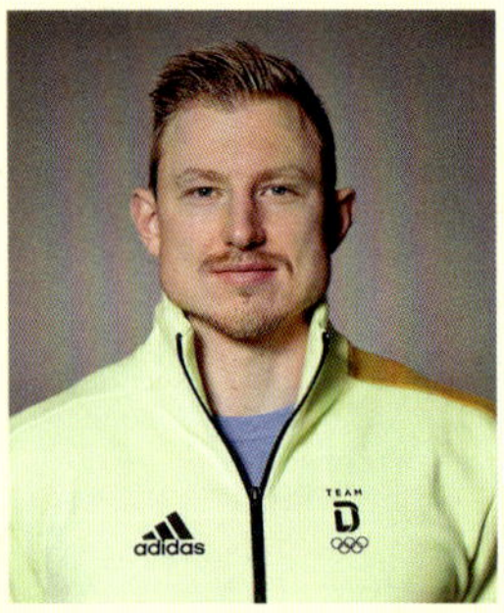

MARCEL BRANDT
Eishockey

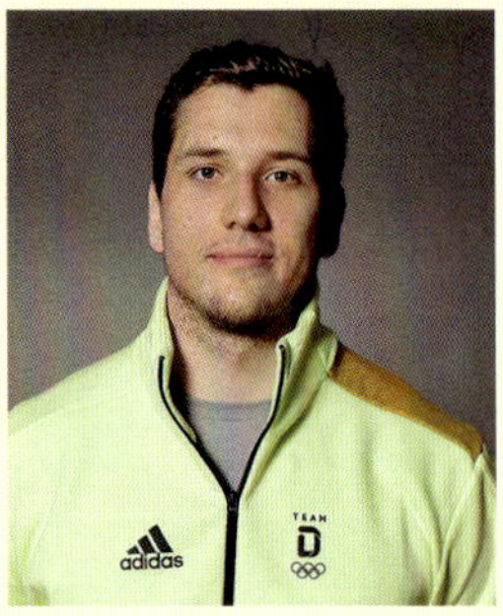

EREC BRUCKERT
Bob

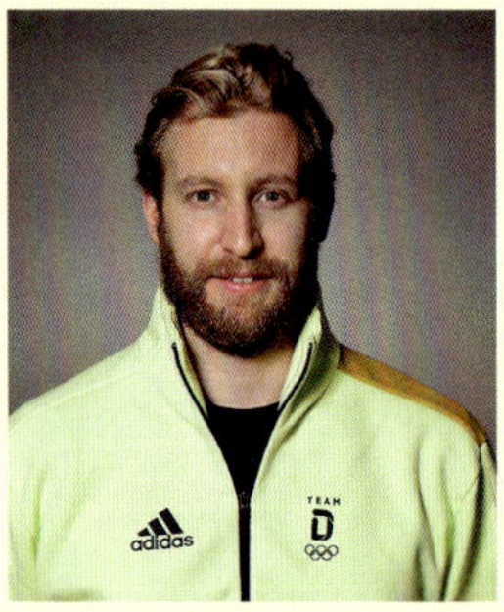

FELIX BRÜCKMANN
Eishockey

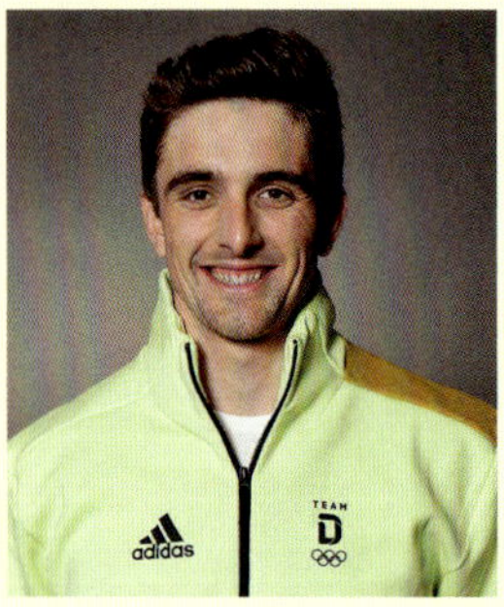

JANOSCH BRUGGER
Skilanglauf

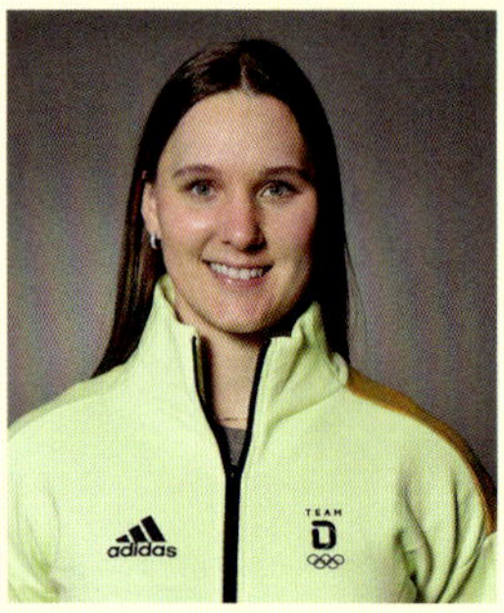

LISA BUCKWITZ
Bob

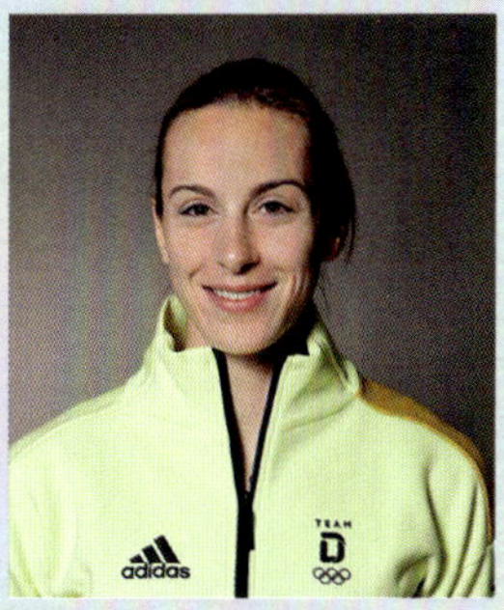

ALEXANDRA BURGHARDT
Bob

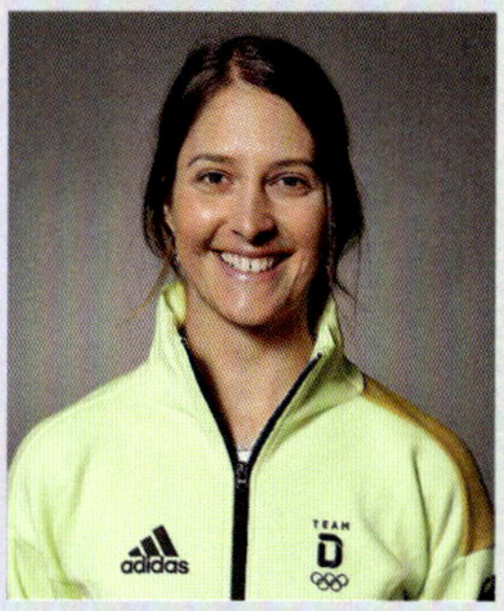

SABRINA CAKMAKLI
Ski Freestyle

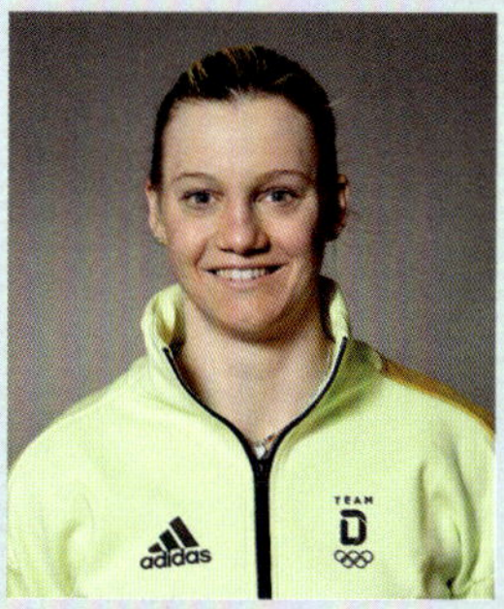

VICTORIA CARL
Skilanglauf

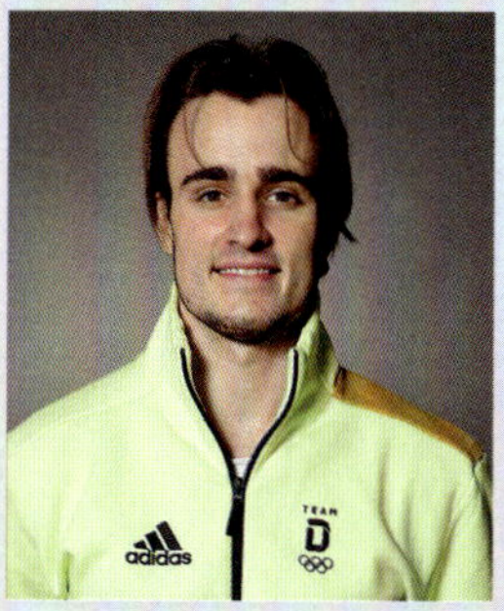

TIM DIECK
Eiskunstlauf

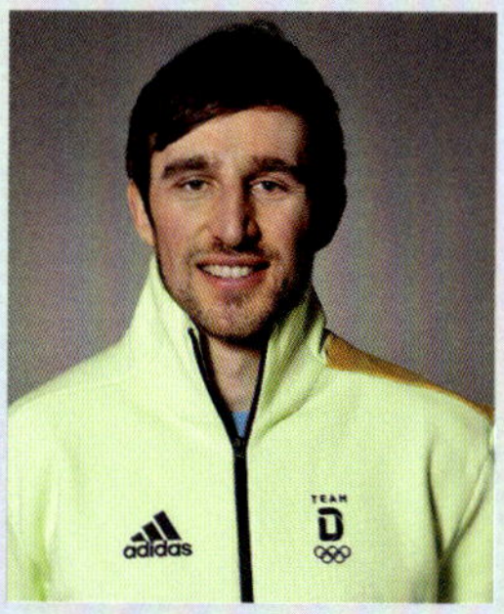

JONAS DOBLER
Skilanglauf

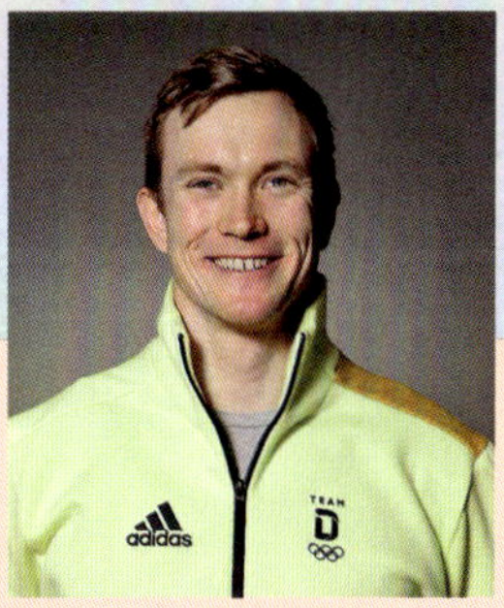

BENEDIKT DOLL
Biathlon

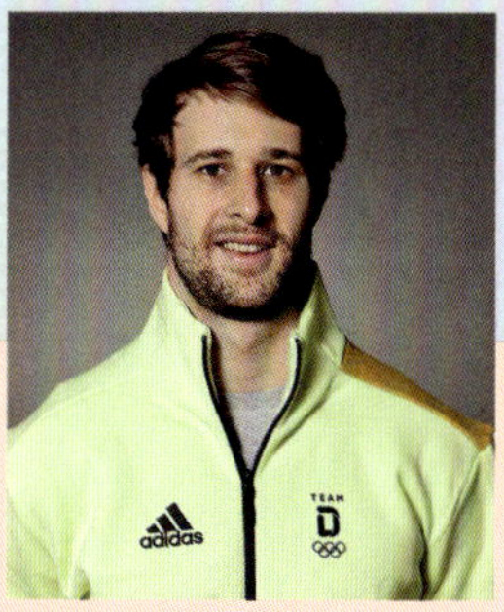

JOEL DUFTER
Eisschnelllauf

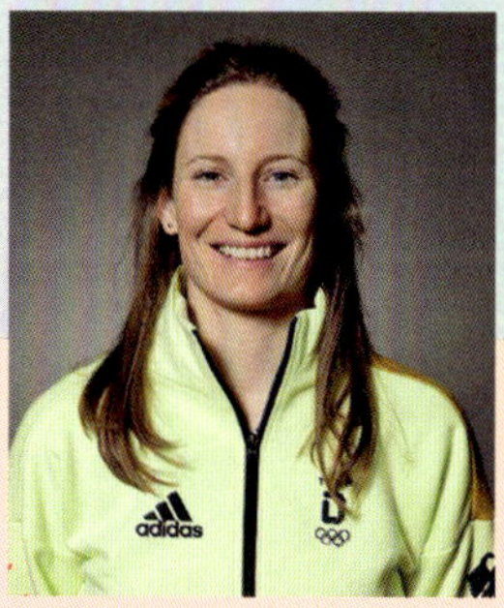

LENA DÜRR
Ski Alpin

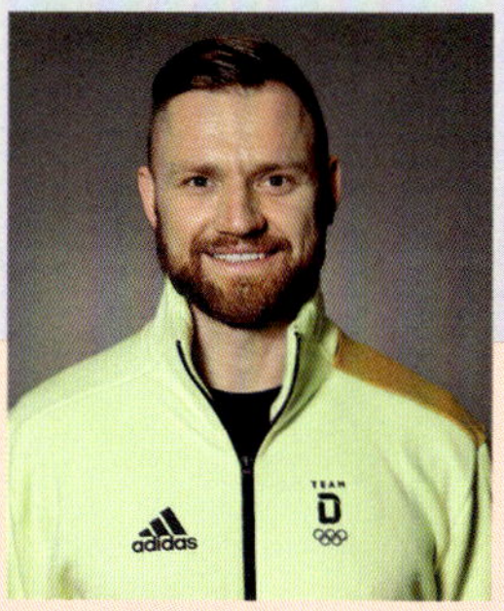

TONI EGGERT
Rennrodeln

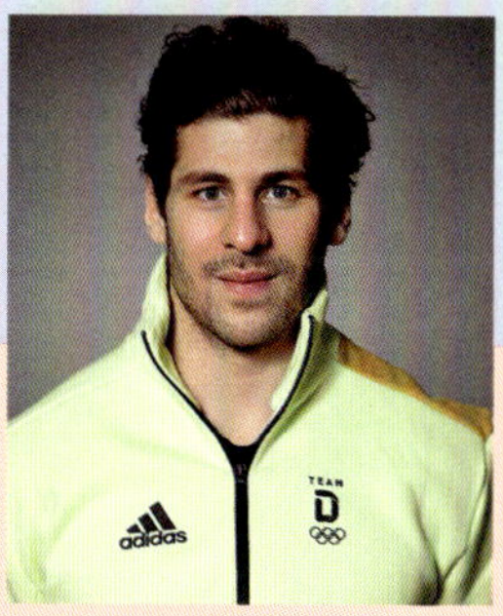

YASIN EHLIZ
Eishockey

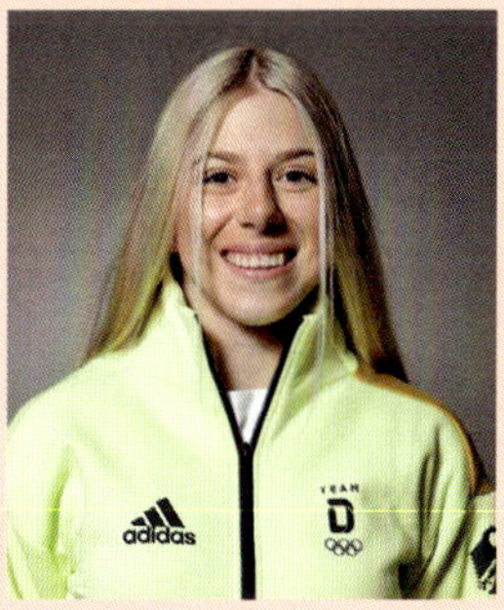

ALIA DELIA EICHINGER
Ski Freestyle

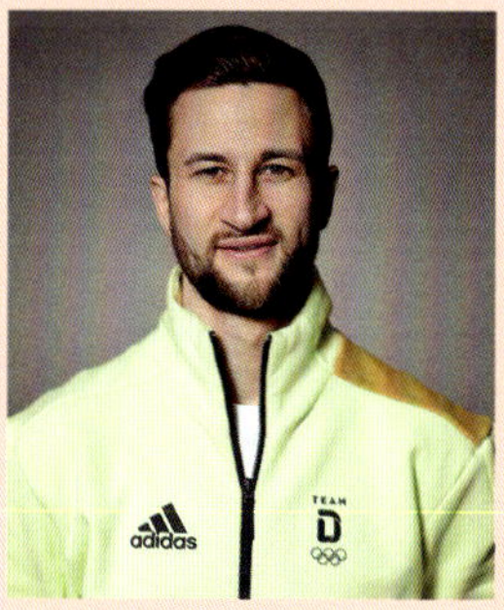

MARKUS EISENBICHLER
Skispringen

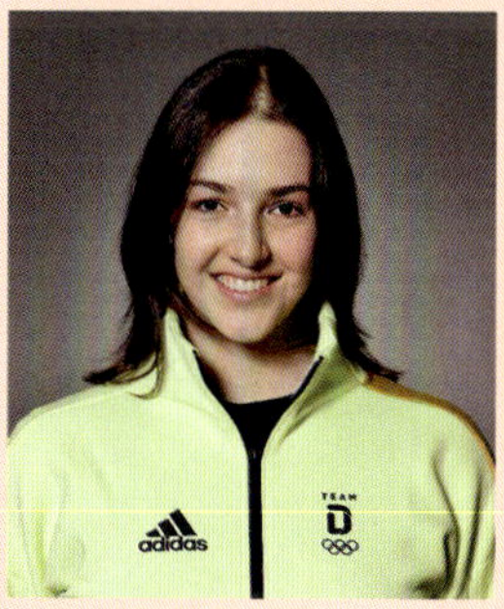

LEILANI ETTEL
Snowboard

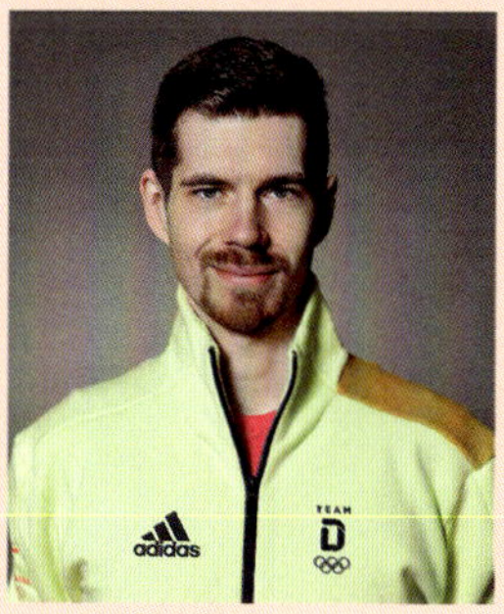

PAUL FENTZ
Eiskunstlauf

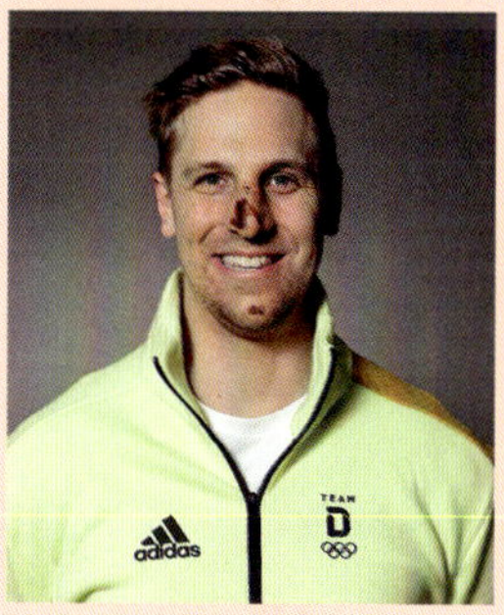

JOSEF FERSTL
Ski Alpin

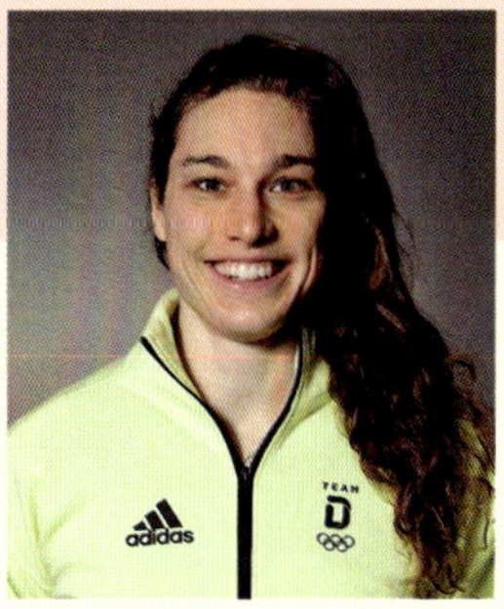

LEONIE FIEBIG
Bob

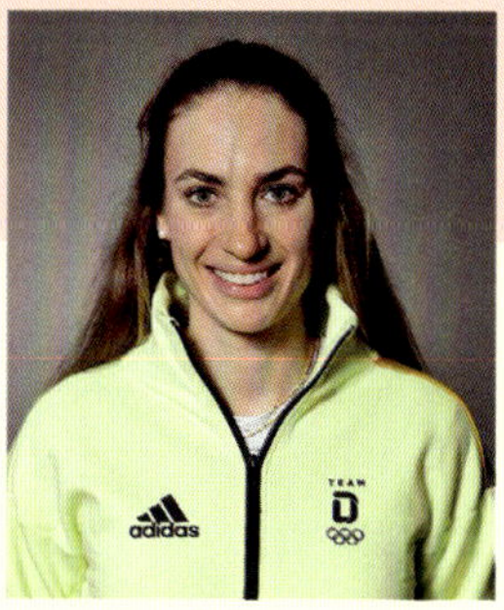

PIA FINK
Skilanglauf

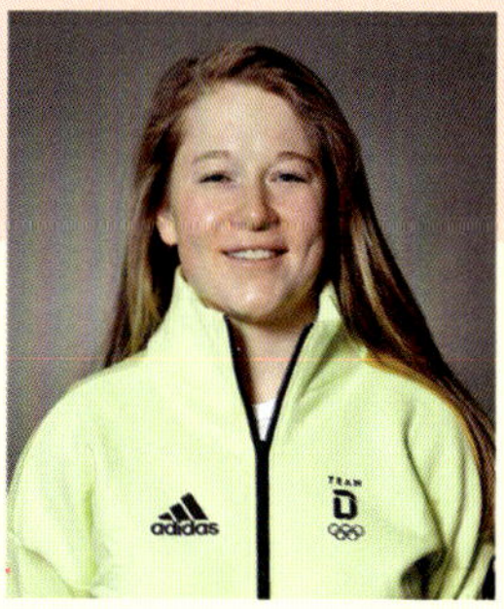

JANA FISCHER
Snowboard

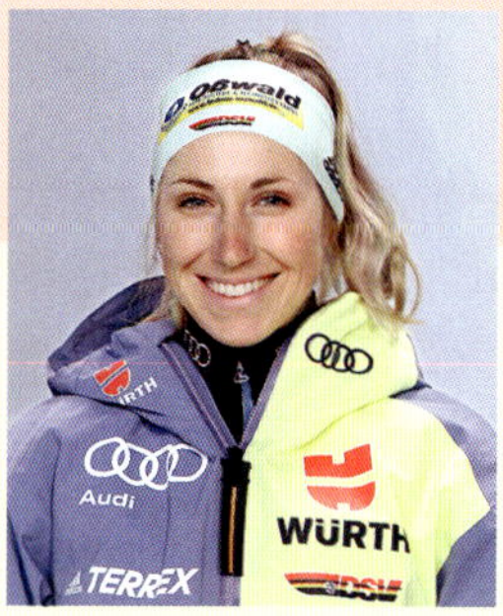

ANTONIA FRÄBEL
Skilanglauf

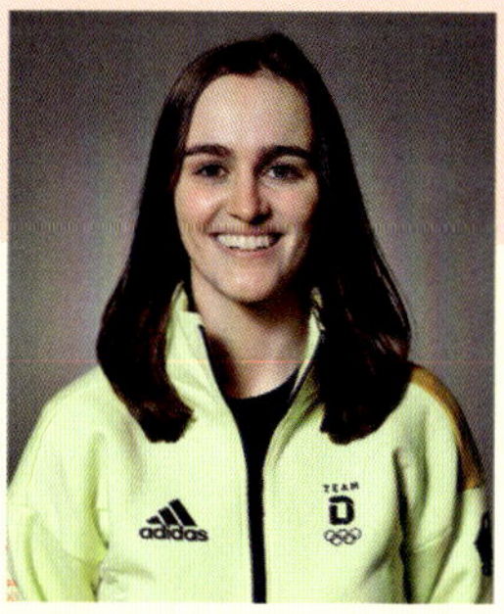

SELINA FREITAG
Skispringen

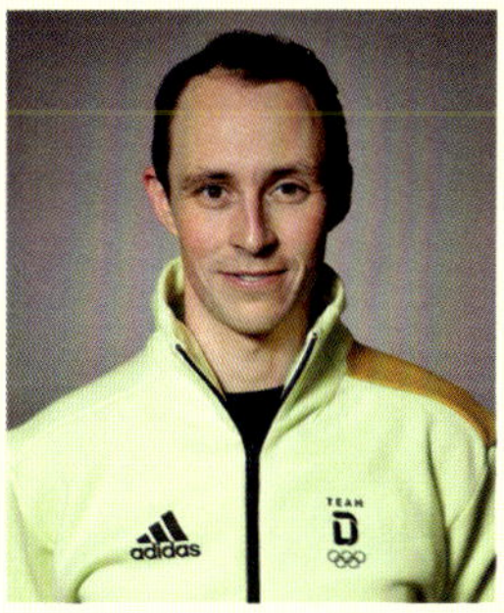

ERIC FRENZEL
Nordische Kombination

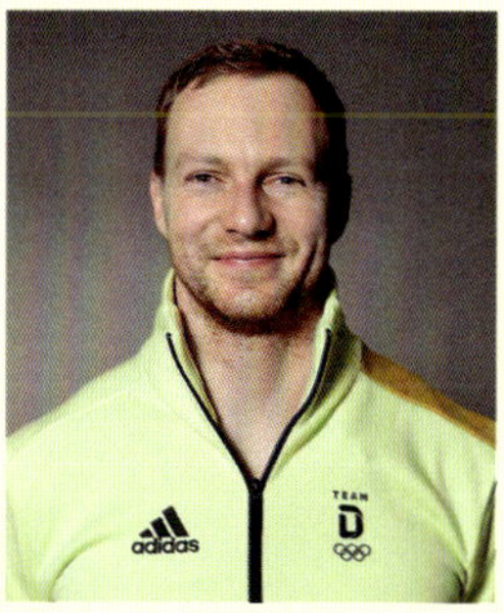

FRANCESCO FRIEDRICH
Bob

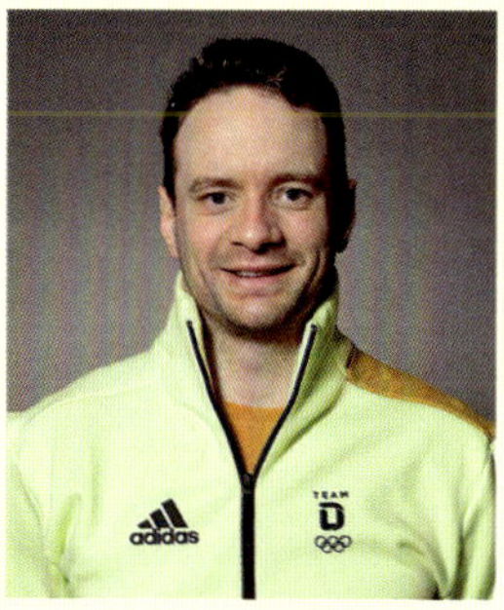

ALEXANDER GASSNER
Skeleton

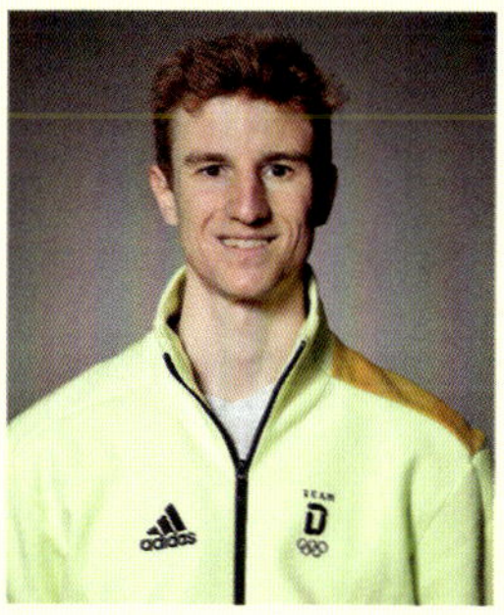

KARL GEIGER
Skispringen

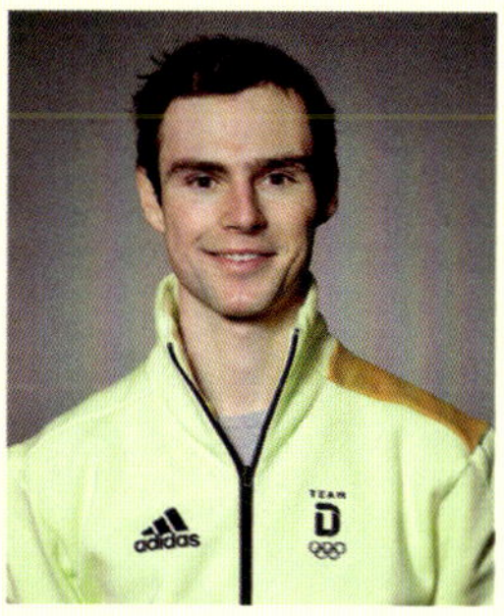

VINZENZ GEIGER
Nordische Kombination

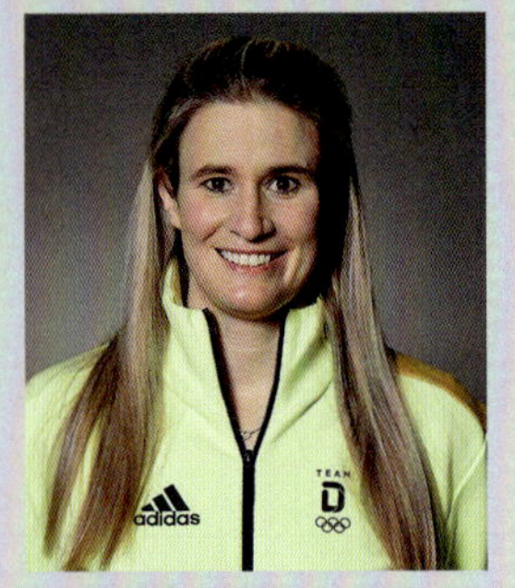

NATALIE GEISENBERGER
Rennrodeln

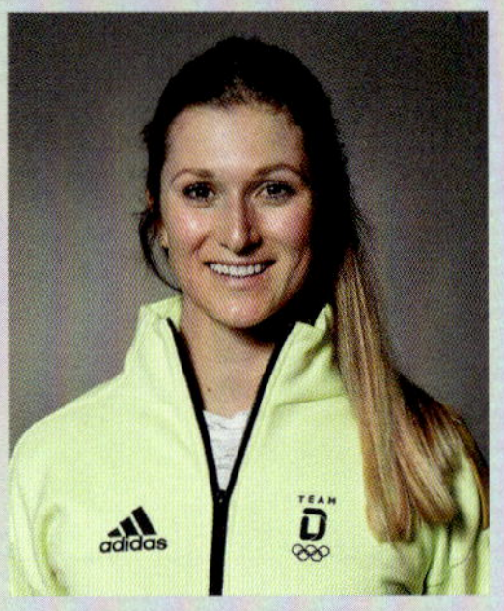

LAURA GIMMLER
Skilanglauf

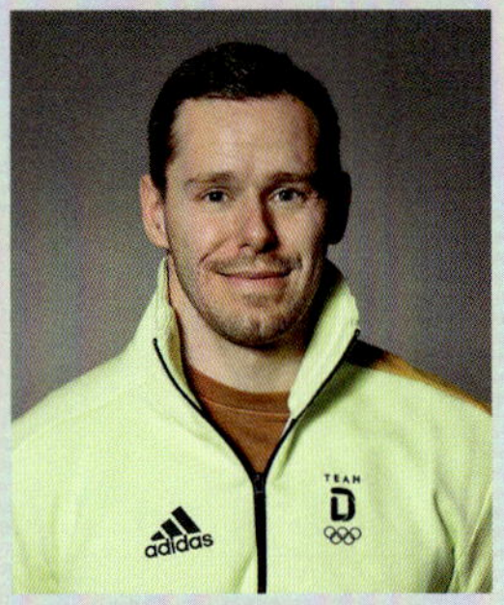

CHRISTOPHER GROTHEER
Skeleton

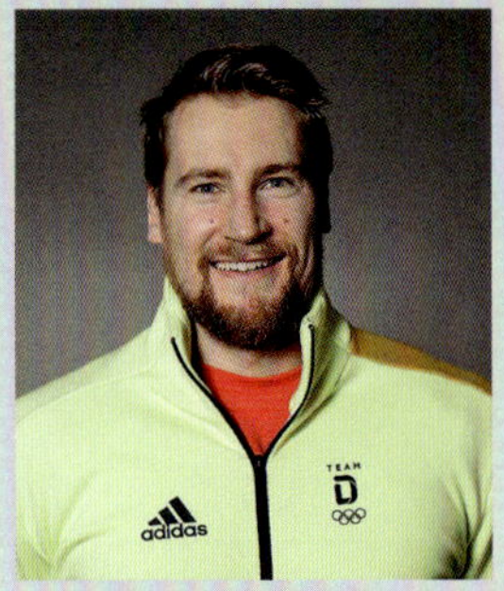

MARTIN GROTHKOPP
Bob

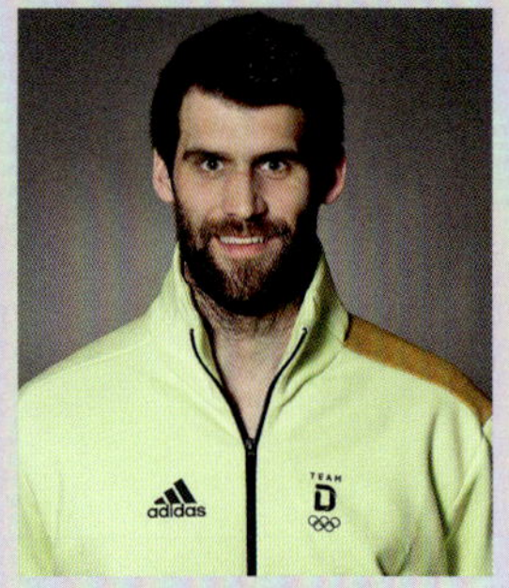

CHRISTOPH HAFER
Bob

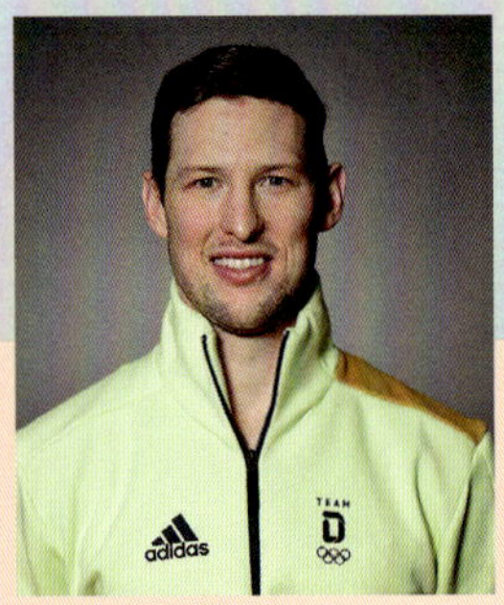

PATRICK HAGER
Eishockey

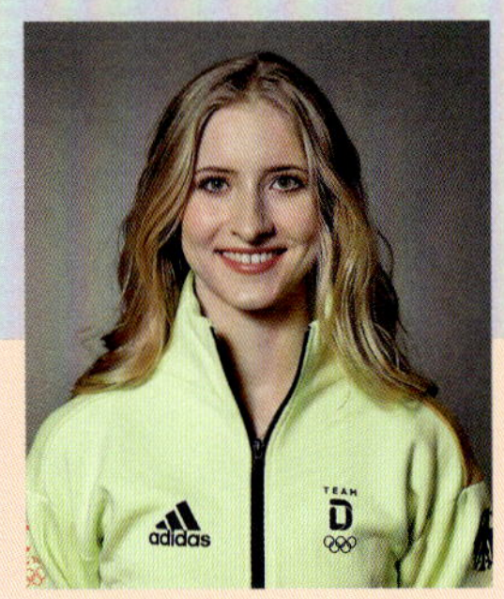

MINERVA HASE
Eiskunstlauf

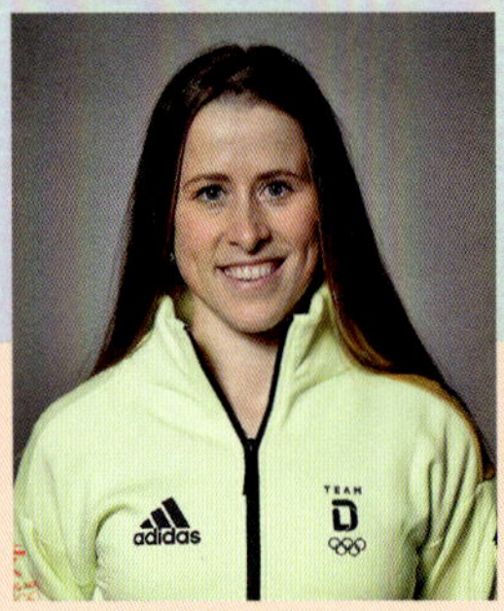

KATHARINA HENNIG
Skilanglauf

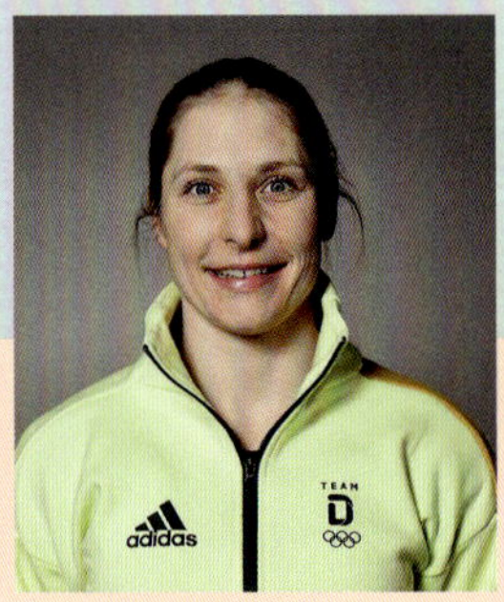

TINA HERMANN
Skeleton

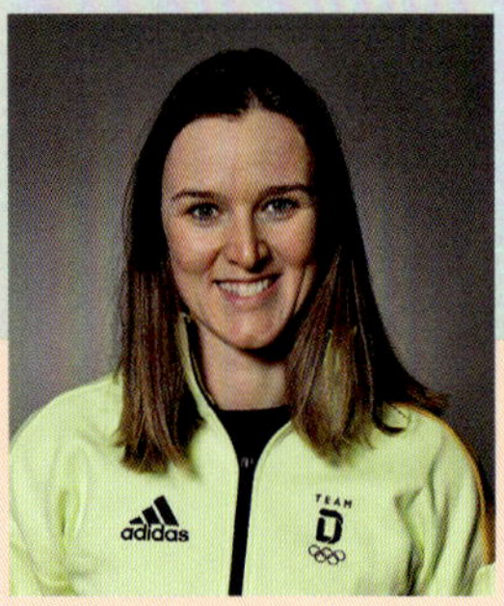

DENISE HERRMANN
Biathlon

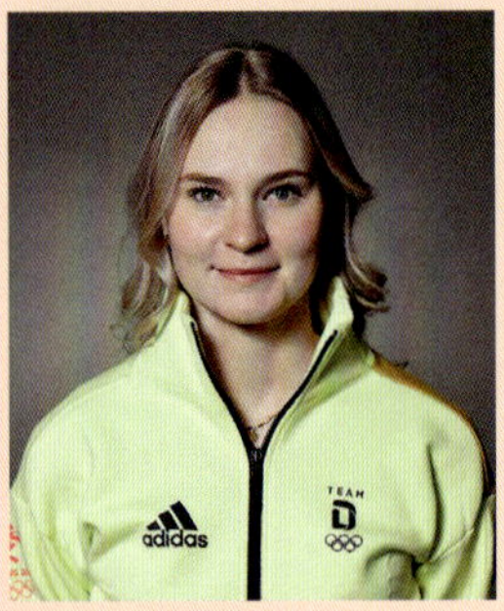

PAULINE HESSLER
Skispringen

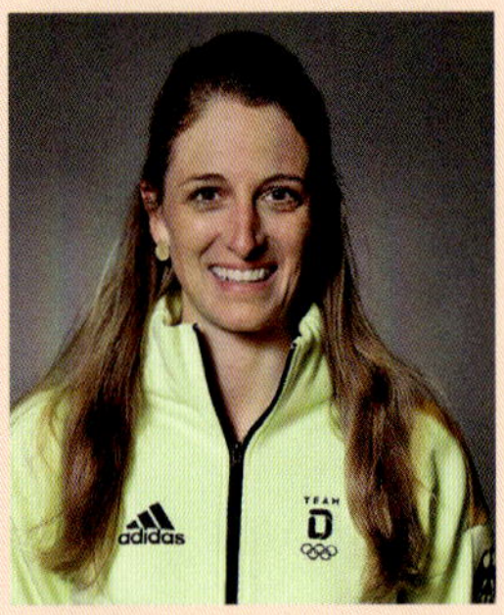

VANESSA HINZ
Biathlon

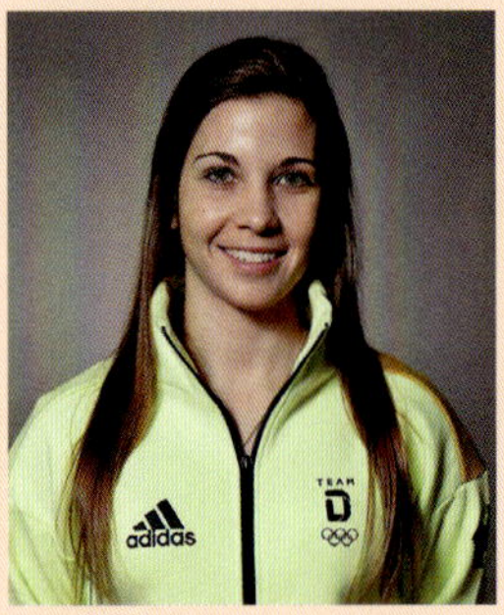

MELANIE HOCHREITER
Snowboard

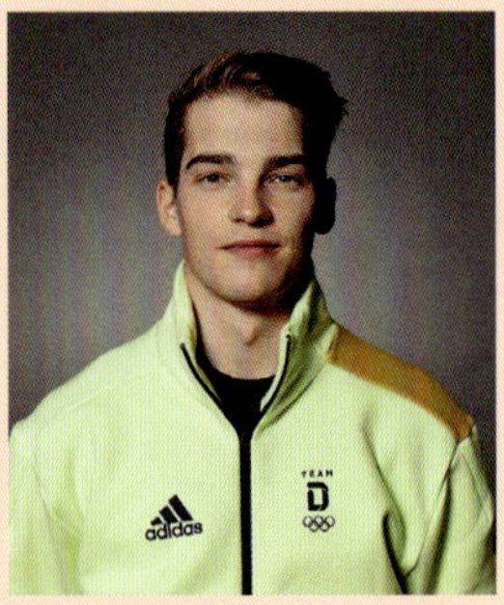

ANDRÉ HÖFLICH
Snowboard

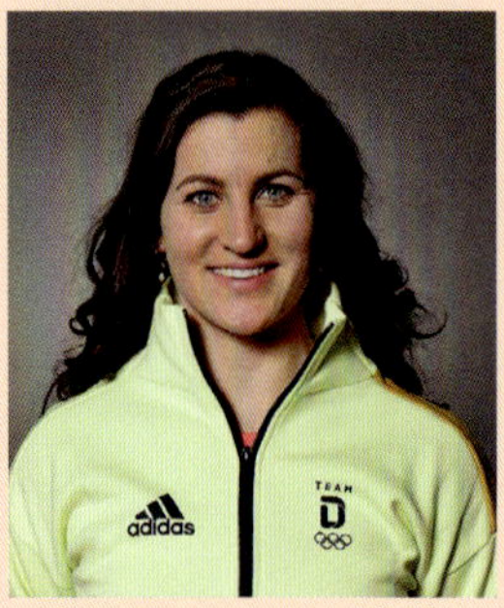

RAMONA HOFMEISTER
Snowboard

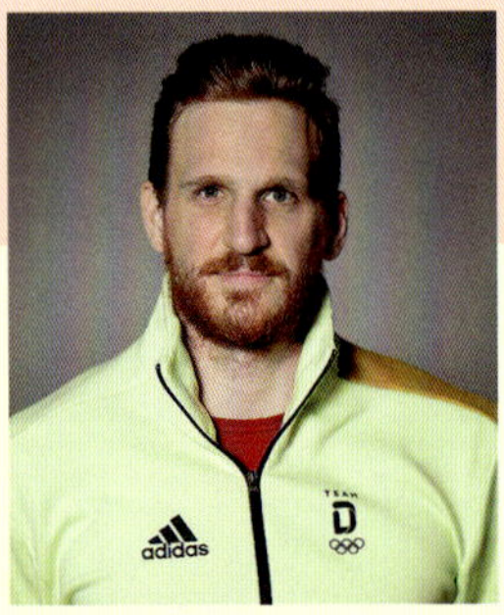

KORBINIAN HOLZER
Eishockey

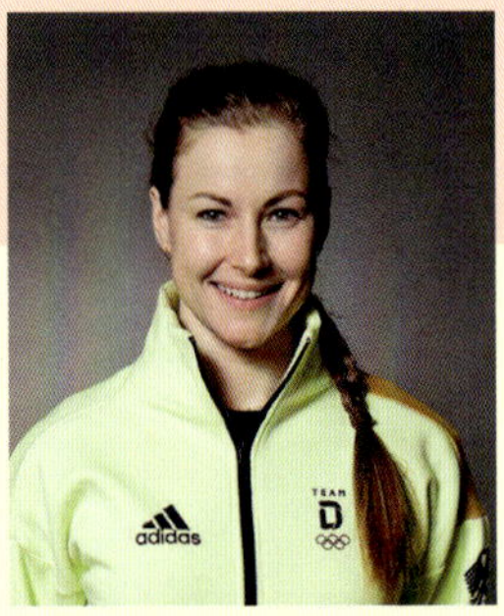

JOHANNA HOLZMANN
Ski Freestyle

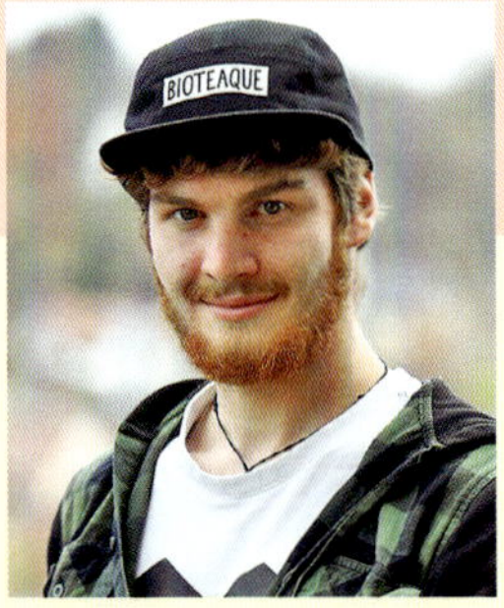

ELIAS HUBER
Snowboard

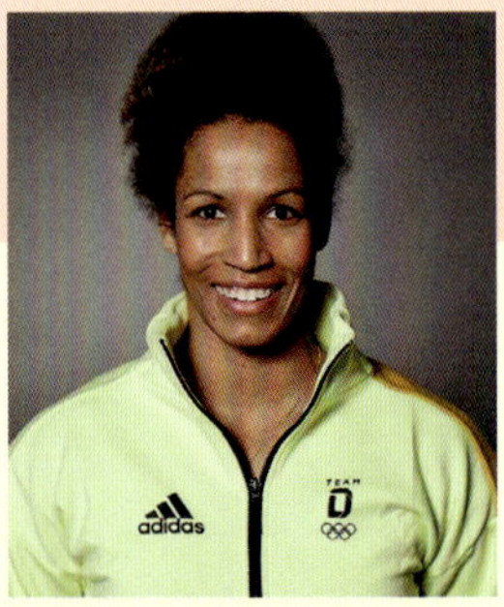

MARIAMA JAMANKA
Bob

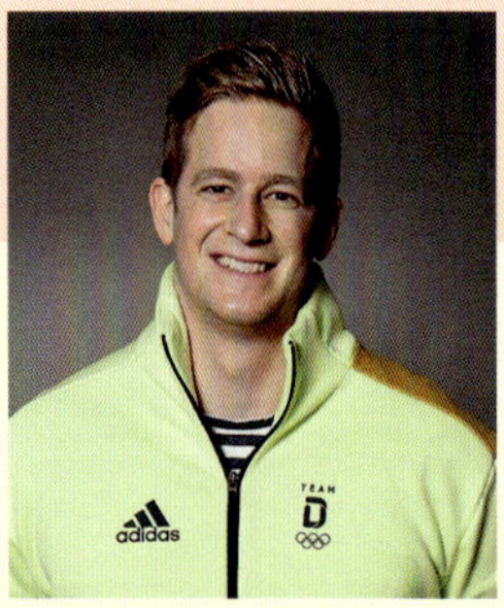

SIMON JOCHER
Ski Alpin

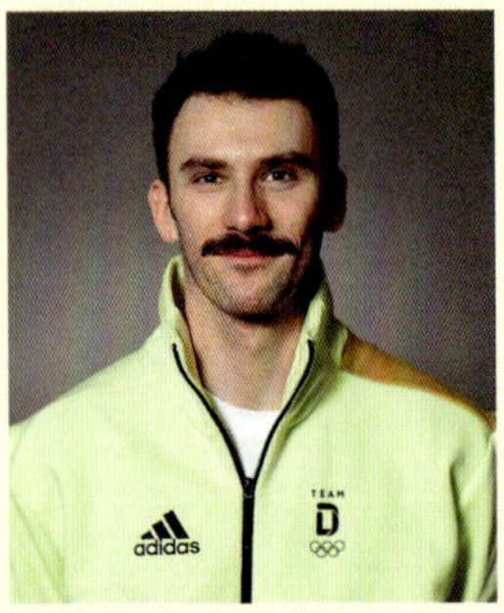

AXEL JUNGK
Skeleton

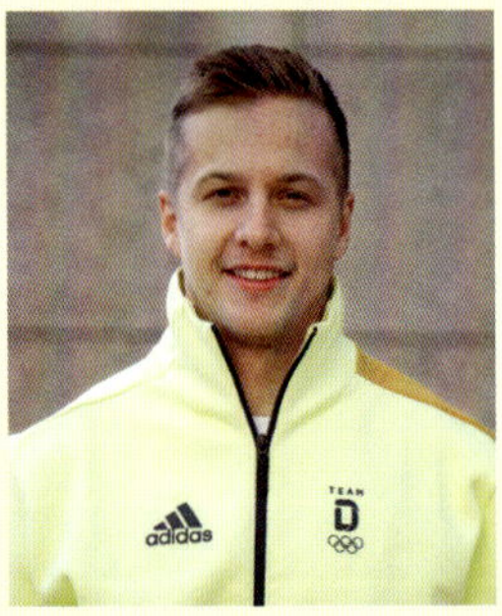

DOMINIK KAHUN
Eishockey

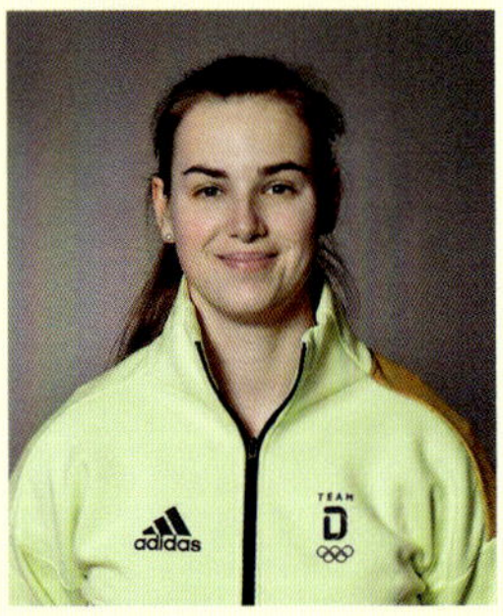

KIM KALICKI
Bob

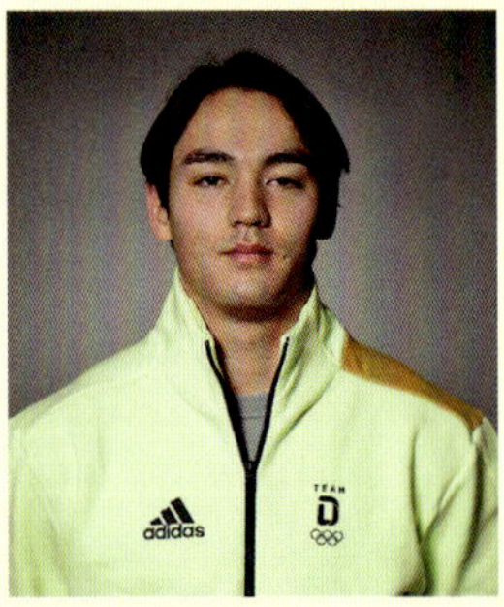

UMITO KIRCHWEHM
Snowboard

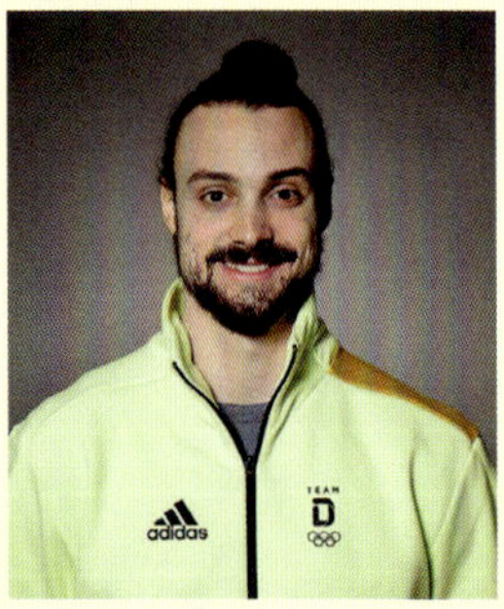

NICOLAS KRÄMMER
Eishockey

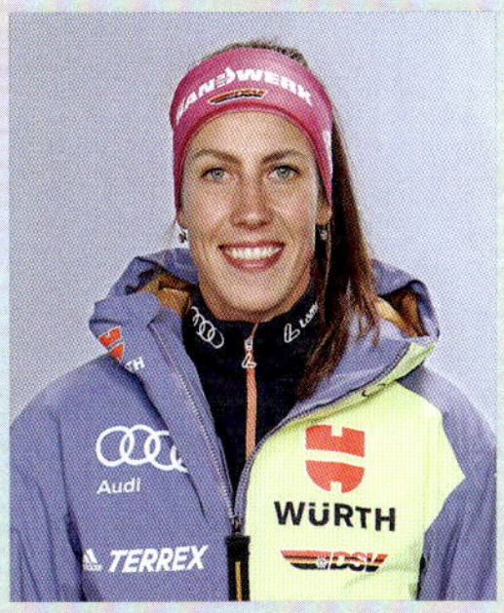
SOFIE KREHL
Skilanglauf

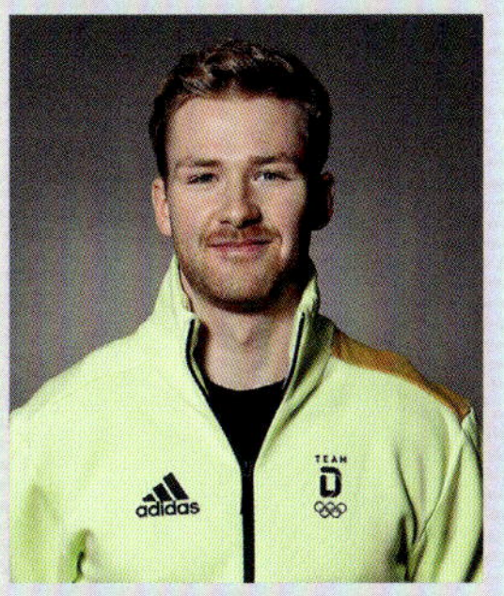
ALBERT KUCHLER
Skilanglauf

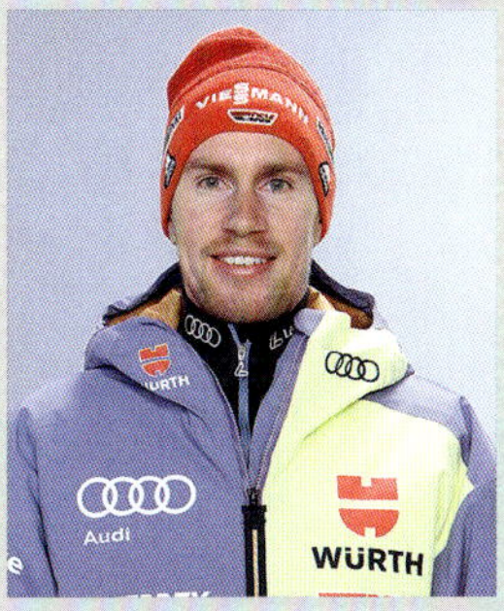
JOHANNES KÜHN
Biathlon

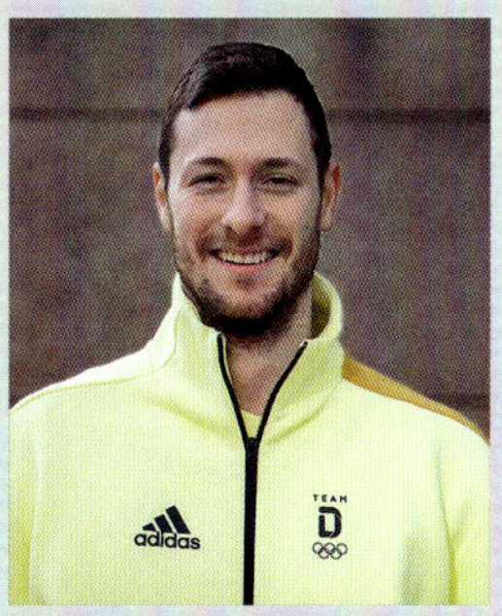
TOM KÜHNHACKL
Eishockey

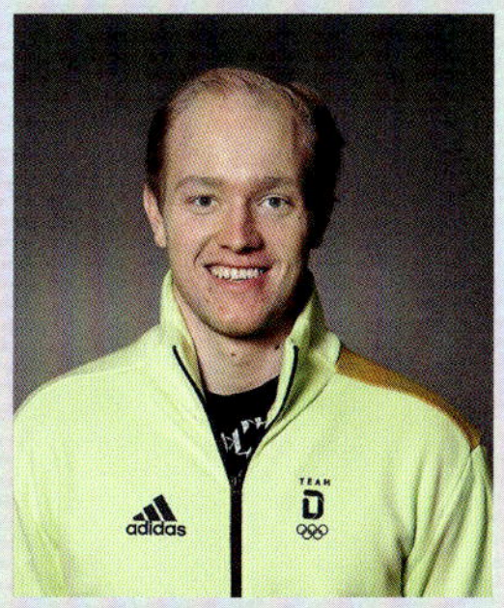
MAX LANGENHAN
Rennrodeln

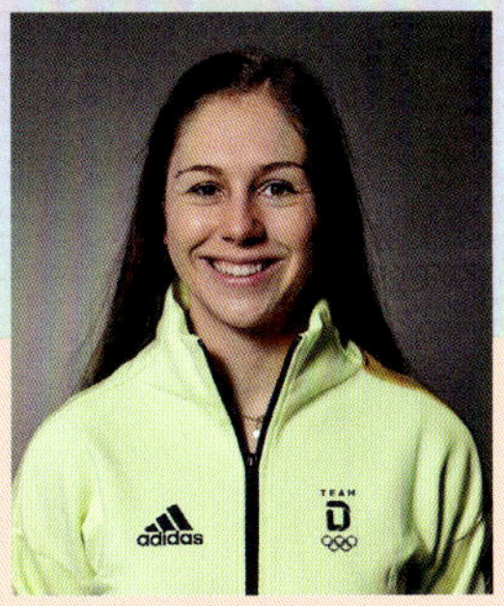
CAROLIN LANGENHORST
Snowboard

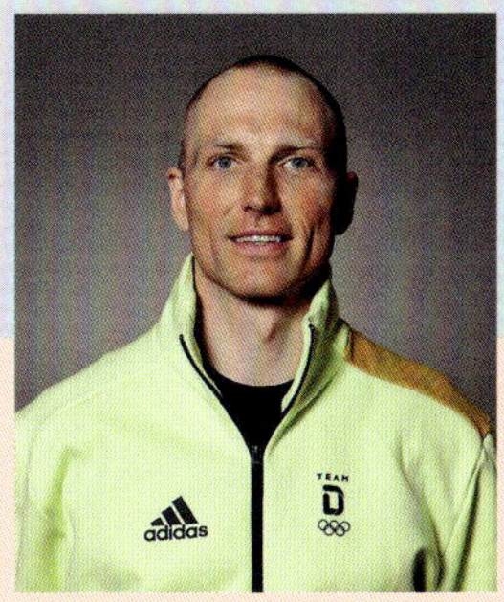
ERIK LESSER
Biathlon

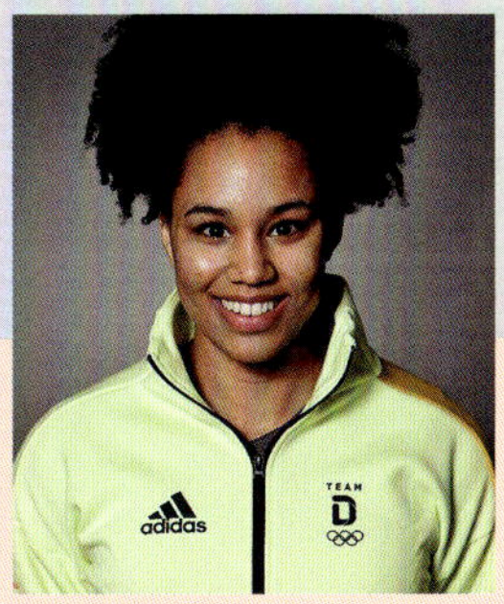
DEBORAH LEVI
Bob

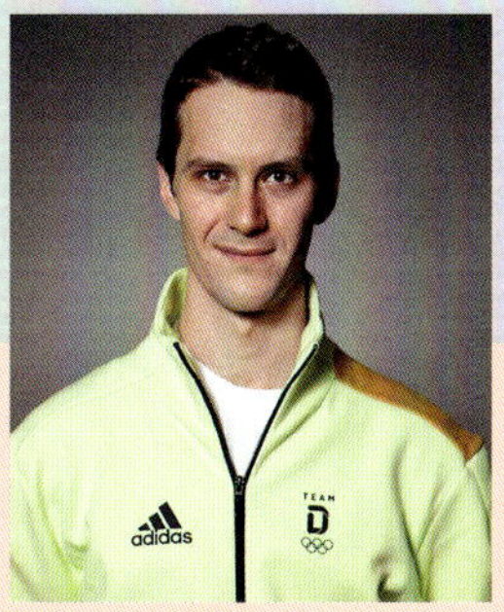
STEPHAN LEYHE
Skispringen

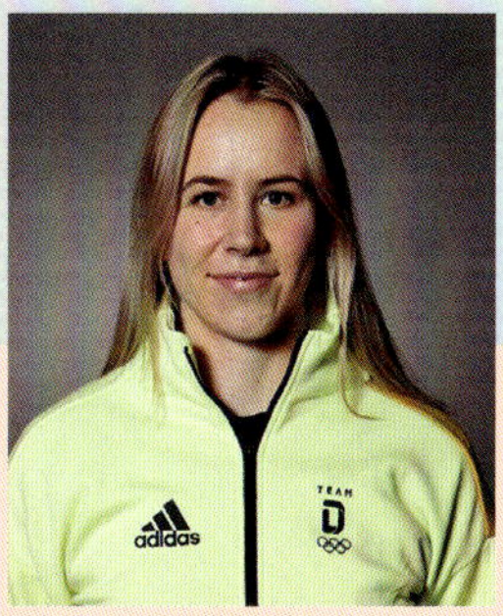
KIRA LIPPERHEIDE
Bob

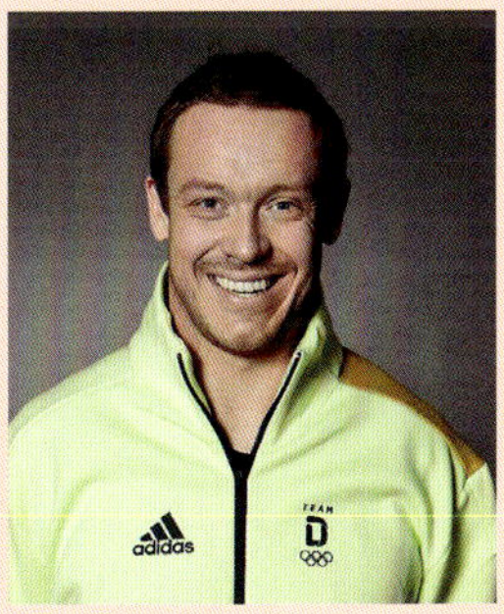
FELIX LOCH
Rennrodeln

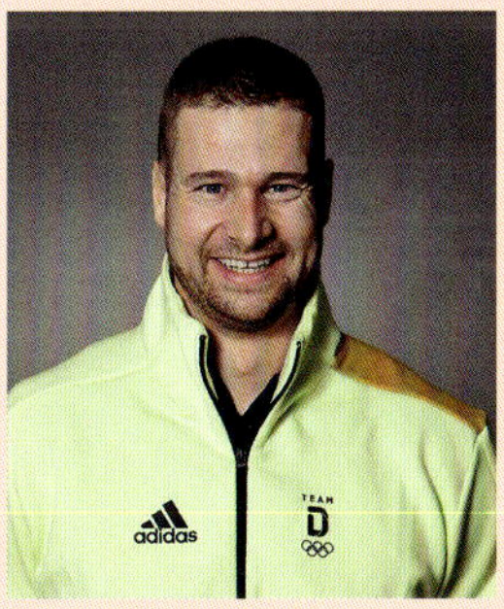
JOHANNES LOCHNER
Bob

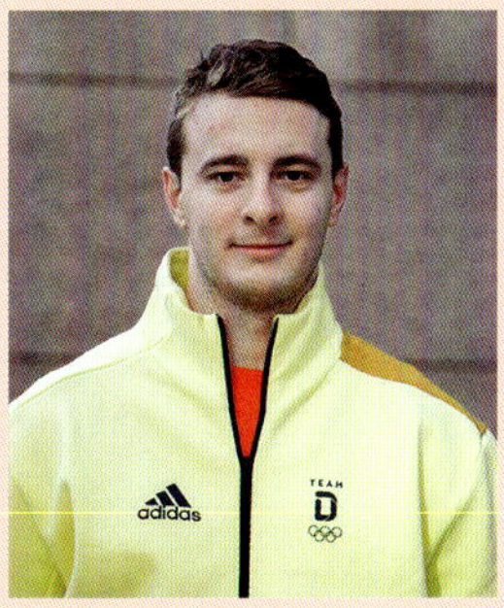
STEFAN LOIBL
Eishockey

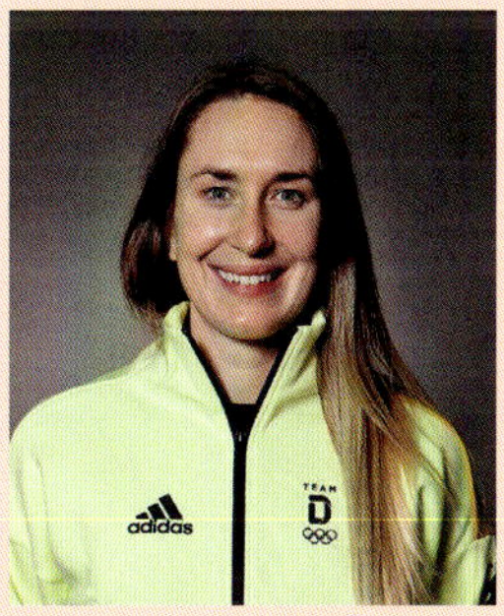
JACQUELINE LÖLLING
Skeleton

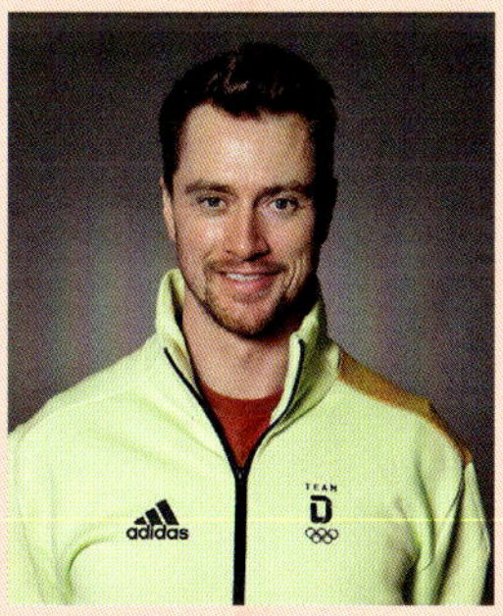
JOHANNES LUDWIG
Rennrodeln

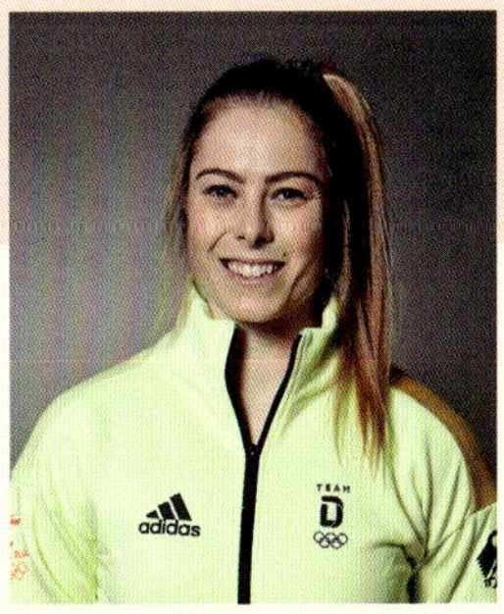
DANIELA MAIER
Ski Freestyle

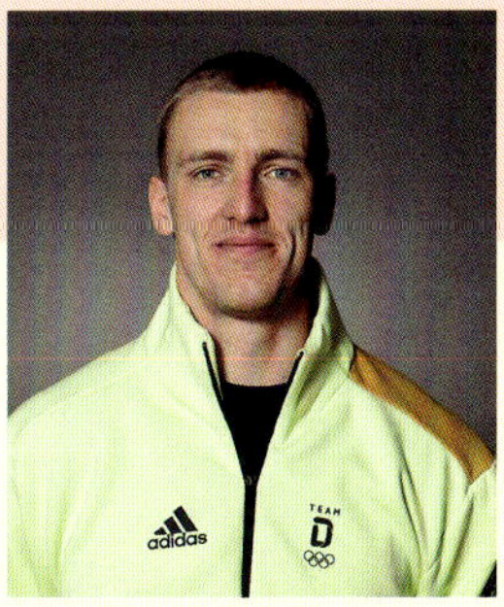
THORSTEN MARGIS
Bob

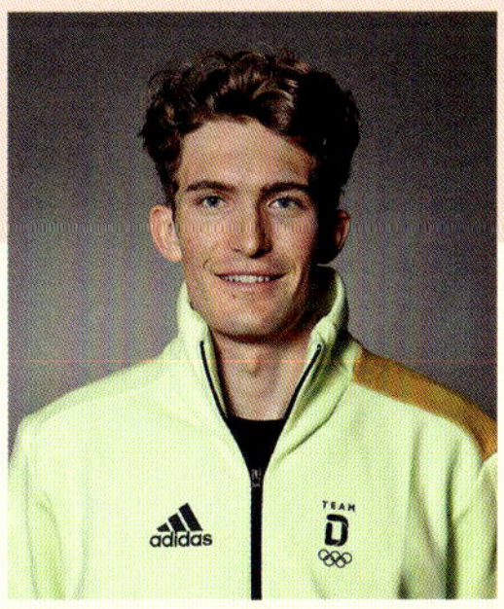
FRIEDRICH MOCH
Skilanglauf

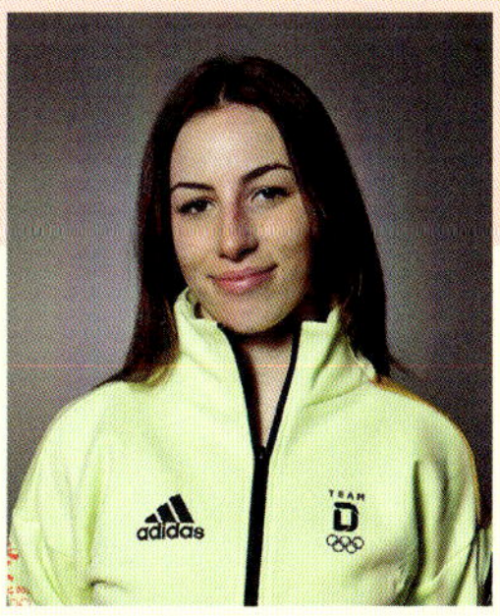
ANNIKA MORGAN
Snowboard

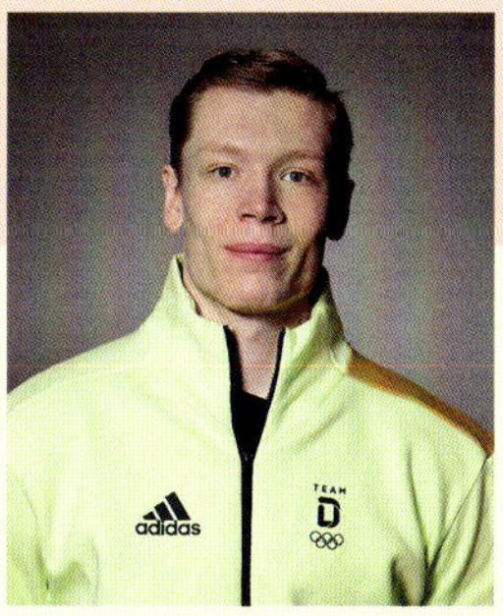
JONAS MÜLLER
Eishockey

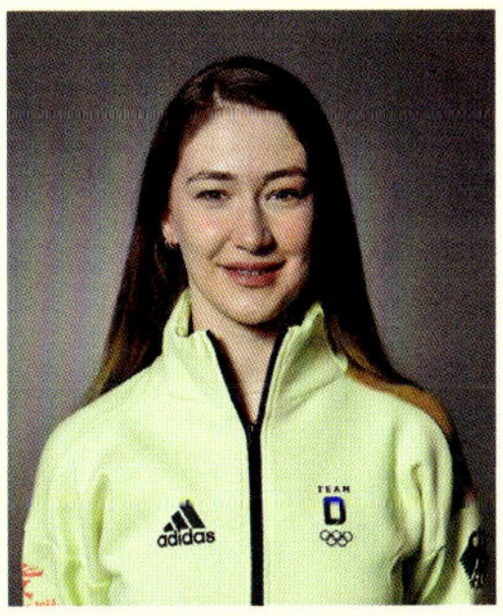
KATHARINA MÜLLER
Eiskunstlauf

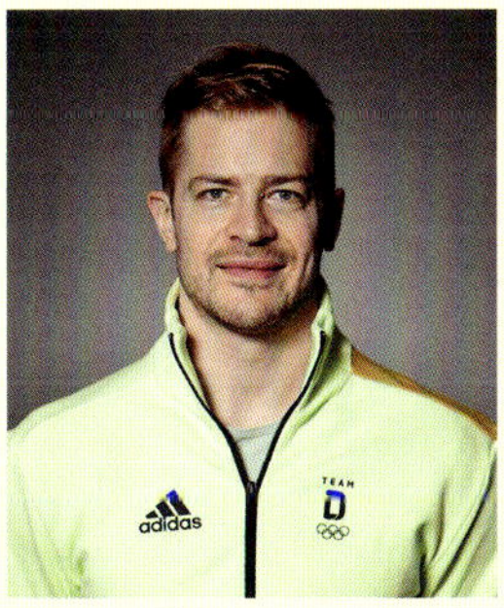
MORITZ MÜLLER
Eishockey

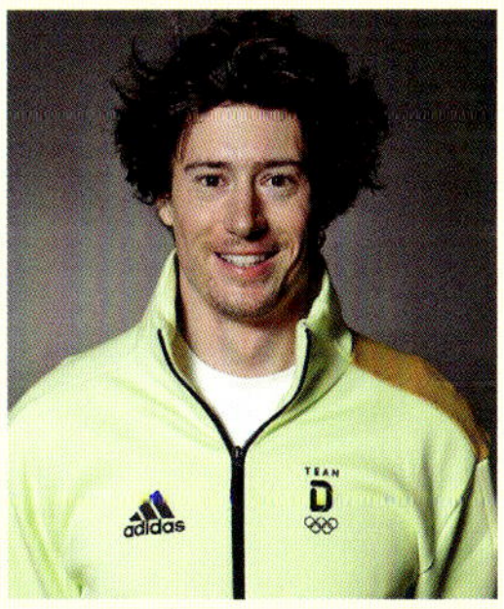
TOBIAS MÜLLER
Ski Freestyle

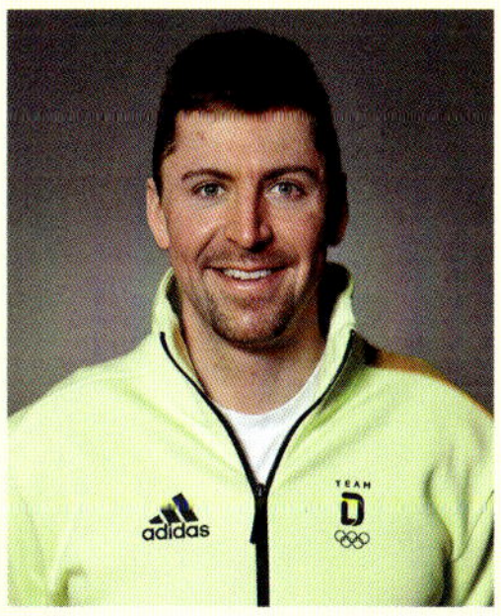
PHILIPP NAWRATH
Biathlon

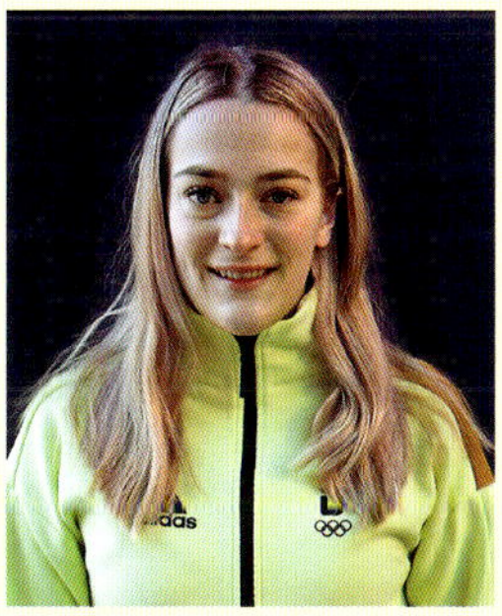
HANNAH NEISE
Skeleton

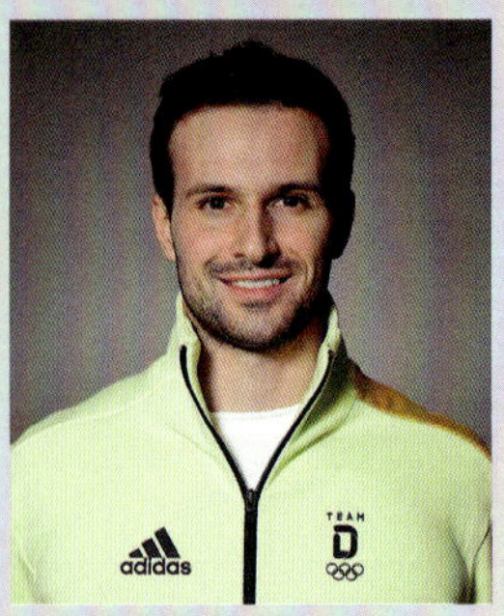
MATHIAS NIEDERBERGER
Eishockey

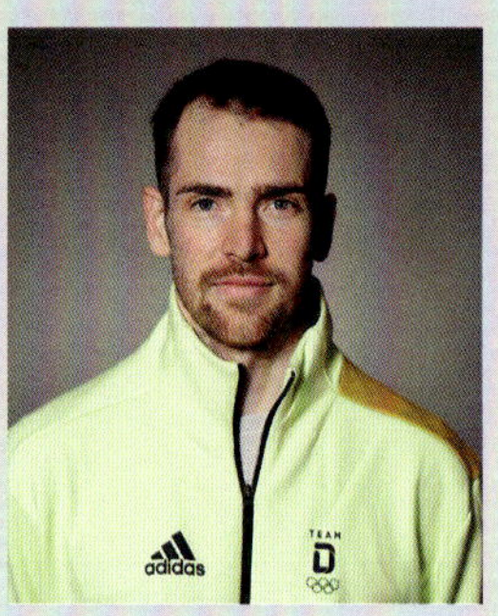
MARCEL NOEBELS
Eishockey

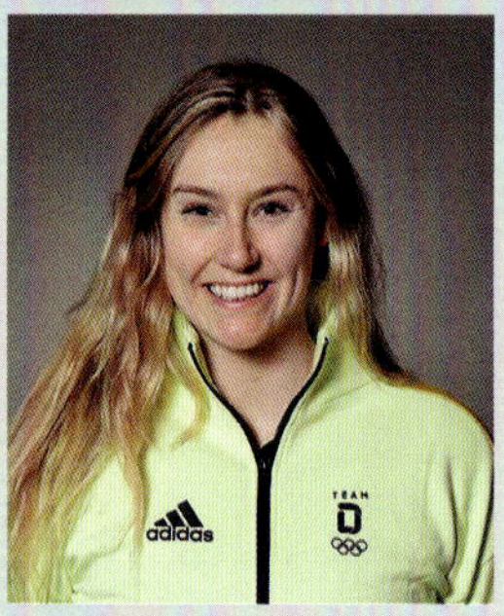
LAURA NOLTE
Bob

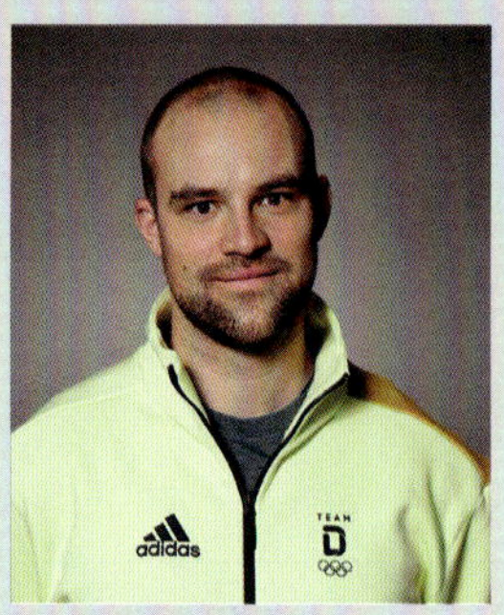
MARTIN NÖRL
Snowboard

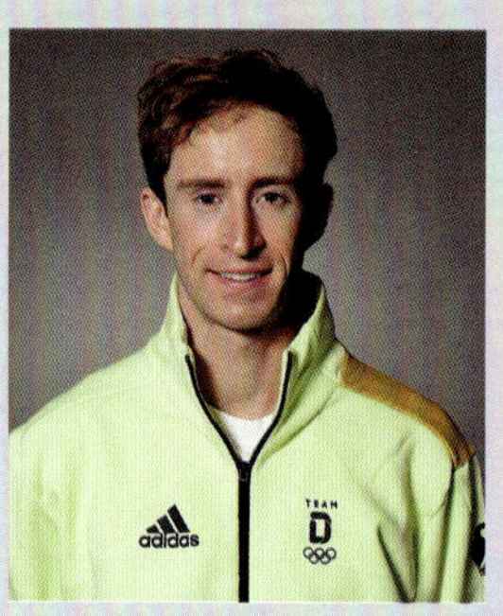
FLORIAN NOTZ
Skilanglauf

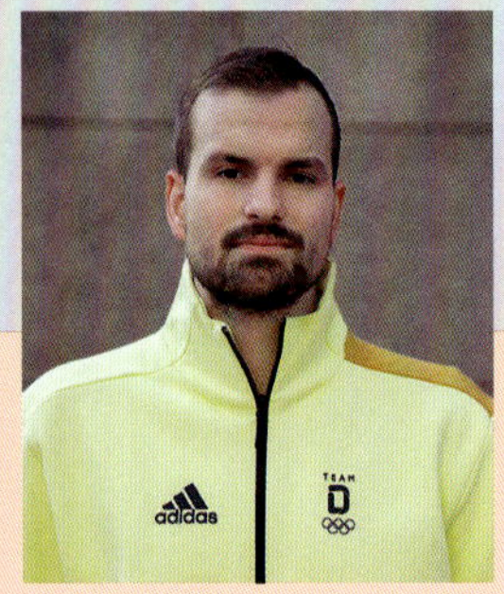
MARCO NOWAK
Eishockey

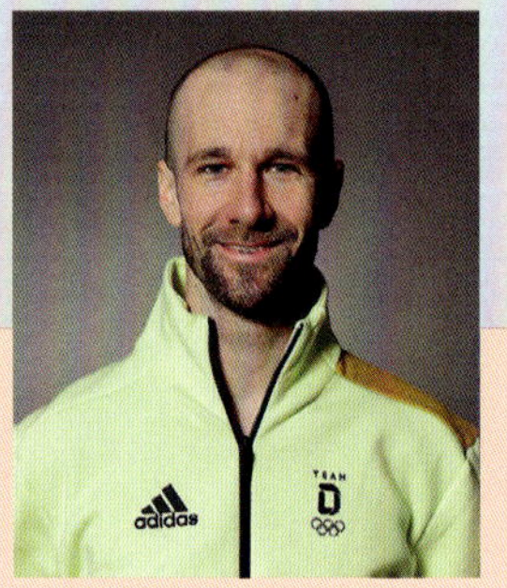
PIUS PASCHKE
Skispringen

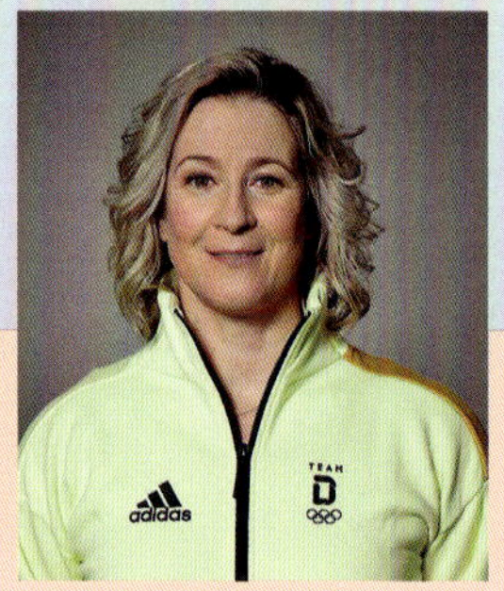
CLAUDIA PECHSTEIN
Eisschnelllauf

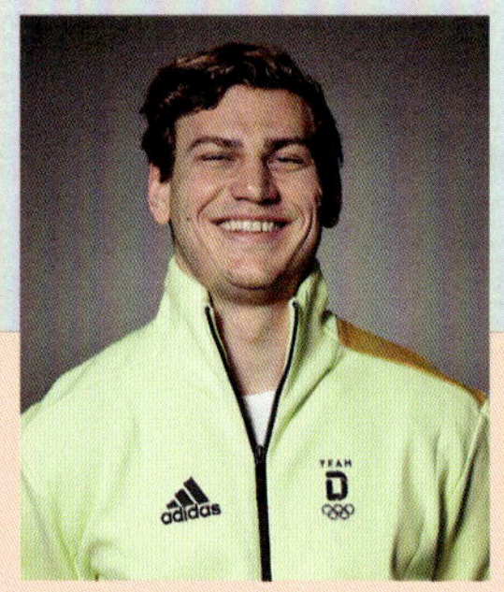
LEONHARD PFÖDERL
Eishockey

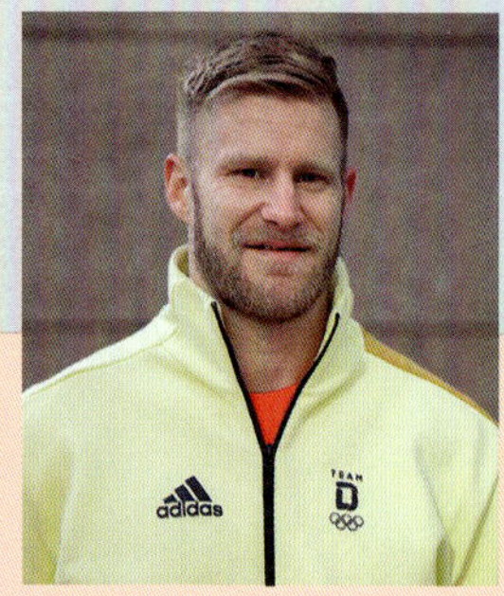
DANIEL PIETTA
Eishockey

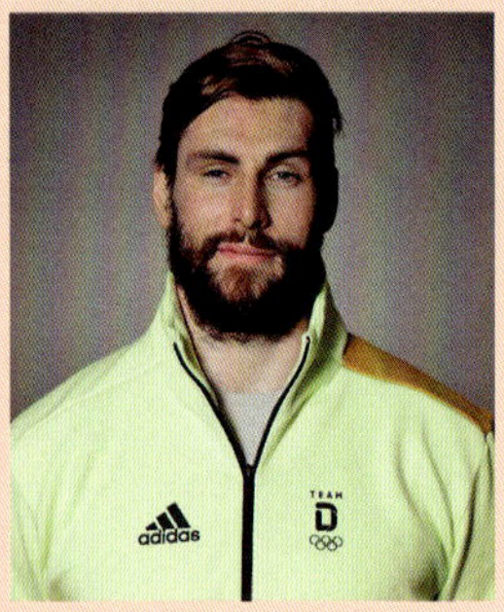
MATTHIAS PLACHTA
Eishockey

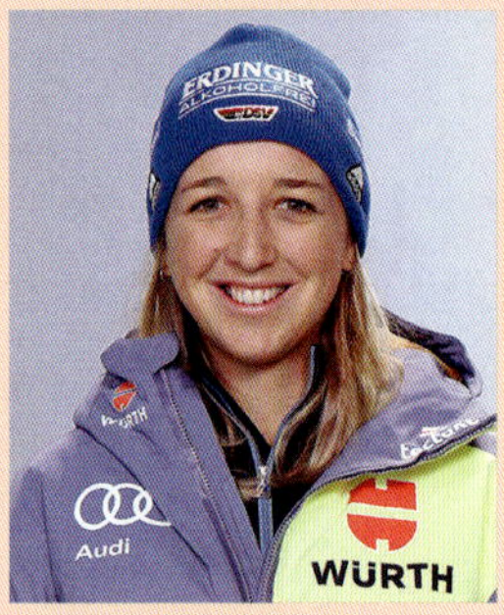
FRANZISKA PREUSS
Biathlon

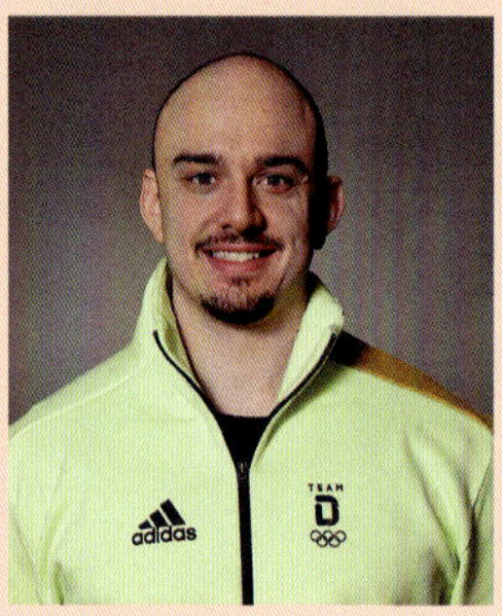
CHRISTIAN RASP
Bob

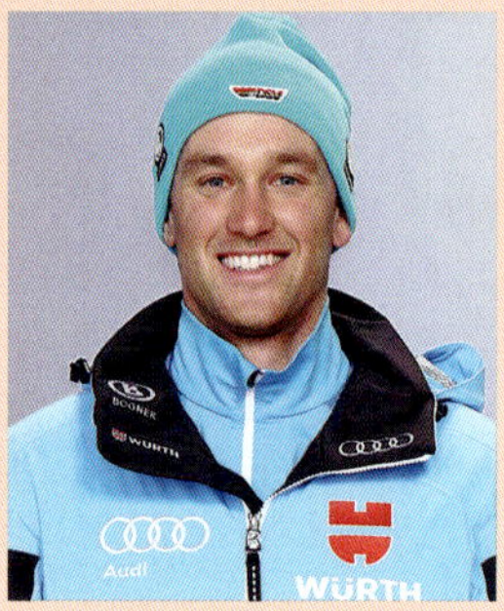
JULIAN RAUCHFUSS
Ski Alpin

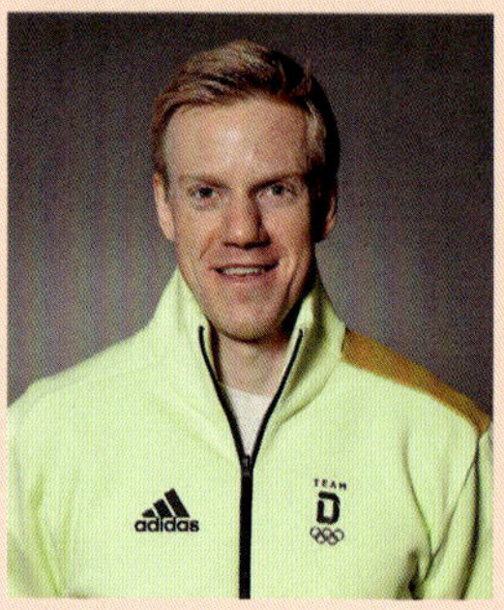
ROMAN REES
Biathlon

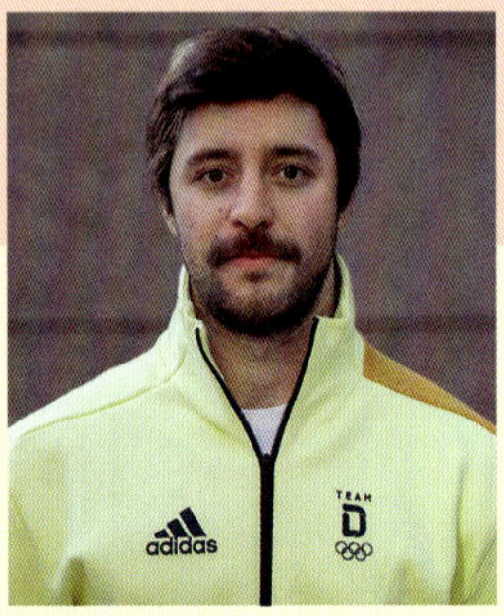
TOBIAS RIEDER
Eishockey

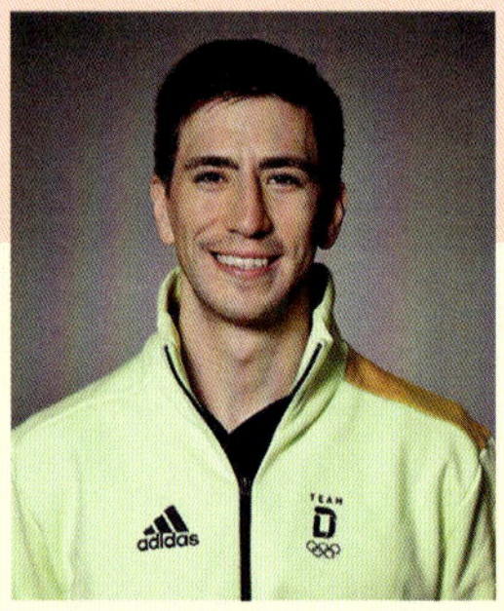
FELIX RIJHNEN
Eisschnelllauf

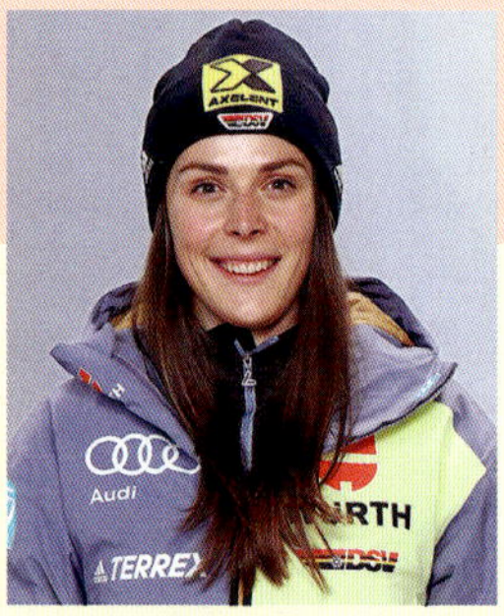
COLETTA RYDZEK
Skilanglauf

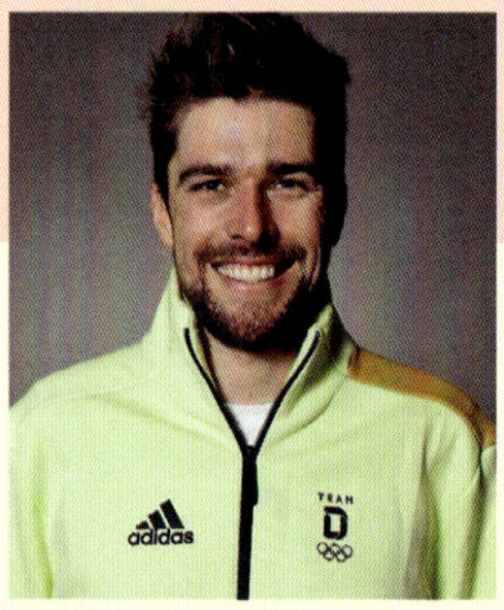
JOHANNES RYDZEK
Nordische Kombination

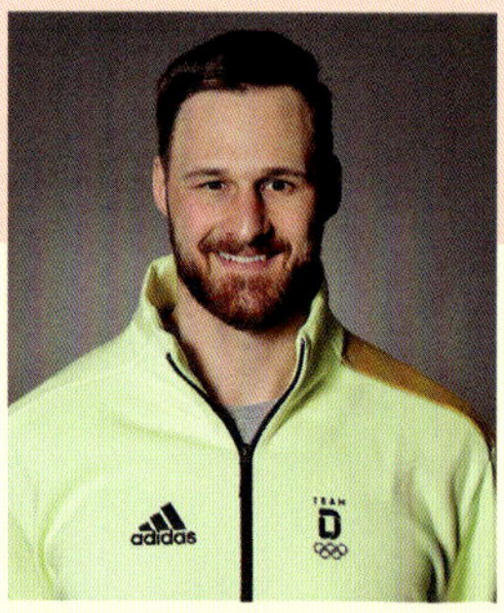
MICHAEL SALZER
Bob

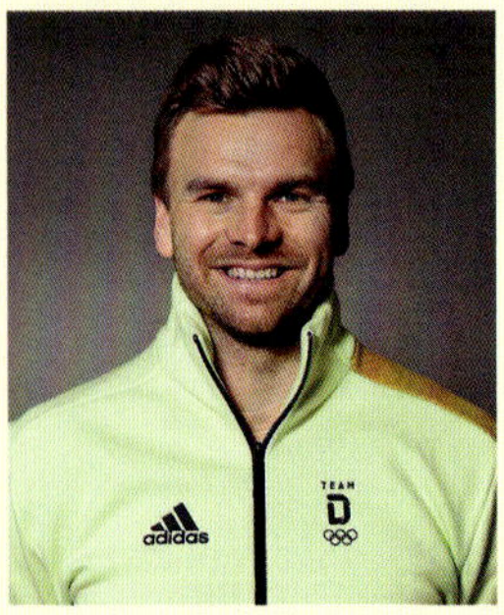
ANDREAS SANDER
Ski Alpin

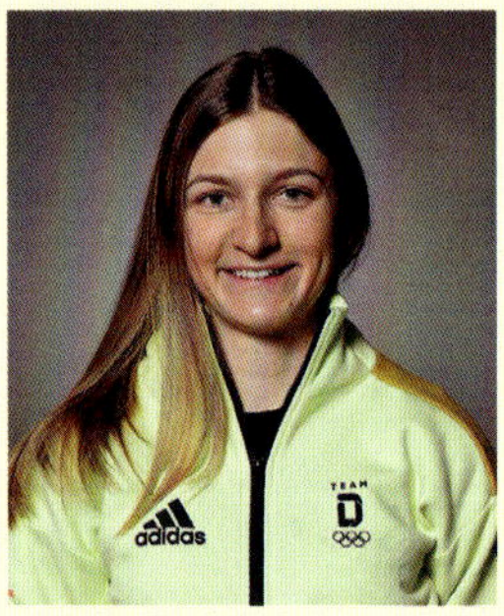
KATHERINE SAUERBREY
Skilanglauf

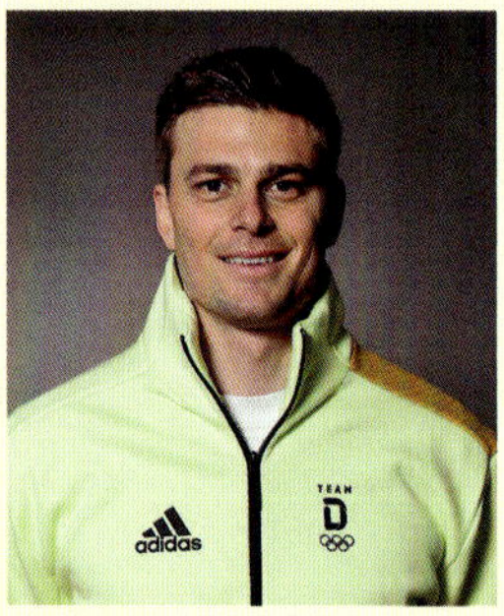
ALEXANDER SCHMID
Ski Alpin

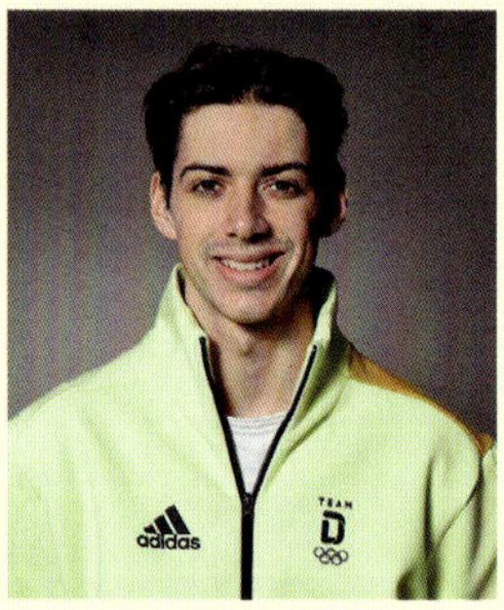
CONSTANTIN SCHMID
Skispringen

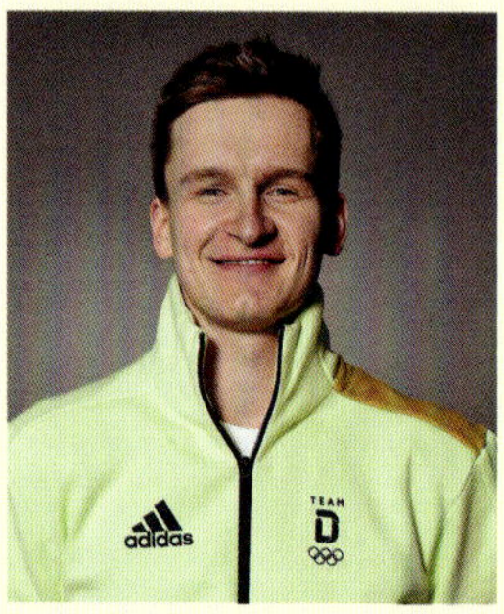
JULIAN SCHMID
Nordische Kombination

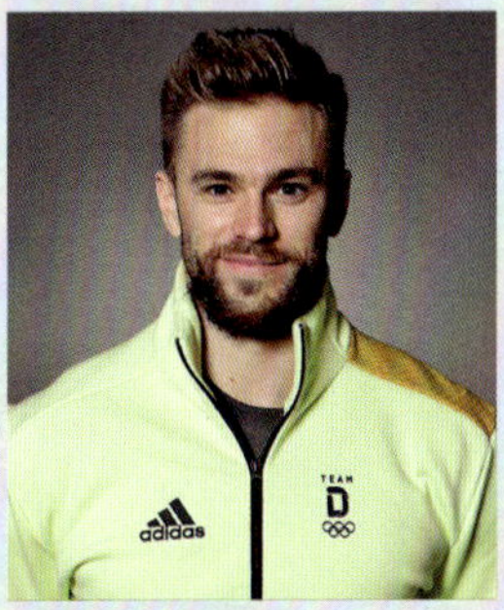

TOBIAS SCHNEIDER
Bob

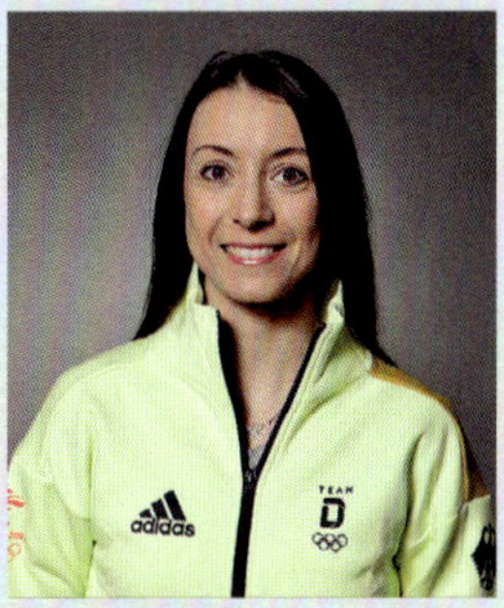

NICOLE SCHOTT
Eiskunstlauf

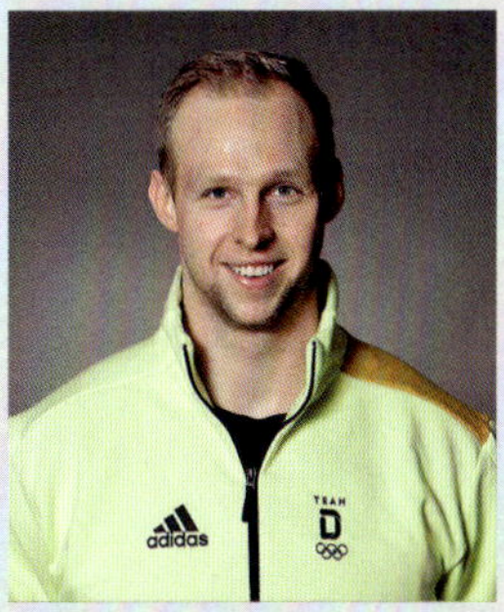

ALEXANDER SCHÜLLER
Bob

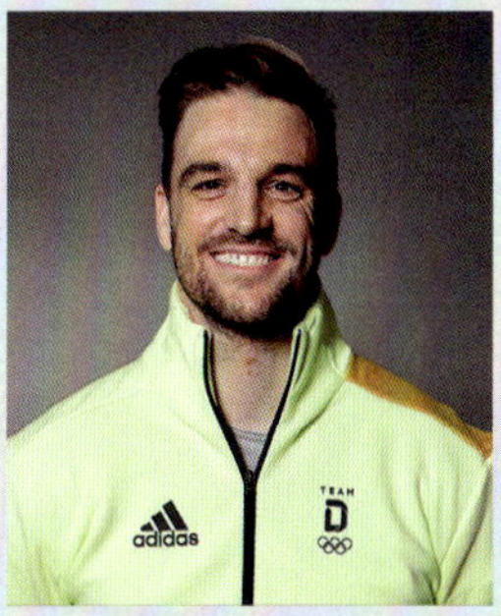

DOMINIK SCHWAIGER
Ski Alpin

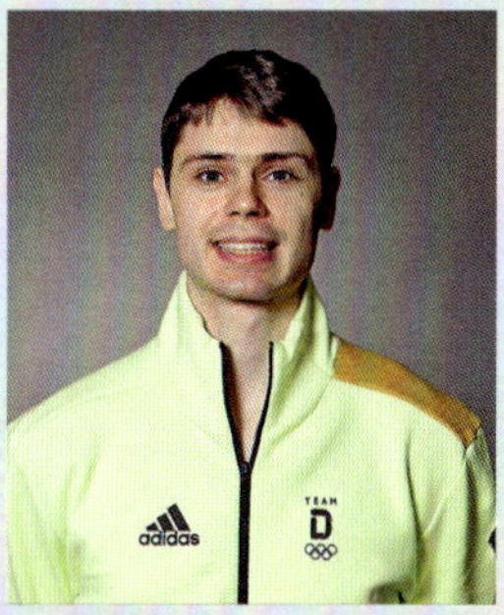

NOLAN SEEGERT
Eiskunstlauf

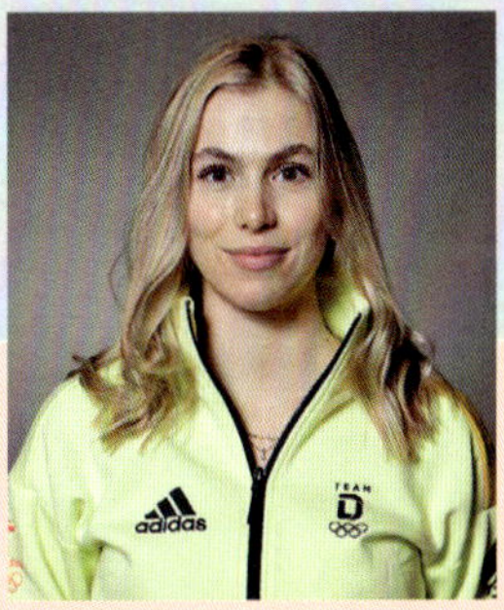

ANNA SEIDEL
Shorttrack

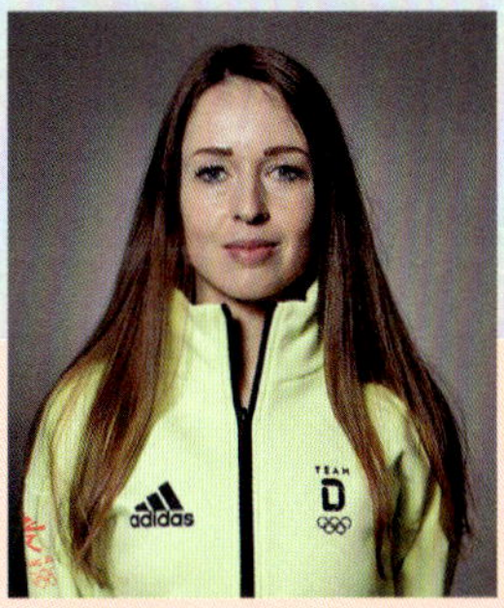

JULIANE SEYFARTH
Skispringen

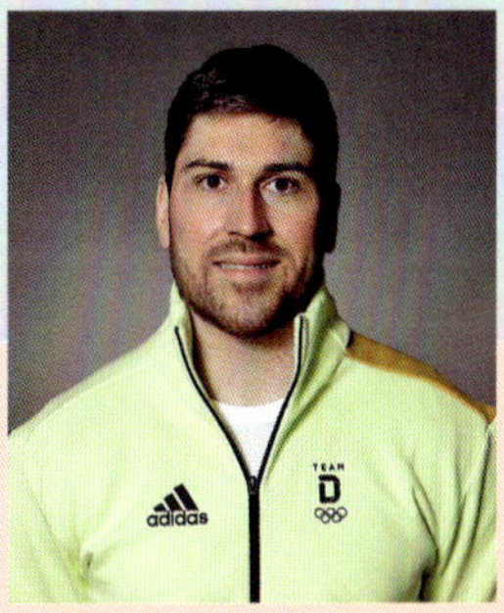

MATTHIAS SOMMER
Bob

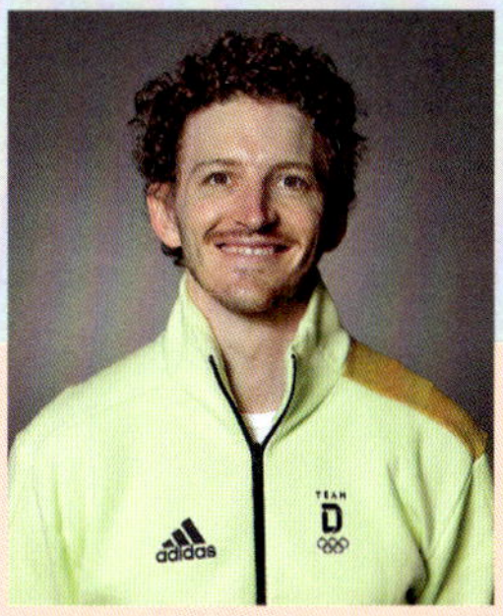

LINUS STRASSER
Ski Alpin

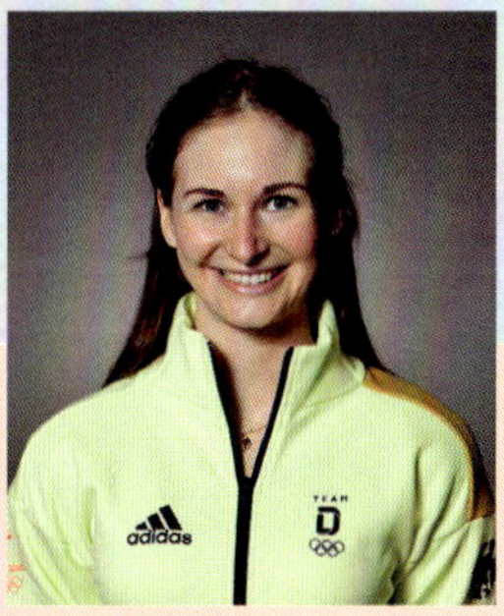

JULIA TAUBITZ
Rennrodeln

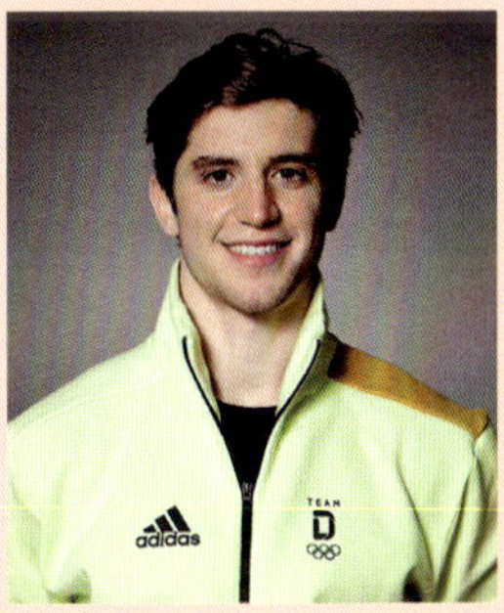

FREDERIK TIFFELS
Eishockey

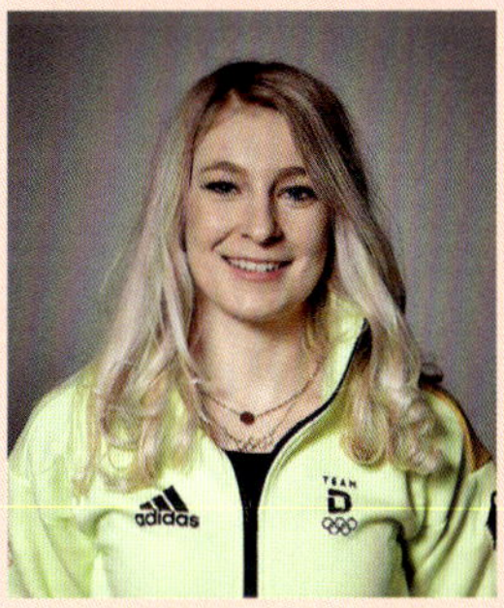

MICHELLE UHRIG
Eisschnelllauf

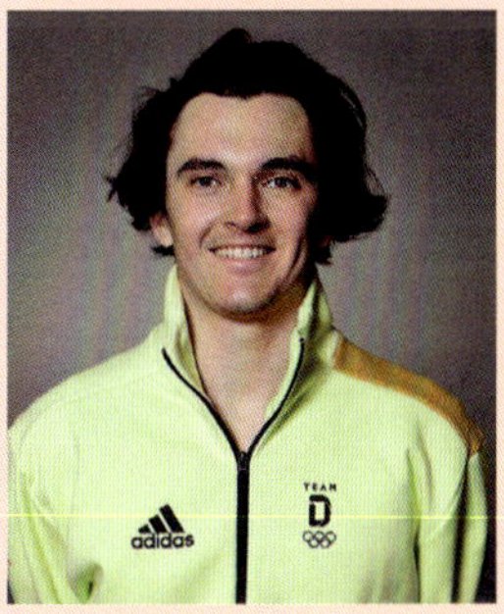

NOAH VICKTOR
Snowboard

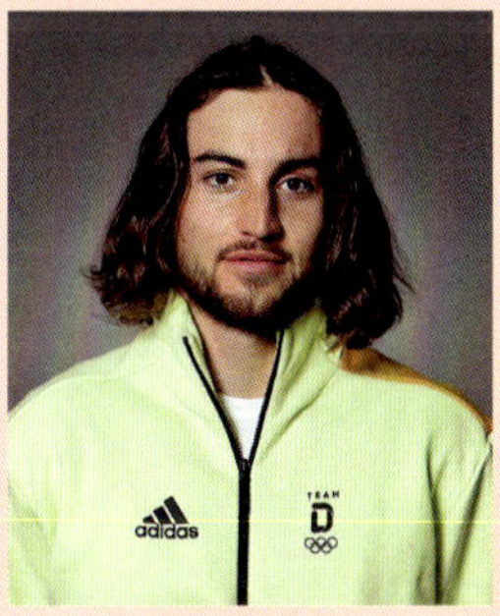

LEON VOCKENSPERGER
Snowboard

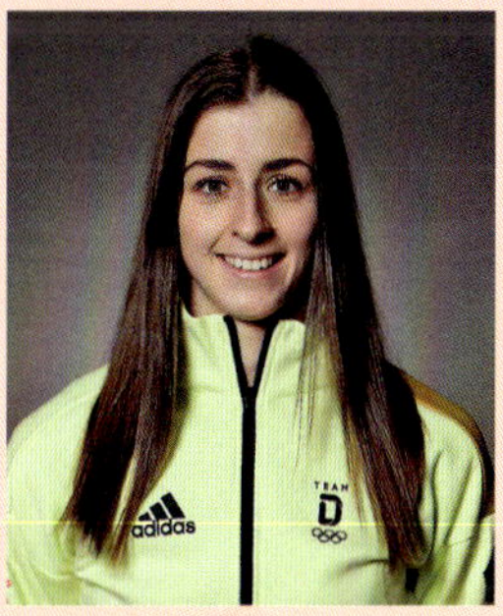

VANESSA VOIGT
Biathlon

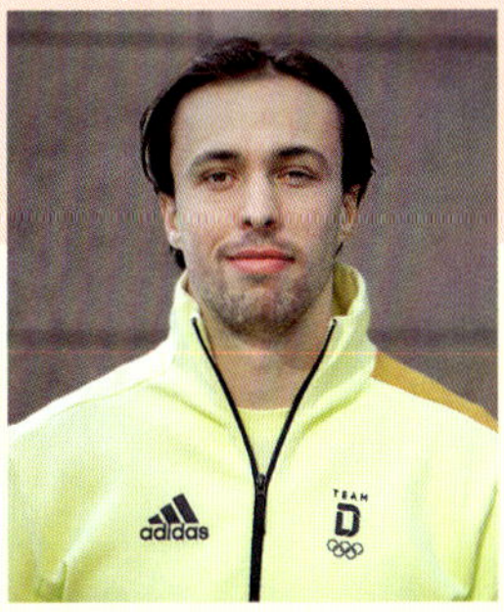

FABIO WAGNER
Eishockey

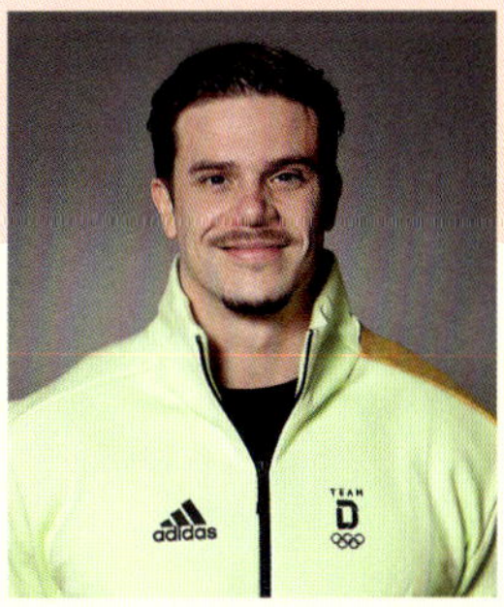

CHRISTOPHER WEBER
Bob

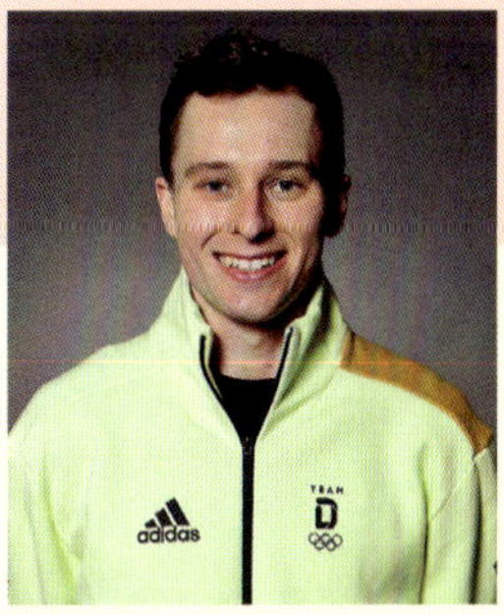

TERENCE WEBER
Nordische Kombination

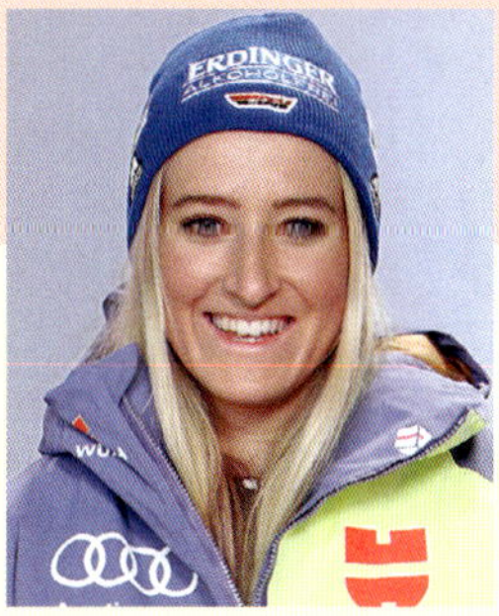

ANNA WEIDEL
Biathlon

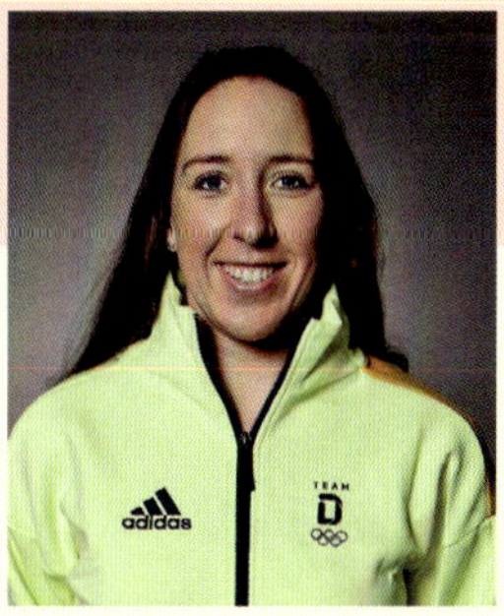

KIRA WEIDLE
Ski Alpin

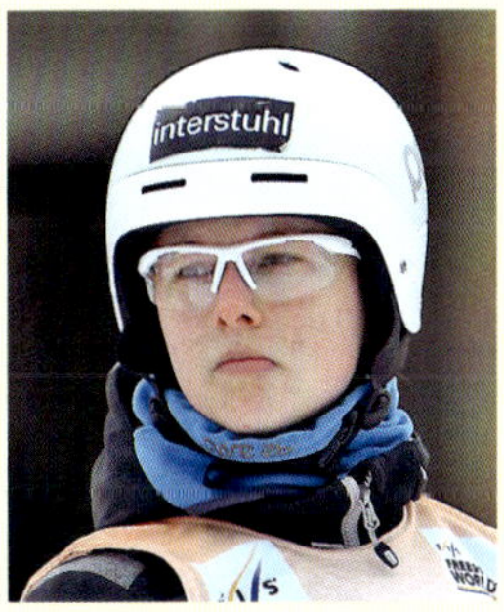

EMMA WEISS
Ski Freestyle

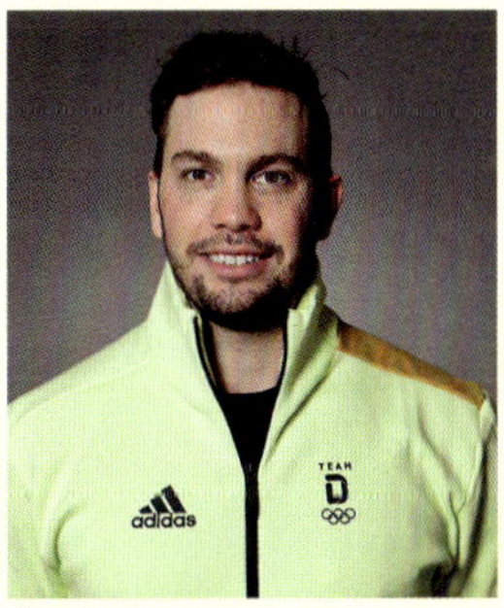

TOBIAS WENDL
Rennrodeln

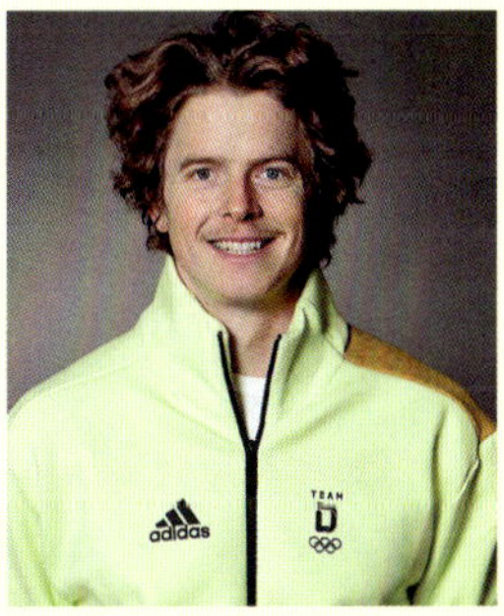

FLORIAN WILMSMANN
Ski Freestyle

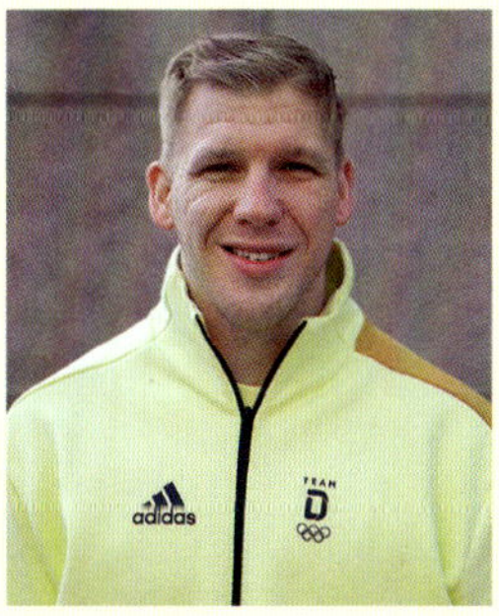

DAVID WOLF
Eishockey

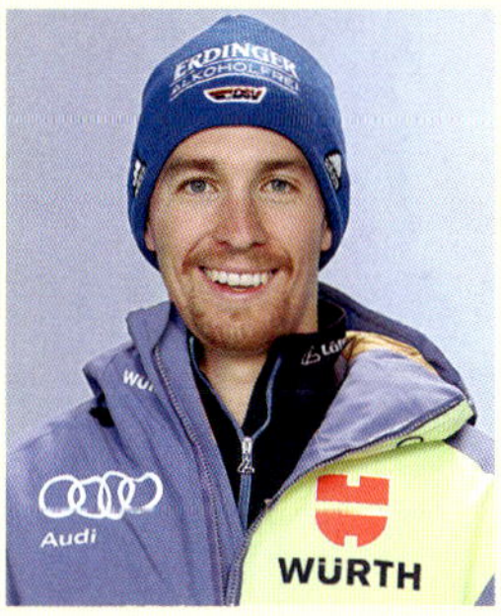

DAVID ZOBEL
Biathlon

TAG 9
SO., 13.02.

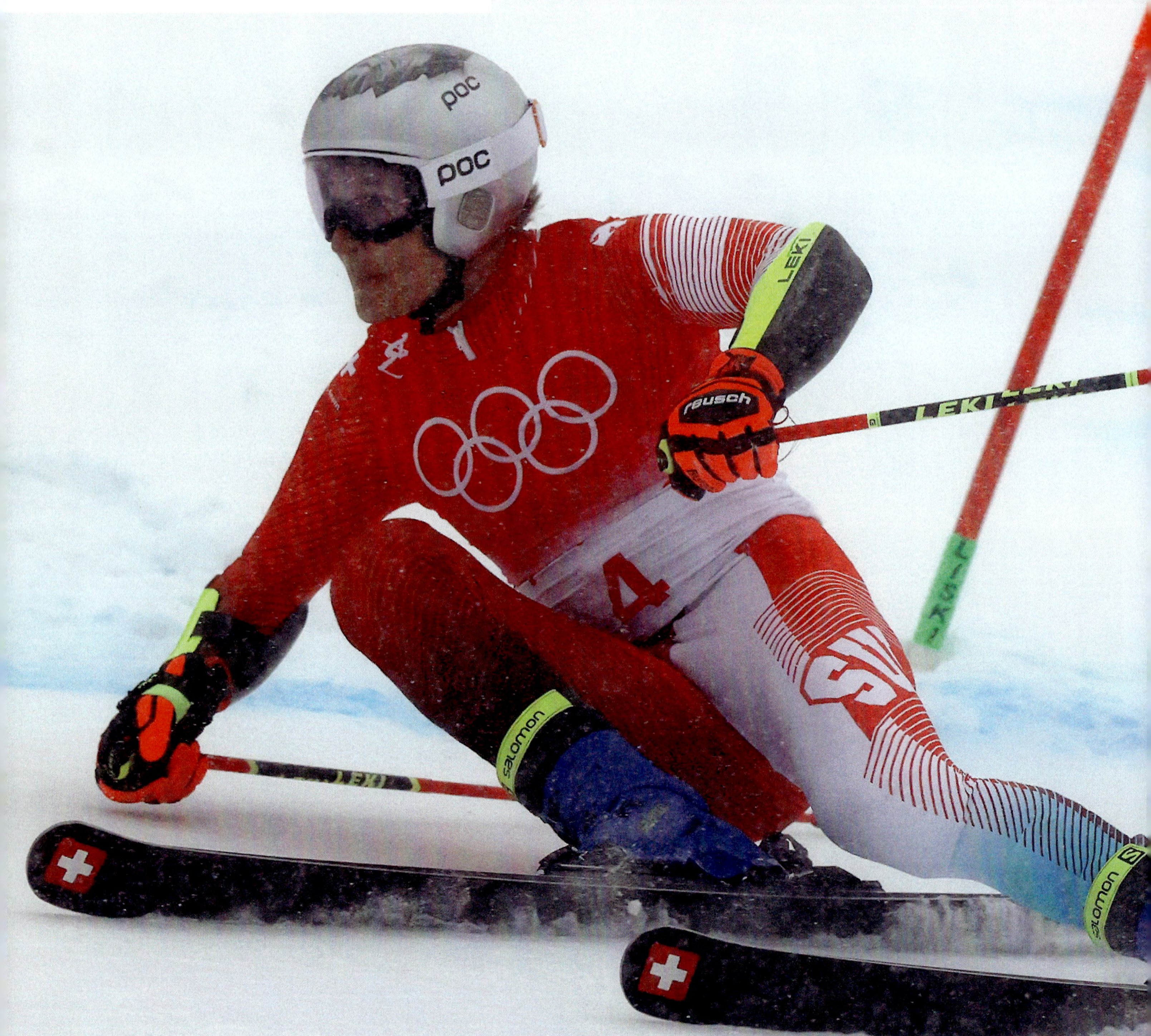

Bei schwierigen äußeren Bedingungen wird der Schweizer Marco Odermatt seiner Favoritenrolle gerecht.

SKI ALPIN

Am neunten Tag der Winterspiele öffnete der Himmel seine Schleusen, mehr oder weniger dichter Schneefall begleitete den Riesenslalom der Männer. Selbst FIS-Renndirektor Markus Waldner griff mit zur Schaufel, um die Piste wieder herzurichten für den um 75 Minuten verschobenen zweiten Durchgang.
Topfavorit Marco Odermatt ließ sich von den widrigen äußeren Bedingungen und den schlechten Sichtverhältnissen auf dem Xiaohaituo Mountain nicht beirren. Mit Bestzeit im ersten und zweitbester Zeit im zweiten Lauf fuhr der 24-jährige Schweizer zu Gold. Der Slowene Zan Kranjec profitierte von den Stürzen des Österreichers Stefan Brennsteiner, Zweiter nach dem ersten Lauf, und dem Patzer des mitfavorisierten Norwegers Henrik Kristoffersen und verbesserte sich mit Bestzeit im zweiten Durchgang vom achten auf den Silberrang. Bronze ging an Weltmeister Mathieu Faivre aus Frankreich.
Marco Odermatt wurde fünf Tage nach seinem Sturz im Super-G diesmal der Favoritenrolle als Gesamtweltcupführender gerecht. Erleichtert sagte er: »Ich habe im zweiten Lauf nochmals alles riskiert. Wieder ein Fehler wie im Super-G, dann stehe ich nicht auf dem Podest, und es hätte wohl geheißen, ich hätte die Nerven nicht.« Als Geheimnis des Erfolges führte er seinen Ausrüstungswechsel zwischen den Läufen an: »Ich nahm einen anderen Ski und auch eine andere Bindung. Dafür braucht es doch etwas Mut, wenn man nach dem ersten Lauf in Führung liegt. Es ist unglaublich, dass mir alles so aufging.«
Andere haderten hingegen mit den Bedingungen. Von einer »Frechheit« sprach gar der Österreicher Manuel Feller, ausgeschieden im zweiten Lauf. »Das war das erste Mal in meiner ganzen Karriere, dass ich zwischen den Durchgängen ein Schläfchen gemacht habe.« Die deutschen Teilnehmer hatten mit der Entscheidung nichts zu tun: Julian Rauchfuss aus Mindelheim wurde 20., Linus Straßer aus München und Alexander Schmid aus Fischen im Allgäu schieden bereits im ersten Durchgang aus.

SKI ALPIN RIESENSLALOM (MÄNNER)

1	Marco Odermatt		SUI	2:09,35 Min.
2	Zan Kranjec		SLO	+ 0,19 Sek.
3	Mathieu Faivre		FRA	+ 1,34

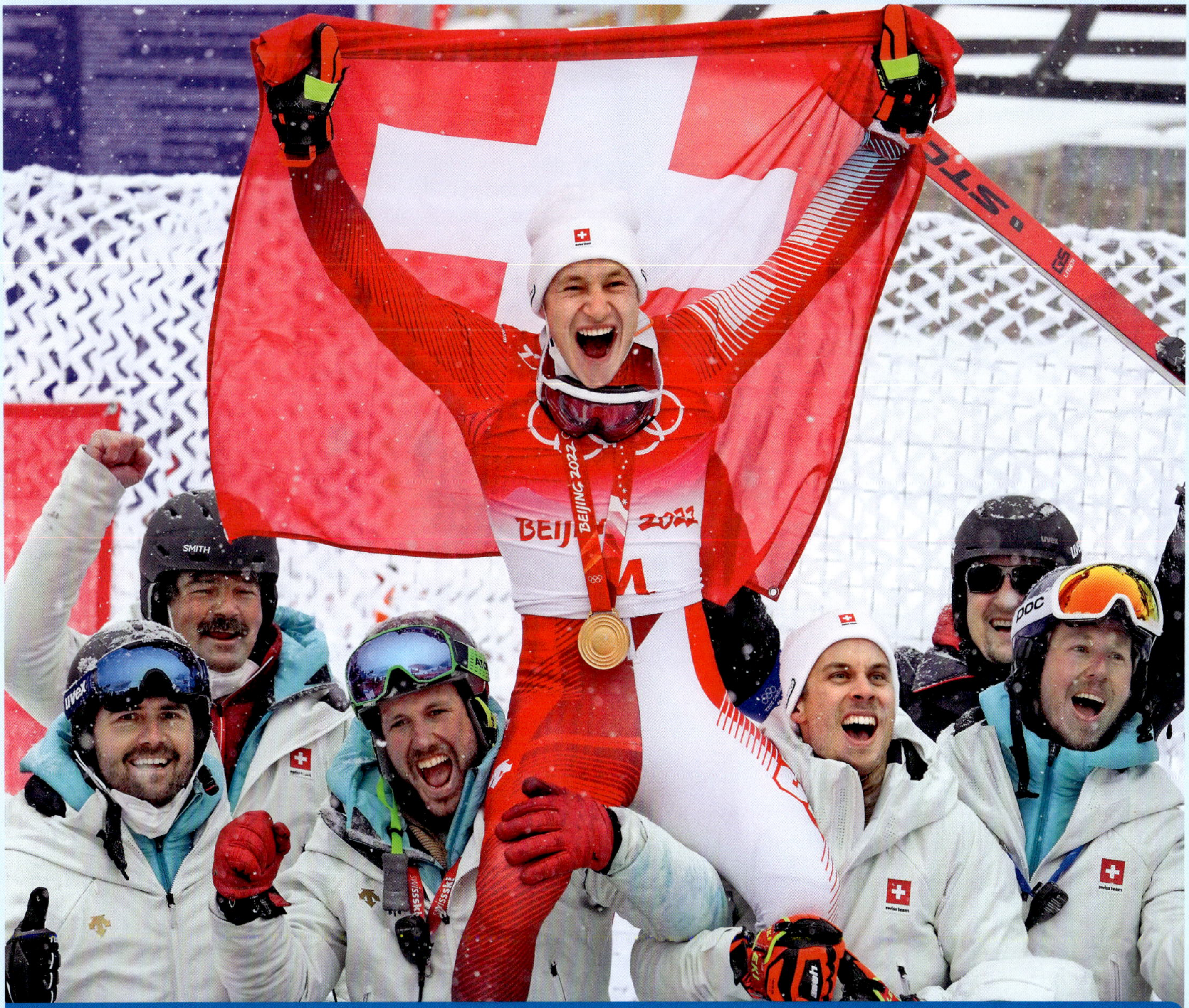

Der neue Olympiasieger Marco Odermatt wird von seinen Schweizer Teamkollegen auf den Schultern getragen.

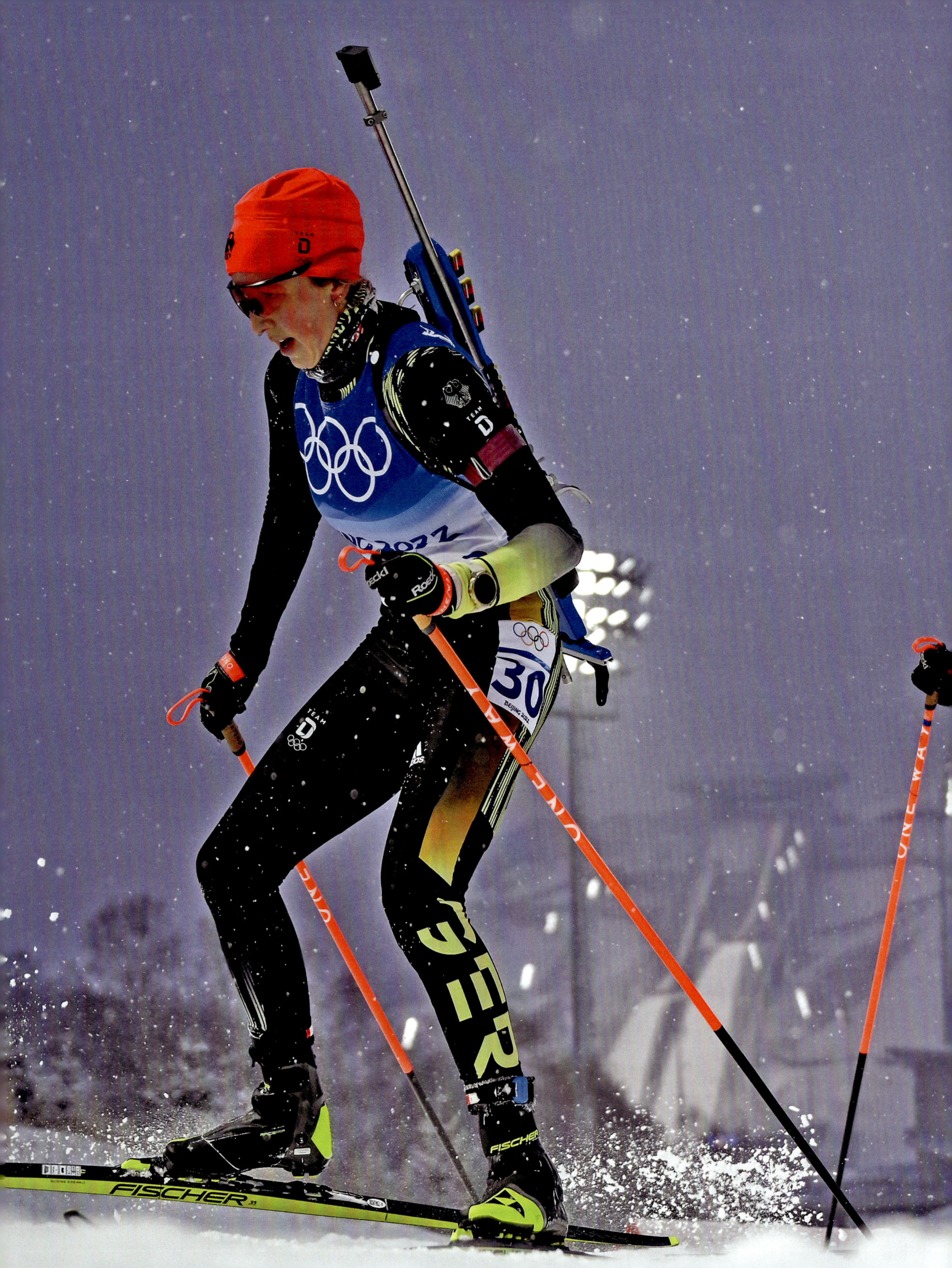

Franziska Preuß, nach dem Sprint noch am Boden zerstört, zeigt in der Verfolgung ein starkes Rennen und verbessert sich um 15 Plätze.

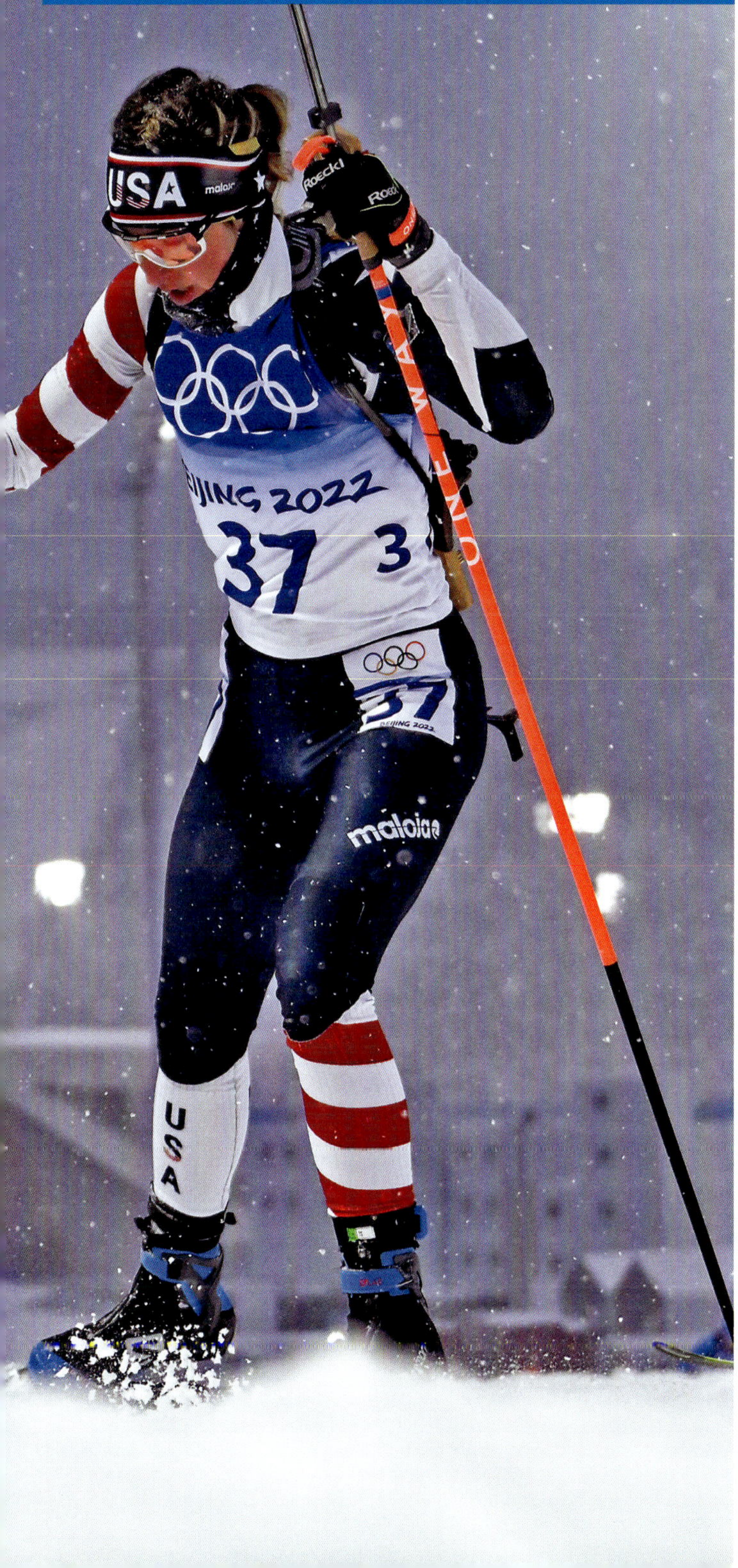

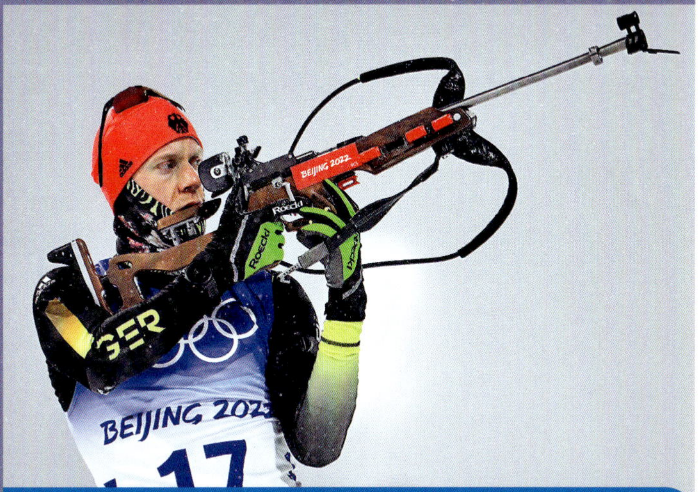

Roman Rees trifft 19 von 20 Scheiben und legt damit den Grundstein für seine Aufholjagd von Rang 17 auf Rang sechs.

BIATHLON

Nach dem schlechtesten Sprintrennen der deutschen Frauen in der Olympiageschichte war vor allem Franziska Preuß untröstlich. »Ich sehe gerade keinen Sinn mehr, noch weiterzumachen«, sagte sie, nachdem sie beim Sprint nur auf Platz 30 gelandet war. 48 Stunden später sah die Welt schon wieder anders aus. In der Verfolgung wandelte Preuß den Frust in Energie um, lief ein beherztes Rennen und leistete sich bei vier Schießeinlagen insgesamt nur einen Fehler. Beim Stehendanschlag, der ihr in den Rennen zuvor viel Kopfzerbrechen bereitet hatte, blieb sie fehlerlos. Preuß, erst kürzlich von einer Coronainfektion genesen, machte so 15 Plätze gut. Auch die anderen deutschen Starterinnen steigerten sich im dichten Schneetreiben von Zhangjiakou. Vanessa Voigt verbesserte sich um sechs Plätze auf Rang zwölf. Denise Herrmann sprang trotz dreier Schießfehler von 22 auf 17, und Vanessa Hinz machte nach einem starken Rennen einen gewaltigen Satz vom 55. auf den 21. Platz. Gold gewann wie schon im Sprint die überragende Marte Olsbu Röiseland. Im Ziel hatte die Norwegerin über eineinhalb Minuten Vorsprung auf die zweitplatzierte Elvira Öberg.
Dagegen erlebte Sprint-Olympiasieger Johannes Thingnes Bö in der Verfolgung ein Desaster. Der Norweger startete mit 35 Sekunden Vorsprung auf Quentin Fillon Maillet und baute seinen Vorsprung nach einem fehlerfreien Liegendschießen zunächst aus. Bei den folgenden drei Schießeinlagen erlaubte sich Bö jedoch sieben Fehler und hatte im Ziel über zwei Minuten Rückstand auf Fillon Maillet, der nach einer fehlerfreien Schießleistung sein zweites Einzel-Gold gewann. Tarjei Bö holte Silber, Eduard Latypov verbesserte sich mit der besten Verfolgungsleistung vom elften auf den Bronzerang. Die deutschen Athleten hatten mit der Medaillenvergabe nichts zu tun. Nach einer hervorragenden Leistung am Schießstand mit nur einem Fehler lief Roman Rees als bester Deutscher von Platz 17 auf Rang sechs vor. Benedikt Doll, nach dem Sprint noch hoffnungsvoller Achter, fiel nach sieben Schießfehlern auf Platz 32 zurück.

BIATHLON 10 KM VERFOLGUNG (FRAUEN)

1	Marte Olsbu Röiseland	NOR	34:46,9 Min. (1 Fehler)
2	Elvira Öberg	SWE	+ 1:36,5 (3)
3	Tiril Eckhoff	NOR	+ 1:48,7 (3)

BIATHLON 12,5 KM VERFOLGUNG (MÄNNER)

1	Quentin Fillon Maillet	FRA	39:07,5 Min. (0 Fehler)
2	Tarjei Bö	NOR	+ 28,6 Sek. (1)
3	Eduard Latypov	ROC	+ 35,3 (1)

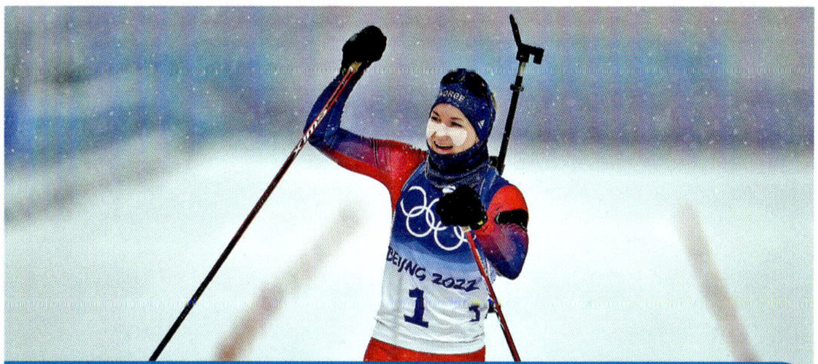

Marte Olsbu Röiseland feiert einen überlegenen Start-Ziel-Sieg und holt damit bereits ihre dritte Goldmedaille bei diesen Winterspielen.

WAS SONST NOCH GESCHAH

Einen Tag nach dem Silbercoup der deutschen Skilangläuferinnen konnten auch die Männer überzeugen. Zu einer Medaille reichte es für Janosch Brugger, Friedrich Moch, Florian Notz und Lucas Bögl im Schneetreiben von Zhangjiakou über 4 x 10 Kilometer zwar nicht. Platz fünf war aber die beste Platzierung einer deutschen Männerstaffel seit der Silbermedaille bei den Winterspielen 2006 in Turin. Zu Frankreich auf dem Bronzerang fehlten 1:39,4 Minuten. Die Russen um Alexander Bolschunov, der zuvor schon Gold im Skiathlon und Silber über 15 Kilometer gewonnen hatte, feierten einen Start-Ziel-Sieg. Startläufer Brugger wechselte überraschend als Zweiter zu Moch, der noch Kontakt zu den Medaillenrängen halten konnte. Nach dem Wechsel vom klassischen auf den freien Stil musste der gesundheitlich angeschlagene Notz jedoch abreißen lassen. Schlussläufer Bögl verteidigte den fünften Rang.

Favoritensiege gab es in den drei Eiswettbewerben, die allesamt ohne deutsche Beteiligung stattfanden. Im Shorttrack führte die Niederländerin Suzanne Schulting, zuvor schon Olympiasiegerin über 1000 und Silbergewinnerin über 500 Meter, ihre Staffel zum Sieg. Die 24-Jährige dominierte im fliegenden Wechsel mit ihren Kolleginnen Selma Poutsma, Xandra Velzeboer und Yara van Kerkhof das Rennen von Beginn an, als Schlussläuferin fuhr sie noch einen Olympischen Rekord heraus. Der Ungar Shaoang Liu nutzte im Finale über 500 Meter den Startvorteil auf der Innenbahn und durfte sich nach den dritten Plätzen über 1000 Meter und in der Mixed-Staffel über den Sieg freuen. Wu Dajing, der 2018 in Pyeongchang die einzige Goldmedaille für China gewonnen hatte, verpasste bei seinem Heimrennen das A-Finale.

Im Eisschnelllaufsprint setzte sich die US-Amerikanerin Erin Jackson vor der Japanerin Miho Takagi durch, die sich sieben Tage zuvor über 1500 Meter ebenfalls mit Silber zufriedengeben musste. Die in Florida beheimatete Jackson feierte einst große Erfolge im Inlineskaten, erst im Alter von 23 Jahren stand sie im Winter 2016/17 erstmals in ihrem Leben auf Eis.

SKILANGLAUF 4 x 10 KM STAFFEL (MÄNNER)

1	ROC	ROC	1:54:50,7 Std.
2	Norwegen	NOR	+ 1:07,2 Min.
3	Frankreich	FRA	+ 1:16,4

SHORTTRACK 500 METER (MÄNNER)

1	Shaoang Liu	HUN	40,338 Sek.
2	Konstantin Ivlijev	ROC	+ 0,093
3	Steven Dubois	CAN	+ 0,331

SHORTTRACK 3000 METER STAFFEL (FRAUEN)

1	Niederlande	NED	4:03,409 Min.
2	Südkorea	KOR	+ 0,218 Sek.
3	China	CHN	+ 0,454

EISSCHNELLLAUF 500 METER (FRAUEN)

1	Erin Jackson	USA	37,04 Sek.
2	Miho Takagi	JPN	+ 0,08
3	Angelina Golikowa	ROC	+ 0,17

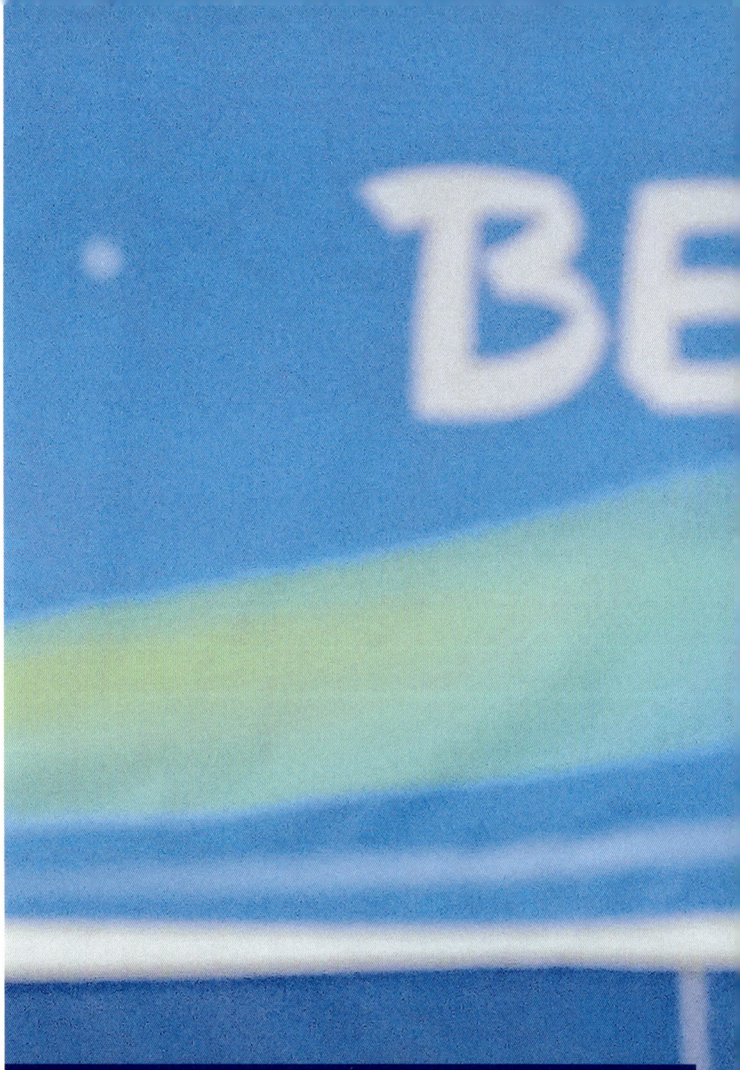

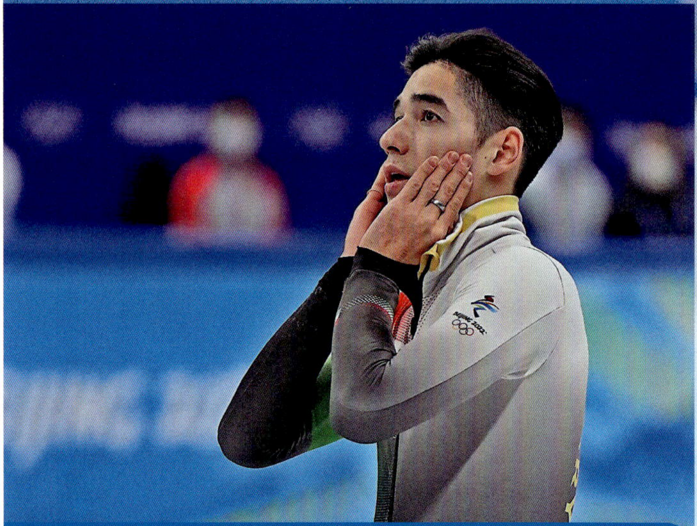

Blick auf die Anzeigetafel: Der Ungar Shaoang Liu kann kaum fassen, dass sein Name auf Position 1 erscheint.

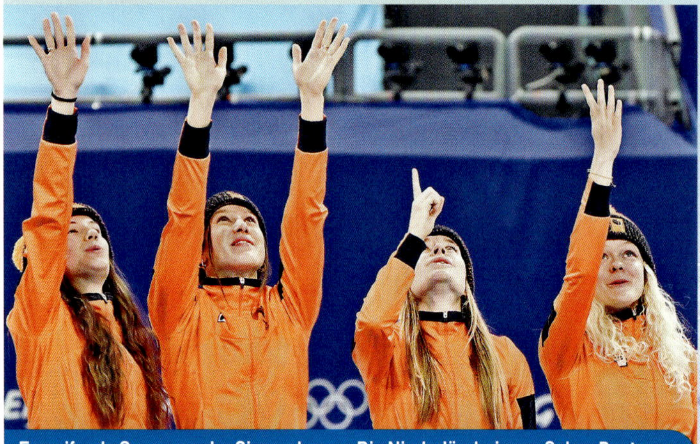

Ergreifende Szene vor der Siegerehrung: Die Niederländerinnen Selma Poutsma, Suzanne Schulting, Yara van Kerkhof und Xandra Velzeboer (von links) widmen die Goldmedaille ihrer 2020 verstorbenen Teamkollegin Lara van Ruijven.

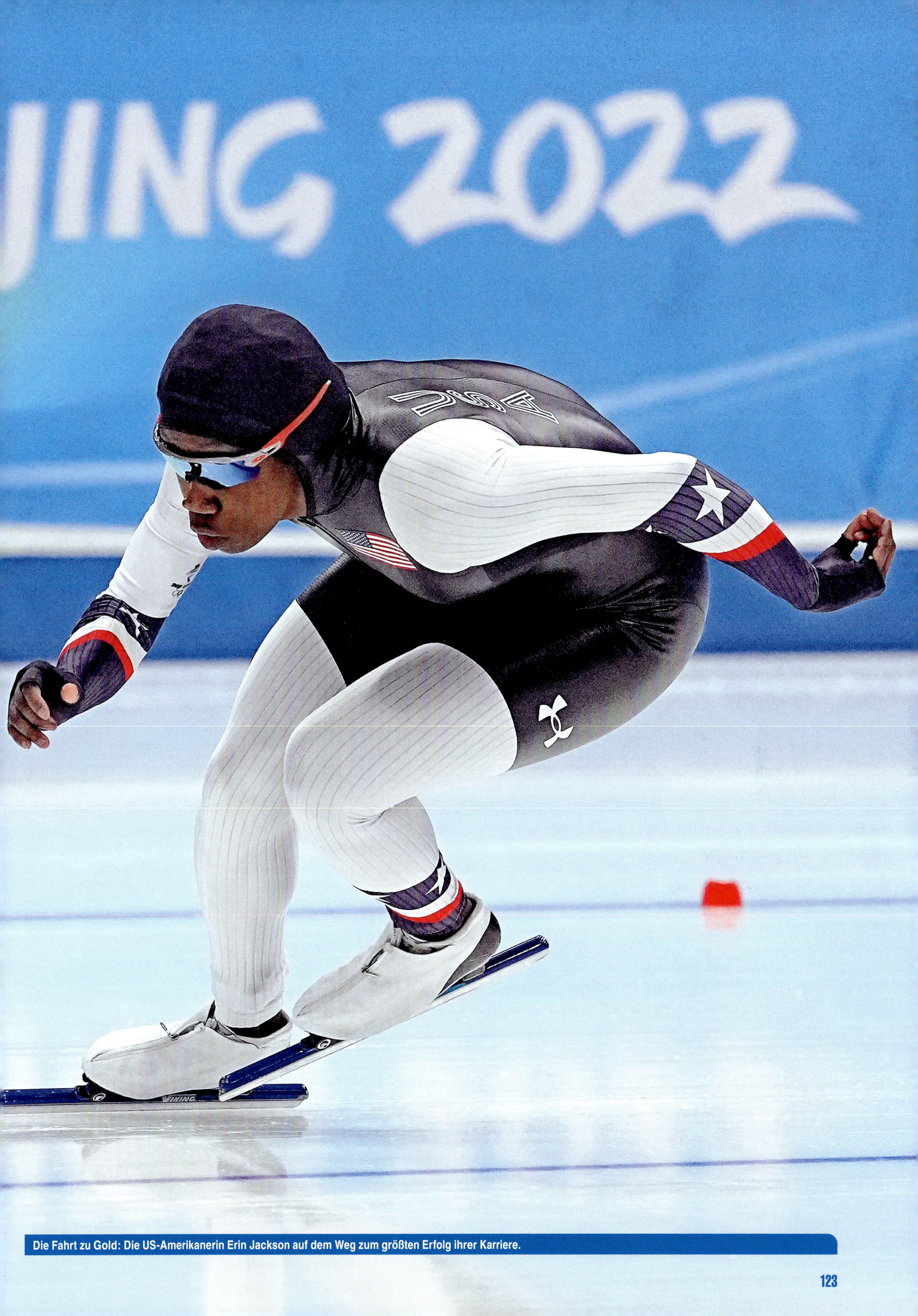

Die Fahrt zu Gold: Die US-Amerikanerin Erin Jackson auf dem Weg zum größten Erfolg ihrer Karriere.

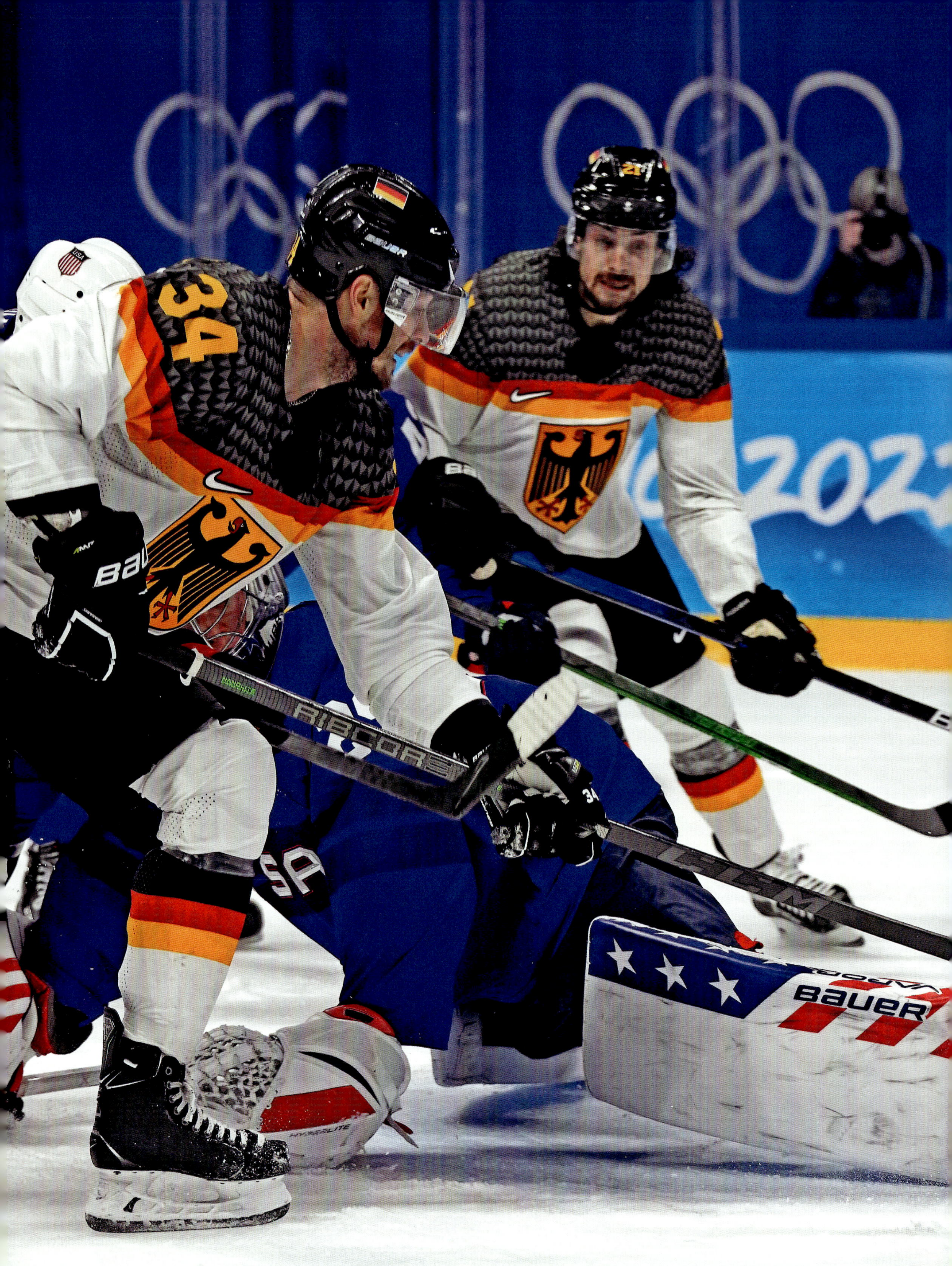

Tom Kühnhackl (links) überwindet US-Torwart Drew Commesso zum 2:3-Anschlusstor, der Ausgleich will danach aber nicht mehr fallen.

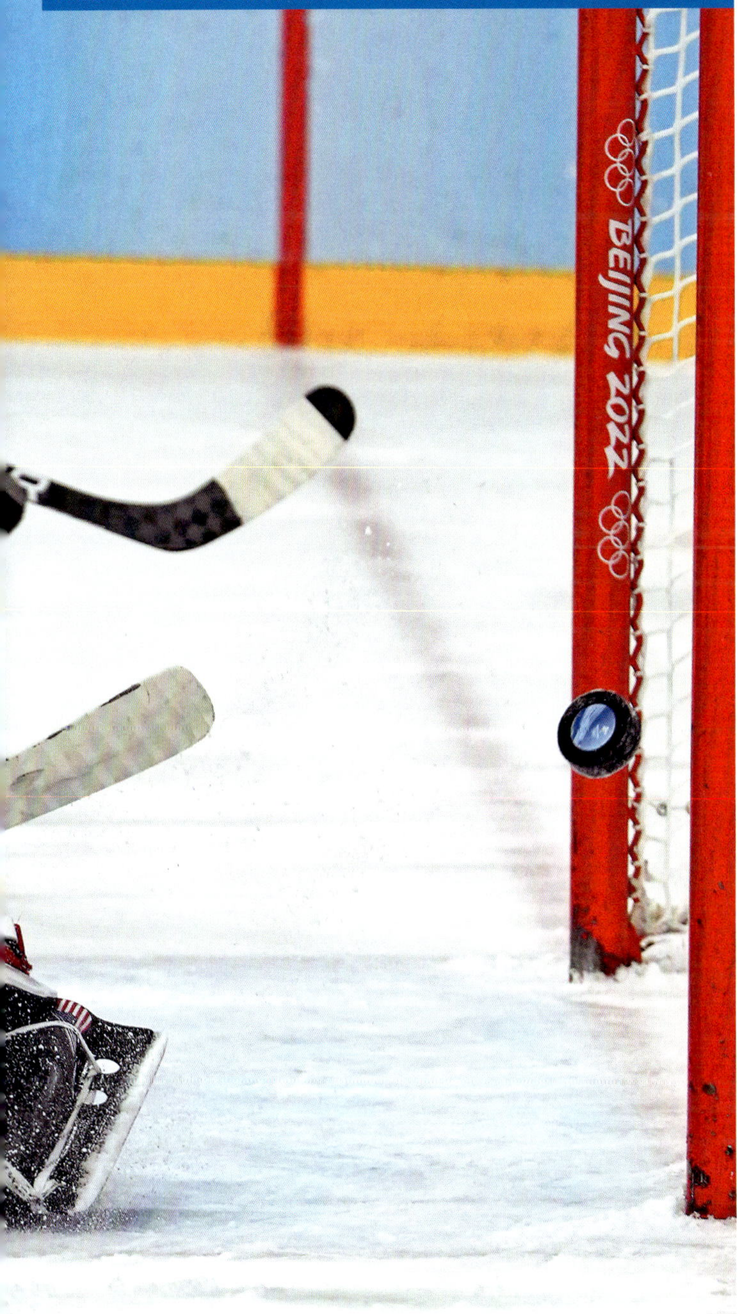

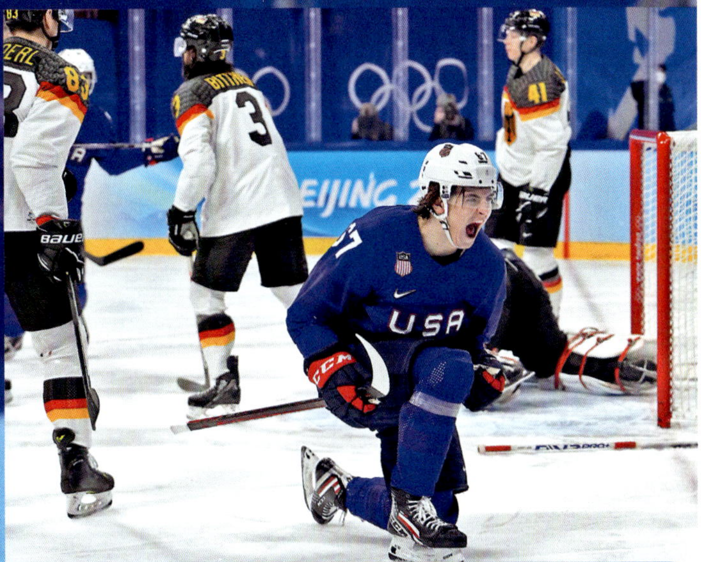

Im Mitteldrittel geben die leichtfüßigeren Amerikaner den Ton an. Matthew Knies feiert seinen Treffer zum zwischenzeitlichen 2:1.

EISHOCKEY

Den hohen Erwartungen, die sich aus dem sensationellen Gewinn der Silbermedaille bei den Winterspielen 2018 in Pyeongchang speisten, konnte die deutsche Nationalmannschaft bei ihren ersten beiden Auftritten in Peking noch nicht gerecht werden. Weder bei der 1:5-Niederlage gegen Kanada noch beim 3:2-Zittersieg gegen China erweckte die Auswahl von Trainer Toni Söderholm den Eindruck, erneut um die Medaillen mitspielen zu können. Gegen die USA, das bis dato beste Team des Turniers, setzte der Finne einen Impuls mit neu sortierten Angriffsreihen. Und die DEB-Auswahl begann stark. Schon nach zwei Minuten traf der von Matthias Plachta herrlich in Szene gesetzte Patrick Hager in Überzahl zur Führung. Zwar glichen die Amerikaner nur kurze Zeit später durch einen gewaltigen Schlagschuss von Steven Kampfer aus, doch das deutsche Team blieb dran, arbeitete gut in der eigenen Zone, präsentierte sich renitent in den Zweikämpfen und spielte schnörkellos nach vorn. Erst im Mitteldrittel setzte sich die läuferische und technische Überlegenheit der jungen Amerikaner, deren Team vor allem aus hochbegabten College-Spielern bestand, zunehmend durch. Matthew Knies traf aus kurzer Distanz zum 2:1, die DEB-Auswahl kam nur noch sporadisch vors Tor. Nach einem individuellen Fehler von Jonas Müller erhöhte Nathan Smith zu Beginn des Schlussdrittels auf 3:1. Die Söderholm-Schützlinge steckten jedoch nicht auf. Auch weil die Amerikaner ihren Überschwang gegen einen kühlen Pragmatismus eintauschten, kamen die Deutschen zu mehr Spielanteilen und brachten endlich auch wieder vermehrt Scheiben zum Tor. Der stark nachsetzende Tom Kühnhackl verkürzte zweieinhalb Minuten vor Schluss auf 2:3, und als Danny aus den Birken sein Tor für einen zusätzlichen Feldspieler geräumt hatte, lag sogar der Ausgleich in der Luft. Er fiel zwar nicht, doch dieser Auftritt machte Mut für das Viertelfinal-Qualifikationsspiel gegen die Slowakei.

USA – Deutschland 3:2 (1:1, 1:0, 1:1)
Tore: 0:1 Hager (2. Minute), 1:1 Kampfer (5.), 2:1 Knies (25.), 3:1 Smith (43.), 3:2 Kühnhackl (58.);
Strafminuten: USA 12 – Deutschland 10

EISHOCKEY (MÄNNER)

VORRUNDE, 3. SPIELTAG

Gruppe A				
China – Kanada 0:5				
USA – Deutschland 3:2				
1.	USA	3	15:4	9
2.	Kanada	3	12:5	6
3.	Deutschland	3	6:10	3
4.	China	3	2:16	0
Gruppe C				
Slowakei – Lettland 5:2				
Finnland – Schweden 4:3 n.V.				
1.	Finnland	3	13:6	8
2.	Schweden	3	10:7	7
3.	Slowakei	3	8:12	3
4.	Lettland	3	5:11	0

TAG 9

TAG 10
MO., 14.02.

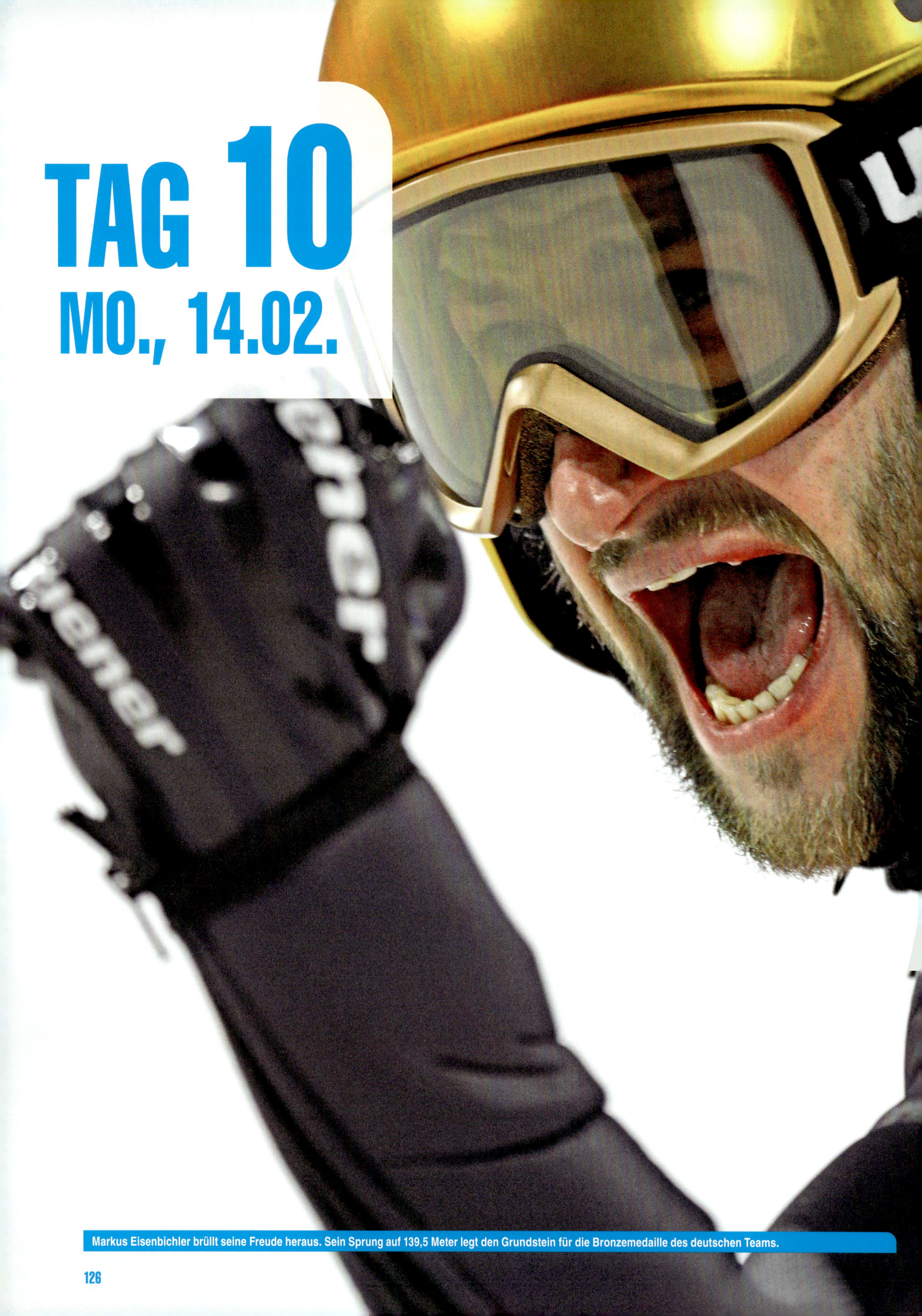

Markus Eisenbichler brüllt seine Freude heraus. Sein Sprung auf 139,5 Meter legt den Grundstein für die Bronzemedaille des deutschen Teams.

SKISPRINGEN

Markus Eisenbichler ist einer der begabtesten Skispringer der Welt – und einer der emotionalsten. An guten Tagen kann ihn das beflügeln, doch wenn es nicht läuft, steht sich der zum Hadern neigende Oberbayer auch manchmal selbst im Weg. Auch in Zhangjiakou erlebte Eisenbichler die gesamte Klaviatur der Emotionen. Auf der Normalschanze erreichte er nicht einmal das Finale der besten 30 Springer, nur um sich dann mit einem hervorragenden fünften Platz von der Großschanze zurückzumelden. Für das Mannschaftsspringen hatte sich Eisenbichler besonders viel vorgenommen, denn die Erinnerung an die Winterspiele 2018, als er für den Teamwettbewerb nicht berücksichtigt worden war, nagte noch immer an ihm. An diesem selbst auferlegten Druck wären viele zerbrochen, doch Eisenbichler ermächtigte er zu einem brillanten Wettkampf. Schon im ersten Durchgang glänzte er mit der zweitbesten Weite aller Springer und hatte großen Anteil daran, dass das deutsche Quartett als Vierter mit Sichtkontakt zu Bronze ins Finale ging. Seine Teamkollegen Constantin Schmid, Stephan Leyhe und Karl Geiger hatten solide, aber keine herausragenden Sprünge gelandet. So war zur Wettkampfhalbzeit bereits klar, dass sich Slowenien und Österreich um Gold streiten würden. Im Finaldurchgang schafften es Schmid und Leyhe zunächst nicht, den Rückstand auf die Norweger zu verkürzen. Eisenbichler konnte die deutschen Medaillenchancen also nur mit einem herausragenden Sprung wahren. Und er lieferte. Eisenbichler landete nach 139,5 Metern, es war der mit Abstand beste Versuch aller Athleten im zweiten Durchgang. Er feierte ihn ekstatisch. Der Rückstand auf Norwegen betrug nurmehr 3,6 Punkte. Nach einem guten Sprung des deutschen Schlussspringers Karl Geiger kam Großschanzen-Olympiasieger Marius Lindvik als letzter Norweger an die Reihe. Er hielt dem Druck nicht stand und sprang eineinhalb Meter kürzer. Mit 0,8 Punkten Vorsprung gewann Deutschland doch noch Bronze. »Ich wollte diese Scheiß-Medaille unbedingt«, sagte Eisenbichler.

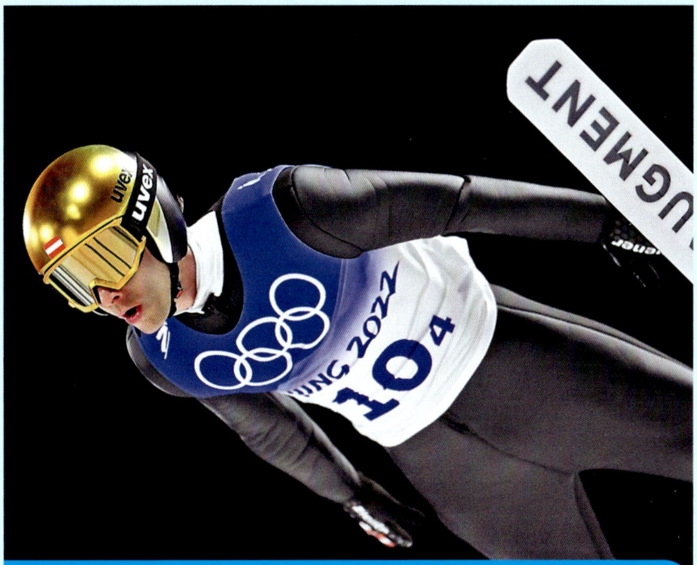

Silber von der Normalschanze, Gold mit dem Team: Mit 36 Jahren erlebt Manuel Fettner die Spiele seines Lebens.

SKISPRINGEN TEAM (MÄNNER)

1	Österreich	AUT	942,7 Punkte
2	Slowenien	SLO	934,4
3	Deutschland	GER	922,9

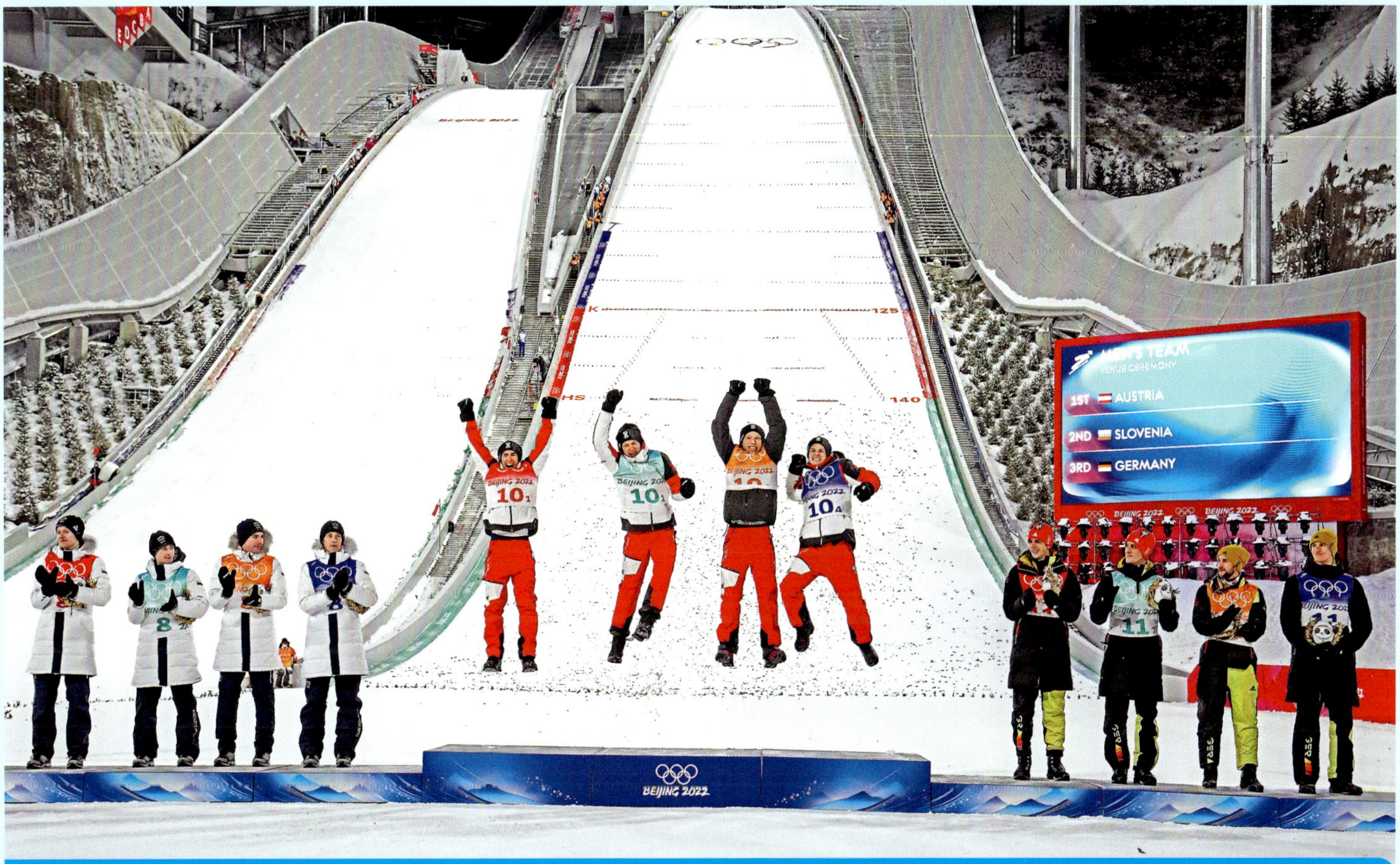

Die Österreicher jubeln über Mannschaftsgold. Sie haben sich zuvor überraschend gegen die favorisierten Slowenen durchgesetzt.

TAG 10

BOB

Monobob der Frauen war einer von sieben neuen Wettbewerben im Programm der Winterspiele von Peking. Das IOC wollte damit die Zahl der Frauendisziplinen (Monobob, Zweierbob) denen der Männer (Zweierbob, Viererbob) angleichen. Eigentlich war der Schlitten für eine Person einst nur als Einsteigermodell für Nachwuchssportler geplant, ehe sie im Mindestalter von 17 Jahren im Zweier- und Viererbob Platz nehmen dürfen. Nach der erfolgreichen Premiere bei den Jugendwinterspielen 2016 in Lillehammer und dem IOC-Beschluss 2018 richtete der Weltverband im Dezember 2020 erstmals ein Weltcuprennen für Frauen im Monobob aus. Anders als bei den größeren Schlitten, bei denen die Teams seit jeher an Material und Form tüfteln, stammen alle Monobobs aus der gleichen Produktion. Laura Nolte aus Winterberg war als Jugendliche bei der Premiere in Lillehammer dabei und gewann damals die Goldmedaille. Sechs Jahre später in Peking fehlten ihr nach vier Läufen nur 0,3 Sekunden zu Edelmetall. Nach dem ersten Durchgang lag sie auf Platz zwei, nach zwei schwächeren Läufen fiel sie auf den vierten Rang zurück, im letzten Durchgang konnte sie den Rückstand nicht mehr wettmachen. »Ich bin einfach nur traurig«, sagte die 23-Jährige aus dem Sauerland. »Ich konnte nicht das zeigen, was ich kann. Zwei gute Läufe reichen bei Olympia einfach nicht.«
Damit ging der deutsche Medaillenrausch in der Eisbahn von Yanqing zu Ende. Mariama Jamanka, Olympiasiegerin im Zweierbob 2018 und Europameisterin im Monobob 2022, hatte von Beginn an nichts mit der Entscheidung zu tun. Nach zwei laut eigener Aussage »katastrophalen Läufen« und zwei etwas besseren landete die Berlinerin auf einem enttäuschenden 13. Rang. Die erste Goldmedaille in der neuen Disziplin ging an die erfahrene US-Amerikanerin Kaillie Humphries. Die 36-Jährige fuhr in den ersten drei Durchgängen die Bestzeiten, im vierten ließ sie nichts mehr anbrennen. Humphries wurde bereits 2010 in Vancouver und 2014 in Sotschi Olympiasiegerin im Zweierbob. Damals ging sie noch für ihr Geburtsland Kanada an den Start.

BOB MONOBOB (FRAUEN)

1	Kaillie Humphries	USA	4:19,27 Min.
2	Elana Meyers Taylor	USA	+ 1,54 Sek.
3	Christine de Bruin	CAN	+ 1,76

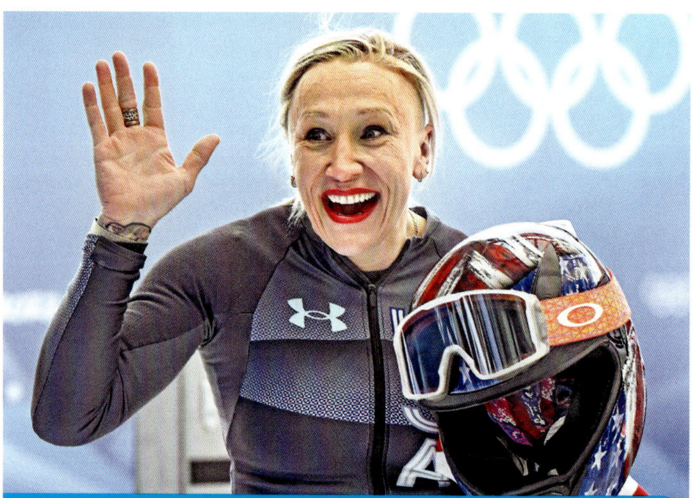

Erfahrung ist Trumpf: Die US-Amerikanerin Kaillie Humphries grüßt nach dem vierten Lauf als erste Olympiasiegerin im Monobob.

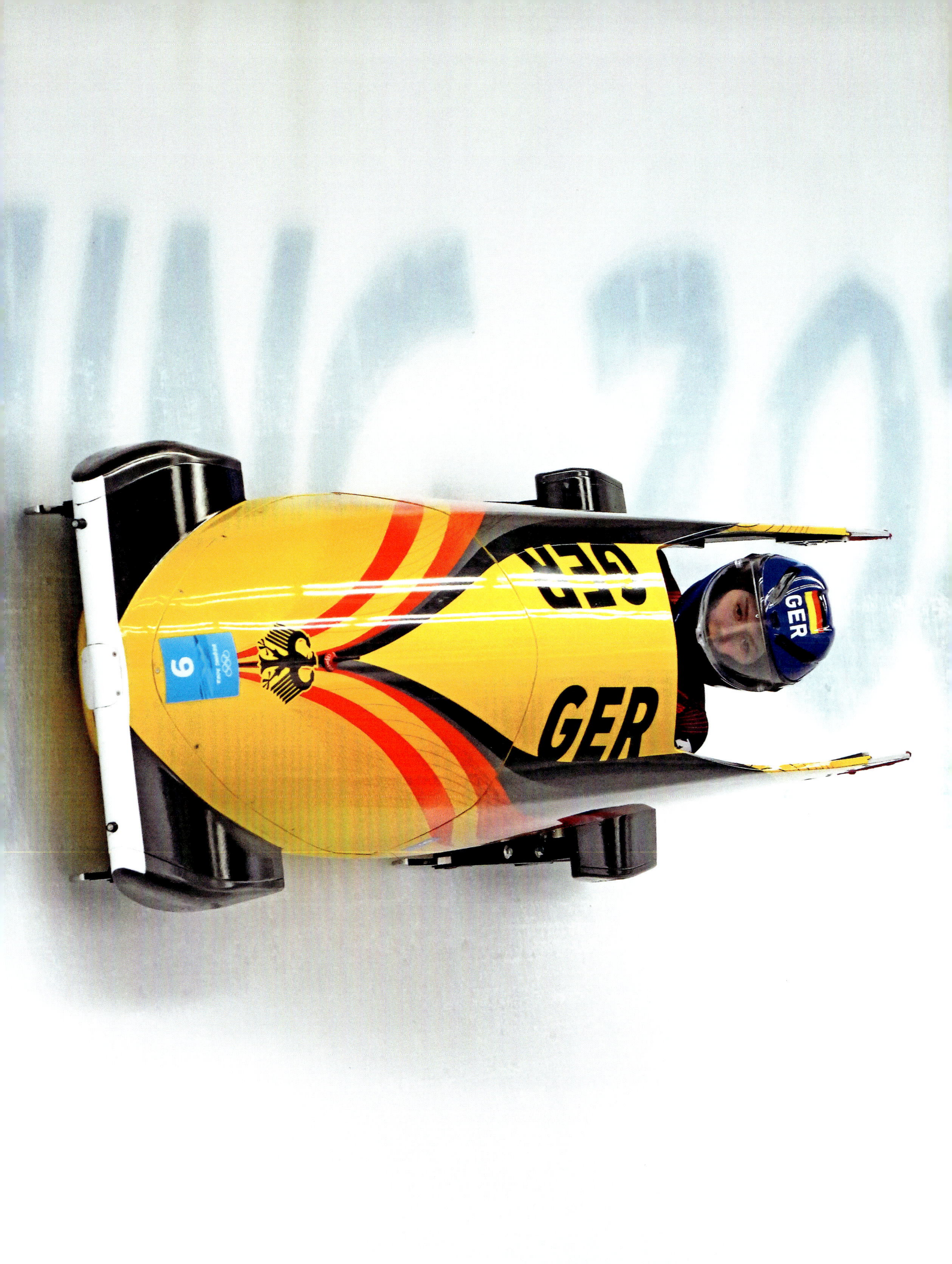

Ungewohnter Anblick: Laura Nolte sitzt allein im Schlitten. Monobob feiert in Peking seine Olympiapremiere.

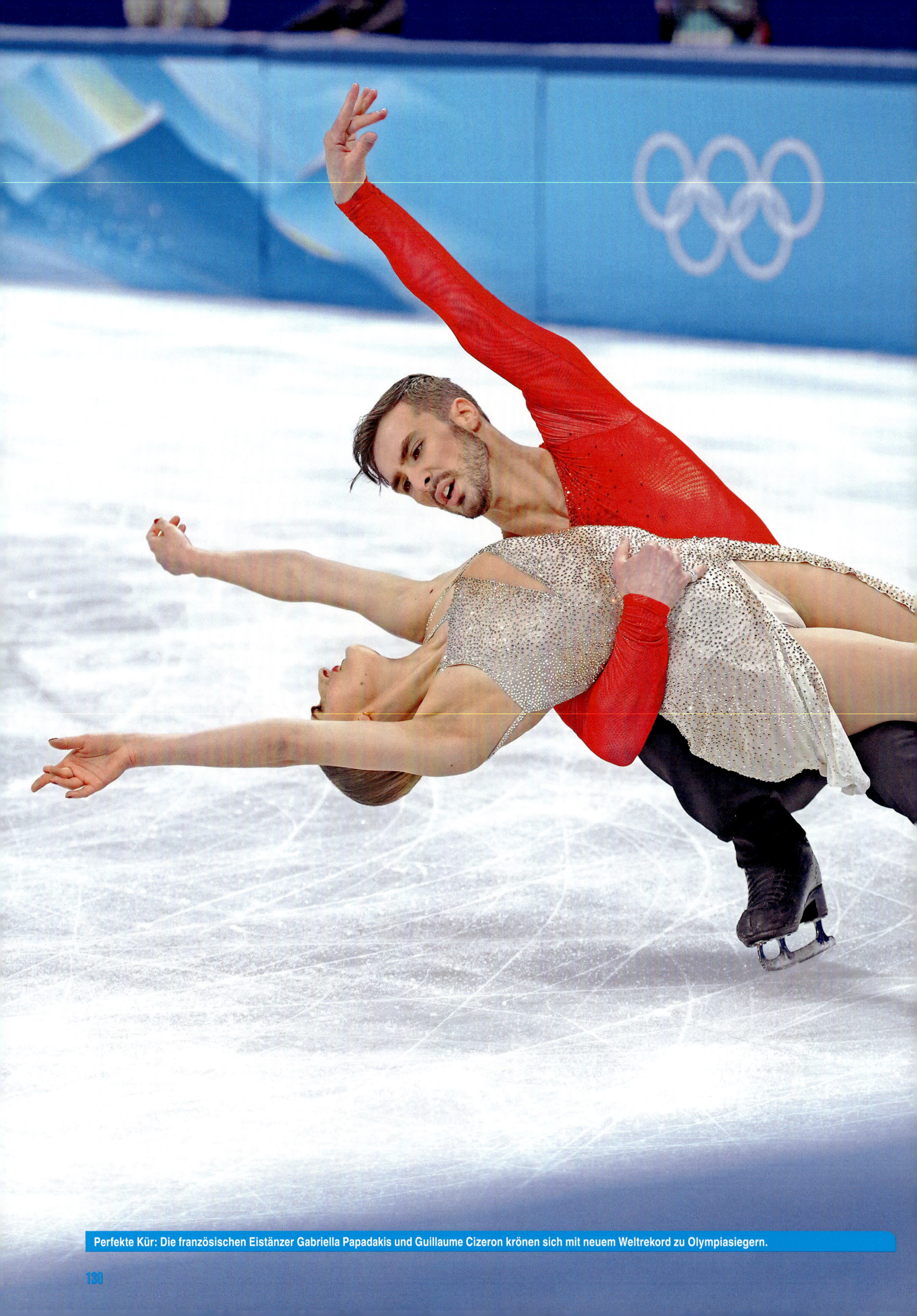

Perfekte Kür: Die französischen Eistänzer Gabriella Papadakis und Guillaume Cizeron krönen sich mit neuem Weltrekord zu Olympiasiegern.

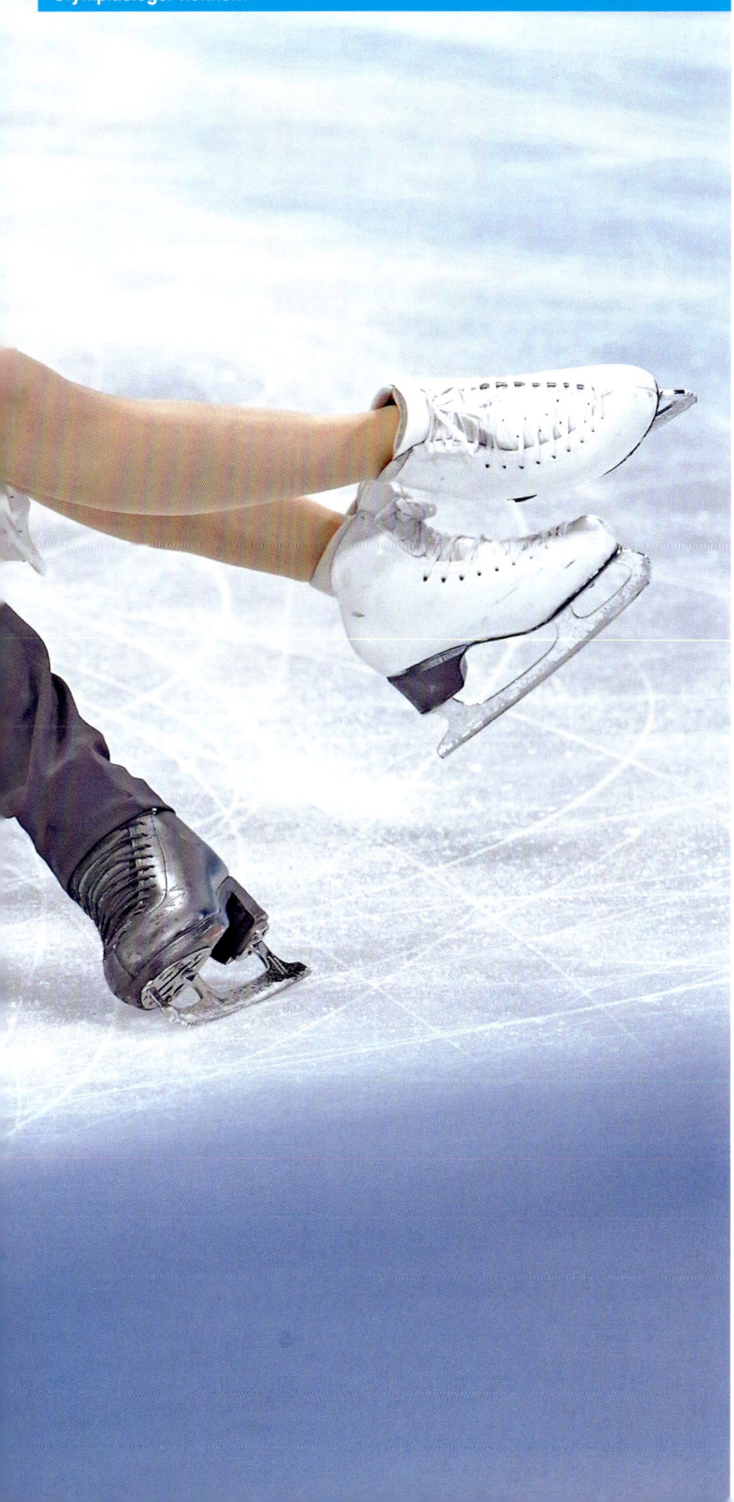

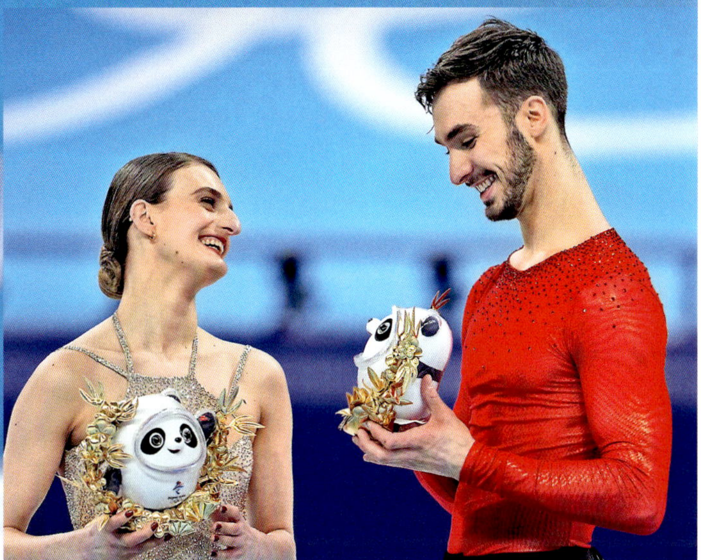

Erleichtert: Gabriella Papadakis und Guillaume Cizeron dürfen sich nun auch Olympiasieger nennen.

WAS SONST NOCH GESCHAH

Die Eistänzer Gabriella Papadakis und Guillaume Cizeron wurden ihrer Favoritenrolle gerecht und haben sich mit vier Jahren Verspätung zu Olympiasiegern gekrönt. Bei den Winterspielen 2018 in Pyeongchang musste sich das herausragende Paar der Gegenwart, die viermaligen Welt- und fünfmaligen Europameister aus Frankreich, mit Silber zufriedengeben, nachdem sich im Rhythmustanz bei Papadakis das Kostüm gelöst und einen Teil ihrer Brust freigegeben hatte. Selbst ein Weltrekord in der Kür reichte damals nicht mehr zum Sprung auf Platz eins. Bei ihrer Goldmission in Peking hatten Papadakis und Cizeron nichts dem Zufall überlassen. Aus Furcht vor einer Coronainfektion verzichteten sie auf den Start bei der EM im Januar 2022 in Tallinn. In Peking konnten sie sich voll und ganz auf ihren Wettkampf konzentrieren, nachdem Frankreich die Qualifikation für den Teamwettbewerb verpasst hatte.
Der Plan ging auf. Im Rhythmustanz blieben Papadakis und Cizeron fehlerfrei und setzten sich an die Spitze des Klassements. Zwei Tage später in der Kür tanzten sie sich zum Musikstück »Elegie« von Gabriel Faure in einen Rausch und stellten dank ihrer graziösen Hebefiguren, ihrer famosen Synchronität und ihrem künstlerischen Ausdruck mit 226,98 Wertungspunkten einen neuen Weltrekord auf. Der Vorsprung auf die zweitplatzierten Welt- und Europameister Victoria Sinitsina und Nikita Katsalapov aus Russland betrug sensationelle 6,47 Punkte. Den Dortmundern Katharina Müller und Tim Dieck hatten im Rhythmustanz 0,06 Wertungspunkte zur Qualifikation für die Kür der besten 20 Paare gefehlt.
Im Sprungwettbewerb der Freestyler (Aerials) setzte sich die Chinesin Xu Mengtao knapp gegen die Belarussin Hanna Huskowa, die Olympiasiegerin von 2018, durch. Der 31-Jährigen gelang unter anderem ein Full-Full-Full, ein dreifacher Salto mit dreifacher Schraube. 2014 in Sotschi und vier Tage zuvor mit dem Team hatte Xu jeweils Silber gewonnen. Emma Weiß aus Zollernalb landete auf Platz 20.

TAG 10

EISKUNSTLAUF EISTANZ

1	Gabriella Papadakis/Guillaume Cizeron		FRA	226,98 Punkte
2	Victoria Sinitsina/Nikita Katsalapov		ROC	220,51
3	Madison Hubbell/Zachary Donohue		USA	218,02

SKI FREESTYLE AERIALS (FRAUEN)

1	Xu Mengtao		CHN	108,61 Punkte
2	Hanna Huskowa		BLR	107,95
3	Megan Nick		USA	93,76

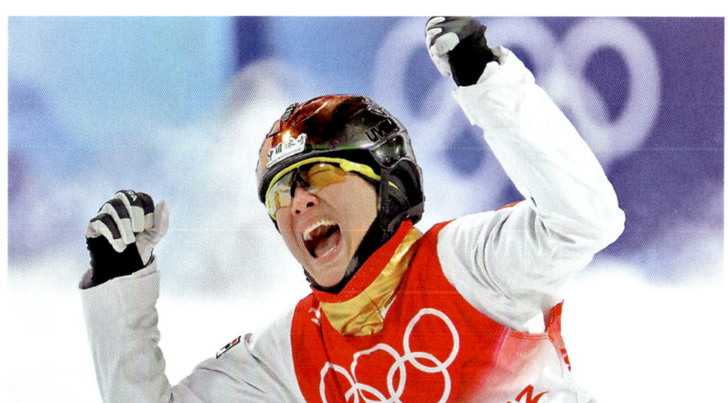

Die chinesische Freestylerin Xu Mengtao ist nach ihrem Sieg im Sprungwettbewerb außer sich vor Freude.

EISHOCKEY

Seit 1998 bestreiten auch die Frauen ein Olympisches Eishockeyturnier, und nur einmal in diesen Jahren lautete das Finale nicht Kanada gegen USA. Nur im Jahr 2006 war das anders. Da trafen die Kanadierinnen im Endspiel auf Schweden. Es blieb eine Anomalie. Auch 2022 in Peking erreichten die beiden großen Rivalen aus Nordamerika das Finale. Die Kanadierinnen erweckten auf dem Weg dorthin diesmal aber den deutlich stärkeren Eindruck. Sie gewannen nicht nur das Vorrundenduell gegen die Amerikanerinnen mit 4:2, sie schwebten regelrecht durch die K.o.-Runde und feierten zweistellige Siege im Viertelfinale gegen Schweden (11:0) und im Halbfinale gegen die Schweiz (10:3). Gegen die Schweizerinnen entschieden sie die Partie bereits im ersten Drittel mit fünf Toren binnen dreieinhalb Minuten. Auf den ersten sechs Plätzen der Scorerwertung des Turniers lagen nach dem Halbfinale ausschließlich Kanadierinnen. Dominanter geht es nicht. Dass die USA für weniger glamouröses Eishockey stehen, wusste man bereits vor den Winterspielen. Dennoch überraschte es, wie viel Mühe der Olympiasieger von 2018 auf dem Weg ins Finale hatte. Im Viertelfinale gegen Tschechien stand es bis ins letzte Drittel hinein 1:1, ehe sich die USA doch noch mit 4:1 durchsetzten. Die Partie gegen Finnland kontrollierten sie zwar über weite Strecken, das Toreschießen geriet jedoch zur zähen Angelegenheit. Der letzte Treffer zum 4:1-Endstand fiel, als die Finninnen ihre Torhüterin für eine weitere Feldspielerin vom Eis genommen hatten. Für das Finale gegen Kanada ruhten die Hoffnungen der Amerikanerinnen also vor allem auf der physisch starken Abwehr und ihrer glänzenden Torhüterin Alex Cavallini.

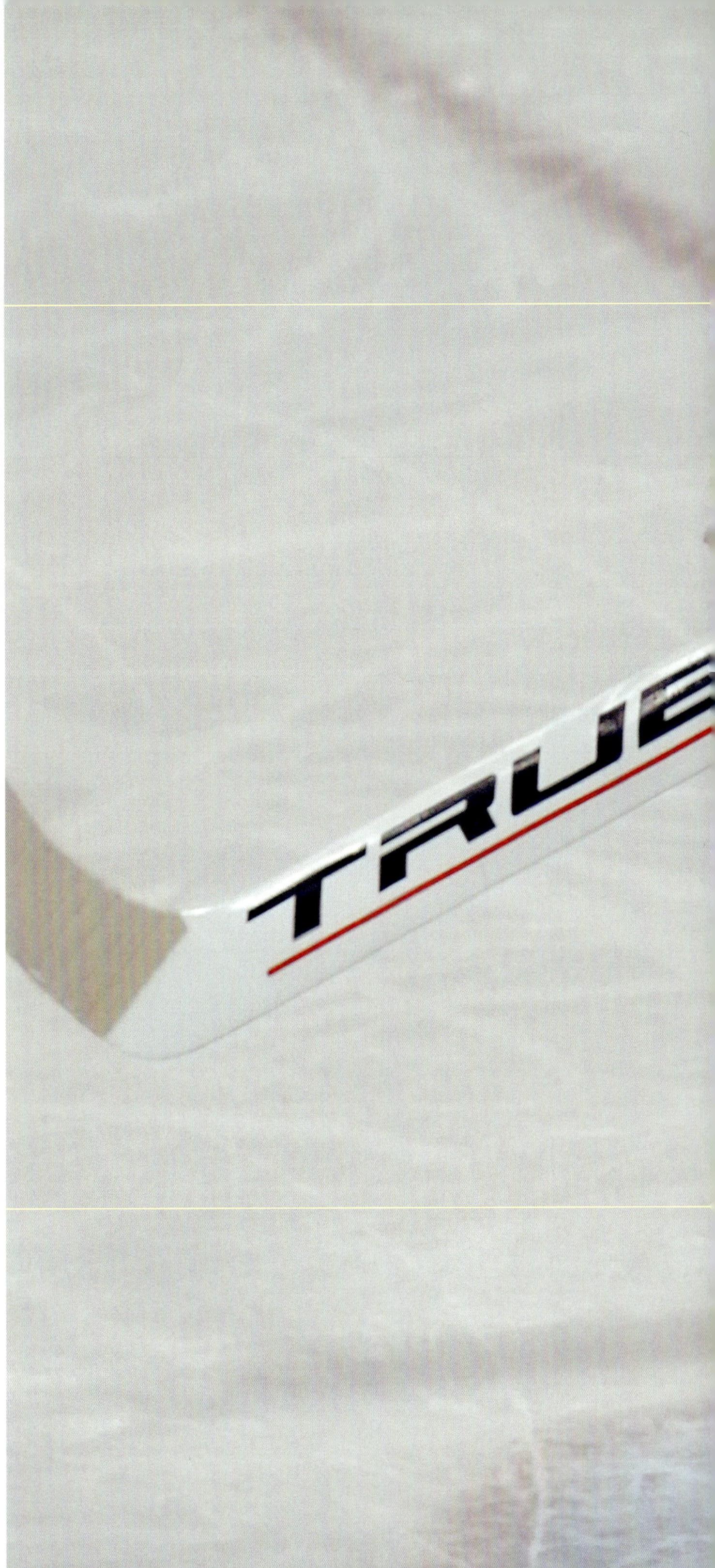

EISHOCKEY (FRAUEN)

Viertelfinale
Kanada – Schweden 11:0
USA – Tschechien 4:1
ROC – Schweiz 2:4
Finnland – Japan 7:1
Halbfinale
Kanada – Schweiz 10:3
USA – Finnland 4:1

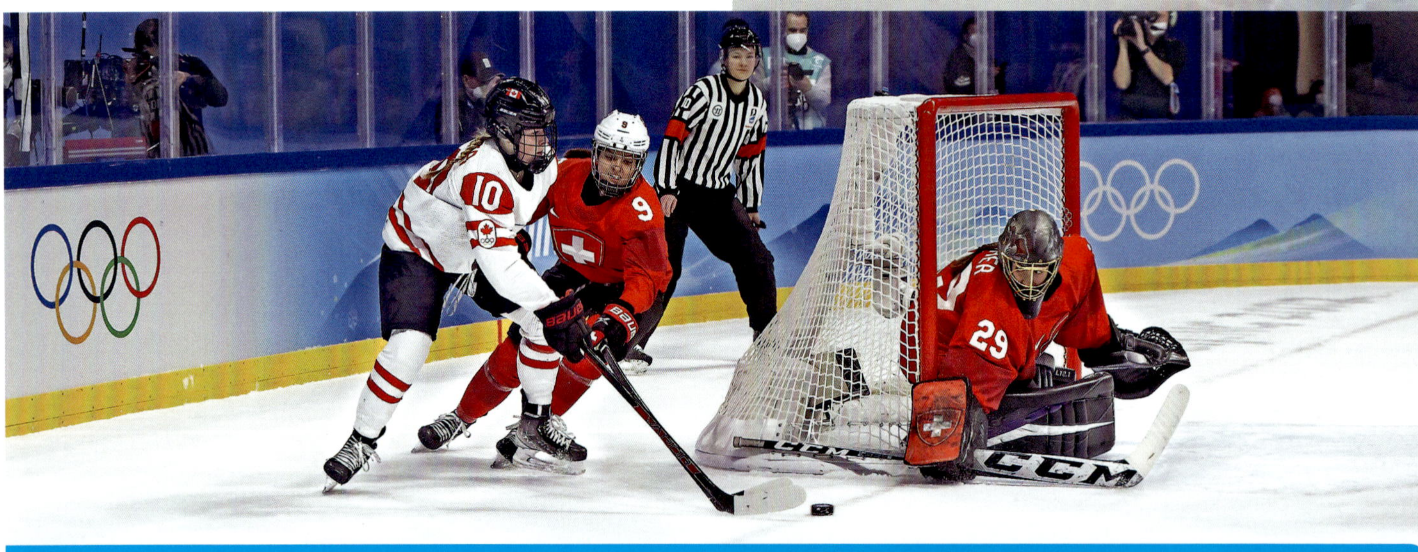

Sarah Fillier (links) und die Kanadierinnen setzen die Schweiz im Halbfinale unter Dauerdruck. Torhüterin Saskia Maurer macht das kurze Eck zu.

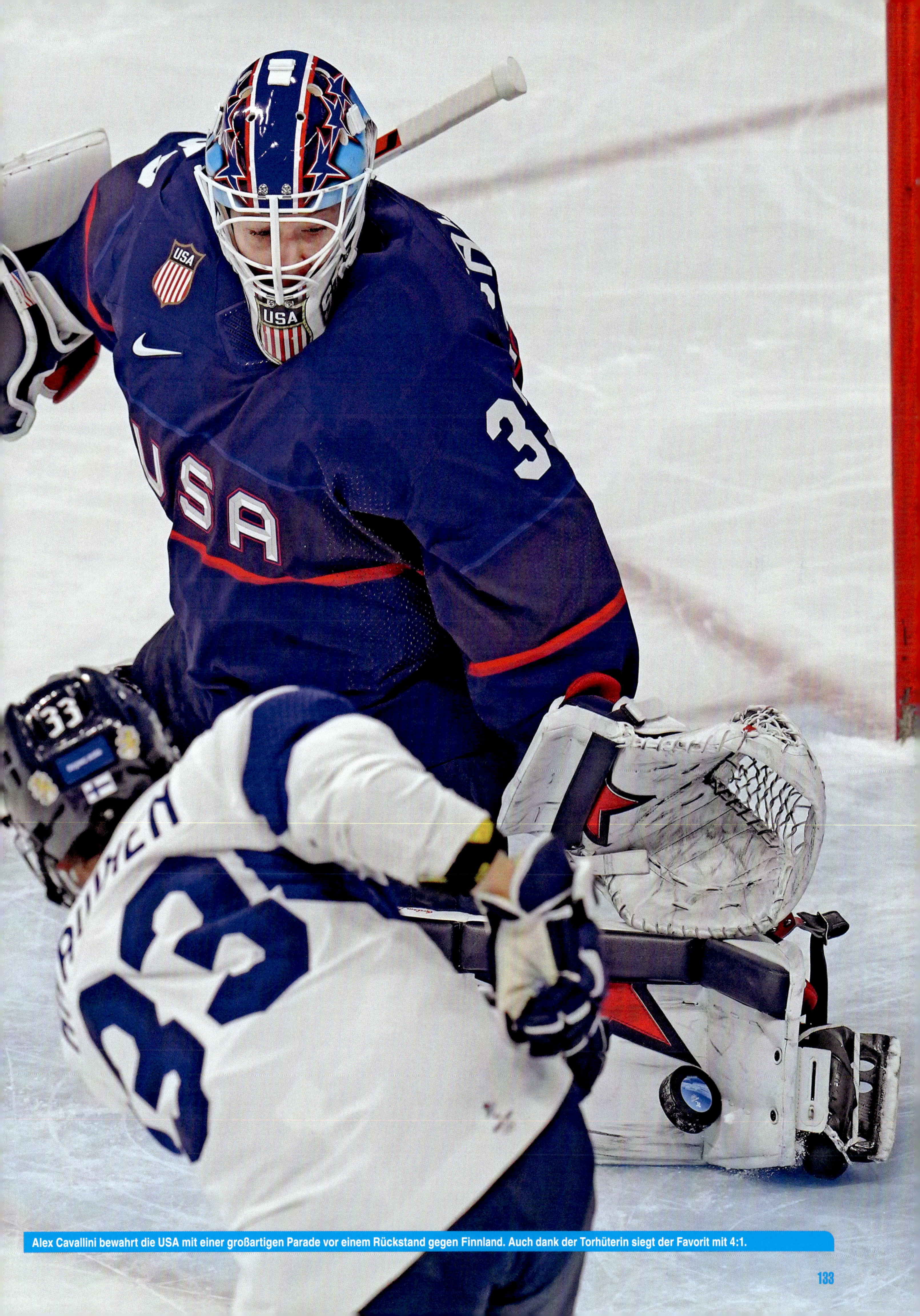

Alex Cavallini bewahrt die USA mit einer großartigen Parade vor einem Rückstand gegen Finnland. Auch dank der Torhüterin siegt der Favorit mit 4:1.

TAG 11
DI., 15.02.

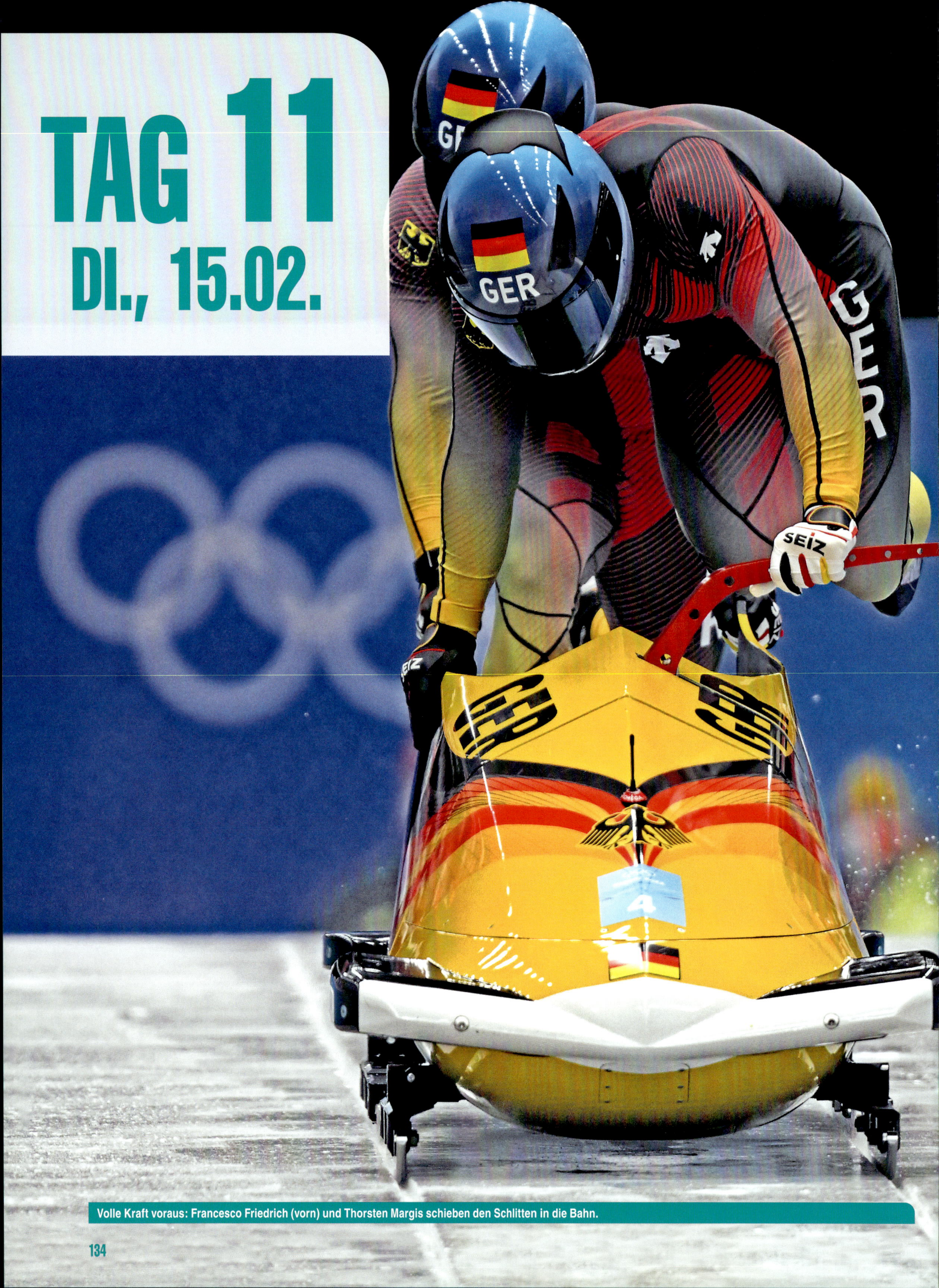

Volle Kraft voraus: Francesco Friedrich (vorn) und Thorsten Margis schieben den Schlitten in die Bahn.

BOB

Im achten Wettbewerb im Eiskanal von Yanqing kam der Sieger zum siebten Mal aus Deutschland. Franceso Friedrich und Thorsten Margis fuhren, wie schon 2018 in Pyeongchang, im Zweierbob auf den ersten Platz. Mit den Zweitplatzierten Johannes Lochner und Florian Bauer sowie den Dritten Christoph Hafer und Matthias Sommer war das komplette Siegerpodest mit deutschen Fahrern belegt – einen Dreifacherfolg im Bobsport hatte es in der Geschichte der Olympischen Winterspiele zuvor noch nie gegeben, weder im Zweier noch im Vierer, allerdings waren bis einschließlich 2006 nur maximal zwei Schlitten pro Nation zugelassen. Sechsmal sind Doppelsiege gelungen, zuletzt den Deutschen 2010 in Vancouver.

Friedrich, Fahnenträger bei der Eröffnungsfeier, und sein treuer Anschieber Margis lagen von Beginn an der Spitze des Klassements, in drei der vier Läufen fuhren sie die Bestzeit, im dritten Start- und Bahnrekord. Am Ende hatten sie 0,49 Sekunden Vorsprung auf die Zweitplatzierten Lochner und Bauer – einen deutlicheren Sieg bei Winterspielen hat es seit dem Bob Sowjetunion 1 (Kipurs, Koslov) 1988 in Calgary nicht mehr gegeben.

Kurios: Nach durchwachsenen Trainingsfahrten tauschte Friedrich vor dem ersten Lauf kurzfristig noch den Schlitten, er lieh sich den von Vizeweltmeisterin Kim Kalicki aus. »Es lief nicht wie gewünscht, da mussten wir reagieren.« Nach dem Rennen war der 31-jährige Sachse erleichtert, im TV-Interview sagte er: »Es fühlt sich fantastisch an. Es waren zwei harte Wochen hier. Die Bahn hat es in sich, die Vorbereitung hatte es in sich. Wir müssen den ganzen Tag aufpassen, dass wir hier nicht irgendwo etwas Falsches einatmen. Wir sind gegenseitig stolz auf uns.«

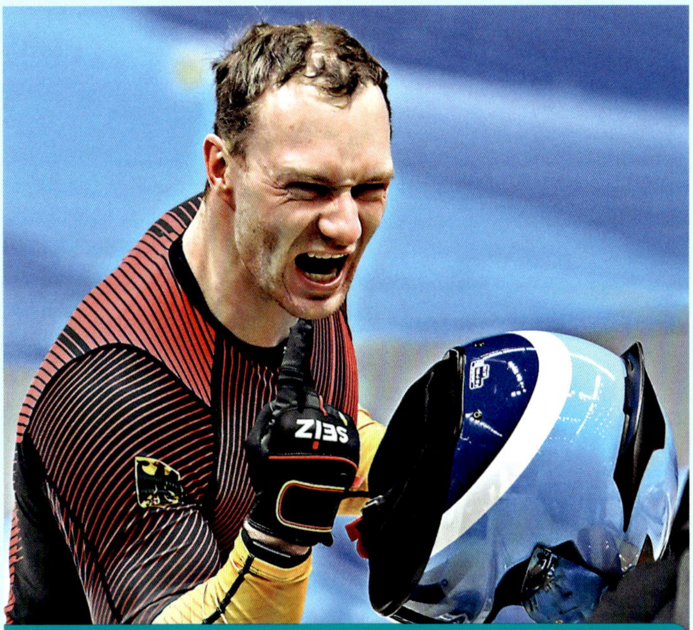

Siegerfaust: Francesco Friedrich ist der Dominator im Bobsport.

Hinter dem Dominator der internationalen Bobszene blieb Johannes Lochner wieder nur der zweite Platz, wie zuvor bei den Weltmeisterschaften 2020 und 2021. Dennoch war der Berchtesgadener zufrieden mit sich und der Welt: »Es fällt viel Last ab. Bei mir war nichts anderes im Kopf als hier eine Medaille zu holen.«

BOB ZWEIERBOB (MÄNNER)

1	Francesco Friedrich/Thorsten Margis		GER	3:56,89 Min.
2	Johannes Lochner/Florian Bauer		GER	+ 0,49 Sek.
3	Christoph Hafer/Matthias Sommer		GER	+ 1,69

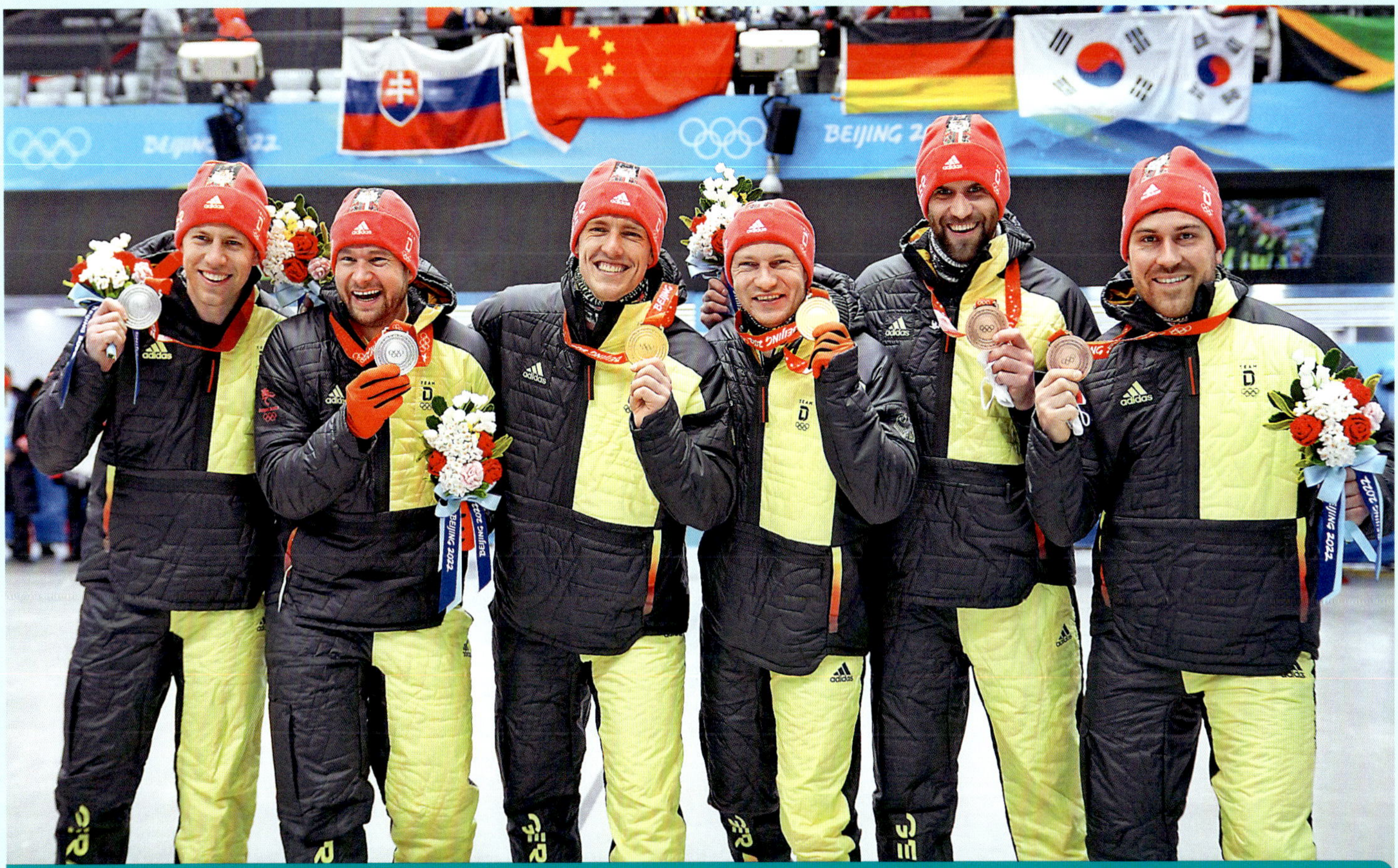

Sechs deutsche Medaillengewinner (von links): Florian Bauer, Johannes Lochner, Thorsten Margis, Francesco Friedrich, Christoph Hafer und Matthias Sommer.

NORDISCHE KOMBINATION

Nach elf Tagen in Quarantäne genoss Eric Frenzel die Rückkehr der Freiheit. Der dreimalige Olympiasieger spulte fünf Kilometer Langlauf ab. Für den Körper, noch mehr aber für den Kopf, war das eine Erlösung nach endlos anmutenden Tagen, verbracht auf wenigen Quadratmetern. Ein Einsatz im Einzel kam für Frenzel aber erwartungsgemäß noch zu früh. Dagegen meldete sich mit Jarl-Magnus Riiber einer der großen Favoriten nach überstandener Coronainfektion zurück. Und wie! Mit einem Sprung auf 142 Meter schockte der Norweger auf der Großschanze die Konkurrenz. Es war der weiteste Sprung im gesamten Feld, und er war vor allem deshalb so bemerkenswert, weil Riiber mit ungünstigen Windverhältnissen zu kämpfen hatte. Vinzenz Geiger, der im Einzel Gold geholt hatte, erlebte dagegen eine große Enttäuschung. 122 Meter reichten nur zu Platz 14, der Rückstand auf Riiber betrug vor den 10 Kilometern Langlauf 2:15 Minuten. Bester Deutscher war nach dem Skispringen überraschend Manuel Faißt, der nur wegen des Pechs von Frenzel und Terence Weber ins deutsche Aufgebot gerückt war. Faißt ging als Viertplatzierter 47 Sekunden nach Riiber auf die Strecke. Bei Temperaturen um minus 20 Grad entwickelte sich ein spektakuläres Rennen, das nach zweieinhalb Kilometern die erste Volte schlug, als Riiber versehentlich bereits auf die Zielgerade abbog. Der Norweger musste umdrehen und verlor durch diesen Fauxpas 30 Sekunden auf seine Verfolger, die den Führenden plötzlich wieder in Sichtweite hatten. Statt vorneweg zu laufen, ordnete sich Riiber in die Gruppe um Faißt ein. Dahinter führte Geiger die Verfolgergruppe immer näher heran. Vor der letzten Runde war der Vorsprung des Führungsquartetts auf 13 Sekunden zusammengeschmolzen. Der Gesamtweltcupführende Johannes Lamparter suchte deshalb die Flucht nach vorn. Faißt konnte folgen, Riiber musste abreißen lassen. Dahinter musste Geiger den Anstrengungen der Aufholjagd Tribut zollen. Faißt hingegen bog als Drittplatzierter auf die Zielgeraden ein, wo er allerdings noch vom heranrauschenden Norweger Jens Oftebro geschluckt wurde. Ein verrücktes Rennen endete somit ohne deutsche Medaille.

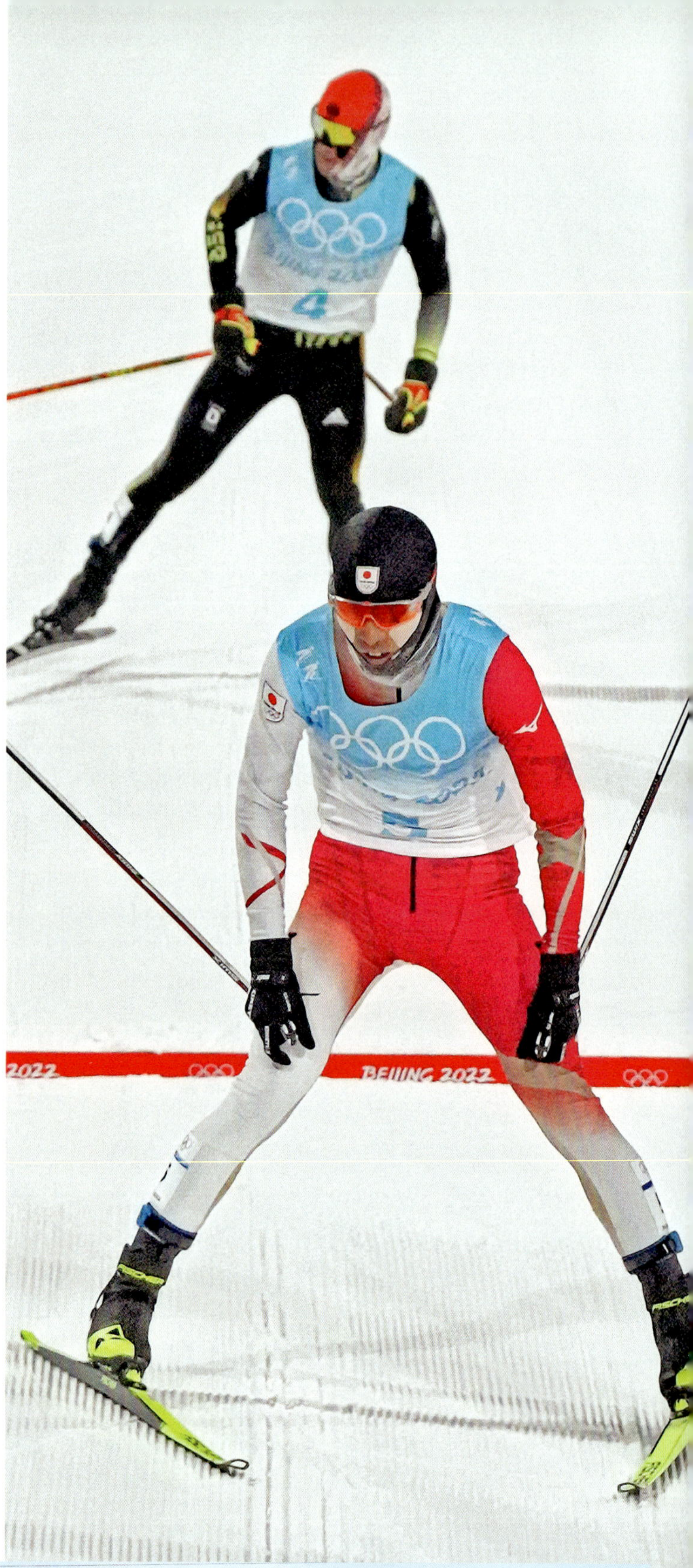

NORDISCHE KOMBINATION GROSSSCHANZE

1	Jörgen Graabak		NOR	27:13,3 Min.
2	Jens Oftebro		NOR	+ 0,4 Sek.
3	Akito Watabe		JPN	+ 0,6

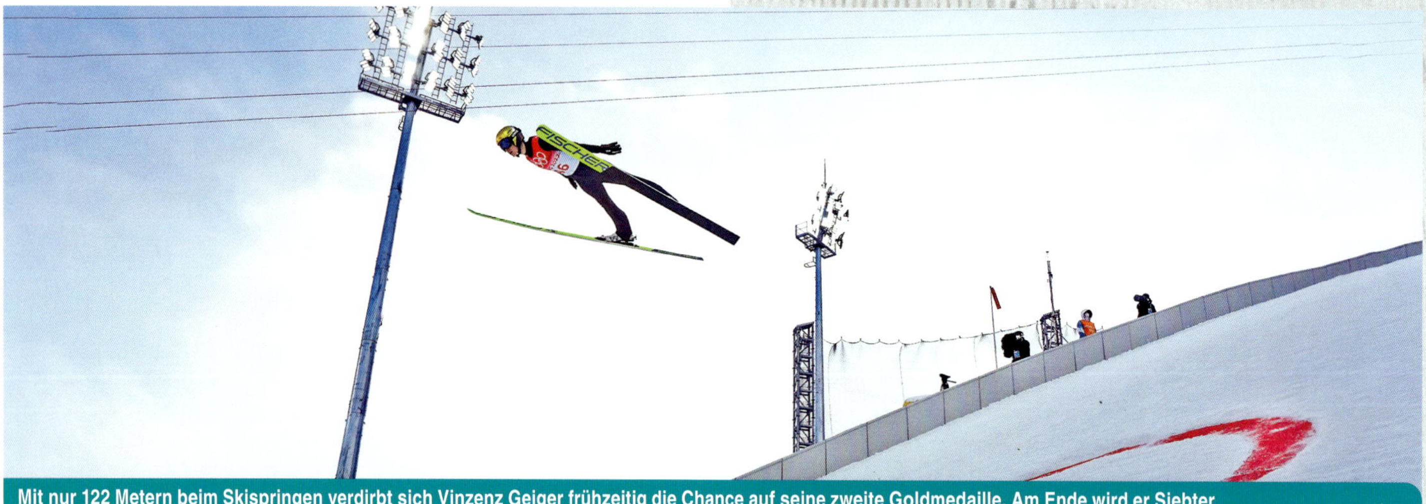

Mit nur 122 Metern beim Skispringen verdirbt sich Vinzenz Geiger frühzeitig die Chance auf seine zweite Goldmedaille. Am Ende wird er Siebter.

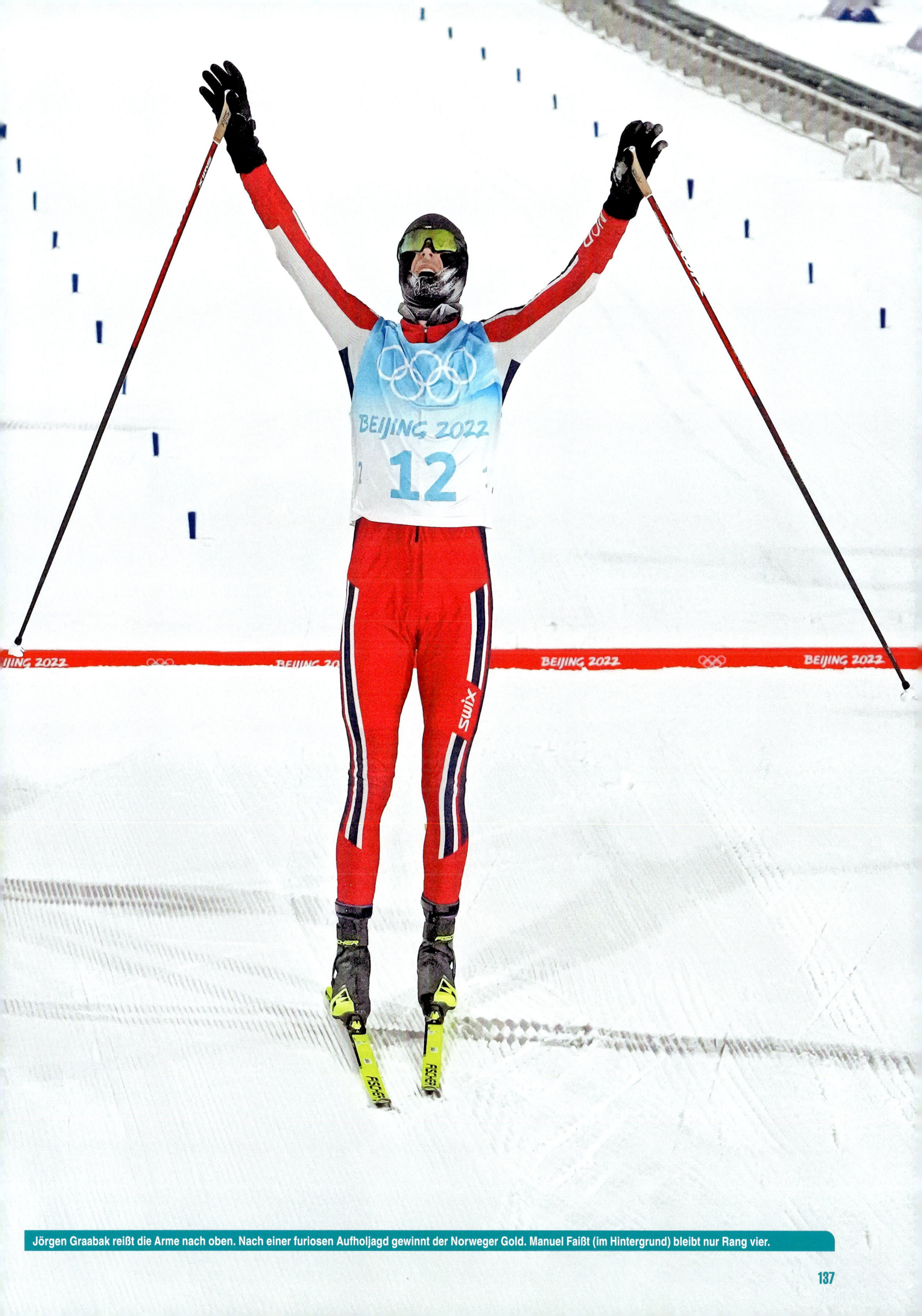

Jörgen Graabak reißt die Arme nach oben. Nach einer furiosen Aufholjagd gewinnt der Norweger Gold. Manuel Faißt (im Hintergrund) bleibt nur Rang vier.

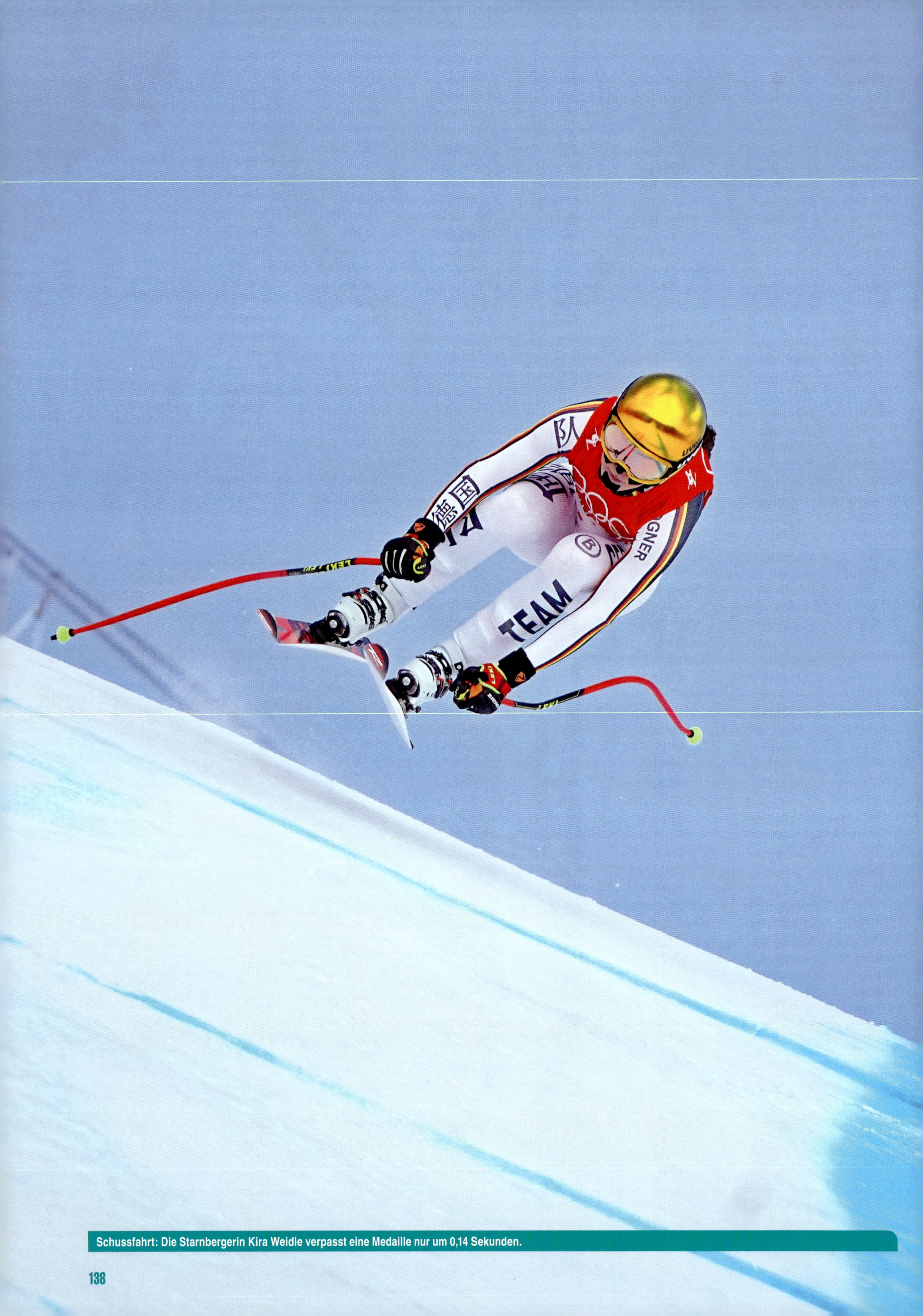

Schussfahrt: Die Starnbergerin Kira Weidle verpasst eine Medaille nur um 0,14 Sekunden.

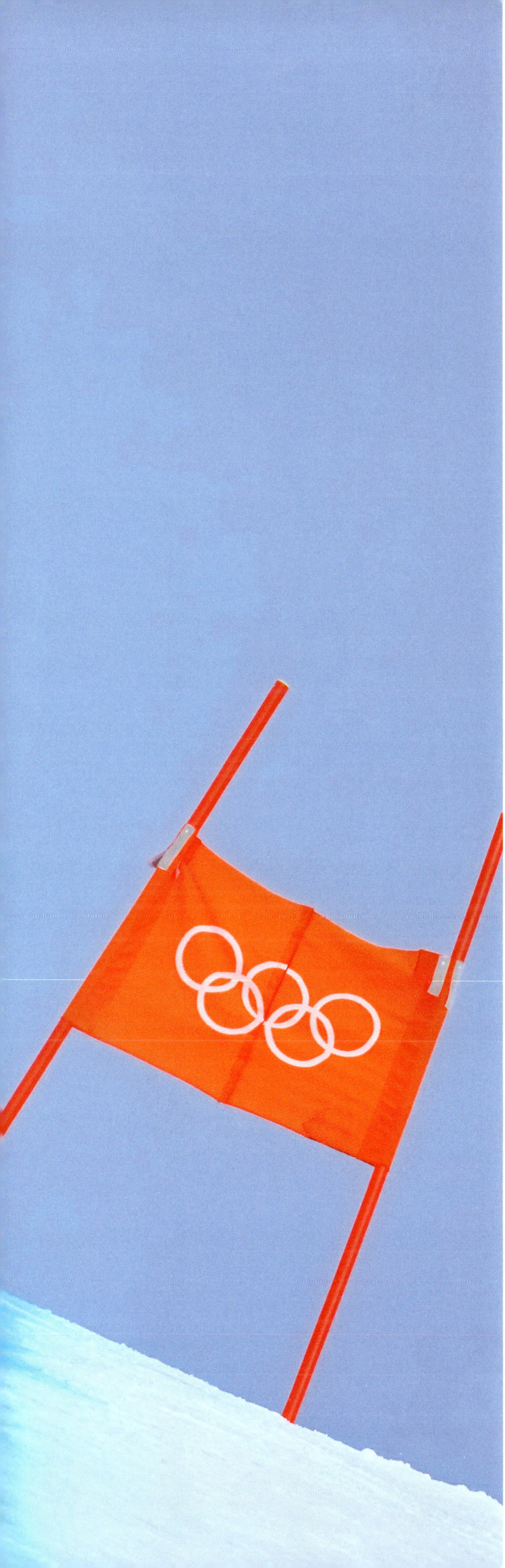

SKI ALPIN

Sofia Goggia ließ sich ihre Olympiateilnahme von nichts und niemandem nehmen, nicht einmal von einem angerissenen Kreuzband und einem angebrochenen Wadenbein. Beim Weltcuprennen Ende Januar in Cortina d'Ampezzo war die Italienerin böse gestürzt, es folgte die Schockdiagnose. Drei Wochen später ging die Abfahrtsolympiasiegerin von 2018 beim Rennen in Yanqing mit der Startnummer 13 auf die Piste und erzielte die zweitschnellste Zeit. Auch ihrer Landsfrau Nadia Delago gelang Sensationelles: Noch niemals in ihrer Karriere stand die 24-Jährige aus Wolkenstein im Weltcup auf dem Podest – beim Olympiarennen fuhr sie zu Bronze. Im Zielbereich fiel sie ihrer älteren Schwester Nicol Delago (Elfte) mit Tränen der Freude in die Arme. Wegen starker Winde auf dem Xiaohaituo Mountain musste der Start um eine halbe Stunde verschoben werden.
Schneller als Goggia und Delago war nur Corinne Suter unterwegs. Fast auf den Tag genau ein Jahr nach ihrem WM-Titel in Cortina d'Ampezzo krönte sich die Schweizerin zur Olympiasiegerin – und setzte die Erfolgsserie der Eidgenossen fort.
Mit der vierten Goldmedaille in den alpinen Skiwettbewerben zog die Schweiz in der ewigen Bestenliste der Winterspiele mit Österreich 2006 in Turin und Frankreich 1968 in Grenoble gleich. »Wenn es um etwas geht und das Adrenalin da ist, dann kann ich noch mehr ans Limit gehen. Das gelang mir auch heute sehr gut«, sagte die 27-jährige Suter im Schweizer Fernsehen. Vizeweltmeisterin Kira Weidle, die in beiden Trainingsläufen jeweils die zweitschnellste Zeit gefahren war, landete wie ihre Teamkollegin Lena Dürr sechs Tage zuvor im Slalom auf dem undankbaren vierten Rang. »Das Rennen ist halt etwas anderes, und heute hat's leider nicht perfekt funktioniert«, haderte die Starnbergerin. 0,14 Sekunden fehlten ihr zu Bronze. Enttäuschend verlief das Rennen auch für Super-G-Olympiasiegerin Lara Gut-Behrami auf Platz 16. Mikaela Shiffrin (18.) nutzte die Abfahrt als Training für den Kombinationswettbewerb.

TAG 11

SKI ALPIN ABFAHRT (FRAUEN)

1	Corinne Suter		SUI	1:31,87 Min.
2	Sofia Goggia		ITA	+ 0,16 Sek.
3	Nadia Delago		ITA	+ 0,57

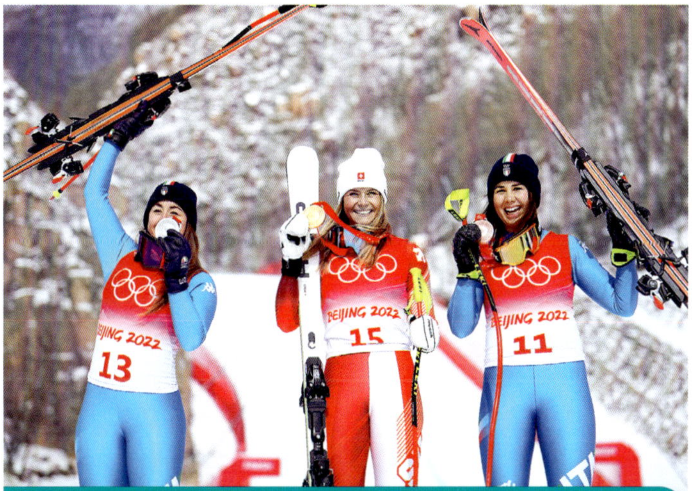

Siegerfoto: Corinne Suter aus der Schweiz inmitten der Italienerinnen Sofia Goggia (links) und Nadia Delago.

BIATHLON

Eduard Latypov, so schien es, lag uneinholbar in Führung. Mit einer Minute Vorsprung erreichte der russische Schlussläufer das letzte Stehendschießen. Was sollte da noch passieren? Selbst wenn Latypov sämtliche drei Nachlader benötigen würde, würde sein Vorsprung vermutlich ausreichen. Doch er, der die Goldmedaille für die bis dato dominierende russische Staffel nur noch abzusichern brauchte, erlebte stattdessen ein sportliches Drama. Nach vier Fehlschüssen in Folge stand eine Strafrunde bereits fest, und auch von seinen drei Nachladern trafen nur zwei ins Schwarze. Der völlig entnervte Latypov musste also zweimal in die Strafrunde. Gold war futsch. Das Unglück des Russen war die Chance für Philipp Nawrath. Der deutsche Schlussläufer hatte als Zweitplatzierter, dicht gefolgt von Vetle Christiansen und Quentin Fillon Maillet, das Stehendschießen erreicht. Doch auch Nawrath zeigte Nerven und handelte sich nach vier Schießfehlern eine Strafrunde ein, die das deutsche Quartett nicht nur die Chance auf Gold kostete, sondern es gänzlich aus den Medaillenrängen beförderte. Es war ein Rennverlauf, der die Faszination des Biathlons abbildete, zu der eben auch jene Tragik gehört, unter der die Deutschen und Russen zu leiden hatten. Zum Nutznießer des Chaos' avancierte Christiansen, der vermeintlich schwächste Läufer im Spitzenfeld. Er schoss nicht nur schnell, sondern auch fehlerfrei. Fillon Maillet, der zuvor Gold im Einzel und in der Verfolgung gewonnen hatte, benötigte hingegen einen Nachlader. Den daraus resultierenden Rückstand auf Christiansen konnte er auf der Strecke nicht mehr gutmachen. Das norwegische Quartett, das zur Rennhalbzeit nur auf Rang sechs gelegen hatte, wurde damit seiner Favoritenrolle doch noch gerecht. Aus der deutschen Staffel ragte Benedikt Doll mit der drittbesten Einzelzeit aller Athleten heraus.

BIATHLON 4 x 7,5 KM STAFFEL (MÄNNER)

1	Norwegen		NOR	1:19:50,2 Std.
2	Frankreich		FRA	+ 27,4 Sek.
3	ROC		ROC	+ 45,3

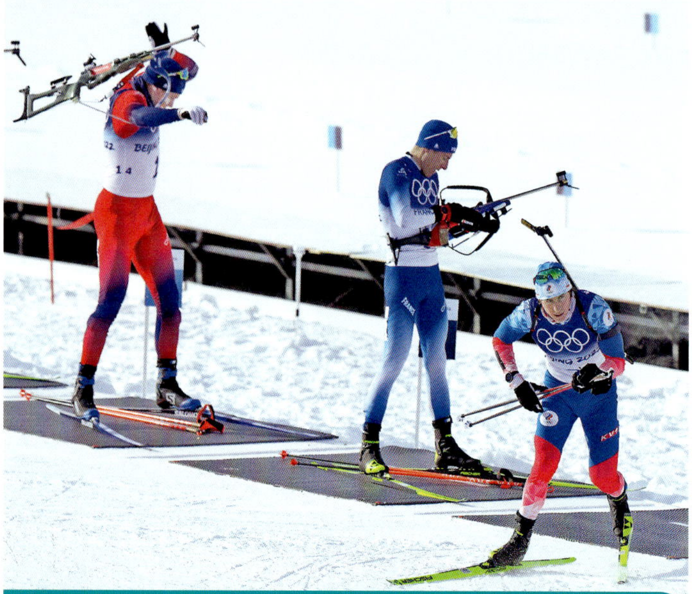

Eduard Latypov (rechts) erlebt beim letzten Schießen ein Desaster und gibt das sicher geglaubte Gold für Russland noch aus der Hand.

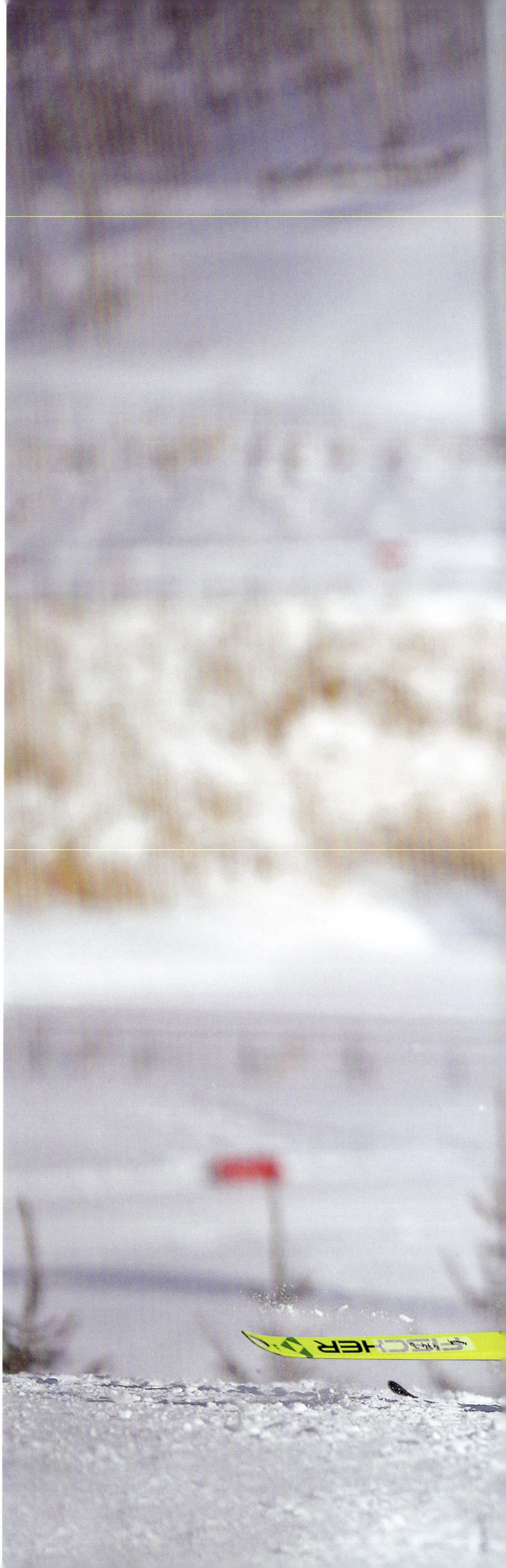

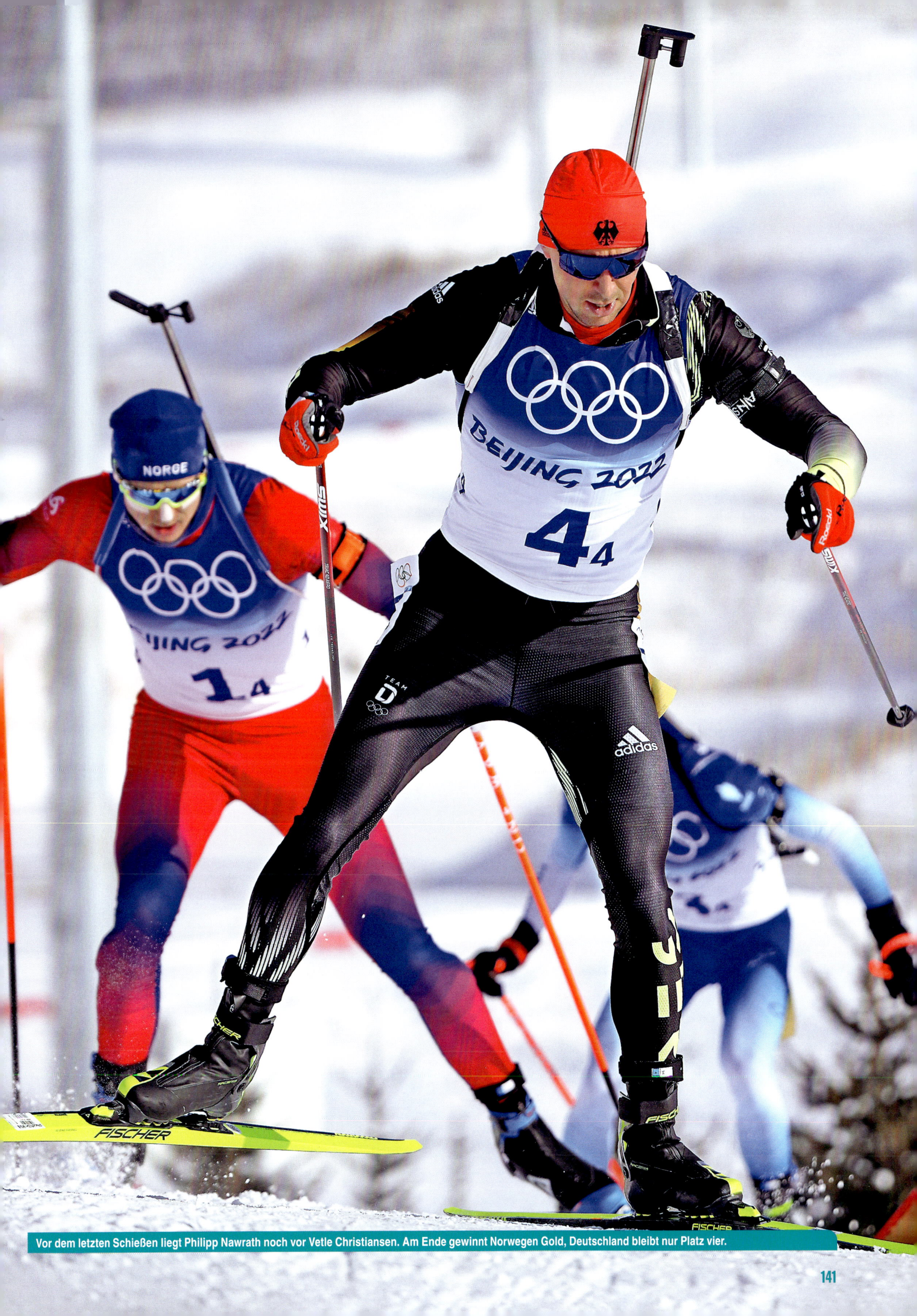

Vor dem letzten Schießen liegt Philipp Nawrath noch vor Vetle Christiansen. Am Ende gewinnt Norwegen Gold, Deutschland bleibt nur Platz vier.

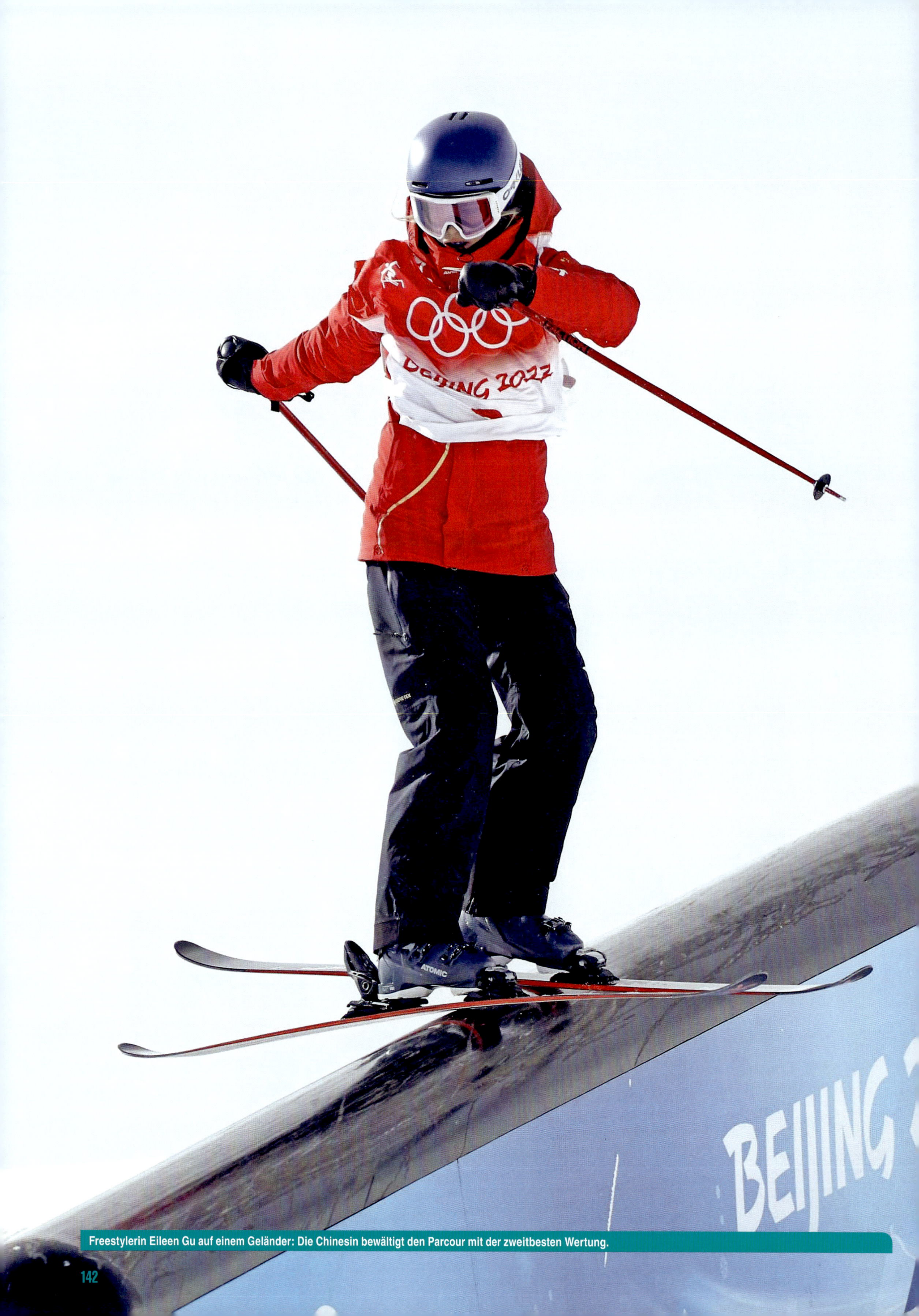

Freestylerin Eileen Gu auf einem Geländer: Die Chinesin bewältigt den Parcour mit der zweitbesten Wertung.

WAS SONST NOCH GESCHAH

Nach ihrer Goldmedaille im Big-Air-Wettbewerb wurde Freestylerin Eileen Gu wie eine Nationalheldin gefeiert. Bei ihrem zweiten Olympiastart gewann die gebürtige US-Amerikanerin, die seit drei Jahren für China startet, Silber im Slopestyle. Nach einem schwachen ersten und einem Sturz im zweiten musste Gu im dritten und letzten Durchgang liefern – und sie tat es mit der zweitbesten Punktanzahl nach der Schweizerin Mathilde Gremaud. »Ich bin stolz, dass ich den Leuten zeigen konnte, was unter Druck möglich ist«, sagte Gu. Nicht für das Finale qualifizieren konnte sich Aliah Delia Eichinger aus St. Oswald. Den Big-Air-Wettbewerb der Snowboaderinnen gewann erneut Anna Gasser aus Österreich. Nach zwei Sprüngen hatte die Olympiasiegerin von 2018 Silber sicher. Mit einem Cab Double Cork 1260, einem Sprung mit dreieinhalb Drehungen, zog sie im letzten Durchgang noch an Slopestylegewinnerin Zoi Sadowski Synnott aus Neuseeland vorbei. »Ich wäre auch mit dem zweiten Platz zufrieden gewesen«, zeigte sich die 30-Jährige aus Villach im österreichischen Fernsehen bescheiden. Annika Morgan aus Mittenwald wurde Zehnte. Bei den Männern krönte der 17-jährige Chinese Su Yiming seinen steilen Aufstieg mit dem Olympiasieg. Zwei Monate vor den Winterspielen hatte er erstmals im Weltcup auf dem Podium gestanden. Leon Vockensperger (Rosenheim) und Noah Vicktor (Bischofswiesen) konnten sich nicht für das Finale qualifizieren.
Im Eisschnelllauf gewann die Niederländerin Ireen Wüst mit ihren Landsfrauen Irene Schouten und Marijke Groenewoud Bronze in der Teamverfolgung. Mit ihrer 13. Olympiamedaille, darunter sechs goldenen, zog die 35-Jährige in der ewigen Bestenliste mit Biathlet Ole Einar Björndalen gleich. Mehr Medaillen hat nur Skilangläuferin Marit Björgen (15, davon acht goldene). In neuem Olympischen Rekord liefen die Kanadierinnen Ivanie Blondin, Valerie Maltais und Isabelle Weidemann zu Gold. Den Männerwettbewerb entschieden die Norweger Hallgeir Engebraaten, Peder Kongshaug und Sverre Lunde Pedersen für sich, Letzterer war schon in der siegreichen Mannschaft 2018 dabei.

SKI FREESTYLE SLOPESTYLE (FRAUEN)

1	Mathilde Gremaud	SUI	86,56 Punkte
2	Eileen Gu	CHN	86,23
3	Kelly Sildaru	EST	82,06

SNOWBOARD BIG AIR (FRAUEN)

1	Anna Gasser	AUT	185,50 Punkte
2	Zoi Sadowski Synnott	NZL	177,00
3	Kokomo Murase	JPN	171,50

SNOWBOARD BIG AIR (MÄNNER)

1	Su Yiming	CHN	182,50 Punkte
2	Mons Roisland	NOR	171,75
3	Max Parrot	CAN	170,25

EISSCHNELLLAUF TEAMVERFOLGUNG (FRAUEN)

1	Kanada	CAN	2:53,44 Min.
2	Japan	JPN	+ 11,03 Sek.
3	Niederlande	NED	

EISSCHNELLLAUF TEAMVERFOLGUNG (MÄNNER)

1	Norwegen	NOR	3:38,08 Min.
2	ROC	ROC	+ 2,38 Sek.
3	USA	USA	

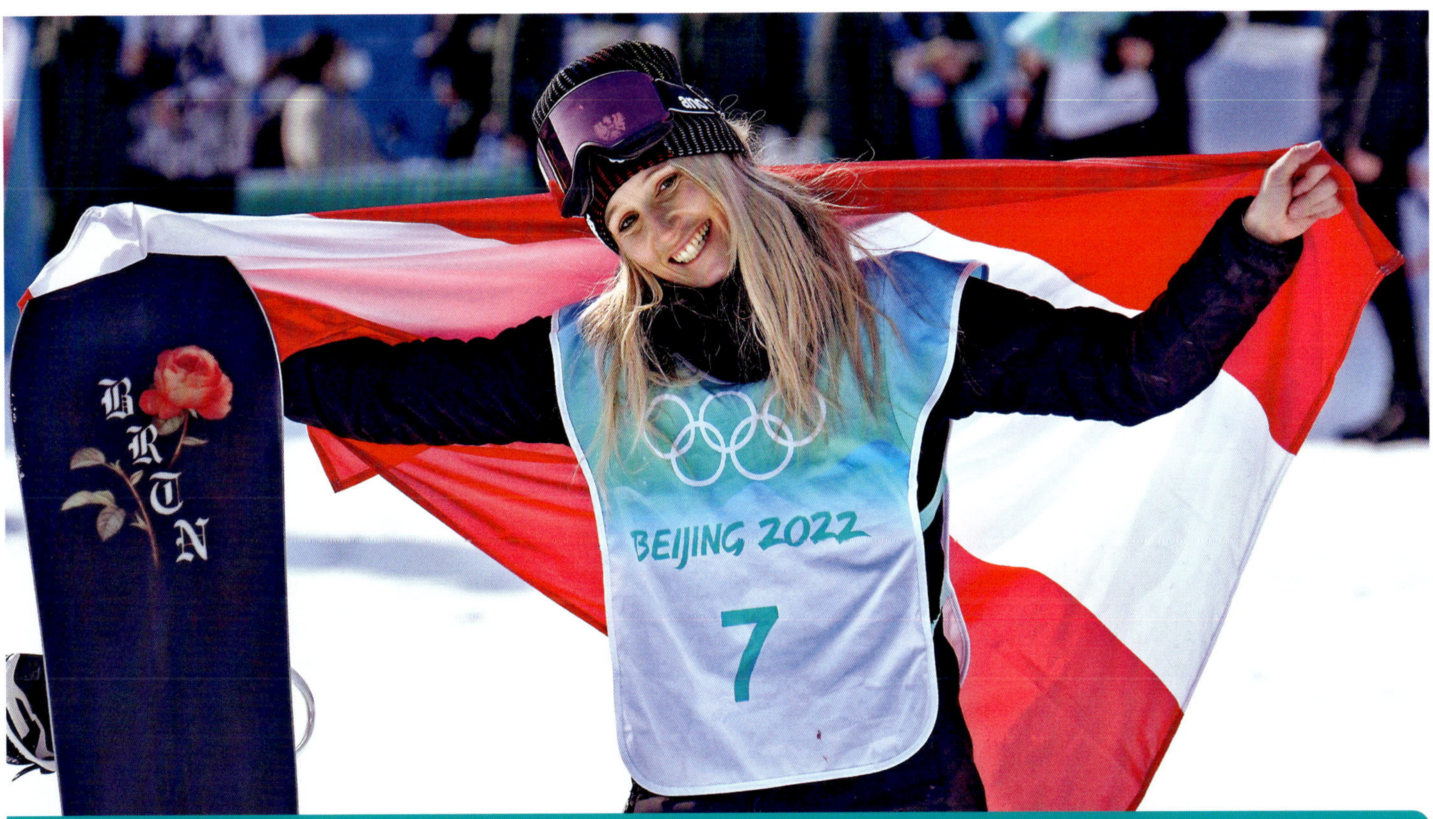

Anna Gasser strahlt über beide Backen: Die Österreicherin ist erneut Olympiasiegerin.

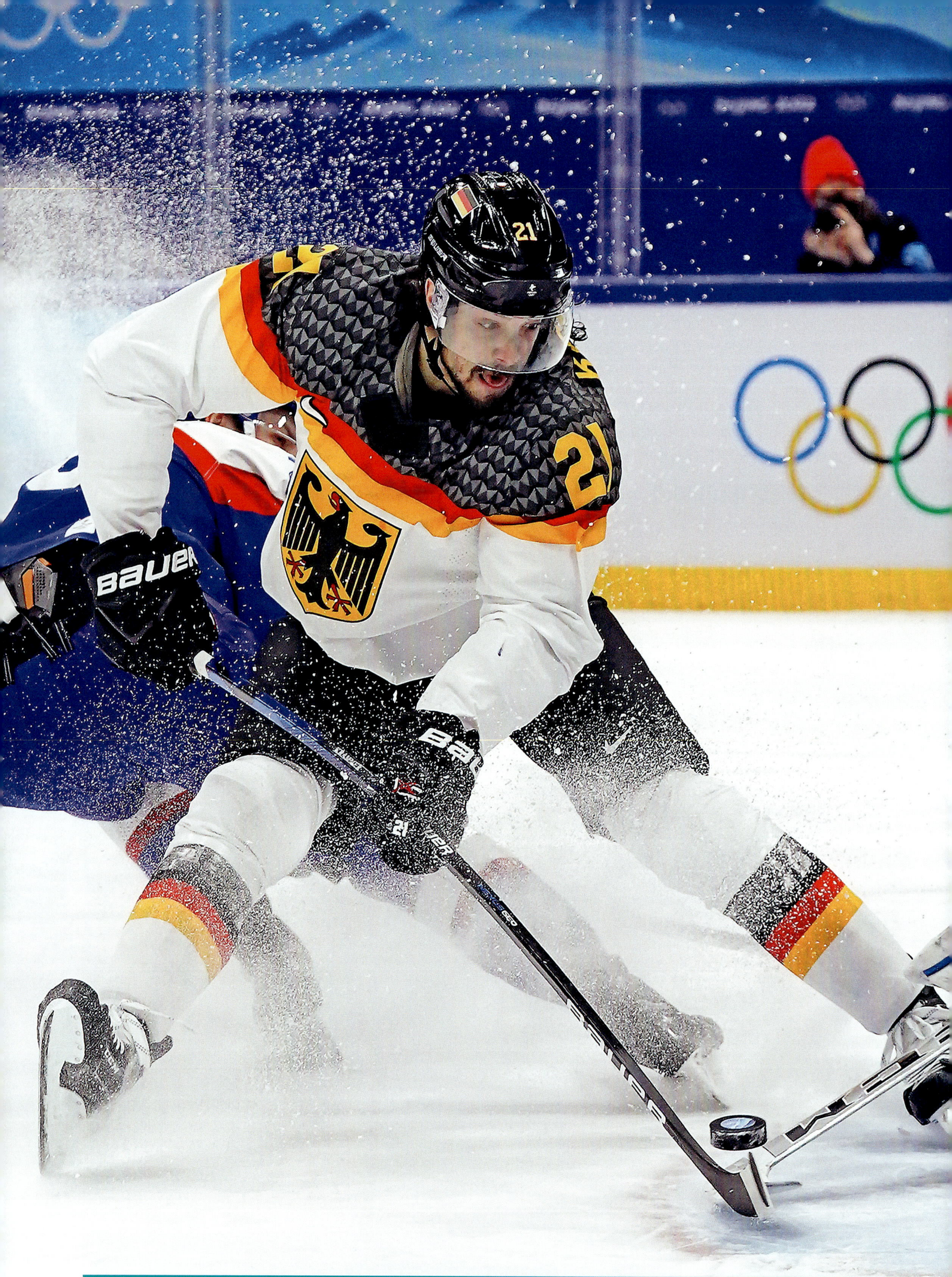

Nur selten kommt die DEB-Auswahl gefährlich vors Tor. Hier scheitert Nicolas Krämmer am guten slowakischen Torhüter Patrik Rybar.

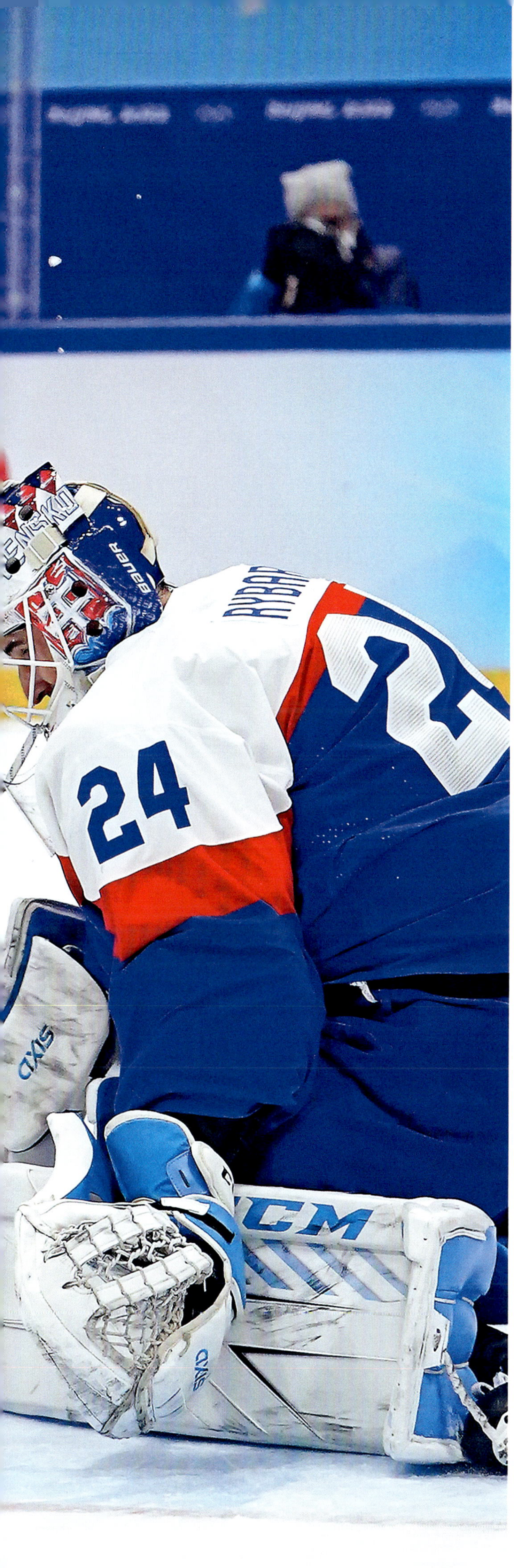

EISHOCKEY

Am Ende eines enttäuschenden Turniers verlor David Wolf auch noch die Beherrschung. 86 Sekunden vor Schluss streckte der hünenhafte deutsche Stürmer den Slowaken Libor Hudacek mit einem Schlag auf den Hinterkopf nieder. Wolf wurde in die Kabine geschickt, wo er wenig später auf seine ernüchterten Mannschaftskollegen traf. Das Viertelfinale hatte der aktuelle WM-Vierte und Silbermedaillengewinner der Winterspiele 2018 als Mindestziel ausgegeben, doch stattdessen scheiterte die deutsche Eishockey-Nationalmannschaft bereits an der Qualifikation für die Runde der letzten Acht. Mehr noch als das Ausscheiden an sich erschütterte die Art und Weise, wie sich die Schützlinge von Trainer Toni Söderholm beim 0:4 gegen die Slowakei präsentiert hatten. Das Aufbauspiel wirkte stümperhaft, im Angriff mangelte es an Kreativität. Auch von der Leidenschaft, die das Team in Pyeongchang getragen hatte, war in Peking nichts zu sehen. Die läuferisch stärkeren Slowaken übernahmen vom ersten Bully an das Kommando und gingen verdient in Führung. Das deutsche Team hingegen agierte merkwürdig passiv. Die beste Chance vergab Nicolas Krämmer nach einem schnellen Konter. Im Mitteldrittel nahm die Dominanz der Slowaken sogar noch zu, obwohl das 17-jährige Supertalent Juraj Slafkovsky diesmal weniger Akzente setzte als noch in den Spielen zuvor. Mit einem Doppelschlag binnen 104 Sekunden erhöhte die Slowakei bis zur 29. Minute auf 3:0. Ein Aufbäumen der deutschen Auswahl blieb aus. Zwar boten zwei Überzahlspiele im Schlussabschnitt die Chance zum Anschluss, doch der slowakische Torhüter Patrik Rybar hielt seinen Kasten sauber. Als der zu oft im Stich gelassene deutsche Goalie Mathias Niederberger sein Tor für einen weiteren Feldspieler verlassen hatte, trafen die Slowaken zum 4:0-Endstand.

Slowakei – Deutschland 4:0 (1:0, 2:0, 1:0)
Tore: 1:0 Hudacek (12. Minute), 2:0 Cehlarik (28.), 3:0 Kristof (29.), 4:0 Hrivik (58.). Strafminuten: Slowakei 8 – Deutschland 8 + 5 + Spieldauer gegen Wolf.

TAG 11

EISHOCKEY (MÄNNER)

Qualifikation Viertelfinale
Slowakei – Deutschland 4:0
Dänemark – Lettland 3:2
Tschechien – Schweiz 2:4
Kanada – China 7:2

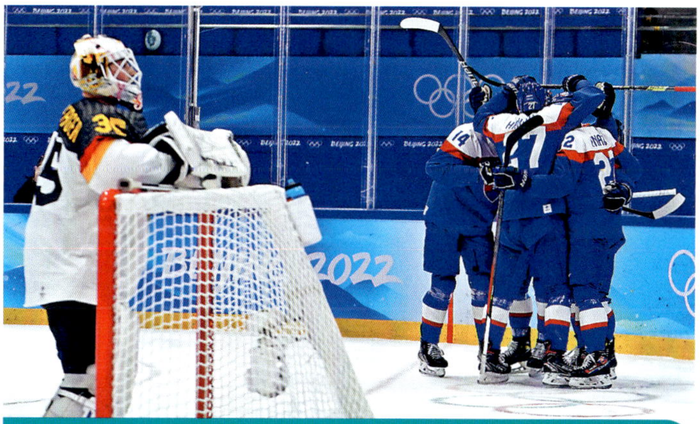

Die Slowaken feiern das Tor zum 3:0. Deutschlands Goalie Mathias Niederberger stemmt sich vergeblich gegen die klare Niederlage.

TAG 12
MI., 16.02.

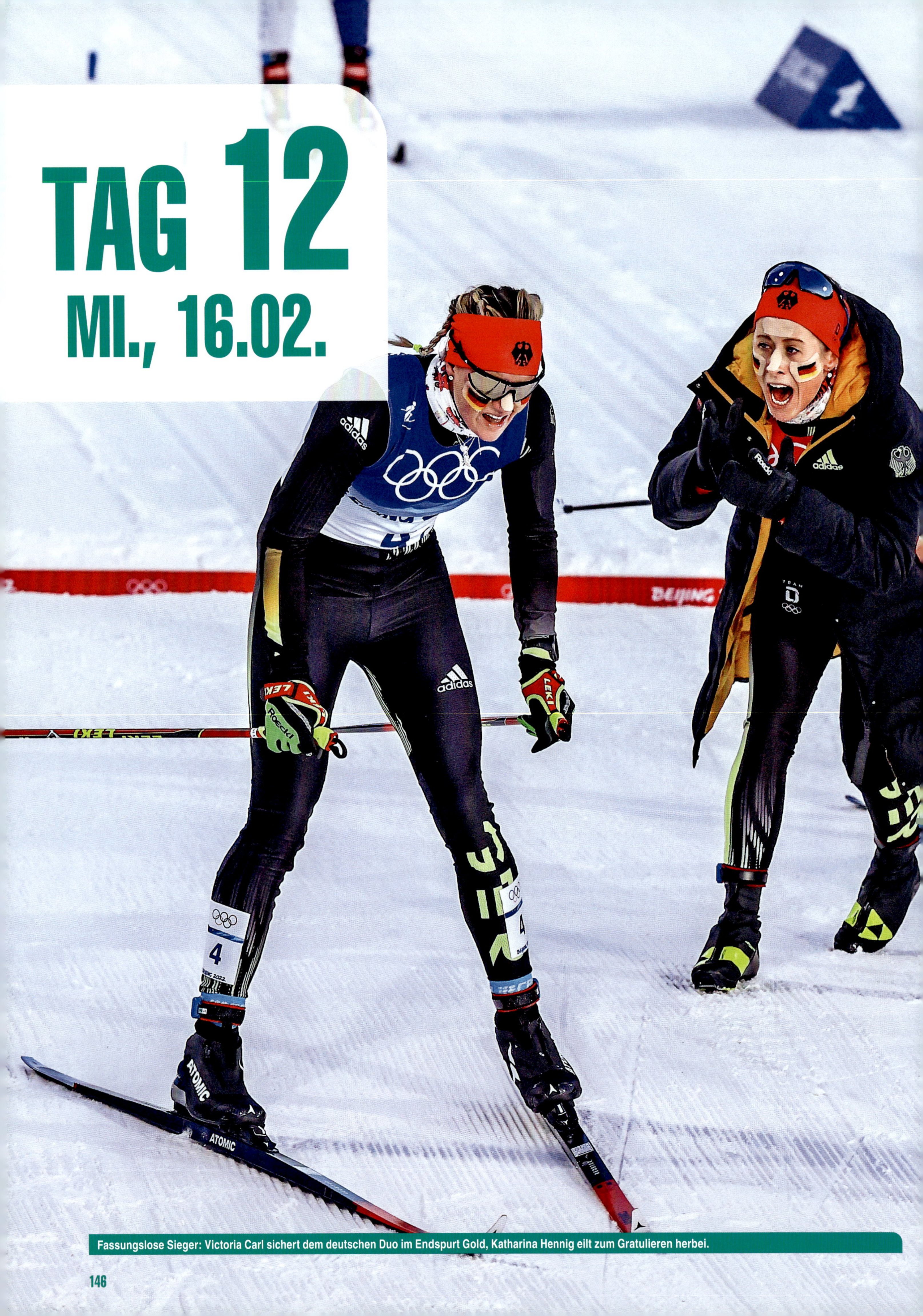

Fassungslose Sieger: Victoria Carl sichert dem deutschen Duo im Endspurt Gold, Katharina Hennig eilt zum Gratulieren herbei.

LANGLAUF

Katharina Hennig und Victoria Carl wähnten sich in einem surrealen Film. »Emotional völlig überfordert« fühlte sich Hennig, und Carl sprach davon, »wie Falschgeld« herumzulaufen. Das deutsche Duo hatte im Teamsprint zwar mit einer Medaille geliebäugelt. Doch dass dann sogar Gold heraussprang, traf sie unerwartet wie ein Blitz aus heiterem Himmel. Trainer Peter Schlickenrieder kämpfte mit den Tränen. Mit diesem Geschenk hatte er an seinem 52. Geburtstag nun wirklich nicht gerechnet. Dabei verlief die Vorbereitung auf den Teamsprint nicht optimal. Katherine Sauerbrey, die eigentlich neben Hennig vorgesehen war, meldete sich kurzfristig ab, weil sie sich nicht zu 100 Prozent fit fühlte. Der Teamsprint ist ein Vollgasrennen, das keine Schwächephasen verzeiht. Insgesamt sind sechs Runden und neun Kilometer zu absolvieren, die beiden Läuferinnen eines Teams wechseln sich alle 1,5 Kilometer ab. Zur Rennhalbzeit trennten die besten acht Teams nur knapp sechs Sekunden. Hennig hatte auf Platz zwei liegend an Carl übergeben. Die Thüringerin büßte auf ihrer zweiten Runde ein bisschen Zeit ein und fiel auf den fünften Rang zurück, zu den führenden Schwedinnen hatte sich eine kleine Lücke aufgetan. Hennig präsentiert sich jedoch in überragender Verfassung, holte rasch auf und setzte sich sogar an die Spitze des Führungsquintetts. Als Carl auf ihre letzte Runde startete, war zumindest eine Medaille realistisch. Allerdings musste sie sich mit der favorisierten Schwedin Jonna Sundling und der russischen Tour-de-Ski-Siegerin Natalia Nepryaeva messen, die das Tempo erwartungsgemäß anzogen. Im Gegensatz zur Finnin Krista Parmakoski und der Amerikanerin Jessie Diggins konnte Carl das Tempo mitgehen und bog als Drittplatzierte auf die Zielgeraden ein. Alles deutete auf Bronze hin, als Carl auf den letzten 50 Metern zu einem unwiderstehlichen Sprint ansetzte, beide Rivalinnen noch überflügelte und tatsächlich als Erste die Ziellinie überquerte. Es war das erste deutsche olympische Langlaufgold seit 2010, als Evi Sachenbacher-Stehle und Claudia Nystad ebenfalls im Teamsprint siegten.

LANGLAUF TEAMSPRINT KLASSISCH (FRAUEN)

1	Katharina Hennig/Victoria Carl	GER	22:09,85 Min.
2	Maja Dahlqvist/Jonna Sundling	SWE	+ 0,17 Sek.
3	Yulia Stupak/Natalia Nepryaeva	ROC	+ 0,71

LANGLAUF TEAMSPRINT KLASSISCH (MÄNNER)

1	Erik Valnes/Johannes Kläbo	NOR	19:22,99 Min.
2	Iivo Niskanen/Joni Maki	FIN	+ 2,46 Sek.
3	Alexander Bolshunov/Alexander Terentev	ROC	+ 4,29

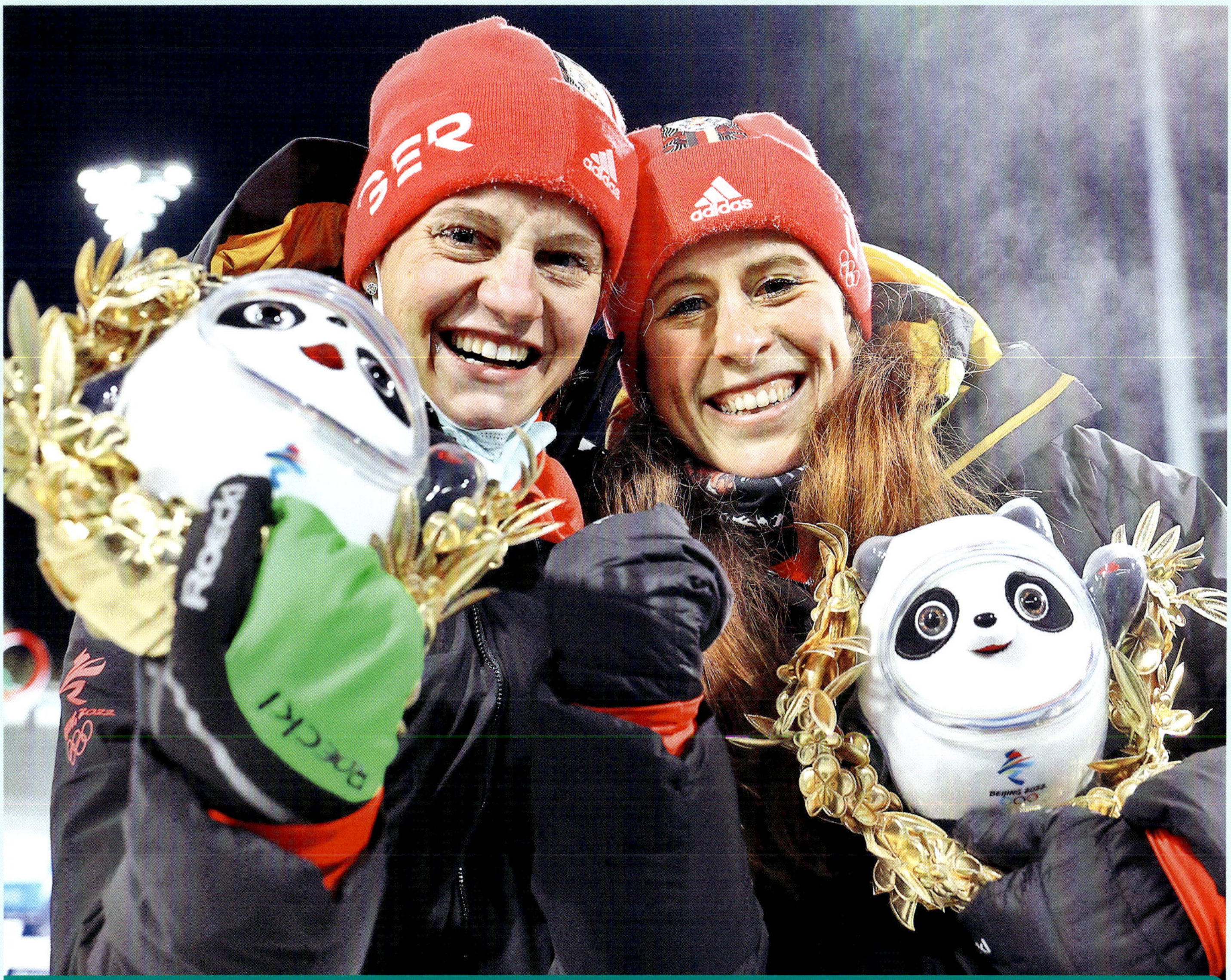

Victoria Carl (links) und Katharina Hennig freuen sich über das erste deutsche Langlaufgold bei Olympischen Spielen seit 2010.

BIATHLON

Für Franziska Preuß und Denise Herrmann ging es im Staffelrennen um mehr als eine Medaille. Für sie bedeutete es die Chance, ein Trauma zu überwinden. 2018 in Pyeongchang war die deutsche Staffel als großer Favorit ins Rennen gegangen – vor allem dank Laura Dahlmeier, die in den Tagen zuvor Gold im Sprint und in der Verfolgung gewonnen hatte. Doch Preuß und Herrmann wackelten im Stehendschießen und handelten sich jeweils eine Strafrunde ein. Schon zur Rennhalbzeit lag das deutsche Quartett damit aussichtslos zurück. Selbst die formidable Dahlmeier konnte da nichts mehr reparieren, Platz acht war eine große Enttäuschung. In den Bergen von Zhangjiakou sollte nun alles anders werden. Diesmal starteten Preuß und Herrmann auf den Positionen drei und vier. Als Startläuferin ging Vanessa Voigt ins Rennen, und die Olympiadebütantin bot erneut eine grandiose Leistung. Sie blieb sowohl beim Liegend- als auch beim Stehendschießen makellos und übergab als Führende an Vanessa Hinz. Auch die Münchnerin bewältigte das Liegendschießen fehlerfrei, benötigte beim Stehendschießen allerdings zwei Nachlader und fiel dadurch auf den vierten Rang zurück. Der Rückstand auf die Russinnen, für die Kristina Reztsova als zweite Läuferin einen fulminanten Auftritt hingelegt hatte, betrug knapp 46 Sekunden. Preuß brachte die deutsche Staffel trotz eines fehlerfreien Liegendschießens kaum näher heran, weil das Niveau insgesamt sehr hoch blieb. Im Stehendschießen ging sie ins Risiko, räumte mit einer Schnellfeuereinlage die ersten vier Scheiben ab, ehe sie die fünfte verfehlte. Mit dem zweiten Nachlader fiel aber auch diese. Mit 37 Sekunden Rückstand auf die nun führenden Schwedinnen ging Herrmann auf die Strecke. Nach einer furiosen ersten Runde hatte sie die vor ihr laufende Italienierin Samuela Comola schnell überholt und die Russin Uliana Nigmatullina eingeholt. Zwar benötigte Herrmann bei ihren beiden Schießeinlagen insgesamt einen Nachlader mehr als die Russin, auf der letzten Runde schien aber immer noch Silber möglich. Doch Nigmatullina hatte sich die Kräfte etwas besser eingeteilt und sicherte Silber. Das deutsche Quartett freute sich über Bronze.

BIATHLON 4 x 6 KM STAFFEL (FRAUEN)

1	Schweden		SWE	1:11:03,9 Std.
2	ROC		ROC	+ 12,0 Sek.
3	Deutschland		GER	+ 37,4

TAG 12

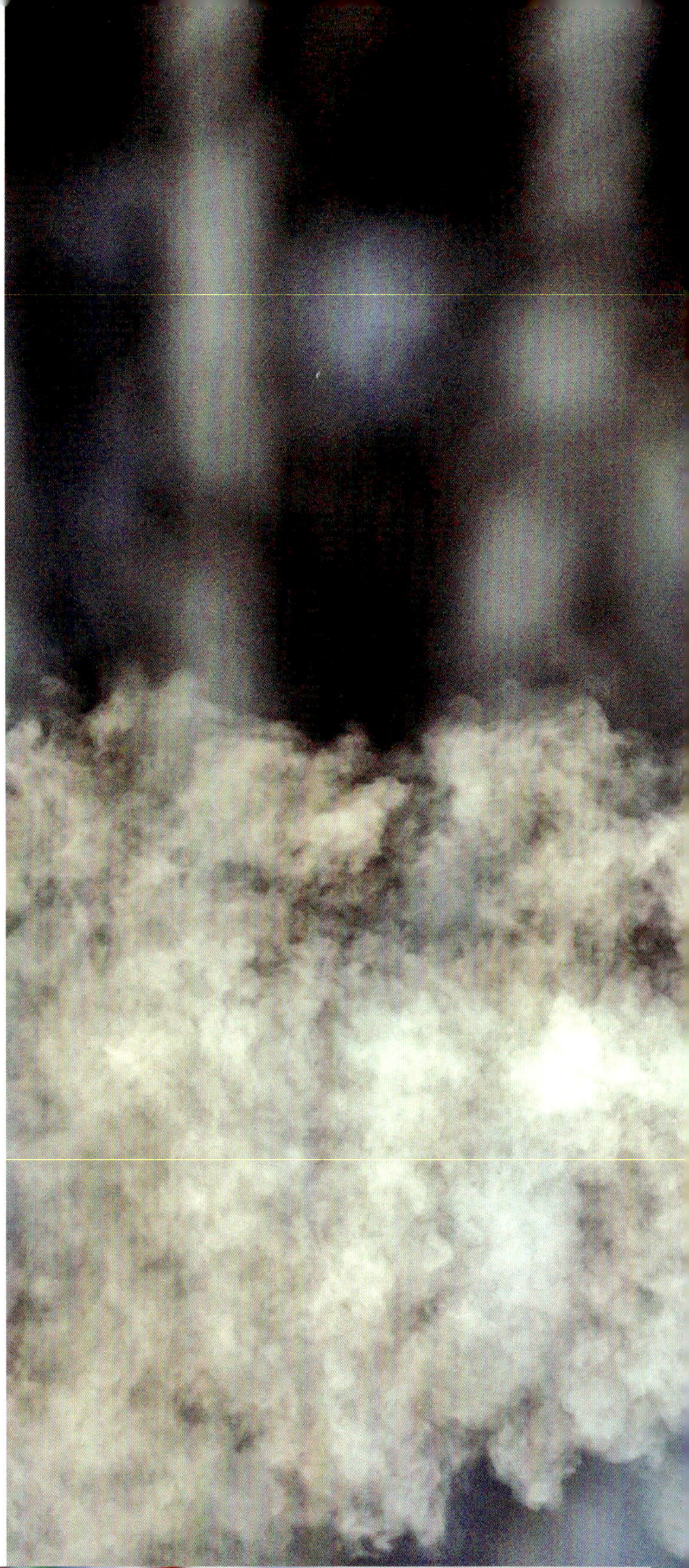

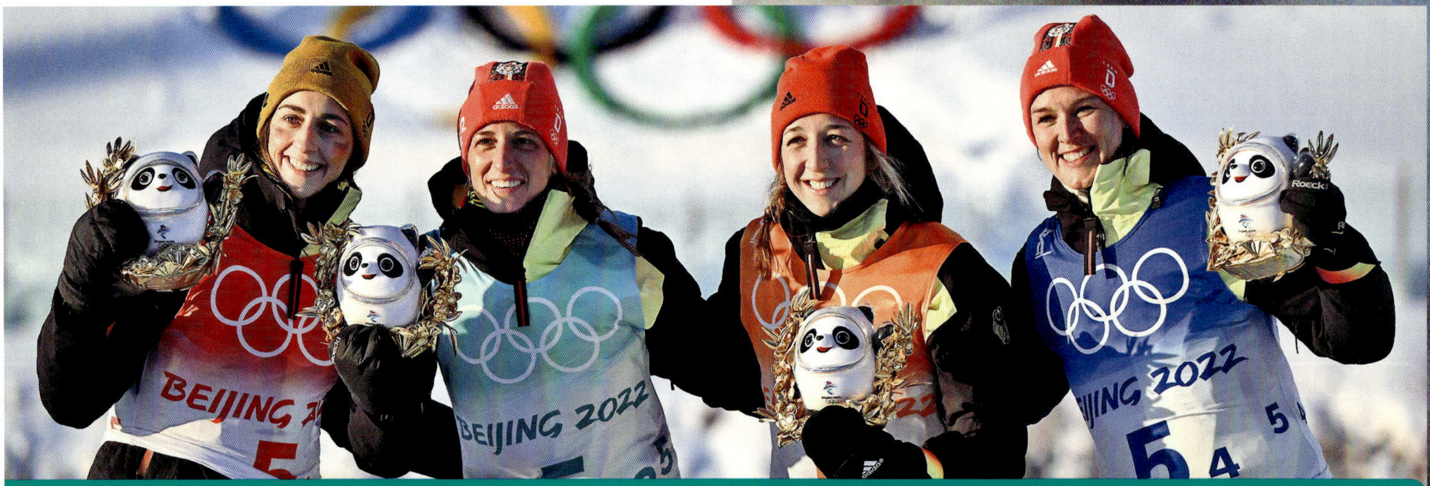

Medaille gewonnen, Trauma überwunden: Vanessa Voigt, Vanessa Hinz, Franziska Preuß und Denise Herrmann (von links) freuen sich über Bronze.

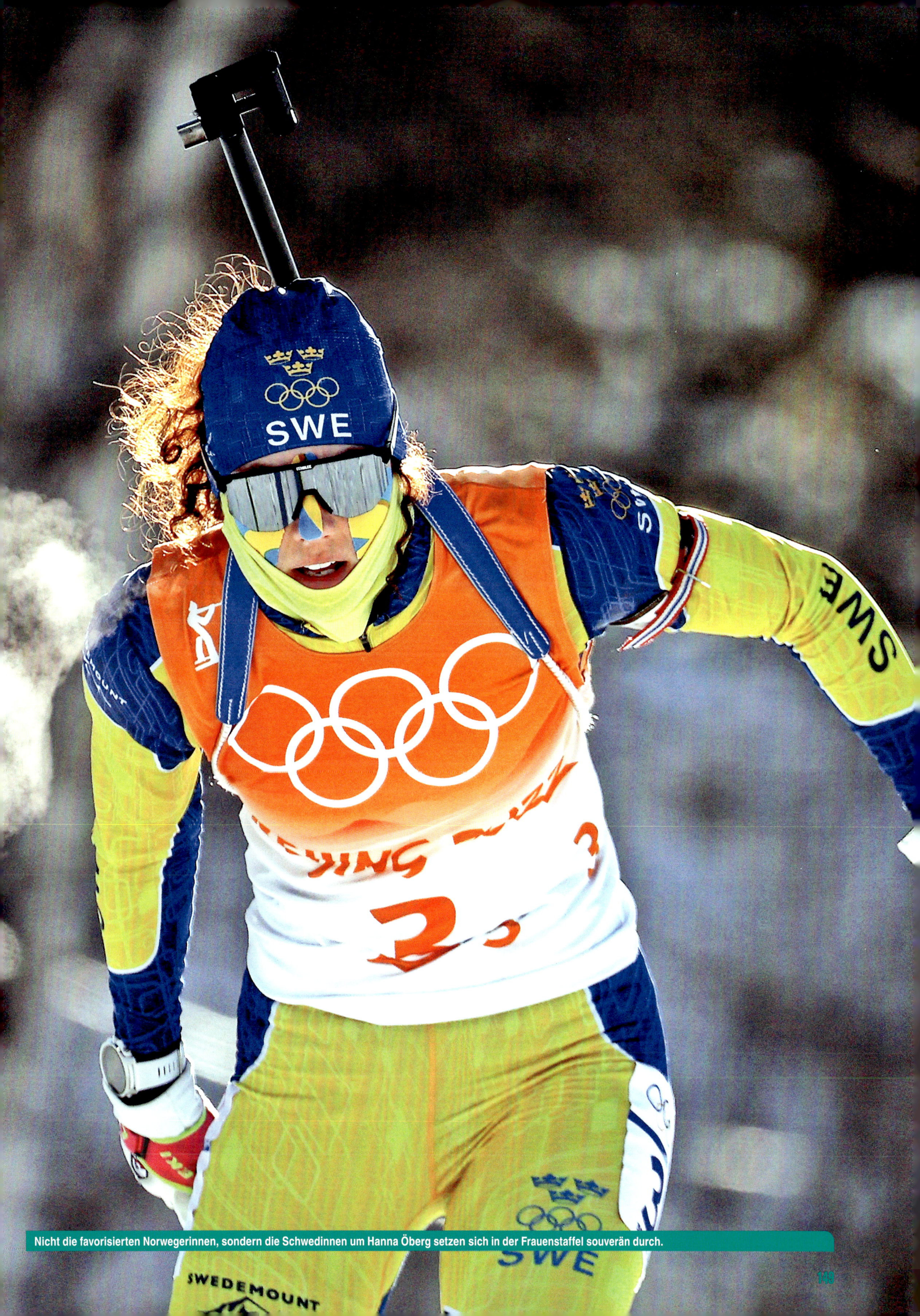

Nicht die favorisierten Norwegerinnen, sondern die Schwedinnen um Hanna Öberg setzen sich in der Frauenstaffel souverän durch.

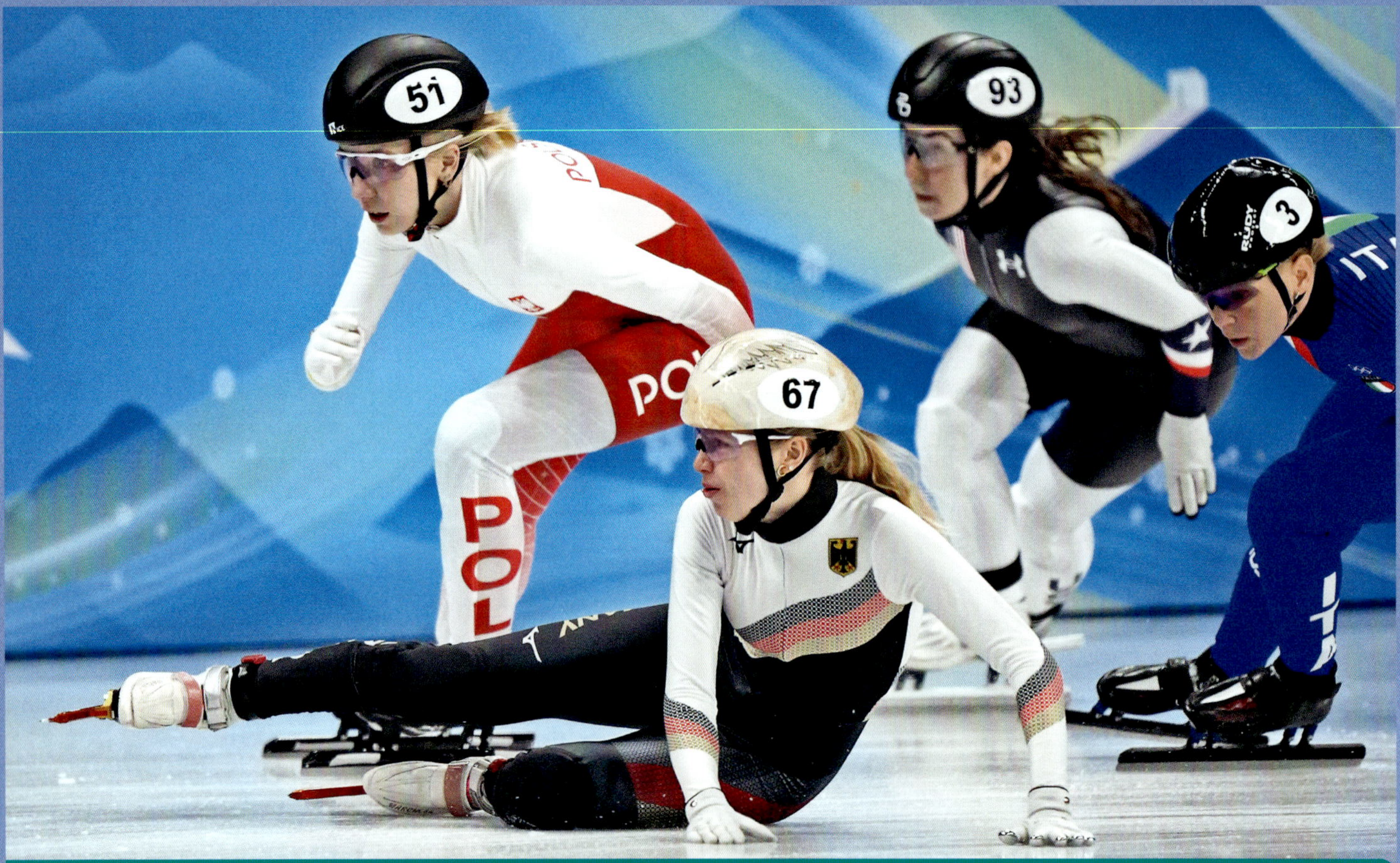

Ausgerutscht und ausgeschieden: Shorttrackerin Anna Seidel verliert den Halt und geht zu Boden.

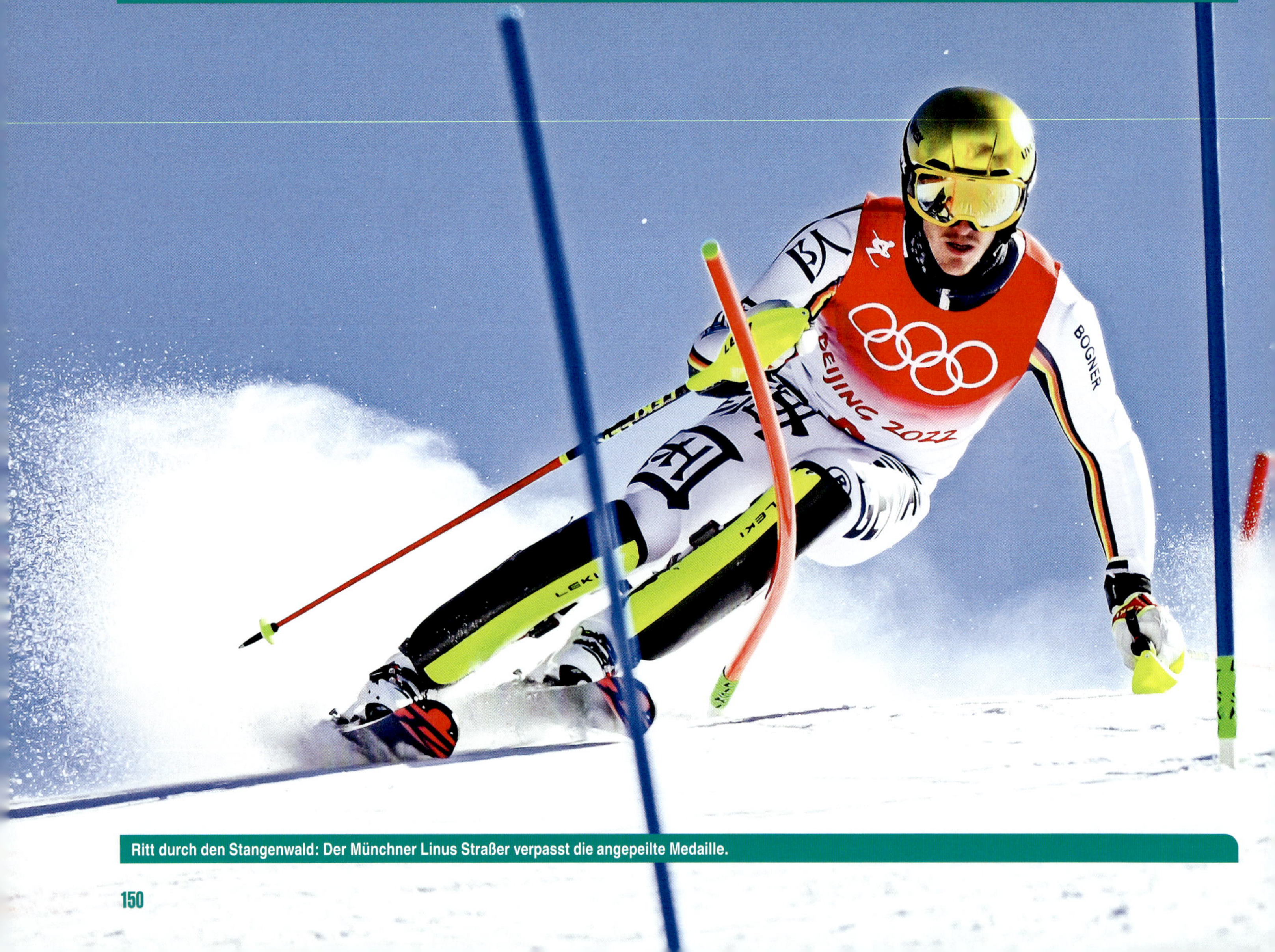

Ritt durch den Stangenwald: Der Münchner Linus Straßer verpasst die angepeilte Medaille.

WAS SONST NOCH GESCHAH

Linus Straßer durfte von der ersten Olympiamedaille eines deutschen Skirennfahrers seit 28 Jahren träumen. Nach dem ersten Slalomdurchgang lag der Münchner als Fünfter lediglich 0,27 hinter dem Drittplatzierten Sebastian Foss-Solevaag zurück. Eine aussichtsreiche Ausgangsposition, die noch dazu angenehme Erinnerungen weckte: Erst drei Wochen zuvor, bei der Generalprobe für Olympia, dem legendären Nachtslalom von Schladming, war Straßer von genau diesem fünften Rang sogar noch zum Sieg gefahren. Nach einem zerfahrenen zweiten Lauf machte sich bei ihm allerdings eine Mixtur aus Ernüchterung und Ratlosigkeit breit. Mit der nur noch zwölftbesten Laufzeit fiel er in der Endabrechnung auf den siebten Rang zurück.

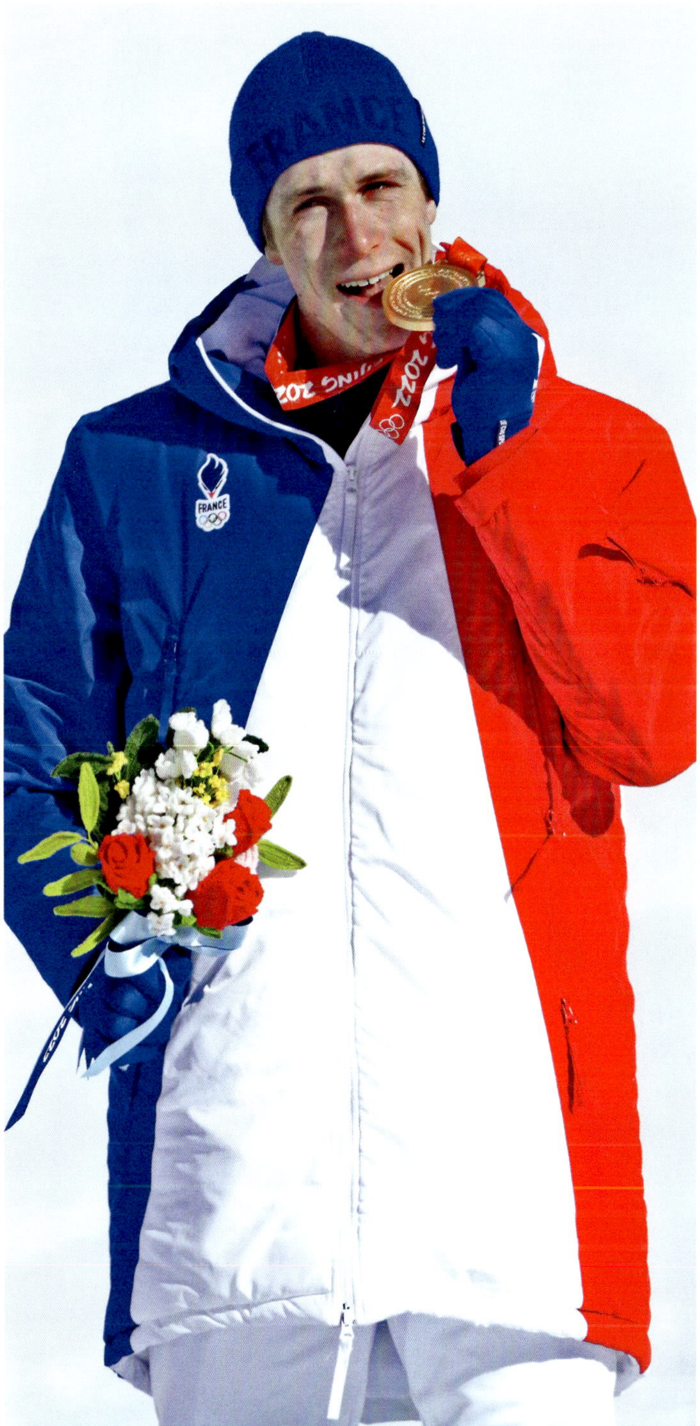

Slalomgewinner Clement Noel aus Frankreich unterzieht die Goldmedaille einem Härtetest.

»Ich kann mir eigentlich nichts vorwerfen«, sagte Straßer. »Aber es war nicht gut genug für eine Medaille.« Damit bleibt Markus Wasmeier mit Doppelgold 1994 in Lillehammer weiterhin der letzte deutsche Skifahrer, der bei Winterspielen in einem Einzelwettbewerb auf dem Podest stand.
Kombinationssieger Johannes Strolz aus Österreich, Führender nach dem ersten Durchgang, wurde noch vom Franzosen Clement Noel abgefangen, der sich vom sechsten auf den ersten Platz verbesserte. Der Norweger Henrik Kristoffersen fiel vom zweiten auf den fünften Platz zurück, Weltmeister Sebastian Foss-Solevaag, ebenfalls aus Norwegen, verteidigte Rang drei. Alexander Schmid aus Fischen im Allgäu wurde 19., Julian Rauchfuß aus Mindelheim schied bereits im ersten Durchgang aus.
Auch für Shorttrackerin Anna Seidel endete der Tag enttäuschend. Bei ihrem einzigen Start in Peking, dem Wettbewerb über 1500 Meter, schied die Dresdnerin nach einem Sturz bereits im Viertelfinale aus. Olympiasiegerin auf der längsten Distanz wurde, wie vier Jahre zuvor in Pyeongchang, die Südkoreanerin Choi Min-jeong vor 500-Meter-Siegerin Arianna Fontana (Italien) und 1000-Meter-Gewinnerin Suzanne Schulting (Niederlande).
Im Eishockeyturnier der Männer schaffte Deutschlandbezwinger Slowakei durch ein 3:2 nach Penaltyschießen gegen die USA den Einzug ins Halbfinale.

SKI ALPIN SLALOM (MÄNNER)

1	Clement Noel	FRA	1:44,09 Min.
2	Johannes Strolz	AUT	+ 0,61 Sek.
3	Sebastian Foss-Solevaag	NOR	+ 0,70

SHORTTRACK 1500 METER (FRAUEN)

1	Choi Min-jeong	KOR	2:17,789 Min.
2	Arianna Fontana	ITA	+ 0,073 Sek.
3	Suzanne Schulting	NED	+ 0,076

SHORTTRACK 5000 METER STAFFEL (MÄNNER)

1	Kanada	CAN	6:41,257 Min.
2	Südkorea	KOR	+ 0,422 Sek.
3	Italien	ITA	+ 2,174

SKI FREESTYLE SLOPESTYLE (MÄNNER)

1	Alexander Hall	USA	90,01 Punkte
2	Nicholas Goepper	USA	86,48
3	Jesper Tjäder	SWE	85,35

SKI FREESTYLE AERIALS (MÄNNER)

1	Qi Guangpu	CHN	129,00 Punkte
2	Alexander Abramenko	UKR	116,50
3	Ilja Burow	ROC	114,93

EISHOCKEY (MÄNNER)

Viertelfinale
Finnland – Schweiz 5:1
ROC – Dänemark 3:1
USA – Slowakei 2:3 n.P.
Schweden – Kanada 2:0

TAG 13

DO., 17.02.

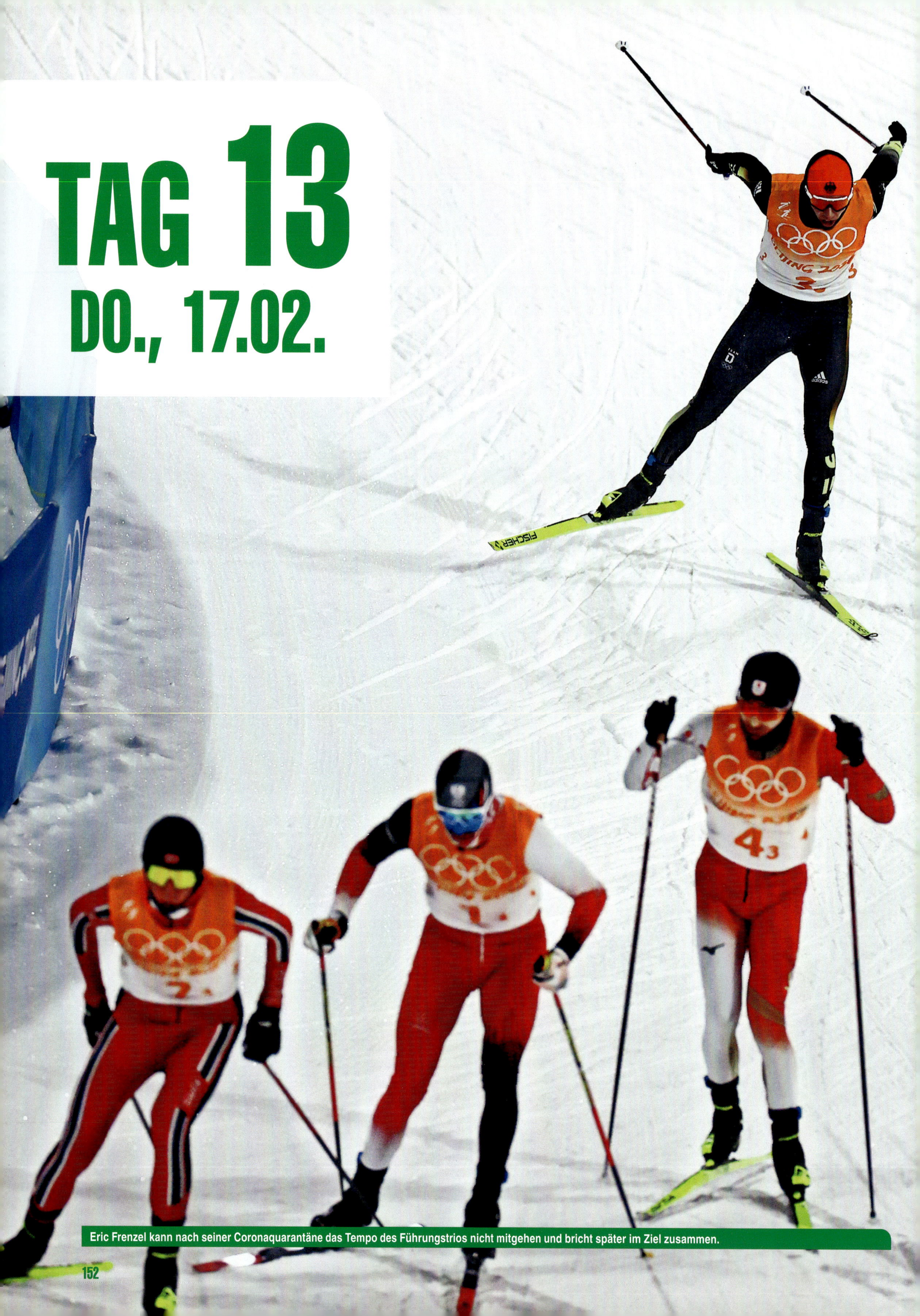

Eric Frenzel kann nach seiner Coronaquarantäne das Tempo des Führungstrios nicht mitgehen und bricht später im Ziel zusammen.

NORDISCHE KOMBINATION

Eric Frenzel war doch nicht umsonst nach Peking gereist. Beide Einzel hatte der beste deutsche Kombinierer aller Zeiten aufgrund seiner Coronaquarantäne verpasst, doch zumindest für einen Einsatz in der Staffel bekam der 33-Jährige die medizinische Freigabe. Ein Belastungstest war zuvor positiv verlaufen. Und doch begleitete ihn unweigerlich die Frage, ob es für einen Wettkampf auf höchstem Niveau reichen würde. Um das Skispringen würde man sich weniger Gedanken machen müssen, das war klar. Frenzel legte einen soliden Sprung auf 132 Meter hin, auch seine Teamkollegen überzeugten. Als Drittplatzierter startete das deutsche Quartett mit elf Sekunden Rückstand auf die führenden Österreicher und drei Sekunden auf die Norweger in die Langlaufstaffel über 4 x 5 Kilometer. Die Chancen auf Gold waren also intakt. Auf der Strecke fand sich schnell ein Führungsquartett mit Österreich, Norwegen, Deutschland und Japan zusammen. Am Ende der ersten fünf Kilometer setzte sich Manuel Faißt an die Spitze des Feldes und übergab als Führender an Julian Schmid. Der ehemalige Juniorenweltmeister lieferte ein starkes Rennen und musste erst auf den letzten 500 Metern ein wenig abreißen lassen. Mit 4,2 Sekunden Rückstand auf die führenden Österreicher stürzte sich Frenzel ins Rennen, fest gewillt, die kleine Lücke zuzulaufen. Er kämpfte, er biss auf die Zähne, nach 2,5 Kilometern hatte er den Anschluss wieder hergestellt. Als Lukas Greiderer jedoch erneut das Tempo verschärfte, konnte Frenzel nicht mehr folgen. Er quälte sich nur noch die Anstiege hinauf, und als er Schlussläufer Geiger losschickte, waren die Norweger bereits um 37 Sekunden enteilt. Der Rückstand auf die drittplatzierten Österreicher betrug 26,2 Sekunden. Geiger, der sich mit seinem gnadenlos offensiven Stil beim zweiten Einzel verzockt hatte, konnte diesmal gar nicht anders als sofort zu attackieren. Schon nach der Hälfte der Distanz hatte er Martin Fritz und Ryota Yamamoto eingeholt, entschied sich dann aber dagegen, auch noch Jörgen Graabak an der Spitze anzugreifen. Geiger spekulierte auf Silber, er lauerte und griff erst auf den letzten 100 Metern an. Mit Erfolg: Deutschland holte Rang zwei. Und Frenzel? Der konnte erst verspätet mit seinem Teamkollegen jubeln. Völlig entkräftet und unterkühlt verpasste er die Siegerehrung.

NORDISCHE KOMBINATION 4 x 5 KM STAFFEL

1	Norwegen		NOR	50:45,1 Min.
2	Deutschland		GER	+ 54,9 Sek.
3	Japan		JPN	+ 55,2

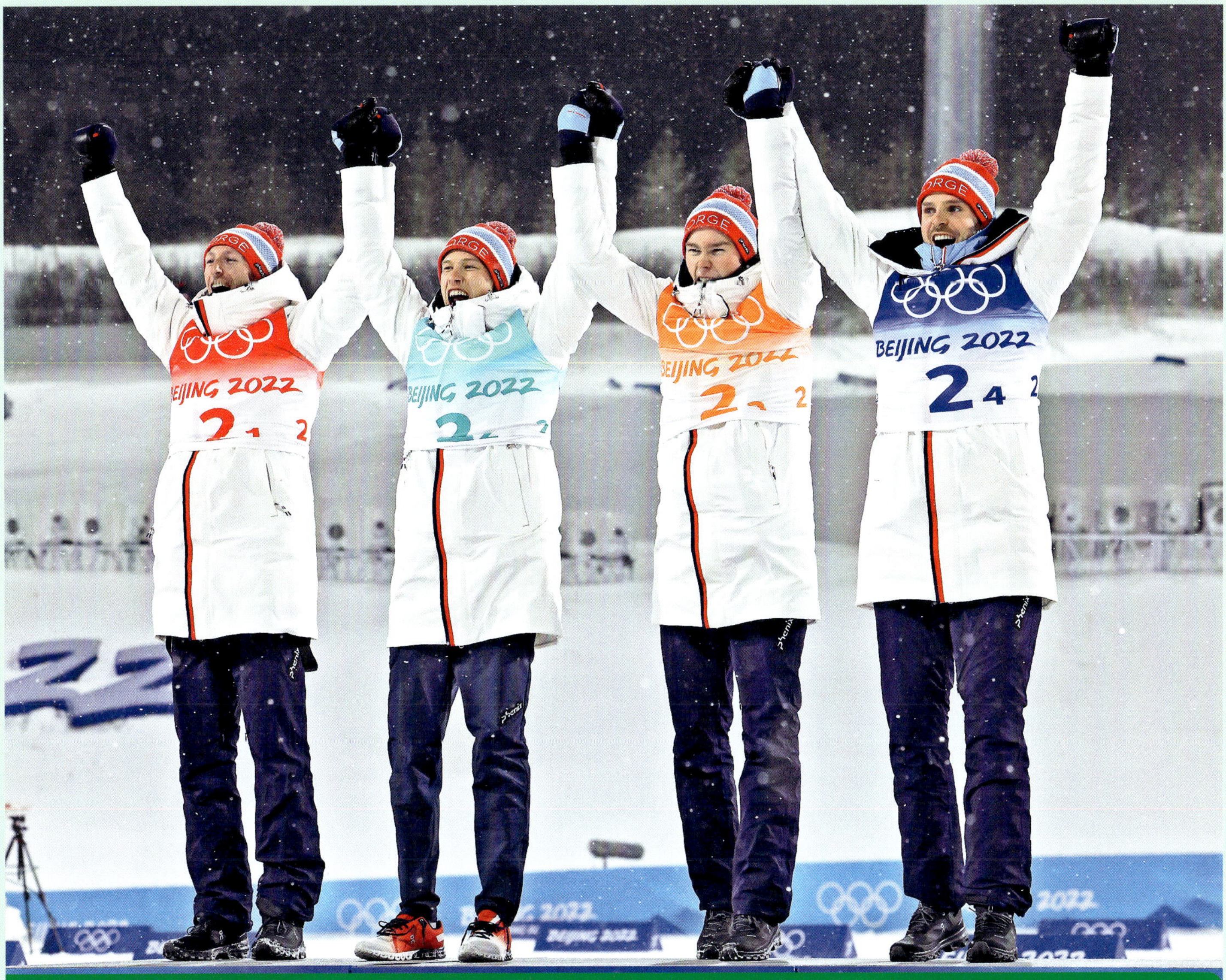

Die Norweger Espen Bjornstad, Espen Andersen, Jens Oftebro und Jörgen Graabak (von links) freuen sich über Staffelgold.

EISKUNSTLAUF

Kamila Valieva winkte ab, dann vergrub sie ihr Gesicht in den Händen. Die Tränen bahnten sich dennoch einen Weg. Valieva, 15 Jahre alt, als Jahrhunderttalent gefeiert, war vor aller Augen zerbrochen am immensen Druck, der nach der Bekanntgabe ihres Dopingvergehens auf ihr gelastet hatte. Eine siebenstündige Anhörung des Internationalen Sportgerichtshofes CAS hatte sie über sich ergehen lassen müssen, konfrontiert mit Fragen, die sie unmöglich beantworten konnte. An Schlaf war in diesen Tagen von Peking kaum zu denken. Im Kurzprogramm hatte sie dennoch die beste Leistung aller Teilnehmerinnen aufs Eis gezaubert – trotz kleinerer Schwächen. Zwei Tage später, bei der Kür, konnten die schmalen Schultern der 15-Jährigen diese Last nicht mehr tragen. Ihre vierminütige Kür war für die Zusehenden kaum auszuhalten, für sie selbst muss sie sich wie ein Martyrium angefühlt haben. Schon ihren ersten Sprung verwackelte sie, es folgten Stürze und weitere technische Fehler. Valieva, die für gewöhnlich die schwierigsten Elemente traumwandlerisch sicher beherrscht und mit einer atemberaubenden Grazie glänzt, litt auf dem Eis Qualen. »Man hat sie der Welt zum Fraß vorgeworfen«, sagte Deutschlands Eiskunstlaufikone Katharina Witt, selbst völlig aufgelöst, in der *ARD*. Es war ein trauriger Abend für Olympia, ein trauriger Abend für den Sport. Valieva fiel auf den vierten Platz zurück, ihre Trainerin Eteri Tutberidse nahm es stoisch zur Kenntnis. Valievas Teamkollegin Anna Shcherbakova, die gerade Olympiagold gewonnen hatte, schaute wie versteinert. Sie konnte sich über ihren Sieg nicht freuen. Der CAS hatte Valieva zuvor die Starterlaubnis für die Kür erteilt, weil ihr ein Ausschluss »irreparablen Schaden« zugefügt hätte. Nach der Kür war festzuhalten: Der CAS hat den Schaden noch vergrößert. Die Deutsche Meisterin Nicole Schott beendete den Wettkampf auf Platz 17.

EISKUNSTLAUF (FRAUEN)

1	Anna Shcherbakova		ROC	255,95 Punkte
2	Alexandra Trusova		ROC	251,73
3	Kaori Sakamoto		JPN	233,13

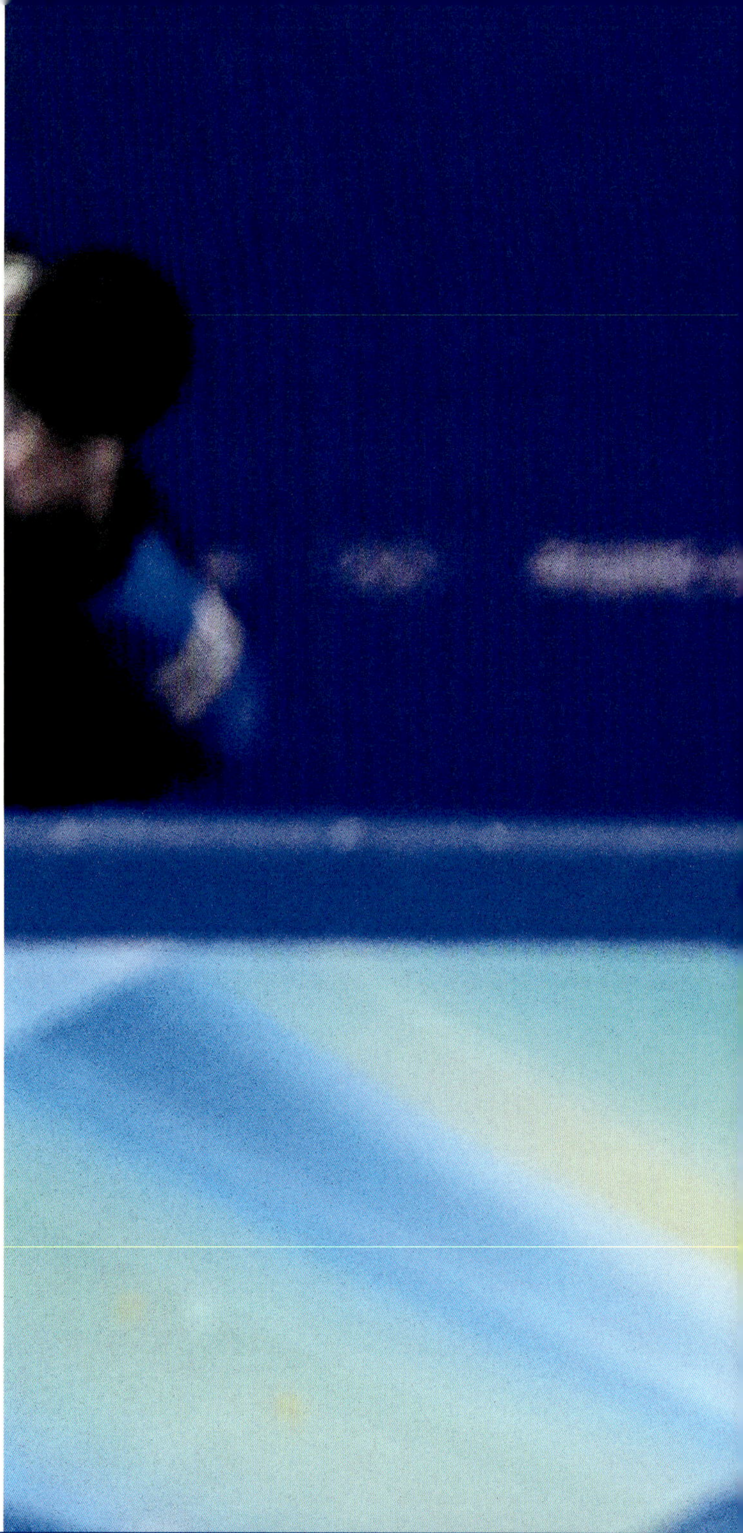

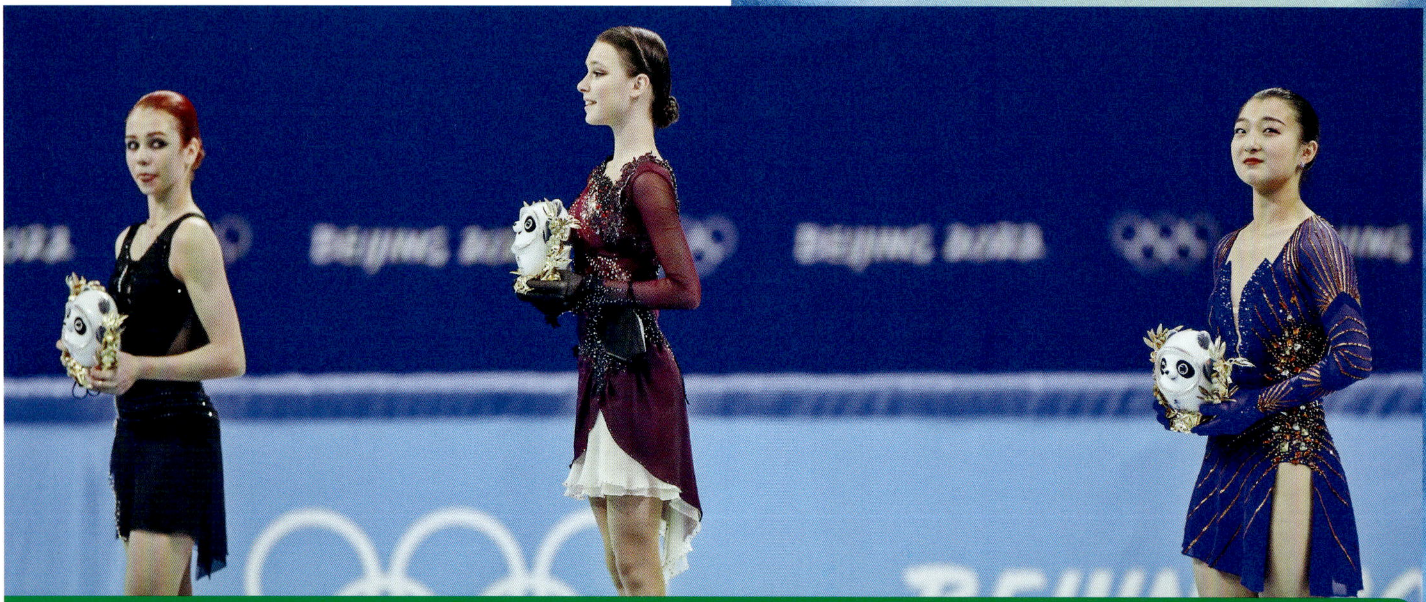

Trotz des Dramas um Kamila Valieva feiert Russland einen Doppelsieg. Anna Shcherbakova (Mitte) gewinnt vor Alexandra Trusova (links). Die Japanerin Kaori Sakamoto holt sich Bronze.

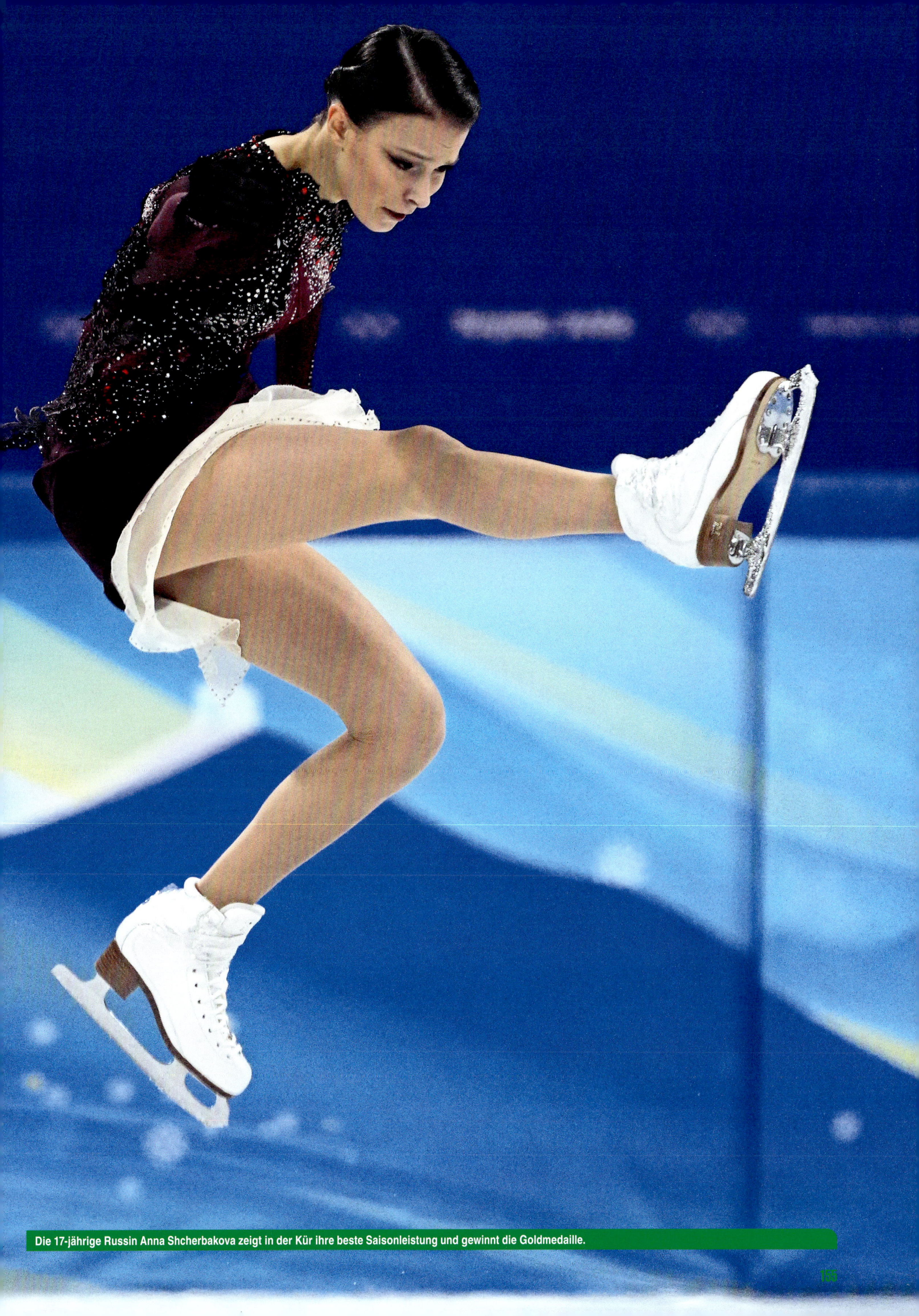

Die 17-jährige Russin Anna Shcherbakova zeigt in der Kür ihre beste Saisonleistung und gewinnt die Goldmedaille.

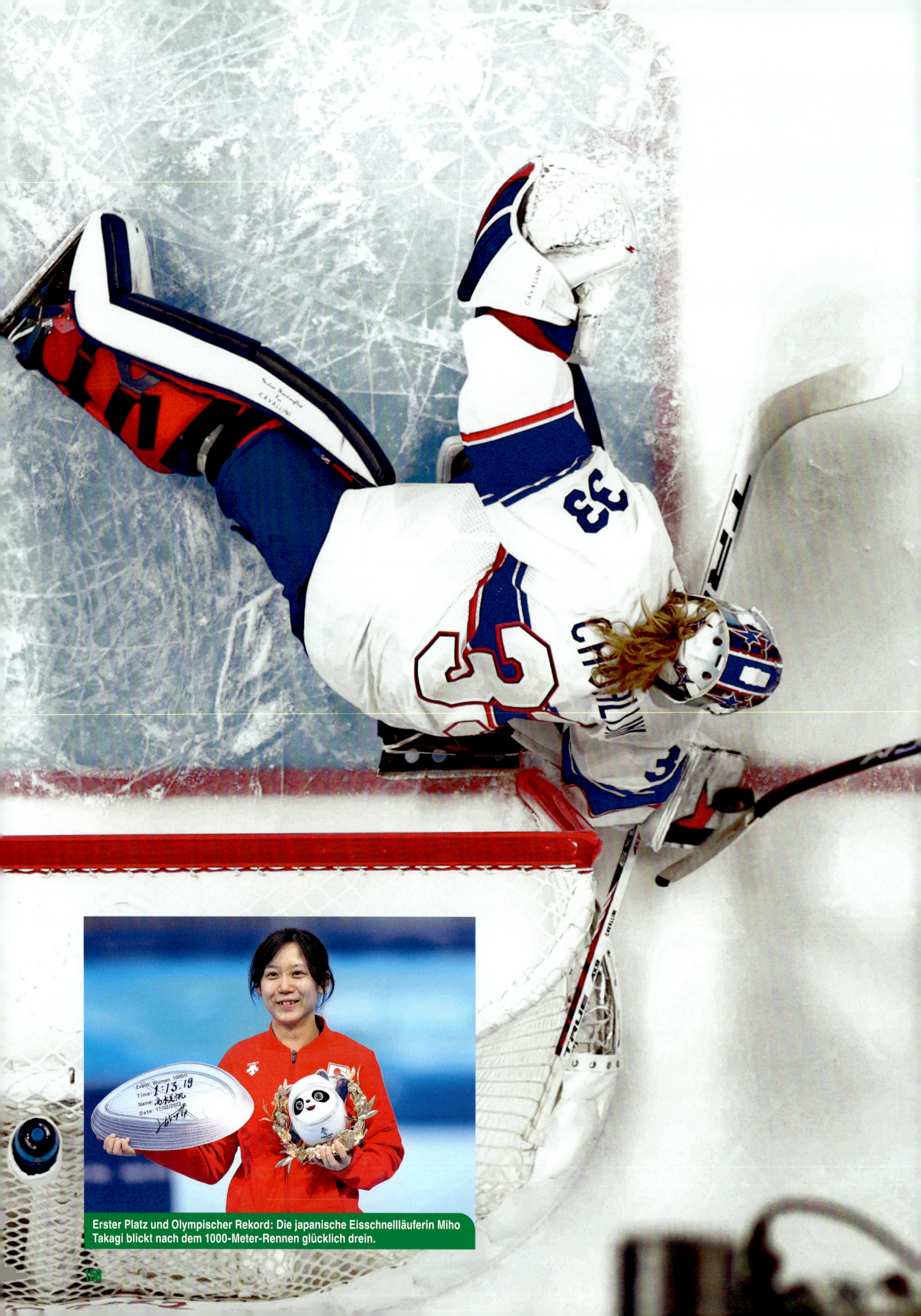

Erster Platz und Olympischer Rekord: Die japanische Eisschnellläuferin Miho Takagi blickt nach dem 1000-Meter-Rennen glücklich drein.

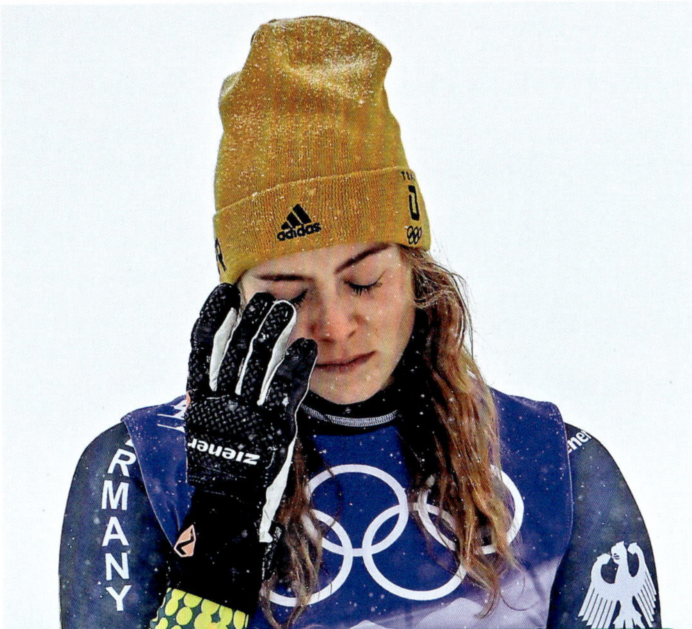

Von den Gefühlen überwältigt: Freestylerin Daniela Maier kämpft nach dem dritten Platz im Cross mit den Tränen.

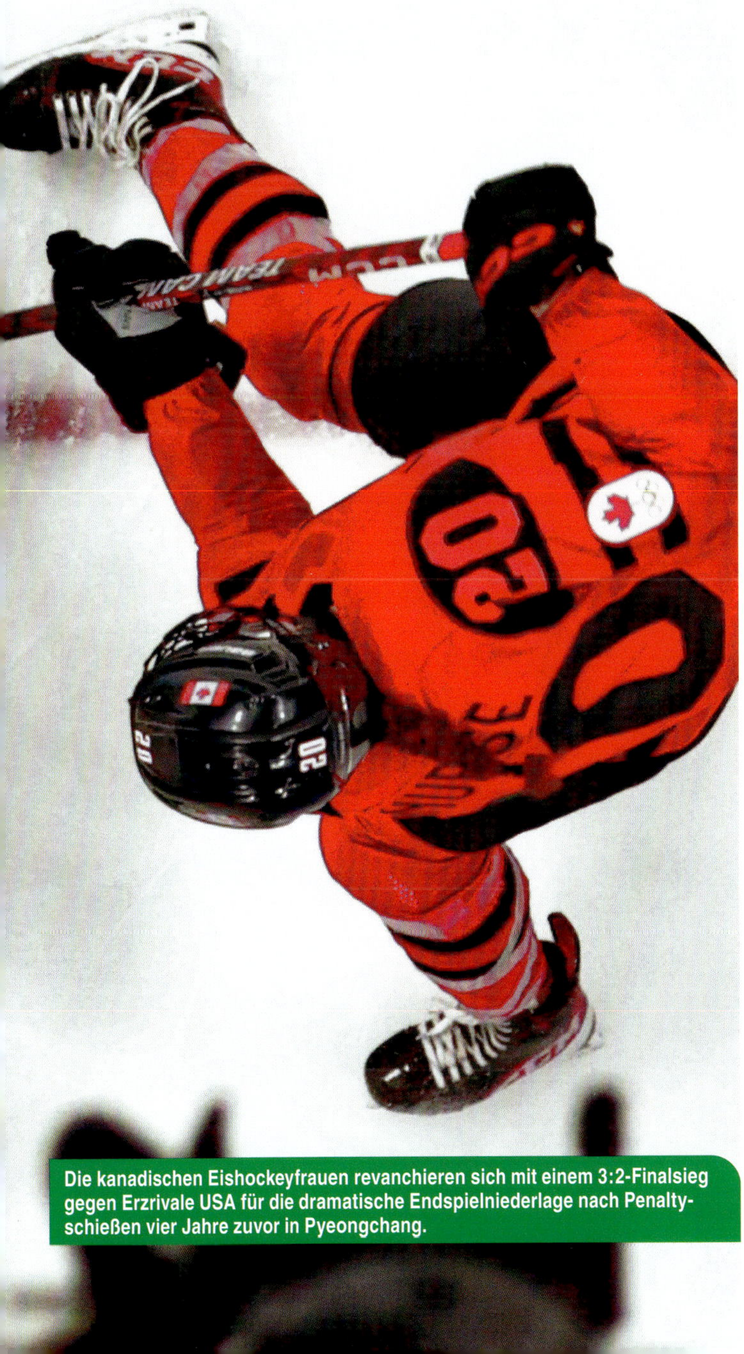

Die kanadischen Eishockeyfrauen revanchieren sich mit einem 3:2-Finalsieg gegen Erzrivale USA für die dramatische Endspielniederlage nach Penaltyschießen vier Jahre zuvor in Pyeongchang.

WAS SONST NOCH GESCHAH

1992 in Albertville feierte Ski Freestyle seine olympische Premiere. US-Amerikaner und Kanadier dominieren seither die Konkurrenz, erst eine Medaille ging an den Deutschen Skiverband: Tatjana Mittermeier gewann 1998 in Nagano Silber auf der Buckelpiste. 24 Jahre später ließ Daniela Maier im Schneegestöber von Zhangjiakou Bronze im Cross folgen. Nach dem Finalrennen erlebte die 25-Jährige aus Furtwangen im Schwarzwald die komplette Bandbreite der Gefühle: Als Vierte war sie über die Ziellinie gefahren, neben dem Siegerpodium kniete sie minutenlang im Schnee, während die Jury per Video eine turbulente Rennszene überprüfte. Das umstrittene Urteil: Die drittplatzierte Schweizerin Fanny Smith wurde wegen Behinderung disqualifiziert, Maier rückte auf den Bronzerang vor. »Das war Skicross pur. Ich habe vom ersten Moment an gekämpft«, sagte sie noch in die TV-Kamera, ehe sie das Interview von Emotionen überwältigt unterbrechen musste.

Ein Happy End erlebte auch Eisschnellläuferin Miho Takagi im 1000-Meter-Lauf. Nach Silber über 500 Meter, 1500 Meter und in der Teamverfolgung holte die Japanerin diesmal endlich die Goldmedaille. Mit olympischer Rekordzeit verwies sie Topfavoritin Jutta Leerdam aus den Niederlanden auf Platz zwei. Deren Landsfrau, die sechsmalige Olympiasiegerin Ireen Wüst, kam im letzten großen Rennen ihrer eindrucksvollen Karriere auf den sechsten Rang.

Skistar Mikaela Shiffrin erlebte hingegen in ihrem fünften Einzelstart das fünfte Debakel. In der alpinen Kombination lag die US-Amerikanerin als Fünfte nach der Abfahrt aussichtsreich im Rennen, im Slalom fädelte sie jedoch erneut ein. Michelle Gisin wiederholte ihren Olympiasieg von 2018 und machte die Schweiz mit der fünften Goldmedaille zur erfolgreichsten Nation, die es im alpinen Skisport jemals bei Winterspielen gab.

SKI FREESTYLE CROSS (FRAUEN)

1	Sandra Naeslund	SWE
2	Marielle Thompson	CAN
3	Daniela Maier	GER

SKI ALPIN KOMBINATION (FRAUEN)

1	Michelle Gisin	SUI	2:25,67 Min.
2	Wendy Holdener	SUI	+ 1,05 Sek.
3	Federica Brignone	ITA	+ 1,85

EISSCHNELLLAUF 1000 METER (FRAUEN)

1	Miho Takagi	JPN	1:13,19 Min.
2	Jutta Leerdam	NED	+ 0,64 Sek.
3	Brittany Bowe	USA	+ 1,42

EISHOCKEY (FRAUEN)

1	Kanada	CAN
2	USA	USA
3	Finnland	FIN

Finale

Kanada – USA 3:2

Spiel um Platz 3

Schweiz – Finnland 0:4

TAG 14
FR., 18.02.

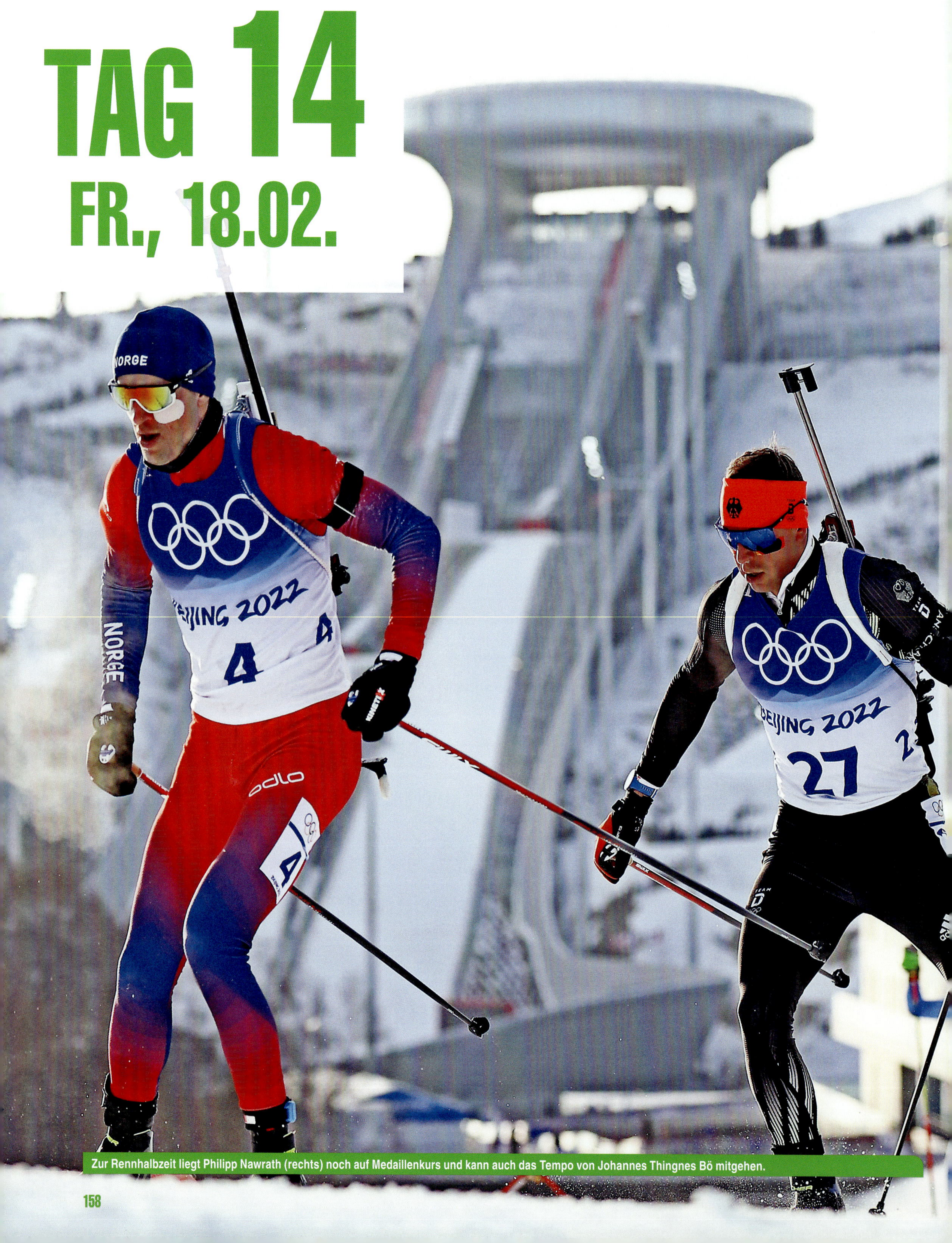

Zur Rennhalbzeit liegt Philipp Nawrath (rechts) noch auf Medaillenkurs und kann auch das Tempo von Johannes Thingnes Bö mitgehen.

BIATHLON

Wäre dies ein Sprintrennen gewesen, man hätte Philipp Nawrath vermutlich zu einer Medaille gratulieren können. Nach zwei fehlerfreien Schießeinlagen beim Liegendanschlag befand sich der 29-Jährige auf Silberkurs. Er lag nur knapp hinter dem späteren Sieger Johannes Thingnes Bö und konnte dessen hohes Tempo mitgehen. Bedauerlicherweise befand sich Nawrath aber im Massenstartrennen über 15 Kilometer – zwei Stehendschießen standen ihm also noch bevor. Dort wendete sich denn auch das Schicksal des Deutschen. Nach drei Strafrunden beim ersten Stehendschießen fiel er aus den Medaillenrängen. Und doch eröffnete sich für Nawrath und auch Benedikt Doll beim letzten Schießen immer noch eine Chance, denn der zweimalige Olympiasieger Quentin Fillon Maillet hatte sich drei Fehler erlaubt. Nawrath und Doll gingen ins Risiko, sie schossen schnell, nur: Sie schossen auch katastrophal. Mit jeweils vier Fehlern brachten sie sich selbst um die Chance auf Bronze. Für die deutschen Biathlon-Männer bedeutete das in der Gesamtbetrachtung das schlechteste Ergebnis seit den Winterspielen 2010 in Vancouver, die ebenfalls ohne einzige Medaille endeten.

Einmal Gold und einmal Bronze hatten die deutschen Frauen bereits vor dem Massenstart vorzuweisen. Dass es nicht mehr wurde, zeichnete sich rasch ab. Denise Herrmann, die Gold im Einzel gewonnen hatte, leistete sich bei den beiden Liegendschießen jeweils einen Fehler. Das wäre verkraftbar gewesen, hätten nicht Marte Olsbu Röiseland und Tiril Eckhoff jeweils eine perfekte Serie hingelegt. Die beiden Norwegerinnen erreichten fast zeitgleich das erste Stehendschießen. Bei böigem Wind benötigten sie viel Zeit und schossen jeweils zwei Fehler, womit sie das Medaillenrennen wieder spannend machten. Jeweils zwei weitere Fehler beim letzten Schießen ermöglichten der Französin Justine Braisaz-Bouchet, noch an den Favoritinnen vorbeizuziehen. Die deutschen Biathletinnen schossen dagegen zu fehlerhaft, um noch weit nach vorn zu laufen. Beste Deutsche war Franziska Preuß auf Rang acht.

BIATHLON MASSENSTART 15 KM (MÄNNER)

1	Johannes Thingnes Bö		NOR	40:18,0 Min. (4 Strafrunden)
2	Martin Ponsiluoma		SWE	+ 15,3 Sek. (4)
3	Vetle Christiansen		NOR	+ 34,9 (4)

BIATHLON MASSENSTART 12,5 KM (FRAUEN)

1	Justine Braisaz-Bouchet		FRA	40:18,0 Min. (4 Strafrunden)
2	Tiril Eckhoff		NOR	+ 15,3 Sek. (4)
3	Marte Olsbu Röiseland		NOR	+ 34,9 (4)

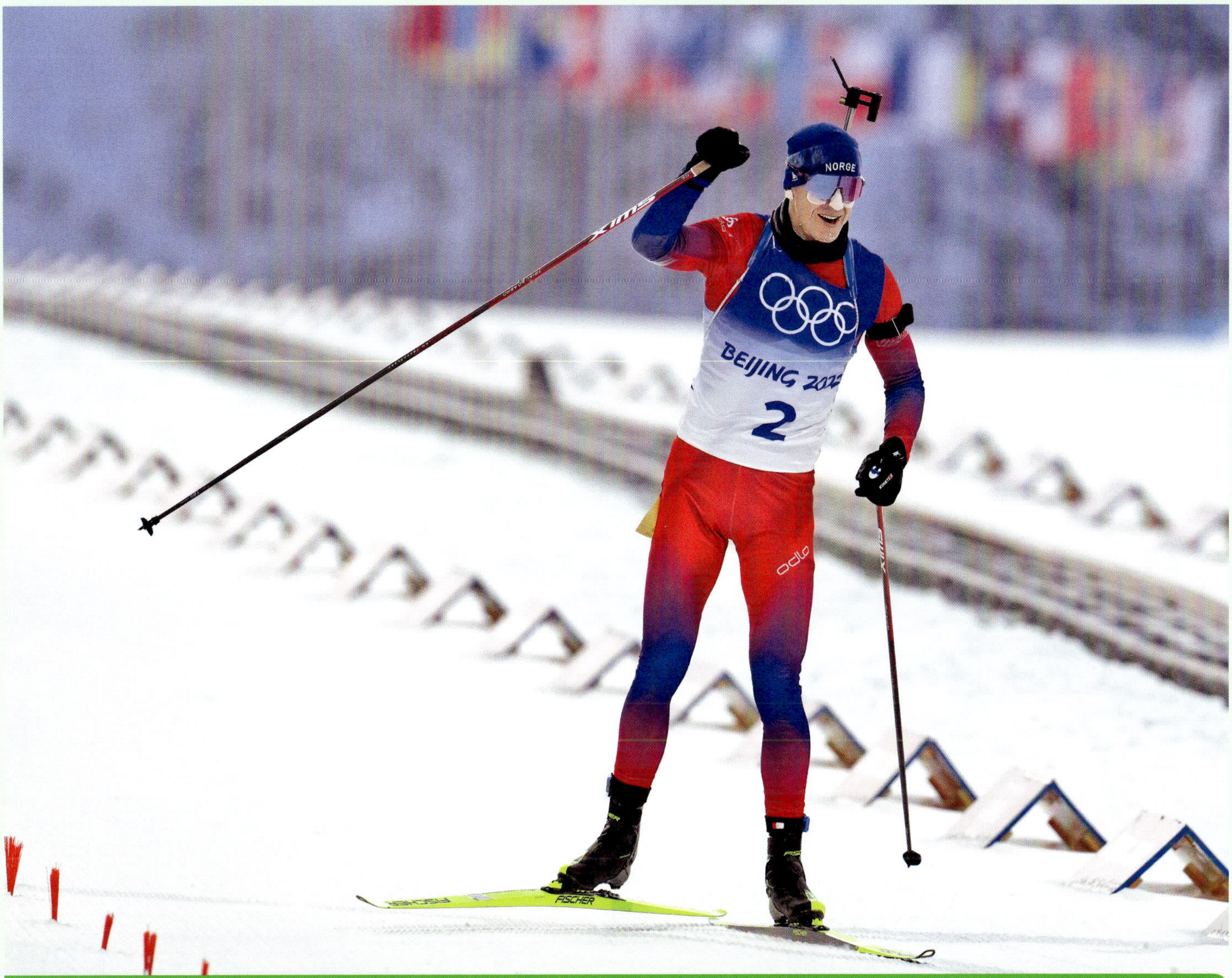

Der Norweger Johannes Thingnes Bö gewinnt sein viertes Gold bei diesen Spielen und stellt damit den Rekord von Ole Einar Björndalen ein.

WAS SONST NOCH GESCHAH

Im Genting Snow Park schrieb Eileen Gu das letzte Kapitel ihrer Erfolgsgeschichte bei diesen Spielen. Gold im Big-Air-Wettbewerb und Silber im Slopestyle ließ die gebürtige US-Amerikanerin, die seit 2019 für Gastgeber China startet, den Sieg in der Halfpipe folgen. Dreimal hatte zuvor noch keine Freestylerin bei Olympischen Winterspielen auf dem Podest gestanden. Die Goldmedaille in der Röhre war für die 18-Jährige eine besondere: Erstmals überhaupt wohnte ihre Großmutter einem ihrer Wettkämpfe bei. Die familiäre Bande ist besonders intensiv: Gu wuchs in San Francisco ohne Vater unter der Obhut ihrer Mutter Yan und ihrer Großmutter Feng Guozhen auf. Nachdem sie ihre zahlreichen Fans beim Erfolg auf der Big-Air-Schanze noch bis zum letzten Versuch auf die Folter gespannt hatte, machte sie Gold in ihrer Lieblingsdisziplin frühzeitig klar. Bereits im ersten von drei Durchgängen legte sie sie 93,25 Punkte vor, die danach von keiner Konkurrentin mehr übertroffen wurden und schon für den Sieg gereicht hätten. Im zweiten Run verbesserte sie ihre Bewertung auf 95,25 Punkte. Die Kanadierin Cassie Sharpe, die den Wettbewerb 2018 in Pyeongchang gewonnen hatte, kam im besten ihrer drei Läufe auf 90,75 Punkte. Sabrina Cakmakli aus Partenkirchen wurde in dem von heftigen Windböen geprägten Wettbewerb Zwölfte.
Auch die vier mit Medaillenhoffnungen gestarteten deutschen Skicrosser hatten mit der Entscheidung letztlich nichts zu tun. Tobias Müller (Fischen), Florian Wilmsmann (Hartpennig) und Niklas Bachsleitner (Partenkirchen) schieden bereits im Achtelfinale aus, Daniel Bohnacker aus Gerhausen schaffte es immerhin bis ins Viertelfinale. Ryan Regez und Alex Fiva sorgten für einen Schweizer Doppelsieg.
Im National Speed Skating Oval war Thomas Krol eine Klasse für sich: Der Silbermedaille über 1500 Meter ließ der Niederländer souverän Gold auf der 1000-Meter-Strecke folgen. Joel Dufter aus Traunstein kam auf Platz 26.

SKI FREESTYLE HALFPIPE (FRAUEN)

1	Eileen Gu	CHN	95,25 Punkte
2	Cassie Sharpe	CAN	90,75
3	Rachael Karker	CAN	87,75

SKI FREESTYLE CROSS (MÄNNER)

1	Ryan Regez	SUI
2	Alex Fiva	SUI
3	Sergej Ridsik	ROC

EISSCHNELLLAUF 1000 METER (MÄNNER)

1	Thomas Krol	NED	1:07,92 Min.
2	Laurent Dubreuil	CAN	+ 0,40 Sek.
3	Havard Holmefjord Lorentzen	NOR	+ 0,56

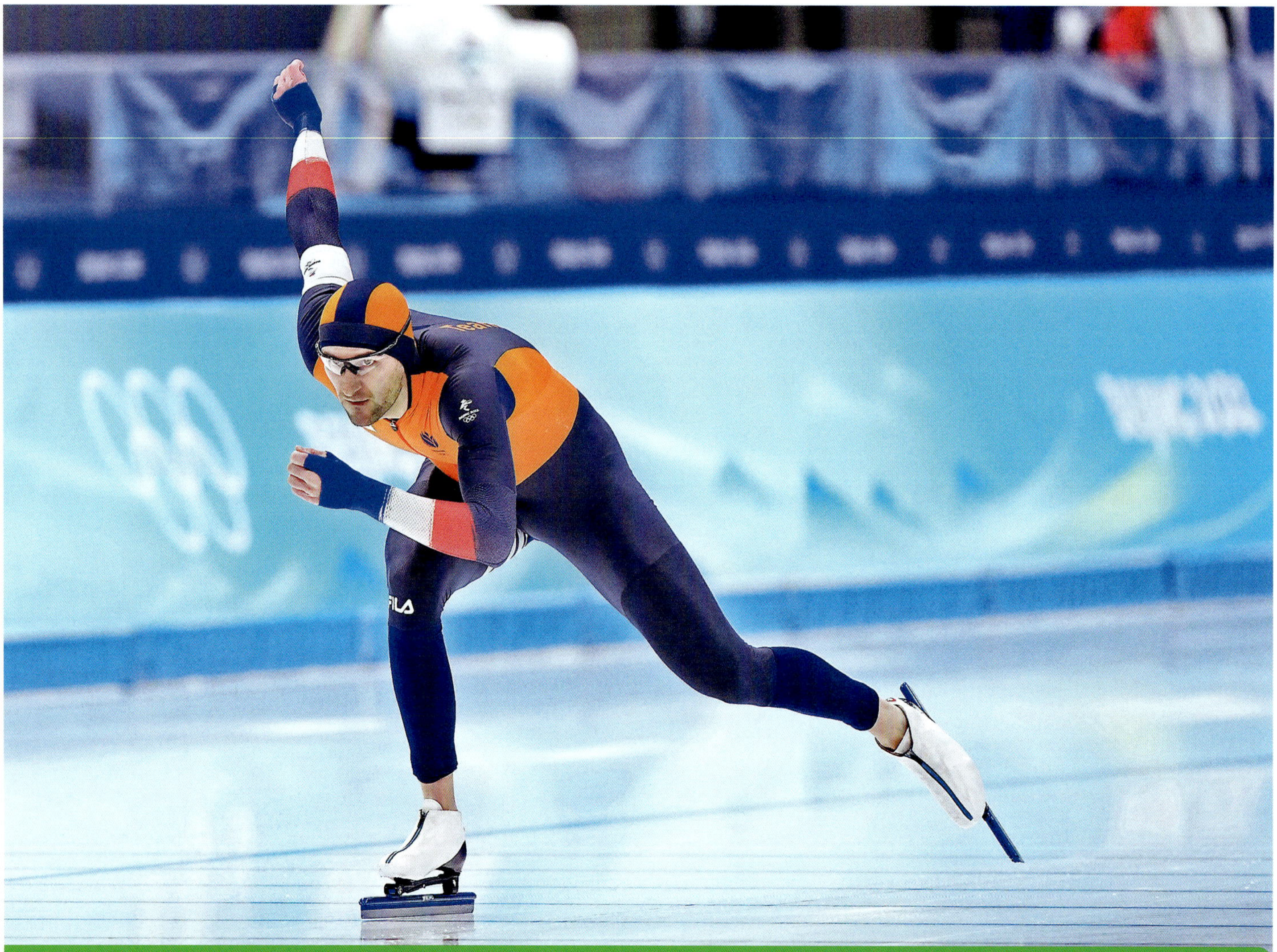

Edle Technik: Konzentriert fährt der Niederländer Thomas Krol zum Sieg auf der 1000-Meter-Strecke.

TAG 14

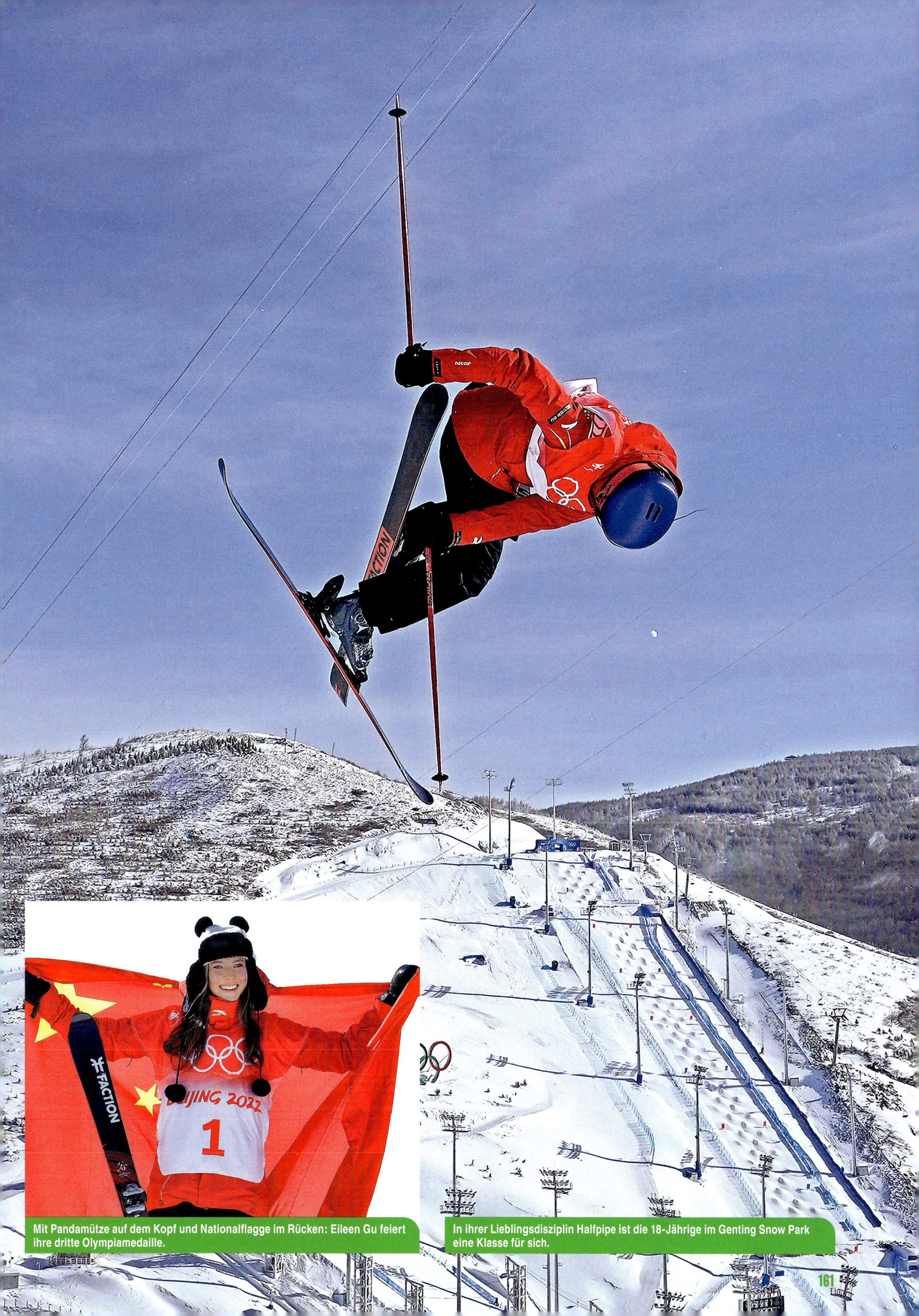

Mit Pandamütze auf dem Kopf und Nationalflagge im Rücken: Eileen Gu feiert ihre dritte Olympiamedaille.

In ihrer Lieblingsdisziplin Halfpipe ist die 18-Jährige im Genting Snow Park eine Klasse für sich.

TAG 15
SA., 19.02.

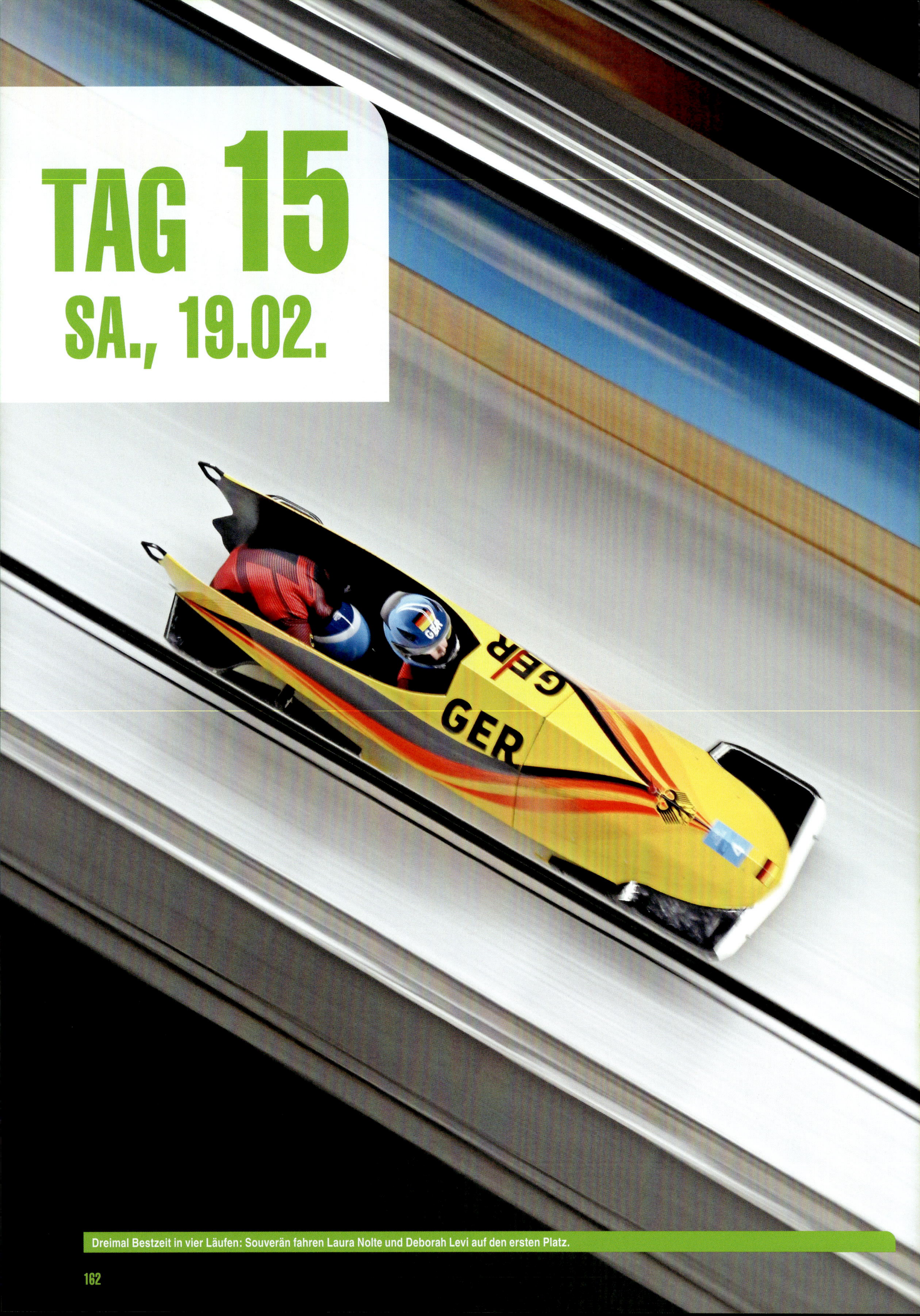

Dreimal Bestzeit in vier Läufen: Souverän fahren Laura Nolte und Deborah Levi auf den ersten Platz.

BOB

Bei den Olympischen Sommerspielen 2021 in Tokio wurde Alexandra Burghardt mit der 4 x 100-Meter-Staffel Fünfte. Bei den Winterspielen in Peking gewann sie im Zweierbob die Silbermedaille. Es ist keine Besonderheit, dass Bobpiloten ihre Hinterleute aus der Leichtathletik rekrutieren. Aber selten sind sie derart prominent wie Burghardt, 2021 Deutsche Meisterin über 100 und 200 Meter. Erst drei Monate vor den Winterspielen holte Mariama Jamanka, Olympiasiegerin in Pyeongchang 2018, die pfeilschnelle Oberbayerin als Anschieberin in ihren Schlitten. Im Eiskanal von Yanqing erzielte das Duo Jamanka/Burghardt nach vier Läufen überraschend die zweitschnellste Zeit.

Schneller waren in der Gesamtwertung nur Laura Nolte und ihre Anschieberin Deborah Levi unterwegs. »Olympia war unser Traum, aber dass wir gleich Gold gewinnen? Damit hätte wohl niemand gerechnet«, sagte Nolte in die TV-Kameras. Fünf Tage zuvor war die Pilotin aus Winterberg im Monobob nur knapp an einer Medaille vorbeigerauscht, nun fuhr sie in drei der vier Läufe Bestzeit, zweimal verbesserte sie den Bahnrekord. Mit 23 Jahren ging Nolte als jüngste Olympiasiegerin im Bob in die Geschichte ein – ein Kontrast zur 37-jährigen Elana Meyers Taylor auf Rang drei. Die erfahrene US-Amerikanerin ergatterte sich zum vierten Mal in Folge einen Platz auf dem Podium und wurde als Anerkennung für ihre Leistung zur Fahnenträgerin bei der Abschlussfeier auserwählt. Für ihre Landsfrau Kaillie Humphries, Olympiasiegerin von 2010 und 2014 und fünf Tage zuvor Premierengewinnerin im Monobob, endete der Wettbewerb mit Platz sieben hingegen enttäuschend. Vizeweltmeisterin Kim Kalicki wurde Vierte. Die Wiesbadenerin war mit Anschieberin Lisa Buckwitz unterwegs, die 2018 mit Jamanka Gold gewonnen hatte.

Für Alexandra Burghardt war der Ausflug in den Eiskanal nur ein kurzer. Nach den Winterspielen startet die 27-Jährige wieder ausschließlich auf der Tartanbahn.

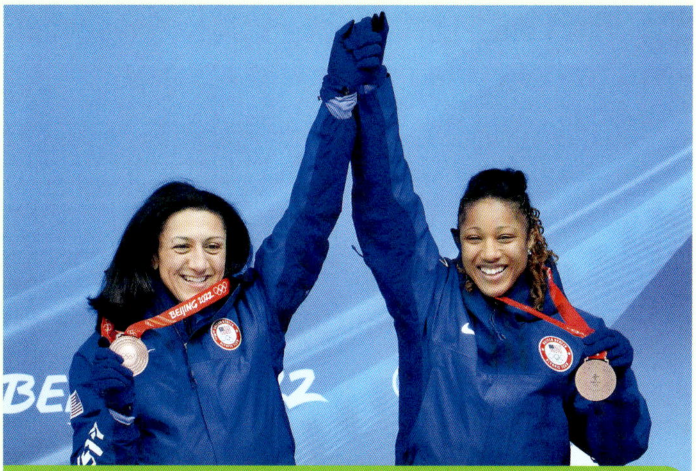

Elana Meyers Taylor, die 37 Jahre alte Grande Dame des US-Bobsports, steht zum vierten Mal hintereinander auf dem Podest. Rechts daneben ihre Anschieberin Sylvia Hoffman.

BOB ZWEIER (FRAUEN)

1	Laura Nolte/Deborah Levi	GER	4:03,96 Min.
2	Mariama Jamanka/Alexandra Burghardt	GER	+ 0,77 Sek.
3	Elana Meyers Taylor/Sylvia Hoffman	USA	+ 1,52

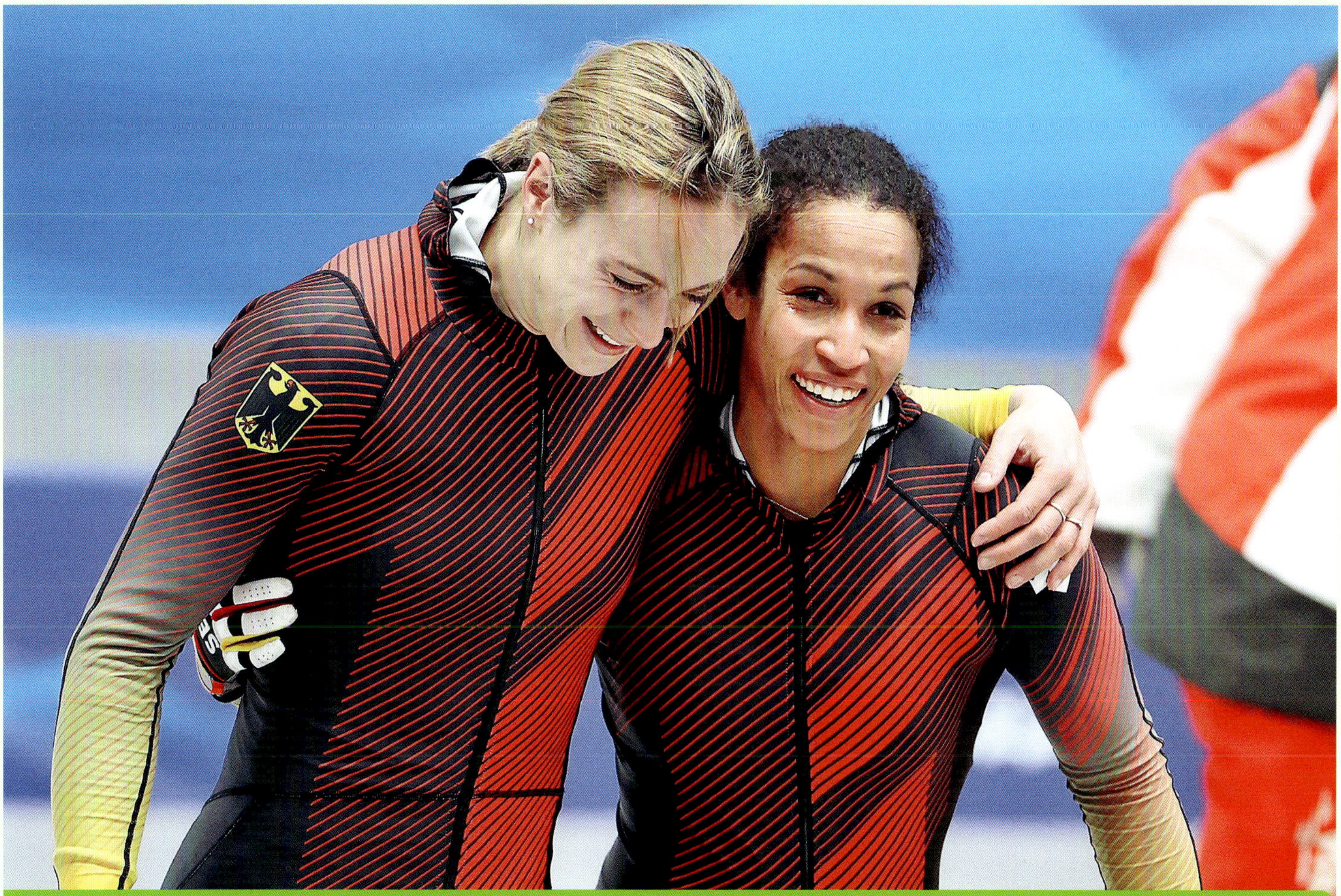

Sportliches Multitalent: Leichtathletin Alexandra Burghardt (links) wird an der Seite von Mariama Jamanka Olympiazweite im Zweierbob.

WAS SONST NOCH GESCHAH

Nolan Seegert verzog das Gesicht, man sah ihm die Schmerzen an, er sehnte das Ende dieser Kür regelrecht herbei. Für ihn und seine Partnerin Minerva Hase endete der Paarlaufwettbewerb mit einer großen Enttäuschung. Niemand hatte von dem deutschen Eiskunstlaufpaar erwartet, in die Fußstapfen von Aljona Savchenko und Bruno Massot zu treten, die 2018 in Pyeongchang Gold gewonnen hatten. Doch einen Platz unter den besten Zehn hatten sich die dreimaligen Deutschen Meister aus Berlin fest vorgenommen. Sie scheiterten krachend an dieser Mission, weil Seegert eine Coronainfektion und eine zehntägige Quarantäne direkt nach der Einreise stärker zugesetzt hatten als erwartet. Mehrere Hebefiguren musste der Berliner abbrechen, es fehlte schlichtweg die Kraft. Dazu kamen Patzer bei den Sprüngen. Seegert wirkte zunehmend verzweifelt. Hase spendete ihrem unglücklichen Partner hinterher Trost. Das deutsche Paar beendete den Wettkampf auf Rang 16. Der Sieg ging an Sui Wenjing und Han Cong aus China.

Irene Schouten setzte ihren Triumphzug bei diesen Winterspielen fort und gewann nach den 3000 und 5000 Metern auch den Massenstart der Eisschnellläuferinnen. Im Ziel vergoss die 29-jährige Niederländerin nicht nur Tränen der Freude. Ihre Gedanken waren in diesem Moment auch bei ihrer Mutter Jolanda, die nach einer 2016 erlittenen Hirnblutung ein Pflegefall ist. Mit einer beeindruckenden Leistung hat sich Claudia Pechstein von ihren mutmaßlich letzten Olympischen Spielen verabschiedet. Drei Tage vor ihrem 50. Geburtstag lief die Berlinerin auf Rang neun. Beim Massenstartrennen der Männer setzte sich der Belgier Bart Swings durch.

Im Langlauf kam es zu einer Olympiapremiere: Erstmals konnte das Massenstartrennen der Männer über 50 Kilometer nicht in geplanter Form stattfinden. Aufgrund der klirrenden Kälte und starker Winde entschieden sich die Organisatoren, die Distanz auf 28,4 Kilometer zu verkürzen. Der Russe Alexander Bolshunov kam mit den Bedingungen am besten zurecht und gewann sein drittes Olympiagold bei diesen Spielen.

Im Curling schrammte Großbritannien nur knapp an einer Überraschung vorbei. Der Siegeszug der Briten, vier Jahre zuvor bereits in der Vorrunde gescheitert, endete erst im Finale – und das auf dramatische Weise. Die favorisierten Schweden um Skip Niklas Edin setzten sich im Extra-End, also in der Verlängerung, mit 5:4 durch. Im Halbfinale hatten die Briten Titelverteidiger USA aus dem Turnier geworfen. Deutschland nahm nicht an den Curlingwettbewerben teil.

EISKUNSTLAUF PAARLAUF

1	Sui Wenjing/Han Cong	CHN	239,88 Punkte
2	Evgenia Tarasova/Vladimir Morozov	ROC	239,25
3	Anastasia Mishina/Aleksandr Galliamov	ROC	237,71

EISSCHNELLLAUF MASSENSTART (MÄNNER)

1	Bart Swings	BEL	63 Punkte
2	Chung Jae-won	KOR	40
3	Lee Seung-hoon	KOR	20

EISSCHNELLLAUF MASSENSTART (FRAUEN)

1	Irene Schouten	NED	60 Punkte
2	Ivanie Blondin	CAN	40
3	Francesca Lollobrigida	ITA	20

SKI FREESTYLE HALFPIPE (MÄNNER)

1	Nico Porteous	NZL	93,00 Punkte
2	David Wise	USA	90,75
3	Alex Ferreira	USA	86,75

SKILANGLAUF 28,4 KM MASSENSTART (MÄNNER)

1	Alexander Bolshunov	ROC	1:11:32,7 Std.
2	Ivan Yakimushkin	ROC	+ 5,5 Sek.
3	Simen Hegstad Krüger	NOR	+ 7,0

CURLING (MÄNNER)

1	Schweden	SWE
2	Großbritannien	GBR
3	Kanada	CAN

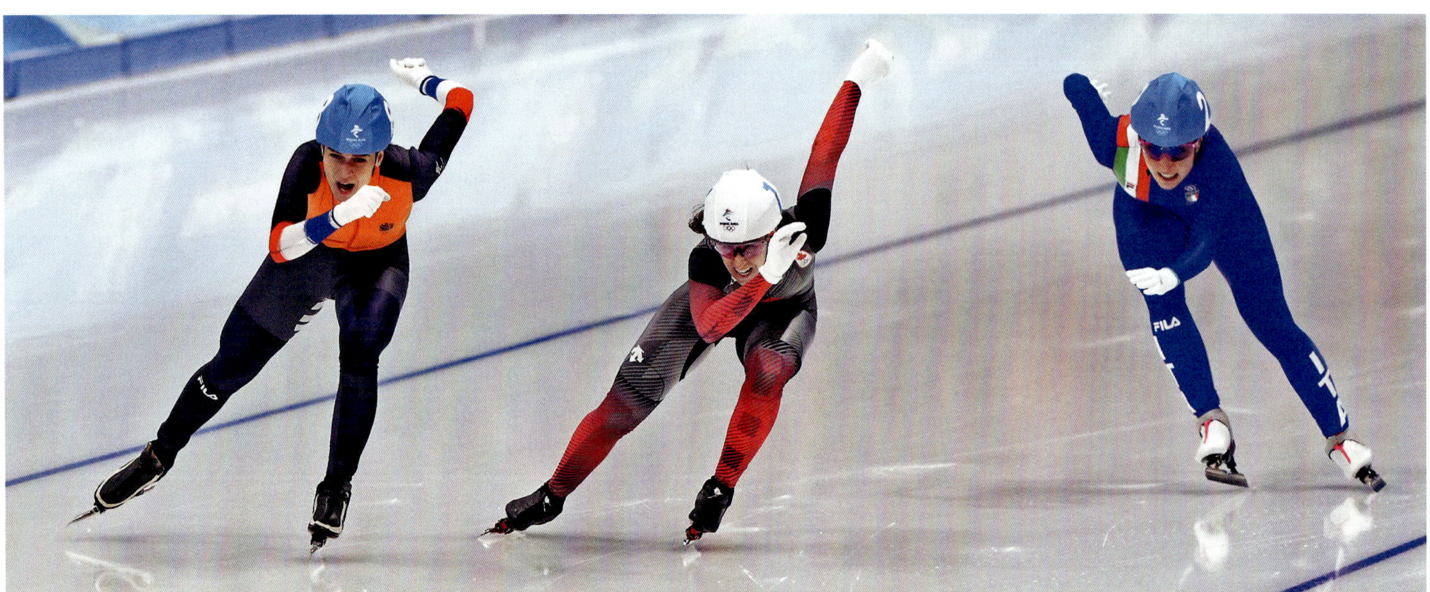

Mit einem furiosen Schlussspurt sichert sich die Niederländerin Irene Schouten (links) im Massenstartrennen ihre dritte Goldmedaille.

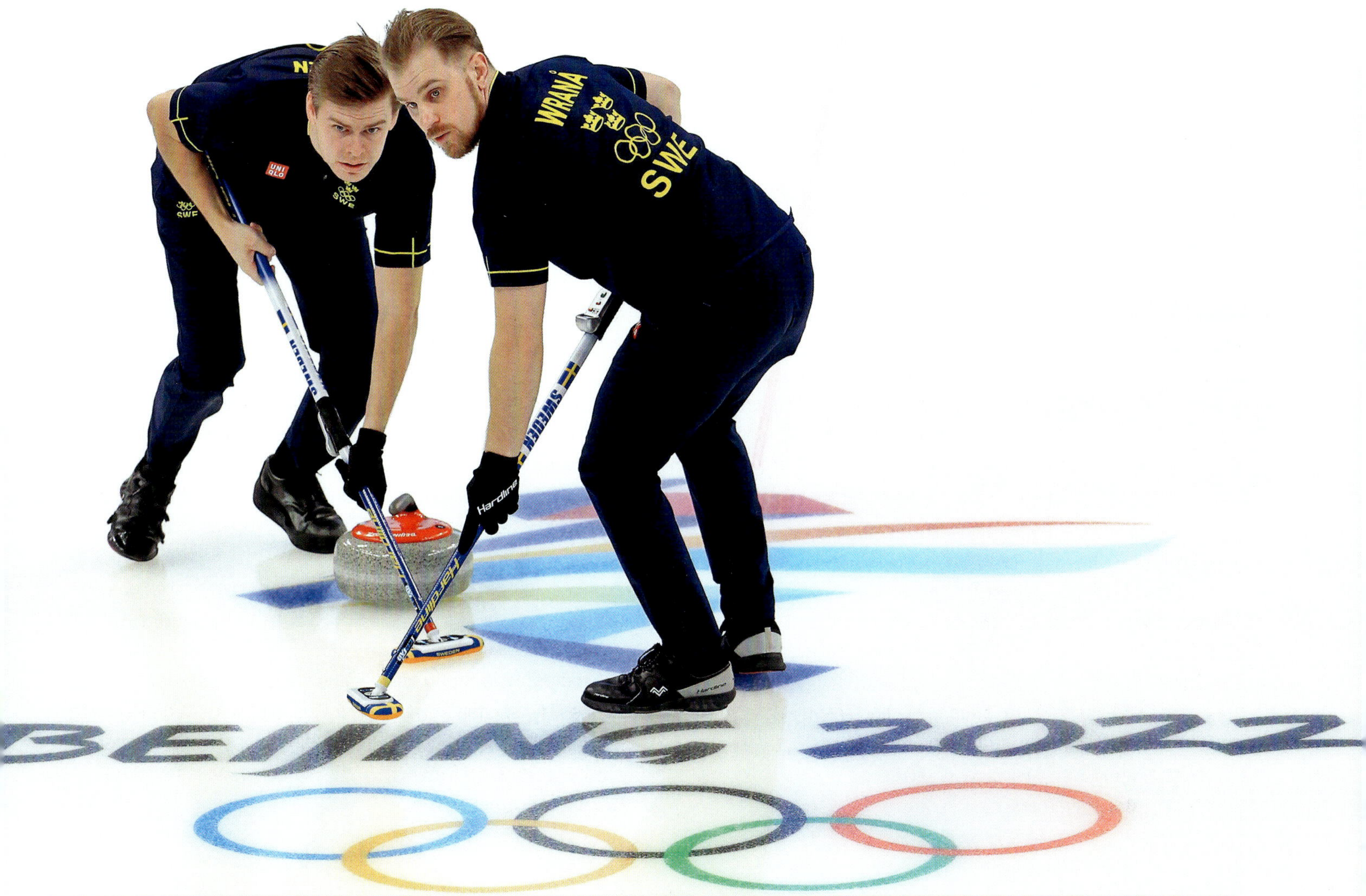

Im hochklassigen Curlingfinale der Männer setzen sich die Schweden knapp mit 5:4 gegen Großbritannien durch.

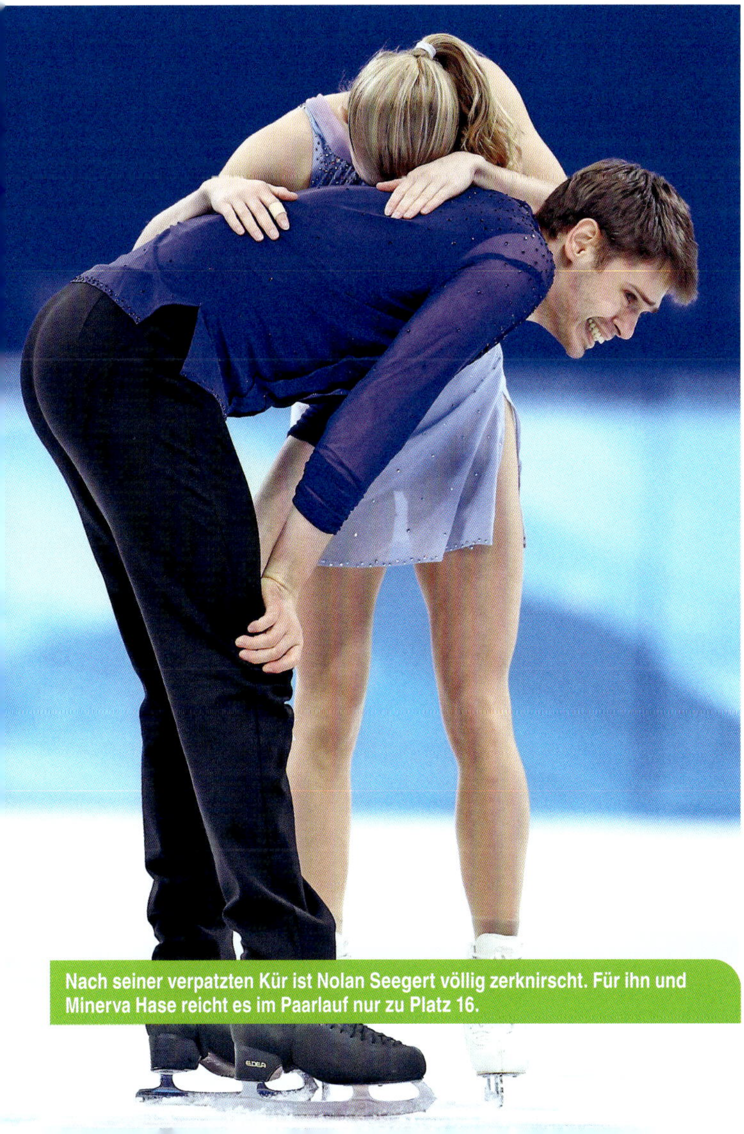
Nach seiner verpatzten Kür ist Nolan Seegert völlig zerknirscht. Für ihn und Minerva Hase reicht es im Paarlauf nur zu Platz 16.

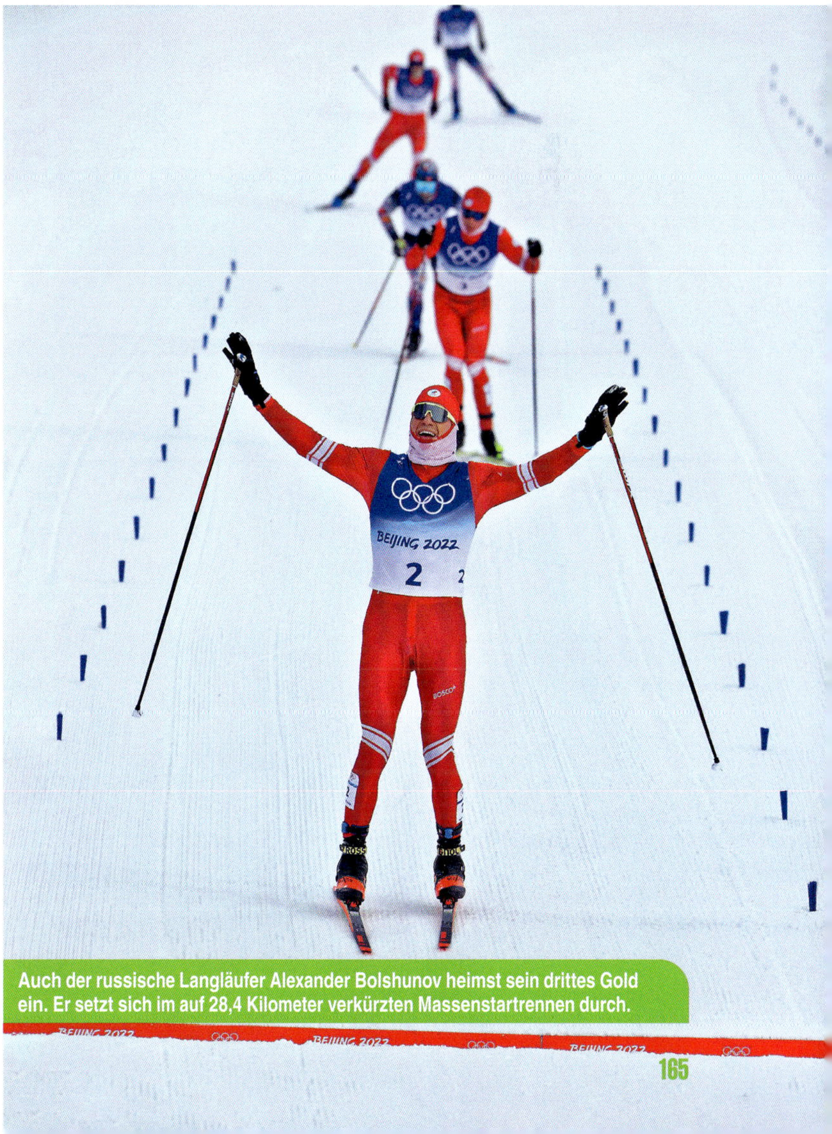

Auch der russische Langläufer Alexander Bolshunov heimst sein drittes Gold ein. Er setzt sich im auf 28,4 Kilometer verkürzten Massenstartrennen durch.

TAG 16

SO., 20.02.

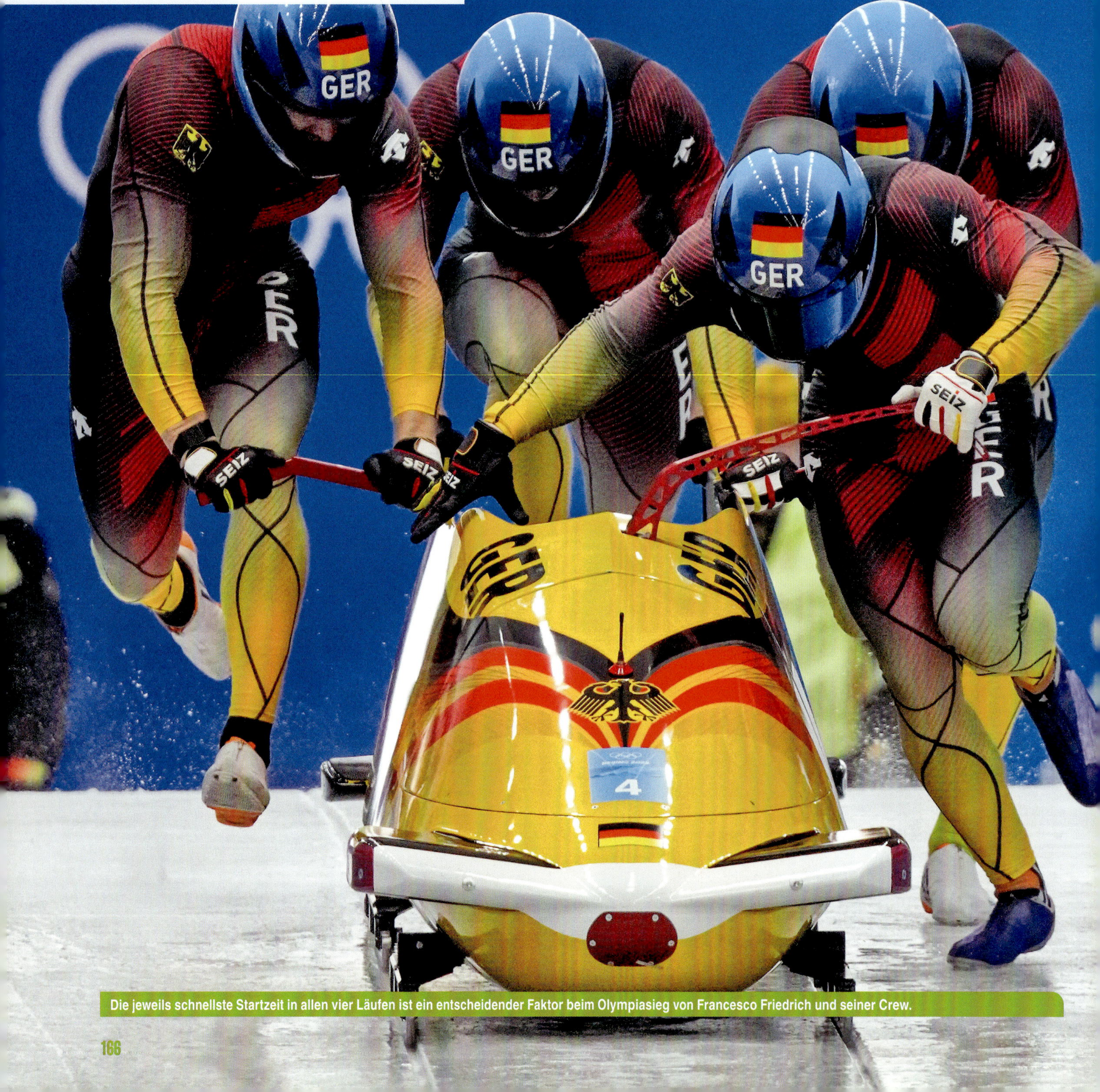

Die jeweils schnellste Startzeit in allen vier Läufen ist ein entscheidender Faktor beim Olympiasieg von Francesco Friedrich und seiner Crew.

DER ABSCHLUSSTAG

Nein, der Hunger von Francesco Friedrich war noch nicht gestillt. Nach seinem Triumph im Zweierbob holte der Dominator dieses Sports auch Gold im Viererbob. Und die Konkurrenz verneigte sich wieder einmal vor dem Unersättlichen. Mit seinem zweiten olympischen Golddouble schrieb der beste Bobpilot der Welt im Eiskanal von Yanqing Geschichte. Schon 2018 in Pyeongchang hatte Friedrich beide Wettbewerbe gewonnen. Der Rekordweltmeister schloss mit seinem insgesamt vierten Olympiagold zudem zu Bobikone André Lange auf. Die härteste Konkurrenz erwuchs dem Sachsen erneut aus dem eigenen Lager. Zur Rennhalbzeit im großen Schlitten lag Johannes Lochner mit seiner Crew nur 0,02 Sekunden hinter Friedrich. Die Läufe drei und vier gerieten dann aber zu einer eindrucksvollen Machtdemonstration Friedrichs. Im dritten baute er seinen Vorsprung auf 0,20 Sekunden aus, am Ende waren es gar 0,37 Sekunden. Ein Garant für den Erfolg waren die fulminanten Starts. In sämtlichen Läufen legte der deutsche Vorzeigebob die beste Startzeit auf. Friedrich wusste genau, bei wem er sich zu bedanken hatte. »Die Jungs waren super. Wäre das nicht gewesen, hätten wir das nicht gepackt«, lenkte er die Aufmerksamkeit im *ARD*-Interview auf seine überragenden Anschieber Thorsten Margis, Candy Bauer und Alexander Schüller.
Lochners Crew mit Florian Bauer, Christopher Weber und Christian Rasp konnte sich mit Silber trösten. Sogar ein neuerlicher deutscher Dreifacherfolg war vor dem letzten Durchgang möglich. Nur 0,08 Sekunden betrug der Rückstand von Christoph Hafer und seiner Crew auf den Kanadier Justin Kripps. Doch es reichte nicht ganz, am Ende rettete Kripps 0,06 Sekunden Vorsprung ins Ziel. Mit insgesamt sieben Medaillen übertrumpften die deutschen Bobpiloten und Bobpilotinnen ihr Ergebnis von Pyeongchang (vier) deutlich.

BOB VIERERBOB

1	Francesco Friedrich		GER	3:54,30 Min.
2	Johannes Lochner		GER	+ 0,37 Sek.
3	Justin Kripps		CAN	+ 0,79

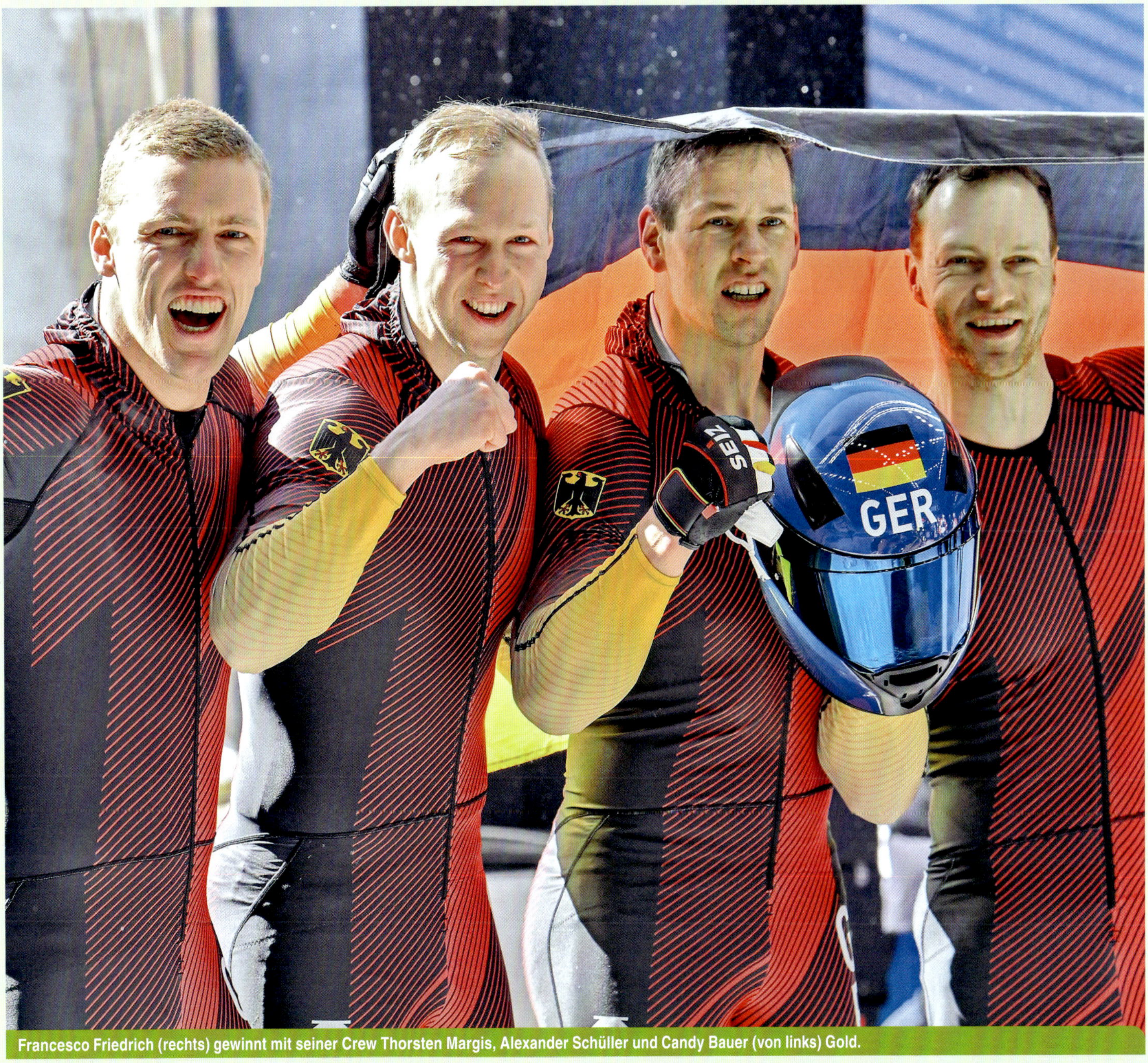

Francesco Friedrich (rechts) gewinnt mit seiner Crew Thorsten Margis, Alexander Schüller und Candy Bauer (von links) Gold.

Von solch einer Bilanz konnten die deutschen Alpinen nur träumen, doch auch sie verließen Peking mit einem Lächeln im Gesicht. Mit Silber im Teamwettbewerb verhinderten sie die zweiten medaillenlosen Winterspiele in Folge. Zuvor waren Lena Dürr im Slalom und Kira Weidle in der Abfahrt hauchzart an einer Medaille vorbeigeschrammt und hatten Rang vier belegt. Wegen starken Windes war der Teamwettbewerb um einen Tag nach hinten verlegt worden. Heftige Böen begleiteten den Kampf um die Medaillen aber auch am Schlusstag. Lena Dürr, Linus Straßer, Emma Aicher und Alexander Schmid ließen sich davon aber nicht beirren und erreichten nach Siegen über Schweden, Titelverteidiger Schweiz und die USA das Finale gegen Österreich. Dürr und Straßer gewannen ihre Läufe, der für Straßer eingesprungene Julian Rauchfuss und Aicher mussten sich dagegen geschlagen geben. In der Addition der Einzelzeiten lagen jedoch die Österreicher bei ihren Siegen vorn.
Im Massenstartrennen der Langläuferinnen verpassten die deutschen Frauen einen weiteren Medaillencoup. Teamsprint-Olympiasiegerin Victoria Carl landete beim überlegenen Sieg von Therese Johaug als beste Deutsche auf Rang zwölf. Für die Norwegerin Johaug war es die dritte Goldmedaille bei diesen Spielen.
Finnland krönte sich erstmals zum Olympiasieger im Eishockey. Im Finale bezwangen die Finnen die höher eingeschätzten Russen mit 2:1. Dabei konnten sie sich einmal mehr auf ihre stabile Abwehr und ihren überragenden Torhüter Harri Säteri verlassen, der pikanterweise beim HC Novosibirsk in Russland sein Geld verdient. Der Olympiasieger von 2018 ging zwar durch Mikhail Grigorenko früh in Führung (8. Minute), doch die Finnen drehten die Partie durch Tore von Ville Pokka (24.) und Hannes Björninen (41.). Die Bronzemedaille sicherte sich die Slowakei durch einen überraschend deutlichen 4:0-Erfolg gegen Schweden.
Mit seinen Turniertoren sechs und sieben avancierte der erst 17-jährige Juraj Slafkovsky zum Sieggaranten.
Was ihren männlichen Pendants nicht geglückt war, schafften die britischen Curlingfrauen: Sie bescherten dem Vereinigten Königreich doch noch eine Goldmedaille bei diesen Spielen. Das Team um Skip Eve Muirhead setzte sich im Finale unerwartet klar mit 10:3 gegen Japan durch, nachdem es im Halbfinale Titelverteidiger Schweden mit 12:11 aus dem Turnier geworfen hatte.

SKI ALPIN TEAMWETTBEWERB (MIXED)

1	Österreich	AUT
2	Deutschland	GER
3	Norwegen	NOR

SKILANGLAUF 30 KM MASSENSTART (FRAUEN)

1	Therese Johaug	NOR	1:24:54,0 Std.
2	Jessie Diggins	USA	+ 1:43,3 Min.
3	Kerttu Niskanen	FIN	+ 2:33,3

CURLING (FRAUEN)

1	Großbritannien	GBR
2	Japan	JPN
3	Schweden	SWE

EISHOCKEY (MÄNNER)

1	Finnland	FIN
2	ROC	ROC
3	Slowakei	SVK

Finale

Finnland – ROC 2:1

Spiel um Platz 3

Schweden – Slowakei 0:4

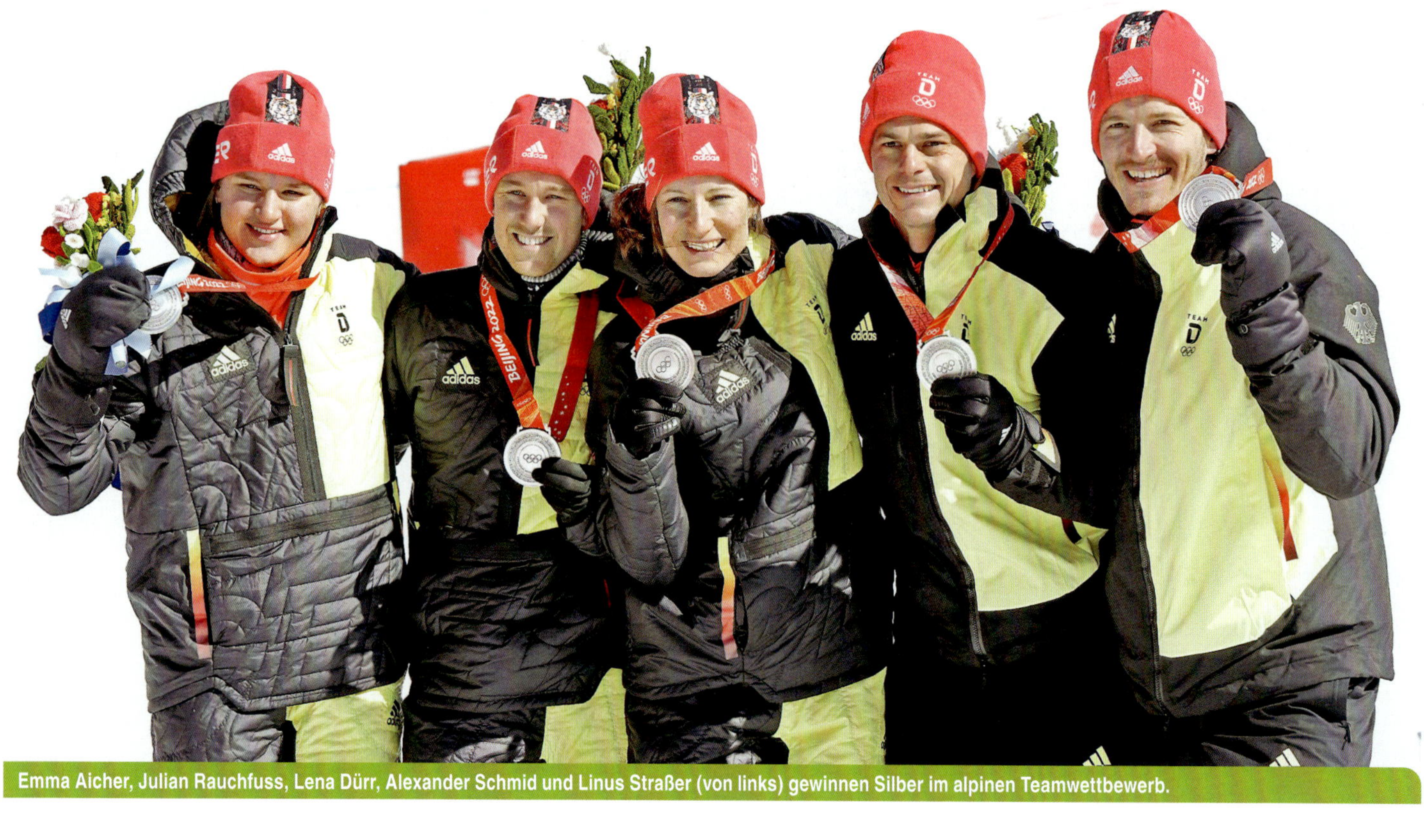

Emma Aicher, Julian Rauchfuss, Lena Dürr, Alexander Schmid und Linus Straßer (von links) gewinnen Silber im alpinen Teamwettbewerb.

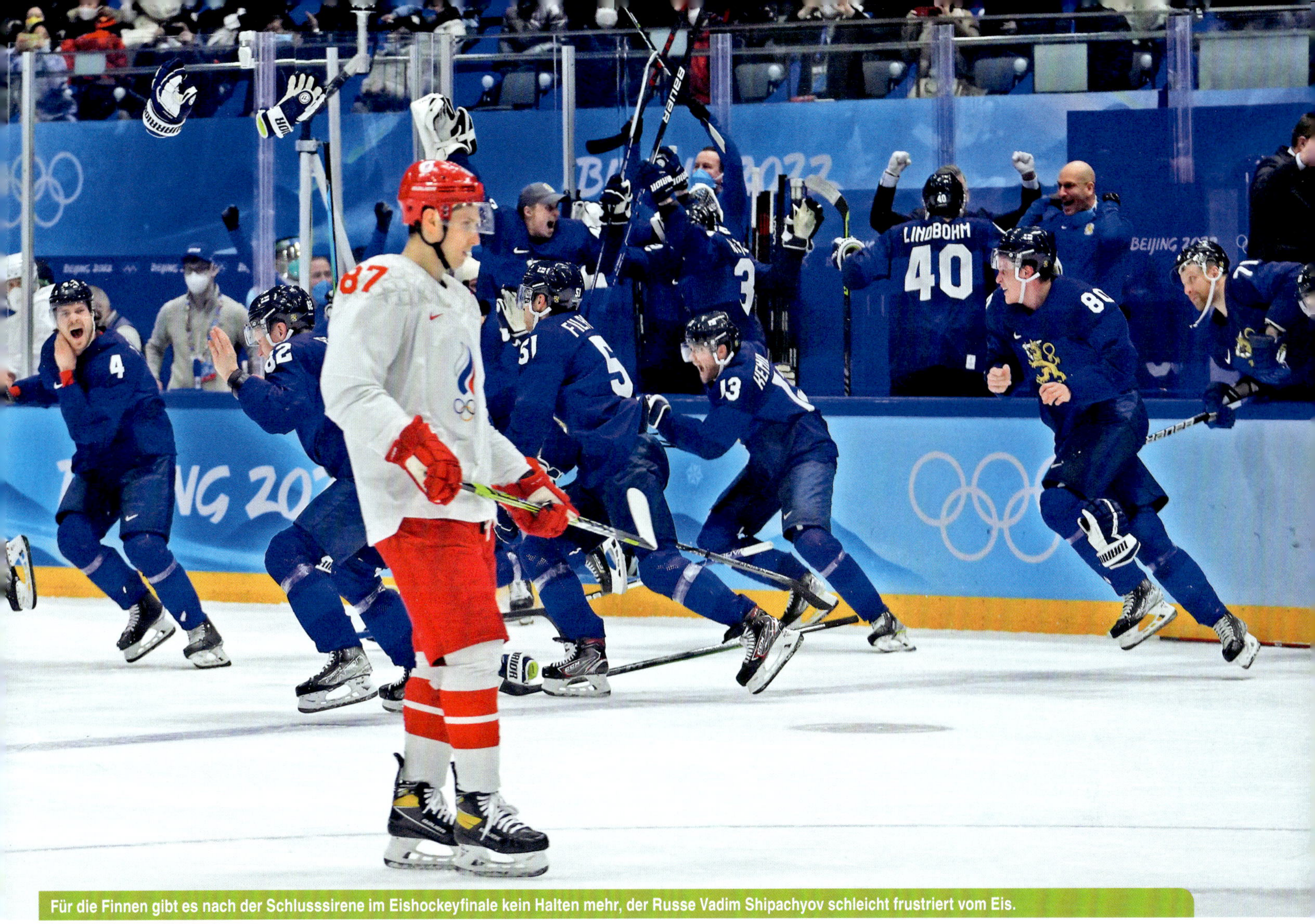

Für die Finnen gibt es nach der Schlusssirene im Eishockeyfinale kein Halten mehr, der Russe Vadim Shipachyov schleicht frustriert vom Eis.

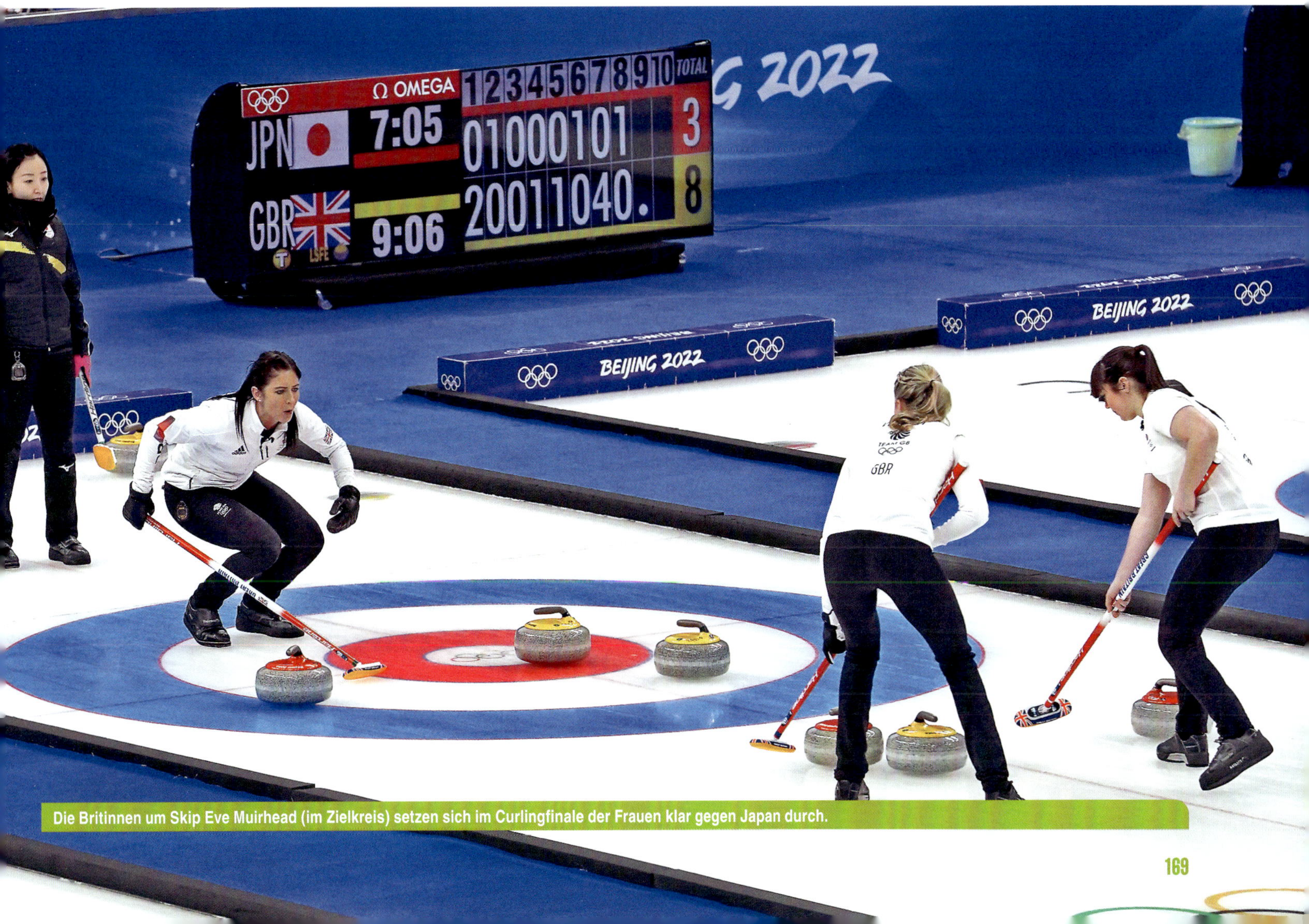

Die Britinnen um Skip Eve Muirhead (im Zielkreis) setzen sich im Curlingfinale der Frauen klar gegen Japan durch.

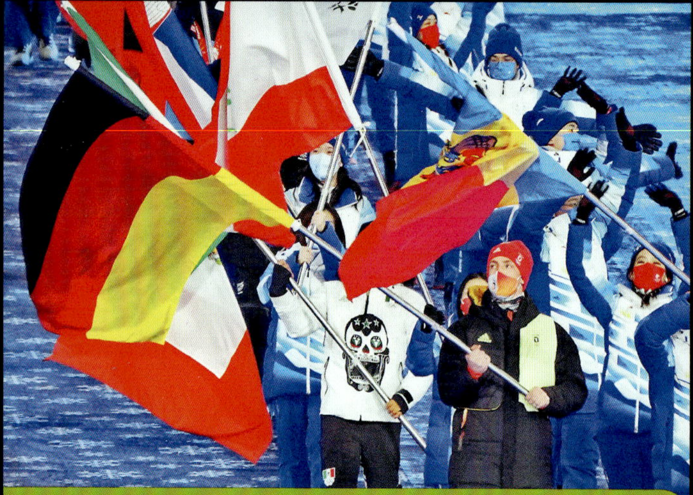

Als Anschieber des erfolgreichen Zweier- und Viererbobs steht Thorsten Margis zumeist im Schatten von Pilot Francesco Friedrich. Bei der Schlussfeier wird dem 32-Jährigen aus Halle/Saale die Ehre zuteil, die deutsche Fahne ins Nationalstadion von Peking zu tragen. DOSB-Präsident Thomas Weikert spricht von einer bewussten Würdigung eines in der Öffentlichkeit weniger beachteten Sportlers.

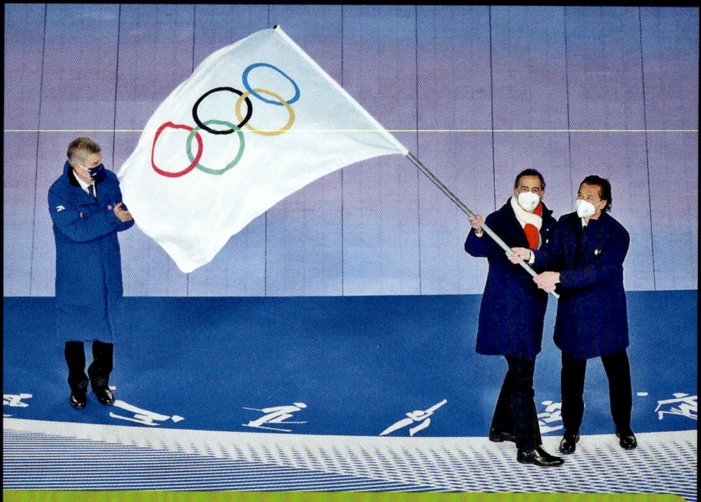

Aus den Händen von IOC-Präsident Thomas Bach erhalten Giuseppe Sala (Mitte) und Gianpietro Ghedina, die Bürgermeister von Mailand und Cortina d'Ampezzo, die olympische Flagge. Die italienische Millionenmetropole und der rund 350 Kilometer entfernte Gebirgsort in den Dolomiten werden im Februar 2026 gemeinsam die nächsten Olympischen Winterspiele ausgetragen.

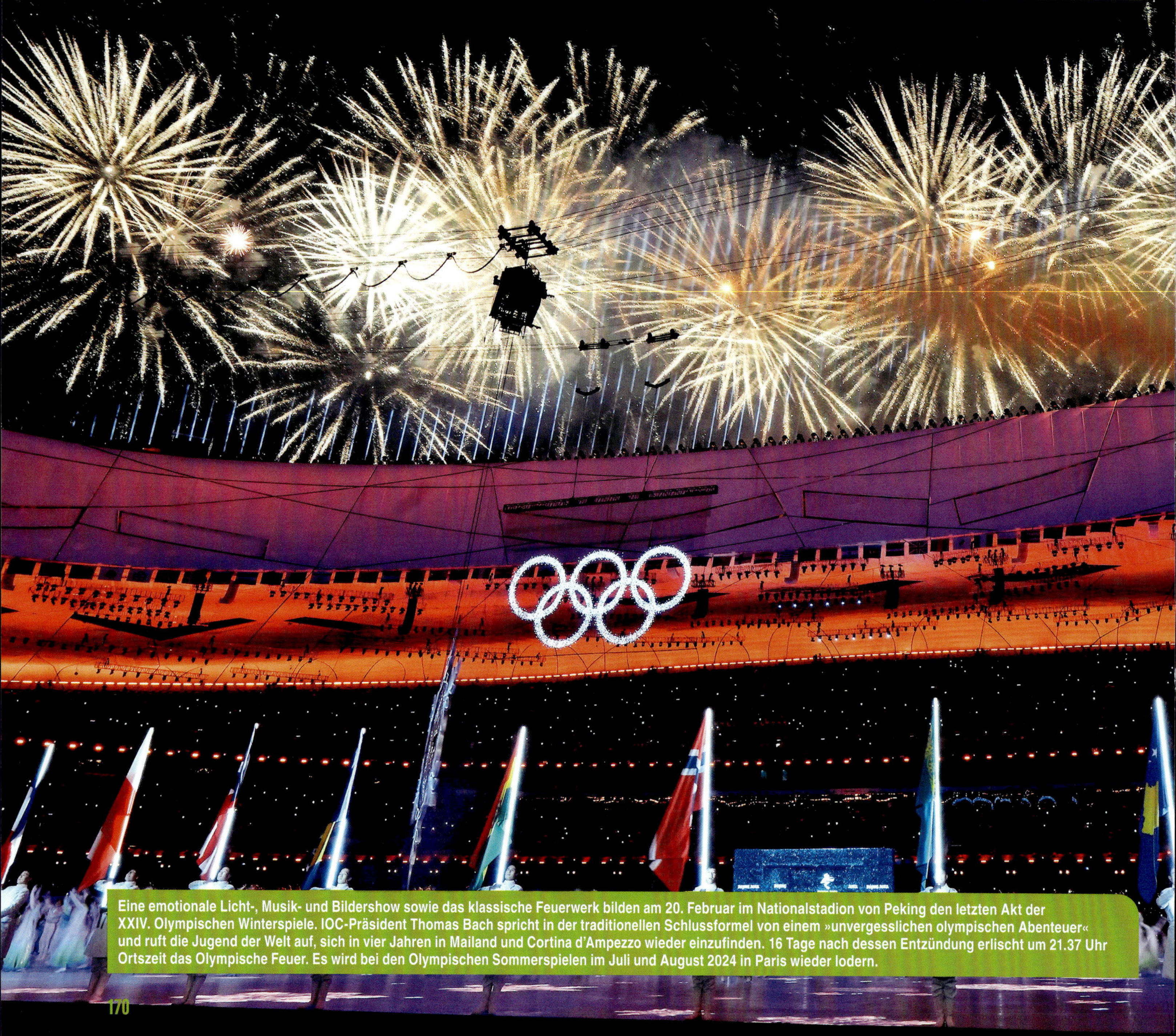

Eine emotionale Licht-, Musik- und Bildershow sowie das klassische Feuerwerk bilden am 20. Februar im Nationalstadion von Peking den letzten Akt der XXIV. Olympischen Winterspiele. IOC-Präsident Thomas Bach spricht in der traditionellen Schlussformel von einem »unvergesslichen olympischen Abenteuer« und ruft die Jugend der Welt auf, sich in vier Jahren in Mailand und Cortina d'Ampezzo wieder einzufinden. 16 Tage nach dessen Entzündung erlischt um 21.37 Uhr Ortszeit das Olympische Feuer. Es wird bei den Olympischen Sommerspielen im Juli und August 2024 in Paris wieder lodern.

 NL = Nachlader SR = Strafrunden P = Punkte F = Fehler

ALPINE WETTBEWERBE

SKI ALPIN

ABFAHRT (FRAUEN)

1.	Corinne Suter	SUI	1:31,87 Min.
2.	Sofia Goggia	ITA	+ 0,16 Sek.
3.	Nadia Delago	ITA	+ 0,57
4.	Kira Weidle	GER	+ 0,71
5.	Elena Curtoni	ITA	+ 1,00
6.	Joana Hählen	SUI	+ 1,29
7.	Cornelia Hütter	AUT	+ 1,48
8.	Mirjam Puchner	AUT	+ 1,58
9.	Marie-Michele Gagnon	CAN	+ 1,58
10.	Laura Gauche	FRA	+ 1,60

ABFAHRT (MÄNNER)

1.	Beat Feuz	SUI	1:42,69 Min.
2.	Johan Clarey	FRA	+ 0,10 Sek.
3.	Matthias Mayer	AUT	+ 0,16
4.	James Crawford	CAN	+ 0,23
5.	Aleksander Aamodt Kilde	NOR	+ 0,51
6.	Dominik Paris	ITA	+ 0,52
7.	Marco Odermatt	SUI	+ 0,71
8.	Vincent Kriechmayr	AUT	+ 0,76
9.	Max Franz	AUT	+ 0,83
10.	Bostjan Kline	SLO	+ 1,06
13.	Romed Baumann	GER	+ 1,15
17.	Andreas Sander	GER	+ 1,43
23.	Josef Ferstl	GER	+ 2,00
ausgeschieden: Dominik Schwaiger (GER)			

KOMBINATION (FRAUEN)

1.	Michelle Gisin	SUI	2:25,67 Min.
2.	Wendy Holdener	SUI	+ 1,05 Sek.
3.	Federica Brignone	ITA	+ 1,85
4.	Ester Ledecka	CZE	+ 2,65
5.	Katharina Huber	AUT	+ 3,13
6.	Christine Scheyer	AUT	+ 3,58
7.	Ramona Siebenhofer	AUT	+ 4,02
8.	Laura Gauche	FRA	+ 4,37
9.	Marusa Ferk	SLO	+ 4,45
10.	Julia Pleschkova	ROC	+ 5,03

KOMBINATION (MÄNNER)

1.	Johannes Strolz	AUT	2:31,43 Min.
2.	Aleksander Aamodt Kilde	NOR	+ 0,59 Sek.
3.	James Crawford	CAN	+ 0,68
4.	Justin Murisier	SUI	+ 0,86
5.	Marco Schwarz	AUT	+ 1,28
6.	Barnabas Szollos	ISR	+ 1,75
7.	Raphael Haaser	AUT	+ 1,84
8.	Broderick Thompson	CAN	+ 2,77
9.	Brodie Seger	CAN	+ 3,60
10.	Christof Innerhofer	ITA	+ 4,37
ausgeschieden: Simon Jocher (GER)			

RIESENSLALOM (FRAUEN)

1.	Sara Hector	SWE	1:55,69 Min.
2.	Federica Brignone	ITA	+ 0,28 Sek.
3.	Lara Gut-Behrami	SUI	+ 0,72
4.	Katharina Truppe	AUT	+ 0,80
5.	Ragnhild Mowinckel	NOR	+ 0,96
6.	Thea Louise Stjernesund	NOR	+ 1,20
7.	Meta Hrovat	SLO	+ 1,35
8.	Maryna Gasienica Daniel	POL	+ 1,42
9.	Wendy Holdener	SUI	+ 1,63
10.	Michelle Gisin	SUI	+ 1,86
21.	Emma Aicher	GER	+ 4,83

RIESENSLALOM (MÄNNER)

1.	Marco Odermatt	SUI	2:09,35 Min.
2.	Zan Kranjec	SLO	+ 0,19 Sek.
3.	Mathieu Faivre	FRA	+ 1,34
4.	River Radamus	USA	+ 1,60
5.	Thibaut Favrot	FRA	+ 1,69
6.	Alexis Pinturault	FRA	+ 1,69
7.	Gino Caviezel	SUI	+ 1,85
8.	Henrik Kristoffersen	NOR	+ 1,90
9.	Joan Verdu	AND	+ 1,93
10.	Filip Zubcic	CRO	+ 2,74
20.	Julian Rauchfuss	GER	+ 6,87
ausgeschieden: Alexander Schmid (GER), Linus Straßer (GER)			

SLALOM (FRAUEN)

1.	Petra Vlhova	SVK	1:44,98 Min.
2.	Katharina Liensberger	AUT	+ 0,08 Sek.
3.	Wendy Holdener	SUI	+ 0,12
4.	Lena Dürr	GER	+ 0,19
5.	Andreja Slokar	SLO	+ 0,22
6.	Michelle Gisin	SUI	+ 0,60
7.	Camille Rast	SUI	+ 0,77
8.	Paula Moltzan	USA	+ 1,20
9.	Anna Swenn-Larsson	SWE	+ 1,33
10.	Aline Danioth	SUI	+ 1,66
18.	Emma Aicher	GER	+ 2,61

SLALOM (MÄNNER)

1.	Clement Noel	FRA	1:44,09 Min.
2.	Johannes Strolz	AUT	+ 0,61 Sek.
3.	Sebastian Foss-Solevaag	NOR	+ 0,70
4.	Henrik Kristoffersen	NOR	+ 0,79
5.	Loic Meillard	SUI	+ 0,80
6.	Daniel Yule	SUI	+ 0,86
7.	Linus Straßer	GER	+ 0,93
8.	Giuliano Razzoli	ITA	+ 0,96
9.	Albert Popow	BUL	+ 1,06
10.	Alexander Choroschilow	ROC	+ 1,08
19.	Alexander Schmid	GER	+ 2,94
ausgeschieden: Julian Rauchfuss (GER)			

SUPER-G (FRAUEN)

1.	Lara Gut-Behrami	SUI	1:13,51 Min.
2.	Mirjam Puchner	AUT	+ 0,22 Sek.
3.	Michelle Gisin	SUI	+ 0,30
4.	Tamara Tippler	AUT	+ 0,33
5.	Ester Ledecka	CZE	+ 0,43
6.	Ragnhild Mowinckel	NOR	+ 0,58
7.	Federica Brignone	ITA	+ 0,66
8.	Cornelia Hütter	AUT	+ 0,68
9.	Mikaela Shiffrin	USA	+ 0,79
10.	Elena Curtoni	ITA	+ 0,83
15.	Kira Weidle	GER	+ 1,15

SUPER-G (MÄNNER)

1.	Matthias Mayer	AUT	1:19,94 Min.
2.	Ryan Cochran-Siegle	USA	+ 0,04 Sek.
3.	Aleksander Aamodt Kilde	NOR	+ 0,42
4.	Adrian Smiseth Sejersted	NOR	+ 0,74
5.	Vincent Kriechmayr	AUT	+ 0,76
6.	James Crawford	CAN	+ 0,85
7.	Romed Baumann	GER	+ 1,16
8.	Andreas Sander	GER	+ 1,27
9.	Blaise Giezendanner	FRA	+ 1,32
10.	Trevor Philp	CAN	+ 1,40
13.	Simon Jocher	GER	+ 1,58
18.	Josef Ferstl	GER	+ 2,22

TEAMWETTBEWERB

1.	Österreich	AUT	48,27 Sek.
2.	Deutschland	GER	+ 0,19
3.	Norwegen	NOR	
4.	USA	USA	
5.	Frankreich	FRA	
6.	Schweiz	SUI	
7.	Slowenien	SLO	
8.	Italien	ITA	
9.	Kanada	CAN	
10.	Polen	POL	

SKI FREESTYLE

AERIALS (FRAUEN)

1.	Xu Mengtao	CHN	108,61 P.
2.	Hanna Huskowa	BLR	107,95
3.	Megan Nick	USA	93,76
4.	Ashley Caldwell	USA	83,71
5.	Laura Peel	AUS	78,56
6.	Kong Fanyu	CHN	59,67
7.	Marion Thenault	CAN	
8.	Kaila Kuhn	USA	
9.	Jesenia Pantijuchova	ROC	
10.	Danielle Scott	AUS	
20.	Emma Weiß	GER	

AERIALS (MÄNNER)

1.	Qi Guangpu	CHN	129,00 P.
2.	Alexander Abramenko	UKR	116,50
3.	Ilja Burow	ROC	114,93
4.	Pirmin Werner	SUI	111,50
5.	Justin Schoenefeld	USA	106,50
6.	Christopher Lillis	USA	103,00
7.	Jia Zongyang	CHN	
8.	Noe Roth	SUI	
9.	Alexander Okipnijuk	UKR	
10.	Stanislav Nikitin	ROC	

BIG AIR (FRAUEN)

1.	Eileen Gu	CHN	188,25 P.
2.	Tess Ledeux	FRA	187,50
3.	Mathilde Gremaud	SUI	182,50
4.	Megan Oldham	CAN	178,00
5.	Kirsty Muir	GBR	169,00
6.	Sarah Höfflin	SUI	158,75
7.	Johanne Killi	NOR	153,25
8.	Olivia Asselin	CAN	147,50
9.	Anni Karava	FIN	136,50
10.	Anastasia Tatalina	ROC	122,50

BIG AIR (MÄNNER)

1.	Birk Ruud	NOR	187,75 P.
2.	Colby Stevenson	USA	183,00
3.	Henrik Harlaut	SWE	181,00
4.	Oliwer Magnusson	SWE	178,25
5.	Leonardo Donaggio	ITA	172,00
6.	Javier Lliso	ESP	171,50
7.	Jesper Tjader	SWE	170,25
8.	Alexander Hall	USA	160,75
9.	Evan McEachran	CAN	115,50
10.	Christian Nummedal	NOR	110,50

BUCKELPISTE (FRAUEN)

1.	Jakara Anthony	AUS	83,09 P.
2.	Jaelin Kauf	USA	80,28
3.	Anastasiia Smirnova	ROC	77,72
4.	Perrine Laffont	FRA	77,36
5.	Anri Kawamura	JPN	77,12
6.	Olivia Giaccio	USA	75,61
7.	Hannah Soar	USA	
8.	Makayla Gerken Schofield	GBR	
9.	Chloe Dufour-Lapointe	CAN	
10.	Kai Owens	USA	

BUCKELPISTE (MÄNNER)

1.	Walter Wallberg	SWE	83,23 P.
2.	Mikael Kingsbury	CAN	82,18
3.	Ikuma Horishima	JPN	81,48
4.	Benjamin Cavet	FRA	79,44
5.	Nick Page	USA	78,90
6.	Cooper Woods-Topalovic	AUS	78,88
7.	Daichi Hara	JPN	
8.	Dmitri Reichard	KAZ	
9.	Kosuke Sugimoto	JPN	
10.	Brodie Summers	AUS	

CROSS (FRAUEN)

1.	Sandra Naeslund	SWE
2.	Marielle Thompson	CAN
3.	Daniela Maier	GER
4.	Fanny Smith	SUI
5.	Brittany Phelan	CAN
6.	Courtney Hoffos	CAN
7.	Hannah Schmidt	CAN
8.	Sami Kennedy-Sim	AUS
9.	Talina Gantenbein	SUI
10.	Jole Galli	ITA
15.	Johanna Holzmann	GER

CROSS (MÄNNER)

1.	Ryan Regez	SUI
2.	Alex Fiva	SUI
3.	Sergej Ridsik	ROC
4.	Erik Mobaerg	SWE
5.	Simone Deromedis	ITA
6.	Brady Leman	CAN
7.	Johannes Rohrweck	AUT
8.	Francois Place	FRA
9.	Reece Howden	CAN
10.	Jared Schmidt	CAN
14.	Daniel Bohnacker	GER
21.	Florian Wilmsmann	GER
23.	Tobias Müller	GER
32.	Niklas Bachsleitner	GER

HALFPIPE (FRAUEN)

1.	Eileen Gu	CHN	95,25 P.
2.	Cassie Sharpe	CAN	90,75
3.	Rachael Karker	CAN	87,75
4.	Kelly Sildaru	EST	87,00
5.	Li Fanghui	CHN	86,50
6.	Hanna Faulhaber	USA	85,25
7.	Zhang Kexin	CHN	78,75
8.	Amy Fraser	CAN	75,25
9.	Zoe Atkin	GBR	73,25
10.	Brita Sigourney	USA	70,75
12.	Sabrina Cakmakli	GER	54,00

HALFPIPE (MÄNNER)

1.	Nico Porteous	NZL	93,00 P.
2.	David Wise	USA	90,75
3.	Alex Ferreira	USA	86,75
4.	Noah Bowman	CAN	84,75
5.	Birk Irving	USA	80,00
6.	Kevin Rolland	FRA	79,25
7.	Aaron Blunck	USA	78,25
8.	Gus Kenworthy	GBR	71,25
9.	Brendan Mackay	CAN	65,50
10.	Simon d'Artois	CAN	63,75

SLOPESTYLE (FRAUEN)

1.	Mathilde Gremaud	SUI	86,56 P.
2.	Eileen Gu	CHN	86,23
3.	Kelly Sildaru	EST	82,06
4.	Anastassia Tatalina	ROC	75,51
5.	Maggie Voisin	USA	74,28
6.	Johanne Killi	NOR	73,11
7.	Tess Ledeux	FRA	72,91
8.	Kirsty Muir	GBR	71,30
9.	Katie Summerhayes	GBR	64,75
10.	Silvia Bertagna	ITA	61,85
ausgeschieden: Aliah Delia Eichinger (GER)			

SLOPESTYLE (MÄNNER)

1.	Alexander Hall	USA	90,01 P.
2.	Nicholas Goepper	USA	86,48
3.	Jesper Tjäder	SWE	85,35
4.	Andri Ragettli	SUI	83,50
5.	Birk Ruud	NOR	79,33
6.	Fabian Bösch	SUI	78,05
7.	Colby Stevenson	USA	77,41
8.	Matej Svancer	AUT	73,05
9.	Max Moffatt	CAN	70,40
10.	Ben Barclay	NZL	67,40

TEAM AERIALS (MIXED)

1.	USA	USA	338,34 P.
2.	China	CHN	324,22
3.	Kanada	CAN	290,98
4.	Schweiz	SUI	276,01
5.	ROC	ROC	
6.	Belarus	BLR	

SNOWBOARD

BIG AIR (FRAUEN)

1.	Anna Gasser	AUT	185,50 P.
2.	Zoi Sadowski Synnott	NZL	177,00
3.	Kokomo Murase	JPN	171,50
4.	Reira Iwabuchi	JPN	166,00
5.	Ge Rong	CHN	160,00
6.	Melissa Peperkamp	NED	141,75
7.	Jasmine Baird	CAN	130,00
8.	Laurie Blouin	CAN	115,00
9.	Tess Coady	AUS	114,75
10.	Annika Morgan	GER	88,00

BIG AIR (MÄNNER)

1.	Su Yiming	CHN	182,50 P.
2.	Mons Roisland	NOR	171,75
3.	Max Parrot	CAN	170,25
4.	Hiroaki Kunitake	JPN	166,25
5.	Redmond Gerard	USA	165,75
6.	Niek van der Velden	NED	165,75
7.	Chris Corning	USA	156,00
8.	Marcus Kleveland	NOR	150,00
9.	Takeru Otsuka	JPN	128,75
10.	Mark Mcmorris	CAN	113,75
ausgeschieden: Leon Vockensperger (GER), Noah Vicktor (GER)			

CROSS (FRAUEN)

1.	Lindsey Jacobellis	USA
2.	Chloe Trespeuch	FRA
3.	Meryeta Odine	CAN
4.	Belle Brockhoff	AUS
5.	Julia Pereira de Sousa	FRA
6.	Tess Critchlow	CAN
7.	Stacy Gaskill	USA
8.	Michela Moioli	ITA
9.	Charlotte Bankes	GBR
10.	Caterina Carpano	ITA
ausgeschieden: Jana Fischer (GER)		

CROSS (MÄNNER)

1.	Alessandro Hämmerle	AUT
2.	Eliot Grondin	CAN
3.	Omar Visintin	ITA
4.	Julian Lüftner	AUT
5.	Merlin Surget	FRA
6.	Jake Vedder	USA
7.	Lucas Eguibar	ESP
8.	Tommaso Leoni	ITA
9.	Martin Nörl	GER
10.	Nick Baumgartner	USA
ausgeschieden: Umito Kirchwehm (GER), Paul Berg (GER)		

HALFPIPE (FRAUEN)

1.	Chloe Kim	USA	94,00 P.
2.	Queralt Castellet	ESP	90,25
3.	Sena Tomita	JPN	88,25
4.	Xuetong Cai	CHN	81,25
5.	Ruki Tomita	JPN	80,50
6.	Elizabeth Hosking	CAN	79,25
7.	Berenice Wicki	SUI	76,25
8.	Jiayu Liu	CHN	73,50
9.	Mitsuki Ono	JPN	71,50
10.	Brooke Dhondt	CAN	66,75
11.	Leilani Ettel	GER	57,50

HALFPIPE (MÄNNER)

1.	Ayumu Hirano	JPN	96,00 P.
2.	Scotty James	AUS	92,50
3.	Jan Scherrer	SUI	87,25
4.	Shaun White	USA	85,00
5.	Taylor Gold	USA	81,75
6.	Valentino Guseli	AUS	79,75
7.	Chase Josey	USA	79,50
8.	Andre Höflich	GER	76,00
9.	Kaishu Hirano	JPN	75,50
10.	Yuto Totsuka	JPN	69,75

PARALLEL-RIESENSLALOM (FRAUEN)

1.	Ester Ledecka	CZE
2.	Daniela Ulbing	AUT
3.	Gloria Kotnik	SLO
4.	Michelle Dekker	NED
5.	Ramona Theresia Hofmeister	GER
6.	Julia Dujmovits	AUT
7.	Carolin Langenhorst	GER
8.	Aleksandra Krol	POL
9.	Tsubaki Miki	JPN
10.	Sofia Nadyrschina	ROC
27.	Melanie Hochreiter	GER

PARALLEL-RIESENSLALOM (MÄNNER)

1.	Benjamin Karl	AUT
2.	Tim Mastnak	SLO
3.	Victor Wild	ROC
4.	Dominik Fischnaller	ITA
5.	Andreas Prommegger	AUT
6.	Dmitry Loginov	ROC
7.	Dario Caviezel	SUI
8.	Zan Kosir	SLO
9.	Oskar Kwiatkowski	POL
10.	Michal Nowaczyk	POL
12.	Yannik Angenend	GER
19.	Stefan Baumeister	GER
31.	Elias Huber	GER

SLOPESTYLE (FRAUEN)

1.	Zoi Sadowski-Synnott	NZL	92,88 P.
2.	Julia Marino	USA	87,68
3.	Tess Coady	AUS	84,15
4.	Laurie Blouin	CAN	81,41
5.	Reira Iwabuchi	JPN	80,03
6.	Anna Gasser	AUT	75,33
7.	Enni Rukajärvi	FIN	71,45
8.	Annika Morgan	GER	64,13
9.	Jamie Anderson	USA	60,78
10.	Kokomo Murase	JPN	49,05

SLOPESTYLE (MÄNNER)

1.	Maxence Parrot	CAN	90,96 P.
2.	Su Yiming	CHN	88,70
3.	Mark McMorris	CAN	88,53
4.	Redmond Gerard	USA	83,25
5.	Emiliano Lauzi	ITA	80,01
6.	Chris Corning	USA	65,11
7.	Mons Roisland	NOR	63,33
8.	Kaito Hamada	JPN	59,36
9.	Sebastien Toutant	CAN	54,00
10.	Takeru Otsuka	JPN	52,80
16.	Noah Vicktor	GER	
29.	Leon Vockensperger	GER	

CROSS (MIXED TEAM)

1.	N. Baumgartner/L. Jacobellis	USA
2.	O. Visintin/M. Moioli	ITA
3.	E. Grondin/M. Odine	CAN
4.	L. Sommariva/C. Carpano	ITA
5.	M. Nörl/J. Fischer	GER
6.	H. Nightingale/C. Bankes	GBR
7.	K. Koblet/S. Hedinger	SUI
8.	D. Donskikh/K. Paul	ROC
9.	C. Bolton/B. Brockhoff	AUS
10.	L. Moffatt/T. Critchlow	CAN

BOB- UND SCHLITTENWETTBEWERBE

BOB

MONOBOB (FRAUEN)

1.	Kaillie Humphries	USA	4:19,27 Min.
2.	Elana Meyers Taylor	USA	+ 1,54 Sek.
3.	Christine de Bruin	CAN	+ 1,76
4.	Laura Nolte	GER	+ 2,06
5.	Breeana Walker	AUS	+ 2,19
6.	Mingming Huai	CHN	+ 1,80
7.	Melanie Hasler	SUI	+ 3,54
8.	Cynthia Appiah	CAN	+ 3,77
9.	Qing Ying	CHN	+ 4,14
10.	Nadeschda Sergeeva	ROC	+ 4,32
13.	Mariama Jamanka	GER	+ 4,73

ZWEIERBOB (FRAUEN)

1.	L. Nolte/D. Levi	GER	4:03,960 Min.
2.	M. Jamanka/A. Burghardt	GER	+ 0.770 Sek.
3.	E. Meyers Taylor/S. Hoffman	USA	+ 1,520
4.	K. Kalicki/L. Buckwitz	GER	+ 2,320
5.	C. de Brui/K. Bujnowski	CAN	+ 2,410
6.	M. Hasler/N. Pasternack	SUI	+ 2,870
7.	K. Humphries/K. Love	USA	+ 3,080
8.	C. Appiah/D. Richardson Wilson	CAN	+ 3,560
9.	N. Sergeeva/Y. Belomestnykh	ROC	+ 4,150
10.	K. Beierl/J. Onasany	AUT	+ 4,280

ZWEIERBOB (MÄNNER)

1.	F. Friedrich/T. Margis	GER	3:56,89 Min.
2.	J. Lochner/F. Bauer	GER	+ 0,49 Sek.
3.	C. Hafer/M. Sommer	GER	+ 1,69
4.	M. Vogt/S. Michel	SUI	+ 1,94
5.	B. Maier/M. Sammer	AUT	+ 2,23
6.	R. Rinaldi/B. Vain	MCO	+ 2,25
7.	C. Spring/M. Evelyn	CAN	+ 2,37
8.	R. Gaitijukewitsch/A. Laptew	ROC	+ 2,42
9.	O. Kibermanis/M. Miknis	LAT	+ 2,45
10.	J. Kripps/C. Stones	CAN	+ 2,51

VIERERBOB (MÄNNER)

1.	Team Francesco Friedrich	GER	3:54,30 Min.
2.	Team Johannes Lochner	GER	+ 0,37 Sek.
3.	Team Justin Kripps	CAN	+ 0,79
4.	Team Christoph Hafer	GER	+ 0,85
5.	Team Oskars Kibermanis	LAT	+ 0,97
6.	Team Brad Hall	GBR	+ 1,42
7.	Team Rostislav Gaitiukevich	ROC	+ 1,85
8.	Team Maxim Andrianov	ROC	+ 2,25
9.	Team Christopher Spring	CAN	+ 2,69
10.	Team Hunter Church	USA	+ 2,76

RENNRODELN

EINSITZER (FRAUEN)

1.	Natalie Geisenberger	GER	3:53,454 Min.
2.	Anna Berreiter	GER	+ 0,493 Sek.
3.	Tatjana Ivanova	ROC	+ 1,053
4.	Madeleine Egle	AUT	+ 1,355
5.	Hannah Prock	AUT	+ 1,370
6.	Lisa Schulte	AUT	+ 1,431
7.	Julia Taubitz	GER	+ 1,979
8.	Eliza Tiruma	LAT	+ 1,987
9.	Natalie Maag	SUI	+ 2,486
10.	Andrea Vötter	ITA	+ 2,523

EINSITZER (MÄNNER)

1.	Johannes Ludwig	GER	3:48,735 Min.
2.	Wolfgang Kindl	AUT	+ 0,160 Sek.
3.	Dominik Fischnaller	ITA	+ 0,951
4.	Felix Loch	GER	+ 1,143
5.	Kristers Aparjods	LAT	+ 1,318
6.	Max Langenhan	GER	+ 1,357
7.	Gints Berzins	LAT	+ 1,438
8.	Chris Mazdzer	USA	+ 2,642
9.	Roman Repilov	ROC	+ 2,899
10.	Semen Pavlitschenko	ROC	+ 2,914

DOPPELSITZER (MÄNNER)

1.	T. Wendl/T. Arlt	GER	1:56,554 Min.
2.	T. Eggert/S. Benecken	GER	+ 0,099 Sek.
3.	T. Steu/L. Koller	AUT	+ 0,511
4.	M. Bots/R. Plume	LAT	+ 0,865
5.	A. Sics/J. Sics	LAT	+ 0,883
6.	E. Rieder/S. Kainzwaldner	ITA	+ 1,043
7.	T. Walker/J. Snith	CAN	+ 1,364
8.	A. Denisjev/V. Antonov	ROC	+ 1,439
9.	W. Chmielewski/J. Kowalewski	POL	+ 1,511
10.	A. Bogdanov/J. Prochorov	ROC	+ 1,954

TEAMSTAFFEL

1.	Deutschland	GER	3:03,406 Min.
2.	Österreich	AUT	+ 0,080 Sek.
3.	Lettland	LAT	+ 0,948
4.	ROC	ROC	+ 1,261
5.	Italien	ITA	+ 1,446
6.	Kanada	CAN	+ 1,829
7.	USA	USA	+ 2,335
8.	Polen	POL	+ 3,730
9.	Rumänien	ROU	+ 4,286
10.	Tschechien	CZE	+ 6,150

SKELETON

FRAUEN

1.	Hannah Neise	GER	4:07,620 Min.
2.	Jaclyn Narracott	AUS	+ 0,620 Sek.
3.	Kimberley Bos	NED	+ 0,840
4.	Tina Hermann	GER	+ 1,110
5.	Mirela Rahneva	CAN	+ 1,530
6.	Katie Uhlaender	USA	+ 1,610
7.	Anna Fernstädtova	CZE	+ 1,700
8.	Jaqueline Lölling	GER	+ 1,730
9.	Dan Zhao	CHN	+ 1,900
10.	Janine Flock	AUT	+ 2,420

MÄNNER

1.	Christopher Grotheer	GER	4:01,01 Min.
2.	Axel Jungk	GER	+ 0,66 Sek.
3.	Yan Wengang	CHI	+ 0,76
4.	Alexander Tretjakov	ROC	+ 0,98
5.	Yin Zheng	CHI	+ 1,12
6.	Jewgeni Rukosujev	ROC	+ 1,39
7.	Martins Dukurs	LAT	+ 1,75
8.	Alexander Gassner	GER	+ 1,82
9.	Tomass Dukurs	LAT	+ 2,20
10.	Jung Seunggi	KOR	+ 2,73

EISHOCKEY

FRAUEN

1.	Kanada
2.	USA
3.	Finnland
4.	Schweiz

Finale

Kanada – USA 3:2

Spiel um Platz 3

Schweiz – Finnland 0:4

Halbfinale

Kanada – Schweiz 10:3

USA – Finnland 4:1

MÄNNER

1.	Finnland
2.	ROC
3.	Slowakei
4.	Schweden

Finale

Finnland – ROC 2:1

Spiel um Platz 3

Schweden – Slowakei 0:4

Halbfinale

Finnland – Slowakei 2:0

ROC – Schweden 2:1 n.P.

EISWETTBEWERBE

EISKUNSTLAUF

EINZEL (FRAUEN)

1.	Anna Shcherbakova	ROC	255,95 P.
2.	Alexandra Trusova	ROC	251,73
3.	Kaori Sakamoto	JPN	233,13
4.	Kamila Valieva	ROC	224,09
5.	Wakaba Higuchi	JPN	214,44
6.	You Young	KOR	213,09
7.	Alysa Liu	USA	208,95
8.	Loena Hendrickx	BEL	206,79
9.	Kim Ye-lim	KOR	202,63
10.	Mariah Bell	USA	202,30
17.	Nicole Schott	GER	177,65

EINZEL (MÄNNER)

1.	Nathan Chen	USA	332,60 P.
2.	Yuma Kagiyama	JPN	310,05
3.	Shoma Uno	JPN	293,00
4.	Yuzuru Hanyu	JPN	283,21
5.	Cha Jun-hwan	KOR	282,38
6.	Jason Brown	USA	281,24
7.	Daniel Grassl	ITA	278,07
8.	Evgeni Semenenko	ROC	274,13
9.	Boyang Jin	CHN	270,43
10.	Morisi Kvitelashvili	GEO	268,62

EISTANZ

1.	G. Papadakis/G. Cizeron	FRA	226,98 P.
2.	V. Sinizina/N. Kazalapov	ROC	220,51
3.	M. Hubbell/Z. Donohue	USA	218,02
4.	M. Chock/E. Bates	USA	214,77
5.	C. Guignard/M. Fabbri	ITA	207,05
6.	A. Stepanova/I. Bukin	ROC	205,07
7.	P. Gilles/P. Poirier	CAN	204,78
8.	O. Smart/A. Diaz	ESP	199,11
9.	L. F. Beaudry/N. Sörensen	DEN	192,35
10.	L. Fear/L. Gibson	GBR	191,64

ausgeschieden: K. Müller/T. Dieck (GER)

PAARLAUF

1.	S. Wenjing/H. Cong	CHN	239,88 P.
2.	E. Tarasova/V. Morozov	ROC	239,25
3.	A. Mishina/A. Galliamov	ROC	237,71
4.	A. Boikova/D. Kozlovskii	ROC	220,50
5.	P. Chen/J. Yang	CHN	214,84
6.	A. Knierim/B. Frazier	USA	212,68
7.	R. Miura/R. Kihara	JPN	211,89
8.	A. Cain-Gribble/T. Leduc	USA	198,05
9.	K. Safina/L. Berulava	GEO	192,44
10.	K. Moore-Towers/M. Marinaro	CAN	181,37
16.	M. Hase/N. Seegert	GER	149,69

TEAMWETTBEWERB (MIXED)

1.	ROC	ROC	74 P.
2.	USA	USA	65
3.	Japan	JPN	63
4.	Kanada	CAN	53
5.	China	CHN	50
6.	Georgien	GEO	22
7.	Italien	ITA	20
8.	Tschechien	CZE	15
9.	Deutschland	GER	8
10.	Ukraine	UKR	8

EISSCHNELLLAUF

500 METER (FRAUEN)

1.	Erin Jackson	USA	37,04 Sek.
2.	Miho Takagi	JPN	+ 0,08
3.	Angelina Golikova	ROC	+ 0,17
4.	Vanessa Herzog	AUT	+ 0,24
5.	Jutta Leerdam	NED	+ 0,30
6.	Femke Kok	NED	+ 0,35
7.	Kim Minsun	KOR	+ 0,56
8.	Daria Katschanova	ROC	+ 0,61
9.	Kaja Ziomek	POL	+ 0,66
10.	Olga Fatkulina	ROC	+ 0,72

500 METER (MÄNNER)

1.	Gao Tingyu	CHN	34,32 Sek.
2.	Cha Min-kyu	KOR	+ 0,04
3.	Wataru Morishige	JPN	+ 0,17
4.	Laurent Dubreuil	CAN	+ 0,20
5.	Piotr Michalski	POL	+ 0,20
6.	Kim Jun-ho	KOR	+ 0,22
7.	Artem Arefyev	ROC	+ 0,24
8.	Yuma Murakami	JPN	+ 0,25
9.	Viktor Mushtakov	ROC	+ 0,28
10.	Ruslan Murashov	ROC	+ 0,31
26.	Joel Dufter	GER	+ 1,05

1000 METER (FRAUEN)

1.	Miho Takagi	JPN	1:13,19 Min.
2.	Jutta Leerdam	NED	+ 0,64 Sek.
3.	Brittany Bowe	USA	+ 1,42
4.	Angelina Golikova	ROC	+ 1,52
5.	Antoinette de Jong	NED	+ 1,73
6.	Ireen Wüst	NED	+ 1,92
7.	Kimi Götz	USA	+ 2,21
8.	Vanessa Herzog	AUT	+ 2,45
9.	Daria Katschanova	ROC	+ 2,46
9.	Nao Kodaira	JPN	+ 2,46

1000 METER (MÄNNER)

1.	Thomas Krol	NED	1:07,92 Min.
2.	Laurent Dubreuil	CAN	+ 0,40 Sek.
3.	Havard Holmefjord Lorentzen	NOR	+ 0,56
4.	Piotr Michalski	POL	+ 0,64
5.	Ning Zhongyan	CHN	+ 0,68
6.	Ignat Golowaziuk	BLR	+ 0,71
7.	Marten Liiv	EST	+ 0,73
8.	Viktor Mutschtakow	ROC	+ 0,82
9.	Cornelius Kersten	GBR	+ 0,87
10.	Hein Otterspeer	NED	+ 0,88
26.	Joel Dufter	GER	+ 2,24

1500 METER (FRAUEN)

1.	Ireen Wüst	NED	1:53,28 Min.
2.	Miho Takagi	JPN	+ 0,44 Sek.
3.	Antoinette de Jong	NED	+ 0,54
4.	Ayano Sato	JPN	+ 0,64
5.	Marijke Groenewoud	NED	+ 0,69
6.	Francesca Lollobrigida	ITA	+ 0,92
7.	Elisaveta Golubeva	ROC	+ 1,02
8.	Nana Takagi	JPN	+ 1,06
9.	Jevgenija Lalenkova	ROC	+ 1,46
10.	Brittany Bowe	USA	+ 1,53
25.	Michelle Uhrig	GER	+ 6,98

1500 METER (MÄNNER)

1.	Kjeld Nuis	NED	1:43,21 Min.
2.	Thomas Krol	NED	+ 0,43 Sek.
3.	Kim Minseok	KOR	+ 1,03
4.	Peder Kongshaug	NOR	+ 1,18
5.	Connor Howe	CAN	+ 1,65
6.	Joey Mantia	USA	+ 2,05
7.	Zhongyan Ning	CHN	+ 2,07
8.	Sergei Trofimov	ROC	+ 2,11
9.	Marcel Bosker	NED	+ 2,21
10.	Seitaro Ichinohe	JPN	+ 2,32

3000 METER (FRAUEN)

1.	Irene Schouten	NED	3:56,93 Min.
2.	Francesca Lollobrigida	ITA	+ 1,13 Sek.
3.	Isabelle Weidemann	CAN	+ 1,71
4.	Martina Sablikova	CZE	+ 3,41
5.	Ragne Wiklund	NOR	+ 4,51
6.	Miho Takagi	JPN	+ 4,84
7.	Carlijn Achtereekte	NED	+ 5,28
8.	Antoinette de Jong	NED	+ 5,44
9.	Ayano Sato	JPN	+ 6,47
10.	Jevgenija Lalenkova	ROC	+ 6,49
20.	Claudia Pechstein	GER	+ 20,23

5000 METER (FRAUEN)

1.	Irene Schouten	NED	6:43,51 Min.
2.	Isabelle Weidemann	CAN	+ 4,67 Sek.
3.	Martina Sablikova	CZE	+ 6,58
4.	Francesca Lollobrigida	ITA	+ 8,25
5.	Ragne Wiklung	NOR	+ 12,83
6.	Natalia Voronina	ROC	+ 13,48
7.	Sanne In't Hof	NED	+ 16,26
8.	Misaki Oshigri	JPN	+ 17,66
9.	Maryna Zuyeva	BLR	+ 19,40
10.	Momoka Horikawa	JPN	+ 23,41

5000 METER (MÄNNER)

1.	Nils van der Poel	SWE	6:08,84 Min.
2.	Patrick Roest	NED	+ 0,47 Sek.
3.	Hallgeir Engebraaten	NOR	+ 1,04
4.	Sergei Trofimov	ROC	+ 1,43
5.	Jorrit Bergsma	NED	+ 4,34
6.	Alexander Rumyantsev	ROC	+ 6,18
7.	Bart Swings	BEL	+ 8,06
8.	Davide Ghiotto	ITA	+ 8,08
9.	Sven Kramer	NED	+ 8,20
10.	Ted-Jan Bloemen	CAN	+ 10,27
11.	Patrick Beckert	GER	+ 10,74
13.	Felix Rijhnen	GER	+ 11,02

10000 METER (MÄNNER)

1.	Nils van der Poel	SWE	12:30,74 Min.
2.	Patrick Roest	NED	+ 13,85 Sek.
3.	Davide Ghiotto	ITA	+ 15,24
4.	Jorrit Bergsma	NED	+ 18,20
5.	Alexander Rumjanzew	ROC	+ 20,59
6.	Graeme Fish	CAN	+ 28,06
7.	Patrick Beckert	GER	+ 30,49
8.	Ted-Jan Bloemen	CAN	+ 30,65
9.	Michele Malfatti	ITA	+ 30,68
10.	Bart Swings	BEL	+ 31,69

MASSENSTART (FRAUEN)

1.	Irene Schouten	NED	60 P.
2.	Ivanie Blondin	CAN	40
3.	Francesca Lollobrigida	ITA	20
4.	Mia Kilburg	USA	10
5.	Kim Bo-reum	KOR	6
6.	Valerie Maltais	CAN	6
7.	Maryna Zuyeva	BLR	4
8.	Ayano Sato	JPN	3
9.	Claudia Pechstein	GER	3
10.	Magdalena Czyszczon	POL	2
ausgeschieden: Michelle Uhrig (GER)			

MASSENSTART (MÄNNER)

1.	Bart Swings	BEL	63 P.
2.	Chung Jae-won	KOR	40
3.	Lee Seung-hoon	KOR	20
4.	Joey Mantia	USA	10
5.	Daniil Aldoshkin	ROC	6
6.	Ryosuke Tsuchiya	JPN	6
7.	Livio Wenger	SUI	4
8.	Seitaro Ichinohe	JPN	3
9.	Jorrit Bergsma	NED	3
10.	Gabriel Odor	AUT	2
ausgeschieden: Felix Rijhnen (GER)			

TEAMVERFOLGUNG (FRAUEN)

1.	Kanada	CAN	2:53,44 Min.
2.	Japan	JPN	+ 11,03 Sek.
3.	Niederlande	NED	
4.	ROC	ROC	
5.	China	CHN	
6.	Norwegen	NOR	
7.	Belarus	BLR	
8.	Polen	POL	

TEAMVERFOLGUNG (MÄNNER)

1.	Norwegen	NOR	3:38,08 Min.
2.	ROC	ROC	+ 2,38 Sek.
3.	USA	USA	
4.	Niederlande	NED	
5.	Kanada	CAN	
6.	Südkorea	KOR	
7.	Italien	ITA	
8.	China	CHN	

SHORTTRACK

500 METER (FRAUEN)

1.	Arianna Fontana	ITA	42,488 Sek.
2.	Suzanne Schulting	NED	+ 0,071
3.	Kim Boutin	CAN	+ 0,236
4.	Zhang Yuting	CHN	+ 0,321
5.	Hanne Desmet	BEL	+ 0,453
6.	Elena Seregina	ROC	
7.	Petra Jaszapati	HUN	
8.	Alyson Charles	CAN	
9.	Arianna Valcepina	ITA	
10.	Qu Chunyu	CHN	

500 METER (MÄNNER)

1.	Shaoang Liu	HUN	40,338 Sek.
2.	Konstantin Ivlijev	ROC	+ 0,093
3.	Steven Dubois	CAN	+ 0,331
4.	Absal Aschgalijev	KAZ	+ 0,531
5.	Pietro Sighel	ITA	
6.	Wu Dajing	CHN	
7.	Pavel Sitnikov	ROC	
8.	Denis Nikischa	KAZ	
9.	Roberts Kruzbergs	LAT	
10.	Hwang Daeheon	KOR	

1000 METER (FRAUEN)

1.	Suzanne Schulting	NED	1:28,391 Min.
2.	Choi Min-jeong	KOR	+ 0,052 Sek.
3.	Hanne Desmet	BEL	+ 0,537
4.	Kristen Santos	USA	+ 14,354
5.	Xandra Velzeboer	NED	
6.	Lee Yu-bin	KOR	
7.	Corinne Stoddard	USA	
8.	Petra Jaszapati	HUN	
9.	Maame Biney	USA	
10.	Arianna Fontana	ITA	

1000 METER (MÄNNER)

1.	Ren Ziwei	CHN	1:26,768 Min.
2.	Li Wenlong	CHN	+ 3,149 Sek.
3.	Shaoang Liu	HUN	+ 8,895
4.	Wu Dajing	CHN	+ 16,169
5.	Shaolin Sandor Liu	HUN	
6.	Itzhak De Laat	NED	
7.	Furkan Akar	TUR	
8.	Andrew Heo	USA	
9.	Hwang Dae-heon	KOR	
10.	Lee June-seo	KOR	

1500 METER (FRAUEN)

1.	Choi Min-jeong	KOR	2:17,789 Min.
2.	Arianna Fontana	ITA	+ 0,073
3.	Suzanne Schulting	NED	+ 0,076
4.	Hanne Desmet	BEL	+ 0,922
5.	Xandra Velzeboer	NED	+ 0,992
6.	Lee Yu-bi	KOR	+ 1,036
7.	Han Yutong	CHN	+ 1,271
8	Sumire Kikuchi	JPN	
9.	Kristen Santos	USA	
10.	Kim Boutin	CAN	
ausgeschieden: Anna Seidel (GER)			

1500 METER (MÄNNER)

1.	Hwang Dae-heon	KOR	2:09,219 Min.
2.	Steven Dubois	CAN	+ 0,035 Sek.
3.	Semen Elistratov	ROC	+ 0,048
4.	Shaoang Liu	HUN	+ 0,180
5.	Lee June-seo	KOR	+ 0,403
6.	Shaolin Sandor Liu	HUN	+ 0,734
7.	Park Jang-hyuk	KOR	+ 0,957
8.	Adil Galiakhmetov	KAZ	+ 2,365
9.	Farrell Treacy	GBR	+ 2,769
10.	Yuri Confortola	ITA	+ 3,165

3000 METER STAFFEL (FRAUEN)

1.	Niederlande	NED	4:03,409 Min.
2.	Südkorea	KOR	+ 0,218 Sek.
3.	China	CHN	+ 0,454
4.	Kanada	CAN	+ 1,100
5.	Italien	ITA	
6.	Polen	POL	
7.	ROC	ROC	
8.	USA	USA	

5000 METER STAFFEL (MÄNNER)

1.	Kanada	CAN	6:41,257 Min.
2.	Südkorea	KOR	+ 0,422 Sek.
3.	Italien	ITA	+ 2,174
4.	ROC	ROC	+ 2,183
5.	China	CHN	+ 10,397
6.	Ungarn	HUN	
7.	Niederlande	NED	
8.	Japan	JPN	

2000 METER STAFFEL (MIXED)

1.	China	CHN	2:37,348 Min.
2.	Italien	ITA	+ 0,160 Sek.
3.	Ungarn	HUN	+ 3,552
4.	Kanada	CAN	
5.	Niederlande	NED	
6.	Kasachstan	KAZ	
7.	ROC	ROC	
8.	USA	USA	
9.	Südkorea	KOR	
10.	Japan	JPN	

CURLING

FRAUEN

1.	Großbritannien
2.	Japan
3.	Schweden
4.	Schweiz

Finale

Japan – Großbritannien 3:10

Spiel um Platz 3

Schweden – Schweiz 9:7

Halbfinale

Schweden – Großbritannien 11:12

Japan – Schweiz 8:6

MÄNNER

1.	Schweden
2.	Großbritannien
3.	Kanada
4.	USA

Finale

Schweden – Großbritannien 5:4

Spiel um Platz 3

Kanada – USA 8:5

Halbfinale

Schweden – Kanada 5:3

USA – Großbritannien 4:8

MIXED DOUBLES

1.	S. Constantini/A. Mosaner	ITA
2.	K. Skaslien/M. Nedregotten	NOR
3.	A. de Val/O. Eriksson	SWE
4.	J. Dodds/B. Mouat	GBR

Finale

Italien – Norwegen 8:5

Spiel um Platz 3

Schweden – Großbritannien 9:3

Halbfinale

Norwegen – Großbritannien 6:5

Italien – Schweden 8:1

NORDISCHE WETTBEWERBE

BIATHLON

EINZEL 15 KM (FRAUEN)

1.	Denise Herrmann	GER	39:14,4 Min. (1 F.)
2.	Anais Chevalier-Bouchet	FRA	+ 9,4 Sek. (1)
3.	Marte Olsbu Röiseland	NOR	+ 15,3 (2)
4.	Vanessa Voigt	GER	+ 16,6 (1)
5.	Dzinara Alimbekava	BLR	+ 31,7 (1)
6.	Marketa Davidova	CZE	+ 31,9 (1)
7.	Deedra Irwin	USA	+ 1:01,4 Min. (1)
8.	Ingrid Landmark Tandrevold	NOR	+ 1:02,7 (1)
9.	Kristina Reztsova	ROC	+ 1:13,1 (2)
10.	Yuliia Dzhima	UKR	+ 1:21,7 (2)
14.	Vanessa Hinz	GER	+ 1:54,7 (1)
25.	Franziska Preuß	GER	+ 3:51,5 (4)

EINZEL 20 KM (MÄNNER)

1.	Quentin Fillon Maillet	FRA	48:47,4 Min. (2 F.)
2.	Anton Smolski	BLR	+ 14,8 Sek. (0)
3.	Johannes Thingnes Bö	NOR	+ 31,1 (2)
4.	Maxim Tsvetkov	ROC	+ 34,9 (1)
5.	Scott Gow	CAN	+ 1:05,6 Min. (1)
6.	Benedikt Doll	GER	+ 1:07,1 (2)
7.	Roman Rees	GER	+ 1:21,6 (1)
8.	Tarjei Bö	NOR	+ 1:29,6 (1)
9.	Fabien Claude	FRA	+ 1:38,1 (2)
10.	Alexander Loginov	ROC	+ 1:40,2 (3)
51.	Johannes Kühn	GER	+ 6:10,6 (6)
67.	Erik Lesser	GER	+ 7:12,1 (5)

MASSENSTART 12,5 KM (FRAUEN)

1.	Justine Braisaz-Bouchet	FRA	40:18,00 Min.
2.	Tirli Eckhoff	NOR	+ 15,30 Sek.
3.	Marte Olsbu Roiseland	NOR	+ 34,90
4.	Marketa Davidova	CZE	+ 53,40
5.	Kristina Reztsova	ROC	+ 1:11,00 Min.
6.	Julia Simon	FRA	+ 1:22,60
7.	Yuliia Dzhima	UKR	+ 1:25,70
8.	Franziska Preuß	GER	+ 1:26,40
9.	Elvira Öberg	SWE	+ 1:37,70
10.	Hanna Sola	BLR	+ 1:39,20
13.	Denise Herrmann	GER	+ 2:09,10
15.	Vanessa Hinz	GER	+ 2:54,20
18.	Vanessa Voigt	GER	+ 3:04,70

MASSENSTART (MÄNNER) (15 KM)

1.	Johannes Thingnes Bö	NOR	38:14,40
2.	Martin Ponsiluoma	SWE	+ 40,30 Sek.
3.	Vetle Sjastad Christiansen	NOR	+ 1:12,50 Min.
4.	Quentin Fillon Maillet	FRA	+ 1:25,60
5.	Dominik Windisch	ITA	+ 1:38,40
6.	Sturla Holm Laegreid	NOR	+ 1:46,10
7.	Simon Eder	AUT	+ 1:56,40
8.	Benedikt Doll	GER	+ 2:31,40
9.	Tero Seppälä	FIN	+ 2:32,70
10.	Johannes Kühn	GER	+ 2:38,30
14.	Roman Rees	GER	2:50,80
23.	Philipp Nawrath	GER	+ 3:55,70

SPRINT 7,5 KM (FRAUEN)

1.	Marte Olsbu Röiseland	NOR	20:44,3 Min. (0 SR)
2.	Elvira Öberg	SWE	+ 30,9 Sek. (0)
3.	Dorothea Wierer	ITA	+ 37,2 (0)
4.	Lisa Theresa Hauser	AUT	+ 47,3 (0)
5.	Ingrid Landmark Tandrevold	NOR	+ 1:00,2 Min. (0)
6.	Kristina Reztsova	ROC	+ 1:05,0 (2)
7.	Anna Magnusson	SWE	+ 1:05,9 (0)
8.	Yuliia Dzhima	UKR	+ 1:07,5 (1)
9.	Anais Bescond	FRA	+ 1:08,8 (1)
10.	Alina Stremous	MDA	+ 1:15,2 (0)
18.	Vanessa Voigt	GER	+ 1:31,4 (0)
22.	Denise Herrmann	GER	+ 1:45,1 (2)
30.	Franziska Preuß	GER	+ 1:57,1 (2)
55.	Vanessa Hinz	GER	+ 2:40,0 (3)

SPRINT 10 KM (MÄNNER)

1.	Johannes Thingnes Bö	NOR	24:00,4 Min. (1 F.)
2.	Quentin Fillon Maillet	FRA	+ 25,5 Sek. (1)
3.	Tarjei Bö	NOR	+ 38,9 (1)
4.	Maxim Tsvetkov	ROC	+ 40,6 (0)
5.	Sebastian Samuelsson	SWE	+ 52,0 (1)
6.	Martin Ponsiluoma	SWE	+ 53,7 (2)
7.	Sturla Holm Laegreid	NOR	+ 1:02,3 Min. (2)
8.	Benedikt Doll	GER	+ 1:05,0 (1)
9.	Emilien Jacquelin	FRA	+ 1:05,9 (2)
10.	Anton Smolski	BLR	+ 1:12,5 (1)
17.	Roman Rees	GER	+ 1:23,9 (0)
22.	Philipp Nawrath	GER	+ 1:43,0 (3)
33.	Johannes Kühn	GER	+ 1:53,3 (4)

VERFOLGUNG 10 KM (FRAUEN)

1.	Marte Olsbu Röiseland	NOR	34:36,9 Min. (1 F.)
2.	Elvira Öberg	SWE	+ 1:36,5 (3)
3.	Tiril Eckhoff	NOR	+ 1:48,7 (3)
4.	Hanna Sola	BLR	+ 1:58,9 (3)
5.	Linn Persson	SWE	+ 2:07,2 (2)
6.	Dorothea Wierer	ITA	+ 2:09,1 (3)
7.	Lisa Theresa Hauser	AUT	+ 2:09,8 (2)
8.	Julia Simon	FRA	+ 2:18,3 (2)
9.	Monika Hojnisz-Starega	POL	+ 2:28,8 (2)
10.	Paulina Fialkova	SVK	+ 2:38,8 (2)
12.	Vanessa Voigt	GER	+ 2:48,4 (1)
15.	Franziska Preuß	GER	+ 2:58,7 (1)
17.	Denise Herrmann	GER	+ 3:20,7 (3)
21.	Vanessa Hinz	GER	+ 3:34,1 (1)

VERFOLGUNG 12,5 KM (MÄNNER)

1.	Quentin Fillon Maillet	FRA	39:07,5 Min. (0 F.)
2.	Tarjei Bö	NOR	+ 28,6 Sek. (1)
3.	Eduard Latypov	ROC	+ 35,3 (1)
4.	Lukas Hofer	ITA	+ 51,1 (0)
5.	Johannes Thingnes Bö	NOR	+ 2:13,7 Min. (7)
6.	Roman Rees	GER	+ 2:30,2 (1)
7.	Simon Desthieux	FRA	+ 2:47,2 (3)
8.	Sebastian Samuelsson	SWE	+ 3:02,7 (5)
9.	Emilien Jacquelin	FRA	+ 3:06,2 (6)
10.	Felix Leitner	AUT	+ 3:08,8 (1)
12.	Johannes Kühn	GER	+ 3:29,8 (4)
19.	Philipp Nawrath	GER	+ 3:59,7 (7)
32.	Benedikt Doll	GER	+ 4:55,6 (7)

STAFFEL (MIXED)

1.	Norwegen	NOR	1:06:46,6 Std. (3 SR + 13 F.)
2.	Frankreich	FRA	+ 0,9 Sek. (3 + 11)
3.	ROC	ROC	+ 1,5 (1 + 13)
4.	Schweden	SWE	+ 41,0 (0 + 13)
5.	Deutschland	GER	+ 1:05,5 Min. (2 + 18)
6.	Belarus	BLR	+ 1:14,6 (2 + 14)
7.	USA	USA	+ 2:12,7 (1 + 12)
8.	Schweiz	SUI	+ 2:20,4 (2 + 11)
9.	Italien	ITA	+ 2:39,7 (2 + 14)
10.	Österreich	AUT	+ 2:58,6 (2 + 13)

STAFFEL 4 x 6 KM (FRAUEN)

1.	Schweden	SWE	1:11:03,9 Std. (0 SR + 6 NL)
2.	ROC	ROC	+ 12,0 Sek. (1 + 7)
3.	Deutschland	GER	+ 37,4 (0 + 6)
4.	Norwegen	NOR	+ 50,7 (2 + 8)
5.	Italien	ITA	+ 1:33,1 Min. (0 + 5)
6.	Frankreich	FRA	+ 2:13,0 (2 + 10)
7.	Ukraine	UKR	+ 3:00,2 (1 + 6)
8.	Tschechien	CZE	+ 3:02,1 (1 + 8)
9.	Österreich	AUT	+ 4:03,7 (3 + 7)
10.	Kanada	CAN	+ 4:30,4 (0 + 8)

STAFFEL 4 x 7,5 KM (MÄNNER)

1.	Norwegen	NOR	1:19:50,2 Std. (1 SR + 7 NL)
2.	Frankreich	FRA	+ 27,4 Sek. (0 + 9)
3.	ROC	ROC	+ 45,3 (2 + 6)
4.	Deutschland	GER	+ 1:04,3 Min. (1 + 9)
5.	Schweden	SWE	+ 1:49,4 (1 + 13)
6.	Kanada	CAN	+ 1:56,3 (2 + 9)
7.	Italien	ITA	+ 1:58,6 (2 + 13)
8.	Belarus	BLR	+ 1:59,0 (2 + 11)
9.	Ukraine	UKR	+ 3:41,3 (4 + 12)
10.	Österreich	AUT	+ 3:41,7 (2 + 8)

SKISPRINGEN

NORMALSCHANZE (FRAUEN)

1.	Ursa Bogataj	SLO	239,0 P. (108/100 M.)
2.	Katharina Althaus	GER	236,8 (105,5/94)
3.	Nika Kriznar	SLO	232,0 (103/99,5)
4.	Sara Takanashi	JPN	224,1 (98,5/100)
5.	Ema Klinec	SLO	215,4 (100/90,5)
6.	Silje Opseth	NOR	200,5 (92,5/95)
7.	Irina Avvakumova	ROC	196,3 (95/89,5)
8.	Lisa Eder	AUT	193,4 (92/90)
9.	Spela Rogelj	SLO	184,2 (93/82)
10.	Irma Makhinia	ROC	180,9 (90/90)
19.	Juliane Seyfarth	GER	168,6 (86/88)
22.	Selina Freitag	GER	163,0 (80/90)
24.	Pauline Hessler	GER	161,6 (89,5/83)

GROSSSCHANZE (MÄNNER)

1.	Marius Lindvik	NOR	296,1 P. (140/140 M.)
2.	Ryoyu Kobayashi	JPN	292,8 (142/138)
3.	Karl Geiger	GER	281,3 (138/138)
4.	Kamil Stoch	POL	277,2 (137,5/133,5)
5.	Markus Eisenbichler	GER	275,7 (137,5/139,5)
6.	Timi Zajc	SLO	273,2 (138,5/130,5)
7.	Manuel Fettner	AUT	272,7 (138,5/134)
8.	Halvor Egner Granerud	NOR	271,4 (135/135,5)
9.	Jan Hörl	AUT	270,9 (136/137)
10.	Peter Prevc	SLO	268,7 (137/137)
14.	Constantin Schmid	GER	263,9 (134/134)
28.	Pius Paschke	GER	243,5 (131/127)

NORMALSCHANZE (MÄNNER)

1.	Ryoyu Kobayashi	JPN	275,0 P. (104,5/99,5 M.)
2.	Manuel Fettner	AUT	270,8 (102,5/104)
3.	Dawid Kubacki	POL	265,9 (104/103)
4.	Peter Prevc	SLO	265,4 (103/99,5)
5.	Evgeniy Klimov	ROC	261,5 (104/100)
6.	Kamil Stoch	POL	260,9 (101,5/97,5)
7.	Marius Lindvik	NOR	260,7 (96,5/102,5)
8.	Danil Sadreev	ROC	259,4 (107,5/98)
9.	Timi Zajc	SLO	259,3 (97/104,5)
10.	Stefan Kraft	AUT	258,1 (98/99,5)
11.	Constantin Schmid	GER	257,3 (102/98)
15.	Karl Geiger	GER	252,8 (96/99)
24.	Stephan Leyhe	GER	244,4 (97,5/95)
ausgeschieden: Markus Eisenbichler (GER)			

MIXED

1.	Slowenien	SLO	1001,5 P.
2.	ROC	ROC	890,3
3.	Kanada	CAN	844,6
4.	Japan	JPN	836,3
5.	Österreich	AUT	818,0
6.	Polen	POL	763,2
7.	Tschechien	CZE	722,8
8.	Norwegen	NOR	707,9
9.	Deutschland	GER	350,9
10.	China	CHN	229,8

TEAM (MÄNNER)

1.	Österreich	AUT	942,70 P.
2.	Slowenien	SLO	934,40
3.	Deutschland	GER	922,90
4.	Norwegen	NOR	922,10
5.	Japan	JPN	882,80
6.	Polen	POL	880,10
7.	ROC	ROC	806,50
8.	Schweiz	SUI	791,50
9.	Tschechien	CZE	279,50
10.	USA	USA	261,00
11.	China	CHN	115,00

NORDISCHE KOMBINATION

GROSSSCHANZE (MÄNNER)

1.	Jörgen Graabak	NOR	27:13,3 Min.
2.	Jens Oftebro	NOR	+ 0,4 Sek.
3.	Akito Watabe	JPN	+ 0,6
4.	Manuel Faißt	GER	+ 3,3
5.	Lukas Greiderer	AUT	+ 11,8
6.	Johannes Lamparter	AUT	+ 18,0
7.	Vinzenz Geiger	GER	+ 31,2
8.	Jarl Magnus Riiber	NOR	+ 39,8
9.	Kristjan Ilves	EST	+ 1:00,2 Min.
10.	Julian Schmid	GER	+ 1:00,8
28.	Johannes Rydzek	GER	+ 3:08,7

NORMALSCHANZE

1.	Vinzenz Geiger	GER	25:07,7 Min.
2.	Jörgen Graabak	NOR	+ 0,8 Sek.
3.	Lukas Greiderer	AUT	+ 6,6
4.	Johannes Lamparter	AUT	+ 9,0
5.	Johannes Rydzek	GER	+ 21,8
6.	Ilkka Herola	FIN	+ 25,4
7.	Akito Watabe	JPN	+ 32,4
8.	Julian Schmid	GER	+ 50,2
9.	Franz-Josef Rehrl	AUT	+ 1:09,6 Min.
10.	Jens Luras Oftebro	NOR	+ 1:42,5

TEAMSTAFFEL

1.	Norwegen	NOR	50:45,10 Min.
2.	Deutschland	GER	+ 54,90 Sek.
3.	Japan	JPN	+ 55,20
4.	Österreich	AUT	+ 59,60
5.	Frankreich	FRA	+ 2:15,00 Min.
6.	USA	USA	+ 2:22,00
7.	Tschechien	CZE	+ 2:25,50
8.	Finnland	FIN	+ 2:39,00
9.	Italien	ITA	+ 8:21,90
10.	China	CHN	+ 13:50,00

SKILANGLAUF

FREISTIL-SPRINT (FRAUEN)

1.	Jonna Sundling	SWE	3:09,68 Min.
2.	Maja Dahlqvist	SWE	+ 2,88 Sek.
3.	Jessie Diggins	USA	+ 3,16
4.	Rosie Brennan	USA	+ 4,49
5.	Nadine Fähndrich	SUI	+ 7,21
6.	Emma Ribom	SWE	+ 11,11
7.	Veronika Stepanova	ROC	
8.	Maiken Caspersen Falla	NOR	
9.	Tiril Udnes Wenig	NOR	
10.	Victoria Carl	GER	
11.	Sofie Krehl	GER	
15.	Pia Fink	GER	
37.	Coletta Rydzek	GER	

FREISTIL-SPRINT (MÄNNER)

1.	Johannes Kläbo	NOR	2:58,06 Min.
2.	Federico Pellegrini	ITA	+ 0,26 Sek.
3.	Alexander Terentev	ROC	+ 1,31
4.	Joni Maki	FIN	+ 2,12
5.	Artem Maltsev	ROC	+ 3,59
6.	Oskar Svensson	SWE	+ 6,17
7.	Richard Jouve	FRA	
8.	Sergej Ustlugov	ROC	
9.	Lucas Chanavat	FRA	
10.	Haavard Solaas Taugboel	NOR	
38.	Janosch Brugger	GER	

10 KM KLASSISCH (FRAUEN)

1.	Therese Johaug	NOR	28:06,3 Min.
2.	Kerttu Niskanen	FIN	+ 0,4 Sek.
3.	Krista Parmakoski	FIN	+ 31,5
4.	Natalia Nepryaeva	ROC	+ 31,6
5.	Katharina Hennig	GER	+ 43,4
6.	Ebba Andersson	SWE	+ 50,9
7.	Yulia Stupak	ROC	+ 57,5
8.	Jessie Diggins	USA	+ 1:08,8 Min.
9.	Teresa Stadlober	AUT	+ 1:10,6
10.	Tatiana Sorina	ROC	+ 1:11,1
11.	Katherine Sauerbrey	GER	+ 1:20,9
28.	Antonia Fräbel	GER	+ 2:45,1
33.	Laura Gimmler	GER	+ 2:59,3

15 KM KLASSISCH (MÄNNER)

1.	Iivo Niskanen	FIN	37:54,8 Min.
2.	Alexander Bolshunov	ROC	+ 23,2 Sek.
3.	Johannes Kläbo	NOR	+ 37,5 Sek.
4.	Hans Christer Holund	NOR	+ 49,8 Sek.
5.	Alexej Tscherwotkin	ROC	+ 56,9 Sek.
6.	Perttu Hyvarinen	FIN	+ 1:05,4 Min.
7.	Hugo Lapalus	FRA	+ 1:14,8
8.	Jens Burman	SWE	+ 1:32,0
9.	Ilja Semikow	ROC	+ 1:39,9
10.	William Poromaa	SWE	+ 1:47,7
17.	Lucas Bögl	GER	+ 2:19,1
19.	Jonas Dobler	GER	+ 2:26,2
20.	Janosch Brugger	GER	+ 2:29,7
32.	Albert Kuchler	GER	+ 3:12,3

MASSENSTART 30 KM (FRAUEN)

1.	Therese Johaug	NOR	1:24:54,0 Std.
2.	Jessie Diggins	USA	+ 1:43,3 Min.
3.	Kerttu Niskanen	FIN	+ 2:33,3
4.	Jonna Sundling	SWE	+ 2:35,4
5.	Tatiana Sorina	ROC	+ 2:37,2
6.	Rosie Brennan	USA	+ 2:38,7
7.	Delphine Claudel	FRA	+ 2:40,0
8.	Ebba Andersson	SWE	+ 2:41,5
9.	Mariya Istomina	ROC	+ 3:06,1
10.	Krista Parmakoski	FIN	+ 3:41,0
12.	Victoria Carl	GER	+ 5:14,4
19.	Antonia Fräbel	GER	+ 6:29,6
25.	Pia Fink	GER	+ 7:12,3

MASSENSTART 50 KM (MÄNNER)

1.	Alexander Bolshunov	ROC	1:11:32,7 Std.
2.	Ivan Yakimushkin	ROC	+ 5,5 Sek.
3.	Simen Hegstad Krüger	NOR	+ 7,0
4.	Artem Maltsev	ROC	+ 10,7
5.	Sjur Roethe	NOR	+ 15,8
6.	Denis Spitsov	ROC	+ 26,2
7.	Clement Parisse	FRA	+ 28,8
8.	Scott Patterson	USA	+ 33,9
9.	William Poromaa	SWE	+ 56,4
10.	Maurice Manificat	FRA	+ 57,6
20.	Jonas Dobler	GER	+ 3:17,3 Min.
26.	Florian Notz	GER	+ 3:59,5
31.	Friedrich Moch	GER	+ 4:30,9
33.	Lucas Bögl	GER	+ 4:38,8

SKIATHLON 2 x 7,5 KM (FRAUEN)

1.	Therese Johaug	NOR	44:13,7 Min.
2.	Natalia Neprjajewa	ROC	+ 30,2 Sek.
3.	Teresa Stadlober	AUT	+ 30,5
4.	Kerttu Niskanen	FIN	+ 36,1
5.	Frida Karlsson	SWE	+ 42,5
6.	Jessica Diggins	USA	+ 50,5
7.	Krista Parmakoski	FIN	+ 58,4
8.	Anastasia Rygalina	ROC	+ 1:17,2 Min.
9.	Delphine Claudel	FRA	+ 1:17,8
10.	Ebba Andersson	SWE	+ 1:27,6
13.	Katherine Sauerbrey	GER	+ 2:23,8
15.	Katharina Hennig	GER	+ 2:58,1
17.	Sofie Krehl	GER	+ 3:27,9
25.	Pia Fink	GER	+ 4:15,9

SKIATHLON 2 x 7,5 KM (MÄNNER)

1.	Alexander Bolshunov	ROC	1:16:09,8 Std.
2.	Denis Spitsov	ROC	+ 1:11,0 Min.
3.	Iivo Niskanen	FIN	+ 2:00,2
4.	Hans Christer Holund	NOR	+ 2:30,9
5.	Paal Goldberg	NOR	+ 2:52,5
6.	William Poromaa	SWE	+ 2:53,9
7.	Perttu Hyvarinen	FIN	+ 3:12,6
8.	Francesco De Fabiani	ITA	+ 3:37,8
9.	Artem Maltsev	JPN	+ 3:54,8
10.	Clement Parisse	FRA	+ 3:57,2
12.	Lucas Bögl	GER	+ 4:02,7
13.	Friedrich Moch	GER	+ 4:06,6
19.	Florian Notz	GER	+ 4:50,6

4 x 5 KM STAFFEL (FRAUEN)

1.	ROC	ROC	53:41,0 Min.
2.	Deutschland	GER	+ 18,2 Sek.
3.	Schweden	SWE	+ 20,7
4.	Finnland	FIN	+ 21,2
5.	Norwegen	NOR	+ 28,8
6.	USA	USA	+ 1:28,2 Min.
7.	Schweiz	SUI	+ 3:00,5
8.	Italien	ITA	+ 3:39,5
9.	Kanada	CAN	+ 3:39,9
10.	China	CHN	+ 4:08,7

4 x 10 KM STAFFEL (MÄNNER)

1.	ROC	ROC	1:54:50,7 Std.
2.	Norwegen	NOR	+ 1:07,2 Min.
3.	Frankreich	FRA	+ 1:16,4
4.	Schweden	SWE	+ 2:09,7
5.	Deutschland	GER	+ 2:55,8
6.	Finnland	FIN	+ 4:37,9
7.	Schweiz	SUI	+ 5:22,6
8.	Italien	ITA	+ 5:25,9
9.	USA	USA	+ 8:05,6
10.	Japan	JPN	+ 8:10,8

TEAMSPRINT (FRAUEN)

1.	Deutschland	GER	22:09,85 Min.
2.	Schweden	SWE	+ 0,17 Sek.
3.	ROC	ROC	+ 0,71
4.	Finnland	FIN	+ 3,86
5.	USA	USA	+ 12,93
6.	Österreich	AUT	+ 45,40
7.	Schweiz	SUI	+ 52,24
8.	Norwegen	NOR	+ 1:05,43 Min.
9.	Polen	POL	+ 1:38,16
10.	Frankreich	FRA	+ 1:55,07

TEAMSPRINT (MÄNNER)

1.	Norwegen	NOR	19:22:99,0 Min.
2.	Finnland	FIN	+ 2,46 Sek.
3.	ROC	ROC	+ 4,29
4.	Schweden	SWE	+ 15,06
5.	Kanada	CAN	+ 22,31
6.	Italien	ITA	+ 25,43
7.	Frankreich	FRA	+ 35,38
8.	Schweiz	SWE	+ 41,36
9.	USA	USA	+ 1:05,08 Min.
10.	Österreich	AUT	+ 1:52,01

IMPRESSUM

Einbandgestaltung: Luis dos Santos

Umschlagsbilder: **pa•picture alliance**

Alle Texte: Siegmund Dunker, Dino Reisner

Bildnachweis: Alle Bilder von **pa•picture alliance**
mit Ausnahme der Seiten 112–117:
Dominik Bittner, Dominik Kahun, Tom Kühnhackl, Stefan Loibl, Marco Nowak, Daniel Pietta, Tobias Rieder, Fabio Wagner, David Wolf: © Team Deutschland/Maurice Stach
Antonia Fräbel, Elias Huber, Sofie Krehl, Johannes Kühn, Franziska Preuß, Julian Rauchfuss, Coletta Rydzek, Anna Weidel, Emma Weiß, David Zobel: © **pa•picture alliance**
Alle weiteren Porträts: © Team Deutschland/Frank May

ISBN 978-3-613-50934-4

Postfach 103743, 70032 Stuttgart
Ein Unternehmen der Paul Pietsch Verlage GmbH & Co. KG

Sie finden uns im Internet unter
WWW.PIETSCH-VERLAG.DE

1. Auflage 2022

Projektkoordination und Lektorat: Niko Schmidt
Layoutkonzept: Luis dos Santos
Innengestaltung: Lukas Kretzschmar, tebitron gmbh, Gerlingen
Druck und Bindung: Grafisches Centrum Cuno GmbH & Co. KG
39240 Calbe (Saale)
Printed in Germany

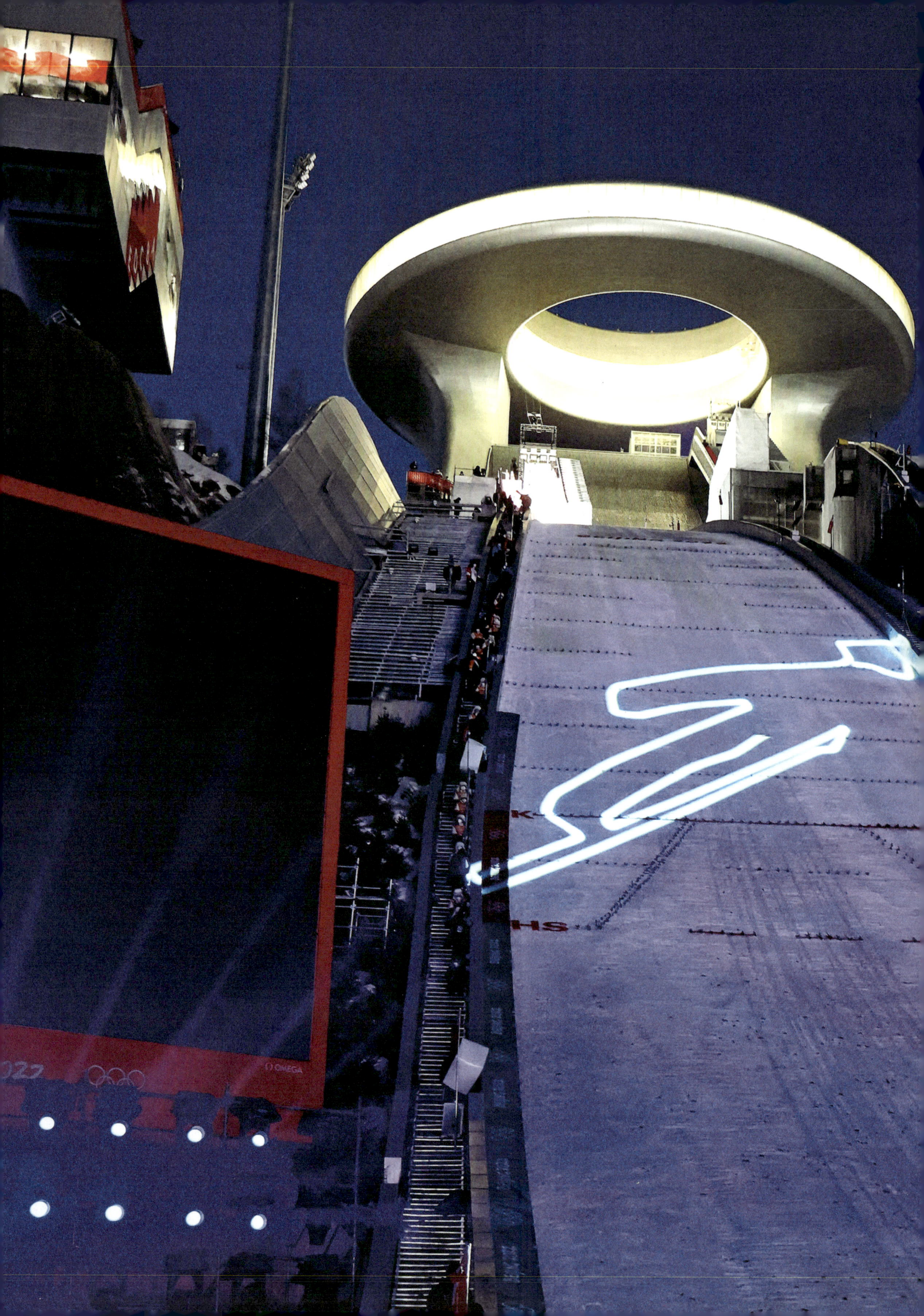
K
HS